Gordon "Fyodor" Lyon

Exame de redes com NMAP

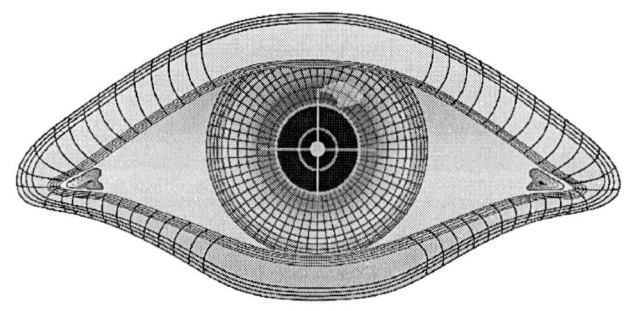

Gordon "Fyodor" Lyon

Exame de redes com NMAP

Tradução:
Angelo Giuseppe Meira (angico)

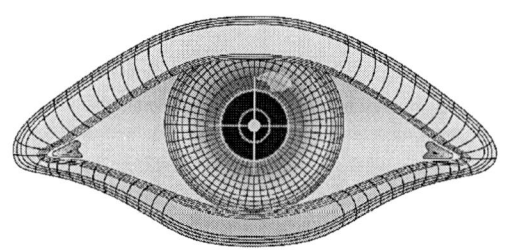

Do original: *Nmap Network Scanning*
Copyright© 2009 Editora Ciência Moderna
Original edition copyright© 2008 by Insecure.Com LLC. All rights reserved.
Portuguese language edition copyright© 2009 by Editora Ciência Moderna Ltda. All rights reserved.
Nenhuma parte deste livro poderá ser reproduzida, transmitida e gravada, por qualquer meio eletrônico, mecânico, por fotocópia e outros, sem a prévia autorização, por escrito, da Editora.

Editor: Paulo André P. Marques
Produtora Editorial: Camila Cabete Machado
Diagramação: Julio Cesar Baptista dos Santos
Tradução: Angelo Giuseppe Meira Costa (angico)
Copidesque: Camila Cabete Machado
Capa: Carlos Arthur Candal
Assistente Editorial: Aline Vieira Marques

Várias **Marcas Registradas** aparecem no decorrer deste livro. Mais do que simplesmente listar esses nomes e informar quem possui seus direitos de exploração, ou ainda imprimir os logotipos das mesmas, o editor declara estar utilizando tais nomes apenas para fins editoriais, em benefício exclusivo do dono da Marca Registrada, sem intenção de infringir as regras de sua utilização. Qualquer semelhança em nomes próprios e acontecimentos será mera coincidência.

FICHA CATALOGRÁFICA

LYON, Gordon Fyodor.
Exame de Redes com o Nmap
Rio de Janeiro: Editora Ciência Moderna Ltda., 2009.

1. Informática - Segurança de rede
I — Título

ISBN: **978-85-7393-865-4**   CDD 001642

Editora Ciência Moderna Ltda.
R. Alice Figueiredo, 46 – Riachuelo
Rio de Janeiro, RJ – Brasil   CEP: 20.950-150
Tel: (21) 2201-6662/ Fax: (21) 2201-6896
E-MAIL: LCM@LCM.COM.BR
WWW.LCM.COM.BR

Exame de Redes com o Nmap

Guia Oficial do Projeto Nmap para Exames de Descoberta e Segurança de Redes

Gordon "Fyodor" Lyon

Dos princípios de exame de portas, para os novatos, até o tipo de criação de pacotes usado por hackers avançados, este livro, do autor e mantenedor do Nmap, se destina a profissionais de todos os níveis de segurança e de redes. Ao invés de simplesmente documentar o que cada opção do Nmap faz, o Exame de Redes com o Nmap demonstra como estas funcionalidades podem ser aplicadas para a resolução de tarefas do mundo real, tais como testes de penetração, realização de inventário de redes, detecção de pontos de acesso sem fios não autorizados ou de proxies abertos, remoção de surtos de vírus, e muito mais. Exemplos e diagramas mostram a comunicação real no cabo. Este livro é essencial para quem quer que precise extrair o máximo do Nmap, particularmente auditores de segurança e administradores de redes.

Sumário

Prefácio xxxv
    1. Introdução xxxv
    2. Público alvo e organização xxxvi
    3. Convenções xxxvii
    4. Outros recurssos xxxix
    5. Requisições de comentários xxxix
    6. Agradecimentos xl

1. Iniciando-se com o Nmap 1
    1.1. Introdução 1
    1.2. Visão Geral e Demonstração do Nmap 2
        1.2.1. A Avatar Online 2
        1.2.2. Salvando a Raça Humana 12
        1.2.3. MadHat no País das Maravilhas 15
    1.3. As Fases de um Exame do Nmap 18
    1.4. Questões Legais 21
        1.4.2. Pode o Exame de Portas Derrubar Computadores/Redes Alvo? 30
        1.4.3. Copyright do Nmap 31
    1.5. A História e o Futuro do Nmap 32

2. Obtendo, Compilando, Instalando e Removendo o Nmap 39

2.1. Introdução 39
- 2.1.1. Checando se o Nmap já está instalado 39
- 2.1.2. Interfaces Gráficas e de Linha de Comando 40
- 2.1.3. Baixando o Nmap 41
- 2.1.4. Verificando a Integridade dos Pacotes do Nmap Baixados 41
- 2.1.5. Obtendo o Nmap do repositório Subversion (SVN) 44

2.2. Compilação e Instalação a Partir do Código Fonte no Unix 45
- 2.2.1. Diretivas para configure 48
- 2.2.2. Se você Encontrar Problemas na Compilação 50

2.3. Distribuições Linux 51
- 2.3.1. Distribuições Baseadas em RPM (Red Hat, Mandrake, SUSE, Fedora) 52
- 2.3.2. Atualizando o Red Hat, o Fedora, o Mandrake e o Yellow Dog Linux com o Yum 54
- 2.3.3. Debian Linux e Derivados como o Ubuntu 55
- 2.3.4. Outras Distribuições do Linux 55

2.4. Windows 56
- 2.4.1. Dependências do Windows 2000 57
- 2.4.2. O Autoinstalador do Windows 58
- 2.4.3. Binários Zip de Linha de Comando 58
- 2.4.4. Compilar a Partir do Código Fonte 59
- 2.4.5. Executando o Nmap no Windows 61

2.5. Solaris da Sun 62

2.6. Mac OS X da Apple 63
- 2.6.1. Instalador Executável 63
- 2.6.2. Compilar a Partir do Código Fonte 64
- 2.6.3. Pacotes de Terceiros 65
- 2.6.4. Executando o Nmap no Mac OS X 65

2.7. FreeBSD / OpenBSD / NetBSD 66
- 2.7.1. Pacotes de Binários do OpenBSD e Instruções de Portes de Fontes 66
- 2.7.2. Pacote de Binários do FreeBSD e Instruções de Portes de Fontes 67
- 2.7.3. Instruções para Pacotes de Binários do NetBSD 68

2.8. Amiga, HP-UX, IRIX e Outras Plataformas 68
2.9. Removendo o Nmap 69

3. Descoberta de Hospedeiros ("Exame por ping") 71
3.1. Introdução 71
3.2. Especificando Hospedeiros e Redes Alvo 72
    3.2.1. Entrada por Lista (-iL) 73
    3.2.2. Seleção Aleatória de Alvos (-iR <numalvos>) 74
    3.2.3. Excluindo Alvos (–exclude, --excludefile <nomedearquivo>) ... 74
    3.2.4. Exemplos Práticos 74
3.3. Descobrindo os Endereços IP de uma Organização 76
    3.3.1. Macetes de DNS 77
    3.3.2. Consultas do whois em Registros de IP 82
    3.3.3. Informação de Roteamento da Internet 84
3.4. Resolução DNS 85
3.5. Controles da Descoberta de Hospedeiros 87
    3.5.1. Exame de Lista (-sL) 87
    3.5.2. Exame por ping (-sP) 89
    3.5.3. Desabilitar o ping (-PN) 91
3.6. Técnicas de Descoberta de Hospedeiros 93
    3.6.1. Ping por TCP SYN (-PS<lista de portas>) 94
    3.6.2. Ping por TCP ACK (-PA<lista de portas>) 96
    3.6.3. Ping de UDP (-PU<lista de portas>) 98
    3.6.4. Tipos de ping de ICMP (-PE, -PP, e -PM) 98
    3.6.5. Ping de Protocolos IP (-PO<lista de protocolos>) 99
    3.6.6. Exame por ARP (-PR) 100
    3.6.7. Combinação Omissiva 102
3.7. Juntando Tudo: Estratégias de Descoberta
de Hospedeiros 103
    3.7.1. Opções Relacionadas 103
    3.7.2. Escolhendo e Combinando as Opções de ping 106
    Seleção de Portas de UDP 109

Seleção de Provas de ICMP 109
Planejando as Combinações Ideais de Provas 109

3.8. Algoritmos de Código de Descoberta de Hospedeiros 112

4. Visão Geral do Exame de Portas 115

4.1. Introdução ao Exame de Portas 115

4.1.1. O que, Exatamente, é uma Porta? 115
4.1.2. Quais são as Portas mais Populares? 118
4.1.3. O que É o Exame de Portas? 122
4.1.4. Por que Examinar Portas? 124

4.2. Um Rápido Tutorial de Exame de Portas 126

4.3. Sinalizadores de Linha de Comando 131

4.3.1. Selecionando Técnicas de Exames 131
4.3.2. Selecionando Portas para Exame 133
4.3.3. Opções Relacionadas à Temporização 135
4.3.4. Opções de Formato de Saída e Verbosidade 137
4.3.5. Opções para Evitar Firewall e IDS 139
4.3.6. Especificando Alvos 139
4.3.7. Opções Diversas 139

4.4. Exame de IPv6 (-6) 140

4.5. SOLUÇÃO: Examinar uma Grande Rede em Busca de
uma Certa Porta TCP Aberta 141

4.5.1. Problema 141
4.5.2. Solução 142
4.5.3. Discussão 143
4.5.4. Veja Também 150

5. Técnicas e Algoritmos de Exames de Portas 151

5.1. Introdução 151

5.2. Exame (Invisível) por TCP SYN (-sS) 153

5.3. Exame por TCP Connect (-sT) 158

5.4. Exame de UDP (-sU) 161
    5.4.1. Desfazendo a Ambiguidade Entre as Portas UDP Abertas
    e Filtradas..162
    5.4.2. Acelerando os Exames de UDP 167

5.5. Exames de TCP por FIN, Nulo e de Natal (-sF, -sN, -sX) . 169

5.6. Tipos de Exames Personalizados com --scanflags 174
    5.6.1. Exame Personalizado por SYN/FIN 175
    5.6.2. Exame por PSH...176

5.7. Exame de TCP por ACK (-sA)..178

5.8. Exame de TCP por Janela (-sW) 180

5.9. O Exame de TCP de Maimon (-sM)....................................182

5.10. Exame Ocioso de TCP (-sI)...183
    5.10.1. O Exame Ocioso Passo a Passo 184
    5.10.2. Encontrando um Hospedeiro Zumbi Operacional para o
    Exame Ocioso...188
    5.10.3. Executando um Exame Ocioso 189
    5.10.4. Algoritmos de Implementação do Exame Ocioso.......190

5.11. Exame de Protocolos IP (-sO) 196

5.12. Exame de TCP por Rebate de FTP (-b)..............................199

5.13. Código e Algoritmos de Exames 201
    5.13.1. Monitoramento de Condições da Rede 202
    5.13.2. Paralelização de Hospedeiros e Portas.......................203
    5.13.3. Estimativa de Tempo de Ida e Volta (Round Trip).......203
    5.13.4. Controle de Congestionamento...................................205
    5.13.5. Provas de Temporização 207
    5.13.6. Tempos Inferidos de Vizinho 207
    5.13.7. Retransmissão Adaptável..208
    5.13.8. Retardo de Exames 208

6. Otimizando o Desempenho do Nmap 211
6.1. Introdução..211

6.2. Técnicas de Redução de Tempos de Exames 212
    6.2.1. Omita Testes que não Sejam Críticos 213
    6.2.2. Otimize os Parâmetros de Temporização 215
    6.2.3. Separe e Otimize os Exames de UDP 215
    6.2.4. Atualize o Nmap 216
    6.2.5. Execute Instâncias Concorrentes do Nmap 216
    6.2.6. Examine a Partir de uma Localização Favorável na Rede 217
    6.2.7. Aumente a Largura de Banda e o Tempo de CPU Disponíveis ...217

6.3. Tecendo Estratégias para Exames Demorados 219
    6.3.1. Use uma Abordagem de Múltiplos Estágios 219
    6.3.2. Estime e Planeje o Tempo e a Hora do Exame 220

6.4. Dados e Estratégias de Seleção de Portas 221

6.5. Controles de Temporização de Baixo Nível 223

6.6. Gabaritos de Temporização (-T) 224

6.7. Examinando 676.352 Endereços IP em 46 Horas 226

7. Detecção de Versão de Serviços e de Aplicações 229

7.1. Introdução 229

7.2. Uso e Exemplos 233

7.3. A Técnica Descrita 236
    7.3.1. Atalhos e Recursos 239
    7.3.2. Seleção e Raridade de Provas 241

7.4. A Técnica Demonstrada 242

7.5. Pós-Processadores 247
    7.5.1. Integração com o Mecanismo de Scripts do Nmap 247
    7.5.2. Exploração de RPC 247
    7.5.3. Notas Sobre o Pós-Processador de SSL 250

7.6. Formato do Arquivo nmap-service-probes 251
    7.6.1. Diretiva Exclude (excluir) 252
    7.6.2. Diretiva Probe (prova) 252
    7.6.3. Diretiva match (correspondência) 253

7.6.4. Diretiva softmatch (combinação leve).................................256
7.6.5. Diretivas ports e sslports...257
7.6.6. Diretiva totalwaitms (espera total em ms)....................257
7.6.7. Diretiva rarity (raridade)..258
7.6.8. Diretiva fallback (recurso)...258
7.6.9. Juntando Tudo..259

7.7. Contribuições da Comunidade 260
7.7.1. Envie Impressões Digitais de Serviços........................260
7.7.2. Envie Correções às Bases de Dados............................261
7.7.3. Envie Novas Provas..262

7.8. SOLUÇÃO: Encontrar todos os Servidores Rodando uma Versão de Aplicação Insegura ou não Padrão 263
7.8.1. Problema..263
7.8.2. Solução..264
7.8.3. Discussão...265

7.9. SOLUÇÃO: Aprimorar a Detecção de Versão para Adequá-la a Necessidades Personalizadas, tais como a Detecção de Proxies Abertos...267
7.9.1. Problema..267
7.9.2. Solução..268
7.9.3. Discussão...269

8. Detecção de SO Remoto..271

8.1. Introdução..271
8.1.1. Razões para Detecção de SO 272

8.2. Uso e Exemplos..274

8.3. Métodos de Coleta de Impressões Digitais de TCP/IP Suportados pelo Nmap...281
8.3.1. Provas Enviadas...282
Eco de ICMP (IE) 284
Notificação explícita de congestionamento de TCP (ECN)....284
TCP (T2 - T7)..285
UDP (U1) 285
8.3.2. Testes de Respostas...286
Máximo Denominador comum (MDC) do ISN do TCP............286

Taxa do contador de ISN de TCP (ISR)..287
Índice de predizibilidade da sequência de ISN de TCP (SP)..............287
Algoritmo de geração de sequência de ID de IP de TCP (TI)...............288
Algoritmo de geração de sequência de ID de IP de ICMP (II)..............289
Valor booleano da sequência compartilhada de ID de IP (SS).............289
Algoritmo de opção de marca de horário de TCP (TS).......................290
Opções de TCP (O, 01 - 06)...291
Tamanho inicial da janela de TCP (W, W1–W6)....................................292
Responsividade (R)..292
Bit de não fragmentar de IP (DF)..293
Não fragmentar (ICMP) (DFI)...293
Tempo inicial de vida do IP (T)...293
Estimativa de tempo inicial de vida do IP (TG)....................................294
Notificação explícita de congestionamento (CC).................................294
Idiossincrasias diversas de TCP (Q)...295
Número de sequência de TCP (S)..295
Número de sequência de ICMP (SI)...296
Número de reconhecimento de TCP (A)..296
Sinalizadores de TCP (F)...297
Soma-verificadora de dados de RST de TCP (RD)...............................297
Tipo de serviço de IP (TOS)..297
Tipo de serviço de IP para respostas de ICMP (TOSI)........................298
Comprimento total de IP (IPL)...298
Campo não usado de porta inalcançável não-zero (UN)....................298
Valor do comprimento total do IP da prova retornada (RIPL).........298
Valor da ID de IP da prova retornada (RID).......................................299
Integridade do valor da soma-verificadora de IP da prova retornada
(RIPCK)...299
Integridade do comprimento e da soma-verificadora da prova de UDP
retornada (RUL e RUCK)..299
Integridade dos dados de UDP retornados (RUD)..............................299
Código de resposta de ICMP (CD)...300
Comprimento de dados de IP para respostas de ICMP (DLI)............300

8.4. Métodos de Coleta de Impressões Digitais Evitados pelo Nmap...301

8.4.1. Coleta Passiva de Impressões Digitais......................................301
8.4.2. Cronologia de Explorações..301

8.4.3. Tempos de Retransmissão 302
8.4.4. Fragmentação de IP 303
8.4.5. Padrões de Portas Abertas 303

8.5. Entendendo uma Impressão Digital do Nmap 304
    8.5.1. Decodificando o Formato da Impressão Digital de Tema 305
        Decodificando a linha SCAN de uma impressão digital de tema. 308
    8.5.2. Decodificando o Formato da Impressão Digital de Referência 309
        Descrição de SO em formato livre (linha Fingerprint) 310
        Classificação de dispositivos e de SO (Linhas Class) 312
        Expressões de teste 313

8.6. Algoritmos de Correspondência de SO 315

8.7. Lidando com Hospedeiros mal Identificados e não Identificados 317
    8.7.1. Quando o Nmap Estima Incorretamente 319
    8.7.2. Quando o Nmap Falha em Encontrar uma Correspondência e Exibe uma Impressão Digital 320
    8.7.3. Modificando a Base de Dados nmap-os-db por si Mesmo 321

8.8. SOLUÇÃO: Detectar Pontos de Acesso sem Fios Irregulares numa Rede Empresarial 321
    8.8.1. Problema 321
    8.8.2. Solução 322
    8.8.3. Características de WAP 324

9. Mecanismo de Scripts do Nmap 327

9.1. Introdução 327

9.2. Uso e Exemplos 330
    9.2.1. Categorias de Scripts 330
    9.2.2. Argumentos de linha de comando 334
    9.2.3. Argumentos para Scripts 335
    9.2.4. Exemplos de Uso 336

9.3. Formato dos Scripts 336
    9.3.1. Campo description (descrição) 337
    9.3.2. Campo categories (categorias) 337
    9.3.3. Campo author (autor) 337
    9.3.4. Campo license (licença) 337

9.3.5. Campo runlevel (nível de execução)..........................338
9.3.6. Regras de Portas e de Hospedeiros............................338
9.3.7. Ação..339

9.4. Linguagem de Scripts..339
9.4.1. Linguagem Base Lua..340

9.5. Scripts NSE..341

9.6. Bibliotecas NSE...373
9.6.1. Lista de Todas as Bibliotecas....................................374
9.6.2. Adição de Módulos C à Nselib..................................376

9.7. A API do Nmap..377
9.7.1. Informações Passadas a um Script............................378
9.7.2. API de E/S de Rede..381
    E/S de rede no estilo de conexão..................................381
    E/S de rede no estilo de pacotes crus............................382
9.7.3. Mutexes de Segmentos..383
9.7.4. Tratamento de Exceções..385
9.7.5. O Registro...386

9.8. Tutorial de Escrita de Scripts......................................387
9.8.1. O Cabeçalho...388
9.8.2. A Regra...389
9.8.3. O Mecanismo...390

9.9. Escrevendo a Documentação do Script (NSEDoc)..........392
9.9.1. Marcas de Documentação do NSE...........................395

9.10. Detecção de Versão Usando o NSE..........................396

9.11. Script de Exemplo: finger.nse...................................399

9.12. Detalhes de Implementação.......................................400
9.12.1. Fase de Inicialização..400
9.12.2. Correspondendo Scripts com Alvos.......................402
9.12.3. Execução de Scripts...403

10. Detectando e Subvertendo Firewalls e Sistemas de Detecção de Intrusão..405
10.1. Introdução..405

10.2. Por que Profissionais Éticos (chapéus-brancos) Fariam Isto? 406

10.3. Determinando as Regras do Firewall 407
    10.3.1. Exame Padrão por SYN 407
        Firewalls furtivos que retornam RST 408
    10.3.2. Exame por ACK 409
    10.3.3. Truques de ID de IP 413
    10.3.4. Exame de Versão de UDP 417

10.4. Contornando Regras de Firewalls 418
    10.4.1. Sinalizadores Exóticos de Exames 419
    10.4.2. Manipulação de Porta de Origem 420
    10.4.3. Ataques de IPv6 422
    10.4.4. Exame ocioso de ID de IP 424
    10.4.5. Múltiplas Provas de ping 424
    10.4.6. Fragmentação 424
    10.4.7. Proxies 425
    10.4.8. Simulação de Endereço MAC 426
    10.4.9. Roteamento de Origem 428
    10.4.10. Exame por Rebate de FTP 429
    10.4.11. Use um Caminho Alternativo 430

10.5. Subvertendo Sistemas de Detecção de Intrusão 436
    10.5.1. Detecção de Sistemas de Detecção de Intrusão 437
    10.5.2. Evitando os Sistemas de Detecção de Intrusão 442
    10.5.3. Distraindo os Sistemas de Detecção de Intrusão 449
    10.5.4. Ataques DoS Contra Sistemas Reativos 454
    10.5.5. Explorando os Sistemas de Detecção de Intrusão 455
    10.5.6. Ignorando os Sistemas de Detecção de Intrusão 456

10.6. Detectando o Forjamento de Pacotes por Firewalls e Sistemas de Detecção de Intrusão 457
    10.6.1. Procure pela Consistência do TTL 458
    10.6.2. Procure pela Consistência da ID de IP e dos Números de Sequência 460
    10.6.3. O Truque da Soma-Verificadora de TCP Falsa 461
    10.6.4. Tempos de Ida e Volta 463
    10.6.5. Análise Cuidadosa de Cabeçalhos e Conteúdos de Pacotes 464
    10.6.6. Uniformidade Incomum da Rede 464

11. Defesas contra o Nmap 467

   11.1. Introdução 467

   11.2. Examinar Pro-ativamente, Depois Fechar ou Bloquear Portas e Corrigir Vulnerabilidades 467

   11.3. Bloquear e Retardar o Nmap com Firewalls 469

   11.4. Detectar Exames do Nmap 471

   11.5. Subterfúgios Expertos 474
      11.5.1. Ocultação de Serviços em Portas Obscuras 475
      11.5.2. Batidas em Portas 477
      11.5.3. Potes de Mel e Redes Atratoras 480
      11.5.4. Simulação de SO 480
      11.5.5. Poços de Piche 483
      11.5.6. Detecção Reativa de Exames de Portas 484
      11.5.7. Aumentando a Corrida Armamentista 484

12. Guia do Usuário da GUI Zenmap 487

   12.1. Introdução 487

   12.2. Examinando 489
      12.2.1. Perfis 490
      12.2.2. Agregação de Exames 491

   12.3. Interpretando os Resultados de Exames 493
      12.3.1. Abas de Resultados de Exames 493
      12.3.2. Ordenando por Hospedeiro 498
      12.3.3. Ordenando por Serviço 500

   12.4. Salvando e Carregando Resultados de Exames 500
      12.4.1. A Base de Dados de Exames Recentes 501

   12.5. Surfando na Topologia da Rede 502
      12.5.1. Uma Visão Geral da Aba "Topology" 502
      12.5.2. Legenda 503
      12.5.3. Controles 504
         Controles de ação 504
         Controles de interpolação 506

Controles de disposição 506
Controles de visualização 506
Controles do Fisheye 507
12.5.4. Atalhos de Teclado 507
12.5.5. O Visualizador de Hospedeiros 508

12.6. O Assistente Construtor de Comandos do Nmap 508

12.7. O Editor de Perfis 510
12.7.1. Criando um Novo Perfil 510
12.7.2. Editando um Perfil 511
12.7.3. Derivando um Novo Perfil de um mais Antigo 511

12.8. Procurando nos Resultados Salvos 512

12.9. Comparando os Resultados 516
12.9.1. Comparação Gráfica 517
12.9.2. Comparação Textual 518

12.10. Arquivos Usados pelo Zenmap 520
12.10.1. O Executável nmap 520
12.10.2. Arquivos de Configuração do Sistema 521
12.10.3. Arquivos de Configuração por Usuário 521
12.10.4. Arquivos de Saída 522

12.11. Descrição do zenmap.conf 523
12.11.1. Seções do zenmap.conf 524

12.12. Opções da Linha de Comando 526
12.12.1. Sinopse 526
12.12.2. Resumo das Opções 526
12.12.3. Saída de Erros 527

12.13. História 528

13. Formatos de Saída do Nmap 529

13.1. Introdução 529

13.2. Sinalizadores de Linha de Comando 531
13.2.1. Controlando o Tipo de Saída 531

13.2.2. Controlando a Verbosidade da Saída 534
13.2.3. Habilitando a Saída de Depuração 538
13.2.4. Tratando Mensagens de Erros e de Advertências 540
13.2.5. Habilitando o Rastreamento de Pacotes 541
13.2.6. Retomando Exames Abortados 543

13.3. Saída Interativa 543

13.4. Saída Normal (-oN) 544

13.5. Saída $crIpT kIddI3 (-oS) 545

13.6. Saída em XML (-oX) 546
13.6.1. Usando a Saída em XML 550

13.7. Manipulando a Saída em XML com o Perl 552

13.8. Enviando a Saída para uma Base de Dados 554

13.9. Criando Relatórios em HTML 556
13.9.1. Salvando um Relatório Permanente em HTML 557

13.10. Saída Grepável (-oG) 557
13.10.1. Campos da Saída Grepável 559

14. Entendendo e Personalizando os Arquivos de Dados do Nmap 567

14.1. Introdução 567

14.2. Lista de Portas bem Conhecidas: nmap-services 568

14.3. Base de Dados de Exames de Versão: nmap-service-probes 571

14.4. Números do SunRPC: nmap-rpc 572

14.5. Base de Dados de Detecção de SO do Nmap: nmap-os-db 573

14.6. Prefixos de Fornecedores de Endereços MAC: nmap-mac-prefixes 575

14.7. Lista de Números de Protocolo IP: nmap-protocols 576

14.8. Arquivos Relacionados com Scripts 577

14.9. Usando Arquivos de Dados Personalizados 578

15. Guia de Referência do Nmap 581

15.1. Descrição 581

15.2. Resumo das Opções 583

15.3. Especificação de Alvos 586

15.4. Descoberta de Hospedeiros 589

15.5. Fundamentos de Exames de Portas 599

15.6. Técnicas de Exame de Portas 601

15.7. Especificação de Portas e Ordem de Exames 610

15.8. Detecção de Serviços e Versões 612

15.9. Detecção de SO 615

15.10. O Mecanismo de Scripts do Nmap (NSE) 617

15.11. Temporização e Desempenho 620

15.12. Evitação e Simulação de Firewalls/IDSs 628

15.13. Saída 635

15.14. Opções Diversas 644

15.15. Interação Durante a Execução 647

15.16. Exemplos 648

15.17. Erros 649

15.18. O Autor 650

15.19. Notas Legais 650

15.19.1. Licença e Copyright do Nmap 650
15.19.2. Licença do Creative Commons para este Guia do Nmap 652
15.19.3. Disponibilidade do Código Fonte e Contribuições
        da Comunidade 653
15.19.4. Nenhuma Garantia 653
15.19.5. Uso Indevido 654
15.19.6. Softwares de Terceiros 654
15.19.7. Classificação do Controle de Exportação dos Estados Unidos
        (U.S. Export Control) 654

Índice Remissivo **667**

LISTA DE FIGURAS

Figura 1. Cabeçalho de IPv4 xliii
Figura 2. Cabeçalho de TCP xliii
Figura 3. Cabeçalho de UDP xliv
Figura 4. Cabeçalho de ICMP xliv
Figura 1.1. Trinity Inicia o seu Assalto 12
Figura 1.2. Trinity Examina a Matriz 14
Figura 1.3. Fortes Opiniões sobre a Legalidade e a Moralidade do Exame de Portas 22
Figura 2.1. Executando o Nmap a partir de um shell de comando do Windows 61
Figura 3.1. Um cartão de visita explica tudo 77
Figura 3.2. O Netcraft encontrou 36 servidores web da Target 81
Figura 5.1. Disposição do cabeçalho de ICMPv4 para destino inalcançável 152
Figura 5.2. Exame por SYN da porta 22 aberta 154
Figura 5.3. Exame por SYN da porta 113 fechada 155
Figura 5.4. Exame por SYN da porta 139 filtrada 156
Figura 5.5. Exame por connect da porta aberta 22 (nmap -sT -p22 scanme.nmap.org) 159

Figura 5.6. Exame ocioso de uma porta aberta 185

Figura 5.7. Exame ocioso de uma porta fechada 186

Figura 5.8. Exame ocioso de uma porta filtrada 186

Figura 5.10. A taxa de exames, conforme afetada pelo retardo
de exames 209

Figura 8.1. Disposição do cabeçalho de requisição ou de
resposta de eco de ICMP 282

Figura 10.1. O BlackICE descobre um intruso incomum 438

Figura 10.2. Um atacante mascarado por dezenas de iscas 450

Figura 12.1. Imagem de tela típica do Zenmap 488

Figura 12.2. A janela principal do Zenmap 490

Figura 12.3. Seleção de alvo e de perfil 490

Figura 12.4. Seleção de hospedeiro 498

Figura 12.6. Seleção de Serviço 500

Figura 12.7. Agrupando os filhos de um hospedeiro 505

Figura 12.8. Destacando regiões da topologia 505

Figura 12.9. Selecionando um perfil 510

Figura 12.10. O editor de perfis 510

Figura 12.11. O diálogo de buscas 512

Figura 12.12. Busca de palavra-chave 513

Figura 12.13. Buscas de expressões 513

Figura 12.14. Ferramenta de comparação 517

Figura 12.15. Comparação gráfica 518

Figura 12.16. Comparação em modo texto 519

Figura 13.1. Saída em XML num navegador web 551

Lista de Tabelas

Tabela 1. Convenções de estilo de formatação 38

Tabela 3.1. Primeiro passo na listagem dos IPs de target.com 78

Tabela 3.2. Portas mais valiosas para provas de TCP, em ordem descendente de acessibilidade 107

Tabela 5.1. Valores de código de ICMP para destino inalcançável (tipo 3) 153

Tabela 5.2. Como o Nmap interpreta as respostas a uma prova de SYN 156

Tabela 5.3. Como o Nmap interpreta as respostas a uma prova de UDP 161

Tabela 5.4. Como o Nmap interpreta as respostas a uma prova de exame nulo, por FIN, ou de Natal 170

Tabela 5.5. Como o Nmap interpreta as respostas a uma prova de exame por ACK 178

Tabela 5.6. Como o Nmap interpreta as respostas a uma prova de ACK de um exame por janela 180

Tabela 5.7. Como o Nmap interpreta as respostas a uma prova de exame de Maimon 183

Tabela 5.8. Como o Nmap interpreta as respostas a uma prova de protocolos de IP 197

Tabela 6.1. Valores de --top-ports necessários para se alcançar vários níveis de eficácia 222

Tabela 6.2. Controles de temporização de baixo nível por função 223

Tabela 6.3. Gabaritos de temporização e seus efeitos 225

Tabela 7.1. Formatos e valores do campo "informação de versão" 255

Tabela 8.1. Valores do teste O 291

Tabela 8.2. Valores do teste DFI 293

Tabela 8.3. Valores do teste CC 295

Tabela 8.4. Valores do teste S 296

Tabela 8.5. Valores do teste SI 296

Tabela 8.6. Valores do teste A 296

Tabela 8.7. Valores do teste F 297

Tabela 8.8. Valores do teste TOSI 298

Tabela 8.9. Valores do teste CD 300

Tabela 8.10. Valores do teste DLI 300

Tabela 8.11. Referência de operadores de expressões de testes de impressões digitais 314

Tabela 9.1. Valores de port.version 380

Tabela 12.1. Códigos de caracteres da diferenciação de textos ... 519

LISTA DE EXEMPLOS

Exemplo 1. Um exame típico do Nmap xxxviii

Exemplo 1.1. Varredura de lista do Nmap nos endereços de IP da Avatar Online 4

Exemplo 1.2. Resultados do Nmap em um firewall da AO 8

Exemplo 1.3. Uma outra máquina interessante, da AO 10

Exemplo 1.4. saída típica do nmap-diff 16

Exemplo 1.5. Execução do nmap-report 18

Exemplo 2.1. Checando o Nmap e Determinando o Número de sua Versão 39

Exemplo 2.2. Verificando as impressões digitais das chaves PGP do Nmap e de Fyodor 42

Exemplo 2.3. Verificando as impressões digitais das chaves PGP (com sucesso) 43

Exemplo 2.4. Detectando um arquivo falseado 43

Exemplo 2.5. Um típico arquivo condensado de liberação do Nmap 43

Exemplo 2.6. Verificando extratos do Nmap 44

Exemplo 2.7. Tela de configuração com sucesso 46

Exemplo 2.8. Instalando o Nmap a partir de RPMs de binários .. 52

Exemplo 2.9. Construindo e instalando o Nmap a partir de RPMs de fontes 53

Exemplo 2.10. Instalando o Nmap a partir do repositório Yum de um sistema 54

Exemplo 3.1. Usando o comando host para consultar tipos comuns de registros de DNS 77

Exemplo 3.2. Falha e sucesso em transferências de zonas 79

Exemplo 3.3. Exame por DNS reverso e por traceroute do Nmap em www.target.com 80

Exemplo 3.4. Usando o whois para encontrar o proprietário do endereço IP de www.target.com 80

Exemplo 3.5. Usando o whois para encontrar o bloco de rede contendo 161.225.130.163 82

Exemplo 3.6. Enumerando hospedeiros em torno de www.stanford.edu com um exame de lista 88

Exemplo 3.7. Descobrindo hospedeiros em torno de www.lwn.net com um exame por ping 90

Exemplo 3.8. Tentativas de pingar hospedeiros populares da Internet 93

Exemplo 3.9. Repetição da tentativa de descoberta de hospedeiros usando provas de SYN na porta 80 95

Exemplo 3.10. Ping de ACK tentado contra a Microsoft 97

Exemplo 3.11. Exame por ping de IP cru de um alvo fora do ar 100

Exemplo 3.12. Exame por ping de ARP de um alvo fora do ar ... 101

Exemplo 3.13. Gerando 50.000 endereços IP e, depois, examinando-os por ping com as opções omissivas........ 110

Exemplo 3.14. Repetindo os exames por ping com provas extras.. 111

Exemplo 4.1. Visualizando e aumentando a faixa de portas efêmeras no Linux 117

Exemplo 4.2. Exame simples: nmap scanme.nmap.org............... 127

Exemplo 4.3. Mais complexo: nmap -p0- -v -A -T4 scanme.nmap.org.. 128

Exemplo 4.4. Um simples exame de IPv6....................................... 140

Exemplo 4.5. Descobrindo o espaço de IP da Playboy................. 143

Exemplo 4.6. Pingando o servidor web da Playboy para uma estimativa de latência 144

Exemplo 4.7. Digando pelos registros de DNS da Playboy.......... 145

Exemplo 4.8. Pingando os servidores MX 146

Exemplo 4.9. Pingando por TCP os servidores MX...................... 146

Exemplo 4.10. Lançando o exame 148

Exemplo 4.11. Egrep por portas abertas... 149

Exemplo 5.1. Um exame por SYN mostrando três estados de portas 154

Exemplo 5.2. Usando --packet-trace para entender um exame por SYN 157

Exemplo 5.3. Exemplo de exame por connect 160

Exemplo 5.4. Exemplo de exame de UDP 162

Exemplo 5.5. Exemplo de exame de UDP 163

Exemplo 5.6. Melhorando os resultados do exame de UDP em

Felix com a detecção de versão...................164

Exemplo 5.7. Melhorando os resultados do exame de UDP em Scanme com a detecção de versão..........164

Exemplo 5.8. Tentativa de desmanche de ambiguidade entre portas UDP com discrepâncias de TTL.................165

Exemplo 5.9. Otimizando o tempo de exame de UDP.........169

Exemplo 5.10. Exemplos de exame por FIN e de Natal.............172

Exemplo 5.11. Exame por SYN de docsrv..........................172

Exemplo 5.12. Exame por FIN de docsrv........................173

Exemplo 5.13. Um exame por SYN/FIN do Google.............176

Exemplo 5.14. Um exame personalizado por PSH..............177

Exemplo 5.15. Um típico exame por ACK.........................178

Exemplo 5.16. Um exame por ACK de docsrv..................180

Exemplo 5.17. Exame por janela de docsrv.caldera.com 181

Exemplo 5.18. Um exame falho de Maimon......................183

Exemplo 5.19. Um exame ocioso na RIAA......................189

Exemplo 5.20. Exame de protocolos IP de um roteador e de uma máquina Linux 2.4 típica................198

Exemplo 5.21. Tentativa de exame por rebate de FTP................200

Exemplo 5.22. Exame por rebate de FTP bem sucedido 201

Exemplo 6.1. Uso da largura de banda sobre uma rede ethernet local de 100 Mbps......................218

Exemplo 6.2. Estimando o tempo do exame.....................220

Exemplo 7.1. Uso simples da detecção de versão.........................232

Exemplo 7.2. Detecção de versão em www.microsoft.com..........233

Exemplo 7.3. Detecção complexa de versão..................................234

Exemplo 7.4. Saída de exemplo do atalho da prova NULL..........240

Exemplo 7.5. Enumerando serviços de RPC com o rpcinfo........248

Exemplo 7.6. Exame direto de RPC do Nmap................................249

Exemplo 7.7. Examinando a versão através de SSL....................250

Exemplo 8.1. Detecção de SO com verbosidade (-O -v)..............274

Exemplo 8.2. Usando o exame de versão para detectar o SO.....278

Exemplo 8.3. Uma típica impressão digital de tema....................305

Exemplo 8.4. Uma impressão digital de tema limpa...................306

Exemplo 8.5. Uma típica impressão digital de referência...........309

Exemplo 8.6. Algumas descrições típicas de impressões digitais
  e as classificações correspondentes........................313

Exemplo 8.7. A estrutura MatchPoints..316

Exemplo 8.8. Resultados de exame num WAP de um cliente......324

Exemplo 9.1. Saída típica do NSE..329

Exemplo 9.2. E/S no estilo de conexão..382

Exemplo 9.3. Manipulação de mutex...385

Exemplo 9.4. Exemplo de tratamento de exceções......................386

Exemplo 9.5. Um comentário do NSEDoc para uma função......392

Exemplo 9.6. Um comentário do NSEDoc para um módulo.......393

Exemplo 9.7. Um comentário do NSEDoc para um script..........394

Exemplo 9.8. Um típico script de detecção de versão (detecção
  do Skype versão 2)...397

Exemplo 10.1. Detecção de portas TCP fechadas e filtradas......408

Exemplo 10.2. Exame porACK em Scanme...................................410

Exemplo 10.4. Exame de UDP num hospedeiro protegido por firewall 417

Exemplo 10.5. Exame de versão de UDP num hospedeiro protegido por firewall 418

Exemplo 10.6. Exame por FIN num firewall sem estado 419

Exemplo 10.7. Ultrapassando o filtro Windows IPsec usando a porta de origem 88 421

Exemplo 10.8. Comparando os exames de IPv4 e IPv6 422

Exemplo 10.9. Explorando uma impressora com o exame por rebate de FTP 429

Exemplo 10.11. Exame por ping na rede alvo 431

Exemplo 10.12. Rastreamento de pacotes em um único IP 432

Exemplo 10.13. Testando um exame ocioso* 433

Exemplo 10.14. Testando o roteamento na fonte 435

Exemplo 10.15. Sucesso, afinal 435

Exemplo 10.16. Os nomes de hospedeiros podem ser despistamentos 440

Exemplo 10.17. Percebendo falhas de TTL com traceroute 440

Exemplo 10.18. Usando a opção de registro de rota de IP 441

Exemplo 10.21. Usando representantes de DNS (DNS recursivo) para um exame de lista invisível em SecurityFocus 453

Exemplo 10.22. Detecção de portas TCP fechadas e filtradas 459

Exemplo 10.23. Testando a consistência de números de sequência da ID de IP 460

Exemplo 11.1. Um exame de versão em todas as portas TCP.....475
Exemplo 13.1. Saída do scanrand contra uma rede local............529
Exemplo 13.2. Efetuando um grep pelas condições de
verbosidade 536
Exemplo 13.3. Saída interativa sem a verbosidade habilitada....536
Exemplo 13.4. Saída interativa com a verbosidade habilitada ...537
Exemplo 13.5. Algumas linhas representativas de depuração 539
Exemplo 13.6. Usando --packet-trace para detalhar um exame
por ping em Scanme..541
Exemplo 13.7. Um típico exemplo de saída normal.....................545
Exemplo 13.8. Um típico exemplo de Saída $crIpT kIddI3 (-oS)
0uTPut 545
Exemplo 13.9. Um exemplo de saída em XML do Nmap 547
Exemplo 13.10. Elementos port do XML do Nmap 549
Exemplo 13.11. Código de amostra do Nmap::Parser.................553
Exemplo 13.12. Código de amostra do Nmap::Scanner............554
Exemplo 13.13. Um típico exemplo de saída grepável.................558
Exemplo 13.14. Saída grepável para exame de protocolo IP 562
Exemplo 13.15. Saída grepável de exame por ping.....................564
Exemplo 13.16. Saída grepável de exame de lista 565
Exemplo 13.17.Processando a saída grepável na linha de
comando 565
Exemplo 14.1. Excerto do nmap-services 568
Exemplo 14.2. Excerto do nmap-service-probes 571
Exemplo 14.3. Excerto do nmap-rpc...572

Exemplo 14.4. Excerto do nmap-os-db 573

Exemplo 14.5. Excerto do nmap-mac-prefixes 576

Exemplo 14.6. Excerto do nmap-protocols 577

Exemplo 15.1. Um exame representativo do Nmap 582

Prefácio

1. Introdução

Em 1 de setembro de 1997, eu liberei um scanner de segurança chamado Nmap, na 51ª edição da revista Phrack. Meu objetivo era consolidar o fragmentado campo de scanners de portas de propósitos especiais em uma ferramenta livre poderosa e flexível, fornecendo uma interface consistente e uma implementação eficiente de todas as técnicas práticas de exame de portas. O Nmap, então, consistia de três arquivos (aproximadamente 2.000 linhas de código) e suportava apenas o sistema operacional Linux. Ele foi escrito para meus próprios propósitos, e foi liberado na esperança de que outros o achassem útil.

Deste modesto início, e através da força do desenvolvimento do Código Aberto, o Nmap cresceu até se tornar o scanner de segurança de redes mais popular do mundo[1], com milhões de usuários em todo o mundo. Ao longo dos anos, o Nmap continuou a adicionar funcionalidades avançadas, tais como a detecção de SO remoto, a detecção de versão/serviço, o exame ocioso por ID de IP, o Mecanismo de Scripts do Nmap, e o rápido exame de multiprovas por ping. Ele suporta, agora, todas as principais plataformas do Unix, Windows, e Mac OS. Tanto versões de console quanto gráficas estão disponíveis. Publicações, incluindo Linux Journal, Info World, LinuxQuestions.Org, e Codetalker Digest reconheceram o Nmap como "ferramenta de segurança do ano". Ele até participou de vários filmes[2], incluindo The Matrix Reloaded, O Ultimato Bourne, e Duro de Matar 4.

---

[1] Com base na frequência de download, número de alcances no Google, e na parada de "popularidade" de software do Freshmeat.Net.

[2] http://nmap.org/movies.html

O Nmap ("Network Mapper" - mapeador de redes) é um utilitário livre, de código aberto, para exploração de redes e auditagem de segurança. Muitos administradores de redes e de sistemas também o acharão útil para tarefas como inventários de redes, gerenciamento de agendas de atualização de serviços e monitoramento de hospedeiros ou de tempo de atividade de serviços. O Nmap usa pacotes crus de IP de maneiras inovadoras para determinar quais hospedeiros estão disponíveis, na rede, quais serviços (nome e versão de aplicação) estes hospedeiros estão oferecendo, quais sistemas operacionais (e versão destes) eles estão rodando, que tipo de filtros de pacotes/firewalls estão em uso, e dezenas de outras características. Ele foi projetado para examinar rapidamente redes grandes, mas funciona bem com hospedeiros unitários.

Além do Nmap ser extremamente poderoso, ele também é complexo. Mais de 100 opções de linha de comando acrescentam expressividade aos gurus de redes, mas podem confundir os novatos. Algumas de suas opções nem sequer foram documentadas. Este livro documenta todas as funcionalidades do Nmap e, principalmente, ensina as maneiras mais eficazes de usá-las. Ele levou quase quatro anos para ser escrito, com atualizações constantes, à medida que o Nmap evoluía.

Este livro é dedicado à comunidade de usuários e desenvolvedores do Nmap. Suas ideias, paixão, emendas, solicitações de funcionalidades, discussões, relatos de erros, e discursos irados à meia-noite, moldaram o Nmap no que ele é hoje.

– Gordon "Fyodor" Lyon <fyodor@insecure.org>

2. Público alvo e organização

Este livro documenta o scanner de segurança livre Nmap, dos princípios de exame de portas, para novatos, até os tipos de construção de pacotes usados por hackers avançados. Ele deve beneficiar os usuários (ou potenciais usuários) do Nmap de todos os níveis de experiência.

Começando com o básico, este livro dá uma visão geral do Nmap através de exemplos, no capítulo 1. Depois, o capítulo 2 cobre a obtenção, compilação e instalação do Nmap. Os capítulos de 3 a 5 cobrem funcionalidades na ordem em que você deverá usá-las, quando realizando um teste de penetração. Primeiro vem a descoberta de hospedeiros ("exame por ping"), que determina os hospedeiros disponíveis numa rede. Em seguida, o exame de portas é coberto em profundidade. No capítulo 5, todas as técnicas de exames do Nmap são detalhadas, com conselhos e exemplos. O exame de uma rede grande pode durar um tempo longo, então o capítulo 6 está cheio de conselhos de otimização do desempenho. O capítulo 7 detalha a detecção de versão de serviços e de aplicações, na qual o Nmap consulta as portas para determinar exatamente o que está rodando, ao invés de simplesmente adivinhar com base no número da porta. O capítulo 8 cobre uma das funcionalidades mais adoradas do Nmap: a detecção de SO remoto. O capítulo 9 detalha uma das mais novas funcionalidades: o Mecanismo de Scripts do Nmap. O NSE permite que usuários e desenvolvedores estendam facilmente o Nmap com novas funcionalidades, escrevendo scripts simples para serem eficientemente executados para as máquinas alvo. Meu capítulo favorito é o número 10: Detectando e subvertendo Firewalls e Sistemas de Detecção de Intrusão. Para equilibrar, este é seguido por um capítulo sobre a defesa contra os exames do Nmap. O capítulo 12, depois, documenta completamente a GUI multiplataforma do Nmap, Zenmap, e os visualizadores de resultados. Os dois capítulos seguintes cobrem os formatos de saída e os arquivos de dados. O último e mais longo capítulo é o Guia de referência do Nmap, um recurso rápido para busca de opções específicas, do Nmap.

Espalhadas por todo o livro, há instruções detalhadas para a realização de tarefas comuns, como o exame de uma rede em busca de uma certa porta TCP aberta, ou a detecção de pontos de acesso sem fios, pelo exame do lado cabeado. Primeiro, cada problema é descrito, depois, uma solução eficaz é fornecida. Uma seção de discussão final descreve a solução em mais profundidade e pode fornecer soluções alternativas e intuições para problemas similares.

3. Convenções

A saída do Nmap é usada, ao longo deste livro, para demonstrar princípios e funcionalidades. A saída é frequentemente editada para excluir linhas que sejam irrelevantes para a questão sendo levantada. As datas/horários e números de versões apresentados pelo Nmap são, geralmente, removidos, também, já que alguns leitores acham-nas distrativas. Informações delicadas, como nomes de hospedeiros, endereços IP e endereços MAC, podem ser trocados ou removidos. Outras informações podem ser excluídas, ou as linhas serem quebradas para que possam caber numa página impressa. Edições similares são feitas na saída de outras aplicações. O exemplo 1 dá uma ideia das capacidades do Nmap, ao mesmo tempo que também demonstra a formatação da saída.

Exemplo 1. Um exame típico do Nmap

```
# nmap -A -T4 scanme.nmap.org
Starting Nmap ( http://nmap.org )
Interesting ports on scanme.nmap.org (64.13.134.52):
Not shown: 994 filtered ports
PORT      STATE    SERVICE    VERSION
22/tcp    open     ssh        OpenSSH 4.3 (protocol 2.0)
25/tcp    closed   smtp
53/tcp    open     domain     ISC BIND 9.3.4
70/tcp    closed   gopher
80/tcp    open     http       Apache httpd 2.2.2 ((Fedora))
|_ HTML title: Go ahead and ScanMe!
113/tcp closed auth
Device type: general purpose
Running: Linux 2.6.X
OS details: Linux 2.6.20-1 (Fedora Core 5)

TRACEROUTE (using port 80/tcp)
HOP RTT ADDRESS
[Excluídos os sete primeiros saltos, por brevidade]
8    10.59    so-4-2-0.mpr3.pao1.us.above.net (64.125.28.142)
9    11.00    metro0.sv.svcolo.com (208.185.168.173)
10   9.93     scanme.nmap.org (64.13.134.52)

Nmap done: 1 IP address (1 host up) scanned in 17.00 seconds
```

Formatação especial é fornecida para certos símbolos, como nomes de arquivos e comandos de aplicações. A tabela 1 demonstra as convenções de formatação mais comuns.

Tabela 1. Convenções de estilo de formatação

Tipo de símbolo	Exemplo
string literal	Eu fico muito mais excitado com portas no estado open (aberto) do que com as que são relatadas como closed (fechadas) ou filtered (filtradas).
Opções de linha de comando	Uma das opções mais bacanas, ainda que menos compreendidas, do Nmap é --packet-trace.
Nomes de arquivos	Siga a opção -iL com o nome do arquivo de entrada, tal como C:\net\dhcp-leases.txt ou /home/h4x/hosts-to-pwn.lst.
Ênfase	Usar o Nmap a partir do computador de seu trabalho ou de sua escola para atacar alvos em bancos ou militares é uma *má* ideia.
Comandos de aplicações	Trinity examinou a Matrix com o comando **nmap -v -sS -O 10.2.2.2**.
Variáveis substituíveis	Digamos que <fonte> seja a máquina rodando o Nmap e que <alvo> seja a microsoft.com.

4. Outros recursos

Embora este livro seja uma importante referência do Nmap, ele não é a única. A página web do Nmap, em http://nmap.org não é só para downloads. Ela também fornece documentação substancial dos desenvolvedores do Nmap e de terceiros. Por exemplo, você pode encontrar o Guia de referência do Nmap traduzido para uma dúzia de linguagens, lá. Outros livros, vídeos e artigos abordando o Nmap também estão disponíveis.

O website oficial para este livro está em http://nmap.org/book/. Vá até lá em busca de erratas, atualizações, e muitos capítulos de amostra.

Qualquer usuário sério do Nmap deve se subscrever na lista de correio nmap-hackers para anúncios sobre o Nmap e a Insecure.Org. O tráfego é muito leve (cerca de seis postagens por ano) porque ela é reservada somente para anúncios muito importantes. Os desenvolvedores e usuários particularmente devotados podem, também, subscrever para a lista de correio nmap-dev. O tráfego é muito mais alto (centenas de postagens por mês), mas ela é um ótimo lugar para aprender e experimentar novas funcionalidades, antes que elas sejam liberadas e para coletar dicas de usuários avançados. Informações de subscrição e arquivos de ambas as listas estão disponíveis em http://seclists.org.

Embora o Nmap possa ser útil, ele não resolverá todos os seus problemas de segurança. De tempos em tempos eu faço um levantamento com milhares de usuários do Nmap para determinar de que outras ferramentas eles gostam. A lista é postada em http://sectools.org, que se tornou um de meus websites mais populares. Leia a lista e você certamente encontrará muitas preciosidades de que jamais terá ouvido falar. A maioria das ferramentas é livre e de código aberto.

5. Requisições de comentários

Apesar de eu ter feito o melhor possível para tornar este livro abrangente, preciso e atualizado, nós todos cometemos erros. Se você encontrar quaisquer problemas ou apenas tiver sugestões para tornar este livro melhor, por favor, deixe-me saber por email para <fyodor@insecure.org>. O princípio do código aberto de muitos leitores e contribuintes é tão viável para a documentação quanto para o software. Como a próxima seção atesta, dezenas de pessoas já contribuíram generosamente com seu tempo e conhecimentos para fazer deste livro um sucesso.

XL — 👁 — **Nmap** - Mapeador de Redes

Se você tiver uma pergunta ou um comentário sobre o Nmap (ao invés de sobre o livro, em si), será melhor enviá-la à lista de desenvolvimento do Nmap, como descrito na seção 15.17, "Erros".

6. Agradecimentos

Quando eu primeiramente sugeri a ideia de escrever um livro sobre o Nmap à lista de correio nmap-hackers, fui inundado por sugestões e ofertas de ajuda. Esta explosão de entusiasmo me convenceu a executá-la. Minha completa ingenuidade sobre a quantidade de trabalho que estaria envolvida também contribuiu para minha decisão. Esta foi uma grande empresa, mas o que me manteve seguindo capítulo a capítulo foi um grupo privado de revisão chamado nmap-writers (escritores do nmap). Eles forneceram retornos, conselhos e notas de revisão valiosas, ao longo do processo. Em particular, eu gostaria de agradecer às seguintes pessoas:

- **David Fifield** é listado primeiro (todos os demais em ordem alfabética do sobrenome) porque ele foi uma tremenda ajuda durante o processo de escrita do livro. Ele solucionou uma série de problemas técnicos do DocBook, criou muitas das ilustrações finais, partindo de meus terríveis rascunhos, melhorou dramaticamente o índice, ajudou com a prova de leitura e até escreveu o capítulo 12, Guia do usuário da GUI Zenmap.

- **Matt Baxter** permitiu o uso de seus belos diagramas de cabeçalhos de TCP/IP (na seção 7, "Referência do TCP/IP"). Vários outros diagramas, neste livro, foram feitos nesse estilo, para corresponderem.

- **Saurabh Bhasin** contribuiu com retorno detalhado, numa base regular.

- **Mark Brewis** com quem sempre se podia contar para bons conselhos.

- **Ellen Colombo** foi de grande auxílio desde o começo.

- **Patrick Donnelly** ajudou a melhorar o capítulo 9, O Mecanismo de Scripts do Nmap.

- **Brandon Enright** imprimiu o livro completo e o revisou capítulo a capítulo.

- **Brian Hatch** sempre foi de grande ajuda.

- **Loren Heal** foi uma contínua fonte de ideias.

- **Dan Henage** forneceu conselhos e fez a prova de leitura de numerosos capítulos.

- **Tor Houghton** revisou cada capítulo, provavelmente fornecendo-me mais retorno que qualquer outro.

- **Doug Hoyte** documentou as muitas funcionalidades do Nmap que ele adicionou, e também manipulou a maior parte da indexação do livro.

- **Marius Huse Jacobsen** revisou muitos capítulos, fornecendo retorno detalhado.

- **Kris Katterjohn** realizou revisões exaustivas de vários capítulos.

- **Eric Krosnes** enviou úteis retornos de revisão técnica e, também, me perturbou regularmente sobre o progresso do livro. Isto foi útil, uma vez que eu não tinha um editor tradicional para fazê-lo.

- **Vlad Alexa Mancini** criou o logo do olho do Nmap para a capa (e para o website do Nmap).

- **Michael Naef** gentilmente revisou muitos capítulos.

- **Bill Pollock** da No Starch Press esteve sempre alegre em fornecer conselhos e responder a questões de publicação de livros com base em suas décadas de experiência.

- **David Pybus** foi um dos mais frequentes contribuintes de ideias e de provas de leitura.

- **Tyler Reguly** ajudou na revisão de múltiplos capítulos, exatamente quando isto foi mais necessário.

- **Chuck Sterling** forneceu tanto conselhos de alto nível quanto provas de leitura detalhadas de vários capítulos.

- **Anders Thulin** forneceu revisões detalhadas de muitos capítulos.

- **Bennett Todd** enviou dezenas de sugestões.

- **Diman Todorov** escreveu um esboço inicial do capítulo 9, O Mecanismo de Scripts do Nmap.

- **Catherine Tornabene** leu muitos capítulos e enviou retornos extremamente detalhados.

6.1. Tecnologia usada para criar este livro

Sendo eu mesmo autor de ferramentas de código aberto, sou um grande crente no poder e na capacidade delas. Assim, fiz um esforço para usá-las sempre que possível, na criação deste livro. Eu não iria escrevê-lo no Microsoft Word e, depois, manipular a disposição com o Adobe Frame-Maker!

O Exame de Redes com o Nmap foi escrito com o editor de textos GNU Emacs no formato XML do DocBook.

Os capítulos gratuitos online foram criados a partir do XML usando as folhas de estilo XSL de Norman Walsh e o processador de XSL xsltproc.

A versão impressa também usou o xsltproc e as folhas de estilo de Norman, mas a saída foi no formato XSL-FO[3]. Um processador de XSL-FO foi, então, usado para construir um PDF. Eu gostaria de usar o Apache FOP[4] para isto, mas um erro relacionado a notas de rodapé[5] impediu isto, então eu parti para o RenderX XEP Engine. O XEP é proprietário, mas pelo menos roda no Linux. Eu espero voltar para o FOP depois que o erro da nota de rodapé for corrigido.

A apresentação da capa foi feita com o Scribus e (devido às exigências de formato da gráfica) com o Adobe InDesign. Os gráficos lineares para a capa e para as ilustrações internas foram criados com O Gimp, enquanto que o Inkscape foi usado para os gráficos vetoriais.

O Subversion foi usado para o controle de revisão e os capítulos gratuitos na web são servidos pelo Apache httpd.

7. Referência de TCP/IP

Este livro presume uma familiaridade básica com conceitos de TCP/IP e de rede. Você não encontrará uma introdução ao modelo OSI de sete camadas, ou um resumo da API de soquetes Berkeley dentro destas páginas. Para um guia abrangente de TCP/IP, eu recomendo o "The TCP/IP Guide", de Charles Kozierok ou o velho clássico "TCP/IP Illustrated, Volume I", de W. Richard Stevens.

Embora a familiaridade com o TCP/IP seja esperada, mesmo o melhor de nós eventualmente esquece os deslocamentos dos bytes dos campos e sinalizadores do cabeçalho dos pacotes. Esta seção fornece breves diagramas e descrições de campos de referência para os protocolos IPv4, TCP,

UDP, e ICMP. Estes belos diagramas de http://www.fatpipe.org/~mjb/Drawings são usados com a permissão do autor, Matt Baxter.

---

3 http://en.wikipedia.org/wiki/XSL_Formatting_Objects
4 http://xmlgraphics.apache.org/fop/
5 https://issues.apache.org/bugzilla/show_bug.cgi?id=37579

Prefácio — XLIII

Figura 1. Cabeçalho de IPv4

Deslocamento do Byte	0		1		2		3	
0	Versão	IHL (comprimento do cabeçalho)	Tipo de Serviço (TOS)		Comprimento total			
4	Identificação				Sinalizadores IP x D M	Deslocamento do fragmento		
8	Tempo de Vida		Protocolo		Soma-verificadora do cabeçalho			
12	Endereço de origem							
16	Endereço de destino							
20	Opções de IP (comprimento variável, opcional, não comum)							

20 Bytes
IHL (comprimento de cabeçalho de Internet)

Bit 0 1 2 3 4 5 6 7 | 8 9 0 1 2 3 4 5 | 6 7 8 9 0 1 2 3 | 4 5 6 7 8 9 0 1
Nibble — Byte — Palavra

Versão
Versão do protocolo. 4 e 6 são válidos. Este diagrama representa somente a estrutura da versão 4.

Comprimento do cabeçalho
Número de palavras de 32 bits no cabeçalho de TCP, valor mínimo de 5. Multiplicar por 4 para obter o número de bytes.

Protocolo
ID do protocolo de IP. Incluindo (mas não limitado a):
1 ICMP 17 UDP   57 SKIP
2 IGMP 47 GRE   88 EIGRP
6 TCP   50 ESP   89 OSPF
9 IGRP 51 AH   115 L2TP

Comprimento total
Comprimento total do datagrama de IP, ou do fragmento de IP, se fragmentado. Medido em bytes.

Deslocamento do fragmento
Deslocamento do fragmento a partir do início do datagrama de IP. Medido em incrementos de 8 bytes (duas palavras, 64 bits). Se o datagrama de IP for fragmentado, o tamanho do fragmento (comprimento total) deverá ser um múltiplo de 8 bytes.

Soma-verificadora do cabeçalho
Soma-verificadora do cabeçalho do cabeçalho de IP inteiro.

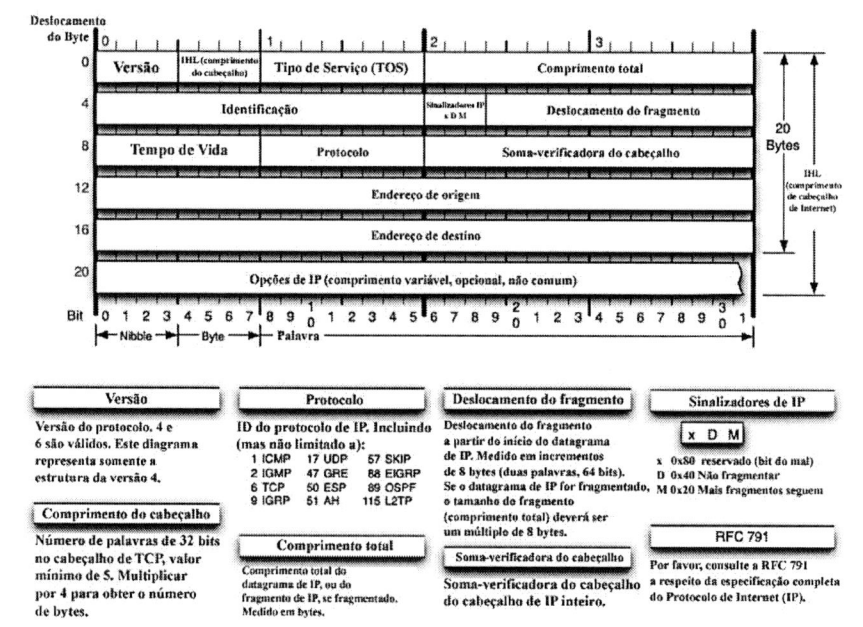

Sinalizadores de IP
x D M
x 0x80 reservado (bit do mal)
D 0x40 Não fragmentar
M 0x20 Mais fragmentos seguem

RFC 791
Por favor, consulte a RFC 791 a respeito da especificação completa do Protocolo de Internet (IP).

Figura 2. Cabeçalho de TCP

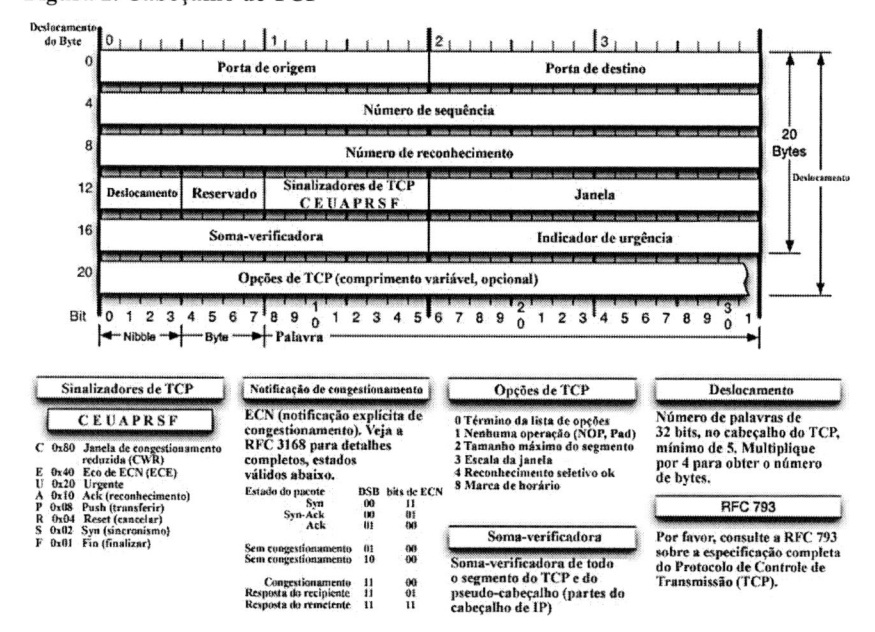

Deslocamento do Byte	0		1		2		3	
0	Porta de origem				Porta de destino			
4	Número de sequência							
8	Número de reconhecimento							
12	Deslocamento	Reservado	Sinalizadores de TCP C E U A P R S F		Janela			
16	Soma-verificadora				Indicador de urgência			
20	Opções de TCP (comprimento variável, opcional)							

20 Bytes
Deslocamento

Bit 0 1 2 3 4 5 6 7 | 8 9 0 1 2 3 4 5 | 6 7 8 9 0 1 2 3 | 4 5 6 7 8 9 0 1
Nibble — Byte — Palavra

Sinalizadores de TCP
C E U A P R S F
C 0x80 Janela de congestionamento reduzida (CWR)
E 0x40 Eco de ECN (ECE)
U 0x20 Urgente
A 0x10 Ack (reconhecimento)
P 0x08 Push (transferir)
R 0x04 Reset (cancelar)
S 0x02 Syn (sincronismo)
F 0x01 Fin (finalizar)

Notificação de congestionamento
ECN (notificação explícita de congestionamento). Veja a RFC 3168 para detalhes completos, estados válidos abaixo.

Estado do pacote	DSB	bits de ECN
Syn	00	11
Syn-Ack	00	01
Ack	01	00
Sem congestionamento	01	00
Sem congestionamento	10	00
Congestionamento	11	00
Resposta do recipiente	11	01
Resposta do remetente	11	11

Opções de TCP
0 Término da lista de opções
1 Nenhuma operação (NOP, Pad)
2 Tamanho máximo do segmento
3 Escala da janela
4 Reconhecimento seletivo ok
8 Marca de horário

Soma-verificadora
Soma-verificadora de todo o segmento do TCP e do pseudo-cabeçalho (partes do cabeçalho de IP).

Deslocamento
Número de palavras de 32 bits, no cabeçalho do TCP, mínimo de 5. Multiplique por 4 para obter o número de bytes.

RFC 793
Por favor, consulte a RFC 793 sobre a especificação completa do Protocolo de Controle de Transmissão (TCP).

XLIV — Nmap - Mapeador de Redes

Figura 3. Cabeçalho de UDP

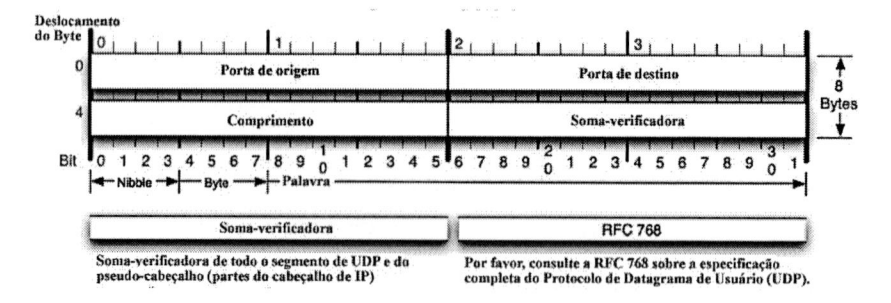

Deslocamento do Byte	0	1	2	3	
0	Porta de origem		Porta de destino		↑ 8 Bytes ↓
4	Comprimento		Soma-verificadora		

Bit 0 1 2 3 4 5 6 7 | 8 9 0 1 2 3 4 5 | 6 7 8 9 0 1 2 3 | 4 5 6 7 8 9 0 1
|← Nibble →|← Byte →|← Palavra →|

Soma-verificadora	RFC 768
Soma-verificadora de todo o segmento de UDP e do pseudo-cabeçalho (partes do cabeçalho de IP)	Por favor, consulte a RFC 768 sobre a especificação completa do Protocolo de Datagrama de Usuário (UDP).

Figura 4. Cabeçalho de ICMP

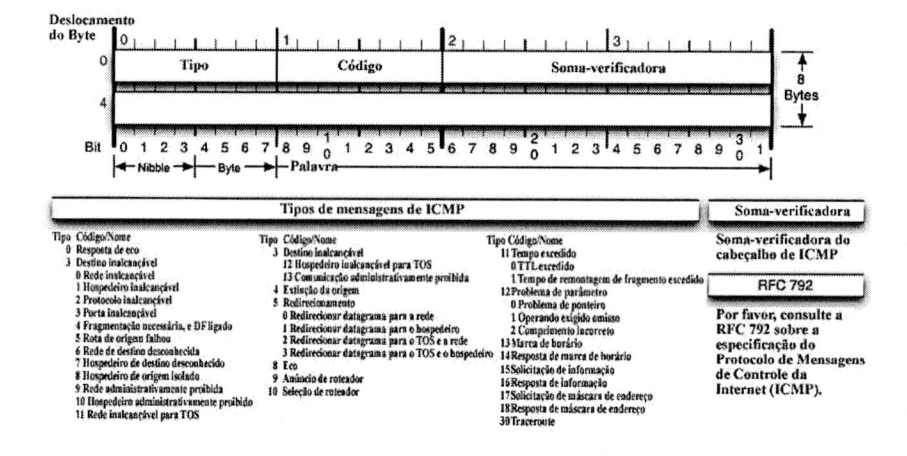

Deslocamento do Byte	0	1	2	3	
0	Tipo	Código	Soma-verificadora		↑ 8 Bytes ↓
4					

Bit 0 1 2 3 4 5 6 7 | 8 9 0 1 2 3 4 5 | 6 7 8 9 0 1 2 3 | 4 5 6 7 8 9 0 1
|← Nibble →|← Byte →|← Palavra →|

Tipos de mensagens de ICMP			Soma-verificadora
Tipo Código/Nome 0 Resposta de eco 3 Destino inalcançável 0 Rede inalcançável 1 Hospedeiro inalcançável 2 Protocolo inalcançável 3 Porta inalcançável 4 Fragmentação necessária, e DF ligado 5 Rota de origem falhou 6 Rede de destino desconhecida 7 Hospedeiro de destino desconhecido 8 Hospedeiro de origem isolado 9 Rede administrativamente proibida 10 Hospedeiro administrativamente proibido 11 Rede inalcançável para TOS	Tipo Código/Nome 3 Destino inalcançável 12 Hospedeiro inalcançável para TOS 13 Comunicação administrativamente proibida 4 Extinção da origem 5 Redirecionamento 0 Redirecionar datagrama para a rede 1 Redirecionar datagrama para o hospedeiro 2 Redirecionar datagrama para o TOS e a rede 3 Redirecionar datagrama para o TOS e o hospedeiro 8 Eco 9 Anúncio de roteador 10 Seleção de roteador	Tipo Código/Nome 11 Tempo excedido 0 TTL excedido 1 Tempo de remontagem de fragmento excedido 12 Problema de parâmetro 0 Problema de ponteiro 1 Operando exigido omisso 2 Comprimento incorreto 13 Marca de horário 14 Resposta de marca de horário 15 Solicitação de informação 16 Resposta de informação 17 Solicitação de máscara de endereço 18 Resposta de máscara de endereço 30 Traceroute	Soma-verificadora do cabeçalho de ICMP RFC 792 Por favor, consulte a RFC 792 sobre a especificação do Protocolo de Mensagens de Controle da Internet (ICMP).

CAPÍTULO 1:
INICIANDO-SE COM O NMAP

1.1. Introdução

O Nmap (de "Network Mapper", ou "Mapeador de Redes", em Português) é um utilitário livre e de código aberto para a exploração de redes e auditagem de segurança. Muitos administradores de sistemas e de redes também o acham útil para tarefas tais como inventário de redes, gerenciamento de agendamentos de atualização de serviços e monitoramento do tempo de atividade de hospedeiros ou de serviços. O Nmap usa pacotes crus de IP de maneiras inovadoras, para determinar quais hospedeiros estão disponíveis na rede, quais serviços (nome e versão de aplicações) tais hospedeiros estão oferecendo, quais sistemas operacionais (e respectivas versões) eles estão rodando, quais tipos de filtros de pacotes/firewalls estão em uso e dezenas de outras características. Ele foi projetado para examinar, rapidamente, grandes redes, mas funciona bem com hospedeiros isolados. O Nmap roda em todos os principais sistemas operacionais de computadores e, tanto versões para console quanto gráficas estão disponíveis.

Este capítulo usa estórias fictícias para fornecer uma ampla visão do Nmap mostrando como é usado. Uma importante seção legal ajuda os usuários a evitarem (ou, pelo menos, estarem cientes de) o uso controverso que poderia levar ao cancelamento da conta no provedor de acesso à Internet ou, até mesmo, imputações civis e criminais. Discute, ainda, os riscos de derrubada de máquinas remotas, bem como questões diversas, tais como a licença do Nmap (GNU GPL), e o copyright.

1.2. Visão Geral e Demonstração do Nmap

Às vezes, a melhor maneira de se entender alguma coisa é vê-la em ação. Esta seção inclui exemplos de uso do Nmap em circunstâncias (o mais das vezes) fictícias, ainda que típicas. Os novatos no Nmap não deverão esperar entender tudo de uma só vez. Esta é simplesmente uma visão geral ampla de funcionalidades que serão descritas em profundidade em capítulos posteriores. As "soluções" incluídas ao longo deste livro demonstram muitas outras tarefas comuns do Nmap para auditores de segurança e administradores de redes.

1.2.1. A Avatar Online

Félix chega sobrecarregado ao trabalho, em 15 de dezembro, embora não espere muitas tarefas programadas. A pequena firma de testes de penetração de São Francisco, em que ele trabalha, esteve quieta nestes últimos dias, devido às férias iminentes. Félix passa as horas de trabalho perseguindo seu último passatempo, a construção de poderosas antenas de Wi-Fi para avaliações sem fios e exploração de redes sem fio inseguras. De qualquer forma, Félix espera mais trabalho. Explorar computadores tem sido seu passatempo e sua fascinação desde a infância dedicada ao aprendizado de tudo o que fosse possível sobre redes, segurança, Unix e sistemas de telefonia. Ocasionalmente, sua curiosidade o levava bem longe e Félix quase foi capturado, nas perseguições da Operação Sundevil, de 1990. Felizmente, Félix saiu da adolescência sem nenhum registro criminal, embora mantendo seu conhecimento de perito em fragilidades de segurança. Como profissional, é capaz de realizar os mesmos tipos de intrusão em redes que antes, mas com o benefício adicional da imunidade contratual contra processos e, até mesmo, com um salário! Em vez de manter suas criativas explorações em segredo, ele pode falar à vontade sobre elas para a gerência cliente, quando da apresentação de seus relatórios. Assim, Félix não ficou desapontado quando seu chefe interrompeu a soldagem de sua antena para anunciar que o departamento de vendas fechara, finalmente, um acordo de testes de penetração com a companhia de jogos Avatar Online.

A Avatar Online (AO) é uma pequena companhia que trabalha na criação da próxima geração de jogos ao vivo de representação de personagens para múltiplos jogadores (MMORPGs, na sigla em inglês). Seu produto, inspirado pelo Metaverse, divisado na novela *Snow Crash*, de Neil Stevenson, é fascinante, mas ainda altamente confidencial. Depois de testemunhar o vazamento[1] de grande destaque do código fonte do jogo da Valve Software, antes de seu lançamento, a AO rapidamente contratou os consultores em segurança. A tarefa de Félix é iniciar uma avaliação de vulnerabilidade externa (do lado de fora do firewall), enquanto seus parceiros trabalham na segurança física, na auditagem do código fonte, na engenharia social e assim por diante. Félix tem permissão para explorar quaisquer vulnerabilidades encontradas.

O primeiro passo numa avaliação de vulnerabilidade é a descoberta da rede. Este estágio de reconhecimento determina quais as faixas de endereços IP que o alvo está usando, quais hospedeiros estão disponíveis, que serviços esses hospedeiros estão oferecendo, detalhes gerais da topologia da rede e quais políticas de firewall/filtragem estão em uso.

A determinação das faixas de IP a serem varridas seriam, normalmente, um processo elaborado, envolvendo buscas na ARIN[*] (ou em algum outro registro geográfico), consultas a DNS e tentativas de transferência de zonas, várias técnicas de investigação de web e outras coisas mais. Mas neste caso, a Avatar Online especificou, explicitamente, quais as redes que eles queriam que fossem testadas: a rede corporativa em 6.209.24.0/24 e seus sistemas de produção/DMZ, em 6.207.0.0/22. De qualquer forma, Félix checa os registros de alocação de IP da ARIN e confirma que estas faixas de IP pertencem à AO[2]. Félix subconscientemente decodifica a notação CIDR[3] e a reconhece como abrangendo 1280 endereços IP. Sem problemas.

---

[*] ARIN - sigla em inglês para o Registro Estadunidense de Números de Internet. - N. do T.
http://www.smh.com.au/articles/2003/10/03/1064988378345.html

1 http://www.smh.com.au/articles/2003/10/03/1064988378345.html

2 Estes endereços IP estão registrados, na verdade, para o Campo de Provas Yuma, do Exército do Estados Unidos, que é usado para o teste de uma ampla variedade de artilharia, mísseis, tanques e outras armas mortais. Moral da história: seja cauteloso com quem examina, caso se atinja, acidentalmente, uma rede altamente confidencial. Os resultados da varredura, nesta estória, não são, realmente, desta faixa de IP.

3 A notação de roteamento não classificado entre domínios (CIDR, na sigla em inglês) é um método para a descrição de redes com mais granularidade do que as notações de classe A (CIDR /8), classe B (CIDR /16), ou classe C (CIDR /24). Uma excelente descrição está disponível em *http://public.pacbell.net/dedicated/cidr.html*.

Nmap - Mapeador de Redes

Sendo do tipo cauteloso, primeiro começa com o que é conhecido como uma varredura de lista do Nmap (opção -sL). Esta funcionalidade simplesmente enumera cada endereço IP, nos blocos de dados de redes alvo, e faz uma busca de DNS inverso (a menos que -n tenha sido especificada) em cada um deles. Uma razão para se fazer isto, primeiro, é a obscuridade. Os nomes dos hospedeiros podem dar a dica de potenciais vulnerabilidades e permitem um melhor entendimento da rede alvo, e tudo sem disparar nenhum alarme[4]. Félix está fazendo isto por uma outra razão: para uma dupla verificação de que as faixas de IP estão corretas. O administrador de sistemas que forneceu os IPs poderia ter cometido um engano e a varredura da companhia errada seria um desastre. O contrato assinado com a Avatar Online poderá funcionar como um salvo-conduto para a penetração em suas redes, mas não ajudará se Félix, acidentalmente, penetrar no servidor de uma outra companhia! O comando que ele usa e um excerto dos resultados são mostrados no exemplo 1.1.

Exemplo 1.1. Varredura de lista do Nmap nos endereços de IP da Avatar Online

```
felix> nmap -sL 6.209.24.0/24 6.207.0.0/22

Starting Nmap ( http://nmap.org )
Host 6.209.24.0 not scanned
Host fw.corp.avataronline.com (6.209.24.1) not scanned
Host dev2.corp.avataronline.com (6.209.24.2) not scanned
Host 6.209.24.3 not scanned
Host 6.209.24.4 not scanned
Host 6.209.24.5 not scanned
...
Host dhcp-21.corp.avataronline.com (6.209.24.21) not scanned
Host dhcp-22.corp.avataronline.com (6.209.24.22) not scanned
Host dhcp-23.corp.avataronline.com (6.209.24.23) not scanned
Host dhcp-24.corp.avataronline.com (6.209.24.24) not scanned
Host dhcp-25.corp.avataronline.com (6.209.24.25) not scanned
```

---

4 É possível que o servidor de nomes alvo registre um punhado de consultas suspeitas de DNS inverso, partindo do servidor de nomes de Félix, mas a maioria das organizações sequer mantém tais registros, muito menos os analisa.

```
Host dhcp-26.corp.avataronline.com (6.209.24.26) not scanned
...
Host 6.207.0.0 not scanned
Host gw.avataronline.com (6.207.0.1) not scanned
Host ns1.avataronline.com (6.207.0.2) not scanned
Host ns2.avataronline.com (6.207.0.3) not scanned
Host ftp.avataronline.com (6.207.0.4) not scanned
Host 6.207.0.5 not scanned
Host 6.207.0.6 not scanned
Host www.avataronline.com (6.207.0.7) not scanned
Host 6.207.0.8 not scanned
...
Host cluster-c120.avataronline.com (6.207.2.120) not scanned
Host cluster-c121.avataronline.com (6.207.2.121) not scanned
Host cluster-c122.avataronline.com (6.207.2.122) not scanned
Host cluster-c123.avataronline.com (6.207.2.123) not scanned
Host cluster-c124.avataronline.com (6.207.2.124) not scanned
...
Host 6.207.3.253 not scanned
Host 6.207.3.254 not scanned
Host 6.207.3.255 not scanned
Nmap done: 1280 IP addresses scanned in 331.49 seconds
felix>
```

Olhando por cima os resultados, Félix descobre que todas as máquinas com entradas de DNS inverso são resolvidas para a Avatar Online. Nenhuma outra empresa parece compartilhar o espaço de IP. Além do mais, estes resultados dão a Félix uma ideia geral de quantas máquinas estão em uso, e uma boa ideia de para o quê muitas são usadas. Agora, ele está pronto para ser um pouco mais intrusivo e experimentar uma varredura de portas. Ele usa as funcionalidades do Nmap que tentam determinar a aplicação e o número de versão de cada serviço em escuta, na rede. Ele também solicita que o Nmap tente adivinhar o sistema operacional remoto, através de uma série de provas de TCP/IP de baixo nível, conhecida como impressão digital de SO. Este tipo de varredura não é, de forma alguma, invisível, mas não preocupa Félix. Ele está interessado em saber se os administradores da AO ao menos percebem estas gritantes varreduras. Depois de alguma consideração, Félix se estabelece no seguinte comando:

nmap -sS -p- -PS22,80,113,33334 -PA80,113,21000 -PU19000 -PE -A -T4 -oA avatartcpscan-121503 6.209.24.0/24 6.207.0.0/22

Estas opções serão descritas em capítulos posteriores, mas eis aqui um rápido resumo delas:

-sS

Habilita a eficiente técnica de varredura de portas TCP, conhecida como varredura de SYN. Félix teria adicionado um U ao final, se ele também quisesse fazer uma varredura de UDP, mas ele a está poupando para depois. A varredura de SYN é o tipo omissivo de varredura, mas explicitá-la não faz mal.

-p-

Solicita que o Nmap examine *todas* as portas, de 1 a 65535. O comportamento omissivo é examinar apenas as portas de 1 a 1024, além de cerca de outras 600 explicitamente mencionadas na base de dados nmap-services. O formato desta opção é simplesmente um atalho para -p1-65535. Ele poderia ter especificado -p0-65535, se quisesse examinar, também, a porta ilegítima zero. A opção -p tem uma sintaxe muito flexível, permitindo até a especificação de um conjunto diferenciado de portas UDP e TCP.

-PS22,80,113,33334 -PA80,113,21000 -PU19000 -PE

Todos estes são *tipos de ping* usados em combinação para determinar se um hospedeiro está realmente disponível e evitar o desperdício de tempo no exame de endereços IP que não estejam em uso. Este encantamento, em particular, envia um pacote TCP SYN às portas 22, 80, 113 e 33334; um pacote TCP ACK às portas 80, 113, e 21000; um pacote UDP à porta 19000; e um pacote normal de solicitação de eco de ICMP. Se o Nmap receber uma resposta do próprio hospedeiro alvo a qualquer uma destas provas, ele considera que o hospedeiro está no ar e disponível para exames. Isto é mais extensivo que o comportamento omissivo do Nmap, que simplesmente envia uma solicitação de eco e um pacote ACK à porta 80. Numa situação de teste de penetração, frequentemente se quererá examinar todos os hospedeiros, mesmo que pareça que eles não estão no ar. Afinal, eles podem apenas estar fortemente filtrados, de tal forma que as provas selecionadas sejam ignoradas, mas alguma outra porta obscura possa estar disponível. Para examinar todos os IPs, quer ele mostre ou não um hospedeiro disponível, especifique a opção -PN, em vez de todas as anteriores. Félix inicia um tal exame em segundo plano, embora ela possa levar um dia inteiro para ser completada.

-A

Esta opção de atalho habilita funcionalidades *A*vançadas e *A*gressivas, tais como detecção de serviços e de SO. Quando da escrita deste livro, ela era equivalente a -sV -sC -O --traceroute (detecção de versão, Mecanismo de Scripts do Nmap, detecção de SO remoto e traçado de rota). Mais funcionalidades podem ser adicionadas a -A, posteriormente.

-T4

Ajusta a temporização ao nível aggressive (o número 4 de 5). Isto é o mesmo que se especificar -T aggressive, mas é mais fácil de se digitar e falar. Em geral, a opção -T4 é recomendada se a conexão entre o usuário e as redes alvo for mais rápida que por modems de conexão discada.

-oA avatartcpscan-121503

Exporta os resultados em todos os formatos (normal, XML, "grepável") para arquivos nomeados avatartcpscan-121503.*<extensão>*, onde as extensões são .nmap, .xml e .gnmap, respectivamente. Todos os formatos de saída incluem a data e hora de início, mas Félix gosta de anotar a data explicitamente, nos nomes dos arquivos. A saída normal e os erros ainda são enviados para stdout[5], também.

6.209.24.0/24 6.207.0.0/22

Estes são os blocos de rede da Avatar Online, discutidos anteriormente. Eles são fornecidos na notação CIDR, mas o Nmap permite que eles sejam especificados em muitos outros formatos. Por exemplo, 6.209.24.0/24 poderia, ser especificado como 6.209.24.0-255.

---

5 stdout é a notação em "C" para representar o mecanismo de saída padrão para um sistema, tal como o xterm, do Unix, ou a janela de comando do Windows, em que o Nmap foi iniciado.

Como um exame tão amplo, em mais de mil endereços IP, poderia demorar bastante, Félix simplesmente inicia sua execução e retoma o trabalho em sua antena Yagi. Duas horas depois, ele percebe que ela terminou e dá uma olhada nos resultados. O exemplo 1.2 mostra uma das máquinas descobertas.

Exemplo 1.2. Resultados do Nmap em um firewall da AO

```
Interesting ports on fw.corp.avataronline.com
    (6.209.24.1):
(The 65530 ports scanned but not shown below are in
    state: filtered)
PORT       STATE     SERVICE     VERSION
22/tcp     open      ssh         OpenSSH 3.7.1p2 (protocol 1.99)
53/tcp     open      domain      ISC BIND 9.2.1
110/tcp    open      pop3        Courier pop3d
113/tcp    closed    auth
143/tcp    open      imap        Courier Imap 1.6.X - 1.7.X
3128/tcp   open      http-proxy  Squid webproxy 2.2.STABLE5
Device type: general purpose
Running: Linux 2.4.X|2.5.X
OS details: Linux Kernel 2.4.0 - 2.5.20
Uptime 3.134 days
```

Para o olho treinado, isto reúne informação substancial sobre a postura de segurança da AO. Félix nota, primeiro, o nome de DNS inverso — aparentemente, esta máquina deve ser um firewall para a rede corporativa dela. A próxima linha é importante, mas muito frequentemente ignorada. Ela informa que a grande maioria das portas, nesta máquina, está no estado filtrado. Isto significa que o Nmap está incapacitado de alcançar a porta, porque ela está bloqueada por regras de firewall. O fato de todas as portas, com exceção de algumas poucas escolhidas, estarem neste estado é um sinal de competência na segurança. Negar por omissão é um "mantra" de segurança, por boas razões - ele significa que mesmo que alguém deixasse, acidentalmente, a SunRPC (porta 111) aberta, nesta máquina, as regras do firewall impediriam que atacantes se comunicassem com ela.

Félix, então, examina cada linha de porta, por vez. A primeira porta é o Secure Shell (OpenSSH). A versão 3.7.1p2 é comum, já que muitos administradores fazem a atualização para esta versão, devido a falhas exploráveis no gerenciamento de buffer que afetam as versões anteriores. O Nmap também nota que o protocolo do SSH é 1.99, sugerindo que o protocolo legado inferior SSHv1 é suportado. Um administrador de sistemas verdadeiramente paranóico só permitiria conexões SSH de certos endereços IP confiáveis, mas alguém poderia solicitar o acesso aberto, para o caso do administrador precisar de acesso de emergência, quando longe da base. Segurança envolve negociações, e esta pode ser justificável. Félix toma nota, para tentar seu quebra-senhas de força bruta e, especialmente, sua ferramenta particular de enumeração de usuários de SSH baseada em temporização, contra o servidor.

Félix também nota a porta 53. Ela está rodando o ISC BIND, que tem uma longa história de brechas de segurança remotamente exploráveis. Visite a página de segurança do BIND[6] para maiores detalhes. O BIND 9.2.1 tem até um estouro de buffer potencialmente explorável, embora a construção omissiva não seja vulnerável. Félix checa e descobre que este servidor não é vulnerável ao problema da libbind, mas isso é irrelevante. Este servidor, quase certamente, não deve estar rodando um servidor de nomes externamente acessível. Um firewall deve rodar apenas o mínimo essencial, para minimizar o risco de um desastroso compromisso. Além disso, este servidor não é autorizador para nenhum domínio - os servidores de nomes reais estão na rede de produção.

Um administrador provavelmente quis apenas que os clientes, por trás do firewall, contatassem este servidor de nomes, mas não se incomodou em bloqueá-lo somente para a interface interna. Félix, posteriormente, tentará reunir informações importantes deste servidor, usando solicitações de transferências de zona e consultas intrusivas. Ele poderá tentar o envenenamento do cache, também. Pelo uso ilusório do IP de windowsupdate.microsoft.com ou de um outro importante servidor de downloads, Félix poderá ser capaz de fazer com que clientes internos, que de nada suspeitem, rodem um programa cavalo de Tróia, que lhe forneça acesso completo à rede por trás do firewall.

As duas próximas portas abertas são a 110 (POP3) e a 143 (IMAP). Note que a 113 (auth), entre elas, está fechada, em vez de aberta. POP3 e IMAP são serviços de recuperação de correio que, como o BIND, não têm lugar legítimo neste servidor. Eles são, também, um risco de segurança, no sentido de transferirem, em geral, correio e (pior, ainda) credenciais de autenticação

---

6 *http://www.isc.org/products/BIND/bind-security.html*

não encriptadas. Os usuários devem, provavelmente, usar VPN para adentrar a rede e checar seus correios de um servidor interno. Estas portas também poderiam ser envolvidas em encriptação SSL. O Nmap teria, então, listado os serviços como ssl/pop3 e ssl/imap. Félix tentará seus ataques de enumeração de usuários e de decifração de senhas, nestes serviços, o que provavelmente, será muito mais eficiente que contra o SSH.

A última porta aberta é um proxy Squid. Este é um outro serviço que pode ter sido destinado ao uso de clientes internos e não deveria estar acessível de fora (e, particularmente, não no firewall). A opinião inicialmente positiva de Félix sobre os administradores de segurança da AO diminui mais. Félix testará se pode abusar deste proxy para se conectar com outros sites, na Internet. Produtores de spam e hackers maliciosos frequentemente usam estes proxies desta forma, para ocultar seus rastros. Ainda mais crítico, Félix tentará abrir caminho através do proxy até a rede interna. Foi com este ataque comum que Adrian Lamo[7] irrompeu a rede interna do New York Times, em 2002. Lamo foi capturado, depois de ter chamado os repórteres para divulgar, em detalhes[8], suas explorações no NY Times e em outras companhias.

As linhas seguintes informam que esta é uma máquina Linux, o que representa informação valiosa, quando se está tentando uma exploração. O curto tempo de atividade de três dias foi detectado durante a coleta da impressão digital do SO, pelo envio de várias provas sobre o valor da opção de marca de horário do TCP e extrapolação da linha de volta a zero.

Félix, então, examina a saída do Nmap para uma outra máquina, como mostrado no exemplo 1.3.

Exemplo 1.3. Uma outra máquina interessante, da AO

```
Interesting ports on dhcp-23.corp.avataronline.com
(6.209.24.23):
(The 65526 ports scanned but not shown below are in state:
closed)
PORT      STATE    SERVICE     VERSION
135/      tcp      filtered    msrpc
```

---

7 http://en.wikipedia.org/wiki/Adrian_Lamo

8 http://www.securityfocus.com/news/340

```
136/tcp         filtered        profile
137/tcp         filtered        netbios-ns
138/tcp         filtered        netbios-dgm
139/tcp         filtered        netbios-ssn
445/tcp         open            microsoft-ds    Microsoft Windows
                                                XP microsoft-ds
1002/tcp        open            windows-icfw?
1025/tcp        open            msrpc           Microsoft Windows
                                                msrpc
16552/tcp       open            unknown
Device type: general purpose
Running: Microsoft Windows NT/2K/XP
OS details: Microsoft Windows XP Professional
    RC1+ through final release
```

Félix sorri, quando vê esta máquina Windows XP na rede. Graças a uma explosão de vulnerabilidades da MS RPC, essas máquinas são triviais de serem comprometidas, se as correções do SO não estiverem em dia. A segunda linha mostra que o estado omissivo é closed, indicando que o firewall não tem a mesma política de negar-por-omissão, para esta máquina, que tem para si mesmo. Em vez disso, eles tentaram bloquear especificamente as portas do Windows que eles consideram perigosas, de 135 a 139. Este filtro é terrivelmente inadequado, uma vez que a MS exporta a funcionalidade MS RPC por muitas outras portas, no Windows XP. As portas TCP 445 e 1025 são dois exemplos deste exame. Embora o Nmap tenha falhado em reconhecer a 16552, Félix viu bastante este tipo de padrão, para saber que ele é, provavelmente, o serviço MS Messenger. Se a AO estivesse usando a filtragem negar-por-omissão, a porta 16552 não estaria acessível, em princípio. Observando a página de resultados, Félix vê várias outras máquinas Windows nesta rede DHCP. Félix nem pode esperar para experimentar sua exploração favorita de DCOM RPC nelas. Ela foi escrita por HD Moore e está disponível em *http://www.metasploit.com/tools/dcom.c*. Se isto falhar, há mais duas vulnerabilidades novas de MS RPC que ele experimentará.

Félix continua estudando os resultados em busca de vulnerabilidades que ele possa explorar para comprometer a rede. Na rede de produção ele vê que gw.avataronline.com é um roteador Cisco que também atua como firewall rudimentar para os sistemas. Eles caem na armadilha de somente bloquear portas privilegiadas (as que ficam abaixo de 1024), o que deixa um punhado de serviços SunRPC e outros também vulneráveis, acessíveis, nessa rede. As máquinas com nomes como clust-* têm, cada uma, dezenas de portas abertas que o Nmap não reconhece. Elas são, provavelmente, serviços personalizados rodando o mecanismo de jogos da AO. www.avataronline.com é uma máquina Linux, com um servidor Apache aberto nas portas HTTP e HTTPS. Infelizmente ele está ligado a uma versão explorável da biblioteca OpenSSL. Opa! Antes do sol se pôr, Félix obteve acesso privilegiado a hospedeiros em ambas as redes, a corporativa e a de produção.

Como Félix demonstrou, o Nmap é frequentemente usado por auditores de segurança e administradores de rede para ajudar a localizar vulnerabilidades em redes de clientes/corporativas. Capítulos subsequentes descreverão as técnicas usadas por Félix, bem como muitas outras funcionalidades do Nmap, em muito mais detalhes.

1.2.2. Salvando a Raça Humana

Figura 1.1. Trinity Inicia o seu Assalto

Trinity está numa situação bem difícil! Tendo descoberto que o mundo que temos por certo é, na realidade, uma "Matriz" virtual executada por regentes supremos, Trinity decide lutar e libertar a raça humana desta escravidão mental. Para tornar as coisas piores, sua colônia subterrânea de humanos livres (Sião) está sob ataque de 250.000 poderosas sentinelas alienígenas. Sua única esperança envolve a desativação do sistema de força de emergência para 27 quarteirões em menos de cinco minutos. A última equipe morreu tentando. Nos momentos mais difíceis da vida, quando toda a esperança parece estar perdida, para onde você se voltaria? Para o Nmap, é claro! Mas não totalmente, ainda.

Primeiro, ela deve anular a segurança do perímetro, o que, em muitas redes, envolve firewalls e sistemas de detecção de intrusão (IDS, na sigla em inglês). Ela está bem a par de técnicas avançadas para driblagem destes dispositivos (cobertas posteriormente, neste livro). Infelizmente, os administradores do sistema de força de emergência sabiam mais do que conectar um tal sistema crítico à Internet, mesmo indiretamente. Nenhuma quantidade de exame de roteamento de fonte ou de simulação de ID de IP ajudarão Trinity a superar esta segurança "isolada". Pensando rapidamente, ela divisa um plano engenhoso, que envolve saltar com sua moto do telhado de um prédio próximo, pousando no posto de guarda da estação de força e, então, eliminar todos os guardas de segurança. Esta técnica avançada não é coberta em nenhum manual de segurança física, mas se prova altamente eficiente. Isto demonstra como os hackers expertos pesquisam e planejam seus próprios ataques, em vez de sempre utilizarem a abordagem de amadores de scripts, com explorações enlatadas.

Trinity abre seu caminho até a sala de computadores e senta em frente a um terminal. Ela rapidamente determina que a rede está usando o espaço de endereços de rede privado 10.0.0.0/8. Um ping no endereço da rede gera respostas de dezenas de máquinas. Um exame de ping do Nmap teria fornecido uma lista mais abrangente de máquinas disponíveis, mas o uso da técnica de difusão economizou preciosos segundos. Depois, ela sacou o Nmap[9]. O terminal tem a versão 2.54BETA25 instalada. Esta versão é antiga (2001) e menos eficiente do que liberações mais novas, mas Trinity não tinha tempo para instalar uma versão melhor, trazida do futuro. De qualquer forma, este trabalho não levará muito tempo. Ela roda o comando **nmap -v -sS -O 10.2.1.3**. Isto executa um

---

9 Uma sexy atacante, vestida de couro, da equipe anterior, iniciou, realmente, a seção. Não ficou claro em que ponto ela morreu e deixou as tarefas restantes para Trinity.

exame de TCP SYN e de detecção de SO em 10.2.1.3 e fornece uma saída verbosa. O hospedeiro parece ser um desastre de segurança - um AIX 3.2 com bem mais de uma dúzia de portas abertas. Infelizmente, esta não é a máquina que ela precisa comprometer. Então, ela roda o mesmo comando para a 10.2.2.2. Desta vez, o SO alvo não é reconhecido (ela deveria ter atualizado o Nmap!) e só tem a porta 22 aberta. Esta é o serviço de administração encriptado Secure Shell. Como qualquer deusa hacker, vestida com um sexy PVC, sabe, muitos servidores de SSH, por volta daquele tempo (2001), têm uma vulnerabilidade explorável no detector de ataques da compensação de CRC32. Trinity saca um explorador completamente escrito em código assembly e o utiliza para mudar a senha de root da máquina alvo para Z10N0101. Trinity usa senhas muito mais seguras, em circunstâncias normais. Ela loga como root e emite um comando para desabilitar o sistema de retomada de força de emergência para 27 quarteirões, terminando em cima da hora! Eis aqui um instantâneo da ação - olhando com cuidado você poderá ler o texto.

Figura 1.2. Trinity Examina a Matriz

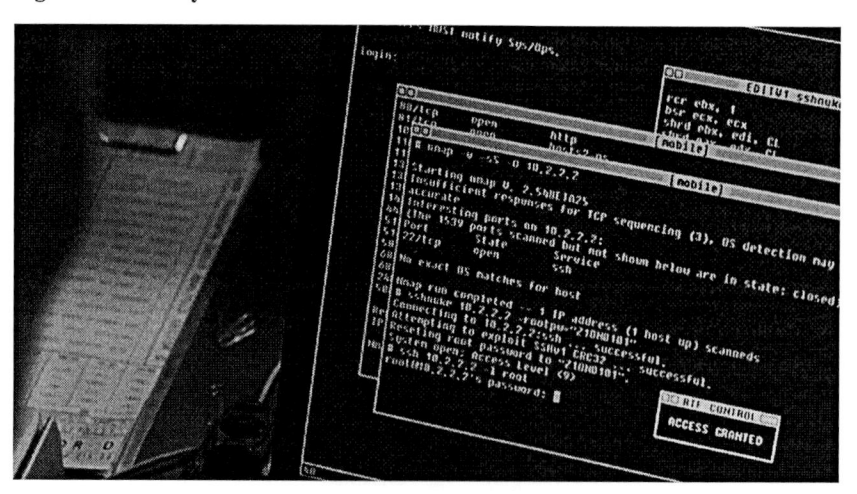

Além disso, um vídeo da visualização do terminal, mostrando toda a exploração, está disponível na Internet[10]. Ele estará, pelo menos, até que a MPAA (sigla em inglês para Associação Estadunidense de Cinema) o descubra e envie sentinelas ou advogados para perseguirem os webmasters.

---

10 *http://nmap.org/movies.html*

1.2.3. MadHat no País das Maravilhas

Esta história difere das anteriores por ser real mesmo. Escrita pelo habitual usuário e contribuinte do Nmap, MadHat, ela descreve como ele incrementou e personalizou o Nmap para o uso diário numa grande empresa.

No verdadeiro espírito do código aberto, ele liberou estes valiosos scripts em seu website[11]. Os endereços IP foram alterados para proteger a identidade da corporação. O restante desta seção fica por conta de suas próprias palavras.

Depois de despender as duas últimas décadas no aprendizado de computadores e no empenho de minha promoção do suporte técnico, passando pela administração de sistemas, até o trabalho de meus sonhos como Encarregado de Segurança de Informações de uma importante companhia da Internet, eu recebi a responsabilidade exclusiva de monitoramento de segurança de todo o nosso espaço de IP. Isto era quase 50.000 hospedeiros, mundo afora, quando eu comecei, vários anos atrás e já dobrou, desde então.

A procura de vulnerabilidades em todas estas máquinas, como parte de avaliações mensais ou trimestrais, já seria bastante difícil, mas a gerência queria que elas fossem diárias. Atacantes não esperariam uma semana ou mês para explorar uma vulnerabilidade recém-exposta, então eu também não poderia esperar tanto tempo para descobri-la e consertá-la.

Procurando em volta por ferramentas, eu rapidamente escolhi o Nmap como meu scanner de portas. Ele é amplamente considerado como o melhor scanner, e eu já o estava utilizando havia anos, na solução de problemas de redes e em testes de segurança. Depois, eu precisei de um software que agregasse a saída do Nmap e exibisse as diferenças entre execuções. Examinei várias ferramentas existentes, incluindo o Nlog[12], de HD Moore. Infelizmente, nenhuma delas monitorava as alterações da forma como eu queria. Eu tinha de tomar conhecimento sempre que a lista de controle de acesso de um roteador ou firewall estivesse mal configurada, ou um hospedeiro estivesse compartilhando publicamente conteúdo inapropriado. Também me preocupei com a escalabilidade destas outras soluções, e decidi tratar do problema por mim mesmo.

---

11 *http://www.unspecific.com/nmap/*

12 *http://www.securiteam.com/tools/3T5QMQ0NFK.html*

A primeira questão a surgir foi a velocidade. Nossas redes estão localizadas em todo o mundo, enquanto que eu só dispunha de um único hospedeiro baseado nos EUA para fazer o exame. Em muitos casos, firewalls entre os sites fazia com que a velocidade de exame fosse significativamente reduzida. O exame de 100.000 hospedeiros levava mais de 30 horas, o que é inaceitável para uma tarefa diária. Então eu escrevi um script chamado nmap-wrapper, que roda dezenas de processos Nmap em paralelo, reduzindo o tempo de exame para quinze horas, incluindo até a detecção de SO.

O próximo problema foi lidar com tantos dados. Uma base de dados SQL parecia ser a melhor abordagem, por razões de escalabilidade e tratamento de dados, mas eu tive de abandonar essa ideia, devido a pressões de tempo. Uma versão futura poderá adicionar este suporte. Em vez disso, eu usei um arquivo plano para armazenar os resultados de cada faixa de endereço de classe C de cada dia. A forma mais poderosa e extensível de analisar e armazenar esta informação era o formato XML do Nmap, mas eu escolhi o formato "grepável" (opção -oG), porque ele é muito fácil de se analisar a partir de scripts simples. Marcas de horário por hospedeiro também são armazenadas, para fins de relatórios. Estas se mostram muito úteis, quando os administradores tentam condenar o scanner por baixas de serviços ou de máquinas. Eles não podem afirmar confiavelmente que um serviço caiu às 7:12 da manhã, quando eu tenho a prova de que o exame ocorreu às 9:45 da manhã.

O exame produz dados abundantes, sem nenhum método conveniente de acesso. A ferramenta diff, padrão do Unix não é inteligente o suficiente para reportar somente as alterações que me importam, então eu escrevi um script em Perl, chamado nmap-diff, para fornecer relatórios diários de alterações. Um relatório de saída típico é mostrado no exemplo 1.4.

Exemplo 1.4. saída típica do nmap-diff

```
> nmap-diff.pl -c3
5 IPs showed changes

10.12.4.8 (ftp-box.foocompany.biz)
      21/tcp open ftp
      80/tcp open http
     443/tcp open https
    1027/tcp open IIS
```

Capítulo 1: Iniciando-se com o Nmap — 17

```
         + 1029/tcp open ms-lsa
           38292/tcp open landesk-cba
    OS: Microsoft Windows Millennium Edition (Me)
        Windows 2000 Professional or Advanced Server
        or Windows XP

    10.16.234.3 (media.foocompany.biz)
           80/tcp open http
         + 554/tcp open rtsp
         + 7070/tcp open realserver

    192.168.10.186 (testbox.foocompany.biz)
         + 8082/tcp open blackice-alerts
    OS: Linux Kernel 2.4.0 - 2.5.20

    172.24.12.58 (mtafoocompany.biz)
         + 25/tcp open smtp
    OS: FreeBSD 4.3 - 4.4PRERELEASE

    172.23.76.22 (media2.foocorp.biz)
           80/tcp   open http
           1027/tcp open IIS
         + 1040/tcp open netsaint
           1755/tcp open wms
           3372/tcp open msdtc
           6666/tcp open irc-serv
           7007/tcp open afs3-bos
    OS: Microsoft Windows Millennium Edition (Me)
        Windows 2000 Professional or Advanced Server
        or Windows XP
```

A gerência e o pessoal ficaram impressionados quando demonstrei este novo sistema, no simpósio interno sobre segurança da companhia. Mas em vez de me permitirem repousar com meus louros, eles começaram a pedir novas funcionalidades. Queriam contagens de servidores de correio e web, estimativas de crescimento e outras coisas mais. Todos estes dados estavam disponíveis, a partir dos exames, mas eram difíceis de se acessar. Então, eu criei mais um outro script em Perl, o nmap-report, que tornou a consulta aos dados muito mais fácil. Ele recebe especificações, tais como portas abertas ou sistemas operacionais, e encontra todos os sistemas que correspondem a elas, num dado dia.

Um problema desta abordagem do monitoramento da segurança é que os empregados nem sempre expõem os serviços nas portas regulamentares registradas na IANA. Por exemplo, eles podem pôr um servidor web na porta 22 (SSH) ou vice versa. Exatamente quando eu estava debatendo como resolver este problema, o Nmap apareceu com um sistema avançado de detecção de serviços e versões (veja o capítulo 7, *Detecção de serviço e de versão de aplicação*). O nmap-report, agora, tem uma funcionalidade de repetição de exames que usa o exame de versão para reportar os serviços verdadeiros, ao invés da adivinhação baseada no número da porta. Eu espero integrar mais a detecção de versões, nas futuras versões. O exemplo 1.5 mostra o nmap-report listando servidores de FTP.

Exemplo 1.5. Execução do nmap-report

```
> nmap-report -p21 -rV
[...]
172.21.199.76 (ftp1.foocorp.biz)
    21/tcp  open  ssl|ftp  Serv-U ftpd 4.0

192.168.12.56 (ftp2.foocorp.biz)
    21/tcp  open  ftp    NcFTPd

192.168.13.130 (dropbox.foocorp.biz)
    21/tcp  open  ftp    WU-FTPD 6.00LS
```

Embora longe da perfeição, estes scripts se provaram muito valiosos no monitoramento de grandes redes, à cata de alterações impactantes na segurança. E como o próprio Nmap é código aberto, pareceu correto liberar meus scripts para o público, também. Eu os tornei livremente disponíveis em *http://www.unspecific.com/nmap*.

1.3. As Fases de um Exame do Nmap

Agora que já vimos algumas aplicações do Nmap, examinaremos o que acontece quando um exame do Nmap é executado. Os exames são realizados em fases, com cada fase terminando antes da seguinte começar. Como você pode ver, a partir das descrições das fases a seguir, há muito mais no Nmap do que apenas o exame de portas.

Enumeração de alvos. Enumeração de alvos. Nesta fase, o Nmap pesquisa os especificadores de hospedeiros fornecidos pelo usuário, o que pode ser uma combinação de nomes DNS de hospedeiros, endereços IP, notações CIDR de redes e outras mais. Você pode até usar (-iR) para solicitar ao Nmap que escolha os alvos por você! O Nmap transforma estes especificadores numa lista de endereços IPv4 ou IPv6 para exame. Esta fase não pode ser omitida, uma vez que é essencial para mais exames, mas você pode simplificar o processamento passando apenas os endereços IP, de forma que o Nmap não tenha de fazer resolução antecipada. Se você passar as opções -sL -n (exame de lista sem resolução DNS inversa), o Nmap exibirá os alvos e não realizará nenhum outro exame. Esta fase será discutida na seção 3.2, "especificando hospedeiros e redes alvo" e na seção 3.5.1, "exame de lista (-sL)".

Descoberta de Hospedeiro (exame de ping). Varreduras de redes normalmente começam pela descoberta de quais alvos, na rede, estão no ar e, assim, valem uma investigação mais profunda. Este processo é chamado de descoberta de hospedeiro ou exame de ping. O Nmap oferece muitas técnicas de descoberta de hospedeiros, desde rápidas solicitações ARP até combinações elaboradas de TCP, ICMP e outros tipos de provas. Esta fase é executada por omissão, embora você possa omiti-la (simplesmente presuma-se que todos os IPs alvo estão no ar) usando a opção -PN (sem ping). Para parar depois da descoberta de hospedeiros, especifica-se -sP -n. A descoberta de hospedeiros é o assunto do capítulo 3.

Resolução DNS Inversa. Depois que o Nmap tiver determinado os hospedeiros a serem examinados, ele procurará os nomes de DNS inverso de todos os hospedeiros encontrados no ar pelo exame de ping. Às vezes o nome de um hospedeiro fornece dicas sobre a sua função, e nomes tornam os relatórios mais legíveis do que o fornecimento de apenas número IP. Este passo pode ser omitido com a opção -n (sem resolução), ou expandido para cobrir todos os IPs alvo (mesmo os que estejam fora do ar) com a opção -R (resolver todos). A resolução de nomes é coberta na seção 3.4, "resolução DNS".

Exame de Portas. Esta é a operação fundamental do Nmap. As provas são enviadas, e as respostas (ou não-respostas) a estas provas são usadas para classificação de portas remotas em estados tais como open (aberta), closed (fechada), ou filtered (filtrada). Esta breve descrição não inclui os muitos tipos de exames do Nmap, a configurabilidade desses exames, nem os algoritmos para a melhoria da velocidade e da precisão. Uma visão geral do exame de portas se encontra no capítulo 4. Informações detalhadas sobre algoritmos e opções de linha de comando se encontram no capítulo 5. O exame de portas é realizada por omissão, embora você possa omiti-la e ainda realizar algumas das fases posteriores de traceroute e, parcialmente, do Mecanismo de Scripts do Nmap, especificando suas opções particulares de linha de comando (tais como --traceroute e --script) juntamente com um exame de ping (-sP).

Detecção de Versão. Se algumas portas forem encontradas abertas, o Nmap poderá ser capaz de determinar qual software servidor está rodando no sistema remoto. Ele o faz, enviando uma série de provas e combinando as respostas com uma base de dados de milhares de assinaturas conhecidas de serviços. A detecção de versão é habilitada com a opção -sV. Ela é completamente descrita no capítulo 7.

Detecção de SO. Se solicitado, através da opção -O, o Nmap procederá a detecção de SO. Diferentes sistemas operacionais implementam os padrões de rede de formas sutilmente diferentes. Pela medição destas diferenças é frequentemente possível determinar o sistema operacional rodando num hospedeiro remoto. O Nmap correlaciona as respostas a um conjunto padrão de provas com uma base de dados de mais de mil respostas conhecidas de sistemas operacionais. A detecção de SO é coberta no capítulo 8.

Traceroute. O Nmap contém uma implementação otimizada do traceroute, habilitada pela opção --traceroute. Ele pode encontrar rotas de redes para muitos hospedeiros em paralelo, usando os melhores pacotes de provas disponíveis, como determinado pelas fases anteriores do Nmap. O traceroute normalmente envolve uma outra rodada de resolução DNS inversa, para os hospedeiros intermediários. Mais informações serão encontradas na seção 15.4, "Descoberta de hospedeiro".

Exame de Script. O Mecanismo de Scripts do Nmap (NSE, na sigla em inglês) usa uma coleção de scripts de propósito especial para obter ainda mais informações sobre sistemas remotos. O NSE é impulsionado pela linguagem de programação Lua e por uma biblioteca padrão projetada para coleta de informações de redes. Dentre as facilidades oferecidas estão a detecção avançada de versão, a notificação de vulnerabilidades de serviços e a descoberta de backdoors e de outros malwares. O NSE é um assunto extenso, completamente discutido no capítulo 9. O NSE não é executado, a menos que você o solicite com opções tais como --script ou -sC.

Saída. Por último, o Nmap coleta toda a informação que ele reuniu e a apresenta na tela ou salva num arquivo. O Nmap pode apresentar a saída em vários formatos. Seu formato legível omissivo (formato interativo) é normalmente apresentado neste livro. O Nmap também oferece um formato de saída baseado em XML, dentre outros. Os prós e contras das saídas são o assunto do capítulo 13.

Como já discutido, o Nmap oferece muitas opções para controlar quais destas fases serão executadas. Para exames de grandes redes, cada fase é repetida muitas vezes, já que o Nmap lida com os hospedeiros em grupos menores. Ele examina completamente cada grupo e apresenta os resultados, depois passa para o próximo lote de hospedeiros.

1.4. Questões Legais

Quando usado devidamente, o Nmap ajuda a proteger sua rede de invasores. Mas quando usado indevidamente, o Nmap pode (em casos raros) levar você a processo, demissão, expulsão, prisão ou banimento de seu provedor de acesso. Reduza seus riscos, lendo este guia legal, antes de iniciar o Nmap.

1.4.1. É Crime o Exame não Autorizado de Portas?

As implicações legais do exame de redes com o Nmap são complexas e tão controversas que algumas organizações até imprimiram camisetas e adesivos para automóveis promulgando opiniões sobre o assunto[13], como mostrado na figura 1.3. O tema também provoca muitos debates apaixonados e trocas de e-mails agressivos, embora frequentemente improdutivos. Se você já participou de tais discussões, procure evitar as analogias abusadas com o bater na porta de alguém ou testar se suas portas e janelas estão trancadas.

---
13 Estes são da agora finada AmericanSushi.Com.

Figura 1.3. Fortes Opiniões sobre a Legalidade e a Moralidade do Exame de Portas

Embora eu concorde com o sentimento de que o exame de portas não deva ser ilegal, raramente é inteligente seguir-se um conselho de uma camiseta. Na verdade, ouvi-lo de um autor e engenheiro de software é apenas ligeiramente melhor. Converse com um advogado competente, em sua jurisdição, para um melhor entendimento de como a lei se aplica a sua situação em particular. Com esta importante advertência de fora do caminho, eis aqui algumas informações gerais que podem se mostrar úteis.

A melhor maneira de se evitar controvérsias, quando usando o Nmap, é sempre ter à mão uma autorização por escrito dos representantes da rede alvo, antes de iniciar qualquer exame. Ainda haverá uma chance de seu provedor de acesso criar caso, se ele o notar (ou se os administradores do alvo acidentalmente enviarem a ele um relatório de abuso), mas isto normalmente é fácil de se resolver. Quando você estiver realizando um teste de penetração, esta autorização deverá constar do Contrato de Prestação de Serviços. Quando testando sua própria companhia, certifique-se de que esta atividade se encaixa claramente na descrição de seu trabalho. Os consultores de segurança deverão estar familiarizados com o excelente Manual de Metodologia de Testes de

Segurança de Código Aberto (OSSTMM, na sigla em inglês)[14], que fornece as melhores práticas para estas situações.

Embora casos de justiça civil e (especialmente) criminal sejam um cenário de pesadelo para usuários do Nmap, estes são muito raros. Afinal, nenhuma lei federal nos EUA* torna o exame de portas explicitamente ilegal. Uma ocorrência muito mais frequente é a rede alvo perceber um exame e enviar uma reclamação ao provedor de serviços de rede em que ela se iniciou (seu provedor de acesso). A maioria dos administradores de rede parecem não se incomodar ou perceber os muitos exames que se apresentam às suas redes diariamente, mas alguns reclamam. O provedor de acesso da fonte do exame poderá rastrear o usuário correspondente ao endereço IP e à hora reportados e, depois, chamar a atenção desse usuário ou, mesmo, expulsá-lo do serviço. O exame de portas sem autorização é, às vezes, contrária à política de uso aceitável (PUA) do provedor. Por exemplo, a PUA do gigante provedor de acesso de modem a cabo, Comcast, atualmente diz[15]:

> *As ferramentas de prova de rede ou de exame de portas só serão permitidas quando usadas em conjunto com uma rede doméstica, ou se explicitamente autorizada pelo hospedeiro e/ou pela rede alvo. O exame de portas não autorizada, por qualquer motivo, é estritamente proibida.*

Mesmo que um provedor de acesso não proíba explicitamente o exame de portas não autorizada, ele poderá afirmar que alguma atitude "anti-hacker" será cabível. É claro que isto não tornará ilegal o exame de portas. Muitas atividades perfeitamente legais e (nos EUA) constitucionalmente protegidas são banidas pelos provedores de acesso. Por exemplo, a PUA citada anteriormente também proíbe os usuários de transmitirem, armazenarem ou postarem "qualquer informação ou material que uma pessoa razoável possa julgar como objetável, ofensivo, indecente, pornográfico, ... embaraçador, destrutivo, vulgar, odiento, racial ou etnicamente ofensivo ou, por outro lado, inconveniente, independentemente de este material ou sua divulgação não estarem previstos em lei". Em outras palavras, alguns provedores de acesso proíbem qualquer comportamento que possa, talvez, ofender ou perturbar alguém. O exame indiscriminado de redes/computadores de outras pessoas tem este potencial. Se

---
* Quando da tradução deste livro (jan/2009) também não havia, no Brasil, nenhuma lei relacionada com o tema. - N. do T.
14 http://www.osstmm.org/
15 http://www.comcast.net/terms/use.jsp

você decidir realizar tal exame controverso, de qualquer forma, nunca o faça a partir do trabalho, da escola ou de qualquer outro provedor de serviços que tenha um controle substancial sobre seu bem-estar. Use, em vez disso, um provedor de acesso de banda larga comercial ou discado. Perder sua conexão DSL e ter de mudar de provedor é um ligeiro incômodo, mas é infinitamente preferível a ser expulso ou demitido.

Embora os casos legais envolvendo exame de portas (sem consequentes ataques de hackers) sejam raros, eles soem acontecer. Um dos casos mais notáveis envolveu um homem chamado Scott Moulton, que tinha um contrato de consultoria em andamento para manter o sistema de emergência 911 de Cherokee County, Georgia, EUA. Em dezembro de 1999, ele foi encarregado de configurar um roteador para conectar o Departamento de Polícia de Canton, também na Georgia, com o Centro E911. Ciente de que isto poderia expor a riscos a segurança do Centro E911, Scott iniciou alguns exames preliminares de portas das redes envolvidas. No processo, ele examinou um servidor web de Cherokee County que era de propriedade de uma firma de consultoria rival, chamada VC3. Eles perceberam o exame e enviaram um e-mail a Scott, que respondeu dizendo que havia trabalhado para o Centro 911 e estava testando a segurança. A VC3, então, reportou a atividade para a polícia. Scott perdeu seu contrato de manutenção do E911 e foi preso sob alegação de violação da Lei de Abusos e Fraudes de Computadores, dos EUA, Seção 1030(a)(5)(B)[16]. Esta lei se aplica a qualquer um que "intencionalmente acesse um computador protegido sem autorização e, como resultado de tal conduta, cause dano" (e atende a outras exigências). Os danos alegados pela VC3 envolveram o tempo gasto com a investigação do exame de portas e atividades relacionadas. Scott processou a VC3 por difamação, e a VC3 o processou por violação da referida lei, bem como da Lei de Proteção de Sistemas Computadores da Georgia.

A ação cível contra Scott foi extinta antes do julgamento, implicando numa completa ausência de mérito. A decisão fez muitos usuários do Nmap sorrirem:

> *"A Corte entende que a ação do reclamante, de condução de um exame de*

---

16 *http://www4.law.cornell.edu/uscode/18/1030.html*

Capítulo 1: Iniciando-se com o Nmap — 25

portas e teste de capacidade de servidores da defesa sem autorização não constitui violação nem da Lei de Proteção a Sistemas Computadores da Georgia, nem da Lei de Abusos e Fraudes de Computadores" - Ação Cível nº 1:00-CV-434-TWT (N.D. Ga. 6 de novembro de 2000).

Esta foi uma vitória empolgante, na ação cível, mas Scott ainda tinha as acusações criminais pairando sobre sua cabeça. Felizmente, ele manteve o ânimo elevado, enviando a seguinte nota[17] à lista de correio nmap-hackers:

Estou orgulhoso de poder ser de algum benefício para a sociedade da computação, ao defender e proteger os direitos de especialistas no campo dos computadores, embora seja EXTREMAMENTE oneroso suportar tal esforço, do qual eu não estou feliz. Mas eu continuarei a lutar e provar que não há nada de ilegal no exame de portas, especialmente quando eu estou apenas fazendo o meu trabalho.

Finalmente, a corte criminal chegou à mesma conclusão e todas as acusações foram rejeitadas. Embora Scott tenha sido absolvido, no final, ele sofreu ações legais de seis dígitos e amargou anos estressantes batalhando pelo sistema judiciário. O consolo é que depois de tanto tempo instruindo seus advogados sobre as questões técnicas envolvidas, Scott abriu uma companhia de serviços forenses de sucesso[18].

Embora o caso de Moulton estabeleça um bom exemplo (se não um precedente legal), diferentes cortes ou situações podem levar a consequências ainda piores. Lembre-se de que muitos Estados têm suas próprias leis sobre abusos de computadores*, algumas das quais podem, discutivelmente, tornar ilegal até a realização de um ping numa máquina remota sem autorização[19]. As leis em outras nações, obviamente, diferem, também. Por exemplo, um garoto de 17 anos foi condenado, na Finlândia[20] por tentativa de intrusão de computadores, simplesmente por haver realizado um exame de portas num banco. Ele foi obrigado a cobrir as despesas de investigação do alvo. A decisão do caso de Moulton poderia ter sido diferente, se a máquina da VC3 tivesse realmente

---

* Trata-se, aqui, dos Estados Unidos, onde os Estados têm a autonomia de legislar isoladamente sobre tais assuntos.

17 http://seclists.org/nmap-hackers/2001/0026.html

18 http://www.forensicstrategy.com/

19 Um artigo excelente sobre este assunto, do advogado Ethan Preston está disponível em http://grove.ufl.edu/~techlaw/vol6/issue1/preston.html. Ele também escreveu um excelente artigo relacionado aos riscos legais da publicação de explorações e informações de segurança em http://www.mcandl.com/computer-security.html.

20 http://insecure.org/stf/fin.html

sido derrubada e se eles fossem capazes de justificar o dano de 5.000 dólares exigida pela ação. No outro extremo, um juiz de Israel absolveu[21] Avi Mizrahi no início de 2004 por exame de vulnerabilidades no serviço secreto Mossad. O juiz Abraham Tennenbaum até fez um julgamento favorável a Avi, como se segue:

> *De certa forma, os surfistas da Internet que checam as vulnerabilidades de websites estão trabalhando para o bem do público. Se suas intenções não forem maliciosas e não causarem nenhum dano, eles devem até ser recomendados.*

Em 2007 e 2008, novas leis abrangentes sobre crimes cibernéticos entraram em vigor na Alemanha[22] e na Inglaterra[23]. Estas leis visam impedir a distribuição, o uso e até a posse de "ferramentas de intrusão". Por exemplo, a emenda do Reino Unido à Lei de Uso Indevido de Computadores torna ilegal "fornecer ou se oferecer para fornecer, acreditando que ela provavelmente será usada para cometer, ou para ajudar no cometimento de [uma violação da referida lei]". Estas leis já levaram alguns autores de ferramentas de segurança a fecharem lojas ou transferirem seus projetos para outros países. O problema é que a maioria das ferramentas de segurança pode ser usada tanto por profissionais éticos (os chapéus brancos), para defender suas redes, quanto pelos chapéus pretos, para atacar. Estas perigosas leis são baseadas na intenção do autor ou do usuário da ferramenta, que é subjetiva e difícil de se adivinhar. O Nmap foi projetado para ajudar a segurar a Internet, mas eu detestaria ser preso e forçado a defender minhas intenções para um juiz e um júri. Estas leis provavelmente não afetarão ferramentas tão disseminadas e populares quanto o Nmap, mas elas tiveram um efeito altamente perturbador sobre ferramentas menores e naquelas que são mais comumente usadas por criminosos de computadores (tais como estruturas de exploração).

A despeito do status legal do exame de portas, contas de provedores de acesso continuarão a ser fechadas, se muitas reclamações forem geradas. A melhor maneira de se evitar os relatórios de abusos para os provedores de acesso ou

---

21 http://www.theregister.co.uk/2004/03/01/mossad_website_hacker_walks_free/

22 http://www.beskerming.com/commentary/2007/08/12/249/German_Security_Professionals_in_the_Mist

23 http://www.theregister.co.uk/2008/01/02/hacker_toll_ban_guidance/

acusações cíveis e criminais é evitar incomodar os administradores das redes alvo, em primeiro lugar. Eis algumas sugestões práticas:

- Provavelmente, pelo menos 90% dos exames de redes não é controversa. Você raramente será incomodado pelo exame de sua própria máquina ou das redes que você administra. A controvérsia surge quando do exame de outras redes. Há muitas razões (boas e más) para se fazer este tipo de exploração de redes. Talvez você esteja examinando os outros sistemas em seu alojamento ou departamento em busca de arquivos compartilhados publicamente (FTP, SMB, WWW etc.). Ou talvez você só esteja tentando encontrar o IP de uma certa impressora. Você pode ter feito um exame em seu website favorito para ver se ele está oferecendo algum outro serviço, ou porque estava curioso a respeito de qual SO ele está rodando. Talvez você só esteja tentando testar a conectividade, ou talvez você queira fazer uma rápida verificação da sanidade da segurança, antes de passar os detalhes de seu cartão de crédito para aquela companhia de comércio eletrônico. Você pode estar fazendo uma pesquisa na Internet. Ou estará fazendo um reconhecimento inicial em preparação para uma tentativa de invasão? Os administradores remotos raramente sabem de suas reais intenções, e às vezes ficam desconfiados. A melhor abordagem é, primeiro, obter permissão. Eu já vi algumas pessoas com cargos não administrativos caírem na fogueira depois de decidirem "provar" a insegurança da rede, lançando um exame intrusivo de toda a companhia ou campus. Os administradores tendem a ser mais cooperativos quando solicitados antecipadamente, do que quando acordados às três da manhã por um alarma de IDS informando que eles estão sob ataque maciço. Assim, sempre que possível, obtenha autorização por escrito, antes de efetuar o exame de uma rede. Adrian Lamo provavelmente teria evitado a prisão se tivesse solicitado ao New York Times para testar sua segurança, em vez de contar aos repórteres sobre as falhas, posteriormente. Infelizmente, eles provavelmente teriam dito não. Esteja preparado para esta resposta.

- Almeje seu exame tão centradamente quanto possível. Qualquer máquina conectada à Internet é varrida bastante regularmente para que a maioria dos administradores ignorem tal ruído branco da Internet. Mas o exame de redes demasiadas ou a execução de exames muito barulhentas/intrusivas aumenta a probabilidade de geração de reclamações. Então, se você estiver somente procurando por servidores web, especifique -p80, em vez de fazer o exame de todas as 65.536 portas TCP de cada máquina. Se estiver apenas tentando encontrar os hospedeiros disponíveis, faça um exame de ping, do Nmap, ao invés de um exame de portas completo. Não faça exames num bloco de rede de CIDR /16 (65 mil hospedeiros), quando um /24 for suficiente. O modo de exame aleatório, agora, recebe um argumento especificando o número de hospedeiros, em vez de rodar para sempre. Assim, considere -iR 1000, no lugar de -iR 10000, se a primeira opção for suficiente. Use a temporização omissiva (ou mesmo -T polite), em vez de -T insane. Evite exames barulhentos e relativamente intrusivos, tais como a detecção de versão (-sV). Da mesma forma, um exame de SYN (-sS) é mais silenciosa do que um exame de conexão (-sT), ao mesmo tempo em que fornece a mesma informação e é frequentemente mais rápida.

- Como notado anteriormente, não faça nada de controverso, a partir das conexões de seu trabalho ou de sua escola. Muito embora suas intenções possam ser boas, você terá muito a perder, se alguém no poder (por exemplo, o chefe, o diretor) decidir que você é um cracker malicioso. Acaso você quererá realmente explicar suas ações para alguém que poderá nem mesmo entender os termos pacote ou scanner de portas? Gaste 100 ou 200 reais por mês numa conta de acesso discado, compartilhado ou de banda larga. Não só as repercussões serão menos severas, se você incomodar a alguém a partir de uma tal conta, mas os administradores da rede alvo estarão até menos inclinados a reclamar a provedores comerciais de massa. Além disso, leia a PUA relevante e selecione um provedor de acordo. Se seu provedor (como o Comcast discutido anteriormente) proibir qualquer exame de portas e postagem de material "ofensivo" não autorizadas, não fique surpreso de ser chutado para fora por esta atividade. Em geral, quanto mais você paga a um provedor de serviços, mais complacente ele é. Um provedor de T1 provavelmente jamais removerá sua conexão sem aviso, porque alguém reportou ter sofrido um exame de portas. Um provedor discado ou a cabo/DSL residencial poderá muito bem fazê-lo. Isto pode acontecer mesmo quando o exame tiver sido forjado por um outro alguém.

- O Nmap oferece muitas opções para exames invisíveis, incluindo a simulação de IP de origem, o exame por isca e a técnica mais recente de exame ocioso. Estas serão discutidas no capítulo sobre fuga de IDS. Mas lembre-se de que sempre haverá uma troca. Será mais difícil você ser pego se disparar exames a partir de um WAP aberto, longe de sua casa, com 17 iscas, enquanto faz testes subsequentes através de uma cadeia de nove proxies abertos. Mas se alguém rastrear você, ele ficará extremamente desconfiado de suas intenções.

- Tenha sempre uma razão legítima para a realização de exames. Um administrador incomodado poderá escrever, antes, para você (ou seu provedor de acesso poderá encaminhar a reclamação dele para você) esperando algum tipo de justificativa para a atividade. No caso de Scott Moulton discutido anteriormente, a VC3, primeiro, enviou um email a Scott, perguntando o que estava acontecendo. Se eles tivessem ficado satisfeitos com sua resposta, as coisas poderiam ter parado por ali, em vez de subir até o litígio cível e criminal. Grupos que realizam exames de grandes porções da Internet para fins de pesquisa, frequentemente usam um nome de DNS reverso que descreve seus projetos e rodam um servidor web com informações detalhadas e com formulários de solicitação de exclusão.

Lembre-se, ainda, que ações auxiliares e subsequentes são frequentemente usadas como evidências de intentos. Um exame de portas logo seguida por uma exploração do IIS, no entanto, divulga a intenção em alto e bom som.

Isto é importante, porque as decisões de se processar (ou demitir, expulsar, reclamar etc) são baseadas, frequentemente, no evento como um todo e não apenas em um componente (tal como um exame de portas).

Um caso dramático envolveu um canadense chamado Walter Nowakowski, que aparentemente foi a primeira pessoa a ser acusada, no Canadá, por roubo de comunicações (Código Criminal Canadense, Seção S.342.1) para acessar a Internet através da rede Wi-Fi insegura de alguém. Milhares de "caçadores de acesso sem fio" canadenses fazem isto diariamente, então por que ele foi discriminado? Por causa das ações e intenções que se seguiram. Ele foi supostamente pego[24] dirigindo no sentido oposto de uma rua de mão única, nu do peito para baixo, com um laptop nas mãos, enquanto baixava pornografia infantil através do ponto de acesso sem fio inseguro, mencionado. A polícia, aparentemente, considerou sua atividade tão flagrante que maquinou acusações relevantes e acrescentou o roubo de comunicações às muitas acusações relacionadas a pornografia infantil.

Da mesma forma, acusações envolvendo o exame de portas são normalmente reservadas para os casos mais flagrantes. Mesmo quando administradores paranóicos notificam a polícia que sofreram exames, o processo (ou qualquer ação adicional) é extremamente raro). O fato de um serviço de emergência 911 (EUA) ter sido envolvido é o que provavelmente motivou os promotores, no caso de Moulton. Este autor efetuou o exame de centenas de milhares de hospedeiros, na Internet, enquanto escrevia este livro, e não recebeu nenhuma reclamação.

Para resumir toda esta seção, a questão de se o exame de portas é legal não tem uma resposta simples. Eu não posso dizer inequivocamente "o exame de portas nunca será um crime", tanto quanto eu gostaria. As leis diferem dramaticamente, entre as jurisdições, e são imprevisíveis em seus detalhes particulares. Mesmo quando os fatos são quase idênticos, diferentes juízes e promotores nem sempre os interpretam da mesma forma. Eu só posso recomendar cuidado e reiterar as sugestões anteriores.

Para fins de testes, você tem permissão de fazer o exame do hospedeiro scanme.nmap.org. Você deve ter notado que ele já foi usado em vários exemplos. Note que esta permissão só inclui o exame através do Nmap, e não o teste de

---

24 http://www.ctv.ca/servlet/ArticleNews/story/CTVNews/1069439746264_64848946/

explorações ou de ataques de negação de serviços. Para manter a largura de faixa, por favor não inicie mais de uma dezena de exames por dia nesse hospedeiro. Se este serviço alvo livre para exames for abusado, ele será derrubado e o Nmap reportará Failed to resolve given hostname/IP: scanme.nmap.org.*

1.4.2. Pode o Exame de Portas Derrubar Computadores/ Redes Alvo?

O Nmap não tem nenhuma funcionalidade projetada para derrubar as redes alvo. Ele normalmente tenta proceder de leve. Por exemplo, o Nmap detecta pacotes descartados e desacelera, quando eles ocorrem, para evitar a sobrecarga da rede. O Nmap, também, não envia nenhum pacote corrompido. Os cabeçalhos de IP, TCP, UDP e ICMP são sempre apropriados, embora o hospedeiro de destino não esteja, necessariamente, esperando os pacotes. Por estas razões, nenhum componente de rede, hospedeiro, ou aplicação *deverá* parar por causa de um exame do Nmap. Se pararem, isto será um problema do sistema que deverá ser reparado pelo fornecedor.

Relatos de sistemas sendo derrubados pelo Nmap são raros, mas acontecem. Muitos destes sistemas eram, provavelmente, instáveis para começar, e ou o Nmap os levou além dos limites, ou eles caíram no mesmo instante de um exame do Nmap por pura coincidência. Noutros casos, aplicações, pilhas de TCP/IP e até mesmo sistemas operacionais mal escritos, foram mostrados caindo repetidamente, dado um certo comando do Nmap. Estes são, normalmente, dispositivos legados mais antigos, já que equipamentos mais novos raramente são liberados com estes problemas. Companhias inteligentes usam o Nmap e muitas outras ferramentas comuns de redes para testar os dispositivos, antes da remessa. Aquelas que omitem tais testes de pré-lançamento frequentemente descobrem o problema em testes beta antecipados, quando uma máquina é primeiramente distribuída na Internet. Raramente um dado IP demora para ser varrido, como parte do ruído branco da Internet. Manter os sistemas e os dispositivos atualizados com os últimos consertos e firmware dos fornecedores deverá reduzir a suscetibilidade de suas máquinas a estes problemas, ao mesmo tempo em que incrementa a segurança e usabilidade de sua rede.

---

* Falhou na resolução do nome de hospedeiro/IP dado: scanme.nmap.org. - N. do T.

Em muitos casos, descobrir que uma máquina cai com um certo exame é uma informação valiosa. Afinal, os atacantes podem fazer qualquer coisa que o Nmap possa fazer, usando o próprio Nmap ou seus próprios scripts personalizados. Dispositivos não devem cair por serem varridos, e se caírem, os fornecedores devem ser pressionados a fornecer uma solução. Em alguns cenários de uso, a detecção de máquinas frágeis pela derrubada delas não é desejável. Nestes casos, você poderá querer realizar um exame muito leve, para reduzir o risco de efeitos adversos. Eis algumas sugestões:

- Use o exame por SYN (-sS), em vez do exame por conexão (-sT). Aplicações de modo usuário, tais como servidores web, raramente podem sequer detectar a primeira, porque toda ela é tratada no espaço do kernel (algumas versões mais antigas do kernel do Linux são uma exceção) e, assim, os serviços não têm desculpas para cair.

- O exame de versão (-sV) arrisca derrubar aplicações mal escritas. Da mesma forma, alguns sistemas operacionais ridículos foram relatados caindo, quando da coleta de impressão digital de SO (-O). Omita estas opções para os ambientes particularmente sensíveis ou de onde você não precisar dos resultados.

- Usar os modos de temporização -T2 ou mais lento (-T1, -T0) poderá reduzir as chances de um exame de portas danificar um sistema, embora tornem seus exames dramaticamente mais lentas. Máquinas Linux mais antigas tinham um serviço identd que bloqueava temporariamente os serviços, se fossem acessados muito frequentemente. Isto poderia ocorrer num exame de portas, bem como durante situações legítimas de alta carga. Uma temporização mais lenta ajudará aqui. Estes modos de temporização lenta só devem ser usados como último recurso, já que podem desacelerar os exames numa ordem de dez vezes ou mais.

- Limite o número de portas e máquinas a serem varridas ao mínimo necessário. Cada máquina a ser varrida tem uma minúscula chance de ser derrubada e, portanto, reduzir o número de máquinas melhora suas chances. Reduzir o número de portas varridas reduz os riscos para o hospedeiro final, bem como para os dispositivos de rede. Muitos dispositivos de NAT/firewall mantêm uma entrada de estado para cada prova de porta. A maioria deles expiram as entradas mais antigas, quando a tabela enche, mas algumas implementações (patéticas) caem, em vez disso. A redução de portas/hospedeiros varridos reduz o número de entradas de estado e, assim, ajuda estes lamentáveis dispositivos a se manterem no ar.

1.4.3. Copyright do Nmap

Embora o Nmap seja de código aberto, ele ainda tem uma licença de copyright que deve ser respeitada. Como software livre, o Nmap também não dá nenhuma garantia. Estas questões são cobertas em muito mais detalhes na seção 15.19, "Notas legais". As companhias que quiserem distribuir e usar o Nmap incluído em aplicações e software proprietário são especialmente encorajadas a lerem essa seção, de forma a não violarem, inadvertidamente, a licença do Nmap. Felizmente, o Projeto Nmap vende licenças comerciais de redistribuição para as companhias que precisarem.

1.5. A História e o Futuro do Nmap

Muitas ferramentas de segurança antigas e bem-queridas, tais como Netcat, tcpdump, e John the Ripper, não mudaram muito, ao longo dos anos. Outras, incluindo Nessus, Wireshark, Cain and Abel e Snort estiveram em constante desenvolvimento, desde o dia em que foram liberadas. O Nmap está nesta segunda categoria. Ele foi liberado como um simples scanner de portas somente para o Linux, em 1997. Ao longo dos mais de dez anos seguintes, ele produziu uma miríade de valiosas funcionalidades, incluindo detecção de SO, detecção de versão, o Mecanismo de Scripts do Nmap, uma tradução para o Windows, uma interface gráfica de usuário e outras coisas mais. Esta seção fornece uma linha de tempo dos eventos mais importantes ao longo de uma década de história do Nmap, seguida por breves previsões sobre o seu futuro. Para ver todas as mudanças significativas do Nmap (milhares delas), leia o registro de alterações do Nmap[25]. Liberações anteriores do Nmap podem ser encontradas em *http://nmap.org/dist/*, e versões antigas em *http://nmap.org/dist-old/*.

- **1 de setembro de 1997** - o Nmap é liberado pela primeira vez, na revista *Phrack*, edição 51, artigo 11[26]. Ele não tem um número de versão, porque novas liberações não estão planejadas. O Nmap tem cerca de 2.000 linhas e sua compilação é tão simples quanto **gcc -O6 -o nmap nmap.c -lm**.

- **5 de setembro de 1997** - Devido à demanda popular, uma versão ligeiramente modificada do código da *Phrack* é liberada, auto-denominada versão 1.25. O pacote gzip tem 28KB. A versão 1.26 (48KB) é liberada 19 dias depois.

---

25 *http://nmap.org/changelog.html*
26 *http://nmap.org/p51-11.html*

- **11 de janeiro de 1998** - A Insecure.Org é registrada e o Nmap se transfere de sua base anterior, no provedor de acesso DataHaven Project[27], para lá.

- **14 de março de 1998** - Renaud Deraison escreve para me informar que está escrevendo um scanner de segurança e pergunta se pode usar algum código fonte do Nmap. É claro que eu digo que sim. Nove dias mais tarde, ele me envia uma versão de pré-liberação do Nessus, afirmando que ele "é projetado para administradores de sistemas, não para 3l33t H4ck3rZ*".

- **1 de setembro de 1998** - Inspirado pelo primeiro aniversário do Nmap, eu começo a trabalhar na adição de detecção de SO remoto para o vindouro Nmap 2.00. Em 7 de outubro eu libero a primeira versão beta privada para um punhado de desenvolvedores de primeira linha do Nmap. Nós silenciosamente trabalhamos nisto por vários meses.

- **12 de dezembro de 1998** - O Nmap versão 2.00 é liberado publicamente, apresentando a detecção de SO do Nmap pela primeira vez. Um artigo descrevendo as técnicas foi liberado na *Phrack* 54, Artigo 9[28]. A esta altura, o Nmap está dividido em muitos arquivos, consiste de cerca de 8.000 linhas de código, é mantido num sistema de controle de revisão CVS privado e o tamanho do pacote é de 275KB. A lista de correio *nmap-hackers* é iniciada e, depois, cresce para mais de 55.000 membros.

- **11 de abril de 1999** - O Nmap 2.11BETA1 é liberado. Esta é a primeira versão a conter uma interface gráfica de usuário como alternativa ao uso da tradicional linha de comando. A GUI distribuída somente para o Unix, chamada NmapFE, foi originalmente escrita por Zach Smith. Algumas pessoas gostam dela, mas a maioria prefere a execução na linha de comando.

- **28 de abril de 2000** - O Nmap 2.50 é liberado[29]. A esta altura, o pacote já cresceu para 461KB. Esta liberação inclui modos de temporização, tais como -T aggressive, e métodos de exame direto de SunRPC e exame de janela e de ACK.

- **28 de maio de 2000** - Gerhard Rieger envia uma mensagem[30] para a lista *nmap-dev* descrevendo um novo "exame de protocolos" que ele desenvolveu para o Nmap, e até inclui uma emenda. Isto é tão legal que eu libero[31] o Nmap 2.54BETA1 com esta emenda menos de 12 horas depois.

---

27 *http://www.dhp.com*

28 *http://nmap.org/phrack54-09.txt*

* 3l33t H4ck3rZ - Hackers que usam "leet", uma versão de alfabeto que consiste na substituição de letras latinas por combinações de caracteres ASCII que lembram estas mesmas letras. Tais hackers seriam de "elite" (ironicamente falando, pelo que se pode deduzir). - N. do T.

29 *http://seclists.org/nmap-hackers/2000/0140.html*

30 *http://seclists.org/nmap-hackers/2000/0217.html*

31 *http://seclists.org/nmap-hackers/2000/0219.html*

- **7 de dezembro de 2000** - O Nmap 2.54BETA16 é liberado[32] como a primeira versão oficial a compilar e rodar no Microsoft Windows. O trabalho de transposição para Windows foi feito por Ryan Permeh e Andy Lutomirski.

- **9 de julho de 2001** - O exame ocioso de ID de IP, do Nmap, é apresentada com o Nmap 2.54BETA26. Um artigo descrevendo a técnica é liberado simultaneamente. Esta técnica de exame extremamente bacana (embora nem sempre prática) será descrita na seção 5.10, "exame ocioso de TCP (-sI)".

- **25 de julho de 2002** - Eu largo o trabalho na Netscape/AOL e começo o trabalho dos meus sonhos, mexendo o tempo todo no Nmap.

- **31 de julho de 2002** - O Nmap 3.00 é liberado[33]. O pacote tem 922K. Esta liberação inclui suporte para o Mac OS X, saída em XML e detecção de tempo de atividade.

- **28 de agosto de 2002** - O Nmap é convertido de C para C++ e o suporte ao IPv6 é adicionado, como parte da liberação do Nmap 3.10ALPHA1[34].

- **15 de maio de 2003** - O Nmap é apresentado no filme *The Matrix Reloaded*, onde Trinity o utiliza (seguido de uma exploração real de SSH) para penetrar uma estação de força e salvar o mundo. Isto leva a mais publicidade para o Nmap, do que ele jamais vira antes, ou viu, desde então. Detalhes e instantâneos de tela estão disponíveis em *http://nmap.org/movies.html*.

- **21 de julho de 2003** - Eu termino a primeira implementação da detecção de serviço/versão do Nmap (capítulo 7, *Detecção de versão de aplicação e de serviços*) e a libero para cerca de vinte dos principais desenvolvedores e usuários do Nmap, como Nmap 3.40PVT1. Esta é seguida por mais 16 liberações privadas, ao longo dos próximos dois meses, à medida que melhoramos o sistema e adicionamos assinaturas.

- **16 de setembro de 2003** - A detecção de serviços do Nmap é finalmente liberada[35] publicamente, como parte do Nmap 3.45. Um artigo detalhado é liberado simultaneamente.

- **20 de fevereiro de 2004** - O Nmap 3.50 é liberado[36]. O pacote, agora, tem 1.571KB. A SCO Corporation é proibida de redistribuir o Nmap, porque se recusou a se conformar à GPL. Ela tem de reconstruir as imagens ISO de liberação do seu Caldera para remover o Nmap. Esta liberação inclui as opções de rastreamento de pacotes e

---

32 *http://seclists.org/nmap-dev/2000/q4/0013.html*
33 *http://insecure.org/stf/Nmap-3.00-Release.html*
34 *http://seclists.org/nmap-dev/2002/q3/0041.html*
35 *http://seclists.org/nmap-hackers/2003/0030.html*
36 *http://insecure.org/stf/Nmap-3.50-Release.html*

Capítulo 1: Iniciando-se com o Nmap — 35

de ping de UDP. Inclui, ainda, o sistema de classificação de SO, que classifica cada um, dentre centenas de sistemas operacionais detectados, por nome de fornecedor, nome de sistema operacional, geração de SO e tipo de dispositivo.

- **31 de agosto de 2004** - O mecanismo central de exame de portas do Nmap é reescrito para o Nmap 3.70[37]. O novo mecanismo, chamado de ultra_scan, apresenta algoritmos dramaticamente melhorados e suporte à paralelização para incrementar tanto a precisão quanto a velocidade. As diferenças são particularmente gritantes para hospedeiros por trás de firewalls estritos.

- **25 de junho de 2005** - O Google patrocina dez estudantes secundários e graduados para trabalhar no Nmap em tempo integral, durante o verão, como parte da iniciativa Google's Summer of Code[38]. Os projetos incluem uma segunda geração do sistema de detecção de SO (Zhao Lei), uma nova GUI multi-plataformas, chamada Umit (Adriano Monteiro Marques), e muitos outros projetos legais, descritos em *http://seclists.org/nmap-hackers/2005/0008.html*.

- **8 de setembro de 2005** - O Nmap ganha suporte ao envio de quadros puros de ethernet, com a liberação da versão 3.90[39]. Isto permite o exame de ARP (veja a seção 3.6.6, "exame de ARP (-PR)") e a simulação de endereço MAC, bem como o ato de evitar o impedimento de pacotes crus de IP apresentado pela Microsoft no Windows XP SP2.

- **31 de janeiro de 2006** - O Nmap 4.00 é liberado[40]. O pacote tem, agora, 2.388KB. Esta liberação inclui a interação durante a execução para fornecer estimativas de completamento sob demanda, um instalador executável para o Windows, atualizações do NmapFE para suporte ao GTK2 e muito mais.

- **24 de maio de 2006** - O Google patrocina mais dez desenvolvedores de verão do Nmap, como parte de seu programa SoC. Zhao e Adriano voltam, como parte do SoC 2006 para seguirem com o desenvolvimento de seus respectivos projetos. Diman Todorov é patrocinado para auxiliar no desenvolvimento dos Mecanismos de Scripts do Nmap. Estes e outros talentosos estudantes, com seus projetos, são descritos em *http://seclists.org/nmap-hackers/2006/0009.html*.

- **24 de junho de 2006** - Depois de dois anos de desenvolvimento e testes, a segunda geração do sistema de detecção de SO é integrada ao Nmap 4.20ALPHA1[41]41. Este novo sistema é baseado em tudo o que nós aprendemos e nas novas ideias que tivemos, desde que o sistema da primeira geração debutou, oito anos antes.

---
37 *http://seclists.org/nmap-hackers/2004/0010.html*
38 *http://code.google.com/soc*
39 *http://seclists.org/nmap-hackers/2005/0012.html*
40 *http://insecure.org/stf/Nmap-4.00-Release.html*
41 *http://seclists.org/nmap-dev/2006/q2/0444.html*

Depois de um pouquinho de tempo para que a base de dados crescesse, o novo sistema se provou muito mais preciso e granular que o anterior. Ele é descrito no capítulo 8, *Detecção de SO remoto*.

- **10 de dezembro de 2006** - O Mecanismo de Scripts do Nmap (NSE, na sigla em inglês) é liberado[42] como parte do Nmap 4.21ALPHA1. O NSE permite que os usuários escrevam (e compartilhem) scripts simples para automatizar uma ampla variedade de tarefas de redes. O sistema é um gigantesco sucesso e está descrito no capítulo 9, *O Mecanismo de Scripts do Nmap*.

- **20 de dezembro de 2006** - O repositório Subversion do código fonte do Nmap é aberto ao público[43]. Até aqui, somente um punhado de desenvolvedores tinha acesso ao repositório privado de fontes. Todos os demais tinham de esperar pelas liberações. Agora, todos podem seguir o desenvolvimento do Nmap dia a dia. Há até mesmo a lista de correio nmap-svn, que fornece notificações de mudanças em tempo real, por e-mail. Detalhes são fornecidos na seção 2.1.5, "Obtendo o Nmap do repositório Subversion (SVN)".

- **28 de maio de 2007** - O Google patrocina seis desenvolvedores de verão do Nmap, como parte de seu programa SoC. Enquanto isso, a GUI Umit para o Nmap, de Adriano, é aprovada como um programa independente para patrocínio do SoC. Dentre os estudantes patrocinados estava David Fifield, que continuou por muito tempo, depois que o verão acabou, e se tornou um dos principais desenvolvedores do Nmap. Os estudantes do Nmap, juntamente com seus projetos, estão listados em *http://seclists.org/nmap-hackers/2007/0003.html*.

- **27 de junho de 2007** - *Duro de Matar 4* (com o subtítulo, em inglês, *Live Free or Die Hard* - viva livre ou seja duro de matar) é lançado nos cinemas. Ele inclui uma breve cena do hacker Matthew Farrell (Justin Long) demonstrando seus conhecimentos do Nmap. Depois, ele abandona seu computador para se juntar a Bruce Willis no combate a uma diabólica mente terrorista. Uma semana depois, *O Ultimato Bourne* é lançado e também contém uma cena com o Nmap! A CIA usa o Nmap, neste filme, para penetrar um servidor de correio de um jornal e ler o e-mail de um repórter que eles assassinaram (caras legais)! Instantâneos de telas de aparições do Nmap no filme estão todos disponíveis na página de filmes do Nmap[44].

- **8 de julho de 2007** - O frontend gráfico Umit é incrementado e integrado à liberação do Nmap 4.22SOC1[45] para testes. A Umit é, depois, renomeada para Zenmap, e a vulnerável GUI NmapFE é removida. A Zenmap é coberta no capítulo 12, *Guia do usuário da GUI Zenmap*.

---

42 *http://seclists.org/nmap-dev/2006/q4/0184.html*
43 *http://seclists.org/nmap-dev/2006/q4/0253.html*
44 *http://nmap.org/movies.html*
45 *http://seclists.org/nmap-dev/2007/q3/0030.html*

Capítulo 1: Iniciando-se com o Nmap — 37

- **13 de dezembro de 2007** - O Nmap 4.50 é liberado[46] para celebrar o décimo aniversário do Nmap!

- **1 de junho de 2008** - O Nmap 4.65 é liberado[47] e inclui, pela primeira vez, um instalador executável para o Mac OS X. O pacote fonte do Nmap tem, agora, quatro megabytes. Esta liberação inclui 41 scripts do NSE, 1.307 impressões digitais de SO e 4.706 assinaturas de detecção de versão.

- **18 de agosto de 2008** - O projeto Nmap completa seu quarto Summer of Code, com nosso maior percentual de sucesso, até hoje (seis de sete estudantes patrocinados). Eles melhoraram enormemente o Zenmap, o Mecanismo de Scripts do Nmap, a detecção de SO e o Ncat, como descrito em *http://seclists.org/nmap-dev/2008/q4/0193.html*.

- **8 de setembro de 2008** - O Nmap 4.75 é liberado[48] com quase cem melhorias significativas, em cima da 4.68. Estas incluem as funcionalidades de agregação de exames e de topologia de rede do Zenmap (veja o capítulo 12, *Guia do usuário da GUI Zenmap*). Ele inclui, também, dados de frequências de portas, do meu projeto Worldscan, que eu apresentei[49] na Black Hat e na Defcon, em agosto.

Embora seja fácil catalogar a história do Nmap, o futuro é incerto. O Nmap não começou com nenhum grande plano de desenvolvimento e a maioria dos marcos, na linha de tempo precedente, não foram planejados com mais de um ano de antecedência. Em vez de tentar predizer a forma da Internet e do uso de redes no futuro remoto, eu estudo bem de perto, onde eles estão agora, e decido o que será mais útil para o Nmap agora e no futuro próximo. Assim, eu não tenho ideia de onde o Nmap estará, daqui a dez anos, embora eu espere que ele seja tão popular e vibrante quanto sempre o foi. A comunidade do Nmap é grande o suficiente para que possamos guiar o Nmap onde quer que ele precise ir. O Nmap já encarou dificuldades, antes, tais como a súbita remoção do suporte a pacotes puros, no Windows XP SP2, dramáticas mudanças nas práticas e tecnologias de filtragem de rede, e a lenta emergência do IPv6. Cada uma destas exigiu mudanças significativas, no Nmap, e teremos de fazer o mesmo para abraçar, ou pelo menos lidar com as mudanças no uso de redes, no futuro.

---

46 *http://insecure.org/stf/Nmap-4.50-Release.html*
47 *http://seclists.org/nmap-dev/2008/q2/0558.html*
48 *http://seclists.org/nmap-hackers/2008/0004.html*
49 *http://insecure.org/presentations/*

Enquanto o plano decenal esteja solto no ar, o ano vindouro é mais fácil de se predizer. Tão excitante quanto as novas funcionalidades o são, elas não serão o foco. Nenhum de nós quer ver o Nmap se tornar estufado e desorganizado. Assim, este será um ano de consolidação. Os sistemas Zenmap e NSE não estão tão maduros quanto o resto do Nmap, de forma que a melhora deles é uma grande prioridade. Novos scripts do NSE são ótimos, porque estendem a funcionalidade do Nmap, sem os riscos de estabilidade da incorporação de novo código fonte ao próprio Nmap. Enquanto isso, o Zenmap precisa de melhoras na utilizabilidade e estabilidade, bem como melhor visualização de resultados. Um outro foco é o website do Nmap, que se tornará mais útil e dinâmico. Um sistema de discussão via web, um site de demonstração do Nmap, e uma wiki estão planejados.

O Nmap também pode crescer, em sua habilidade de tratar o exame da web. Quando o Nmap foi inicialmente desenvolvido, diferentes serviços eram frequentemente fornecidos como servidores separados, identificados pelo número da porta em que eles escutavam. Agora, muitos serviços novos simplesmente rodam em cima do HTTP e são identificados por um nome de caminho de URL, em vez do número de porta. O exame de caminhos de URL conhecidos é similar, de muitas maneiras, a exames de portas (e a exame do SunRPC, que o Nmap também fez por muitos anos). O Nmap já faz algum exame de web, usando o Mecanismo de Scripts do Nmap (veja o capítulo 9, *O Mecanismo de Scripts do Nmap*), mas ela poderia ser mais rápida e mais eficiente, se o suporte básico for construído no próprio Nmap.

Algumas das funcionalidades mais legais do Nmap, no passado, tais como a detecção de SO e o exame de versão, foram desenvolvidas em segredo e tiveram uma liberação surpresa. Você pode esperar mais destas, nos anos vindouros, porque elas são muitíssimo divertidas!

CAPÍTULO 2:

OBTENDO, COMPILANDO, INSTALANDO E REMOVENDO O NMAP

2.1. Introdução

O Nmap pode, frequentemente, ser instalado ou atualizado com um único comando, então não deixe o comprimento deste capítulo lhe assustar. A maioria dos leitores usará a tabela de conteúdo para pular diretamente para seções que lhes concernem. Este capítulo descreve como instalar o Nmap em muitas plataformas, incluindo ambos os métodos de instalação: por compilação do código fonte e de binários. Versões gráficas e de linha de comando do Nmap são descritas e contrastadas. As instruções de remoção do Nmap também são fornecidas, para o caso de você mudar de ideia.

2.1.1. Checando se o Nmap já está instalado

O primeiro passo para a obtenção do Nmap é checar se você já o tem. Muitas distribuições de sistemas operacionais livres (incluindo a maioria dos sistemas Linux e BSD) vêm com pacotes do Nmap, embora eles possam não ser instalados por omissão. Em sistemas Unix, abra uma janela de terminal e tente executar o comando **nmap --version**. Se o Nmap existir e estiver em seu PATH, você deverá ver saída similar à do exemplo 2.1.

Exemplo 2.1. Checando o Nmap e Determinando o Número de sua Versão

```
felix~>nmap -version

Nmap version 4.76 ( http://nmap.org )
felix~>
```

Se o Nmap *não existir* no sistema (ou se seu PATH estiver incorretamente definido), uma mensagem de erro tal como *nmap: Command not found* será reportada. Como mostrado no exemplo anterior, o Nmap responde à linha de comando apresentando seu número de versão (aqui, 4.76).

Mesmo que o seu sistema já tenha uma cópia do Nmap, você deve considerar a sua atualização para a versão mais recente disponível em *http://nmap.org/ download.html*. Versões mais novas frequentemente rodam mais rápido, corrigem erros importantes e apresentam bases de dados de detecção de versões de serviços e de sistemas operacionais atualizadas. Uma lista de mudanças desde a versão já presente em seu sistema pode ser encontrada em *http://nmap.org/ changelog.html*. Os exemplos de saída do Nmap, neste livro, poderão não corresponder à saída produzida por versões mais antigas.

2.1.2. Interfaces Gráficas e de Linha de Comando

O Nmap tem sido, tradicionalmente, uma ferramenta de linha de comando, rodada a partir de um shell do Unix ou (mais recentemente) do prompt de comandos do Windows. Isto permite que peritos executem rapidamente um comando que faça exatamente o que eles querem, sem ter de manobrar através de um punhado de painéis de configuração e campos de opções espalhados. Isto também torna o Nmap mais fácil de se usar em scripts e habilita o fácil compartilhamento de comandos úteis pela comunidade de usuários.

Uma desvantagem da abordagem da linha de comando é que ela pode intimidar os usuários novatos e não habituais. O Nmap oferece mais de uma centena de opções de linha de comando, embora muitas sejam funcionalidades obscuras ou controles de depuração que a maioria dos usuários possa ignorar. Muitos frontends gráficos foram criados para os usuários que preferem uma interface GUI. O Nmap tradicionalmente incluía uma GUI simples para o Unix, chamada NmapFE, mas ela foi substituída em 2007 pelo Zenmap, que estivemos desenvolvendo desde 2005. O Zenmap é muito mais poderoso e eficiente do que o NmapFE, particularmente na visualização dos resultados. A interface baseada em abas do Zenmap permite que você procure e ordene resultados, e ainda navegue por eles de várias formas (detalhes de hospedeiros, saída pura do Nmap, e portas/hospedeiros). Ele funciona no Linux, Windows, Mac OS

X, e noutras plataformas. O Zenmap é coberto em profundidade no capítulo 12, *Guia do usuário da GUI Zenmap*. O restante deste livro foca as inovações do Nmap de linha de comando. Depois que você entender como as opções de linha de comando funcionam e puder interpretar a saída, usar o Zenmap ou as outras GUIs para o Nmap disponíveis será fácil. As opções do Nmap funcionam da mesma maneira, quer você as selecione a partir de botões de rádio e menus, quer digite-as na linha de comando.

2.1.3. Baixando o Nmap

O Nmap.Org é a fonte oficial para se baixar o código fonte e os binários do Nmap e do Zenmap. O código fonte é distribuído em arquivos tar comprimidos como gzip e bzip2, e os binários estão disponíveis para o Linux (formato RPM), Windows (instalador executável NSIS) e Mac OS X (imagem de disco .dmg). Encontre todos em *http://nmap.org/download.html*.

2.1.4. Verificando a Integridade dos Pacotes do Nmap Baixados

Frequentemente é bom ser paranóico com relação à integridade de arquivos baixados da Internet. Pacotes populares como Sendmail (exemplo[1]), OpenSSH (exemplo[2]), tcpdump, Libpcap, BitchX, Fragrouter e muitos outros têm sido infectados com maliciosos cavalos de Tróia. Os sites de distribuição de Software na Free Software Foundation (Fundação para o Software Livre), Debian e SourceForge foram também comprometidos com sucesso. Isto nunca aconteceu com o Nmap, mas você deve ser sempre cauteloso. Para verificar a autenticidade de uma liberação do Nmap, consulte as assinaturas PGP destacadas ou os extratos criptográficos (incluindo SHA1 e MD5) postados para cada liberação no diretório de assinaturas do Nmap, em *http://nmap.org/dist/sigs/?C=M&O=D*.

O mecanismo mais seguro de verificação é o das assinaturas PGP destacadas. Como a chave da assinatura nunca é armazenada nos servidores de produção, mesmo alguém que comprometa com sucesso o servidor web não poderia for-

---

[1] *http://cert.org/advisories/CA-2002-28.html*
[2] *http://cert.org/advisories/CA-2002-24.html*

jar e assinar apropriadamente uma liberação cavalo de Tróia. Embora numerosas aplicações possam verificar as assinaturas PGP, eu recomendo o GNU Privacy Guard (GPG)[3].

As liberações do Nmap são assinadas com uma chave especial, a Nmap Project Signing Key, que pode ser obtida a partir dos principais servidores de chaves, ou de *http://nmap.org/data/nmap_gpgkeys.txt*. Minha chave está incluída nesse arquivo, também. As chaves podem ser importadas com o comando **gpg –import nmap_gpgkeys.txt**. Você só precisará fazer isto uma única vez e depois poderá verificar todas as futuras liberações do Nmap nesta máquina. Antes de confiar nas chaves, verifique se as impressões digitais correspondem aos valores mostrados no exemplo 2.2.

Exemplo 2.2. Verificando as impressões digitais das chaves PGP do Nmap e de Fyodor

```
flog~> gpg --fingerprint nmap fyodor
pub  1024D/33599B5F 2005-04-24
     Key fingerprint = BB61 D057 C0D7 DCEF E730  996C 1AF6 EC50 3359 9B5F
uid          Fyodor <fyodor@insecure.org>
sub  2048g/D3C2241C 2005-04-24

pub  1024D/6B9355D0 2005-04-24
     Key fingerprint = 436D 66AB 9A79 8425 FDA0  E3F8 01AF 9F03 6B93 55D0
uid          Nmap Project Signing Key (http://insecure.org/)
sub  2048g/A50A6A94 2005-04-24
```

Para cada arquivo de pacote do Nmap baixado (p.ex.: nmap-4.76.tar.bz2 e nmap-4.76-win32.zip), há um arquivo correspondente, no diretório de assinaturas, com .gpg.txt apensado ao nome (p.ex.: nmap-4.76.tar.bz2.gpg.txt). Este é o arquivo de assinatura destacada.

Com a chave PGP apropriada em seu círculo de chaves e o arquivo de assinatura destacada baixado, a verificação de uma liberação do Nmap custa um único comando GPG, como mostrado no exemplo 2.3. Se o arquivo tiver sido mexido, os resultados se parecerão com o exemplo 2.4.

---
[3] *http://www.gnupg.org/*

Capítulo 2: Obtendo, Compilando, Instalando e Removendo o Nmap — 43

Exemplo 2.3. Verificando as impressões digitais das chaves PGP (com sucesso)

```
flog> gpg --verify nmap-4.76.tar.bz2.gpg.txt nmap-4.76.
tar.bz2
gpg: Signature made Fri 12 Sep 2008 02:03:59 AM PDT using
DSA key ID 6B9355D0
gpg: Good signature from "Nmap Project Signing Key
(http://www.insecure.org/)"
```

Exemplo 2.4. Detectando um arquivo falseado

```
flog> gpg --verify nmap-4.76.tar.bz2.gpg.txt nmap-4.76-
hacked.tar.bz2
gpg: Signature made Fri 12 Sep 2008 02:03:59 AM PDT using
DSA key ID 6B9355D0
gpg: BAD signature from "Nmap Project Signing Key
(http://www.insecure.org/)"
```

Embora as assinaturas PGP sejam a técnica recomendada de validação, extratos SHA1 e MD5 (dentre outros) são disponibilizados para validações mais casuais. Um atacante que pudesse manipular seu tráfego de Internet em tempo real (e fosse extremamente experiente) ou que comprometesse o Nmap.Org e substitua tanto o arquivo da distribuição quanto o condensado, poderia frustrar este teste. Entretanto, ele poderá ser útil para verificação dos extratos autorizadores do Nmap.Org, se você obtiver o Nmap de terceiros ou achar que ele foi acidentalmente corrompido. Para cada arquivo de pacote do Nmap baixado, há um arquivo correspondente no diretório de assinaturas com .digest.txt apensado ao nome (p.ex.: nmap-4.76.tar.bz2.digest.txt). Um exemplo é mostrado no exemplo 2.5. Este é o arquivo de assinatura destacada. Os extratos do arquivo condensado podem ser verificados usando ferramentas comuns, como sha1sum, md5sum, ou o gpg, como mostrado no exemplo 2.6, "Verificando extratos do Nmap".

Exemplo 2.5. Um típico arquivo condensado de liberação do Nmap

```
flog> cat sigs/nmap-4.76.tgz.digest.txt
nmap-4.76.tgz:    MD5 =54 B5 C9 E3 F4 4C 1A DD E1 7D F6 81
                  70 EB 7C FE
```

```
nmap-4.76.tgz: SHA1   = 4374 CF9C A882 2C28 5DE9 D00E 8F67
                        06D0 BCFA A403
nmap-4.76.tgz: RMD160 = AE7B 80EF 4CE6 DBAA 6E65 76F9
                        CA38 4A22 3B89 BD3A
nmap-4.76.tgz: SHA224 = 524D479E 717D98D0 2FB0A42B
                        9A4E6E52 4027C9B6 1D843F95 D419F87F
nmap-4.76.tgz: SHA256 = 0E960E05 53EB7647 0C8517A0 038092A3
                        969DB65C BE23C03F D6DAEF1A CDCC9658
nmap-4.76.tgz: SHA384 = D52917FD 9EE6EE62 F5F456BF E245675D
                        B6EEEBC5 0A287B27 3CAA4F50 B171DC23
                        FE7808A8 C5E3A49A 4A78ACBE A5AEED33
nmap-4.76.tgz: SHA512 = 826CD89F 7930A765 C9FE9B41 1DAFD113
                        2C883857 2A3A9503 E4C1E690 20A37FC8
                        37564DC3 45FF0C97 EF45ABE6 6CEA49FF
                        E262B403 A52F4ECE C23333A0 48DEDA66
```

Exemplo 2.6. Verificando extratos do Nmap

```
flog> sha1sum nmap-4.76.tgz
4374cf9ca8822c285de9d00e8f6706d0bcfaa403 nmap-4.76.tgz
flog> md5sum nmap-4.76.tgz
54b5c9e3f44c1adde17df68170eb7cfe nmap-4.76.tgz
flog> gpg --print-md sha1 nmap-4.76.tgz
nmap-4.76.tgz: 4374 CF9C A882 2C28 5DE9 D00E 8F67 06D0
BCFA A403
```

Embora as liberações de Nmap.Org sejam assinadas como descrito nesta seção, certas adições ao Nmap, interfaces e binários de plataformas específicas são desenvolvidos e distribuídos por outros parceiros. Eles têm mecanismos diferentes para o estabelecimento da autenticidade do que for baixado a partir deles.

2.1.5. Obtendo o Nmap do repositório Subversion (SVN)

Além de liberações regulares estáveis e em desenvolvimento, o código fonte mais recente do Nmap está sempre disponível usando o sistema de controle de revisão Subversion (SVN)[4]. Isto entrega novas funcionalidades e atualizações da base de dados de detecção de versão/SO tão logo elas sejam desenvolvidas.

---

[4] http://subversion.tigris.org

A desvantagem é que as revisões cabeça do SVN nem sempre são tão estáveis quanto as liberações oficiais. Assim, o SVN é muito útil para os desenvolvedores e usuários do Nmap que precisem de uma correção que ainda não foi formalmente liberada.

O acesso à escrita no SVN é estritamente limitado aos principais desenvolvedores do Nmap, mas todo o mundo tem acesso ao repositório para leitura. Extraia o código mais recente usando o comando **svn co --username guest --password ""** **svn://svn.insecure.org/nmap/**. Daí, você poderá atualizar, posteriormente, seu código fonte digitando **svn up** em seu diretório de trabalho. O nome de usuário "guest" (convidado) é exigido, devido a um problema de autorização no svnserve.

Embora a maioria dos usuários sigam apenas o diretório /nmap no svn (o que inclui em si mesmo os diretórios /nbase, /nsock, e /zenmap), há um outro diretório interessante: o /nmap-exp. Este diretório contém ramificações *experimentais* do Nmap, que seus desenvolvedores criam quando querem tentar novas coisas, sem desestabilizar o próprio Nmap. Quando os desenvolvedores sentem que uma ramificação experimental está pronta para testes mais amplos, eles geralmente enviam por e-mail sua localização para a lista de correio *nmap-dev*.

Depois que o Nmap for extraído, você poderá construí-lo a partir do código fonte, exatamente como o faria com o pacote do Nmap (descrito posteriormente, neste capítulo).

Se você desejar receber notificações e diferenças em tempo real (ou condensadas) por e-mail, quando quaisquer modificações forem feitas ao Nmap, registre-se na lista de correio nmap-svn, em *http://cgi.insecure.org/mailman/listinfo/nmap-svn*.

2.2. Compilação e Instalação a Partir do Código Fonte no Unix

Enquanto os pacotes binários (discutidos em seções posteriores) estão disponíveis para a maioria das plataformas, a compilação e instalação a partir do código fonte é a maneira tradicional e mais poderosa de se instalar o Nmap.

Isto assegura que a versão mais recente estará disponível e permite que o Nmap se adapte à disponibilidade de bibliotecas e à estrutura de diretórios de seu sistema. Por exemplo, o Nmap usa as bibliotecas de criptografia do OpenSSL para detecção de versão, quando disponíveis, mas a maioria dos pacotes binários não inclui esta funcionalidade. Por outro lado, os pacotes binários são, geralmente, mais rápidos e fáceis de se instalar e permitem um gerenciamento consistente (instalação, remoção, atualização etc) de todos os softwares empacotados no sistema.

A instalação a partir da fonte normalmente é um processo tranquilo - o sistema de construção é projetado para auto-detectar o máximo possível. Eis os passos necessários para uma instalação omissiva:

1. Baixe a versão mais recente do Nmap em formato .tar.bz2 (compressão bzip2) ou .tgz (compressão gzip) de *http://nmap.org/download.html*.

2. Descomprima o pacote baixado, com um comando como:

   bzip2 -cd nmap-<VERSÃO>.tar.bz2 | tar xvf -

   Com o GNU tar, o comando mais simples **tar xvjf nmap-<VERSÃO>.tar.bz2** realiza a mágica. Se você baixou a versão .tgz, substitua bzip2 por gzip, no comando de descompressão.

3. Mude para o diretório recém-criado: **cd nmap-<VERSÃO>**

4. Configure o sistema de construção: **./configure**

   Se a configuração suceder, um dragão em arte ASCII aparecerá para lhe parabenizar pelo sucesso e lhe advertir para que seja cauteloso, como mostrado no exemplo 2.7.

Exemplo 2.7. Tela de configuração com sucesso

```
flog~/nmap> ./configure
checking build system type... x86_64-unknown-linux-gnu
[hundreds of lines cut]
configure: creating ./config.status
config.status: creating Makefile
config.status: creating nsock_config.h
config.status: nsock_config.h is unchanged
```

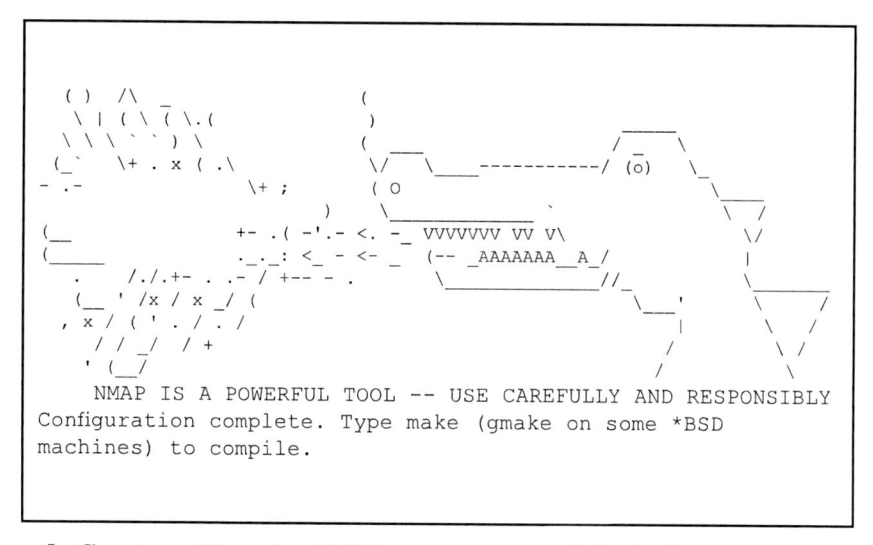

Capítulo 2: Obtendo, Compilando, Instalando e Removendo o Nmap — 47

```
    ( )   /\   _                      (
      \ | ( \ ( \ . (                   )              _____
       \ \ \ `  ` ) \                  (    _____   /       \
       (_`    \+ . x ( . \              \/  \          ---------/ (o)   \_
      - . -              \+ ;           ( o                             \__
                        )                _____      `               \  /
     (__           +- . ( -'. - <. -_ VVVVVV VV V\                      \/
     (_____           . _ _: <_ - <- _  (-- _AAAAAAA__A_/                  |
      . /./.+- . .- /  +-- - .           _____//_           ____
       (__ ' /x / x _/ (                                  \___'      \    /
       , x / ( ' . / . /                                      |       \  /
          / / _/ / +                                        /          \/
         ' (__/                                            /            \
      NMAP IS A POWERFUL TOOL -- USE CAREFULLY AND RESPONSIBLY
Configuration complete. Type make (gmake on some *BSD
machines) to compile.
```

5. Construa o Nmap (e a GUI Zenmap, se suas exigências forem atendidas): **make**

   Note que é necessário o GNU Make. Em sistemas Unix derivados do BSD, ele frequentemente é instalado como gmake. Portanto, se **make** retornar um bocado de erros, como "Makefile, line 1: Need an operator", experimente rodar **gmake**.

6. Torne-se um usuário privilegiado, para instalação que abranja todo o sistema: **su root**

   Este passo poderá ser omitido, se você só tiver uma conta de shell sem privilégios, no sistema. Nesse caso, você provavelmente precisará passar a opção --prefix para configure, no passo 4, como descrito na próxima seção.

7. Instale o Nmap, os arquivos de suporte, os documentos etc: **make install**

   Parabéns! O Nmap está, agora, instalado como /usr/local/bin/nmap! Execute-o sem nenhum argumento para obter uma breve tela de ajuda.

Como você pode ver, uma simples compilação da fonte e instalação consiste de pouco mais do que rodar **./configure;make;make install** como root. No entanto, há uma série de opções disponíveis para configure, que afetam a forma como o Nmap é construído.

2.2.1. Diretivas para configure

A maioria das opções de construção para o Unix é controlada pelo script configure, como usado no passo número quatro, anterior. Há dezenas de parâmetros de linha de comando e variáveis ambientais que afetam a forma como o Nmap é construído. Rode ./**configure --help** para obter uma lista imensa com breves descrições. Isto não se aplica à construção do Nmap no Windows. Eis as opções que ou são específicas para o Nmap, ou são particularmente importantes:

- prefix=<nomedodiretório>

    Esta opção, que é padrão para os scripts, configure da maioria dos softwares, determina onde o Nmap e seus componentes serão instalados. Por omissão, o prefixo é /usr/local, significando que o nmap será instalado em /usr/local/bin, a página manual (nmap.1) será instalada em /usr/local/man/man1 e os arquivos de dados (nmap-os-db, nmap-services, nmap-service-probes etc) serão instalados em /usr/local/share/nmap. Se você quiser mudar o caminho apenas de certos componentes, use as opções –bindir, –datadir e/ou –mandir. Um exemplo de uso de –prefix seria para instalar o Nmap na minha conta, como usuário não privilegiado. Eu rodaria ./**configure --prefix=</home/fyodor>**. O Nmap criará subdiretórios como /home/fyodor/man/man1, no estágio de instalação, se eles não já existirem.

- without-zenmap

    Esta opção evita que o frontend gráfico Zenmap seja instalado. Normalmente o sistema de construção verifica em seu sistema exigências tais como a linguagem de scripts Python e, então, instala o Zenmap, se todas elas estiverem disponíveis.

- with-openssl=<nomedodiretório>

    O sistema de detecção de versão e o Mecanismo de Scripts do Nmap são capazes de provar serviços encriptados por SSL, usando as bibliotecas livres OpenSSL. Normalmente o sistema de construção do Nmap procura por estas bibliotecas em seu sistema e inclui esta capacidade, se elas forem encontradas. Se elas estiverem numa localização em que o seu compilador não procure, por omissão, mas ainda assim você quer que elas sejam usadas, especifique --with-openssl=<*nomedodiretório*>.

Capítulo 2: Obtendo, Compilando, Instalando e Removendo o Nmap — 49

O Nmap, então, procurará em <nomedodiretório>/libs pelas próprias bibliotecas OpenSSL e em <nomedodiretório>/include pelos arquivos de cabeçalho necessários. Especifique --without-openssl para desabilitar por completo o SSL.

- with-libpcap=<nomedodiretório>

    O Nmap usa a biblioteca Libpcap[5] para captura de pacotes crus de IP. O Nmap normalmente procura por uma cópia existente da Libpcap, em seu sistema e a utiliza, se o número de versão e a plataforma forem apropriados. Do contrário, o Nmap incluirá sua própria cópia recente da Libpcap, que foi modificada para uma funcionalidade melhorada no Linux. As alterações específicas estão descritas em libpcap/NMAP_MODIFICATIONS, no diretório fonte do Nmap. Por causa destas alterações relacionadas ao Linux, o Nmap sempre usa sua própria Libpcap, por omissão, nesta plataforma. Se você quiser forçar o Nmap a se ligar a sua própria Libpcap, passe a opção --with-libpcap=<nomedodiretório> para configure. O Nmap, então, esperará que a biblioteca Libpcap esteja em <nomedodiretório>/lib/libpcap.a e os arquivos de inclusão em <nomedodiretório>/include. O Nmap sempre usará a versão da Libpcap incluída em seu pacote, se você especificar --with-libpcap=included.

- with-libpcre=<nomedodiretório>

    A PCRE é uma biblioteca de expressões regulares compatíveis com o Perl, disponível em http://www.pcre.org. O Nmap normalmente procura por uma cópia em seu sistema e, se esta falhar, recorre à sua própria cópia. Se sua biblioteca PCRE não estiver no caminho padrão de procura do seu compilador, o Nmap provavelmente não a encontrará. Nesse caso, você poderá dizer ao Nmap onde ela poderá ser encontrada, especificando a opção --with-libpcre=<nomedodiretório> para configure. O Nmap, então, esperará que os arquivos da biblioteca estejam em <nomedodiretório>/lib e os arquivos de inclusão em <nomedodiretório>/include. Em alguns casos, você poderá querer usar as bibliotecas PCRE incluídas com o Nmap, em preferência as que já estão em seu sistema. Neste caso, especifique --with-libpcre=included.

- with-libdnet=<nomedodiretório>

    A Libdnet é uma excelente biblioteca de manipulação de rede que o Nmap usa para enviar quadros puros de ethernet. A versão presente na árvore do

---

5 http://www.tcpdump.org

Nmap é muitíssimo modificada (particularmente o código do Windows), de forma que, por omissão, a construção usa esta versão incluída. Se, ao contrário, você desejar usar uma versão já instalada em seu sistema, especifique --with-libdnet=<*nomedodiretório*>. O Nmap, então, esperará que os arquivos da biblioteca se encontrem em <*nomedodiretório*>/lib e os de inclusão em <*nomedodiretório*>/include.

- with-localdirs

Esta opção simples informa ao Nmap para procurar em /usr/local/lib e /usr/local/include pelos arquivos de cabeçalho e bibliotecas importantes. Isto jamais deverá ser necessário, à exceção de alguém que ponha tais bibliotecas em /usr/local sem configurar seu compilador para encontrá-las. Se você for um desses, use esta opção.

2.2.2. Se você Encontrar Problemas na Compilação

Num mundo ideal, o software sempre compilaria (rápida e) perfeitamente em todos os sistemas. Infelizmente, a sociedade ainda não alcançou este estado de nirvana. A despeito de todos os nossos esforços para tornar o Nmap portável, questões de compilação surgem, ocasionalmente. Eis algumas sugestões para o caso de a compilação da distribuição fonte falhar:

Faça a atualização para o Nmap mais recente.

Verifique em *http://nmap.org/download.html* para se assegurar de estar usando a versão mais recente do Nmap. O problema poderá já ter sido corrigido.

Leia cuidadosamente a mensagem de erro.

Role para cima, na tela de saída e examine as mensagens de erro apresentadas quando o comando falhou. Frequentemente será melhor encontrar a primeira mensagem de erro, já que esta, normalmente, causa uma cascata de outros erros. Leia a mensagem de erro cuidadosamente, uma vez que ela poderá indicar um problema do sistema, tal como pouco espaço em disco ou um compilador corrompido. Usuários com experiência em programação poderão ser capazes de resolver uma ampla faixa de problemas por si mesmos. Se você fizer alterações ao código para resolver o problema, por favor envie uma emenda (criada com **diff -uw <arquivoantigo> <arquivonovo>**) e quaisquer detalhes sobre o seu problema e sua plataforma para a nmap-dev, como descrito na seção 15.17, "Erros". A integração da alteração à distribuição base do Nmap permitirá que muitos outros usuários se beneficiem e evitará que você tenha de refazer tais alterações a cada nova versão do Nmap.

Procure no Google e em outros recursos da Internet.

Tente procurar pela mensagem de erro exata, no Google ou em outros mecanismos de busca. Você também poderá querer navegar pela atividade recente na lista de correio de desenvolvimento do Nmap (*nmap-dev*) - arquivos e uma interface de busca estão disponíveis em *http://seclists.org*.

Pergunte na *nmap-dev*

Se nenhuma de suas pesquisas levou a uma solução, tente enviar um relatório à lista de correio de desenvolvimento do Nmap (*nmap-dev*), como descrito na seção 15.17, "Erros".

Considere o uso de pacotes binários.

Pacotes binários do Nmap estão disponíveis para a maioria das plataformas e são normalmente fáceis de se instalar. As desvantagens são que eles podem não estar tão atualizados, e você pode perder algo da flexibilidade da compilação em sua própria máquina. Seções posteriores deste capítulo descreverão como encontrar pacotes binários para muitas plataformas, e mais ainda, estão disponíveis através de buscas na Internet. Obviamente, você só deverá instalar pacotes binários de fontes confiáveis.

2.3. Distribuições Linux

O Linux é a plataforma mais popular para se rodar o Nmap. Numa pesquisa com usuários, 86% disse que o Linux era pelo menos uma das plataformas em que eles rodavam o Nmap. A primeira liberação do Nmap, em 1997, só rodava no Linux. Os usuários do Linux podem optar entre uma instalação a partir do código fonte ou o uso de pacotes binários fornecidos por suas distribuições ou pela Insecure.Org. Os pacotes binários são geralmente mais rápidos e fáceis de se instalar e, comumente, são ligeiramente personalizados para usar os caminhos padrões de diretórios da distribuição e que tais pacotes permitem, ainda, um gerenciamento consistente em termos de atualização, remoção ou consulta de software no sistema. Uma desvantagem é que pacotes criados pelas distribuições estão, necessariamente, atrás das liberações fontes do Nmap. Org. A maioria das distribuições Linux (particularmente Debian e Gentoo) mantém seus pacotes do Nmap relativamente atuais, embora algumas estejam algo desatualizadas. Optar pela instalação a partir da fonte permite uma maior flexibilidade na determinação de como o Nmap é construído e otimizado para o seu sistema. Para construir o Nmap a partir da fonte, veja a seção 2.2, "Compilação e instalação a partir do código fonte no Unix". Aqui vão instruções simples de pacotes para as distribuições mais comuns.

2.3.1. Distribuições Baseadas em RPM (Red Hat, Mandrake, SUSE, Fedora)

Eu construo pacotes RPM para cada liberação do Nmap e os posto na página de downloads do Nmap, em *http://nmap.org/download.html*. Eu construo dois pacotes: o pacote nmap contém apenas o executável de linha de comando e os arquivos de dados, enquanto que o pacote zenmap contém o frontend gráfico opcional Zenmap (veja o capítulo 12, *Guia do usuário da GUI Zenmap*). O pacote zenmap exige que o pacote nmap seja instalado primeiro. Uma desvantagem de instalar os RPMs, em vez de compilar a partir da fonte, é que os RPMs não suportam o OpenSSL para provas do Mecanismo de Scripts do Nmap e detecção de versão de serviços SSL.

A instalação através de RPM é muito fácil - ele até baixa o pacote para você, quando dados os URLs apropriados. O exemplo seguinte baixa e instala o Nmap 4.68, incluindo o frontend. É claro que você deverá usar a versão mais recente, no site de download mostrado anteriormente. Quaisquer versões existentes instaladas por RPM serão atualizadas. O exemplo 2.8 demonstra este processo de instalação.

Exemplo 2.8. Instalando o Nmap a partir de RPMs de binários

```
# rpm -vhU http://nmap.org/dist/nmap-4.68-1.i386.rpm
Retrieving http://nmap.org/dist/nmap-4.68-1.i386.rpm
Preparing...            ################################# [100%]
   1:nmap                ################################# [100%]
# rpm -vhU http://nmap.org/dist/zenmap-4.68-1.noarch.rpm
```

Capítulo 2: Obtendo, Compilando, Instalando e Removendo o Nmap — 53

```
Retrieving http://nmap.org/dist/zenmap-4.68-1.noarch.rpm
Preparing...        ##################################### [100%]
   1:zenmap          ##################################### [100%]
```

Como os nomes de arquivos vistos anteriormente indicam, estes RPMs de binários foram criados para PCs normais (arquitetura x86). Eu também distribuo binários x86_64 para os usuários do Linux de 64 bits. Estes binários não funcionarão para os relativamente poucos usuários do Linux de outras plataformas, tais como SPARC, Alpha, ou PowerPC. Eles também não serão instalados se as versões de suas bibliotecas forem suficientemente diferentes daquelas para as quais os RPMs foram inicialmente construídos. Uma opção, nestes casos, seria encontrar RPMs de binários preparados pelo seu fornecedor do Linux para sua distribuição específica. Os CDs ou DVDs originais de instalação são um bom lugar para se começar. Infelizmente, estes podem não ser atuais ou estar disponíveis. Uma outra opção é instalar o Nmap a partir do código fonte, como descrito anteriormente, embora você perca os benefícios da consistência de manutenção do pacote binário. Uma terceira opção é construir e instalar seus próprios RPMs binários a partir dos RPMs fontes distribuídos a partir da página de downloads acima. O exemplo 2.9 demonstra esta técnica com o Nmap 4.68.

Exemplo 2.9. Construindo e instalando o Nmap a partir de RPMs de fontes

```
> rpmbuild --rebuild http://nmap.org/dist/nmap-4.68-1.src.rpm
[ centenas de linhas omitidas ]
Wrote: /home/fyodor/rpmdir/RPMS/i386/nmap-4.68-1.i386.rpm
[ corte ]
> su
Password:
# rpm -vhU /home/fyodor/rpmdir/RPMS/i386/nmap-4.68-1.
     i386.rpm
Preparing...        ##################################### [100%]
   1:nmap            ##################################### [100%]
#
```

Não é necessário reconstruir o Zenmap desta forma, porque o RPM do Zenmap é independente de arquitetura ("noarch"). Por esta razão, não há RPMs de fontes para o Zenmap.

A remoção de pacotes RPM é tão fácil quanto **rpm -e nmap zenmap**.

2.3.2. Atualizando o Red Hat, o Fedora, o Mandrake e o Yellow Dog Linux com o Yum

As distribuições do Linux Red Hat, Fedora, Mandrake e Yellow Dog têm uma aplicação chamada Yum que gerencia a instalação e a atualização de software a partir de repositórios centrais de RPM. Isto torna trivial a instalação e a atualização de software. Uma vez que repositórios Yum específicos da distribuição são normalmente usados, você sabe que o software já foi testado com relação a compatibilidade com a sua distribuição em particular. A maioria das distribuições mantêm o Nmap em seus repositórios Yum, mas nem sempre eles o mantêm atualizado. Isto é particularmente problemático se você (como a maioria das pessoas) nem sempre atualizar rapidamente para a liberação mais recente de sua distribuição. Se você estiver rodando uma liberação do Linux de dois anos atrás, o Yum frequentemente lhe dará uma versão do Nmap de dois anos atrás. Mesmo as versões mais recentes de distribuições, frequentemente levam meses para se atualizarem para uma nova liberação do Nmap. Assim, para a versão mais recente do Nmap nestes sistemas, experimente os RPMs que distribuímos, como descrito na seção anterior. Mas se nossos RPMs não forem compatíveis com o seu sistema, ou se você estiver com muita pressa, a instalação do Nmap a partir do Yum é normalmente tão simples quanto executar **yum install nmap** (rode **yum install nmap zenmap** se você quiser a GUI também, embora algumas distribuições ainda não empacotem o Zenmap). O Yum cuidará de contatar um repositório na Internet, encontrar o pacote apropriado para sua arquitetura e, então, instalá-lo juntamente com quaisquer dependências necessárias. Isto é mostrado (editado para fins de condensação) no exemplo 2.10. Você poderá, depois, efetuar um **yum update** para instalar as atualizações disponíveis para o Nmap e outros pacotes no repositório.

Exemplo 2.10. Instalando o Nmap a partir do repositório Yum de um sistema

```
flog~#yum install nmap
Setting up Install Process
Parsing package install arguments
Resolving Dependencies
--> Running transaction check
---> Package nmap.x86_64 2:4.52-1.fc8 set to be updated
--> Finished Dependency Resolution
```

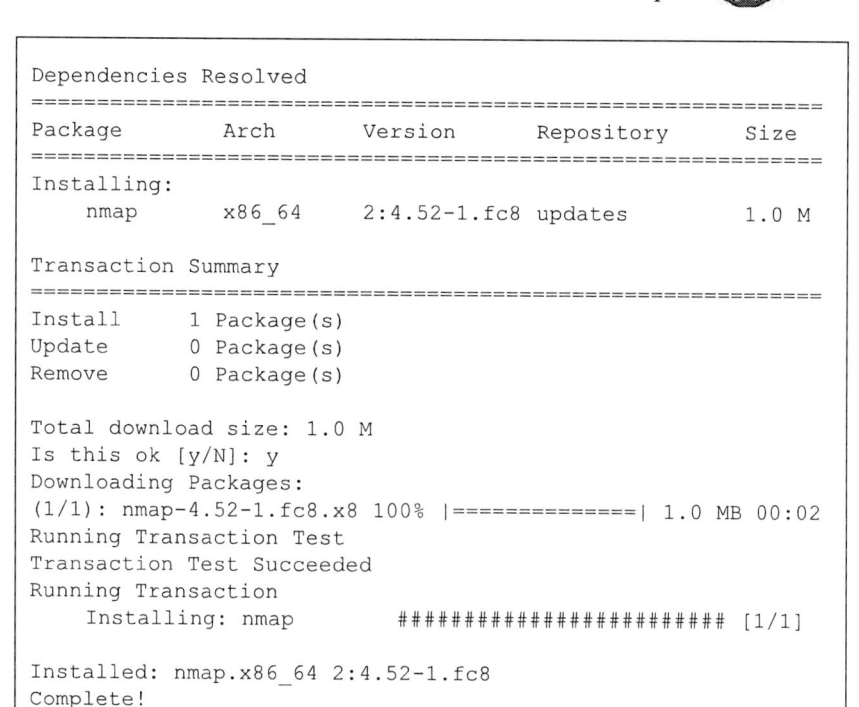

```
Dependencies Resolved
================================================================
 Package          Arch         Version         Repository      Size
================================================================
Installing:
    nmap          x86_64       2:4.52-1.fc8    updates         1.0 M

Transaction Summary
================================================================
Install      1 Package(s)
Update       0 Package(s)
Remove       0 Package(s)

Total download size: 1.0 M
Is this ok [y/N]: y
Downloading Packages:
(1/1): nmap-4.52-1.fc8.x8 100%  |==============|  1.0 MB  00:02
Running Transaction Test
Transaction Test Succeeded
Running Transaction
    Installing: nmap          ######################### [1/1]

Installed: nmap.x86_64 2:4.52-1.fc8
Complete!
```

2.3.3. Debian Linux e Derivados como o Ubuntu

LaMont Jones faz um trabalho fabuloso de manutenção dos pacotes .deb do Nmap, incluindo sua conservação razoavelmente atualizada. O comando apropriado de atualização/instalação é **apt-get install nmap**. Isto funciona também para os derivados do Debian, como o Ubuntu. Informações sobre o pacote "estável" mais recente do Nmap para o Debian estão disponíveis em *http://packages.debian.org/stable/nmap* e os pacotes de desenvolvimento ("instáveis") do Nmap e do Zenmap estão disponíveis em *http://packages.debian.org/unstable/nmap* e *http://packages.debian.org/unstable/zenmap*.

2.3.4. Outras Distribuições do Linux

Há inúmeras distribuições do Linux disponíveis, para se poder listar aqui, mas mesmo muitas das mais obscuras incluem o Nmap em sua árvore de pacotes. Se não, você poderá simplesmente compilar a partir do código fonte, como descrito na seção 2.2, "Compilação e instalação a partir do código fonte no Unix".

2.4. Windows

Embora o Nmap tenha sido, uma vez, uma ferramenta somente do Unix, uma versão para o Windows foi liberada em 2000 e, desde então, se tornou a segunda plataforma mais popular do Nmap (atrás do Linux). Por causa desta popularidade e do fato de que muitos usuários do Windows não têm um compilador, executáveis binários são distribuídos a cada liberação principal do Nmap. Embora tenha melhorado dramaticamente, o porte para o Windows não é tão eficiente ou estável quanto no Unix. Eis aqui algumas limitações conhecidas:

- Geralmente você não pode examinar sua própria máquina a partir dela mesma (usando um IP de loopback, como 127.0.0.1 ou qualquer de seus endereços IP registrados). Esta é uma limitação do Windows que nós ainda não contornamos. Se você realmente quiser fazer isto, use um exame de conexão TCP sem pingar (-sT -PN), uma vez que esta usa a API de soquetes de alto nível, em vez de enviar pacotes crus.

- O Nmap só suporta interfaces ethernet (incluindo a maioria das placas sem-fios 802.11 e muitos clientes de VPN) para exames de pacotes crus. A menos que você use as opções -sT -PN, as conexões RAS (tais como conexões discadas de PPP) e certos clientes de VPN não serão suportados. Este suporte foi eliminado quando a Microsoft removeu o suporte a soquetes crus de TCP/IP, no Windows XP SP2. Agora, o Nmap deve enviar quadros de ethernet de nível mais baixo.

As velocidades de exames no Windows são geralmente comparáveis às do Unix, embora este último frequentemente tenha uma ligeira vantagem de desempenho. Uma exceção a isto é o exame de conexão (-sT), que é frequentemente muito mais lenta no Windows, por causa de deficiências na API de rede do Windows. Isto é uma pena, já que este é o exame de TCP que funciona em localhost e sobre todos os tipos de rede (não só ethernet, como os exames de pacotes crus). O desempenho do exame de conexão pode ser melhorada substancialmente pela aplicação, no Registro, das alterações contidas no arquivo nmap_performance.reg, incluído com o Nmap. Por omissão, estas alterações serão aplicadas, para você, pelo instalador do executável do Nmap. Este arquivo de registro está no diretório nmap-*versão* do arquivo zip com o binário para o Windows, e no nmap-*versão*/mswin32, no pacote fonte (onde *versão* é o número de versão da liberação específica). Estas alterações aumentam o número de portas efêmeras reservadas para aplicações de usuários (tais como o Nmap) e reduzem o tempo de retardo antes de uma conexão fechada poder ser reutilizada. A maioria das pessoas simplesmente tica a caixa para aplicar estas alterações, no instalador do executável do Nmap, mas você também pode aplicá-las dando um duplo-clique no nmap_performance.reg, ou rodando o comando **regedit32 nmap_performance.reg**. Para fazer as alterações manualmente, adicione estes três valores DWORD de Registro a HKEY_LOCAL_MACHINE\SYSTEM\CurrentControlSet\Services\Tcpip\Parameters:

MaxUserPort

> Defina um valor grande como 65534 (0x0000fffe). Veja s MS KB Q196271[6].

TCPTimedWaitDelay

> Defina o valor mínimo (0x0000001e). Veja a MS KB Q149532[7].

StrictTimeWaitSeqCheck

> Ajuste para 1, de forma que TCPTimedWaitDelay esteja checada.

NOTA

Eu quero agradecer a Ryan Permeh of eEye, Andy Lutomirski e Jens Vogt pelo seu trabalho duro na transposição do Nmap para o Windows. Por muitos anos o Nmap foi uma ferramenta somente do Unix, e provavelmente ainda o seria, não fosse pelos esforços deles.

Os usuários do Windows têm três opções para instalar o Nmap, todas elas disponíveis na página de downloads em *http://nmap.org/download.html*.

2.4.1. Dependências do Windows 2000

O Nmap suporta o Windows 2000, mas duas dependências da Microsoft devem ser instaladas, primeiro. Estas são o Windows Installer 3.1 (v2)[8] e a Atualização

---

6 *http://support.microsoft.com/kb/Q196271*

7 *http://support.microsoft.com/kb/Q149532*

8 *http://microsoft.com/downloads/details.aspx?FamilyID=889482FC-5F56-4A38-B838-DE776-FD4138C*

de Segurança para o Windows 2000 (KB835732)[9]. Depois destas instalações, siga as instruções gerais, nas duas seções seguintes, para instalar o Nmap.

2.4.2. O Autoinstalador do Windows

Cada liberação do Nmap inclui um autoinstalador do Windows chamado nmap-<versão>-setup.exe (onde <versão> é o número de versão da liberação específica). A maioria dos usuários do Nmap seleciona esta opção, já que ela é tão fácil. Uma outra vantagem do auto-instalador é que ele fornece a opção de instalar a GUI Zenmap. Simplesmente rode o arquivo do instalador e deixe que ele lhe leve pelos painéis para escolha do caminho de instalação e instalação do WinPcap. O instalador foi criado com o Nullsoft Scriptable Install System[10], de código aberto. Depois que ele terminar, leia a seção 2.4.5, "Executando o Nmap no Windows" para instruções sobre a execução do Nmap na linha de comando ou através do Zenmap.

2.4.3. Binários Zip de Linha de Comando

> **NOTA**
>
> A maioria dos usuários prefere instalar o Nmap com o autoinstalador discutido anteriormente.

Cada liberação estável do Nmap vem com binários de linha de comando para o Windows e arquivos associados num pacote Zip. Nenhuma interface gráfica é incluída, então você precisa rodar nmap.exe a partir de uma janela de comando/DOS. Ou você pode baixar e instalar um shell de comando superior, tal como aqueles que são incluídos com o sistema livre Cygwin, disponível em *http://www.cygwin.com*. Eis as instruções passo a passo para instalação e execução dos binários .zip do Nmap.

Instalando os Binários zip do Nmap

1. Baixe os binários .zip de *http://nmap.org/download.html*.

---

9 *http://microsoft.com/downloads/details.aspx?FamilyID=0692C27E-F63A-414C-B3EB-D2342FBB6C00*

10 *http://nsis.sourceforge.net/Main_Page*

Capítulo 2: Obtendo, Compilando, Instalando e Removendo o Nmap — 59

2. Descomprima o arquivo zip no diretório em que você quer que o Nmap fique. Um exemplo seria C:\Program Files. Um diretório chamado nmap-*versão* deverá ser criado, o qual incluirá o executável do Nmap e os arquivos de dados. O Microsoft Windows XP e Vista incluem extração de zip - apenas clique com o botão direito no arquivo, no Explorer. Se você não tiver um programa de descompressão de Zip, há um (chamado unzip) no Cygwin, descrito anteriormente, ou você poderá baixar o utilitário livre e de código aberto 7-Zip[11]. As alternativas comerciais são o WinZip[12] e o PKZIP[13].

3. Para um desempenho melhorado, aplique as alterações de Registro do Nmap, discutidas anteriormente.

4. O Nmap exige a biblioteca livre, de captura de pacotes WinPcap. Construímos nosso próprio instalador da WinPcap, que está disponível no arquivo zip como winpcap-nmap-<*versão*>.exe, onde <*versão*> é a versão do Nmap, em vez da versão da WinPcap. Alternativamente, você poderá obter e instalar a versão mais recente de *http://www.winpcap.org*. Você deverá instalar a versão 4.0 ou posterior.

5. Devido à forma como o Nmap é compilado, ele exige o Pacote Redistributivo do Microsoft Visual C++ 2008 de componentes de tempo de execução. Muitos sistemas já o têm instalado de outros pacotes, mas você deverá rodar vcredist_x86.exe a partir do arquivo zip, apenas para o caso de você precisar dele.

6. Instruções para executar o seu Nmap compilado são dadas na seção 2.4.5, *"Executando o Nmap no Windows"*.

2.4.4. Compilar a Partir do Código Fonte

A maioria dos usuários do Windows prefere usar o autoinstalador do binário do Nmap, mas a compilação a partir do código fonte é uma opção, particularmente se você planejar ajudar no desenvolvimento do Nmap. A compilação exige o Microsoft Visual C++ 2008, que é parte de sua suíte comercial Visual Studio. Qualquer uma das edições do Visual Studio deverá funcionar, incluindo a livre Visual C++ 2008 Express[14].

---

11 *http://www.7-zip.org*
12 *http://www.winzip.com*
13 *http://www.pkware.com*
14 *http://www.microsoft.com/express/vc/*

Compilando o Nmap no Windows a Partir da Fonte

1. Baixe a distribuição fonte mais recente do Nmap de *http://nmap.org/download.html*. Ela tem o nome nmap-<*versão*>.tar.bz2 ou nmap-<*versão*>.tgz. Estes são o mesmo arquivo tar comprimido usando o bzip2 ou o gzip, respectivamente. A versão comprimida pelo bzip2 é menor.

2. Descomprima o arquivo do código fonte que você acabou de baixar. Liberações recentes da distribuição livre Cygwin[15] podem tratar tanto o formato .tar.bz2 quanto o .tgz. Use o comando **tar xvjf nmap-version.tar.bz2** ou **tar xvzf nmap-version.tgz**, respectivamente. Alternativamente, a aplicação comum WinZip pode descomprimir a versão .tgz*.

3. Abra o Visual Studio e o arquivo de solução do Nmap (nmap-<*versão*>/mswin32/nmap.sln).

4. Selecione "Build Solution" a partir do menu "Build". O Nmap deverá começar a ser compilado, e terminar com a linha "-- Done --" informando que todos os projetos foram construídos com sucesso e que houve zero falhas.

5. O arquivo executável e os arquivos de dados poderão ser encontrados em nmap-<*versão*>/mswin32/Release/. Você poderá copiá-los para um diretório de sua preferência, desde que todos eles sejam mantidos juntos.

6. Certifique-se de ter a WinPcap instalada. Você poderá obtê-la com a instalação de nosso autoinstalador de binário ou executando o winpcap-nmap-<*versão*>.exe do nosso pacote zip. Alternativamente, você poderá obter o instalador oficial em *http://www.winpcap.org*.

7. Instruções para executar seu Nmap compilado serão dadas na próxima seção.

Muitas pessoas perguntam se o Nmap pode ser compilado com o gcc/g++ incluído com o Cygwin, ou com outros compiladores. Alguns usuários reportam sucesso com estes, mas nós não mantemos instruções para construção do Nmap sob o Cygwin.

---

15 *http://www.cygwin.com/*

* De acordo com o site do WinZip, o programa é capaz de abrir e extrair, também, arquivos .bz2. - N. do T.

Capítulo 2: Obtendo, Compilando, Instalando e Removendo o Nmap — 61

2.4.5. Executando o Nmap no Windows

As liberações do Nmap incluem, agora, a interface gráfica de usuário Zenmap para o Nmap. Se você usou o instalador do Nmap e deixou o campo Zenmap ticado, deverá haver uma nova entrada Zenmap em sua área de trabalho e no menu Iniciar. Clique nela para iniciá-lo. O Zenmap é completamente documentado no capítulo 12, *Guia do usuário da GUI Zenmap*. Embora muitos usuários adorem o Zenmap, outros preferem a abordagem tradicional da linha de comando para executar o Nmap. Eis aqui as instruções detalhadas para os usuários que não estão familiarizados com interfaces de linha de comando:

1. Certifique-se de que o usuário esteja logado como você e que tenha privilégios administrativos no computador (o usuário deverá ser membro do grupo dos administradores);

2. Abra uma janela de comando/DOS. Embora ela possa ser encontrada na árvore do menu de programas, a abordagem mais simples é selecionar na "Iniciar" ? "Executar" e digitar **cmd<enter>**. Abrir uma janela do Cygwin (se você o instalou) clicando no ícone do Cygwin, na área de trabalho, também funciona, embora os comandos necessários difiram levemente dos que são mostrados aqui;

3. Mude para o diretório em que você instalou o Nmap. Considerando que você usou o caminho omissivo, digite os seguintes comandos:

```
c:
cd "\Program Files\Nmap"
```

4. Execute **nmap.exe**. A figura 2.1 é um instantâneo de tela mostrando um exemplo simples.

Figura 2.1. Executando o Nmap a partir de um shell de comando do Windows

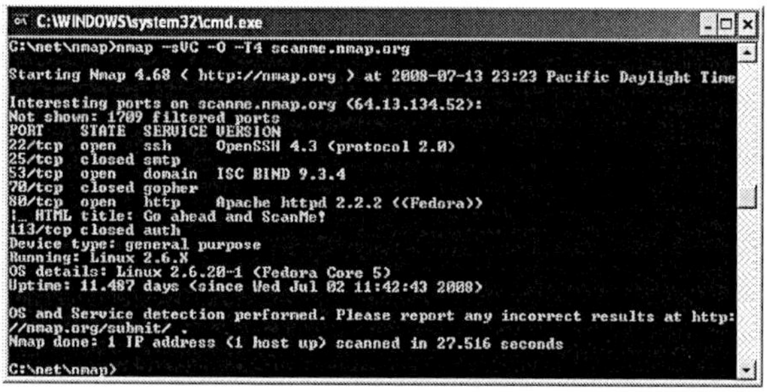

Se você executar o Nmap com frequência, poderá adicionar seu diretório (c:\Program Files\Nmap, por omissão) ao seu caminho de execução de comandos. O local exato para se definir isto varia conforme a plataforma do Windows. Em minha máquina Windows XP, eu faço o seguinte:

1. A partir da área de trabalho, clique com o botão direito em Meu Computador e, depois, clique em "propriedades";

2. Na janela Propriedades do Sistema, clique na aba "Avançado";

3. Clique no botão "Variáveis de Ambiente".

4. Selecione Path, na seção de variáveis do sistema e, depois, clique em editar;

5. Adicione um ponto-e-vírgula seguido de seu diretório do Nmap (c:\Program Files\Nmap, por omissão) ao final do valor;

6. Abra uma nova janela do DOS e você deverá poder executar um comando tal como **nmap scanme.nmap.org** de qualquer diretório.

2.5. Solaris da Sun

O Solaris é bem suportado pelo Nmap há muito tempo. A Sun até doou uma SPARCstation completo para o projeto, que ainda está sendo usada para testar novas construções do Nmap. Por esta razão, muitos usuários do Solaris compilam e instalam a partir do código fonte, como descrito na seção 2.2, "Compilação e instalação a partir do código fonte no Unix".

Os usuários que preferirem pacotes nativos do Solaris terão o prazer de saber que Steven Christensen faz um excelente trabalho mantendo os pacotes do Nmap em *http://www.sunfreeware.com* para todas as versões e arquiteturas modernas do Solaris. As instruções estão em seu site, e são geralmente muito simples: baixe o pacote apropriado do Nmap para a sua versão do Solaris, descomprima-o e, depois, rode **pkgadd -d <nomedopacote>**. Como normalmente acontece com pacotes de binários contribuídos, estes pacotes para o Solaris são simples e rápidos de se instalar. As vantagens de compilar a partir da fonte são que uma versão mais nova poderá estar disponível e você terá maior flexibilidade no processo de construção.

2.6. Mac OS X da Apple

Graças a várias pessoas que gentilmente doaram contas de shell em suas máquinas Mac OS X, o Nmap normalmente compila nessa plataforma sem problemas. Como nem todo o mundo tem as ferramentas de desenvolvimento necessárias para compilar a partir da fonte, há um instalador executável, também. O Nmap também está disponível através de sistemas tais como MacPorts e Fink, que empacotam software do Unix para o Mac OS X.

2.6.1. Instalador Executável

A maneira mais fácil de instalar o Nmap e o Zenmap no Mac OS X é usar nosso instalador. A seção do Mac OS X, da página de downloads do Nmap[16] fornece um arquivo chamado nmap-<*versão*>.dmg, onde <*versão*> é o número da versão da liberação mais recente. O arquivo .dmg é conhecido como "imagem de disco". As instruções de instalação seguem:

1. Baixe o arquivo nmap-<*versão*>.dmg. Dê um duplo clique no ícone para abri-lo (dependendo de como você baixou o arquivo, ele poderá ser aberto automaticamente).

2. O conteúdo da imagem de disco será apresentado. Um dos arquivos será um arquivo de meta-pacote do Mac, chamado nmap-<*versão*>.mpkg. Dê um duplo clique nele, para iniciar o instalador.

3. Siga as instruções no instalador. Você será solicitado a fornecer sua senha, já que o Nmap é instalado num diretório do sistema.

4. Depois que o instalador tiver terminado, ejete a imagem de disco, clicando em seu ícone enquanto mantém pressionada a tecla control e selecionando "Eject". A imagem de disco poderá, agora, ser posta na lixeira.

Veja as instruções na seção 2.6.4, "Executando o Nmap no Mac OS X" para obter ajuda para rodar o Nmap e o Zenmap, depois que eles forem instalados.

Os programas instalados pelo instalador são binários universais que rodarão no Mac OS X 10.4 (Tiger) ou posterior.

---

16 *http://nmap.org/download.html#macosx*

Usuários de versões anteriores terão de compilar a partir da fonte, ou usar um pacote de terceiros.

2.6.2. Compilar a Partir do Código Fonte

Compilar o Nmap a partir da fonte, no Mac OS X não é mais difícil do que noutras plataformas, uma vez que um ambiente de construção apropriado esteja pronto.

Compilar o Nmap a Partir do Código Fonte

A Compilação do Nmap no Mac OS X exige o Xcode[17], ferramentas do desenvolvedor da Apple que inclui o GCC e o resto do sistema normal de construção. O Xcode não é instalado por omissão, mas está disponível como instalação opcional nos discos de instalação do Mac OS X. Se você não tiver os discos de instalação, ou se você quiser uma versão mais nova, poderá baixar o Xcode gratuitamente, seguindo estes passos:

1. A Apple restringe os downloads do Xcode aos membros da Apple Developer Connection. Navegue até *http://connect.apple.com* e preencha alguns formulários para criar uma conta. Pule para o próximo passo, se você já tiver uma conta.

2. Volte ao *http://connect.apple.com* e efetue login com as credenciais de sua conta.

3. Clique no link Download e, depois, selecione Developer Tools.

4. Baixe e instale o Xcode mais recente.

Estes passos exatos poderão mudar, mas espera-se que esta abordagem geral continue a funcionar. Depois que você tiver instalado o Xcode, siga as instruções de compilação, encontradas na seção 2.2, "Compilação e instalação a partir do código fonte no Unix". Note que, em algumas versões mais antigas do Mac OS X, você poderá ter de substituir o comando **./configure** por **./configure CPP=/usr/bin/cpp**.

Compilar o Zenmap a Partir do Código Fonte

O Zenmap depende de algumas bibliotecas externas que não vêm com o Mac OS X, incluindo o GTK+ e o PyGTK. Estas bibliotecas têm muitas

---

17 *http://developer.apple.com/tools/xcode/*

dependências, em si mesmas. Uma maneira conveniente de instalar todas elas é usar um sistema de empacotamento de terceiros, como descrito na seção 2.6.3. Depois que as dependências estiverem instaladas, siga as instruções da seção 2.2, "Compilação e instalação a partir do código fonte no Unix" para instalar o Zenmap, como de costume.

2.6.3. Pacotes de Terceiros

Uma outra opção para a instalação do Nmap é usar um sistema de pacotes de software do Unix para o Mac OS X. Os dois discutidos aqui são o Fink[18] e o MacPorts[19]. Veja os websites dos respectivos projetos para saber como instalar os gerenciadores de pacotes.

Para instalar usando o Fink, rode o comando **fink install nmap**. O Nmap será instalado como /sw/bin/nmap. Para desinstalar, use o comando **fink remove nmap**.

Para instalar usando o MacPorts, rode **sudo port install nmap**. O Nmap será instalado como /opt/local/bin/nmap. Para desinstalar, rode **sudo port uninstall nmap**.

Estes sistemas instalarão o executável nmap fora do PATH global. Para habilitar o Zenmap a encontrá-lo, ajuste a variável nmap_command_path no zenmap.conf para /sw/bin/nmap ou /opt/local/bin/nmap, como descrito na seção 12.10.1, "O executável nmap".

2.6.4. Executando o Nmap no Mac OS X

O emulador de terminal, no Mac OS X, é chamado Terminal, e está localizado no diretório /Applications/Utilities. Abra-o e uma janela de terminal aparecerá. É aí que você digitará os comandos.

Por omissão, o usuário root é desabilitado, no Mac OS X. Para rodar um exame com privilégios de root, prefixe o nome do comando com sudo, como em **sudo nmap -sS <alvo>**. Você será solicitado a fornecer uma senha, que é exatamente sua senha normal de login. Somente usuários com privilégios de administrador podem fazer isto.

---

18 *http://www.finkproject.org*
19 *http://www.macports.org*

Zenmap exige que a aplicação X11 esteja instalada. Se ela não foi instalada por omissão, deverá estar disponível como instalação opcional, nos discos de instalação do Mac OS X.

Quando o Zenmap for iniciado, um diálogo será exibido, solicitando que você digite sua senha. Usuários com privilégios de administrador poderão entrar suas senhas para permitir que o Zenmap rode como usuário root e execute exames mais avançados. Para rodar o Zenmap em modo não privilegiado, selecione o botão "Cancel", neste diálogo de autenticação.

2.7. FreeBSD / OpenBSD / NetBSD

Os diversos aspectos do BSD são bem suportados pelo Nmap, de forma que você poderá simplesmente compilá-lo a partir da fonte, conforme descrito na seção 2.2, "Compilação e instalação a partir do código fonte no Unix". Isto dará as vantagens normais de ter sempre a versão mais recente e um processo de construção flexível. Se você preferir pacotes binários, estas variantes *BSD mantêm, cada uma, seus próprios pacotes do Nmap. Muitos sistemas BSD também têm uma *árvore de portes* que padroniza a compilação de aplicações populares. As instruções para instalação do Nmap nas variantes *BSD mais populares estão a seguir:

2.7.1. Pacotes de Binários do OpenBSD e Instruções de Portes de Fontes

De acordo com o FAQ do OpenBSD[20], os usuários "são ALTAMENTE aconselhados a usar pacotes, em vez de construírem uma aplicação a partir de portes. A equipe de portes do OpenBSD considera que pacotes são o objetivo de seu trabalho de porte, não os portes em si". Esse mesmo FAQ contém instruções detalhadas para cada método. Aqui vai um resumo:

Instalação Usando Pacotes de Binários

1. Selecione um espelho em *http://www.openbsd.org/ftp.html*, depois acesse-o via FTP e pegue o pacote do Nmap de /pub/OpenBSD/<*versão*>/packages/<*plataforma*>/nmap-<*versão*>.tgz. Ou obtenha-o do CD-ROM da distribuição OpenBSD;

---

20 *http://www.openbsd.org/faq/*

2. Como root, execute: **pkg_add -v nmap-<versão>.tgz**

Instalação Usando a Árvore de Portes de Fontes

1. Se você não já tem, realmente, uma cópia da árvore de portes, obtenha-a através de CVS usando as instruções em *http://openbsd.org/faq/faq15.html*.

2. Como root, execute o seguinte comando (substitua /usr/ports pelo seu diretório local de portes, se ele diferir):

cd /usr/ports/net/nmap && make install clean

2.7.2. Pacote de Binários do FreeBSD e Instruções de Portes de Fontes

O projeto FreeBSD tem um capítulo inteiro[21] de seu Manual descrevendo os processos de instalação por pacotes e portes. Um breve resumo segue:

Instalação do Pacote de Binários

A maneira mais fácil de se instalar o pacote dos binários do Nmap é rodar **pkg_add -r nmap**. Depois, você poderá rodar o mesmo comando com o argumento zenmap, se quiser o frontend do X-Window. Se desejar obter o pacote manualmente, em vez disso, recupere-o de *http://freshports.org/security/nmap* e de *http://freshports.org/security/zenmap* ou do CDROM e rode **pkg_add <nomedopacote.tgz>**.

Instalação Usando a Árvore de Portes de Fontes

1. A árvore de portes é frequentemente instalada com o próprio sistema (normalmente em /usr/ports). Se você não tiver, as instruções específicas de instalação são fornecidas no capítulo do Manual do FreeBSD referenciado anteriormente.

2. Como root, execute o seguinte comando (substitua /usr/ports pelo seu diretório local de portes, se ele diferir):

cd /usr/ports/security/nmap && make install clean

---

21 *http://www.freebsd.org/doc/en_US.ISO8859-1/books/handbook/ports.html*

2.7.3. Instruções para Pacotes de Binários do NetBSD

O NetBSD empacotou o Nmap para um enorme número de plataformas, desde o i386 normal até o PlayStation 2, PowerPC, VAX, SPARC, MIPS, Amiga, ARM e várias plataformas de que eu nem sequer tinha ouvido falar! Infelizmente eles não estão muito atualizados. Uma lista de pacotes do Nmap para o NetBSD está disponível em *ftp://ftp.netbsd.org/pub/NetBSD/packages/pkgsrc/net/nmap/README.html* e uma descrição de como usar o sistema de pacotes dele para instalar aplicações está disponível em *http://netbsd.org/Documentation/pkgsrc/using.html*.

2.8. Amiga, HP-UX, IRIX e Outras Plataformas

Uma das maravilhas do desenvolvimento com código aberto é que os recursos são frequentemente direcionados para o que as pessoas acham excitante, ao invés de ter um foco exclusivo nos lucros, como a maioria das corporações o faz. Foi por este caminho que o porte para o Amiga surgiu. Diego Casorran fez a maior parte do trabalho e enviou uma emenda limpa, que foi integrada à distribuição principal do Nmap. Em geral, os usuários do AmigaOS devem poder simplesmente seguir as instruções para compilação da fonte, na seção 2.2, "Compilação e instalação a partir do código fonte no Unix". Você poderá encontrar alguns obstáculos, em alguns sistemas, mas eu presumo que isto deva ser parte da diversão para os fanáticos pelo Amiga.

O Nmap suporta muitos aspectos de Unix proprietário, tais como HP-UX e SGI IRIX. O projeto Nmap depende da comunidade de usuários para ajudar a manter o suporte adequado para estes sistemas. Se você tiver problemas, tente enviar um relatório com detalhes completos para a lista de correio *nmap-dev*, como descrito na seção 15.17, "Erros". Além disso, deixe-nos saber se você desenvolver uma emenda que melhore o suporte para sua plataforma, de forma que possamos incorporá-la ao Nmap.

2.9. Removendo o Nmap

Se o seu propósito de remover o Nmap for simplesmente para atualizá-lo para a versão mais recente, você poderá normalmente usar a opção de atualização oferecida pela maioria dos gerenciadores de pacotes de binários. Da mesma forma, a instalação do código fonte mais recente (como descrito na seção 2.2, "Compilação e instalação a partir do código fonte no Unix") geralmente sobrepõe quaisquer instalações prévias a partir da fonte. A remoção do Nmap será uma boa ideia se você estiver mudando os métodos de instalação (como de fonte para RPM, ou vice versa) ou se você não estiver usando mais o Nmap e se preocupe com os poucos megabytes de espaço em disco que ele consome.

Como remover o Nmap dependerá de como você o instalou, inicialmente (veja as seções anteriores). A facilidade de remoção (e de outras manutenções) é a maior vantagem da maioria dos pacotes de binários. Por exemplo, quando o Nmap é instalado usando-se o sistema RPM comum em distribuições Linux, ele pode ser removido rodando-se o comando **rpm -e nmap zenmap**, como root. Opções análogas são oferecidas pela maioria dos outros gerenciadores de pacotes - consulte suas documentações para maiores informações.

Se você instalou o Nmap a partir do instalador do Windows, simplesmente abra o Painel de Controle, selecione "Adicionar ou Remover Programas" e selecione o botão "Remover" para o Nmap. Você poderá remover, também, o WinPcap, a menos que precise dele para outras aplicações, como o Wireshark.

Se você instalou o Nmap a partir do código fonte, a remoção será ligeiramente mais difícil. Se você ainda tem o diretório de construção disponível (onde você inicialmente rodou **make install**), poderá remover o Nmap rodando **make uninstall**. Se você não tem mais esse diretório de construção, digite **nmap -V** para obter o número de versão do Nmap. Depois, baixe o pacote de fonte desta versão do Nmap, a partir de *http://nmap.org/dist/* ou de *http://nmap.org/dist-old/*. Descomprima o pacote e mude para o diretório recém-criado (nmap-<*versão*>). Rode **./configure,** incluindo quaisquer opções de caminho de instalação que você especificou da primeira vez (tais como --prefix ou --datadir). Depois rode **make uninstall.** Alternativamente, você poderá simplesmente remover todos os arquivos relacionados com o Nmap. Se você usou uma instalação omissiva por fonte do Nmap versões 4.50 ou superior, os seguintes comandos a removerão.

```
# cd /usr/local
# rm -f bin/nmap bin/nmapfe bin/xnmap
# rm -f man/man1/nmap.1 man/man1/zenmap.1
# rm -rf share/nmap
# ./bin/uninstall_zenmap
```

Você poderá ter de ajustar ligeiramente os comandos dados anteriormente, se você especificou --prefix ou outra opção de caminho de instalação quando instalou inicialmente o Nmap. Os arquivos relacionados ao zenmap, ao nmapfe e ao xnmap não existirão, se você não instalou o frontend Zenmap.

Capítulo 3: Descoberta de Hospedeiros
("Exame por ping")

3.1. Introdução

Um dos primeiríssimos passos em qualquer missão de reconhecimento de redes é reduzir-se um (às vezes enorme) conjunto de faixas de IP a uma lista de hospedeiros ativos ou interessantes. Examinar cada porta de cada endereço IP é lento e, normalmente desnecessário. É claro que o que torna um hospedeiro interessante depende grandemente dos propósitos do exame. Os administradores de rede podem estar apenas interessados em hospedeiros que estejam rodando um certo serviço, enquanto que auditores de segurança podem se preocupar com todo e qualquer dispositivo que tenha um endereço IP. Um administrador pode ficar satisfeito em usar apenas um ping de ICMP para localizar hospedeiros em sua rede interna, enquanto que um provador de penetração externo poderá usar um conjunto diverso de dezenas de provas, numa tentativa de evitar restrições de firewalls. Como as necessidades de descoberta de hospedeiros são tão diversas, o Nmap oferece uma ampla variedade de opções para personalização das técnicas usadas. A despeito do nome de exame por ping, este vai bem além dos simples pacotes de requisições de eco de ICMP associados à onipresente ferramenta ping. Os usuários podem omitir completamente o passo do ping com um exame de lista (-sL) ou desabilitando o ping (-PN), ou se engajarem à rede com combinações arbitrárias de provas de multiportas de UDP, de ICMP e de SYN/ACK de TCP. O objetivo destas provas é solicitar respostas que demonstrem que um endereço IP está realmente ativo (está sendo usado por um hospedeiro ou dispositivo de rede). Em muitas redes, apenas uma pequena porcentagem de endereços IP está ativa, em qualquer instante dado. Isto é particularmente comum no espaço de endereços privados, tais como 10.0.0.0/8. Esta rede tem 16,8 milhões de IPs, mas eu já a vi usada por companhias, com menos de mil máquinas. A descoberta de hospedeiros pode encontrar estas máquinas num mar esparsamente alocado de endereços IP.

Este capítulo discute, primeiro, como o exame por ping do Nmap trabalha, no geral, com opções de controle de alto nível. Depois, técnicas específicas serão cobertas, incluindo como elas funcionam e quando cada uma é mais apropriada. O Nmap oferece muitas técnicas de ping, porque ele frequentemente usa combinações cuidadosamente montadas para atravessar uma série de firewalls e filtros de roteadores que levam a uma rede alvo. As estratégias efetivas do exame por ping, em geral, serão discutidas, seguidas por um exame de baixo nível dos algoritmos usados.

3.2. Especificando Hospedeiros e Redes Alvo

Tudo, na linha de comando do Nmap, que não seja uma opção (ou argumento de opção), é tratado como uma especificação de hospedeiro alvo. O caso mais simples é a especificação de um endereço IP ou nome de hospedeiro alvo para exame. Às vezes, você quer examinar toda uma rede de hospedeiros adjacentes. Para isto, o Nmap suporta o estilo de endereçamento CIDR. Você pode apensar /<*numbits*> a um endereço de IPv4 ou nome de hospedeiro e o Nmap examinará todos os endereços IPs para os quais os primeiros <*numbits*> sejam os mesmos do IP ou nome de hospedeiro de referência dado. Por exemplo, 192.168.10.0/24 examinaria os 256 hospedeiros entre 192.168.10.0 (binário: 11000000 10101000 00001010 00000000) e 192.168.10.255 (binário: 11000000 10101000 00001010 11111111), inclusive. 192.168.10.40/24 examinaria exatamente os mesmos alvos. Dado que o hospedeiro scanme. nmap.org está no endereço IP 64.13.134.52, a especificação scanme.nmap. org/16 examinaria os 65.536 endereços IP entre 64.13.0.0 e 64.13.255.255. O menor valor permitido é /0, que examinará toda a Internet. O maior valor

Capítulo 3: Descoberta de Hospedeiros ("Exame por ping") — 73

é /32, que examinará apenas o endereço IP ou hospedeiro nomeado, porque todos os bits do endereço estarão fixados.

A notação CIDR é curta, mas nem sempre flexível o bastante. Por exemplo, você poderia querer examinar 192.168.0.0/16, mas pular quaisquer IPs terminados em .0 ou .255, porque eles podem ser usados como endereços de difusão e de rede para sub-redes. O Nmap suporta isto através do endereçamento de faixa de octeto. Em vez de especificar um endereço IP normal, você pode especificar uma lista de números ou faixas separados por vírgulas, para cada octeto. Por exemplo, 192.168.0-255.1-254 omitirá todos os endereços na faixa que terminem em .0 ou .255. As faixas não precisam estar limitadas aos octetos finais: o especificador 0-255.0-255.13.37 realizará um exame da amplitude da Internet para todos os endereços IP terminando em 13.37. Este tipo de amostragem de abrangência pode ser útil para levantamentos e pesquisa na Internet.

Endereços de IPv6 só podem ser especificados pelos seus nomes de hospedeiro ou endereços IPv6 completamente qualificados. Faixas de CIDR e de octetos não são suportadas para IPv6 porque elas raramente são úteis.

O Nmap aceita múltiplas especificações de hospedeiros na linha de comando, e elas não precisam ser do mesmo tipo. O comando **nmap scanme.nmap.org 192.168.0.0/8 10.0.0,1,3-7.0-255** faz o que você deve esperar.

3.2.1. Entrada por Lista (-iL)

Passar uma lista enorme de hospedeiros é, frequentemente, desconfortável, na linha de comando, ainda que seja uma necessidade comum. Por exemplo, seu servidor DHCP pode exportar uma lista de 10.000 licenças atuais que você queira examinar. Ou talvez você queira examinar todos os endereços IP, *com exceção* daqueles, para localizar hospedeiros que estejam usando endereços IP estáticos não autorizados. Simplesmente gere a lista de hospedeiros para exame e passe o nome deste arquivo ao Nmap como argumento da opção -iL. As entradas podem estar em qualquer um dos formatos aceitos pelo Nmap na linha de comando (endereços de IP, nomes de hospedeiros, CIDR, IPv6, ou faixas de octetos). Cada entrada deve estar separada por um ou mais espaços, tabs ou quebras de linhas. Você pode especificar um hífen (-) como nome de arquivo, se quiser que o Nmap leia os hospedeiros a partir da entrada padrão, em vez de arquivo real.

3.2.2. Seleção Aleatória de Alvos (-iR <numalvos>)

Para levantamentos da abrangência da Internet e outras pesquisas, você poderá desejar selecionar os alvos aleatoriamente. Isto é feito com a opção -iR, que recebe como argumento o número de IPs a gerar. O Nmap pula automaticamente certos IPs indesejáveis, tais como aqueles de faixas de endereços particulares, de multidifusão ou não alocados. O argumento 0 pode ser especificado para um exame sem fim. Tenha em mente que alguns administradores de rede ficam de cabelo em pé com exames não autorizados de suas redes. Leia cuidadosamente a seção 1.4, "Questões legais", antes de usar -iR.

Se você se achar realmente entediado, numa tarde chuvosa, experimente o comando **nmap -sS -PS80 -iR 0 -p 80** para localizar servidores web aleatórios para navegar.

3.2.3. Excluindo Alvos (–exclude, --excludefile <nomedearquivo>)

É comum haver máquinas que você não queira examinar sob nenhuma circunstância. Certas máquinas podem ser tão críticas que você não arriscará uma reação adversa. Você poderá ser condenado por uma indisponibilidade coincidente, ainda que o exame do Nmap não tenha nada a ver com ela. Ou talvez você tenha equipamento legado que se sabe que cai, quando varrido, mas você ainda não pôde corrigi-lo ou substituí-lo. Ou talvez certas faixas de IP representem consumidores, parceiros ou companhias subsidiárias que você não esteja autorizado a examinar. Os consultores normalmente não querem que suas próprias máquinas sejam incluídas num exame das redes de seus clientes. Qualquer que seja a razão, você poderá excluir hospedeiros ou redes inteiras com a opção --exclude. Simplesmente passe à opção uma lista, separada por vírgulas, de alvos e blocos de redes excluídos, usando a sintaxe normal do Nmap. Alternativamente, você pode criar um arquivo de hospedeiros/redes excluídas e passá-lo ao Nmap com a opção --excludefile.

3.2.4. Exemplos Práticos

Embora algumas ferramentas tenham interfaces simples que só permitam uma lista de hospedeiros ou, talvez, permitam que você especifique os endereços

Capítulo 3: Descoberta de Hospedeiros ("Exame por ping") — 75

IP de início e fim, para uma faixa, o Nmap é muito mais poderoso e flexível. Mas o Nmap também pode ser mais difícil de se aprender - e o exame dos endereços IP errados será, ocasionalmente, um desastre. Felizmente, o Nmap oferece uma execução enxuta, usando o exame de lista (opção -sL). Simplesmente execute **nmap -sL -n <alvos>** para ver quais IPs serão varridos, antes de você realmente efetivá-lo.

Exemplos pode ser a forma mais eficiente de se ensinar a sintaxe de especificação de hospedeiros, do Nmap. Esta seção fornece alguns, começando com o mais simples.

nmap scanme.nmap.org, nmap scanme.nmap.org/32, nmap 64.13.134.52

Todos estes comandos fazem a mesma coisa, considerando que scanme.nmap.org seja resolvido para 64.13.134.52. Eles examinam este IP e depois saem.

nmap scanme.nmap.org/24, nmap 64.13.134.52/24, nmap 64.13.134.0-255

Todos estes solicitam ao Nmap que varra os 256 endereços IP de 64.13.134.0 até 64.13.134.255. Em outras palavras, eles solicitam um exame do espaço de endereços da dimensão da classe C envolvendo scanme.nmap.org.

nmap 64.13.134.52/24 --exclude scanme.nmap.org,insecure.org

Diz ao Nmap para examinar a classe C em torno de 64.13.134.52, mas para omitir scanme.nmap.org e insecure.org se eles forem encontrados nesta faixa de endereços.

nmap 10.0.0.0/8 --exclude 10.6.0.0/16,ultra-sensitive-host.company.com

Diz ao Nmap para examinar toda a faixa particular de 10, com a exceção de que ele deverá omitir qualquer coisa que comece com 10.6, bem como ultra-sensitive-host.company.com.

egrep '^lease' /var/lib/dhcp/dhcpd.leases | awk '{print $2}' | nmap -iL -

Obtém a lista de endereços IP atribuídos por DHCP e os repassa diretamente ao Nmap para exame. Note que um hífen é passado para -iL para que leia a partir da entrada padrão.

nmap -6 2001:800:40:2a03::3

Examina o hospedeiro com IPv6 no endereço 2001:800:40:2a03::3.

3.3. Descobrindo os Endereços IP de uma Organização

O Nmap automatiza muitos aspectos do exame de redes, mas você ainda deverá dizer-lhe quais redes examinar. Eu suponho que você poderá especificar -iR e esperar que o Nmap atinja aleatoriamente sua companhia alvo, ou você pode tentar o método de força bruta, especificando 0.0.0.0/0 para examinar toda a Internet. Mas qualquer uma destas opções levaria meses ou anos, e, possivelmente, lhe meteria em encrencas. Assim, é importante pesquisar cuidadosamente os blocos alvo, antes de varrê-los. Mesmo que você esteja conduzindo um teste de penetração legítimo e o cliente tenha dado a você uma lista de seus blocos de rede, é importante fazer uma dupla verificação neles. Os clientes, às vezes, têm registros desatualizados ou simplesmente os anotam errados. Uma carta de autorização assinada por seu cliente não ajudará, se você acidentalmente irromper na companhia incorreta.

Em muitos casos, você começa com apenas o nome de domínio da companhia. Esta seção demonstra algumas das formas mais comuns e eficientes de se converter este nome numa lista de blocos de rede pertencentes à companhia alvo, ou operados por ela, ou afiliados a ela. Utilitários típicos de linha de comando do Linux serão demonstrados, mas ferramentas similares estão disponíveis para outras plataformas.

Na conferência ShmooCon, em 2006, um colega se direcionou a mim e reclamou que a documentação do Nmap especificava muitas formas de exemplo de se examinar target.com. Ele notou que a ICANN reservara o nome de domínio example.com para este propósito, e me pressionou para revisar a página manual em conformidade. Embora ele estivesse tecnicamente certo, esta era uma coisa estranha com que se ficar obcecado. Sua motivação se tornou clara quando ele me deu seu cartão de visita:

Capítulo 3: Descoberta de Hospedeiros ("Exame por ping") — 77

Figura 3.1. Um cartão de visita explica tudo

```
TARGET CORPORATION
         ⊙

    Information Security
    OpenPGP fingerprint

33 South Sixth Street, Minneapolis, Minnesota 55402
            612-304-■
           ■.■@target.com
```

Aparentemente, muitos usuários do Nmap copiavam exemplos diretamente da página manual e os rodavam sem mudar o especificador do alvo. Assim, a target.com era inundada de exames e de correspondentes alertas de IDS. Em comemoração àquele incidente, o objetivo desta seção é determinar as faixas de IP atribuídas e usadas pela Target Corporation.

3.3.1. Macetes de DNS

O propósito primário do DNS é resolver nomes de domínio para endereços IP, então ele é um lugar lógico para se começar. No exemplo 3.1 uso o comando **host** do Linux para consultar alguns tipos comuns de registros de DNS.

Exemplo 3.1. Usando o comando host para consultar tipos comuns de registros de DNS

```
> host -t ns target.com
target.com name server ns4.target.com.
target.com name server ns3.target.com.
target.com name server ns1-auth.sprintlink.net.
target.com name server ns2-auth.sprintlink.net.
target.com name server ns3-auth.sprintlink.net.
> host -t a target.com
target.com has address 161.225.130.163
target.com has address 161.225.136.0
> host -t aaaa target.com
target.com has no AAAA record
> host -t mx target.com
```

```
target.com mail is handled by 50 smtp02.target.com.
target.com mail is handled by 5 smtp01.target.com.
>host -t soa target.com
target.com has SOA record extdns02.target.com.hostmaster.
target.com.
```

Em seguida, resolvo os endereços IP para os nomes de hospedeiros acima (novamente usando host) e experimento alguns nomes comuns de subdomínio, tais como www.target.com e ftp.target.com. Começando com nomes como ns3.target.com e smtp01.target.com, experimento mudando os dígitos para encontrar novas máquinas. Tudo isto me deixa com os seguintes nomes e endereços de target.com:

Tabela 3.1. Primeiro passo na listagem dos IPs de target.com

Nome de hospedeiro	Endereços IP
ns3.target.com	161.225.130.130
ns4.target.com	161.225.136.136
ns5.target.com	161.225.130.150
target.com	161.225.136.0, 161.225.130.163
smtp01.target.com	161.225.140.120
smtp02.target.com	198.70.53.234, 198.70.53.235
extdns02.target.com	172.17.14.69
www.target.com	207.171.166.49

Embora uma lista substancial de nomes de hospedeiros possa ser gerada desta maneira, a fonte mãe dos nomes de hospedeiros vem de uma transferência de zona. A maioria dos servidores de DNS, agora, rejeitam solicitações de transferência de zona, mas vale a pena uma tentativa, porque muitos ainda a permitem. Certifique-se de tentar cada servidor de DNS que você tiver encontrado através dos registros NS do domínio e do exame de portas das faixas de IP corporativos. Até aqui, encontramos sete servidores de nomes da Target: ns3.target.com, ns4.target.com, ns5.target.com, ns1-auth.sprintlink.net, ns2-auth.sprintlink.net, ns3-auth.sprintlink.net e extdns02.target.com. Infelizmente, todos estes servidores ou recusaram a transferência, ou não suportam as conexões TCP DNS necessárias para uma transferência de zona. O exemplo 3.2 mostra uma tentativa falha de transferência de zona de target.com, usando

Capítulo 3: Descoberta de Hospedeiros ("Exame por ping") — 79

a ferramenta comum **dig** (domain information groper)[1], seguida de uma com sucesso numa organização não relacionada (cpsr.org).

Exemplo 3.2. Falha e sucesso em transferências de zonas

```
> dig @ns2-auth.sprintlink.net -t AXFR target.com
; <<>> DiG 9.5.0b3 <<>> @ns2-auth.sprintlink.net -t AXFR
target.com

; Transfer failed.

> dig @ns2.eppi.com -t AXFR cpsr.org
; <<>> DiG 9.5.0b1 <<>> @ns2.eppi.com -t AXFR cpsr.org

cpsr.org            10800 IN SOA  ns1.findpage.com. root.cpsr.org.
cpsr.org.           10800 IN NS   ns.stimpy.net.
cpsr.org.           10800 IN NS   ns1.findpage.com.
cpsr.org.           10800 IN NS   ns2.eppi.com.
cpsr.org.           10800 IN A    208.96.55.202
cpsr.org.           10800 IN MX   0 smtp.electricembers.net.
diac.cpsr.org.      10800 IN A    64.147.163.10
groups.cpsr.org.    10800 IN NS   ns1.electricembers.net.
localhost.cpsr.org. 10800 IN A    127.0.0.1
mail.cpsr.org.      10800 IN A    209.209.81.73
peru.cpsr.org.      10800 IN A    208.96.55.202
www.peru.cpsr.org.  10800 IN A    208.96.55.202
[...]
```

Um erro comum, quando da coleta de resultados de DNS direto como estes, é a presunção de que todos os sistemas encontrados sob um nome de domínio devem ser parte da rede daquela organização e, portanto, seguros para exame. Na verdade, nada impede que uma organização adicione registros que apontem para qualquer lugar na Internet. Isto normalmente é feito para terceirizar serviços, ao mesmo tempo em que se mantém o nome do domínio de origem para efeitos de marca. Por exemplo, www.target.com é resolvido para 207.171.166.49. Será este endereço parte da rede da Target, ou será ele gerenciado por um terceiro que não queiramos examinar? Três testes rápidos e fáceis são a resolução de DNS reverso, o traceroute e o whois no registro de endereço IP relevante. Os dois primeiros passos podem ser dados pelo Nmap, enquanto que o comando whois, do Linux, funciona bem para o terceiro. Estes testes contra o target.com são mostrados nos exemplos 3.3 e 3.4.

---

1 O script NSE zone-transfer do Nmap poderia ter sido usado (veja o capítulo 9, *O Mecanismo de Scripts do Nmap*).

Exemplo 3.3. Exame por DNS reverso e por traceroute do Nmap em www.target.com

```
# nmap -PN -T4 --traceroute www.target.com

Starting Nmap ( http://nmap.org )
Interesting ports on 166-49.amazon.com (207.171.166.49):
Not shown: 998 filtered ports
PORT       STATE    SERVICE
80/tcp     open     http
443/tcp    open     https

TRACEROUTE (using port 80/tcp)
HOP  RTT      ADDRESS
[corte]
9    84.94    ae-2.ebr4.NewYork1.Level3.net (4.69.135.186)
10   87.91    ae-3.ebr4.Washington1.Level3.net (4.69.132.93)
11   94.80    ae-94-94.csw4.Washington1.Level3.net
              (4.69.134.190)
12   86.40    ae-21-69.car1.Washington3.Level3.net (4.68.17.7)
13   185.10   AMAZONCOM.car1.Washington3.Level3.net
              (4.71.204.18)
14   84.70    72.21.209.38
15   85.73    72.21.193.37
16   85.68    166-49.amazon.com (207.171.166.49)

Nmap done: 1 IP address (1 host up) scanned in 20.57 seconds
```

Exemplo 3.4. Usando o whois para encontrar o proprietário do endereço IP de www.target.com

```
> whois 207.171.166.49
[Querying whois.arin.net]
[whois.arin.net]

OrgName:      Amazon.com, Inc.
OrgID:        AMAZON-4
Address:      605 5th Ave S
City:         SEATTLE
StateProv:    WA
PostalCode:   98104
Country:      US
[...]
```

No exemplo 3.3, os resultados do DNS reverso (dois lugares) e do interessante traceroute estão em negrito. O domínio Amazon.com torna muito provável que o website seja rodado pela Amazon, ao invés da própria Target. Depois, os resultados do whois mostrando "Amazon.com, Inc." como proprietária do espaço de IP remove toda a dúvida. O website é da marca Target, mas exibe "Powered by Amazon.com" na parte inferior. Se fôssemos contratados pela Target para testar sua segurança, precisaríamos de permissão em separado da Amazon para tocar neste espaço de endereços.

Bases de dados da web também podem ser usadas para se encontrar nomes de hospedeiros sob um dado domínio. Por exemplo, a Netcraft tem uma funcionalidade de busca de DNS de website em *http://searchdns.netcraft.com/?host*. Digitando-se .target.com no formulário, retornam-se 36 resultados, como mostrado na figura 3.2. Sua útil tabela mostra, também, o proprietário do bloco de rede, o que captura casos como o da Amazon rodando o www.target.com. Nós já sabíamos de alguns dos hospedeiros descobertos, mas provavelmente não teríamos adivinhado nomes como sendasmoochie.target.com.

Figura 3.2. O Netcraft encontrou 36 servidores web da Target

Found 36 sites

	Site	Site Report	First seen	Netblock	OS
1.	www.target.com		October 1995	Amazon.com, Inc.	unknown
2.	weeklyad.target.com		January 2005	Akamai Technologies	Linux
3.	sites.target.com		August 2005	Target Corporation	F5 Big-IP
4.	redcard.target.com		November 2005	Target Corporation	F5 Big-IP
5.	www.target.com.au		June 2000	APNIC	Windows 2000
6.	targetrewards.target.com		August 2005	Target Corporation	F5 Big-IP
7.	cinemared.target.com		August 2005	Target Corporation	F5 Big-IP
8.	recipes.target.com		November 2005	Allrecipes.com, Inc.	Windows Server 2003
9.	bookmarked.target.com		September	Implex.net	Linux

O Google também pode ser usado para este propósito, com consultas como site:target.com.

3.3.2. Consultas do whois em Registros de IP

Depois de um conjunto de IPs "semente" serem descobertos, eles devem ser pesquisados para assegurar que pertencem à companhia que você espera e para determinar de quais blocos de rede eles fazem parte. Uma pequena companhia pode ter uma minúscula alocação de 1 a 16 endereços IP, enquanto que corporações maiores frequentemente têm milhares. Esta informação é mantida em bases de dados regionais, tais como a ARIN (sigla em inglês para Registro Estadunidense de Números de Internet) para a América do Norte, e a RIPE para a Europa e o Oriente Médio. Ferramentas modernas de whois tomam um endereço IP e automaticamente consultam o registro apropriado.

Companhias pequenas até médias normalmente não têm espaço de IP alocado por similares da ARIN. Em vez disso, eles recebem blocos de redes de seus provedores de acesso. Às vezes você obtém esta informação de provedor de acesso a partir de consultas de IP. Isto geralmente lhe dá um grande bloco de rede e você não sabe que porção dele está alocada para o seu alvo. Felizmente, muitos provedores de acesso, agora, subdelegam faixas de clientes, usando o Shared Whois (SWIP) ou o Referral Whois (RWhois). Se o provedor de acesso tiver feito isto, você saberá o tamanho exato do bloco de rede do cliente.

Um dos endereços **IP** anteriormente descobertos para a target.com foi o 161.225.130.163. O exemplo 3.5 demonstra uma consulta whois (automaticamente direcionada para a ARIN) para determinar o proprietário e a informação de alocação de **IP** para este **IP**.

Exemplo 3.5. Usando o whois para encontrar o bloco de rede contendo 161.225.130.163

```
> whois 161.225.130.163
[Querying whois.arin.net]
[whois.arin.net]

OrgName:      Target Corporation
OrgID:        TARGET-14
Address:      1000 Nicollet TPS 3165
City:         Minneapolis
StateProv:    MN
PostalCode:   55403
Country:      US
```

Capítulo 3: Descoberta de Hospedeiros ("Exame por ping") — 83

```
NetRange:      161.225.0.0 - 161.225.255.255
CIDR:          161.225.0.0/16
NetName:       TARGETNET
NetHandle:     NET-161-225-0-0-1
Parent:        NET-161-0-0-0-0
NetType:       Direct Assignment
NameServer:    NS3.TARGET.COM
NameServer:    NS4.TARGET.COM
Comment:
RegDate:       1993-03-04
Updated:       2005-11-02

OrgTechHandle: DOMAI45-ARIN
OrgTechName:   Domainnames admin
OrgTechPhone:  +1-612-696-2525
OrgTechEmail:  Domainnames.admin@target.com
```

Não surpreende a Target possuir um imenso bloco de rede de Classe B, cobrindo todos os 65.536 IPs de 161.225.0.0 a 161.225.255.255. Uma vez que o OrgName é Target, este não é um caso em que estamos vendo resultados de seu provedor de acesso.

O próximo passo é, da mesma forma, procurar todos os IPs descobertos anteriormente que não se incluam nessa faixa. Depois, você poderá iniciar consultas mais avançadas. O comando **whois -h whois.arin.net \?** fornece a sintaxe da consulta à ARIN. Seria interessante se você pudesse procurar por todos os blocos de rede que correspondessem a um dado endereço, OrgID, ou OrgTechEmail, mas os registros de IP geralmente não permitem isto. Contudo, muitas outras consultas úteis são permitidas. Por exemplo, **whois -h whois.arin.net @target.com** mostra todos os contatos da ARIN, com endereços de e-mail em target.com. A consulta **whois -h whois.arin.net "n target*"** mostra todos os identificadores de blocos de rede que começam com target. Ela não diferencia entre maiúsculas e minúsculas. Da mesma forma, **whois -h whois.arin.net "o target*"** mostra todos os nomes organizacionais que começam com target. Você pode procurar o endereço, o número de telefone e o e-mail de contado associado a cada entrada para determinar se eles são parte da companhia que você deseja examinar. Frequentemente, eles são terceiros que, por acaso, têm um nome similar.

3.3.3. Informação de Roteamento da Internet

O protocolo de roteamento central da Internet é o Border Gateway Protocol (BGP). Quando do exame de organizações de médio a grande porte, as tabelas de roteamento de BGP podem lhe ajudar a encontrar suas sub-redes IP em todo o mundo. Por exemplo, suponha que você quer examinar os endereços IP pertencentes a Microsoft Corporation. Uma busca de DNS por microsoft.com fornece o endereço IP 207.46.196.115. Uma consulta whois, como discutido na seção anterior, mostra que todo o bloco 207.46.0.0/16 pertence a Microsoft, em seu endereço apropriado "One Microsoft Way", em Redmond. Isto lhe dá 65.536 endereços IP para examinar, mas as tabelas de BGP expõem muitos mais.

Entidades como a Microsoft têm números de sistemas autônomos (AS, na sigla em inglês) para fins de roteamento. Uma ferramenta útil para a determinação do número de AS divulgado para um dado endereço IP está disponível em *http://asn.cymru.com/*. Digitando 207.46.0.0 neste formulário, você obterá o número de AS 8075, da Microsoft. Em seguida, eu quero encontrar todos os prefixos de IP que são roteados para este AS. Uma ferramenta útil para se fazê-lo está disponível em *http://www.robtex.com/as/*. Digitando AS8075 e clicando em Go nesta página lhe levará a uma tela de resumo que mostra 42 prefixos encontrados. Esses prefixos representam 339.456 endereços IP e podem ser enumerados se você clicar na aba BGP.

Embora a obtenção da informação de BGP a partir de formulários web enlatados, como estes, seja conveniente, a obtenção de dados de roteamento a partir de roteadores reais é mais divertida e pode permitir consultas personalizadas mais poderosas. Várias organizações fornecem um tal serviço. Como exemplo, faça telnet para route-views.routeviews.org ou visite *http://routeviews.org*. É claro que estes serviços fornecem acesso somente para leitura dos dados. Se você precisar manipular tabelas globais de roteamento, como parte de um plano diabólico para dominar a Internet, isto está além do escopo deste livro.

3.4. Resolução DNS

Foco chave da descoberta de hospedeiros, do Nmap, é determinar quais hospedeiros estão no ar e atentos na rede. Isto afunila o campo de alvos, já que você não pode explorar um hospedeiro que não existe. Mas não deixe que a descoberta termine aí. Você não marcaria encontros com garotas (ou com caras) só porque elas/eles estão respirando, e a seleção de máquinas, na rede, para penetração merece, também, um cuidado especial. Uma ótima fonte de informação (sobre hospedeiros em rede, não sobre encontros em potencial) é o DNS, o sistema de nomes de domínio. Mesmo organizações conscientes sobre segurança frequentemente atribuem nomes que revelam a função de seus sistemas. Não é incomum ver pontos de acesso sem fios nomeados como wap ou wireless, firewalls nomeados como fw, firewall ou fw-1 e servidores web de desenvolvimento com conteúdo ainda não publicado nomeados como dev, staging, www-int ou beta. As localizações ou nomes de departamentos também são frequentemente revelados, como na companhia cujo firewall do escritório de Chicago (EUA) é nomeado como fw.chi.

Por omissão, o Nmap realiza a resolução de DNS reverso para cada IP que responda às provas de descoberta de hospedeiros (isto é, aqueles que estão no ar). Se a descoberta de hospedeiros for omitida com -PN, a resolução será realizada para todos os IPs. Em vez de usar as lentas bibliotecas padrões de resolução de DNS, o Nmap usa uma função resolvedora personalizada, que realiza dezenas de requisições em paralelo.

Embora as opções omissivas funcionem geralmente bem, o Nmap oferece quatro opções para o controle da resolução de DNS. Elas podem afetar substancialmente a velocidade de exame e a quantidade de informação coletada.

-n (nenhuma resolução de DNS)

> Diz ao Nmap para nunca usar a resolução de DNS reverso nos endereços IP ativos que ele encontrar. Uma vez que o DNS pode ser lento, mesmo com a função resolvedora em paralelo incorporada ao Nmap, esta opção reduz os tempos de exame.

-R (resolução de DNS para todos os alvos)

> Diz ao Nmap para sempre realizar a resolução de DNS reverso nos endereços IP alvo. Normalmente o DNS reverso só é realizado para os hospedeiros atentos (no ar).

--system-dns (usar o resolvedor de DNS do sistema)

> Por omissão, o Nmap resolve endereços IP enviando consultas diretamente aos servidores de nomes configurados em seu hospedeiro e, depois, aguardando as respostas. Muitas requisições (frequentemente dezenas) são realizadas em paralelo para melhorar o desempenho. Especifique esta opção para usar o resolvedor do seu sistema, em vez disso (um IP por vez, através da chamada getnameinfo). Isto é lento e raramente útil, a menos que você encontre um erro no resolvedor em paralelo do Nmap (por favor, deixe-nos saber, se você o encontrar). O resolvedor do sistema é sempre usado para exames de IPv6.

--dns-servers <servidor1>[,<servidor2>[,...]] (servidores a serem usados nas consultas de DNS reverso)

> Por omissão, o Nmap determina seus servidores de DNS (para resolução de rDNS) a partir de seu arquivo resolv.conf (Unix) ou do Registro (Win32). Alternativamente, você pode usar esta opção para especificar outros servidores. Esta opção não será honrada, se você estiver usando a --system-dns ou um exame de IPv6. O uso de múltiplos servidores de DNS é frequentemente mais rápido, especialmente se você escolher servidores autorizadores para seu espaço alvo de IP. Esta opção pode, ainda, melhorar a invisibilidade, uma vez que suas requisições poderão ser rebatidos por quase qualquer servidor de DNS recursivo na Internet.

> Esta opção também se mostra útil quando do exame de redes privadas. Algumas vezes somente alguns servidores de nomes fornecem a informação de rDNS apropriada e você não poderá, nem mesmo saber onde eles estão. Você poderá examinar a rede em busca da porta 53 (talvez com detecção de versão), depois tentar exames de lista do Nmap (-sL) especificando cada servidor de nomes um a um com --dns-servers, até que você encontre um que funcione.

3.5. Controles da Descoberta de Hospedeiros

Por omissão, o Nmap incluirá um estágio de exame por ping, antes de provas mais intrusivas, tais como exames de portas, detecção de SO, Mecanismo de Scripts do Nmap, ou detecção de versão. O Nmap normalmente só realiza exames intrusivos em máquinas que se mostram disponíveis durante o estágio de exame por ping. Isto poupa tempo e largura de banda substanciais, em comparação com a realização de exames completos em cada endereço IP único. Ainda assim, esta abordagem não é ideal para todas as circunstâncias. Haverá vezes em que você quererá examinar todos os IPs (-PN), e outras vezes em que você quererá realizar a descoberta de hospedeiros e nada mais (-sP). Haverá até vezes em que você quererá exibir os hospedeiros alvo e sair antes mesmo de enviar provas de ping (-sL). O Nmap oferece várias opções de alto nível para controlar este comportamento.

3.5.1. Exame de Lista (-sL)

O exame de lista é uma forma degenerada de descoberta de hospedeiros que simplesmente lista cada hospedeiro nas redes especificadas, sem enviar qualquer pacote ao hospedeiro alvo. Por omissão, o Nmap ainda efetua a resolução de DNS reverso, nos hospedeiros, para descobrir os seus nomes. O Nmap também relata o número total de endereços IP, no final. O exame de lista é um bom cheque de sanidade para assegurar que você tem endereços IP apropriados para seus alvos. Se os hospedeiros simularem nomes de domínio que você não reconheça, valerá a pena investigar mais além para evitar o exame da rede da companhia errada.

Há muitas razões para que as faixas de IP alvo possam estar incorretas. Mesmo administradores de redes podem digitar incorretamente seus próprios blocos de rede, e testadores de penetração têm mais ainda com que se preocupar. Em alguns casos, consultores de segurança recebem os endereços errados. Em outros, eles tentam descobrir as faixas de IP apropriadas, através de recursos tais como bases de dados de whois e tabelas de roteamento. As bases de dados podem estar desatualizadas, ou a companhia pode estar emprestando espaço de IP para outras organizações. Se você deve examinar as companhias superiores, pares, os provedores de serviços e as subsidiárias, é uma questão importante que dever ser definida com o cliente antecipadamente. Um exame de lista preliminar ajuda a confirmar exatamente quais os alvos que estarão sendo varridos.

Uma outra razão para um exame de lista antecipada é a invisibilidade. Em alguns casos, você não quererá começar com um assalto completo na rede alvo, o que provavelmente disparará alertas de IDS e chamará a atenção não desejada. Um exame de lista não é chamativo e fornece informações que podem ser úteis na escolha de quais máquinas individuais alvejar. É possível, embora altamente improvável, que o alvo perceba todas as solicitações de DNS reverso. Quando isto for uma preocupação, você poderá jogar com servidores de DNS anônimos recursivos, usando a opção --dns-servers, como descrito na seção intitulada "Representação de DNS".

Um exame de lista é especificado com a opção de linha de comando -sL. Como a ideia é simplesmente exibir uma lista de hospedeiros alvo, as opções para funcionalidades de mais alto nível, como exames de portas, detecção de SO ou exame por ping não podem ser combinados com -sL. Se você quiser desabilitar o exame por ping, enquanto ainda realiza tais funcionalidades de mais alto nível, leia sobre a opção -PN. O exemplo 3.6 mostra o exame de lista sendo usado para enumerar a faixa de rede CIDR /28 (16 endereços IP) que envolve o principal servidor web da Universidade de Stanford.

Exemplo 3.6. Enumerando hospedeiros em torno de www.stanford.edu com um exame de lista

```
felix~> nmap -sL www.stanford.edu/28

Starting Nmap ( http://nmap.org )
Host www9.Stanford.EDU (171.67.16.80) not scanned
Host www10.Stanford.EDU (171.67.16.81) not scanned
Host scriptorium.Stanford.EDU (171.67.16.82) not scanned
Host coursework-a.Stanford.EDU (171.67.16.83) not scanned
Host coursework-e.Stanford.EDU (171.67.16.84) not scanned
Host www3.Stanford.EDU (171.67.16.85) not scanned
Host leland-dev.Stanford.EDU (171.67.16.86) not scanned
```

Capítulo 3: Descoberta de Hospedeiros ("Exame por ping") — 89

```
Host coursework-preprod.Stanford.EDU (171.67.16.87) not
scanned
Host stanfordwho-dev.Stanford.EDU (171.67.16.88) not scanned
Host workgroup-dev.Stanford.EDU (171.67.16.89) not scanned
Host courseworkbeta.Stanford.EDU (171.67.16.90) not scanned
Host www4.Stanford.EDU (171.67.16.91) not scanned
Host coursework-i.Stanford.EDU (171.67.16.92) not scanned
Host leland2.Stanford.EDU (171.67.16.93) not scanned
Host coursework-j.Stanford.EDU (171.67.16.94) not scanned
Host 171.67.16.95 not scanned
Nmap done: 16 IP addresses (0 hosts up) scanned in 0.38
seconds
```

3.5.2. Exame por ping (-sP)

Esta opção diz ao Nmap para realizar *somente* um exame por ping e depois exibir os hospedeiros disponíveis que responderam ao exame. Nenhum outro teste (tal como exame de portas ou detecção de SO) será realizado, com exceção de scripts de hospedeiro do Mecanismo de Scripts do Nmap (--script) e provas de traceroute (–traceroute) se você tiver especificado estas opções. Este é um passo mais intrusivo do que um exame de lista, e pode ser frequentemente usado para os mesmos propósitos. Ele realiza rapidamente um leve reconhecimento de uma rede alvo e sem chamar muita atenção. Saber quantos hospedeiros estão no ar é mais valioso para os atacantes do que a lista de cada IP único e o nome do hospedeiro fornecidos pelo exame de lista.

Os administradores de sistemas frequentemente acham esta opção valiosa, também. Ela pode facilmente ser usada para contar as máquinas disponíveis numa rede ou monitorar a disponibilidade de um servidor. Isto é frequentemente chamado de varredura de ping, e é mais confiável do que pingar o endereço de difusão ampla, porque muitos hospedeiros não respondem a consultas de difusão ampla.

O exemplo 3.7 mostra um rápido exame por ping no CIDR /24 (256 IPs) que envolve um de meus websites favoritos, o Linux Weekly News.

Exemplo 3.7. Descobrindo hospedeiros em torno de www.lwn.net com um exame por ping

```
# nmap -sP -T4 www.lwn.net/24

Starting Nmap ( http://nmap.org )
Host 66.216.68.0 seems to be a subnet broadcast address
(returned 1 extra ping)
Host 66.216.68.1 appears to be up.
Host 66.216.68.2 appears to be up.
Host 66.216.68.3 appears to be up.
Host server1.camnetsec.com (66.216.68.10) appears to be up.
Host akqa.com (66.216.68.15) appears to be up.
Host asria.org (66.216.68.18) appears to be up.
Host webcubic.net (66.216.68.19) appears to be up.
Host dizzy.yellowdog.com (66.216.68.22) appears to be up.
Host www.outdoorwire.com (66.216.68.23) appears to be up.
Host www.inspectorhosting.com (66.216.68.24) appears to be
up.
Host jwebmedia.com (66.216.68.25) appears to be up.
[...]
Host rs.lwn.net (66.216.68.48) appears to be up.
Host 66.216.68.52 appears to be up.
Host cuttlefish.laughingsquid.net (66.216.68.53) appears to
be up.
[...]
Nmap done: 256 IP addresses (105 hosts up) scanned in 12.69
seconds
```

Este exemplo levou apenas 13 segundos, mas fornece informações valiosas. Nesta faixa de endereços de dimensão de classe C, 105 hospedeiros estão no ar. A partir dos nomes de domínio não relacionados, todos empacotados num espaço de IP tão pequeno, fica claro que o LWN usa um provedor de servidor dedicado ou locado. Se as máquinas do LWN se mostrarem altamente seguras, um atacante poderá ir atrás de uma destas máquinas vizinhas e, então, realizar um ataque local de ethernet com ferramentas tais como Ettercap ou Dsniff. Um uso ético destes dados seria um administrador de redes considerar transferir máquinas para este provedor. Ele poderia enviar um e-mail a algumas das organizações listadas e pedir a opinião delas a respeito do serviço, antes de assinar um contrato de longo prazo ou de fazer a cara e desorganizadora mudança de um centro de dados.

A opção -sP envia uma solicitação de eco de ICMP e um pacote TCP ACK para a porta 80, por omissão. Como os usuários sem privilégio do Unix (ou os usuários do Windows sem a WinPcap instalada) não podem enviar estes pacotes crus, um pacote SYN é enviado, nestes casos. O pacote SYN é enviado usando-se uma chamada de conexão TCP do sistema à porta 80 do hospedeiro alvo. Quando um usuário privilegiado tentar examinar alvos numa rede ethernet local, requisições ARP (-PR) serão utilizadas, a menos que a opção --send-ip seja especificada.

A opção -sP pode ser combinada com quaisquer das técnicas discutidas na seção 3.6, "Técnicas de descoberta de hospedeiros" para maior flexibilidade. Se qualquer uma destas opções de tipos de provas e de números de portas for usada, as provas omissivas (ACK e requisição de eco) serão sobrepostas. Quando firewalls estritos estiverem entre o hospedeiro fonte rodando o Nmap e a rede alvo, o uso destas técnicas avançadas é recomendado. Do contrário, os hospedeiros poderão ser perdidos, quando o firewall descartar as provas ou suas respostas.

3.5.3. Desabilitar o ping (-PN)

Uma outra opção é omitir o estágio de descoberta do Nmap também. Normalmente, o Nmap usa este estágio para determinar máquinas ativas para um exame mais pesado. Por omissão, o Nmap só realiza provas pesadas, como exames de portas, detecção de versão ou detecção de SO em hospedeiros que são descobertos no ar. O ato de dasabilitar a descoberta de hospedeiros com a opção -PN fará com que o Nmap tente as funções de exame solicitadas em cada endereço IP alvo especificado. Assim, se um espaço de endereços alvo da dimensão da classe B (/16) for especificado na linha de comando, todos os 65.536 endereços IP serão examinados. A descoberta de hospedeiros apropriada será omitida, como com o exame de lista, mas em vez de parar e exibir a lista alvo, o Nmap continuará a realizar as funções solicitadas, como se cada IP alvo estivesse ativo.

Há muitas razões para a desabilitar os testes de ping do Nmap. Uma das mais comuns é o levantamento de vulnerabilidades intrusivas. Alguém pode especificar dezenas de provas de ping diferentes, numa tentativa de evocar uma resposta de todos os hospedeiros disponíveis, mas ainda será possível que uma máquina ativa, embora pesadamente protegida por um firewall, não responda a nenhuma destas provas. Assim, para evitar perder qualquer coisa, os auditores frequentemente realizam exames intensos, tais como para todas as 65.536 portas TCP, em cada IP da rede alvo. Pode parecer desperdício enviar centenas de milhares de pacotes a endereços IP em que provavelmente não haja nenhum hospedeiro atento, e isto pode desacelerar os tempos de exame na ordem de dez vezes ou mais. O Nmap deverá enviar retransmissões a cada porta, caso a prova original tenha sido descartada, no trânsito e o Nmap deverá gastar um tempo substancial esperando por respostas, porque ele não tem uma estimativa de tempo de ida e volta (RTT, na sigla em inglês) para estes endereços IP que não respondem. Mas testadores de penetração sérios estão dispostos a pagar este preço para evitar até mesmo um leve risco de perderem máquinas ativas. Eles sempre poderão fazer um rápido exame, deixando o exame maciço -PN rodar em segundo plano, enquanto eles trabalham. O capítulo 6, *Otimizando o Desempenho do Nmap* fornece mais conselhos sobre a afinação do desempenho.

Uma outra razão dada frequentemente para o uso de -PN é que o testador tem uma lista de máquinas que ele já sabe que estão no ar. Assim, o usuário não vê nenhum sentido em perder tempo com o estágio de descoberta de hospedeiros. O usuário cria sua própria lista de hospedeiros ativos e, então, a passa para o Nmap, usando a opção -iL (usar entradas da lista). Esta estratégia raramente é benéfica, de um ponto de vista da economia de tempo. Devido às questões de retransmissão e estimativa de RTT discutidas no parágrafo anterior, mesmo um endereço IP que não responda, numa lista grande, frequentemente levará mais tempo para se examinar do que teria levado um estágio completo de exame por ping. Além do mais, o estágio de ping permite ao Nmap recolher amostras de RTT que podem acelerar o exame de portas seguinte, particularmente se o hospedeiro alvo tiver regras estritas de firewall. Embora a especificação de -PN raramente seja útil como economia de tempo, ela será importante se algumas das máquinas, em sua lista, bloquearem todas as técnicas de descoberta que, do contrário, seriam especificadas. Os usuários devem encontrar um ponto de equilíbrio entre a velocidade de exame e a possibilidade de perda de máquinas pesadamente encobertas.

3.6. Técnicas de Descoberta de Hospedeiros

Houve um tempo em que a descoberta, se um endereço IP estava registrado para um hospedeiro ativo, era fácil. Simplesmente se enviava um pacote ICMP de requisição de eco (*ping*) e se esperava por uma resposta. Os firewalls raramente bloqueavam estas requisições e a vasta maioria de hospedeiros respondia de maneira obediente. Uma tal resposta era exigida desde 1989 pela RFC 1122, que atestava claramente que "Todo hospedeiro DEVERÁ implementar uma função servidora de Eco de ICMP que receba Solicitações de Eco e envie correspondentes Respostas de Eco".

Infelizmente, para os exploradores de redes, muitos administradores decidiram que questões de segurança excedem as exigências da RFC e bloquearam as mensagens de ping de ICMP. O exemplo 3.8 usa um exame de ping de ICMP puro, do Nmap, em seis websites populares, mas só recebe duas respostas. Isto demonstra que os hospedeiros não mais podem ser considerados indisponíveis com base na falha em responder a provas de ping de ICMP. As opções "-sP -PE", neste exemplo, especificam um exame de ping de ICMP puro. A opção -R diz ao Nmap para realizar a resolução de DNS reverso em todos os hospedeiros, mesmo nos que estiverem fora do ar.

Exemplo 3.8. Tentativas de pingar hospedeiros populares da Internet

```
# nmap -sP -PE -R -v   microsoft.com ebay.com citibank.com
                       google.com \slashdot.org yahoo.com

Starting Nmap ( http://nmap.org )
Host origin2.microsoft.com (207.46.250.252) appears to be
down.
Host pages.ebay.com (66.135.192.87) appears to be down.
Host ld1-www.citicorp.com (192.193.195.132) appears to be
down.
Host 216.239.57.99 appears to be up.
Host slashdot.org (66.35.250.150) appears to be down.
Host w3.rc.dcn.yahoo.com (216.109.127.30) appears to be up.
Nmap done: 6 IP addresses (2 hosts up) scanned in 3.76
seconds
```

Felizmente, o Nmap oferece uma ampla variedade de técnicas de descoberta de hospedeiros, além da requisição de eco de ICMP padrão. Elas são descritas nas seções seguintes. Note que se você especificar qualquer uma das opções -P discutidas nesta seção, elas *substituirão* as provas omissivas de descoberta, em vez de se somarem a elas.

3.6.1. Ping por TCP SYN (-PS<lista de portas>)

A opção -PS envia um pacote TCP vazio, com o sinalizador SYN ligado. A porta omissiva de destino é a 80 (configurável durante a compilação, mudando-se DEFAULT_TCP_PROBE_PORT_SPEC em nmap.h), mas uma porta alternativa pode ser especificada como parâmetro. Uma lista de portas pode ser especificada (p. ex.: -PS22-25,80,113,1050,35000), caso em que as provas serão testadas em cada porta, em paralelo.

O sinalizador SYN sugere ao sistema remoto que você está tentando estabelecer uma conexão. Normalmente, a porta de destino estará fechada e um pacote RST (resetar) será enviado de volta. Se acontecer de a porta estar aberta, o alvo dará o segundo passo de uma saudação TCP de três tempos, respondendo com um pacote TCP SYN/ACK. A máquina que está rodando o Nmap, então, corta a conexão nascente, respondendo com um RST, em vez de enviar um pacote ACK, que completaria a saudação de três tempos e estabeleceria uma conexão completa[2].

O Nmap não se preocupa com a porta estar fechada ou aberta. Qualquer das respostas RST ou SYN/ACK discutidas anteriormente dizem ao Nmap que o hospedeiro está disponível e atento.

Em máquinas Unix, somente o usuário privilegiado root é capaz, em geral, de enviar e receber pacotes TCP crus. Para usuários não privilegiados, uma solução é automaticamente empregada, pela qual a chamada do sistema connect é iniciada em cada porta alvo. Isto tem o efeito de enviar um pacote SYN ao hospedeiro alvo, numa tentativa de estabelecer uma conexão. Se connect retornar com um rápido sucesso ou com uma falha ECONNREFUSED, a pilha TCP subjacente deverá ter recebido um SYN/ACK ou RST e

---

2 O pacote RST é enviado pelo kernel da máquina que está rodando o Nmap, em resposta ao SYN/ACK inesperado, não pelo próprio Nmap.

o hospedeiro será marcado como disponível. Se a tentativa de conexão ficar em suspenso até que um tempo de expiração seja alcançado, o hospedeiro será marcado como fora do ar. Esta solução também é usada para conexões IPv6, já que o suporte à construção de pacotes IPv6 crus ainda não está disponível no Nmap.

O exemplo 3.8 falhou em detectar quatro de seis máquinas, porque elas não responderam às requisições de eco de ICMP. A repetição do experimento usando uma prova de SYN para a porta 80 (HTTP) coleta respostas de todos os seis, como mostrado no exemplo 3.9.

Exemplo 3.9. Repetição da tentativa de descoberta de hospedeiros usando provas de SYN na porta 80

```
# nmap -sP -PS80 -R -v microsoft.com ebay.com citibank com
                google.com \ slashdot.org yahoo.com

Starting Nmap ( http://nmap.org )
Host origin2.microsoft.com (207.46.249.252) appears to be
up.
Host pages.ebay.com (66.135.192.87) appears to be up.
Host ld1-www.citicorp.com (192.193.195.132) appears to be
up.
Host 216.239.57.99 appears to be up.
Host slashdot.org (66.35.250.150) appears to be up.
Host w3.rc.dcn.yahoo.com (216.109.127.30) appears to be up.
Nmap done: 6 IP addresses (6 hosts up) scanned in 0.48
seconds
```

Além de detectar todas as seis máquinas, a segunda execução é muito mais rápida. Ela leva menos de um segundo, porque as máquinas são examinadas em paralelo e o exame nunca expira esperando por uma resposta. Este teste não é inteiramente justo, porque todos estes são servidores web populares e, portanto, pode-se esperar que escutem na porta TCP 80. Entretanto, ele ainda demonstra o ponto de que diferentes tipos de hospedeiros respondem a diferentes tipos de provas. O Nmap suporta o uso de muitos tipos de exames em paralelo para habilitar o exame efetivo de redes diversas.

3.6.2. Ping por TCP ACK (-PA<lista de portas>)

O ping por TCP ACK é muito similar ao ping por SYN. A diferença, como você provavelmente poderia adivinhar, é que o sinalizador de TCP ACK está ligado, no lugar do sinalizador de SYN. Um tal pacote ACK supõe estar reconhecendo dados através de uma conexão TCP estabelecida, mas tal conexão não existe. Assim, os hospedeiros remotos deverão sempre responder com um pacote RST, revelando suas existências, neste processo.

A opção -PA usa a mesma porta omissiva que a prova SYN (80) e também pode receber uma lista de portas de destino, no mesmo formato. Se um usuário não privilegiado tentar isto, ou um alvo de IPv6 for especificado, a solução do connect, discutida anteriormente, será usada. Esta solução é imperfeita, porque connect estará, na realidade, enviando um pacote SYN, em vez de um ACK.

A razão para se oferecer ambas as provas de ping por SYN e por ACK é maximizar as chances de ultrapassar firewalls. Muitos administradores configuram roteadores e outros firewalls simples para bloquear pacotes SYN que chegam, exceto por aqueles destinados a serviços públicos, como o website ou o servidor de correio da companhia. Isto evita a chegada de outras conexões à organização, enquanto permite que os usuários façam conexões de saída desobstruídas com a Internet. Esta abordagem sem estado consome poucos recursos no firewall/roteador e é amplamente suportada por filtros de hardware e de software. Apenas como exemplo da prevalência deste método, o software de firewall Netfilter/iptables, do Linux, oferece a conveniente opção --syn, que a página manual descreve como segue:

> Combina somente pacotes TCP com o bit SYN ligado e os bits ACK e RST desligados. Tais pacotes são usados para solicitar o início de uma conexão TCP; por exemplo, o bloqueio de tais pacotes chegando numa interface impedirá a chegada de conexões TCP, mas as conexões TCP de saída não serão afetadas. Ela é equivalente a --tcp-flags SYN,RST,ACK SYN.

Quando regras de firewall como esta estão postas, provas de ping por SYN (-PS) provavelmente serão bloqueadas, quando enviadas a portas alvo fechadas. Em tais casos, a prova de ACK se supera driblando estas regras.

Um outro tipo comum de firewall usa regras de estado que descartam pacotes inesperados. Esta funcionalidade foi inicialmente encontrada principalmente em firewalls de ponta, embora ela tenha se tornado muito mais comum, ao longo dos anos. O sistema Netfilter/iptables do Linux suporta isto através da opção --state, que categoriza os pacotes com base no estado da conexão, como descrito no seguinte excerto da página manual:

> *Possíveis estados são INVALID, significando que o pacote não está associado a nenhum estado conhecido, ESTABLISHED, significando que o pacote está associado a uma conexão que tem visto pacotes em ambas as direções, NEW, significando que o pacote iniciou uma nova conexão, ou, por outra, associado a uma conexão que não viu nenhum pacote em nenhuma direção, e RELATED, significando que o pacote está iniciando uma nova conexão, mas está associado a uma conexão existente, tal como uma transferência de dados por FTP, ou um erro de ICMP.*

A prova de ACK é improvável de funcionar em firewalls que usam esta abordagem, uma vez que um tal pacote inesperado será classificado no estado INVALID e, provavelmente, será descartado. O exemplo 3.10 mostra um ping de ACK tentado contra a Microsoft. O firewall de estado dela descarta o pacote, levando o Nmap a concluir, incorretamente, que o hospedeiro está fora do ar. A prova de SYN tem uma chance muito melhor de funcionar, em tais casos. Isto levanta a questão de qual técnica usar, quando as regras do firewall das redes alvo forem desconhecidas ou inconsistentes. A resposta apropriada é, normalmente, ambas. O Nmap pode enviar provas de SYN e de ACK a muitas portas em paralelo, bem como realizar outras técnicas de descoberta de hospedeiros, ao mesmo tempo. Isto será discutido mais além na seção 3.7, "Juntando tudo: Estratégias de Descoberta de Hospedeiros".

Exemplo 3.10. Ping de ACK tentado contra a Microsoft

```
# nmap -sP -PA www.microsoft.com

Starting Nmap ( http://nmap.org )
Warning: Hostname www.microsoft.com resolves to 5 IPs.Using
207.46.192.254.
Note: Host seems down. If it is really up, but blocking ping
probes, try -PN
Nmap done: 1 IP address (0 hosts up) scanned in 2.22 seconds
```

3.6.3. Ping de UDP (-PU<lista de portas>)

Uma outra opção de descoberta de hospedeiros é o ping de UDP, que envia um pacote vazio (a menos que --data-length seja especificado) de UDP para as portas dadas. A lista de portas usa o mesmo formato que nas opções -PS e -PA, previamente discutidas. Se nenhuma porta for especificada, a omissiva é 31338. Esta porta omissiva pode ser configurada durante a compilação, mudando-se DEFAULT_UDP_PROBE_PORT_SPEC em nmap.h. Uma porta altamente incomum é usada por omissão, porque o envio para portas abertas é frequentemente indesejável para este tipo particular de exame.

Ao atingir uma porta fechada, na máquina alvo, a prova de UDP deverá induzir o retorno de um pacote ICMP de porta não alcançável. Isto significa, para o Nmap, que a máquina está no ar e disponível. Muitos outros tipos de erros ICMP, tais como rede/hospedeiro não alcançáveis ou TTL excedido são indicadores de um hospedeiro fora do ar ou inalcançável. A falta de uma resposta também é interpretada desta forma. Se uma porta aberta for alcançada, a maioria dos serviços simplesmente ignora o pacote vazio e falham em retornar qualquer resposta. É por isso que a porta omissiva da prova é 31338, que é altamente improvável de estar em uso. Alguns serviços, como o protocolo Gerador de Caracteres (chargen), responderão a um pacote vazio de UDP, e assim, revelarão para o Nmap que a máquina está disponível.

A vantagem primária deste tipo de exame é que ele dribla firewalls e filtros que só filtram TCP. Por exemplo, certa vez eu tive um roteador de banda larga sem fios Linksys BEFW11S4. A interface externa deste dispositivo filtrava todas as portas TCP por omissão, mas provas de UDP ainda induziam mensagens de porta não alcançável e, assim, delatava o dispositivo.

3.6.4. Tipos de ping de ICMP (-PE, -PP, e -PM)

Além dos tipos incomuns de descoberta de hospedeiros por TCP e UDP, discutidos anteriormente, o Nmap pode enviar os pacotes padrões enviados pelo onipresente programa ping. O Nmap envia um pacote ICMP tipo 8 (requisição de eco) ao endereço IP alvo, esperando um tipo 0 (resposta de eco) de volta dos hospedeiros disponíveis. Como notado no início deste capítulo, muitos hospedeiros e firewalls, agora, bloqueiam estes pacotes, em vez de responde-

Capítulo 3: Descoberta de Hospedeiros ("Exame por ping") — 99

rem como exigido pela RFC 1122. Por esta razão, exames somente de ICMP raramente são confiáveis o bastante para alvos desconhecidos, pela Internet. Mas para administradores de sistemas monitorando uma rede interna, esta pode ser uma abordagem prática e eficiente. Use a opção -PE para habilitar este comportamento de requisição de eco.

Embora a requisição de eco seja a consulta padrão do ping de ICMP, o Nmap não pára por aí. O padrão ICMP (RFC 792) especifica, também, pacotes de requisição de horário, requisição de informação e requisição de máscara de endereço, como códigos 13, 15, e 17, respectivamente. Embora o propósito ostensivo destas consultas seja tomar conhecimentos de informações tais como máscaras de endereços e horários correntes, elas podem facilmente ser usadas para descoberta de hospedeiros. O Nmap não implementa, atualmente, os pacotes de requisição de informações, já que eles não são amplamente suportados (a RFC 1122 insiste que "um hospedeiro NÃO DEVE implementar estas mensagens"). As consultas de horários e de máscaras de rede podem ser enviadas com as opções -PP e -PM, respectivamente. Uma resposta de horário (código ICMP 14) ou de máscara de endereço (código 18) revela que o hospedeiro está disponível. Estas duas consultas podem ser valiosas quando os administradores bloqueiam especificamente os pacotes de requisição de eco, mas esquecem que outras consultas de ICMP podem ser usadas para o mesmo propósito.

3.6.5. Ping de Protocolos IP (-PO<lista de protocolos>)

A mais nova opção de descoberta de hospedeiros é o ping de protocolos IP, que envia pacotes IP com o número de protocolo especificado ajustado em seus cabeçalhos de IP. A lista de protocolos usa o mesmo formato das listas de portas das opções de descoberta de hospedeiros por TCP e UDP discutidas anteriormente. Se nenhum protocolo for especificado, por omissão serão enviados múltiplos pacotes de IP para ICMP (protocolo 1), IGMP (protocolo 2), e IP-em-IP (protocolo 4). Os protocolos omissivos podem ser configurados durante a compilação, alterando-se DEFAULT_PROTO_PROBE_PORT_SPEC em nmap.h. Note que para o ICMP, o IGMP, o TCP (protocolo 6) e o UDP (protocolo 17), os pacotes são enviados com os cabeçalhos de protocolo apropriados, enquanto que outros protocolos são enviados sem nenhum dado adicional, além do cabeçalho de IP (a menos que a opção --data-length seja especificada).

Este método de descoberta de hospedeiros procura por qualquer resposta usando o mesmo protocolo como prova, ou as mensagens de inalcançável do protocolo ICMP, o que significa que o protocolo dado não é suportado pelo hospedeiro de destino. Qualquer tipo de resposta significa que o hospedeiro alvo está ativo.

3.6.6. Exame por ARP (-PR)

Um dos cenários de uso mais comuns do Nmap é no exame de uma LAN ethernet. Na maioria das LANs, especialmente aquelas que usam faixas de endereços privados garantidos pela RFC 1918, a ampla maioria dos endereços IP não é usada, em qualquer instante dado. Quando o Nmap tenta enviar um pacote de IP puro, tal como uma requisição de eco de ICMP, o sistema operacional deve determinar o endereço de hardware do destino (ARP) correspondente ao IP do alvo, de forma que ele possa endereçar o quadro de ethernet apropriadamente. Isto exige que ele emita uma série de requisições de ARP. Isto é mostrado no exemplo 3.11, onde um exame por ping é tentado num hospedeiro de ethernet local. A opção --send-ip diz ao Nmap para enviar pacotes de nível IP (ao invés de ethernet puro) muito embora ela seja uma rede local. A saída do Wireshark das três requisições e suas temporizações foram coladas na seção.

Exemplo 3.11. Exame por ping de IP cru de um alvo fora do ar

```
# nmap -n -sP --send-ip 192.168.33.37

    Starting Nmap ( http://nmap.org )
      0.000000 00:01:29:f5:27:f2 -> ff:ff:ff:ff:ff:ff ARP
      Who has 192.168.33.37?
      0.999836 00:01:29:f5:27:f2 -> ff:ff:ff:ff:ff:ff ARP
      Who has 192.168.33.37?
      1.999684 00:01:29:f5:27:f2 -> ff:ff:ff:ff:ff:ff ARP
      Who has 192.168.33.37?
Note: Host seems down. If it is really up, but blocking ping
probes, try -PN
Nmap done: 1 IP address (0 hosts up) scanned in 2.04 seconds
```

Este exemplo levou mais de dois segundos para terminar, porque o SO (Linux) enviou três requisições ARP, separadas de um segundo, antes de desistir do

Capítulo 3: Descoberta de Hospedeiros ("Exame por ping") — 101

hospedeiro. Dado que as respostas ARP normalmente ocorrem dentro de dois milissegundos, esperas de vários segundos são excessivas. A redução deste período de expiração não é prioridade para os fornecedores de SO, porque a vasta maioria dos pacotes são enviados a hospedeiros que realmente existem. O Nmap, por outro lado, deve enviar pacotes para 16 milhões de IPs, quando recebe um alvo como 10.0.0.0/8. Uma espera de dois segundos por cada um se torna um retardo imenso, muito embora muitos alvos sejam pingados em paralelo.

Há um outro problema com os exames por ping de IP cru em LANs. Quando um hospedeiro de destino é descoberto como não atento, como no exemplo anterior, o hospedeiro de origem geralmente adiciona uma entrada incompleta para aquele IP de destino em sua tabela ARP do kernel. O espaço da tabela ARP é finito e alguns sistemas operacionais reagem mal quando ela lota. Quando o Nmap é usado em modo de IP cru (--send-ip), ele às vezes tem de esperar vários minutos para que as entradas do cache de ARP expirem, antes de poder continuar com a descoberta de hospedeiros.

O exame por ARP resolve ambos os problemas colocando o Nmap no controle. O Nmap emite as requisições puras de ARP e trata os períodos de retransmissão e de expiração a seu próprio critério. O cache de ARP do sistema é ignorado. O exemplo 3.12 mostra a diferença. Este exame por ARP leva pouco mais de um décimo do tempo que seu equivalente de IP.

Exemplo 3.12. Exame por ping de ARP de um alvo fora do ar

```
# nmap -n -sP -PR --packet-trace --send-eth 192.168.33.37

Starting Nmap ( http://nmap.org )
SENT (0.0060s) ARP who-has 192.168.33.37 tell 192.168.0.100
SENT (0.1180s) ARP who-has 192.168.33.37 tell 192.168.0.100
Note: Host seems down. If it is really up, but blocking ping
probes, try -PN
Nmap done: 1 IP address (0 hosts up) scanned in 0.23 seconds
```

No exemplo 3.12, nem a opção -PR nem a --send-eth têm qualquer efeito. Isto é porque o ARP é o tipo de exame omissivo, quando da varredura de hospedeiros ethernet que o Nmap detecta estarem numa rede local. Isto inclui a ethernet tradicional com fios e as redes sem fios 802.11. Não só o exame por ARP é mais eficiente, como discutido anteriormente, como também é mais preciso. Os hospedeiros frequentemente bloqueiam os pacotes de ping baseados em IP, mas geralmente não podem bloquear requisições ou respostas de ARP e ainda se comunicarem na rede. Mesmo que diferentes tipos de ping (tais como -PE ou -PS) sejam especificados, o Nmap usa o ARP, para qualquer um dos alvos que estejam na mesma LAN. Se você não quiser absolutamente fazer um exame por ARP, especifique --send-ip, como mostrado no exemplo 3.11, "Exame por ping de IP cru de um alvo fora do ar".

Dar ao Nmap o controle para enviar quadros puros de ethernet, também permite que o Nmap controle o endereço MAC da origem. Se você tiver o único PowerBook na sala, numa conferência sobre segurança e um exame maciço por ARP for iniciado a partir de um endereço MAC registrado para o Apple, as cabeças irão se voltar na sua direção. Você pode simular seu endereço MAC com a opção --spoof-mac, como discutido na seção 10.4.8, "Simulação de endereços MAC".

3.6.7. Combinação Omissiva

Se nenhuma destas técnicas de descoberta de hospedeiros for escolhida, o Nmap usará uma omissiva, que é equivalente aos argumentos -PA -PE para o Windows ou para usuários privilegiados (root) do Unix. Leitores atentos sabem que isto significa que um pacote de TCP ACK para a port 80 e uma consulta de solicitação de eco de ICMP serão enviados a cada máquina. Uma exceção a isto é que um exame de ARP será usado para quaisquer alvos que estejam numa rede ethernet local. Para usuários não privilegiados de shell do Unix, o omissivo é equivalente a -PS (uma chamada connect de TCP para a porta 80 dos hospedeiros alvo). Para auditagem de segurança, recomendo o uso de um conjunto mais abrangente de tipos de ping, tais como aqueles discutidos na seção intitulada "Planejando as combinações ideais de provas".

Capítulo 3: Descoberta de Hospedeiros ("Exame por ping") — 103

3.7. Juntando Tudo: Estratégias de Descoberta de Hospedeiros

3.7.1. Opções Relacionadas

As seções anteriores descreveram as opções principais usadas para controlar a fase de descoberta de hospedeiros do Nmap e para personalizar as técnicas usadas. Entretanto, há muitas opções mais gerais do Nmap que são relevantes, aqui. Esta seção fornece uma breve descrição de como estes sinalizadores de opções se relacionam com o exame por ping. Veja o capítulo 15, *Guia de Referência do Nmap* para descrições completas de cada opção.

-v (o mesmo que --verbose)
> Por omissão, o Nmap normalmente só exibe os hospedeiros ativos atentos. O modo verboso faz com que o Nmap exiba hospedeiros e informações extras sobre os que estão ativos.

--source-port <num*porta*> (o mesmo que -g)
> O ajuste de uma porta de origem constante funciona para o exame por ping (TCP e UDP) tanto quanto para outras funcionalidades do Nmap. Alguns administradores inexperientes de firewall criam uma exceção às regras para manter o DNS (porta 53) ou o FTP-DATA (porta 20) funcionando. É claro que isto abre uma brecha grande o suficiente para permitir que um exame por ping, do Nmap, os atravessem. A seção 10.4.2, "Manipulação de Porta de Origem" fornece mais detalhes sobre esta técnica.

-n, -R
> A opção -n desabilita toda a resolução de DNS, enquanto a opção -R habilita consultas de DNS para todos os hospedeiros, mesmo os que estiverem fora do ar. O comportamento omissivo é limitar a resolução de DNS aos hospedeiros ativos. Estas opções são particularmente importantes para o exame por ping, porque a resolução de DNS pode afetar enormemente os tempos de exames.

--dns-servers <*servidor1*>[,<*servidor2*>[,...]] (Servidores a serem usados para consultas de DNS reverso)
> Por omissão, o Nmap tentará determinar seus servidores de DNS (para resolução de rDNS) a partir de seu arquivo resolv.conf (Unix) ou do Registro

(Win32). Opcionalmente, você poderá usar esta opção para especificar servidores alternativos. Esta opção não é respeitada se você estiver usando --system-dns ou um exame de IPv6. O uso de múltiplos servidores de DNS é frequentemente mais rápido e mais invisível do que a consulta a apenas um. O melhor desempenho é frequentemente obtido pela especificação de todos os servidores autorizadores para o espaço de IP alvo.

--data-length <comprimento>
Esta opção adiciona <comprimento> bytes aleatórios de dados a cada pacote e funciona com os tipos de exames por ping de TCP, UDP e ICMP (para usuários privilegiados que estejam examinando IPv4). Isto ajuda a tornar o exame menos evidente e mais como os pacotes gerados pelo onipresente programa de diagnósticos ping. Vários sistemas de detecção de intrusão (IDS), incluindo o Snort, têm alertas para pacotes de ping de zero bytes. Esta opção evita estes alertas. Um valor de opção de 32 torna uma requisição de eco parecer mais como se ela viesse do Windows, enquanto que 56 simula o ping omissivo do Linux.

--ttl <valor>
O ajuste do TTL de saída é suportado para usuários privilegiados que estejam fazendo exames por ping de IPv4. Isto pode ser útil como precaução de segurança para assegurar que um exame não se propague além da rede local. Ele também pode ser usado para simular um programa de ping nativo de maneira muito mais convincente. Algumas redes empresariais sofrem de laços de roteamento conhecidos, que elas não podem resolver facilmente. A redução do TTL de saída com --ttl ajuda a reduzir a carga da CPU do roteador, quando laços forem encontrados.

Opções enlatadas de temporização (-T3, -T4, -T5 etc)
Valores maiores de -T aceleram o exame por ping, exatamente como eles aceleram outras funcionalidades do Nmap. Com uma conexão moderadamente rápida e confiável entre as redes fonte e alvo (ou seja, qualquer coisa mais que um modem de acesso discado), a opção -T4 é recomendada.

--max-parallelism, --min-parallelism <valor>
Estas opções afetam quantas provas poderão ficar expostas de uma só vez. Com o tipo de ping omissivo (duas provas), o valor do paralelismo é grosso modo o número de máquinas examinadas em paralelo. A redução das técnicas de ping para uma prova por hospedeiro (p.ex.: -PE) duplicará o número de hospedeiros examinados de uma só vez, para um dado nível de paralelismo, enquanto que o aumento para quatro provas

Capítulo 3: Descoberta de Hospedeiros ("Exame por ping") — 105

por hospedeiro (p.ex.: -PE -PS22,113,50000) fará com que ele caia para a metade. A maioria dos usuários simplesmente usa as opções enlatadas de temporização, tais como -T4.

--min-rtt-timeout, --max-rtt-timeout, --initial-rtt-timeout <*tempo*>
Estas opções controlam quanto tempo o Nmap esperará por uma resposta de ping.

Opções de entrada (-iL <*nomedoarquivo*>, -iR <*número*>)
As opções de entrada de hospedeiros são suportadas como no resto do Nmap. Os usuários frequentemente combinam a opção de entrada-por-lista (-iL) com -PN para evitar o exame por ping de hospedeiros que já se sabe estarem no ar. Antes de se fazer isto numa tentativa de poupar tempo, leia a seção 3.5.3, "Desabilitar o ping (-PN)". A opção -iR seleciona hospedeiros aleatoriamente, a partir do espaço de IP alocado da Internet. Ela recebe, como argumento, o número de hospedeiros aleatórios que você deseja examinar. Use zero para um exame sem fim (até que você aborte ou mate o processo do Nmap).

Opções de saída (-oA, -oN, -oG, -oX etc)
Todas as opções de saída do Nmap (normal, "grepável" e XML) suportam o exame por ping. O <C>13,

Formatos de Saída do Nmap descreve detalhadamente como elas funcionam.

--randomize-hosts
O embaralhamento da ordem de exame dos hospedeiros, com esta opção, pode tornar o exame menos evidente, embora ele também possa tornar a saída do exame um pouco mais difícil de se seguir.

--reason
A saída normal do Nmap indica se um hospedeiro está no ar ou não, mas não descreve a quais testes o hospedeiro respondeu. Para este detalhe adicione a opção --reason. Os resultados podem ser confusos para a descoberta de hospedeiros, já que o Nmap nem sempre tenta todas as provas. Ele pára tão logo obtenha a primeira resposta. Assim, o Nmap poderá reportar uma resposta de eco de ICMP de um hospedeiro, durante a execução, mas depois, uma resposta de RST pode ser recebida primeiro, durante uma segunda execução, e levar o Nmap a reportá-la.

--packet-trace
Quando você quiser mais detalhes do que é fornecido por --reason, experimente --packet-trace. Esta opção mostra o envio e a recepção de cada

pacote pelo Nmap, incluindo detalhes tais como números de sequência, valores de TTL e sinalizadores de TCP.

-D <isca1,isca2,...>
Iscas são completamente suportadas por exames de ping privilegiados de IPv4, camuflando o atacante real.

-6
Os exames por ping baseados em connect de TCP (-PS) suportam o protocolo IPv6, incluindo o modo multiportas (como -PS22,80,113).

-S <endereço IP de origem>, -e <nome do dispositivo remetente>
Como com outras funções do Nmap, o endereço de origem e o dispositivo remetente podem ser especificados com estas opções.

Opções gerais
Por omissão, a menos que -sP ou -sL sejam especificadas, o Nmap passa para um exame mais intrusivo depois do estágio de descoberta de hospedeiros. Assim, muitas dezenas de opções gerais de exames de portas, de detecção de SO e de detecção de versão podem ser usadas. Veja o guia de referência ou os capítulos relevantes para maiores informações.

3.7.2. Escolhendo e Combinando as Opções de ping

Exames eficientes exigem mais do que o conhecimento de todas as opções descritas nesta seção e nas precedentes. Os usuários devem entender como e quando usá-las para se encaixarem na topologia da rede alvo e nos objetivos do exame.

Seleção de Portas e de Provas de TCP

As opções de ping de TCP são algumas das mais poderosas técnicas de descoberta do Nmap. Um administrador pode ser capaz de lidar com o bloqueio de pacotes de requisição de eco de ICMP sem afetar a maioria dos usuários, mas um servidor deve responder com precisão aos pacotes de SYN enviados aos serviços públicos que ele provê. Enquanto isso, os pacotes de ACK frequentemente atravessam firewalls sem estado. Eu recomendaria o uso de ambas as provas, SYN e ACK, usando listas de portas baseadas em qualquer conhecimento que você possa ter das redes alvo, bem como de portas geralmente mais populares.

Capítulo 3: Descoberta de Hospedeiros ("Exame por ping") — 107

Um rápido exame de mais de 10.000 endereços IP através da Internet mostrou que as portas na tabela 3.2 são particularmente valiosas. Dos hospedeiros com um filtro com descarte omissivo (o tipo mais difícil de se alcançar), estas são as 14 portas mais prováveis de estarem acessíveis (abertas ou fechadas).

Tabela 3.2. Portas mais valiosas para provas de TCP, em ordem descendente de acessibilidade

Número da porta / Serviço	Razão
80 / http	A prevalência de servidores Web, na Internet, leva muitos novatos a crerem que a Web é a Internet
25 / smtp	Correio é uma outra "aplicação fatal" da Internet que as companhias permitem através de seus firewalls.
22 / ssh	O SSH parece ter finalmente ultrapassado o Telnet como padrão para a administração remota por terminal.
443 / https	O SSL é uma maneira popular dos websites protegerem informações confidenciais de diretório.
21 / ftp	Este protocolo de transferência de arquivos sobrevive, embora muitos administradores de firewalls não lamentassem sua morte.
113 / auth	O serviço auth (identd) permite que servidores (normalmente correio ou IRC) solicitem o nome de usuário de clientes conectados a eles. Os administradores frequentemente deixam esta porta sem filtragem para evitar longos tempos de expiração que podem ocorrer quando regras de firewall impedem os servidores de se conectarem de volta à porta 113. O uso desta porta para exame por ping poderá, às vezes, levar a falsos-positivos, já que alguns administradores ficaram conhecidos por configurarem seus firewalls para forjar pacotes de RST em resposta a consultas de auth a qualquer IP em suas redes, mesmo não existindo nenhuma máquina naquele IP. Os administradores fazem isto para evitar expirações de tempo de servidores, ao mesmo tempo que ainda impedem que as portas sejam acessadas.
23 / telnet	Muitos dispositivos ainda oferecem esta interface administrativa, embora ela seja um pesadelo de segurança.

Número da porta / Serviço	Razão
53 / domain	Servidores de nomes de domínio estão extremamente disseminados.
554 / rtsp	O Real Time Stream Control Protocol (protocolo de controle de fluxo de tempo real) é usado por servidores de meios, incluindo o QuickTime e o RealServer.
3389 / ms-term-server	Os Terminal Services da Microsoft permitem aos usuários (e, às vezes, aos hackers) acessarem aplicações e dados num computador remoto.
1723 / pptp	O Point-to-Point Tunneling Protocol (protocolo de tunelamento ponto-a-ponto) é frequentemente usado para implementar soluções de VPN no Microsoft Windows.
389 / ldap	O Lightweight Directory Access Protocol (protocolo leve de acesso a diretório) é frequentemente usado para armazenar diretórios de contatos etc.
636 / ldapssl	O **LDAP** sobre **SSL** é popular para o acesso a informações confidenciais.
256 / FW1-securemote	Os dispositivos Checkpoint Firewall-1 frequentemente têm esta porta de administração aberta.

Além das portas populares, tais como as mostradas na lista anterior, a escolha de pelo menos uma porta de numeração elevada é recomendada. Muitos firewalls mal configurados só têm a negação omissiva para as portas privilegiadas, o que significa as que estão abaixo de 1024. Eu normalmente escolho uma porta de numeração muitíssimo elevada, tal como 40.000 ou 100.042, para capturar máquinas por trás deste tipo de firewall.

Ao escolher as portas a serem provadas, lembre-se de enfatizar a diversidade de plataformas. Se você estiver limitando seu exame por ping a duas portas, HTTP (80) e SSH (22) serão provavelmente melhores do que HTTP (80) e HTTPS (443), porque as duas últimas estão relacionadas a serviços web, e muitas máquinas que têm HTTPS frequentemente terão HTTP disponível, de qualquer forma. Encontrar duas portas acessíveis, na mesma máquina, não é melhor, para fins de exame por ping, do que encontrar uma só. O objetivo é escolher portas de forma que um conjunto amplo de hospedeiros corresponda a pelo menos uma delas.

Note que a tabela de portas valiosas não inclui muitas portas voltadas para o cliente, tais como a onipresente porta 135 do SMB do Windows. A razão primária é que esta tabela só procurou por hospedeiros por trás de firewalls de negação omissiva, em que a vasta maioria de portas está filtrada. Nessas situações, as portas do Windows, como 135-139 e 445 estão normalmente bloqueadas. Quando estas máquinas não estão por trás de um firewall, as portas abertas são sem importância para o exame por ping, porque os milhares de portas fechadas funcionarão igualmente bem.

Seleção de Portas de UDP

Na seleção de portas de UDP, lembre-se de que uma porta aberta é improvável de responder às provas. Portas não filtradas são desejáveis. Para evitar as portas abertas, você poderá considerar a exclusão de serviços comuns de UDP, como o DNS (porta 53) e o SNMP (161). Por outro lado, regras de firewall são frequentemente tão amplas que estas provas (particularmente na porta 53) podem passar e atingir uma porta fechada. Assim, eu recomendaria a escolha de pelo menos a porta 53 e uma porta de numeração elevada arbitrariamente selecionada, tal como 37.452.

Seleção de Provas de ICMP

Para o ICMP, o ping padrão (requisição de eco) normalmente vale a pena ser tentado. Muitos administradores permitem isto especificamente, porque ele é útil para depuração ou porque a RFC 1122 o exige. Eu usaria, também, pelo menos uma das requisições de máscara de endereço ou de horário. Estas são valiosas para redes em que os administradores intencionalmente bloqueiam os pacotes de requisição de eco, mas se esquecem de outras consultas ICMP.

Planejando as Combinações Ideais de Provas

A forma como todos estes tipos de ping serão combinados numa estratégia de exame por ping dependerá das características da rede alvo e dos objetivos do exame. Para redes internas, o tipo omissivo de ping normalmente funciona bem. O omissivo também vai bem para a maioria dos exames casuais, onde a perda de um hospedeiro ocasional não é grande coisa. A adição de outras provas poderá ajudar a capturar aquelas ocasionais máquinas invisíveis, ao custo de fazer com que o exame por ping demore um pouco mais. O tempo gasto é grosseiramente proporcional ao número de provas enviadas a cada máquina. Para exames de segurança de redes alvo pela Internet, a adição de outras provas é normalmente aconselhável. Experimente incluir um conjunto diverso das técnicas discutidas anteriormente. Eis aqui um conjunto de opções de ping que devem capturar a grande maioria de hospedeiros:-PE -PA -PS21,22,23,25,80,113,31339 -PA80,113,443,10042. A adição de --source-port 53 poderá valer a pena, também. Quão melhores serão os resultados e quão mais demorados eles serão? Isto dependerá da rede alvo, é claro, mas a opção de seleção aleatória de alvo (-iR), do Nmap, facilita a realização de um teste rápido. O exemplo 3.13 mostra o Nmap gerando 50.000 endereços IP aleatórios e, depois, realizando um exame omissivo de ping. Você deve estar lembrado de que o omissivo é um pacote de TCP ACK para a porta 80, e um pacote de requisição de eco de ICMP.

Exemplo 3.13. Gerando 50.000 endereços IP e, depois, examinando-os por ping com as opções omissivas

```
# nmap -n -sL -iR 50000 -oN - | grep "not scanned" | awk
'{print $2}' \
    | sort -n > 50K_IPs
# head -5 50K_IPs
3.100.147.9
3.100.148.119
3.10.160.33
3.10.201.11
3.101.154.139
# nmap -sP -T4 -iL 50K_IPs
# nmap -sP -T4 -iL 50K_IPs -S -oA 50KHosts_DefaultPing
Starting Nmap ( http://nmap.org )
Host dialup-4.177.9.75.SanDiego1.Level3.net (4.177.9.75)
appears to be up.
Host dialup-4.181.100.97.SanJose1.Level3.net (4.181.100.97)
appears to be up.
Host firewall2.baymountain.com (8.7.97.2) appears to be up.
[milhares de linhas excluídas]
Host 222.91.121.22 appears to be up.
Nmap done: 50000 IP addresses (3348 hosts up) scanned in
1598.07 seconds
```

O exame dos 50.000 endereços levou pouco menos de 27 minutos e 3.348 hospedeiros foram detectados. A maioria dos nomes de DNS já estavam em cache, devido a uma oportuna execução anterior, embora ainda fosse provavelmente mais rápido ter a resolução de DNS desabilitada com -n. Para determinar os efeitos do uso de uma faixa mais ampla de técnicas de ping, os mesmos 50 mil hospedeiros foram reexaminados com 13 provas por porta, em vez do número omissivo de duas provas. Como mostrado no exemplo 3.14, o Nmap foi capaz de detectar 1.125 hospedeiros (34%) a mais. Ele levou cerca de 71 minutos, o que é mais de 2,5 vezes mais demorado. Dados todos os novos hospedeiros detectados, este tempo extra foi bem gasto. Note que nem todos os novos hospedeiros serão legítimos. O aumento do número de provas de ping aumentará as chances de o Nmap atingir artefatos de rede que façam um hospedeiro inexistente parecer estar ativo. Firewalls que retornem um RST para pacotes de SYN ou de ACK para a porta 113 são um exemplo disto.

Exemplo 3.14. Repetindo os exames por ping com provas extras

```
# nmap -sP -PE -PP -PS21,22,23,25,80,113,31339
-PA80,113,443,10042 \
    -T4 --source-port 53 -iL 50K_IPs -oA 50KHosts_
ExtendedPing
Starting Nmap ( http://nmap.org )
Host sim7124.agni.lindenlab.com (8.10.144.126) appears to be
up.
Host firewall2.baymountain.com (8.7.97.2) appears to be up.
Host 12.1.6.201 appears to be up.
Host psor.inshealth.com (12.130.143.43) appears to be up.
[thousands of hosts cut]
Host ZM088019.ppp.dion.ne.jp (222.8.88.19) appears to be up.
Host 222.92.136.102 appears to be up.
Nmap done: 50000 IP addresses (4473 hosts up) scanned in
4259.28 seconds
```

Quando realizando auditagens de segurança para clientes, eu normalmente começo as análises de TCP com um exame de portas nas 1000 portas mais comuns (as omissivas) com opções abrangentes de exame por ping, como aquelas mostradas no exemplo 3.14, "Repetindo o exame por ping com provas extras". Um tal exame não demora particularmente muito, permitindo-me começar rapidamente a trabalhar. Eu também lanço exames -PN (ping desabilitado) em todas as 65K portas TCP em segundo plano, enquanto trabalho. Quando eles terminam, o que pode acontecer dias mais tarde, eu os comparo ao meu rápido exame inicial e investigo quaisquer novas portas ou máquinas encontradas.

3.8. Algoritmos de Código de Descoberta de Hospedeiros

Um dos maiores benefícios dos softwares de código aberto, como o Nmap, é que usuários curiosos são sempre capazes de estudar o código fonte quando querem respostas sobre sua operação. A função de exame de ping de mais alto nível é nexthost (em targets.cc), que chama massping para inicializar uma lista de alvos. Massping, por sua vez, passa a lista para ultra_scan (em scan_engine.cc). Ultra_scan é a função de uso geral do Nmap e faz todo o trabalho duro de enviar, receber e interpretar os pacotes. Para saber mais sobre a ultra_scan, veja a seção 5.13, "Código e Algoritmos de Exames".

Embora a análise do código fonte seja a única maneira de se captar realmente a ideia completa da operação do Nmap, em todos os seus detalhes triviais, ela nem sempre é a abordagem mais fácil para se entender o Nmap. Em muitos casos, a maneira mais eficaz de explorar o comportamento do Nmap, dado um conjunto de opções de linha de comando, é adicionar a opção --packet-trace, que exibe todos os pacotes enviados e recebidos por ele.

Como o código fonte e a opção --packet-trace são excelentes recursos para o aprendizado dos detalhes específicos da operação do Nmap, só discutirei como a descoberta de hospedeiros funciona num nível alto, aqui. Quando o Nmap é executado, podem ser passadas a ele redes contendo centenas de milhares ou mesmo milhões de hospedeiros. Assim, o Nmap as divide em blocos que sejam pequenos o suficiente para serem tratados de uma vez (de dúzias até alguns milhares de hospedeiros). ultra_scan, então, se esforça em seguir pelo bloco, enviando pacotes tão rápido quanto seus controles de congestão permitirem. Em vez de enviar todas as provas solicitadas pelo usuário para cada hospedeiro de uma só vez, o Nmap envia a primeira prova a todos os alvos, depois a segunda prova e assim por diante. Quando uma resposta conclusiva a uma prova for recebida, aquele hospedeiro será marcado como no ar ou fora do ar, conforme apropriado, e nenhuma prova a mais será enviada a ele. Um hospedeiro alvo que falhe em responder a quaisquer provas, mesmo depois de retransmissões, será marcado como fora do ar. O Nmap esperará até que cada hospedeiro tenha recebido uma resposta conclusiva ou tenha expirado o tempo de espera. Eventualmente, o Nmap esgota os novos hospedeiros no bloco e o número de provas restantes se aproxima de zero, à medida que as retransmissões são completadas. O subsistema de exame por ping retorna os resultados de forma que o Nmap possa começar o exame de portas ou qualquer outra prova solicitada das máquinas alvo. Quando o Nmap terminar completamente um bloco de hospedeiros, ele exibirá os resultados e passará o bloco seguinte para o examinador por ping.

Múltiplos hospedeiros, normalmente com múltiplas provas por hospedeiro, são tratados em paralelo. O número de provas restantes e os períodos de expiração são modificados com base na latência e confiabilidade da rede. Os algoritmos de desempenho de ultra_scan serão descritos em mais detalhes na seção 5.13, "Código e Algoritmos de Exames".

CAPÍTULO 4:

VISÃO GERAL DO EXAME DE PORTAS

4.1. Introdução ao Exame de Portas

Embora o Nmap tenha crescido em funcionalidade, ao longo dos anos, ele começou como um eficiente scanner de portas, e isto permanece como sua função central. O simples comando **nmap <alvo>** examinará as 1.000 portas TCP mais comumente usadas, no hospedeiro *<alvo>*, classificando cada porta no estado open (aberta), closed (fechada), filtered (filtrada), unfiltered (não filtrada), open|filtered (aberta ou filtrada) ou closed|filtered (fechada ou filtrada).

4.1.1. O que, Exatamente, é uma Porta?

Portas são, simplesmente, uma abstração de software, usada para distinguir entre canais de comunicação. Similares à forma com que os endereços IP são usados para identificar máquinas nas redes, as portas identificam aplicações específicas em us numa única máquina. Por exemplo, seu navegador web, por omissão, se conectará à porta TCP 80 de máquinas em URLs HTTP. Se você, em vez disso, especificar o protocolo seguro HTTPS, o navegador tentará a porta 443, por omissão.

O Nmap trabalha com dois protocolos que usam portas: TCP e UDP. Uma conexão para cada protocolo é identificada unicamente por quatro elementos: os endereços IP de origem e destino e as portas de origem e destino correspondentes. Todos estes elementos são simplesmente números postos nos cabeçalhos de cada pacote enviado entre os hospedeiros. O protocolo é um campo de oito bits, que especifica que tipo de pacote está contido na seção dos dados de IP (carga). Por exemplo, o TCP é o protocolo número seis e o UDP é o 17. Os endereços de IPv4 têm um comprimento de 32 bits, enquanto que as portas têm 16 bits. Os endereços de IPv6 têm 128 bits de comprimento. Mais detalhes sobre a disposição de cabeçalhos de IP, TCP e UDP podem ser encontrados na seção 7, "Referência de TCP/IP".

Como a maioria dos serviços populares está registrada num número de porta bem conhecido, alguém pode, frequentemente, adivinhar quais serviços as portas abertas representam. O Nmap inclui um arquivo nmap-services, que contém os serviços bem conhecidos para portas e números de protocolo registrados, bem como portas comuns de backdoors de cavalos de Troia e outras aplicações que não se preocupam em se registrar com a Autoridade de Números Atribuídos (IANA, na sigla em inglês). O Nmap exibe o nome deste serviço para referência, juntamente com o número da porta.

Como o campo do número da porta tem 16 bits, os valores podem alcançar 65.535. O menor valor possível, zero, é inválido. A API de soquetes Berkeley, que define como os programas são normalmente escritos para comunicações em rede, não permite que a porta zero seja usada como tal. Ela interpreta uma solicitação da porta zero como um curinga, significando que o programador não se importa com qual porta seja usada. O sistema, então, escolhe um número de porta disponível. Por exemplo, os programadores raramente se preocupam com qual número de porta de origem é usado numa conexão de saída. Assim, eles a ajustam para zero e deixam que o sistema operacional escolha uma.

Embora a porta zero seja inválida, nada impede que alguém a especifique no campo do cabeçalho. Alguns backdoors de cavalos de Troia maliciosos escutam na porta zero de sistemas comprometidos, como uma maneira invisível de oferecerem acesso ilegítimo sem aparecerem na maioria dos exames de portas. Para combater isto, o Nmap permite o exame da porta zero, quando ela é explicitamente especificada (p.ex.: -p0-65535).

A primeira classe de portas válidas, os números de um a 1.023, é conhecida como de portas reservadas. O sistema Unix (diferentemente do Windows) exige que as aplicações tenham privilégios especiais (root) para poderem se ligar a estas portas e atender nelas. A ideia é permitir que usuários remotos confiem que elas estão conectadas a serviços válidos, iniciados por um administrador, e não por algum usuário experto sem privilégios. Se a porta registrada para SSH fosse a 2.222, em vez da 22, um usuário malicioso poderia iniciar um serviço SSH anômalo, naquela porta, coletando senhas de qualquer um que se conectasse. Como a maioria das aplicações servidoras comuns atendem em portas reservadas, estas são frequentemente as mais prolíficas para se examinar.

A faixa de portas efêmeras é uma outra classe de portas. Este grupo de portas é disponibilizado pelo sistema para alocação conforme necessário. Quando uma aplicação especifica a porta zero (significando "qualquer porta"), o sistema escolhe uma porta desta faixa. A faixa varia com o sistema operacional e, normalmente, é configurável. Ela deve conter, pelo menos, duas mil portas para evitar o esgotamento, quando muitas conexões simultâneas estiverem abertas. O exame de conexão do Nmap pode usar centenas por vez, à medida que ele examina cada porta especificada em cada máquina alvo. No Linux, você pode visualizar ou definir a faixa, usando o arquivo /proc/sys/net/ipv4/ip_local_port_range. O exemplo 4.1 mostra que em meu sistema Linux, a faixa é de 32.768 a 61.000. Uma faixa tão grande deverá ser suficiente em quase todos os casos, mas eu a expando só para demonstrar como fazê-lo.

Exemplo 4.1. Visualizando e aumentando a faixa de portas efêmeras no Linux

```
felix/#   cat /proc/sys/net/ipv4/ip_local_port_range
32768     61000
felix/#   echo "10000 65000" > /proc/sys/net/ipv4/ip_local_
port_range
felix/#   cat /proc/sys/net/ipv4/ip_local_port_range
10000     65000
felix/#
```

As portas do SunRPC são frequentemente encontradas na faixa efêmera. Outras aplicações abrem portas efêmeras temporariamente, para uma transferência de arquivos ou outro evento. Clientes de FTP frequentemente o fazem quando solicitando uma transferência de modo ativo. Alguns clientes de P2P e de mensagens instantâneas também o fazem.

A IANA tem seu próprio esquema de classificação de portas, que difere ligeiramente do que é usado neste livro. Sua lista autorizadora de portas em *http://www. iana.org/assignments/port-numbers* divide o espaço nas três classes seguintes:

portas bem conhecidas
> Estas são portas reservadas (dentro da faixa de 1 a 1.023, como discutido anteriormente) que foram registradas na IANA para um determinado serviço. Exemplos familiares são as portas 22, 25 e 80 para os serviços SSH, SMTP e HTTP, respectivamente.

portas registradas
> Estas portas caem na faixa de 1.024 a 49.151 e foram registradas na IANA da mesma forma que as portas bem conhecidas. A maioria delas não é tão comumente usada quanto as portas bem conhecidas. A diferença chave é que usuários não privilegiados podem se ligar a estas portas e, assim, rodar os serviços em suas portas registradas. Os usuários não podem fazer isto, na maioria das plataformas, com as portas bem conhecidas, já que elas se encontram na faixa de portas reservadas.

portas dinâmicas e/ou privadas
> A IANA reserva os números de portas de 49.152 a 65.535 para usos dinâmicos, tais como os discutidos na seção das portas efêmeras. Serviços proprietários que só são usados dentro de uma companhia podem, também, usar estas portas.

Quando este livro menciona portas registradas ou bem conhecidas, sem qualquer referência à IANA, isto geralmente significa portas registradas no Nmap, no arquivo nmap-services, a despeito de caírem na faixa de portas reservadas.

O arquivo de registro de portas do Nmap (nmap-services) contém dados empíricos sobre o quão frequentemente cada porta TCP ou UDP é encontrada como aberta. Por omissão, o Nmap examina as 1.000 portas mais populares de cada protocolo que ele é solicitado a examinar. Há muitas opções para especificação de um conjunto alternativo de portas (por frequência ou pela sua listagem explícita), como descrito na seção 4.3.2, "Selecionando portas para exame".

4.1.2. Quais são as Portas mais Populares?

Eu gastei o verão de 2008 examinando dezenas de milhões de hospedeiros na Internet e coletando dados de empresas para determinar quão frequentemente cada número de porta era encontrado aberto. É importante estar familiarizado com as portas de serviços mais comuns, e também interessante ver quais compuseram a lista. As duas listas seguintes fornecem as principais portas TCP e

Capítulo 4: Visão Geral do Exame de Portas — 119

UDP, como determinado pelos nossos dados empíricos de exame. O serviço listado é aquele encontrado em nosso arquivo nmap-services. Tentamos listar o serviço mais comum para cada porta, lá, embora é claro, seja possível que uma porta seja usada para diferentes coisas.

As 20 Principais Portas TCP (mais comumente abertas)

1. Porta 80 (HTTP) - Se você nem sequer conhece este serviço, você está lendo o livro errado. Esta porta é responsável por mais de 14% das portas que descobrimos.

2. Porta 23 (Telnet) - O Telnet sobrevive (particularmente como porta de administração em dispositivos como roteadores e switches inteligentes), muito embora seja inseguro (não encriptado).

3. Porta 443 (HTTPS) - Os servidores web encriptados por SSL usam esta porta por omissão.

4. Porta 21 (FTP) - O FTP, como o Telnet, é um outro protocolo inseguro, que deveria morrer. Mesmo com o FTP anônimo (evitando a preocupação com o furto de autenticação), os dados transferidos ainda estão sujeitos a manipulação.

5. Porta 22 (SSH) - O Shell Seguro, uma substituição encriptada para o Telnet (e em alguns casos, para o FTP).

6. Porta 25 (SMTP) - O Standard Mail Transfer Protocol (Protocolo Padrão de Transferência de Correio - também inseguro).

7. Porta 3389 (ms-term-server) - Porta de administração de Serviços de Terminal da Microsoft.

8. Porta 110 (POP3) - Post Office Protocol (Protocolo de Correio) versão 3 para recebimento de e-mail (inseguro).

9. Porta 445 (Microsoft-DS) - Para comunicação SMB sobre IP com serviços do MS Windows (tais como o compartilhamento de arquivos/impressoras).

10. Porta 139 (NetBIOS-SSN) - NetBIOS Session Service para comunicação com serviços do MS Windows (tais como o compartilhamento de arquivos/impressoras). Esta é suportado em máquinas Windows há mais tempo que a 445.

11. Porta 143 (IMAP) - Internet Message Access Protocol (Protocolo de Acesso a Mensagens de Internet) versão 2. Um protocolo inseguro de recebimento de e-mail.

12. Porta 53 (Domain) - Domain Name System (DNS - Sistema de Nomes de Domínio), um sistema inseguro para conversão entre nomes de hospedeiros/domínios e endereços IP.

13. Porta 135 (MSRPC) - Uma outra porta comum para serviços do MS Windows.

14. Porta 3306 (MySQL) - Para comunicação com bases de dados do MySQL.

15. Porta 8080 (HTTP-Proxy) - Comumente usada para representantes de HTTP ou como porta alternativa para servidores web normais (p.ex.: quando um outro servidor já está atendendo na porta 80), ou quando executado por usuários não privilegiados do Unix que só podem se ligar a portas altas).

16. Porta 1723 (PPTP) - Protocolo de tunelamento ponto-a-ponto (um método de implementação de VPNs que é frequentemente exigido para conexões de banda larga a provedores de acesso).

17. Porta 111 (RPCBind) - Mapeia número do programa SunRPC para seus números de portas TCP ou UDP atuais.

18. Porta 995 (POP3S) - POP3 com SSL adicionado para segurança.

19. Porta 993 (IMAPS) - IMAPv2 com SSL adicionada para segurança.

20. Porta 5900 (VNC) - Um sistema de compartilhamento de área de trabalho gráfica (inseguro).

As 20 Principais Portas UDP (mais comumente abertas)

1. Porta 631 (IPP) - Internet Printing Protocol (Protocolo de Impressão pela Internet).

2. Porta 161 (SNMP) - Simple Network Management Protocol (Protocolo Simples de Gerenciamento de Redes).

3. Porta 137 (NETBIOS-NS) - Uma das muitas portas UDP para serviços do Windows, tais como compartilhamento de arquivos e impressoras.

Capítulo 4: Visão Geral do Exame de Portas — 121

4. Porta 123 (NTP) - Network Time Protocol (Protocolo de Horário de Rede).

5. Porta 138 (NETBIOS-DGM) - Um outro serviço do Windows.

6. Porta 1434 (MS-SQL-DS) - Microsoft SQL Server.

7. Porta 445 (Microsoft-DS) - Uma outra porta de serviços do Windows.

8. Porta 135 (MSRPC) - Mais uma outra porta de serviços do Windows.

9. Porta 67 (DHCPS) - Dynamic Host Configuration Protocol Server (Servidor de Protocolo de Configuração Dinâmica de Hospedeiros - fornece endereços IP a clientes, quando eles se conectam à rede).

10. Porta 53 (Domain) - O servidor do Domain Name System (DNS - Sistema de Nomes de Domínios).

11. Porta 139 (NETBIOS-SSN) - Mais uma porta de serviços do Windows.

12. Porta 500 (ISAKMP) - O Internet Security Association and Key Management Protocol (Protocolo da Associação de Segurança da Internet e de Gerenciamento de Chaves) é usado para configurar VPNs de IPsec.

13. Porta 68 (DHCPC) - A porta do cliente de DHCP.

14. Porta 520 (Route) - Routing Information Protocol (RIP, o Protocolo de Informações de Roteamento).

15. Porta 1900 (UPNP) - Microsoft Simple Service Discovery Protocol, que habilita a descoberta de dispositivos universais plug-and-play.

16. Porta 4500 (nat-t-ike) - Para negociação de passagem de Tradução de Endereço de Rede, durante a inicialização de conexões IPsec (durante a Troca de Chaves de Internet).

17. Porta 514 (Syslog) - O servidor padrão de registros do UNIX.

18. Porta 49152 (Varia) - A primeira das portas privadas/dinâmicas especificadas pela IANA. Nenhuma porta oficial pode ser registrada desta até o final da faixa de portas (65535). Alguns sistemas usam esta faixa para suas portas efêmeras, então serviços que se ligam a uma porta sem solicitarem um número específico, frequentemente são alocados na 49152, se forem o primeiro programa a fazê-lo.

19. Porta 162 (SNMPTrap) - Porta-armadilha do Simple Network Management Protocol (um agente SNMP normalmente usa a 161, enquanto um gerenciador SNMP normalmente usa a 162).

20. Porta 69 (TFTP) - Trivial File Transfer Protocol (Protocolo de Transferência Trivial de Arquivos).

4.1.3. O que É o Exame de Portas?

O exame de portas é o ato de testar remotamente numerosas portas para determinação do estado em que elas se encontram. O estado mais interessante é, normalmente open, significando que uma aplicação está atendendo e aceitando conexões na porta. Muitas técnicas estão disponíveis para a condução de um tal exame. O capítulo 5, *Técnicas e Algoritmos de Exames de Portas* explica as circunstâncias sob as quais cada um é mais apropriado. Enquanto muitos scanners de portas tradicionalmente classificam todas as portas nos estados aberto ou fechado, o Nmap é muito mais criterioso. Ele divide as portas em seis estados. Estes estados não são propriedades intrínsecas da porta em si, mas descrevem como o Nmap as vê. Por exemplo, um exame do Nmap a partir da mesma rede que o alvo mostra a porta 135/tcp como aberta, enquanto um exame ao mesmo tempo, com as mesmas opções, através da Internet poderá mostrar aquela porta como filtrada.

Os Seis Estados de Portas Reconhecidos pelo Nmap

open (aberta)

Uma aplicação está ativamente aceitando conexões TCP ou pacotes UDP nesta porta. Encontrar estas é o objetivo primário do exame de portas. Pessoas com a segurança em mente sabem que cada porta aberta é uma avenida para ataques. Atacantes e testadores de penetração quererão explorar as portas abertas, enquanto que administradores tentarão fechá-las ou protegê-las com firewalls, sem bloquear usuários legítimos. Portas abertas são também interessantes para exames não relacionados a segurança, porque eles mostram os serviços disponíveis para uso na rede. Antes de você ficar muito excitado com uma porta aberta, note que é possível que a aplicação esteja protegida por um empacotador de TCP (tcpd) ou que a própria aplicação esteja configurada para só servir a endereços IP de clientes aprovados. Tais casos ainda deixam mais espaço para ataques que uma porta fechada.

closed (fechada)
: Uma porta fechada é acessível (ela recebe e responde aos pacotes de provas do Nmap), mas não há aplicações atendendo nela. Elas podem ser úteis para mostrar que um hospedeiro está no ar e usando um endereço IP (descoberta de hospedeiros ou exame por ping), e como parte da detecção de SO. Como portas fechadas são alcançáveis, elas podem valer um exame posterior, no caso de alguma ser aberta. Os administradores poderão querer considerar o bloqueio de tais portas com um firewall, de forma que elas apareçam no estado filtrado, discutido em seguida.

filtered (filtrada)
: O Nmap não pode determinar se a porta está aberta, porque a filtragem de pacotes impede que suas provas alcancem a porta. A filtragem pode ser a partir de um dispositivo firewall dedicado, de regras de um roteador, ou software de firewall baseados em hospedeiros. Estas portas frustram os atacantes porque elas fornecem o mínimo de informação. Às vezes elas respondem com mensagens de erro de ICMP como a tipo 3, código 13 (destino inalcançável: comunicação administrativamente proibida), mas filtros que simplesmente descartam as provas sem responderem são muito mais comuns. Isto força o Nmap a repetir a tentativa várias vezes, para o caso de a prova ter sido descartada devido a congestão de tráfego, em vez de filtragem. Este tipo de filtragem desacelera os exames dramaticamente.

unfiltered (não filtrada)
: O estado não filtrado significa que uma porta está acessível, mas o Nmap não foi capaz de determinar se ela está aberta ou fechada. Somente o exame por ACK, que é usado para mapear conjuntos de regras de firewall, classifica portas neste estado. O exame de portas não filtradas com outros tipos de exames, como o exame por janela (window), o exame por SYN, ou o exame por FIN, podem ajudar a definir se a porta está aberta.

open|filtered (aberta ou filtrada)
: O Nmap põe as portas neste estado quando ele é incapaz de determinar se uma porta está aberta ou filtrada. Isto ocorre com os tipos de exames em que as portas abertas não dão nenhuma resposta. A ausência de resposta poderia significar, também, que um filtro de pacotes descartou a prova, ou qualquer resposta que ela induziu. Assim, o Nmap não sabe com certeza se a porta está aberta ou sendo filtrada. Os exames de UDP, de protocolos IP, por FIN, nulo e de Natal classificam as portas desta forma.

closed|filtered (fechada ou filtrada)
: Este estado é usado quando o Nmap é incapaz de determinar se uma porta está fechada ou filtrada. Ele só é usado para o exame ocioso de ID de IP, discutido na seção 5.10, "Exame ocioso de TCP (-sI)".

Embora o Nmap tente produzir resultados precisos, tenha em mente que toda a sua intuição é baseada nos pacotes retornados pelas máquinas alvo (ou pelos firewalls na frente delas). Tais hospedeiros podem não ser confiáveis e enviar respostas com o intento de confundir ou desorientar o Nmap. Muito mais comuns são os hospedeiros que não seguem a RFC, não respondendo como deveriam às provas do Nmap. Os exames por FIN, nulo e de Natal são particularmente suscetíveis a este problema. Tais questões são específicas de certos tipos de exames e, assim, são discutidos nas seções relevantes do capítulo 5, *Técnicas e Algoritmos de Exames de Portas*.

4.1.4. Por que Examinar Portas?

O exame de portas não é só realizado por diversão e prazer. Há numerosos benefícios práticos para o exame regular de suas redes. O mais evidente destes é a segurança. Um dos princípios centrais de segurança de redes é que a redução do número e da complexidade dos serviços oferecidos reduzirá a oportunidade dos atacantes irromperem. A maioria dos comprometimentos de redes remotas vem da exploração de uma aplicação servidora atendendo numa porta TCP ou UDP. Em muitos casos, a aplicação explorada nem é usada pela organização alvejada, mas foi habilitada por omissão, quando a máquina foi configurada. Tivesse aquele serviço sido desabilitado, ou protegido por um firewall, o ataque teria sido evitado. Entendendo que toda porta aberta é uma oportunidade de comprometimento, os atacantes examinam os alvos regularmente, fazendo um inventário de todas as portas abertas. Eles comparam esta lista de serviços em atenção com suas listas de explorações favoritas de softwares vulneráveis. Basta uma correspondência para comprometer uma máquina, criando uma base de apoio que será usada frequentemente para infestar toda a rede. Atacantes menos discriminadores com relação a quem alvejam, frequentemente examinarão apenas a porta omissiva de uma aplicação explorável. Isto é muito mais rápido do que examinar cada porta, embora o serviço venha a ser perdido quando estiver rodando numa porta que não a omissiva. Tais atacantes são frequentemente vistos como "script kiddies", porque frequentemente sabem pouco mais sobre segurança do que como rodar um script de exploração escrito por alguém mais experimentado. Em muitas organizações, tais atacantes provavelmente encontrarão hospedeiros vulneráveis. Eles podem ser muito incômodos, embora seu grande número e esforço insistente contra máquinas acessíveis pela Internet frequentemente levem as pessoas a emendarem rapidamente os sistemas. Isto reduz a probabilidade de ataques mais sérios e direcionados terem sucesso.

Uma importante defesa contra estes crackers é os administradores de sistemas examinarem suas próprias redes regularmente, com ferramentas como o Nmap. Pegue a lista das portas abertas e desative quaisquer serviços que não sejam usados. Assegure-se de que aqueles que devam permanecer disponíveis estejam completamente emendados e que você faça parte da lista de notificação de segurança do fornecedor. Regras de firewall deverão ser adicionadas onde possível, limitando o acesso a apenas usuários legítimos. Instruções sobre fortalecimento estão disponíveis na Web para a maioria das aplicações populares, reduzindo ainda mais as oportunidades dos crackers. O Nmap não pode fazer a maior parte disto por você, mas ele cria a lista dos serviços disponíveis com que se começar. Alguns administradores tentam usar o **netstat**, mas ele não se adequa bem. Ele precisa de acesso a cada máquina e algumas máquinas móveis são fáceis de serem ignoradas. E mais: você não pode rodar o **netstat** em seu ponto de acesso sem fios médio, telefonia VoIP ou impressora. Além disso, há sempre o risco de uma máquina comprometida ter um netstat cavalo de Troia, que fornecerá informações falsas. A maioria dos rootkits modernos, instalados pelos atacantes, inclui esta funcionalidade. Confiar unicamente no Nmap também é um erro. Uma combinação de plano, configuração e auditagem cuidadosos, com um exame regular é bem aconselhável.

Embora a segurança seja a razão mais comum para o exame de portas, os administradores frequentemente percebem que ele convém a outros propósitos, também. A criação de um inventário de máquinas e dos serviços que elas oferecem pode ser útil para acompanhamento de bens, planejamento da rede, verificação de conformidade com políticas, rastreamento de licenças de software, testes de disponibilidade, depuração da rede e outras coisas mais.

4.2. Um Rápido Tutorial de Exame de Portas

Um dos meus objetivos no desenvolvimento do Nmap é manter simples o uso mais comum, ao mesmo tempo em que mantenho a flexibilidade para exames personalizados e avançados. Isto é conseguido com a interface da linha de comando, oferecendo dezenas de opções, mas escolhendo as omissivas certas, quando elas não são especificadas. Um novato pode começar com um comando tão simples quanto **nmap <alvo>**. Enquanto isso, usuários avançados às vezes especificam tantas opções que as linhas de seus terminais dão a volta.

Um balanço similar deve ser conseguido na saída do comando. Os resultados mais importantes devem se destacar para o usuário ocasional que nem mesmo leu a página manual. Além disso, a saída deve ser abrangente e concisa o suficiente para atender aos testadores de penetração profissionais que rodem o Nmap contra milhares de máquinas, diariamente. Os usuários espertos o bastante para lerem este livro ou o código fonte do Nmap se beneficiarão do maior controle do scanner e da intuição do que a saída do Nmap realmente significa.

Este tutorial demonstra alguns cenários comuns de exame de portas com o Nmap e explica a saída. Em vez de tentar ser abrangente, o objetivo é simplesmente familiarizar os novos usuários suficientemente bem para entenderem o resto deste capítulo.

O comando mais simples do Nmap é apenas **nmap**, por si mesmo. Isto exibe um resumo de opções comuns e da sintaxe do Nmap. Um comando mais interessante é **nmap <alvo>**, que faz o seguinte:

1. Converte *<alvo>* de um nome de hospedeiro em um endereço IPv4 usando o DNS. Se um endereço IP for especificado, em vez de um nome de hospedeiro, esta busca será omitida.

2. Pinga o hospedeiro, por omissão com um pacote de requisição de eco de ICMP e um pacote de TCP ACK para a porta 80, para determinar se

Capítulo 4: Visão Geral do Exame de Portas — 127

ele está no ar. Se não, o Nmap relata este fato e sai. Eu poderia ter especificado -PN para omitir este teste. Veja o capítulo 3, *Descoberta de hospedeiros (exame por ping)*.

3. Converte o endereço IP alvo de volta ao nome, usando uma consulta de DNS reverso. Por causa da forma como o DNS funciona, o nome reverso poderá não ser o mesmo que o <alvo> especificado na linha de comando. Esta consulta pode ser omitida com a opção -n para melhorar a velocidade e a invisibilidade.

4. Lança um exame de portas TCP nas 1.000 portas mais populares listadas no nmap-services. Um exame invisível por SYN é normalmente usado, mas o exame por connect o substitui para usuários de Unix diferentes de root, que não tenham os privilégios necessários para o envio de pacotes crus.

5. Exibe os resultados na saída padrão no formato normal, legível por humanos, e sai. Outros formatos e localizações (arquivos) de saída podem ser especificados, como descrito no capítulo 13, *Formatos de saída do Nmap*. O exemplo 4.2 apresenta os resultados quando scanme.nmap.org é usado como <alvo>.

Exemplo 4.2. Exame simples: nmap scanme.nmap.org

```
# nmap scanme.nmap.org

Starting Nmap ( http://nmap.org )
Interesting ports on scanme.nmap.org (64.13.134.52):
Not shown: 994 filtered ports
PORT      STATE     SERVICE
22/tcp    open      ssh
25/tcp    closed    smtp
53/tcp    open      domain
70/tcp    closed    gopher
80/tcp    open      http
113/tcp   closed    auth

Nmap done: 1 IP address (1 host up) scanned in 4.99 seconds
```

A primeira linha da saída, no exemplo 4.2, simplesmente dá o URL para se baixar o Nmap. A hora em que o Nmap iniciou e o número de versão são normalmente fornecidos, também, embora estas geralmente sejam removidas deste livro por consistência e para evitar quebras de linha.

A linha seguinte fornece o endereço IP alvo (IPv4, neste caso), e o nome de DNS reverso (também conhecido como o registro PTR) se ele estiver disponível. O Nmap promete mostrar as "portas interessantes" ("interesting ports"), embora todas as portas examinadas sejam levadas em conta. As portas consideradas mais interessantes, por estarem abertas ou num estado raramente visto para aquele hospedeiro, são itemizadas individualmente. Quando muitas portas estiverem num único estado diferente de aberto, elas serão consideradas um estado omissivo, e agregadas numa única linha para evitar a diluição dos resultados com milhares de entradas desinteressantes. Neste caso, o Nmap nota que 994 portas estão filtradas.

A tabela das portas interessantes vem em seguida, e fornece os resultados chaves do exame. As colunas variam dependendo das opções usadas, mas neste caso fornecem o número e o protocolo da porta, o estado e o protocolo de serviço para cada porta. O serviço, aqui, é apenas uma adivinhação feita pela busca da porta no nmap-services. O serviço estaria listado como unknown (desconhecido) se as portas não tivessem nome registrado nesse arquivo. Três dessas portas estão abertas e três estão fechadas.

Por último, o Nmap reporta algumas estatísticas básicas de tempo, antes de sair. Estas estatísticas são o número de alvos especificados, o número daqueles que o exame por ping descobriu estarem no ar, e o total de tempo gasto.

Embora este simples comando seja frequentemente tudo o que é necessário, usuários avançados normalmente vão muito além. No exemplo 4.3, o exame é modificado com quatro opções: -p0- solicita ao Nmap para examinar todas as portas TCP possíveis, -v solicita ao Nmap para ser verboso sobre o exame, -A habilita testes agressivos, como a detecção de SO remoto, a detecção de serviço/versão e o Mecanismo de Scripts do Nmap (NSE). Por fim, -T4 habilita uma política de temporização mais agressiva para acelerar o exame.

Exemplo 4.3. Mais complexo: nmap -p0- -v -A -T4 scanme.nmap.org

```
# nmap -p0- -v -A -T4 scanme.nmap.org

Starting Nmap ( http://nmap.org )
Completed Ping Scan at 00:03, 0.01s elapsed (1 total hosts)
Scanning scanme.nmap.org (64.13.134.52) [65536 ports]
```

```
Discovered open port 22/tcp on 64.13.134.52
Discovered open port 53/tcp on 64.13.134.52
Discovered open port 80/tcp on 64.13.134.52
SYN Stealth Scan Timing: About 6.20% done; ETC: 00:11
(0:07:33 remaining)
Completed SYN Stealth Scan at 00:10, 463.55s elapsed 65536
total ports)
Completed Service scan at 00:10, 6.03s elapsed (3 services
on 1 host)
Initiating OS detection (try #1) against scanme.nmap.org
(64.13.134.52)
Initiating Traceroute at 00:10
64.13.134.52: guessing hop distance at 9
Completed SCRIPT ENGINE at 00:10, 4.04s elapsed
Host scanme.nmap.org (64.13.134.52) appears to be up ...
good.
Interesting ports on scanme.nmap.org (64.13.134.52):
Not shown: 65530 filtered ports
PORT      STATE    SERVICE   VERSION
22/tcp    open     ssh       OpenSSH 4.3 (protocol 2.0)
25/tcp    closed   smtp
53/tcp    open     domain    ISC BIND 9.3.4
70/tcp    closed   gopher
80/tcp    open     http      Apache httpd 2.2.2
                                    ((Fedora))
|_ HTML title: Go ahead and scanme!
113/tcp closed auth
Device type: general purpose
Running: Linux 2.6.X
OS details: Linux 2.6.20-1 (Fedora Core 5)
Uptime guess: 2.457 days (since Thu Sep 18 13:13:24 2008)
TCP Sequence Prediction: Difficulty=204 (Good luck!)
IP ID Sequence Generation: All zeros

TRACEROUTE (using port 80/tcp)
HOP RTT ADDRESS
[First eight hops cut for brevity]
9     10.36 metro0.sv.svcolo.com (208.185.168.173)
10    10.29 scanme.nmap.org (64.13.134.52)

Nmap done:  1 IP address (1 host up) scanned in 477.23
            seconds
            Raw packets sent: 131432 (5.783MB) | Rcvd: 359
            (14.964KB)
```

O Nmap certamente forneceu a verbosidade solicitada, no exemplo 4.3! Felizmente a saída extra é fácil de se entender. As primeiras 13 linhas novas são informação de execução, que permitem à usuária saber o que está acontecendo, enquanto ela observa atentamente o terminal, esperando boas notícias. O que constitui as boas notícias depende de ela ser uma administradora de sistemas que tenha de corrigir problemas, uma testadora de penetração que precise de algum material sobre o qual relatar, ou um cracker de chapéu preto tentando explorá-las. Cerca de uma dúzia de linhas similares foram removidas a bem da brevidade. As linhas "discovered open port" (porta aberta descoberta) fornecem notificações de portas abertas, à medida que elas ocorrem, de forma que ela possa começar a cair dentro delas, antes mesmo do exame terminar. A linha de "tempo de exame" fornece uma estimativa de tempo para conclusão, para que ela saiba se se manterá observando a tela ou irá almoçar. Como as condições de rede (latência, congestionamento, largura de banda etc) e as regras de filtragem de pacotes variam demais, as mesmas opções de exame podem levar 30 segundos para serem completadas num hospedeiro e 45 minutos num outro. Se você quiser ver o tempo estimado num dado instante, durante um exame, apenas pressione enter.

A tabela de portas não mostra nenhuma porta nova. Todas as portas extras examinadas estão no estado filtrado, elevando o total de portas filtradas de 994 para 65.530. Embora não haja novas portas listadas, as entradas mudaram. Uma nova coluna VERSION (versão) fornece os detalhes de nome e versão da aplicação do serviço atento. Isto vem da detecção de serviços, uma das funcionalidades habilitadas pela opção -A. Uma outra funcionalidade de detecção de serviço é que todos os protocolos de serviços na coluna SERVICE foram realmente verificados. No exame anterior, eles foram baseados na relativamente inconsistente heurística de uma busca por número de porta no nmap-services. Essa busca na tabela aconteceu de ser correta, desta vez, mas nem sempre o será.

Uma outra funcionalidade adicionada pela -A é o Mecanismo de Scripts do Nmap, que é discutido a fundo no capítulo 9, *O Mecanismo de Scripts do Nmap*. O único script mostrado aqui é o HTML title. Existem dezenas de outros scripts, mas nenhum encontrou saída útil para esta máquina. Os resultados do traceroute foram adicionados pela -A. Esta opção é mais eficiente e mais

Capítulo 4: Visão Geral do Exame de Portas — 131

poderosa que a maioria dos programas de traceroute, já que as provas são realizadas em paralelo e o Nmap usa os resultados dos exames para determinar um tipo de prova favorável (pacotes de TCP para a porta 80, neste caso).

A maioria das novas linhas restantes vem da detecção de SO (também habilitada pela -A), que é discutida em profundidade no capítulo 8, *Detecção de SO remoto*. A última linha mostra que toda esta informação extra veio a um preço - o exame demorou quase 100 vezes mais que o exemplo 4.2, "Exame Simples: nmap scanme.nmap.org" para completar (477 segundos comparados com 5).

4.3. Sinalizadores de Linha de Comando

Embora o tutorial tenha mostrado o quanto pode ser simples um exame de portas, do Nmap, dezenas de sinalizadores de linha de comando estão disponíveis para tornar o sistema mais poderoso e flexível. Esta seção cobre apenas as opções que se relacionam com os exames de portas, e frequentemente descrevem somente a funcionalidade, dessas opções, relacionada com o exame de portas. Veja o capítulo 15, *Guia de Referência do Nmap* para uma lista abrangente dos sinalizadores de opções e de tudo o que eles fazem.

4.3.1. Selecionando Técnicas de Exames

Uma das primeiras considerações, quando contemplando um exame de portas, é a decisão de quais técnicas usar. O Nmap oferece cerca de uma dúzia de tais métodos e esta seção fornece um breve resumo delas. A cobertura completa virá no próximo capítulo. Apenas um método de exame pode ser usado de cada vez, com exceção de que o exame de UDP (-sU) pode ser combinado com qualquer um dos tipos de exame de TCP. Como ajuda para a memória, as opções de tipo de exame são na forma de -s<*C*>, onde <*C*> é um caractere de destaque no nome do exame, normalmente o primeiro. A exceção a isto é o obsoleto exame por rebate de FTP (-b). Por omissão, o Nmap realiza um exame por SYN, embora ele o substitua por um exame por connect se o usuário não tiver os privilégios apropriados para enviar pacotes crus (o que exige o acesso de root, no Unix) ou se alvos de IPv6 forem especificados.

Métodos de Exame de Portas Suportados pelo Nmap

De TCP por SYN invisível (-sS)
Este é, de longe, o tipo de exame mais popular, porque é a maneira mais rápida de se examinar as portas do protocolo mais popular (o TCP). É mais invisível que o exame por connect, e funciona em todas as pilhas funcionais de TCP (diferentemente de alguns exames de uso especial, como o exame por FIN).

De TCP por connect (-sT)
O exame por connect usa a chamada do sistema de mesmo nome para examinar máquinas, em vez de confiar em pacotes crus, como a maioria dos outros métodos. É normalmente usado por usuários não privilegiados do Unix, e para alvos de IPv6, porque o exame por SYN não funciona nestes casos.

De UDP (-sU)
Não se esqueça das portas UDP - elas oferecem um monte de brechas de segurança também.

De TCP por FIN, de Natal e nulo (-sF, -sX, -sN)
Estes tipos de exames de finalidades especiais são proficientes em ultrapassar invisivelmente firewalls para explorar os sistemas por trás deles. Infelizmente eles se baseiam no comportamento do alvo, que alguns sistemas (particularmente variantes do Windows) não exibem.

De TCP por ACK (-sA)
O exame por ACK é normalmente usado para mapear conjuntos de regras de firewalls. Em particular, ele ajuda a entender se as regras do firewall são de estado ou não. A desvantagem é que ele não pode distinguir portas abertas de portas fechadas.

De TCP por janela (-sW)
O exame por janela é semelhante ao exame por ACK, exceto pelo fato de ser capaz de detectar portas abertas versus fechadas em certas máquinas.

De TCP de Maimon (-sM)
Este obscuro tipo de exame de evitação de firewall é similar a um exame por FIN, mas inclui o sinalizador de ACK, também. Isto permite que ele atravesse mais firewalls de filtragem de pacotes, com a desvantagem de funcionar em menos sistemas que o exame por FIN.

De TCP ocioso (-sI <*hospedeiro zumbi*>)
O exame ocioso é o tipo de exame mais invisível de todos e pode, às vezes, explorar relacionamentos confiáveis de endereços IP. Infelizmente, também é lento e complexo.

De Protocolos IP (-sO)
O exame de protocolos determina quais protocolos IP (TCP, ICMP, IGMP etc) são suportados pela máquina alvo. Este não é, tecnicamente, um exame de portas, uma vez que ele circula pelos números dos protocolos IP, em vez de números de portas TCP ou UDP. Além disso, ele ainda usa a opção -p para selecionar números de protocolos examinados, reporta seus resultados no formato normal da tabela de portas e até usa o mesmo mecanismo subjacente de exames que os métodos verdadeiros de exame de portas. Assim, ele está próximo o bastante de um exame de portas, para pertencer a esta lista.

De TCP por rebate de FTP (-b <*representante de rebate de FTP*>)
Este tipo obsoleto de exame ilude os servidores de FTP pela realização de exames de portas através de representantes. A maioria dos servidores de FTP, hoje, estão remendados para impedir isto, mas esta é uma boa forma de se atravessar firewalls restritivos, quando funciona.

4.3.2. Selecionando Portas para Exame

O arquivo de registro de portas (nmap-services), do Nmap, contém dados empíricos de quão frequentemente cada porta TCP ou UDP é encontrada aberta. Estes dados foram coletados pelo exame de dezenas de milhões de endereços de Internet, depois estes resultados foram combinados com dados de exames internos contribuídos por grandes empresas. Por omissão, o Nmap examina as 1.000 portas mais populares de cada protocolo que ele é solicitado a examinar. Alternativamente, você pode especificar a opção -F (rápido) para examinar apenas as 100 portas mais comuns de cada protocolo, ou --top-ports para especificar um número arbitrário de portas a serem examinadas.

Quando nenhum destes conjuntos enlatados de portas se encaixar em suas necessidades, uma lista arbitrária de números de portas pode ser especificada na linha de comando com a opção -p. A sintaxe desta opção pode ser complexa e é melhor descrita com exemplos.

Exemplos de Seleção de Portas com a Opção -p

-p 22

    Examina uma única porta (neste caso, a porta 22) pela especificação de apenas esse número como argumento de -p.

-p ssh

    Nomes de portas podem ser especificados, em vez de números. Note que um nome pode corresponder a múltiplas portas.

-p 22,25,80

    Múltiplas portas podem ser separadas por vírgulas. Note que nenhum protocolo está especificado, então estes mesmos números de portas serão usados para quaisquer métodos de exames que forem especificados na linha de comando. Se um exame de TCP, como o por SYN (-sS) for especificado, as portas TCP 22, 25 e 80 serão examinadas. Estas correspondem aos serviços SSH, SMTP e HTTP, respectivamente. Se um exame de UDP for selecionado (-sU), essas três portas UDP serão examinadas. Se ambos forem especificados, essas três portas serão examinadas para cada protocolo, num total de seis portas examinadas. Com o exame de protocolos de IP (-sO), esses três protocolos IP (correspondendo a XNS IDP, Leaf-1 e ISO-IP) serão examinados.

-p80-85,443,8000-8005,8080-8085

    Faixas de portas podem ser especificadas pela separação das portas inicial e final com um hífen. Múltiplas faixas, ou portas individuais, podem ser especificadas com vírgulas. Esta opção examina as portas 80, 81, 82, 83, 84, 85, 443, 8000 etc. Baseado nos números das portas, este usuário provavelmente está examinando o TCP e procurando por servidores web.

-p-100,60000-

    Você pode omitir o início da faixa para implicar a porta um, ou o final para implicar a última porta possível (65535 para TCP e UDP, 255 para exame de protocolos). Este exemplo examina as portas de um a 100 e todas as portas maiores ou iguais a 60.000.

-p-

    Omita os números inicial e final para examinar toda a faixa (excluindo o zero).

-pT:21,23,110,U:53,111,137,161
   Listas separadas de portas TCP e UDP podem ser fornecidas, precedendo-se as listas com T: (para TCP) ou U:. Este exemplo examina três portas TCP (FTP, Telnet e POP3) e quatro serviços UDP (DNS, rpcbind, NetBIOS e SNMP). A especificação de ambas as portas TCP e UDP só interessará se você também disser ao Nmap para fazer um exame de UDP (-sU) e um dos métodos de exame de TCP, como -sS, -sA, ou -sF.

-p http*
   Curingas podem ser usados para corresponder portas com nomes similares. Esta expressão corresponde a oito números de portas, incluindo http (80), http-mgmt (280), https (443) e http-proxy (8080). Dependendo de seu shell de comandos, você poderá precisar escapar o asterisco, para que não seja tratado como uma máscara de nome de arquivo.

-p 1-1023,[1024-]
   Envolver uma faixa em colchetes faz com que estes números de portas sejam examinados somente se eles estiverem registrados no nmap-services. Neste <G>exemplo, todas as portas reservadas (1 - 1.023), além de todas as portas mais altas registradas no nmap-services. Este era o comportamento omissivo do Nmap, antes do nmap-services ser aumentado com dados de frequência de portas abertas, para seleção mais precisa.

4.3.3. Opções Relacionadas à Temporização

O exame de portas é, frequentemente, a parte mais demorada de um exame do Nmap (que pode também incluir detecção de SO, detecção de versão e scripts NSE). Embora o Nmap tente ser rápido e eficiente por omissão, a otimização manual comumente ajuda. O Nmap oferece dezenas de opções para talhar a velocidade e a intensidade do exame para atenderem as suas exatas necessidades. Esta seção lista as opções mais importantes para otimização dos tempos de exames de portas. As opções que recebem uma quantidade de tempo são dadas em milissegundos, a menos que você apense um s (segundos), m (minutos) ou h (horas) ao valor. Para maiores detalhes sobre quaisquer destas opções, veja a seção 15.11, "Temporização e Desempenho". Um tratamento muito mais exaustivo, com exemplos e melhores práticas para a melhoria do desempenho do Nmap está disponível no capítulo 6, *Otimizando o Desempenho do Nmap*.

Principais Opções de Desempenho de Exames de Portas

-T0 a -T5
> Estes gabaritos de temporização afetam muitas variáveis, oferecendo uma maneira simples de se ajustar a velocidade geral do Nmap de muito lento (-T0) até extremamente agressivo (-T5). Um gabarito de temporização pode ser combinado com as opções mais criteriosas descritas a seguir, e estas opções mais criteriosas terão precedência.

--min-rtt-timeout, --max-rtt-timeout, --initial-rtt-timeout
> A quantidade mínima, máxima e inicial de tempo que o Nmap esperará por resposta a uma prova de um exame de portas.

--host-timeout
> Solicita ao Nmap que desista dos hospedeiros que demorem mais que a quantidade de tempo fornecida para o exame.

--min-rate, --max-rate
> Ajusta os limites inferior e superior, respectivamente, para o número de pacotes de provas enviados pelo Nmap a cada segundo.

--max-retries
> Especifica o número máximo de retransmissões das provas dos exames de portas para uma única porta.

--min-hostgroup, --max-hostgroup
> Define o número mínimo e o máximo de hospedeiros dos quais o Nmap examinará as portas em paralelo.

--min-parallelism, --max-parallelism
> Limita o número mínimo e o máximo de provas dos exames de portas (para todos os hospedeiros examinados simultaneamente) que o Nmap poderá ter em andamento.

--scan-delay, --max-scan-delay
> Solicita ao Nmap que espere pelo menos o dado tanto de tempo entre o envio de provas para quaisquer hospedeiros individuais. O retardo entre exames pode aumentar, se o Nmap detectar a perda de pacotes, então um máximo pode ser especificado com --max-scan-delay.

Capítulo 4: Visão Geral do Exame de Portas — 137

4.3.4. Opções de Formato de Saída e Verbosidade

O Nmap oferece a habilidade de escrever seus relatórios em seu formato padrão, num formato "grepável" simples, orientado por linhas, ou em XML. Estes relatórios são habilitados pelas opções -oN (normal), -oG (grepável) e -oX (XML). Cada opção recebe um nome de arquivo e elas podem ser combinadas para exporem a saída em vários formatos de uma só vez. Várias opções também estão disponíveis para aumentar a verbosidade da saída. Esta seção lista as opções mais importantes relacionadas à saída e como elas se aplicam ao exame de portas. Para maiores detalhes sobre qualquer uma destas opções, veja a seção 15.13, "Saída". Um tratamento muito mais intensivo das opções e formatos de saída, com muitos exemplos, está disponível no capítulo 13, *Formatos de saída do Nmap*.

Principais Opções de Saída do Nmap Aplicáveis aos Exames de Portas

-v

Aumenta o nível de verbosidade, fazendo com que o Nmap exponha mais informações sobre o exame em andamento. Portas abertas são mostradas à medida que são encontradas e estimativas de tempo de completamento são fornecidas quando o Nmap acha que um exame vai demorar mais que alguns minutos. Use-a duas vezes ou mais para uma verbosidade ainda maior.

-d

Aumenta o nível de depuração, fazendo com que o Nmap apresente detalhes de sua operação que podem ser úteis para o rastreamento de erros ou simplesmente para o entendimento de como ele funciona. Níveis mais altos resultam em quantidades maciças de dados. Usando-se a opção uma vez, ajusta-se o nível de depuração para um, e ele é incrementado para cada -d adicional. Ou você pode seguir o -d do nível desejado, como em -d5. Se você não vir informação suficiente, tente um nível mais alto. O nível máximo efetivo é nove. Se sua tela for inundada de dados excessivos de depuração, reduza o nível. A redução da intensidade do exame, tal como o número de portas ou alvos examinados e as funcionalidades usadas, poderá ajudar, também, a isolar apenas as mensagens de depuração que você deseja.

--packet-trace

Faz com que o Nmap apresente um resumo de cada pacote enviado ou recebido. Isto é comumente usado para depuração, mas também é uma forma valiosa de os usuários novatos entenderem exatamente o que o Nmap está fazendo nos bastidores. Para evitar a apresentação de milhares de linhas, você poderá querer especificar um número limitado de portas para exame, tal como -p20-30.

-oN <*nome de arquivo*> (saída normal)
Salva a saída em formato normal do Nmap no <*nome do arquivo*>. Este formato é praticamente o mesmo da saída padrão interativa, apresentada pelo Nmap durante a execução.

-oX <*nome do arquivo*> (saída XML)
Salva a saída em formato XML do Nmap no <*nome do arquivo*>. A saída normal (legível por humanos) ainda será apresentada na saída, a menos que você solicite que o XML seja direcionado para lá pela especificação de - como sendo o <*nome do arquivo*>. Este é o formato preferido para uso pelos scripts e programas que processam os resultados do Nmap.

-oG <*nome do arquivo*> (saída em formato grepável)
Salva a saída em formato assim chamado de grepável, do Nmap, no <*nome de arquivo*>. Este formato tabular encaixa a saída de cada hospedeiro numa única linha, tornando fácil efetuar um grep por portas abertas, por certos sistemas operacionais, por nomes de aplicação, ou outros dados. A saída normal ainda será apresentada, a menos que você solicite que a saída grepável seja direcionada para lá, especificando - como sendo o <*nome do arquivo*>. Embora este formato funcione bem para a análise com simples linhas de comando de grep e awk, scripts e programas significativos deverão usar a saída XML. O formato XML contém informação substancial para a qual o formato grepável não dispõe de lugar e a extensibilidade torna o XML mais fácil de ser atualizado com novas informações, sem se inutilizar as ferramentas que são baseadas nele.

-oA <*nome base*> (saída em todos os formatos)
Como conveniência, você pode especificar -oA <*nome base*> para armazenar os resultados dos exames nos formatos normal, XML e grepável, de uma só vez. Eles serão armazenados em <*nome base*>.nmap, <*nome base*>.xml, e <*nome base*>.gnmap, respectivamente. Como na maioria dos programas, você pode prefixar os nomes de arquivos com um caminho de diretório, tal como ~/nmaplogs/foocorp/ no Unix ou c:\hacking\sco no Windows.

--resume <*nome do arquivo*>
    Retoma um exame abortado, especificando o arquivo de saída normal (-oN) ou grepável (-oG) que foi criado durante o malfadado exame. Não use nenhuma opção além de --resume, uma vez que o Nmap usará aquelas especificadas no arquivo de saída. Ele então analisará o arquivo e retomará o exame (e o registro no arquivo) no hospedeiro em que a execução prévia estava trabalhando, quando foi interrompida.

--append-output
    Diz ao Nmap para apensar os resultados do exame a quaisquer arquivos de saída especificados (com argumentos tais como -oN or -oX), em vez de sobrepô-los.

--open
    Mostra apenas as portas abertas, nas tabelas de portas interessantes do Nmap.

4.3.5. Opções para Evitar Firewall e IDS

O Nmap oferece muitas opções para passar sorrateiramente por IDSs sem ser detectado ou evitar regras de firewall. Para uma visão geral, veja a seção 15.12, "Evitando e Iludindo Firewalls/IDSs". Para um exame abrangente das técnicas para se evitar e firewalls e IDSs, juntamente com exemplos práticos, veja o capítulo 10, *Detectando e Subvertendo Firewalls e Sistemas de Detecção de Intrusão*.

4.3.6. Especificando Alvos

Para examinar um único hospedeiro (ou uns poucos deles), simplesmente adicione seus nomes ou endereços IP ao final de sua linha de comando do Nmap. O Nmap também tem uma sintaxe estruturada para tornar fácil o exame de grandes redes. Você pode fornecer ao Nmap um arquivo com a lista dos alvos, ou mesmo solicitar ao Nmap para gerá-la aleatoriamente. Tudo isto é descrito na seção 3.2, "Especificando Hospedeiros e Redes Alvo".

4.3.7. Opções Diversas

Eis algumas opções que podem ser muito úteis, muito embora não se encaixem em categorias específicas. As descrições focam em como cada opção se relaciona com o exame de portas. Veja o capítulo 15, *Guia de Referência do Nmap* para uma cobertura mais abrangente de cada opção.

-6

    Solicita ao Nmap para examinar o alvo usando o protocolo IPv6. Este processo é descrito na seção 4.4, "Exame de IPv6 (-6)".

-r

    O Nmap randomiza a ordem de exame de portas por omissão, para tornar a detecção ligeiramente mais difícil. A opção -r faz com que elas sejam examinadas na ordem numérica.

-PN

    Diz ao Nmap para omitir o teste de ping e simplesmente examinar cada hospedeiro alvo fornecido. Outras opções para controle da descoberta de hospedeiros são descritas no capítulo 3, *Descoberta de hospedeiros ("exame por ping")*.

--reason

    Adiciona uma coluna à tabela de portas interessantes que descreve por que o Nmap classificou uma porta como tal.

4.4. Exame de IPv6 (-6)

Desde 2002, o Nmap tem oferecido suporte de IPv6 para suas funcionalidades mais populares. Em particular, o exame por ping (somente TCP), o exame por connect e a detecção de versão, todos suportam o IPv6. A sintaxe de comando é a mesma de sempre, com exceção de que você também adiciona a opção -6. É claro que você deverá usar a sintaxe de IPv6, se especificar um endereço em vez de um nome de hospedeiro. Um endereço pode parecer com 3ffe:7501:4819:2000:210:f3ff:fe03:14d0, então os nomes de hospedeiros são recomendados. O exemplo 4.4 mostra uma típica sessão de exame de portas. A saída se parece com a de sempre, com o endereço IPv6 na linha "interesting ports" (portas interessantes) sendo a única revelação do IPv6.

Exemplo 4.4. Um simples exame de IPv6

```
# nmap -6 -sV www.eurov6.org

Starting Nmap ( http://nmap.org )
Interesting ports on ns1.euro6ix.com (2001:800:40:2a03::3):
```

```
Not shown: 996 closed ports
PORT    STATE  SERVICE   VERSION
21/tcp  open   ftp       Pure-FTPd
22/tcp  open   ssh       OpenSSH 3.5p1 (protocol 2.0)
53/tcp  open   domain    ISC BIND 9.2.1
80/tcp  open   http      Apache httpd

Nmap done: 1 IP address (1 host up) scanned in 56.78 seconds
```

Embora o IPv6 não tenha exatamente conquistado uma aclamação mundial, ele tem um uso significativo em alguns países e a maioria dos sistemas operacionais modernos o suporta. Para usar o Nmap com o IPv6, tanto a fonte quanto o alvo de seu exame devem ser configurados para o IPv6. Se seu provedor de acesso (como a maioria) não alocar endereços IPv6 para você, fornecedores de túneis gratuitos estão amplamente disponíveis e funcionam bem com o Nmap. Eu uso o serviço do fornecedor de túneis gratuitos de IPv6 em *http://www.tunnelbroker.net*. Outros fornecedores de túneis estão listados na Wikipedia[1]. Túneis 6to4 (de 6 para 4) são uma outra abordagem popular e gratuita.

Os sistemas que suportam o IPv6 nem sempre têm suas regras de firewall de IPv4 e IPv6 em sincronia. A seção 10.4.3, "Ataques de IPv6" mostra um exemplo da vida real do alcance de portas através de IPv6 que estão filtradas no IPv4.

4.5. SOLUÇÃO: Examinar uma Grande Rede em Busca de uma Certa Porta TCP Aberta

4.5.1. Problema

Você quer encontrar rapidamente todas as máquinas, numa rede, que tenham uma certa porta TCP aberta. Por exemplo, depois de uma nova vulnerabilidade do Microsoft IIS ser encontrada, você pode querer examinar todas as máquinas com a porta TCP 80 aberta e assegurar que elas não estejam rodando uma

---

1 *http://en.wikipedia.org/wiki/List_of_IPv6_tunnel_brokers*

versão vulnerável desse software. Ou se você investigar uma máquina comprometida e descobrir que o atacante deixou um backdoor rodando na porta 31337, o exame desta porta em toda a sua rede poderá rapidamente identificar outros sistemas comprometidos. Um exame completo (todas as portas) seria feito posteriormente.

4.5.2. Solução

A maneira direta é rodar:

nmap -PN -p<número da porta> -oG <nome do arquivo de registro.gnmap> <redes alvos>

Eis aqui um exemplo concreto do exame de 4096 IPs para servidores web (porta 80 aberta):

nmap -PN -p80 -oG logs/pb-port80scan-%D.gnmap 216.163.128.0/20

O "%D" no nome do arquivo é substituído pela data numérica em que o exame foi rodado (p.ex.: "090107" em 1 de setembro de 2007). Embora este comando de exame funcione, um pequeno esforço na escolha de valores apropriados de temporização para a rede sendo examinada reduzirá substancialmente o tempo do exame. O exame anterior demorou 1.236 segundos, enquanto que a versão otimizada, a seguir, forneceu os mesmos resultados em 869 segundos:

nmap -T4 -PN -p80 --max-rtt-timeout 200 --initial-rtt-timeout 150 --min-hostgroup 512 -oG logs/pb-port80scan2-%D.gnmap 216.163.128.0/20

E muito desse tempo é gasto fazendo-se a resolução de DNS reverso. A exclusão desta pela adição de -n à linha de comando anteriormente descrita reduzirá o tempo de exame dos 4096 hospedeiros para 193 segundos. Ter paciência por três minutos é muito mais fácil do que pelos 21 minutos da demora anterior.

Os comandos acima armazenam resultados grepáveis no arquivo especificado. Um simples comando egrep, então, encontrará as máquinas com a porta 80 aberta:

egrep '[^0-9]80/open' logs/pb-port80scan2-*.gnmap

O padrão do egrep é precedido por [^0-9] para evitar falsas correspondências de portas, como 3180. É claro que isso não pode acontecer, uma vez que nós só estamos examinando a porta 80, mas esta é uma boa prática para ser lembrada para exames de muitas portas. Se você só quiser o endereço IP e nada mais, direcione a saída do egrep para **awk '{print $2}'**.

4.5.3. Discussão

Às vezes uma história é a melhor maneira de se entenderem decisões, tais como de que forma eu decidi sobre as linhas de comando na seção da solução. Eu estava entediado, em casa, e comecei a explorar a rede de uma revista popular, chamada Playboy. O site principal deles inclui um imenso tesouro de imagens, mas a maioria está bloqueada por trás de um sistema de autenticação por assinatura paga. Eu estava curioso de saber se poderia encontrar qualquer outro sistema em sua rede que oferecesse imagens de graça. Imaginei que eles pudessem ter servidores de apresentação ou de desenvolvimento que se baseassem em obscuridade, em vez da autenticação por senha. Embora tais servidores pudessem, teoricamente, atender em qualquer número de porta, o mais provável seria a porta TCP 80. Então, eu decidi examinar toda a rede deles por aquela porta, tão rapidamente quanto possível.

O primeiro passo foi determinar quais endereços IP examinar. Eu efetuei uma busca de whois no Registro Estadunidense de Números de Internet (ARIN, na sigla em inglês) pelas organizações com o nome Playboy. Os resultados são mostrados no exemplo 4.5.

Exemplo 4.5. Descobrindo o espaço de IP da Playboy

```
core~> whois -h whois.arin.net n playboy
[Querying whois.arin.net]
[whois.arin.net]

OrgName:      Playboy
OrgID:        PLAYBO
Address:      680 N. Lake Shore Drive
City:         Chicago
StateProv:    IL
PostalCode:   60611
Country:      US

NetRange:     216.163.128.0 - 216.163.143.255
```

```
CIDR:          216.163.128.0/20
NetName:       PLAYBOY-BLK-1
NetHandle:     NET-216-163-128-0-1
Parent:        NET-216-0-0-0-0
NetType:       Direct Assignment
NameServer:    NS1-CHI.PLAYBOY.COM
NameServer:    NS2-CHI.PLAYBOY.COM
[...]
```

Isto mostra 4096 IPs (a faixa de rede 216.163.128.0/20) registrados para a Playboy. Usando as técnicas discutidas na seção 3.3, "Descobrindo os endereços IP de uma organização", eu poderia ter encontrado muito mais blocos de rede sob o controle deles, mas 4096 IPs eram suficientes para este exemplo.

Em seguida, eu queria estimar a latência para estas máquinas, de forma que o Nmap soubesse o que esperar. Isto não era necessário, mas alimentar o Nmap com valores apropriados de temporização pode acelerá-lo. Isto é particularmente verdadeiro para exames -PN de portas únicas, tais como este. O Nmap não recebe respostas suficientes de cada hospedeiro para estimar com precisão a latência e a taxa de perda de pacotes, então eu o ajudarei na linha de comando. Meu primeiro pensamento foi pingar o servidor web principal deles, como mostrado no exemplo 4.6.

Exemplo 4.6. Pingando o servidor web da Playboy para uma estimativa de latência

```
# ping -c5 www.playboy.com
PING www.phat.playboy.com (209.247.228.201) from
205.217.153.56
64 bytes from free-chi.playboy.com (209.247.228.201): icmp_
seq=1 time=57.5 ms
64 bytes from free-chi.playboy.com (209.247.228.201): icmp_
seq=2 time=56.7 ms
64 bytes from free-chi.playboy.com (209.247.228.201): icmp_
seq=3 time=56.9 ms
64 bytes from free-chi.playboy.com (209.247.228.201): icmp_
seq=4 time=57.0 ms
64 bytes from free-chi.playboy.com (209.247.228.201): icmp_
seq=5 time=56.6 ms

--- www.phat.playboy.com ping statistics ---
5 packets transmitted, 5 received, 0% loss, time 4047ms
rtt min/avg/max/mdev = 56.652/57.004/57.522/0.333 ms
```

O tempo máximo de ida e volta é de 58 milissegundos. Infelizmente, este endereço IP (209.247.228.201) não está no bloco de rede 216.163.128.0/20 que eu desejo examinar. Eu normalmente adicionaria este novo bloco de rede à lista de alvos, mas já tinha decidido limitar meu exame aos 4096 IPs originais. Estes tempos estão, provavelmente, perfeitamente bem para o uso, mas encontrar valores reais a partir de IPs na rede alvo seria ainda melhor. Eu uso o dig para obter os registros públicos de DNS da Playboy a partir de um servidor de nomes mostrado na consulta whois anterior. A saída é mostrada no exemplo 4.7.

Exemplo 4.7. Digando pelos registros de DNS da Playboy

```
core~>dig @ns1-chi.playboy.com playboy.com. any
; <<>> DiG 8.3 <<>> @ns1-chi.playboy.com playboy.com. any
[...]
;; ANSWER SECTION:
playboy.com.       1D IN A      209.247.228.201
playboy.com.       1D IN MX     10 mx.la.playboy.com.
playboy.com.       1D IN MX     5 mx.chi.playboy.com.
playboy.com.       1D IN NS     ns15.customer.level3.net.
playboy.com.       1D IN NS     ns21.customer.level3.net.
playboy.com.       1D IN NS     ns29.customer.level3.net.
playboy.com.       1D IN NS     ns1-chi.playboy.com.
playboy.com.       1D IN NS     ns2-chi.playboy.com.
playboy.com.       1D IN SOA    ns1-chi.playboy.com. dns.
                                playboy.com. (
                                2004092010   ; serial
                                12H          ; refresh
                                2h30m        ; retry
                                2w1d         ; expiry
                                1D )         ; minimum

;; ADDITIONAL SECTION:
mx.chi.playboy.com.       1D IN A      216.163.143.4
mx.la.playboy.com.        1D IN A      216.163.128.15
ns1-chi.playboy.com.      1D IN A      209.247.228.135
ns2-chi.playboy.com.      1D IN A      64.202.105.36

;; Total query time: 107 msec
```

A consulta de DNS revela dois servidores MX (correio) dentro do bloco de rede alvo 216.163.128.0/20. Uma vez que os nomes mx.chi e mx.la implicam que eles estão em diferentes regiões (Chicago e Los Angeles), eu decido testar ambos com relação a latência. Os resultados do **ping** são mostrados no exemplo 4.8.

Exemplo 4.8. Pingando os servidores MX

```
core~> ping -c5 mx.chi.playboy.com
PING mx.chi.playboy.com (216.163.143.4) 56(84) bytes of
data.

--- mx.chi.playboy.com ping statistics ---
5 packets transmitted, 0 received, 100% packet loss, time
4000ms

core~> ping -c5 mx.la.playboy.com
PING mx.la.playboy.com (216.163.128.15) 56(84) bytes of
data.

--- mx.la.playboy.com ping statistics ---
5 packets transmitted, 0 received, 100% packet loss, time
4011ms
```

Bem, esta tentativa foi uma falha miserável! O hospedeiro parece estar bloqueando os pacotes de ping de ICMP. Como eles são servidores de correio, eles devem ter a porta TCP 25 aberta, então eu tento novamente usando o hping2[2] para realizar um ping por TCP na porta 25, como demonstrado no exemplo 4.9.

Exemplo 4.9. Pingando por TCP os servidores MX

```
core# hping2 --syn -p 25 -c 5 mx.chi.playboy.com
eth0 default routing interface selected (according to /
proc)
HPING mx.chi.playboy.com (eth0 216.163.143.4): S set, 40
headers + 0 data bytes
46 bytes from 216.163.143.4: flags=SA seq=0 ttl=51 id=14221
rtt=56.8 ms
46 bytes from 216.163.143.4: flags=SA seq=1 ttl=51 id=14244
rtt=56.9 ms
46 bytes from 216.163.143.4: flags=SA seq=2 ttl=51 id=14274
rtt=56.9 ms
46 bytes from 216.163.143.4: flags=SA seq=3 ttl=51 id=14383
rtt=61.8 ms
46 bytes from 216.163.143.4: flags=SA seq=4 ttl=51 id=14387
rtt=57.5 ms
```

---

2 http://www.hping.org

```
--- mx.chi.playboy.com hping statistic ---
5 packets transmitted, 5 packets received, 0% packet loss
round-trip min/avg/max = 56.8/58.0/61.8 ms

core# hping2 --syn -p 25 -c 5 mx.la.playboy.com
eth0 default routing interface selected (according to /proc)
HPING mx.la.playboy.com (eth0 216.163.128.15): S set, 40
headers + 0 data bytes
46 bytes from 216.163.128.15: flags=SA seq=0 ttl=52 id=58728
rtt=16.0 ms
46 bytes from 216.163.128.15: flags=SA seq=1 ttl=52 id=58753
rtt=15.4 ms
46 bytes from 216.163.128.15: flags=SA seq=2 ttl=52 id=58790
rtt=15.5 ms
46 bytes from 216.163.128.15: flags=SA seq=3 ttl=52 id=58870
rtt=16.4 ms
46 bytes from 216.163.128.15: flags=SA seq=4 ttl=52 id=58907
rtt=15.5 ms

--- mx.la.playboy.com hping statistic ---
5 packets transmitted, 5 packets received, 0% packet loss
round-trip min/avg/max = 15.4/15.8/16.4 ms
```

Estes são os resultados que eu estava procurando. O hospedeiro de Los Angeles nunca leva mais de 16 milissegundos para responder. Enquanto que o de Chicago leva até 62 milissegundos. Isto não surpreende, dado que eu estou provando a partir de uma máquina na Califórnia. Vale a pena ser cauteloso e a latência pode aumentar durante um exame pesado, então eu decido deixar o Nmap esperar até 200 milissegundos pelas respostas. Eu terei de começar com um tempo de expiração de 150ms. Assim, eu passo a ele as opções --max-rtt-timeout 200 --initial-rtt-timeout 150. Para definir um modo de temporização geralmente agressivo, eu especifico -T4 no início da linha.

Como eu valorizo a minimização do tempo de completamento de todo o exame, em preferência à minimização da quantidade de tempo, antes do primeiro lote de resultados de hospedeiros ser retornado, eu especifico um tamanho de grupo de exame grande. A opção --min-hostgroup 512 é especificada para que pelo menos 512 IPs sejam examinados em paralelo (quando possível). Usando um fator exato do tamanho da rede alvo (4096) impede o pequeno e menos eficiente bloco de 96 hospedeiros que ocorreria no final, se eu especificasse --min-hostgroup 500. Todas estas questões de temporização são explicadas em muito maior profundidade no capítulo 6, *Otimizando o Desempenho do Nmap*.

Não há necessidade de se desperdiçar tempo com um estágio prévio de ping, uma vez que um ping demoraria tanto quanto o próprio exame de porta única. Assim -PN é especificado para desabilitar esse estágio. Um tempo substancial é poupado pela omissão da resolução de DNS reverso, com o argumento -n. Do contrário, com o exame por ping desabilitado, o Nmap tentaria buscar todos os 4096 IPs. Eu estou procurando por servidores web, então solicito a porta 80 com -p80. É claro que eu perderei qualquer servidor HTTP que esteja rodando em portas não padrões, como 81 ou 8080. Servidores de SSL, na porta 443, não serão encontrados, também. Alguém poderia adicioná-los à opção -p, mas mesmo uma porta a mais dobraria o tempo de exame, que é praticamente proporcional ao número de portas examinadas.

A opção final é -oG seguida do nome do arquivo em que eu quero que os resultados grepáveis sejam armazenados. Eu apenso a rede alvo ao comando e, depois, pressiono enter para executar o Nmap. A saída é mostrada no exemplo 4.10.

Exemplo 4.10. Lançando o exame

```
# nmap -T4 -p80 -PN --max-rtt-timeout 200 --initial-rtt-
    timeout 150 \
    --min-hostgroup 512 -n -oG pb-port80scan-%D.gnmap
216.163.128.0/20
Warning: You specified a highly aggressive --min-host group.
Starting Nmap ( http://nmap.org )
Interesting ports on 216.163.128.0:
PORT      STATE       SERVICE
80/tcp    filtered    http

Interesting ports on 216.163.128.1:
PORT      STATE       SERVICE
80/tcp    filtered    http

Interesting ports on 216.163.128.2:
PORT      STATE       SERVICE
80/tcp    filtered    http
```

Capítulo 4: Visão Geral do Exame de Portas — 149

```
Interesting ports on 216.163.128.3:
PORT       STATE      SERVICE
80/tcp     filtered   http
[ ... ]
Interesting ports on 216.163.143.255:
PORT       STATE      SERVICE
80/tcp     filtered   http

Nmap done: 4096 IP addresses (4096 hosts up) scanned in
192.97 seconds
```

O Nmap examina todos os 4096 IPs em cerca de três minutos. A saída normal mostra um punhado de portas no estado filtrado. A maioria desses IPs provavelmente não é de hospedeiros ativos - a porta simplesmente aparece filtrada porque o Nmap não recebe resposta a suas provas de SYN. E obtenho a lista de servidores web com um simples **egrep** no arquivo de saída, como mostrado no exemplo 4.11.

Exemplo 4.11. Egrep por portas abertas

```
# egrep '[^0-9]80/open' pb-port80scan-*.gnmap
Host: 216.163.140.20  () Ports: 80/open/tcp//http///
Host: 216.163.142.135 ()    Ports: 80/open/tcp//http///
```

Depois de todo esse esforço, somente dois servidores web acessíveis são encontrados, nos 4096 IPs! Às vezes isto acontece. O primeiro deles, 216.163.140.20 (sem nome de DNS reverso) me leva a um servidor Microsoft Outlook Web Access (webmail). Isto poderia me empolgar, se eu estivesse tentando comprometer a rede deles, mas isto não é gratificante, agora. O próximo servidor (nome de DNS reverso mirrors.playboy.com) é muito melhor. Ele oferece aqueles gigabytes de imagens gratuitas que eu estava esperando! Em particular, ele oferece imagens iso do Linux, bem como substanciais arquivos do FreeBSD, CPAN e Apache! Eu baixo o mais recente ISO do Fedora Core a uma respeitável taxa de 6 Mbps. A abundância de largura de banda na Playboy não é surpreendente. Posteriormente, eu examino outros blocos de rede da Playboy, descobrindo dezenas de outros servidores web, embora alguns de seus conteúdos seja inapropriado para este livro.

Embora esta seja uma razão incomum para um exame de portas, varreduras de portas únicas são comuns para muitos outros propósitos expressados anteriormente. As técnicas descritas aqui podem ser facilmente aplicadas a qualquer varredura de uma só porta TCP.

4.5.4. Veja Também

A detecção de versão pode ser usada para encontrar aplicações específicas atendendo numa rede. Por exemplo, você poderia procurar por uma certa versão vulnerável de OpenSSH, em vez de encontrar todos os hospedeiros com a porta 22 aberta. Isto também é útil para exames de porta única de UDP, já que as técnicas nesta solução só funcionam bem para TCP. Instruções são fornecidas na seção 7.8, "SOLUÇÃO: encontrar todos os servidores rodando uma versão de aplicação insegura ou não padrão".

O capítulo 6, *Otimizando o Desempenho do Nmap* examina a otimização da velocidade de exame com muito mais profundidade.

Capítulo 5: Técnicas e Algoritmos de Exames de Portas

5.1. Introdução

Como um novato realizando um reparo automotivo, posso batalhar por horas tentando adaptar minhas ferramentas rudimentares (martelo, fita de vedação, chave de boca etc) à tarefa em mãos. Quando eu desisto tristemente e arrasto meu carro velho para um mecânico real, ele invariavelmente vasculha uma enorme caixa de ferramentas até retirar de lá o treco perfeito que faz o trabalho parecer fácil. A arte de exame de porta é similar. Os peritos entendem as dezenas de técnicas de exame e escolhem uma (ou uma combinação) que seja apropriada para a tarefa dada. Usuários inexperientes e script kiddies, por outro lado, tentam resolver cada problema com o exame omissivo de SYN. Como o Nmap é livre, a única barreira ao domínio do exame de portas é o conhecimento. Este, certamente, supera o mundo automotivo, em que pode-se exigir grande perícia para se determinar que você precisa de um compressor de molas e, depois, você ainda ter de pagar uma nota por isto.

O capítulo anterior descreveu o exame de portas com o Nmap em termos gerais, incluindo um breve resumo dos tipos de exames suportados pelo Nmap, na seção 4.3.1, "Selecionando Técnicas de Exames". Este capítulo descreve cada um desses tipos de exames em profundidade. Cenários típicos e instruções de uso são dadas para cada tipo de exame, tanto quanto rastros de pacotes no fio, ilustrando como eles funcionam. Depois, o algoritmo da ultra_scan (que a maioria dos métodos de exame usa) é discutida, com ênfase, nos aspectos que podem ser afinados para melhorar o desempenho.

A maioria dos tipos de exames só está disponível para usuários privilegiados. Isto porque eles enviam e recebem pacotes crus de IP (ou mesmo quadros de ethernet), que exigem o acesso de root nos sistemas Unix. O uso de uma conta de administrador, no Windows, é recomendado, embora o Nmap, às vezes, funcione para usuários não privilegiados nessa plataforma, quando a WinPcap já tiver sido carregada pelo SO. A exigência de privilégios de root era uma limitação séria, quando o Nmap foi liberado, em 1997, já que muitos usuários só tinham acesso a contas de shell compartilhadas. Agora, o mundo está diferente. Os computadores são mais baratos, muito mais pessoas têm acesso direto ininterrupto à Internet e sistemas Unix de área de trabalho (incluindo Linux e Mac OS X) são dominantes. Uma versão para o Windows do Nmap está, agora, disponível, permitindo que ele rode em ainda mais áreas de trabalho. Por todas estas razões, os usuários raramente precisam rodar o Nmap em limitadas contas de shell compartilhadas. Isto é ótimo, já que as opções privilegiadas tornam o Nmap muito mais poderoso e flexível.

Quando discutindo como o Nmap trata as respostas das provas, muitas seções discutem as mensagens de erro de ICMP pelos seus números de tipo e código. O tipo e o código são, cada um, campos de oito bits, nos cabeçalhos de ICMP, que descrevem o propósito da mensagem. As técnicas de exames de portas, do Nmap, só se interessam pelo ICMP tipo 3, que são mensagens de destino inalcançável. A figura 5.1 mostra a disposição do cabeçalho de ICMP de um tal pacote (ele está encapsulado na seção de dados de um pacote de IP, como mostrado na figura 1, "cabeçalho de IPv4").

Figura 5.1. Disposição do cabeçalho de ICMPv4 para destino inalcançável

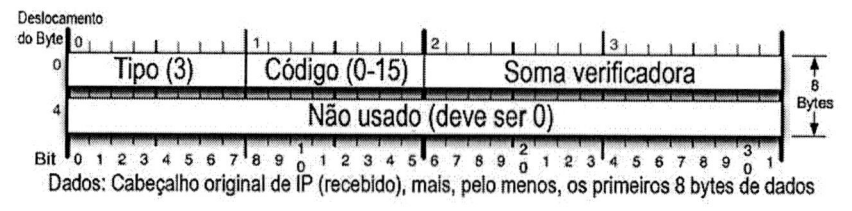

Há dezesseis códigos representando diferentes mensagens de destino inalcançável. Todos eles são mostrados na tabela 5.1, embora o Nmap só se preocupe com os códigos 0 - 3, 9, 10 e 13, que estão marcados com um asterisco.

Tabela 5.1. Valores de código de ICMP para destino inalcançável (tipo 3)

Código	Descrição
0*	Rede inalcançável
1*	Hospedeiro inalcançável
2*	Protocolo inalcançável
3*	Porta inalcançável
4	Fragmentação necessária, mas o bit de fragmentação não está ligado
5	Rota de origem falhou
6	Rede de destino desconhecida
7	Hospedeiro de destino desconhecido
8	Hospedeiro de origem isolado (obsoleto)
9*	Rede de destino administrativamente proibida
10*	Hospedeiro de destino administrativamente proibido
11	Rede inalcançável pelo tipo de serviço (TOS)
12	Hospedeiro inalcançável pelo TOS
13*	Comunicação administrativamente proibida por filtragem
14	Violação de precedência de hospedeiro
15	Limite de precedência em ação

5.2. Exame (Invisível) por TCP SYN (-sS)

O exame por SYN é a opção omissiva e mais popular de exame por uma boa razão: ele pode ser realizado rapidamente, examinando milhares de portas por segundo, numa rede rápida, não empeçada por firewalls intrusivos. O exame por SYN é relativamente discreto e invisível, uma vez que nunca completa as conexões de TCP. Ele também funciona em qualquer pilha de TCP compatível, em vez de depender de idiossincrasias de plataformas específicas, como o fazem os exames por FIN/nulo/de Natal, de Maimon e ocioso do Nmap. Ele também permite uma clara e confiável diferenciação entre os estados aberto, fechado e filtrado. O exame por SYN pode ser solicitado passando-se a opção -sS ao Nmap. Ele exige privilégios para pacotes crus, e é o exame omissivo de TCP, quando eles estão disponíveis. Assim, quando rodando o Nmap como root ou Administrador, -sS é normalmente omitido. Este comportamento omissivo de exame por SYN é mostrado no exemplo 5.1, que encontra uma porta em cada um dos três estados principais.

Exemplo 5.1. Um exame por SYN mostrando três estados de portas

```
krad# nmap -p22,113,139 scanme.nmap.org

Starting Nmap ( http://nmap.org )
Interesting ports on scanme.nmap.org (64.13.134.52):
PORT      STATE     SERVICE
22/tcp    open      ssh
113/tcp   closed    auth
139/tcp   filtered  netbios-ssn

Nmap done: 1 IP address (1 host up) scanned in 1.35 seconds
```

Embora o exame por SYN seja bastante fácil de se usar sem qualquer conhecimento de baixo nível do TCP, o entendimento da técnica ajuda quando da interpretação de resultados incomuns. Felizmente, para nós, o temido cracker de chapéu preto Ereet Hagiwara deu um tempo na aterrorização dos usuários japoneses do Windows[1] para ilustrar o exame por SYN do exemplo 5.1 para nós, no nível de pacotes. Primeiro, o comportamento contra a porta 22 aberta é mostrado na figura 5.2.

Figura 5.2. Exame por SYN da porta 22 aberta

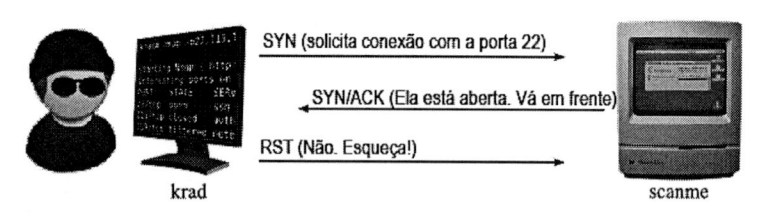

Como mostra este exemplo, o Nmap começa enviando um pacote TCP com o sinalizador de SYN ligado (veja a figura 2, "Cabeçalho de TCP" se você tiver esquecido a aparência dos cabeçalhos de pacotes) à porta 22. Este é o primeiro

---

1 http://www.microsoft.com/japan/security/bulletins/MS04-003e.mspx

Capítulo 5: Técnicas e Algoritmos de Exames de Portas — 155

passo na saudação em três fases do TCP, que qualquer conexão legítima tenta dar. Como a porta alvo está aberta, scanme dá o segundo passo, enviando de volta uma resposta com os sinalizadores SYN e ACK. Numa conexão normal, a máquina de Ereet (chamada de krad) completaria a saudação em três fases com o envio de um pacote ACK, reconhecendo o SYN/ACK. O Nmap não precisa fazer isto, já que a resposta SYN/ACK já disse a ele que a porta está aberta. Se o Nmap completasse a conexão, ele, então, teria de se preocupar em fechá-la. Isto normalmente envolve uma outra saudação, usando pacotes FIN, ao invés de SYN. Assim, um ACK é uma má ideia, embora alguma coisa ainda tenha de ser feita. Se o SYN/ACK for completamente ignorado, o scanme entenderá que ele foi descartado e continuará a enviá-lo. A resposta apropriada, já que não queremos fazer uma conexão completa, é um pacote RST, como mostrado no diagrama. Isto diz ao scanme para esquecer (cancelar) a tentativa de conexão. O Nmap poderia enviar este pacote RST bastante facilmente, mas ele realmente não precisa fazê-lo. O SO rodando no krad também recebe o SYN/ACK, que ele não espera, porque o Nmap compôs, ele mesmo, a prova do SYN. Assim, o SO responde ao inesperado SYN/ACK com um pacote RST. Todos os pacotes de RST descritos neste capítulo têm, também, o bit ACK ligado, porque eles são sempre enviados em resposta (e em reconhecimento) a um pacote recebido. Assim, aquele bit não é mostrado explicitamente para os pacotes RST. Como a saudação em três fases jamais é completada, o exame por SYN às vezes é chamado de exame de meia abertura.

A figura 5.3 mostra como o Nmap determina que a porta 113 está fechada. Isto é ainda mais simples que o caso aberto. O primeiro passo é sempre o mesmo - o Nmap envia a prova do SYN ao scanme. Mas, em vez de receber de volta um SYN/ACK, um RST é retornado. Isso o define - a porta está fechada. Nenhuma outra comunicação relacionada a esta porta é necessária.

Figura 5.3. Exame por SYN da porta 113 fechada

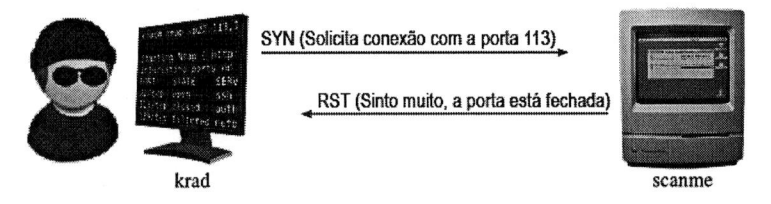

SYN (Solicita conexão com a porta 113)

RST (Sinto muito, a porta está fechada)

krad   scanme

Por fim, Ereet nos mostra como uma porta filtrada aparece para o Nmap, na figura 5.4. O SYN inicial é enviado, primeiro, como sempre, mas o Nmap não vê nenhuma resposta. A resposta poderia, simplesmente, ser lenta. A partir de respostas anteriores (ou de temporizações omissivas), o Nmap sabe o quanto esperar por elas e, eventualmente, desiste de recebê-las. Uma porta que não responde está, normalmente, filtrada (bloqueada por um dispositivo firewall, ou talvez o hospedeiro esteja fora do ar), mas este teste não é conclusivo. Talvez a porta esteja aberta, mas a prova ou a resposta tenha sido simplesmente descartada. As redes podem ser inconstantes. Então, o Nmap tenta novamente, reenviando a prova de SYN. Depois de um outro período de expiração, o Nmap desiste e marca a porta como filtrada. Neste caso, somente uma retransmissão foi tentada. Como descrito na seção 5.13, "Código e algoritmos de exames", o Nmap mantém cuidadosas estatísticas de perda de pacotes e tentará mais retransmissões, quando examinando redes menos confiáveis.

Figura 5.4. Exame por SYN da porta 139 filtrada

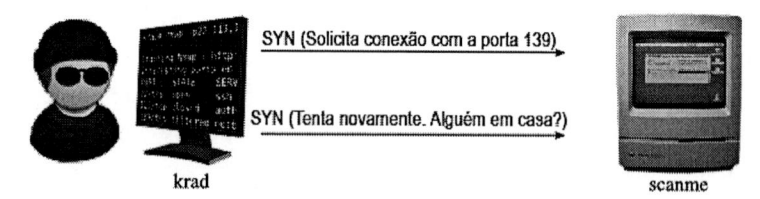

O Nmap também considerará uma porta filtrada se ele receber de volta certas mensagens de erro de ICMP. A tabela 5.2 mostra como o Nmap atribui estados às portas com base nas respostas a uma prova de SYN.

Tabela 5.2. Como o Nmap interpreta as respostas a uma prova de SYN

Resposta à prova	Estado atribuido
Resposta TCP SYN/ACK	open (aberta)
Resposta TCP RST	closed (fechada)
Nenhuma resposta recebida (mesmo após retransmissões)	filtered (filtrada)
Erro de inalcançável do ICMP (tipo 3, código 1, 2, 3, 9, 10, ou 13)	filtered (filtrada)

Capítulo 5: Técnicas e Algoritmos de Exames de Portas — 157

Embora as ilustrações bonitinhas desta seção sejam úteis quando você as tem, o Nmap reporta exatamente o que está fazendo, no nível de pacotes, quando você especifica a opção --packet-trace em adição a quaisquer outros sinalizadores desejados na linha de comando. Esta é uma maneira excelente de os novatos entenderem o comportamento do Nmap, quando Ereet não estiver por perto para ajudar. Mesmo usuários avançados a acham útil, quando o Nmap produz resultados que eles não esperam. Você poderá desejar aumentar o nível de depuração com -d (ou mesmo -d5), também. Em seguida, examine o mínimo número de portas e hospedeiros necessários para o seu propósito, ou você poderá terminar com literalmente milhões de linhas de saída. O exemplo 5.2 repete o exame por SYN das três portas, feito por Ereet, com o rastreamento de pacotes habilitado (saída editada por brevidade). Leia a linha de comando, depois teste por si mesmo se descobre quais pacotes serão enviados, antes de continuar a leitura. Depois que você tiver lido o traçado até o "The SYN Stealth Scan took 1.25s" (o exame invisível por SYN demorou 1,25s), você deverá saber, das linhas de RCVD, a aparência que a tabela de estados terá, antes de continuar a ler.

Exemplo 5.2. Usando --packet-trace para entender um exame por SYN

```
krad# nmap -d --packet-trace -p22,113,139 scanme.nmap.org

Starting Nmap ( http://nmap.org )
SENT (0.0130s) ICMP krad > scanme echo request (type=8/
code=0) ttl=52 id=1829
SENT (0.0160s) TCP krad:63541 > scanme:80 A iplen=40
seq=91911070 ack=99850910
RCVD (0.0280s) ICMP scanme > krad echo reply (type=0/
code=0) iplen=28
We got a ping packet back from scanme: id = 48821 seq = 714
checksum = 16000
massping done: num_hosts: 1 num_responses: 1
Initiating SYN Stealth Scan against scanme.nmap.org (scanme)
[3 ports] at 00:53
SENT (0.1340s) TCP krad:63517 > scanme:113 S iplen=40
seq=10438635
SENT (0.1370s) TCP krad:63517 > scanme:22 S iplen=40
seq=10438635
SENT (0.1400s) TCP krad:63517 > scanme:139 S iplen=40
seq=10438635
```

```
RCVD (0.1460s) TCP scanme:113 > krad:63517 RA iplen=40 seq=0
ack=10438636
RCVD (0.1510s) TCP scanme:22 > krad:63517 SA iplen=44
seq=75897108 ack=10438636
SENT (1.2550s) TCP krad:63518 > scanme:139 S iplen=40
seq=10373098 win=3072
The SYN Stealth Scan took 1.25s to scan 3 total ports.
Interesting ports on scanme.nmap.org (64.13.134.52):
PORT      STATE     SERVICE
22/tcp    open      ssh
113/tcp   closed    auth
139/tcp   filtered  netbios-ssn

Nmap done: 1 IP address (1 host up) scanned in 1.40 seconds
```

O exame por SYN há muito é chamado de exame invisível porque ele é mais sutil do que o exame por TCP connect (discutido em seguida), que era o tipo mais comum de exame, antes do Nmap ser liberado. A despeito deste apelido, não conte com um exame omissivo por SYN penetrando redes confidenciais sem ser detectado. Sistemas de detecção de intrusão amplamente distribuídos e até firewalls pessoais são bem capazes de detectar exames omissivos por SYN. Técnicas mais eficazes para exame invisível são demonstradas no capítulo 10, *Detectando e subvertendo Firewalls e Sistemas de Detecção de Intrusão*.

5.3. Exame por TCP Connect (-sT)

O exame por TCP connect é o tipo omissivo de exame de TCP quando o exame por SYN não é uma opção. Este é o caso quando um usuário não tem privilégios de pacotes crus ou está examinando redes de IPv6. Em vez de escrever os pacotes crus, como a maioria dos outros tipos de exames faz, o Nmap solicita ao sistema operacional subjacente que estabeleça uma conexão com a máquina e porta alvo, emitindo a chamada connect, do sistema. Esta é a mesma chamada de alto nível, do sistema, que os navegadores web, os clientes P2P e a maioria de outras aplicações habilitadas a rede usam para estabelecer uma conexão. Ela é parte de uma interface de programação conhecida como

API de Soquetes de Berkeley. Em vez de ler os pacotes crus das respostas direto do cabo, o Nmap usa esta API para obter informações de status em cada tentativa de conexão. Este exame e o de rebate de FTP (seção 5.12, "Exame por rebate de TCP FTP (-b)") são os únicos tipos de exames disponíveis para usuários não privilegiados.

Quando o exame por SYN está disponível, ele é normalmente uma melhor escolha. O Nmap tem menos controle sobre a chamada de alto nível a connect do que com pacotes crus, tornando-o menos eficiente. A chamado do sistema completa conexões com as portas alvo abertas, ao invés de realizar o cancelamento de meia abertura que o exame por SYN faz. Não só isto demora mais e exige mais pacotes para obter a mesma informação, como é mais provável que as máquinas alvo registrem a conexão. Um IDS decente capturará ambos, mas a maioria das máquinas não tem tal sistema de alarme. Muitos serviços, em seu sistema Unix mediano adicionarão uma nota ao syslog e, às vezes, uma mensagem de erro misteriosa, quando o Nmap se conecta e, depois, fecha a conexão sem enviar dados. Serviços realmente patéticos param, quando isto acontece, embora isso seja incomum. Um administrador que vê um punhado de tentativas de conexão em seus registros, a partir de um único sistema, deve saber que sofreu um exame por connect.

A figura 5.5 mostra um exame por connect em ação, na porta aberta 22, do scanme.nmap.org. Lembre-se de que isto só precisou de três pacotes, na figura 5.2, "Exame por SYN da porta 22 aberta". O comportamento exato contra uma porta aberta depende da plataforma em que o Nmap roda e do serviço que está atendendo na outra ponta, mas este exemplo de seis pacotes é típico.

Figura 5.5. Exame por connect da porta aberta 22 (nmap -sT -p22 scanme.nmap.org)

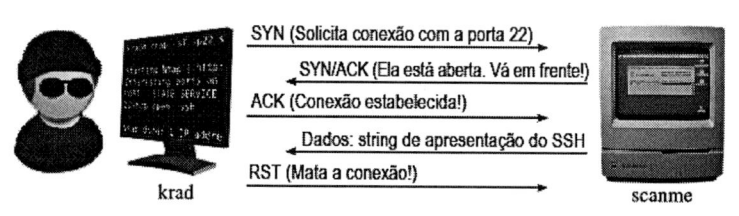

Os dois primeiros passos (SYN e SYN/ACK) são exatamente os mesmos de um exame por SYN. Depois, em vez de abortar a conexão em meia abertura com um pacote RST, krad reconhece o SYN/ACK com seu próprio pacote ACK, completando a conexão. Neste caso, Scanme teve até tempo de enviar sua string de apresentação do SSH (SSH-1.99-OpenSSH_3.1p1\n) através da conexão agora aberta. Tão logo o Nmap é notificado pelo SO de seu hospedeiro de que a conexão sucedeu, ele termina a conexão. Conexões de TCP normalmente terminam com uma outra saudação, envolvendo o sinalizador FIN, mas o Nmap solicita ao SO do hospedeiro que encerre a conexão imediatamente, com um pacote RST.

Embora este exemplo de exame por connect tenha usado duas vezes mais pacotes que um exame por SYN, as diferenças de largura de banda raramente são tão substanciais. A vasta maioria de portas, num grande exame, estará fechada ou filtrada. Os rastros de pacotes para estes são os mesmos que os descritos para o exame por SYN, na figura 5.3, "Exame por SYN da porta 113 fechada" e na figura 5.4, "Exame por SYN da porta 139 filtrada". Somente portas abertas geram mais tráfego de rede.

A saída de um exame por connect não difere significantemente da de um exame por SYN. O exemplo 5.3 mostra um exame por connect de scanme. A opção -sT poderia ter sido omitida, já que o Nmap está sendo executado a partir de uma conta não privilegiada, de forma que o exame por connect é o tipo omissivo.

Exemplo 5.3. Exemplo de exame por connect

```
krad~> nmap -T4 -sT scanme.nmap.org

Starting Nmap ( http://nmap.org )
Interesting ports on scanme.nmap.org (64.13.134.52):
Not shown: 994 filtered ports
PORT      STATE     SERVICE
22/tcp    open      ssh
25/tcp    closed    smtp
53/tcp    open      domain
70/tcp    closed    gopher
80/tcp    open      http
113/tcp   closed    auth

Nmap done: 1 IP address (1 host up) scanned in 4.74 seconds
```

Capítulo 5: Técnicas e Algoritmos de Exames de Portas — 161

5.4. Exame de UDP (-sU)

Embora a maioria dos serviços populares, na Internet, rode em cima do protocolo TCP, serviços de UDP estão amplamente distribuídos. DNS, SNMP e DHCP (portas registradas 53, 161/162 e 67/68) são três dos mais comuns. Como o exame de UDP é geralmente mais lento e mais difícil do que o de TCP, alguns auditores de segurança ignoram estas portas. Isto é um erro, já que serviços UDP exploráveis são muito comuns e os atacantes certamente não ignoram todo o protocolo. Felizmente, o Nmap pode ajudar a inventariar as portas UDP.

O exame de UDP é ativado com a opção -sU. Ele pode ser combinado com um tipo de exame de TCP, tal como um exame por SYN (-sS) para checar ambos os protocolos, durante a mesma execução.

O exame de UDP funciona enviando um cabeçalho de UDP vazio (sem dados) a cada porta alvejada. Com base na resposta, ou na falta dela, à porta é atribuído um dos quatro estados, como mostrado na tabela 5.3.

Tabela 5.3. Como o Nmap interpreta as respostas a uma prova de UDP

Resposta à prova	Estado atribuído
Qualquer resposta UDP da porta alvo (incomum)	open (aberta)
Nenhuma resposta recebida (mesmo depois de retransmissões)	open|filtered (aberta ou filtrada)
Erro de porta inalcançável de ICMP (tipo 3, código 3)	closed (fechada)
Outros erros de inalcançável de ICMP (tipo 3, códigos 1, 2, 9, 10, ou 13)	filtered (filtrada)

O elemento mais curioso desta tabela pode ser o estado open|filtered. Ele é um sintoma dos maiores desafios do exame de UDP: portas abertas raramente respondem a estas provas. A pilha TCP/IP alvo simplesmente repassa o pacote (vazio) para a aplicação atenta, que normalmente o descarta de imediato, como inválido. Se as portas em todos os outros estados respondessem, então as portas abertas poderiam ser todas deduzidas por eliminação. Infelizmente, firewalls e dispositivos de filtragem são também conhecidos por descartarem pacotes sem responderem. Assim, quando o Nmap não recebe nenhuma resposta, depois de várias tentativas, ele não pode determinar se a porta está aberta ou filtrada. Quando o Nmap foi liberado, os dispositivos de filtragem eram raros o bastante para que o Nmap pudesse (e o fazia) simplesmente considerar que a porta estava aberta. A Internet está melhor guardada, hoje, então o Nmap mudou, em 2004 (versão 3.70), para relatar portas UDP não responsivas como open|filtered. Podemos ver isto no exemplo 5.4, que mostra Ereet examinando uma máquina Linux, chamada Felix.

Exemplo 5.4. Exemplo de exame de UDP

```
krad# nmap -sU -v felix

Starting Nmap ( http://nmap.org )
Interesting ports on felix.nmap.org (192.168.0.42):
(The 997 ports scanned but not shown below are in state:
closed)
PORT          STATE           SERVICE
53/udp        open|filtered   domain
67/udp        open|filtered   dhcpserver
111/udp       open|filtered   rpcbind
MAC Address: 00:02:E3:14:11:02 (Lite-on Communications)

Nmap done: 1 IP address (1 host up) scanned in 999.25
seconds
```

Este exame de Felix demonstra a questão da ambiguidade de open|filtered, bem como um outro problema: o exame de UDP pode ser *lento*. O exame de mil portas levou quase 17 minutos, neste caso, devido à limitação da taxa de resposta de ICMP por Felix e a maioria de outros sistemas Linux. O Nmap fornece maneiras de contornar ambos os problemas, como descrito nas duas seções seguintes.

5.4.1. Desfazendo a Ambiguidade Entre as Portas UDP Abertas e Filtradas

No caso do exame de Felix, todas as portas, com exceção das três open|filtered, estavam fechadas. Assim, o exame ainda teve sucesso na redução das portas potencialmente abertas para só um punhado. Este nem sempre é o caso. O exemplo 5.5 mostra um exame de UDP no site scanme altamente filtrado.

Exemplo 5.5. Exemplo de exame de UDP

```
krad# nmap -sU -T4 scanme.nmap.org

Starting Nmap ( http://nmap.org )
All 1000 scanned ports on scanme.nmap.org (64.13.134.52) are
open|filtered

Nmap done: 1 IP address (1 host up) scanned in 5.50 seconds
```

Neste caso, o exame não reduziu em nada as portas abertas. Todas as 1000 estavam open|filtered. Uma nova estratégia é necessária. A tabela 5.3, "Como o Nmap interpreta as respostas a uma prova de UDP" mostra que o estado open|filtered ocorre quando o Nmap não consegue receber nenhuma resposta de suas provas de UDP para uma porta em particular. Mesmo assim, ele ainda mostra que, em raras ocasiões, o serviço UDP atendendo numa porta responderá da mesma maneira, provando que a porta está aberta. A razão de estes serviços não responderem é, normalmente, que os pacotes vazios que o Nmap envia são considerados inválidos. Infelizmente, os serviços UDP geralmente definem sua própria estrutura de pacotes, ao invés de aderirem a algum formato genérico comum que o Nmap pudesse sempre enviar. Um pacote SNMP se apresenta completamente diferente de um pacote de requisição DNS, SunRPC ou DHCP.

Para enviar o pacote apropriado para cada serviço UDP popular, o Nmap precisaria de uma grande base de dados que definisse seus formatos de prova. Felizmente, o Nmap tem isto na forma do nmap-service-probes, que é parte do subsistema de detecção de serviço e versão, descrito no capítulo 7, *Detecção de versão de serviço e de aplicação*.

Quando o exame de versão for habilitado com -sV (ou -A), ele enviará provas de UDP a cada porta open|filtered (bem como as que se sabem abertas). Se qualquer uma das provas induzir uma resposta de uma porta open|filtered, o estado será alterado para open. Os resultados da adição de -sV ao exame de Felix são mostrados no exemplo 5.6.

Exemplo 5.6. Melhorando os resultados do exame de UDP em Felix com a detecção de versão

```
krad# nmap -sUV -F felix.nmap.org

Starting Nmap ( http://nmap.org )
Interesting ports on felix.nmap.org (192.168.0.42):
Not shown: 997 closed ports
PORT       STATE         SERVICE      VERSION
53/udp     open          domain       ISC BIND 9.2.1
67/udp     open|filtered dhcpserver
111/udp    open          rpcbind      2 (rpc #100000)
MAC Address: 00:02:E3:14:11:02 (Lite-on Communications)

Nmap done: 1 IP address (1 host up) scanned in 1037.57
seconds
```

Este novo exame mostra que as portas 111 e 53 estão definitivamente abertas. O sistema não é perfeito, no entanto - a porta 67 ainda está open|filtered. Neste caso em particular, a porta está aberta, mas o Nmap não tem uma prova de versão funcional para o DHCP. Um outro serviço complicado é o SNMP, que normalmente só responde quando a string de comunidade correta é fornecida. Muitos dispositivos são configurados com a string de comunidade public, mas nem todos o são. Embora estes resultados não sejam perfeitos, saber o estado verdadeiro de duas de três portas testadas ainda é útil.

Depois do sucesso no desmanche das ambiguidades nos resultados de Felix, Ereet volta sua atenção novamente para Scanme, que listou todas as portas como open|filtered, da última vez. Ele tenta novamente com detecção de versão, como mostrado no exemplo 5.7.

Exemplo 5.7. Melhorando os resultados do exame de UDP em Scanme com a detecção de versão

```
krad# nmap -sUV -T4 scanme.nmap.org

Starting Nmap ( http://nmap.org )
Interesting ports on scanme.nmap.org (64.13.134.52):
Not shown: 999 open|filtered ports
PORT       STATE    SERVICE     VERSION
53/udp     open     domain      ISC BIND 9.3.4

Nmap done: 1 IP address (1 host up) scanned in 3691.89
seconds
```

Este resultado levou uma hora, em comparação com os cinco segundos do exame anterior em Scanme, mas estes resultados são realmente úteis. O sorriso de Ereet se alarga e seus olhos chispam diante desta evidência de um servidor de nomes ISC BIND aberto numa máquina que ele quer comprometer. Este software tem uma longa história de brechas de segurança, então talvez ele possa encontrar um erro nesta versão recente.

Embora Ereet vá focar seus ataques de UDP na porta 53, uma vez que ela está confirmada como aberta, ele não esquece das outras portas. Essas 1007 estão listadas como open|filtered. Como testemunhamos com a porta dhcpserver de Felix, certos serviços UDP abertos podem se esconder até da detecção de versão do Nmap. Ele também só examinou as portas omissivas, até aqui. Há outras 64529 que poderiam estar abertas. Para o registro, a 53 é a única porta UDP aberta em Scanme.

Apesar desta técnica de detecção de versão ser a única maneira do Nmap desfazer automaticamente a ambiguidade das portas open|filtered ports, há dois truques que podem ser experimentados manualmente. Às vezes, um traceroute especializado pode ajudar. Você poderia fazer um traceroute numa porta TCP ou UDP sabidamente aberta com uma ferramenta tal como o **hping2**[2]. Depois, tentar o mesmo na porta UDP questionável. As diferenças na contagem de pulos poderá diferenciar portas abertas de filtradas. Ereet tenta isto em scanme, no exemplo 5.8. O primeiro comando **hping2** faz um traceroute de UDP na porta 53, sabidamente aberta. A opção -t 8 diz ao **hping2** para começar no pulo oito e só é usada aqui para economizar espaço. O segundo comando faz a mesma coisa na porta 54, presumidamente fechada.

Exemplo 5.8. Tentativa de desmanche de ambiguidade entre portas UDP com discrepâncias de TTL

```
krad# hping2 --udp --traceroute -t 8 -p 53 scanme.nmap.org
HPING scanme.nmap.org (ppp0): udp mode set, 28 headers + 0
data bytes
hop=8 TTL 0 during transit from 206.24.211.77 (dcr2.San
Franciscosfo.savvis.net)
hop=9 TTL 0 during transit from 208.172.147.94 (bpr2.
PaloAltoPaix.savvis.net)
```

2 *http://www.hping.org*

```
hop=10 TTL 0 during transit from 206.24.240.194 (meer.
PaloAltoPaix.savvis.net)
hop=11 TTL 0 during transit from 205.217.152.21 (vlan21.
sv.meer.net)

--- scanme.nmap.org hping statistic ---
12 packets transmitted, 4 packets received, 67% packet loss
round-trip min/avg/max = 13.4/13.8/14.1 ms

krad# hping2 --udp --traceroute -t 8 -p 54 scanme.nmap.org
HPING scanme.nmap.org (ppp0): udp mode set, 28 headers + 0
data bytes
hop=8 TTL 0 during transit from 206.24.211.77 (dcr2.San
Franciscosfo.savvis.net)
hop=9 TTL 0 during transit from 208.172.147.94 (bpr2.
PaloAltoPaix.savvis.net)
hop=10 TTL 0 during transit from 206.24.240.194 (meer.
PaloAltoPaix.savvis.net)
hop=11 TTL 0 during transit from 205.217.152.21 (vlan21.
sv.meer.net)

--- scanme.nmap.org hping statistic ---
12 packets transmitted, 4 packets received, 67% packet loss
round-trip min/avg/max = 12.5/13.6/14.7 ms
```

Neste exemplo, Ereet só foi capaz de alcançar o pulo onze de ambas as portas, aberta e fechada. Assim, estes resultados não podem ser usados para distinguir os estados das portas neste hospedeiro. Valia a pena tentar, e funciona num número significativo de casos. É mais provável funcionar em situações em que o firewall protetor esteja, pelo menos, a um ou dois pulos antes do hospedeiro alvo. O Scanme, por outro lado, está rodando seu próprio firewall iptables, baseado no hospedeiro. Então não há diferença na contagem de pulos entre portas abertas e filtradas.

Uma outra técnica é tentar ferramentas específicas de aplicação contra portas comuns. Por exemplo, uma quebra de string de comunidade de SNMP à força bruta poderia ser tentada contra a porta 161. À medida que a base de dados de provas de detecção de versão do Nmap cresce, a necessidade de aumentar seus resultados com ferramentas externas especializadas é reduzida. Elas ainda serão usadas para casos especiais, tais como dispositivos SNMP com uma string de comunidade personalizada.

5.4.2. Acelerando os Exames de UDP

O outro grande desafio no exame de UDP é fazê-lo rapidamente. Portas abertas e filtradas raramente enviam qualquer resposta, fazendo com que o Nmap expire e, depois, realize retransmissões exatamente como no caso da prova ou resposta serem perdidas. Portas fechadas são comumente um problema ainda maior. Elas normalmente enviam de volta um erro ICMP de porta inalcançável. Mas diferentemente dos pacotes RST enviados pelas portas TCP fechadas em resposta a um exame por SYN ou por connect, muitos hospedeiros limitam, por omissão, a taxa de mensagens ICMP de porta inalcançável. O Linux e o Solaris são particularmente estritos com relação a isto. Por exemplo, o kernel Linux 2.4.20, em Felix, limita as mensagens de destino inalcançável a uma por segundo (em net/ipv4/icmp.c). Isto explica por que o exame no exemplo 5.4, "Exemplo de exame de UDP" é tão lento.

O Nmap detecta a limitação da taxa e desacelera convenientemente para evitar a inundação da rede com pacotes inúteis que a máquina alvo descartará. Infelizmente, um limite de um pacote por segundo, no estilo Linux, faz com que um exame de 65.536 portas leve mais de 18 horas. Eis algumas sugestões para melhorar o desempenho de exames de UDP. Leia também o capítulo 6, *Otimizando o Desempenho do Nmap* para uma discussão mais detalhada e conselhos gerais.

Aumente o paralelismo de hospedeiros
   Se o Nmap receber apenas um erro de porta inalcançável, de um único hospedeiro por segundo, ele poderia receber 100/segundo apenas pelo exame de 100 hospedeiros de uma só vez. Implemente isto passando um valor grande (tal como 100) para --min-hostgroup.

Examine primeiro as portas populares
   Muito poucos números de portas UDP são comumente usados. Um exame das 100 portas UDP mais comuns (usando a opção -F) terminará rapidamente. Você poderá, então, investigar esses resultados, enquanto lança uma varredura de mais de um dia das 65K portas da rede, em segundo plano.

Adicione --version-intensity 0 aos exames de detecção de versão

Como mencionado na seção anterior, a detecção de versão (-sV) frequentemente é necessária para diferenciar portas UDP abertas de filtradas. A detecção de versão é relativamente lenta, uma vez que envolve o envio de um grande número de provas específicas do protocolo da aplicação para cada porta aberta ou "aberta ou filtrada" encontrada nas máquinas alvo. Especificando --version-intensity 0 leva o Nmap a tentar somente as provas mais prováveis de serem efetivas contra um dado número de porta. Ele o faz usando os dados do arquivo nmap-service-probes. O impacto desta opção no desempenho é substancial, como será demonstrado posteriormente, nesta seção.

Exame por trás do firewall

Como com o TCP, os filtros de pacotes podem retardar dramaticamente os exames. Muitos firewalls modernos tornam fácil o ajuste dos limites de taxas de pacotes. Se você puder eliminar este problema lançando o exame por trás do firewall, em vez de através dele, então o faça.

Use --host-timeout para pular hospedeiros lentos

Hospedeiros com taxa de ICMP limitada podem levar dez vezes mais tempo para serem examinados do que aqueles que respondem a cada prova com um rápido pacote de destino inalcançável. Especificando um tempo máximo de exame (tal como 900000, para 15 minutos) faz-se com que o Nmap desista de hospedeiros individuais se ele não tiver completado o exame deles dentro daquele tempo. Isto permite que você examine todos os hospedeiros responsivos rapidamente. Você poderá, então, trabalhar nos hospedeiros lentos em segundo plano.

Use -v e relaxe

Com a verbosidade (-v) habilitada, o Nmap fornece estimativas de tempo para o completamento do exame de cada hospedeiro. Não há necessidade de acompanhá-lo de perto. Tire um cochilo, vá ao seu barzinho favorito, leia um livro, termine outra tarefa, ou divirta-se de alguma outra forma, enquanto o Nmap incansavelmente faz o exame por você.

Um exemplo perfeito da necessidade de se otimizar os exames de UDP está no exemplo 5.7, "Melhorando os resultados do exame de UDP em scanme com a detecção de versão". O exame obteve os dados desejados, mas levou mais de uma hora para examinar este hospedeiro! No exemplo 5.9, rodo este exame, novamente. Desta vez, adiciono as opções -F --version-intensity 0 e o exame de uma hora é reduzido para 13 segundos! Além disso, a mesma informação chave (um servidor ISC Bind rodando na porta 53) é detectada.

Exemplo 5.9. Otimizando o tempo de exame de UDP

```
krad# nmap -sUV -T4 -F --version-intensity 0 scanme.nmap.org

Starting Nmap ( http://nmap.org )
Interesting ports on scanme.nmap.org (64.13.134.52):
Not shown: 99 open|filtered ports
PORT       STATE      SERVICE        VERSION
53/udp     open       domain         ISC BIND 9.3.4

Nmap done: 1 IP address (1 host up) scanned in 12.92 seconds
```

5.5. Exames de TCP por FIN, Nulo e de Natal (-sF, -sN, -sX)

Estes três tipos de exames (mais ainda são possíveis, com a opção --scan-flags descrita na próxima seção) exploram uma brecha na RFC do TCP para diferenciar entre portas abertas e fechadas. A página 65 da RFC 793 diz que "se a porta [de destino] estiver CLOSED (fechada) ... um segmento de chegada que não contenha um RST fará com que um RST seja enviado como resposta". Depois, a página seguinte discute o envio de pacotes a portas abertas sem os bits SYN, RST ou ACK ligados, atestando que: "você provavelmente não chegará lá, mas se o fizer, descarte o segmento e retorne".

Quando examinando sistemas que se adequam a este texto de RFC, qualquer pacote que não contenha os bits SYN, RST, ou ACK ligados resultará num RST sendo retornado, se a porta estiver fechada e absolutamente nenhuma resposta se a porta estiver aberta. Desde que nenhum desses três bits esteja incluído, qualquer combinação dos outros três (FIN, PSH, e URG) são aceitáveis. O Nmap explora isto com três tipos de exame:

Exame nulo (-sN)
Não liga nenhum bit (o cabeçalho de sinalizadores de TCP é 0).

Exame por FIN (-sF)
Liga apenas o bit FIN do TCP.

Exame de Natal (-sX)
Liga os sinalizadores de FIN, PSH, e URG, iluminando o pacote como uma árvore de Natal.

Estes três tipos de exames são exatamente os mesmos, no comportamento, com exceção dos sinalizadores de TCP ligados, nos pacotes de provas. As respostas são tratadas como mostrado na tabela 5.4.

Tabela 5.4. Como o Nmap interpreta as respostas a uma prova de exame nulo, por FIN, ou de Natal

Resposta à prova	Estado atribuído
Nenhuma resposta recebida (mesmo depois das retransmissões)	open|filtered (aberta ou filtrada)
Pacote TCP RST	closed (fechada)
Erro de inalcançável de ICMP (tipo 3, código 1, 2, 3, 9, 10, ou 13)	filtered (filtrada)

A vantagem principal destes tipos de exame é que eles podem atravessar certos firewalls sem estado e roteadores com filtragem de pacotes. Tais firewalls tentam impedir conexões de TCP que cheguem (enquanto permitem as que saem) bloqueando quaisquer pacotes TCP com o sinalizador SYN ligado e o ACL desligado. Esta configuração é comum o suficiente para que o comando de firewall iptables, do Linux, ofereça uma opção especial, --syn, para implementá-la. Os exames nulo, por FIN e de Natal limpam o bit de SYN e, assim, atravessa tranquilamente essas regras.

Uma outra vantagem é que estes tipos de exame são um pouco mais invisíveis, até do que um exame por SYN. Não conte com isto, no entanto - a maioria dos produtos modernos de IDS pode ser configurada para detectá-los.

A grande desvantagem é que nem todos os sistemas seguem a RFC 793 à letra. Alguns sistemas enviam respostas de RST às provas, independentemente de a porta estar aberta ou não. Isto faz com que todas as portas sejam marcadas como fechadas. Os principais sistemas operacionais que fazem isto são o Microsoft Windows, muitos dispositivos Cisco e o IBM OS/400. Este exame funciona na maioria dos sistemas baseados no Unix, no entanto. Como a detecção de SO, do Nmap, testa esta idiossincrasia, você poderá descobrir se o exame funciona para um tipo particular de sistema, examinando o arquivo nmap-os-db. O teste T2 envia um pacote nulo a uma porta aberta. Assim, se você vir uma linha como T2(R=N), esse sistema parece suportar a RFC e um desses exames deverá funcionar nele. Se a linha T2 for mais longa, o sistema viola a RFC, enviando uma resposta e esses exames não funcionarão. O capítulo 8, *Detecção de SO remoto* explica a coleta de impressão digital de SO em maiores detalhes.

Uma outra desvantagem destes exames é que eles não podem distinguir portas abertas de algumas outras filtradas. Se o filtro de pacotes enviar um erro de ICMP de destino proibido, o Nmap saberá que uma porta está filtrada. Mas a maioria dos filtros simplesmente descarta as provas proibidas sem nenhuma resposta, fazendo com que a porta pareça aberta. Como o Nmap não pode se assegurar de qual seja o caso, ele marca as portas não responsivas como open|filtered. A adição da detecção de versão (-sV) poderá desfazer a ambiguidade, como ela o faz com os exames de UDP, mas esta elimina muito da natureza invisível deste exame. Se você quiser e puder se conectar às portas de qualquer forma, poderá também, usar um exame por SYN.

O uso destes métodos de exame é simples. Apenas adicione as opções -sN, -sF, ou -sX para especificar o tipo de exame. O exemplo 5.10 mostra dois exemplos. O primeiro, um exame por FIN em para, identifica todas as cinco portas abertas (como open|filtered - abertas ou filtradas). A próxima execução, um exame de Natal em Scanme.nmap.org não funciona tão bem. Ele detecta a porta fechada, mas é incapaz de diferenciar as 995 portas filtradas das quatro abertas. Todas as 999 são listadas como open|filtered. Isto demonstra por que o Nmap oferece tantos métodos de exames. Nenhuma técnica única é preferível para todos os casos. Ereet simplesmente terá de tentar um outro método para saber mais sobre Scanme.

Exemplo 5.10. Exemplos de exame por FIN e de Natal

```
krad# nmap -sF -T4 para

Starting Nmap ( http://nmap.org )
Interesting ports on para (192.168.10.191):
Not shown: 995 closed ports
PORT              STATE              SERVICE
22/tcp            open|filtered      ssh
53/tcp            open|filtered      domain
111/tcp           open|filtered      rpcbind
515/tcp           open|filtered      printer
6000/tcp open|filtered X11
MAC Address: 00:60:1D:38:32:90 (Lucent Technologies)

Nmap done: 1 IP address (1 host up) scanned in 4.64 seconds

krad# nmap -sX -T4 scanme.nmap.org

Starting Nmap ( http://nmap.org )
Interesting ports on scanme.nmap.org (64.13.134.52):
Not shown: 999 open|filtered ports
PORT STATE SERVICE
113/tcp closed auth

Nmap done: 1 IP address (1 host up) scanned in 23.11 seconds
```

A demonstração de todo o poder destes exames de ultrapassar um firewall exige uma configuração de firewall alvo deveras fraca. Infelizmente, estes são fáceis de se encontrar. O exemplo 5.11 mostra um exame por SYN numa máquina SCO/Caldera, chamada docsrv.

Exemplo 5.11. Exame por SYN de docsrv

```
# nmap -sS -T4 docsrv.caldera.com

Starting Nmap ( http://nmap.org )
Interesting ports on docsrv.caldera.com (216.250.128.247):
(The 997 ports scanned but not shown below are in state:
filtered)
PORT     STATE     SERVICE
80/tcp   open      http
```

```
113/tcp        closed     auth
507/tcp        open       crs

Nmap done: 1 IP address (1 host up) scanned in 28.62 seconds
```

Este exemplo parece bom. Apenas duas portas estão abertas e o resto (com exceção da 113) está filtrada. Com um firewall de estado, moderno, um exame por FIN não deverá produzir qualquer informação extra. Mesmo assim, Ereet o experimenta de qualquer forma, obtendo a saída do exemplo 5.12.

Exemplo 5.12. Exame por FIN de docsrv

```
# nmap -sF -T4 docsrv.caldera.com

    Starting Nmap ( http://nmap.org )
Interesting ports on docsrv.caldera.com (216.250.128.247):
Not shown: 961 closed ports
PORT           STATE              SERVICE
7/tcp          open|filtered      echo
9/tcp          open|filtered      discard
11/tcp         open|filtered      systat
13/tcp         open|filtered      daytime
15/tcp         open|filtered      netstat
19/tcp         open|filtered      chargen
21/tcp         open|filtered      ftp
22/tcp         open|filtered      ssh
23/tcp         open|filtered      telnet
25/tcp         open|filtered      smtp
37/tcp         open|filtered      time
79/tcp         open|filtered      finger
80/tcp         open|filtered      http
110/tcp        open|filtered      pop3
111/tcp        open|filtered      rpcbind
135/tcp        open|filtered      msrpc
143/tcp        open|filtered      imap
360/tcp        open|filtered      scoi2odialog
389/tcp        open|filtered      ldap
465/tcp        open|filtered      smtps
507/tcp        open|filtered      crs
512/tcp        open|filtered      exec
513/tcp        open|filtered      login
514/tcp        open|filtered      shell
515/tcp        open|filtered      printer
```

```
636/tcp     open|filtered   ldapssl
712/tcp     open|filtered   unknown
955/tcp     open|filtered   unknown
993/tcp     open|filtered   imaps
995/tcp     open|filtered   pop3s
1434/tcp    open|filtered   ms-sql-m
2000/tcp    open|filtered   callbook
2766/tcp    open|filtered   listen
3000/tcp    open|filtered   ppp
3306/tcp    open|filtered   mysql
6112/tcp    open|filtered   dtspc
32770/tcp   open|filtered   sometimes-rpc3
32771/tcp   open|filtered   sometimes-rpc5
32772/tcp   open|filtered   sometimes-rpc7

Nmap done: 1 IP address (1 host up) scanned in 7.64 seconds
```

Nossa! Isto é um monte de portas aparentemente abertas. A maioria delas está, provavelmente, aberta, porque ter apenas estas 39 filtradas e as outras 961 fechadas (enviando um pacote RST) seria incomum. Além disso, ainda é possível que alguma ou todas estejam filtradas, em vez de abertas. O exame por FIN não pode determinar com certeza. Revisitaremos este caso e aprenderemos mais sobre o docsrv posteriormente, neste capítulo.

5.6. Tipos de Exames Personalizados com --scanflags

Usuários verdadeiramente avançados do Nmap não precisam se limitar aos tipos de exames enlatados. A opção --scanflags permite que você projete seu próprio exame, especificando sinalizadores de TCP arbitrários. Deixe que suas ideias criativas fluam, enquanto evita os sistemas de detecção de intrusão cujos fornecedores simplesmente folhearam a página manual do Nmap adicionando regras específicas!

O argumento de --scanflags pode ser um valor de sinalizador numérico, tal como 9 (PSH e FIN), mas o uso de nomes simbólicos é mais fácil. Apenas misture-os em qualquer combinação de URG, ACK, PSH, RST, SYN e FIN. Por exemplo, --scanflags URGACKPSHRSTSYNFIN liga todos os bits, embora isto não seja muito útil para exame. A ordem em que eles são especificados é irrelevante.

Além de especificar os sinalizadores desejados, você pode especificar um tipo de exame de TCP (tal como -sA ou -sF). Esses tipos base dizem ao Nmap como interpretar as respostas. Por exemplo, um exame por SYN considera nenhuma resposta como indicativo de uma porta filtrada, enquanto que um exame por FIN trata a mesma como open|filtered (aberta ou filtrada). O Nmap se comportará da mesma forma como o faria para o tipo de exame base, com exceção de que ele usará os sinalizadores de TCP que você especificar. Se você não especificar um tipo base, o exame por SYN será usado.

5.6.1. Exame Personalizado por SYN/FIN

Um interessante tipo de exame personalizado é o por SYN/FIN. Às vezes um administrador de firewall ou o fabricante de um dispositivo tentará bloquear conexões que chegam com uma regra como "descartar quaisquer pacotes que cheguem com *apenas* o sinalizador SYN ligado". Eles o limitam a apenas o sinalizador SYN porque não querem bloquear os pacotes SYN/ACK que são retornados como segundo passo de uma conexão de saída.

O problema com esta abordagem é que a maioria dos sistemas finais aceitarão pacotes SYN iniciais que contenham, também, outros sinalizadores (que não seja o ACK). Por exemplo, o sistema de impressão digital de SO do Nmap envia um pacote SYN/FIN/URG/PSH a uma porta aberta. Mais da metade das impressões digitais na base de dados responderá com um SYN/ACK. Assim, eles permitem o exame de portas com este pacote e geralmente permitem que se faça uma conexão TCP completa, também. Alguns sistemas foram até conhecidos por responderem com SYN/ACK a um pacote SYN/RST! A RFC do TCP é ambígua sobre quais sinalizadores são aceitáveis num pacote SYN inicial, embora SYN/RST certamente parece espúrio. O exemplo 5.13 mostra Ereet conduzindo um exame por SYN/FIN com sucesso do Google. Ele aparentemente está se enchendo do Scanme.nmap.org.

Exemplo 5.13. Um exame por SYN/FIN do Google

```
krad# nmap -sS --scanflags SYNFIN -T4 www.google.com

Starting Nmap ( http://nmap.org )
Warning: Hostname www.google.com resolves to 4 IPs. Using
74.125.19.99.
Interesting ports on cf-in-f99.google.com (74.125.19.99):
Not shown: 996 filtered ports
PORT       STATE      SERVICE
80/tcp     open       http
113/tcp    closed     auth
179/tcp    closed     bgp
443/tcp    open       https

Nmap done: 1 IP address (1 host up) scanned in 7.58 seconds
krad# nmap -sS --scanflags SYNFIN -T4 www.google.com

Starting Nmap ( http://nmap.org )
Warning: Hostname www.google.com resolves to 4 IPs. Using
74.125.19.99.
Interesting ports on cf-in-f99.google.com (74.125.19.99):
Not shown: 996 filtered ports
PORT       STATE      SERVICE
80/tcp     open       http
113/tcp    closed     auth
179/tcp    closed     bgp
443/tcp    open       https

Nmap done: 1 IP address (1 host up) scanned in 7.58 seconds
```

Tipos similares de exames, tais como por SYN/URG ou por SYN/PSH/URG/FIN geralmente funcionarão, também. Se você não estiver conseguindo atravessar, não se esqueça da já mencionada opção do SYN/RST.

5.6.2. Exame por PSH

A seção 5.5, "Exames de TCP por FIN, nulo e de Natal (-sF, -sN, -sX)" destacou que os sistemas concordantes com a RFC permitem que alguém examine portas usando qualquer combinação dos sinalizadores FIN, PSH e URG. Apesar de haver oito permutações possíveis, o Nmap oferece três modos enlatados (nulo, por FIN e de Natal). Mostre algum talento pessoal experimentando um exame por PSH/URG ou FIN/PSH, em vez da opção mais comum. Os resultados raramente diferirão dos três modos enlatados, mas há uma pequena chance de evitação de sistemas de detecção de exames.

Para realizar um tal exame, apenas especifique os sinalizadores que você deseja com --scanflags e especifique o exame por FIN (-sF) como o tipo base (a escolha do nulo ou de Natal não faria nenhuma diferença). O exemplo 5.14 demonstra um exame por PSH em uma máquina Linux em minha rede local.

Exemplo 5.14. Um exame personalizado por PSH

```
krad# nmap -sF --scanflags PSH para

Starting Nmap ( http://nmap.org )
Interesting ports on para (192.168.10.191):
(The 995 ports scanned but not shown below are in state:
closed)
PORT            STATE              SERVICE
22/tcp          open|filtered      ssh
53/tcp          open|filtered      domain
111/tcp         open|filtered      rpcbind
515/tcp         open|filtered      printer
6000/tcp        open|filtered      X11
MAC Address: 00:60:1D:38:32:90 (Lucent Technologies)

Nmap done: 1 IP address (1 host up) scanned in 5.95 seconds
```

Como todos estes exames funcionam da mesma maneira, eu poderia manter apenas uma das opções -sF, -sN, e -sX, deixando que os usuários simulassem as outras com --scanflags. Não há planos para fazer isto, porque as opções de atalhos são mais fáceis de lembrar e usar. Você poderá, ainda, tentar a abordagem simulada para demonstrar sua perícia com o Nmap. Execute **nmap -sF --scanflags FINPSHURG alvo**, em vez da mais mundana **nmap -sX alvo**.

ADVERTÊNCIA

Na minha experiência, linhas de comando desnecessariamente complexas, do Nmap, não impressionam as garotas. Elas normalmente respondem com um condescendente esboço de sorriso, presumivelmente reconhecendo que o comando é redundante.

5.7. Exame de TCP por ACK (-sA)

Este exame é diferente dos outros discutidos até agora por nunca determinar portas abertas (ou mesmo "abertas ou filtradas"). Ele é usado para mapear conjuntos de regras de firewalls, determinando se eles são de estado ou não e quais portas estão filtradas.

O exame por ACK é habilitado pela especificação da opção -sA. Seu pacote de prova tem só o sinalizador ACK ligado (a menos que você use --scanflags). Quando examinando sistemas não filtrados, tanto as portas abertas quanto as fechadas retornarão um pacote RST. O Nmap, então, as marcará como não filtradas, significando que elas são inalcançáveis pelo pacote ACK, mas se elas estiverem abertas ou fechadas serão indeterminadas. Portas que não responderem, ou que enviarem certas mensagens de erro de ICMP de volta, serão marcadas como filtradas. A tabela 5.5 fornece os detalhes completos.

Tabela 5.5. Como o Nmap interpreta as respostas a uma prova de exame por ACK

Resposta à prova	Estado atribuído
Resposta TCP RST	unfiltered (não filtrada)
Nenhuma resposta recebida (mesmo depois de retransmissões)	filtered (filtrada)
Erro ICMP de inalcançável (tipo 3, código 1, 2, 3, 9, 10, ou 13)	filtered

O uso do exame por ACK é similar à maioria dos outros tipos de exames, em que você simplesmente adiciona um sinalizador único de opção, -sA, neste caso. O exemplo 5.15 mostra um exame por ACK em scanme.

Exemplo 5.15. Um típico exame por ACK

```
krad# nmap -sA -T4 scanme.nmap.org

Starting Nmap ( http://nmap.org )
Interesting ports on scanme.nmap.org (64.13.134.52):
Not shown: 994 filtered ports
```

Capítulo 5: Técnicas e Algoritmos de Exames de Portas — 179

```
PORT         STATE         SERVICE
22/tcp       unfiltered    ssh
25/tcp       unfiltered    smtp
53/tcp       unfiltered    domain
70/tcp       unfiltered    gopher
80/tcp       unfiltered    http
113/tcp      unfiltered    auth

Nmap done: 1 IP address (1 host up) scanned in 4.01 seconds
```

Um dos usos mais interessantes do exame por ACK é para diferenciar entre firewalls de estado e sem estado. Veja a seção 10.3.2, "Exame por ACK" sobre como fazer isto e por que você quereria fazê-lo.

Às vezes uma combinação de tipos de exames pode ser usada para colher informação extra de um sistema. Como exemplo, comece revendo o exame por FIN de docsrv, no exemplo 5.12, "Exame por FIN de docsrv". O Nmap encontra as portas fechadas, nesse caso, mas 39 delas são listadas como open|filtered (abertas ou filtradas) porque o Nmap não pode determinar entre estes dois estados com um exame por FIN. Agora, observe o exame por ACK do mesmo hospedeiro, no exemplo 5.16, "Um exame por ACK de docsrv". Duas destas 39 portas previamente não identificadas são mostradas como filtradas. As outras 37 (baseadas na linha de porta omissiva acima da tabela) estão no estado não filtrado. Isto significa aberta ou fechada. Se um tipo de exame identifica uma porta como aberta ou filtrada e um outro a identifica como aberta ou fechada, a lógica diz que ela deve estar aberta. Pela combinação de ambos os tipos de exames, descobrimos que 37 portas em docsrv estão abertas, duas estão filtradas e 961 estão fechadas. Apesar de a dedução lógica ter funcionado bem, aqui, para determinar os estados das portas, esta técnica nem sempre pode ser levada em conta. Ela presume que diferentes tipos de exames sempre retornarão um estado consistente para a mesma porta, o que é inexato. Firewalls e propriedades de pilhas de TCP podem fazer com que diferentes exames na mesma máquina difiram marcadamente. Em docsrv, vimos que um exame por SYN considera a porta SSH (tcp/22) filtrada, enquanto que um exame por ACK a considera não filtrada. Quando explorando condições limites e redes estranhamente configuradas, a interpretação do Nmap resulta numa arte que se beneficia da experiência e da intuição.

Exemplo 5.16. Um exame por ACK de docsrv

```
# nmap -sA -T4 docsrv.caldera.com

Starting Nmap ( http://nmap.org )
Interesting ports on docsrv.caldera.com (216.250.128.247):
Not shown: 998 unfiltered ports
PORT          STATE          SERVICE
135/tcp       filtered       msrpc
1434/tcp      filtered       ms-sql-m

Nmap done: 1 IP address (1 host up) scanned in 7.20 seconds
```

5.8. Exame de TCP por Janela (-sW)

O exame por janela (window) é exatamente o mesmo que o exame por ACK, exceto pelo fato de que ele explora um detalhe de implementação de certos sistemas para diferenciar portas abertas de fechadas, ao invés de sempre apresentar não filtrada, quando um RST for retornado. Ele o faz pelo exame do valor da janela do TCP dos pacotes RST retornados. Em alguns sistemas, as portas abertas usam um tamanho de janela positivo (mesmo para pacotes RST), enquanto as fechadas têm uma janela igual a zero. O exame por janela envia a mesma prova básica de ACK que o exame por ACK, interpretando os resultados como mostrado na tabela 5.6.

Tabela 5.6. Como o Nmap interpreta as respostas a uma prova de ACK de um exame por janela

Resposta à prova	Estado atribuído
Resposta TCP RST com o campo da janela diferente de zero	open (aberta)
Resposta TCP RST com o campo da janela igual a zero	closed (fechada)
Nenhuma resposta recebida (mesmo depois de retransmissões)	filtered (filtrada)
Erro ICMP de inalcançável (tipo 3, código 1, 2, 3, 9, 10, ou 13)	filtered

Capítulo 5: Técnicas e Algoritmos de Exames de Portas — 181

Este exame se baseia num detalhe de implementação de uma minoria de sistemas na Internet, de forma que você nem sempre pode confiar nele. Os sistemas que não o suportam normalmente retornarão todas as portas fechadas. É claro que é possível que a máquina realmente não tenha portas abertas. Se a maioria das portas examinadas estiver fechada, mas alguns números de portas comuns (como a 22, a 25 e a 53) estiverem abertas, o sistema muito provavelmente é suscetível. Eventualmente, os sistemas até mostrarão o comportamento exatamente oposto. Se seu exame mostrar 997 portas abertas e três fechadas ou filtradas, então estas três poderão muito bem ser as que realmente estão abertas.

Embora este exame não seja cabível em todas as situações, ele pode ser muito útil, ocasionalmente. Lembre-se do exemplo 5.12, "Exame por FIN de docsrv", que mostra muitas portas como open|filtered (abertas ou fechadas) que não foram encontradas num exame básico por SYN. O problema é que nós não podemos distinguir entre portas abertas e filtradas com esse exame por FIN. A seção anterior mostrou que poderíamos distingui-los pela combinação dos resultados dos exames por FIN e por ACK. Neste caso, um exame por janela torna isto ainda mais fácil, por não exigir os resultados do exame por FIN, como mostrado no exemplo 5.17.

Exemplo 5.17. Exame por janela de docsrv.caldera.com

```
# nmap -sW -T4 docsrv.caldera.com

Starting Nmap ( http://nmap.org )
Interesting ports on docsrv.caldera.com (216.250.128.247):
Not shown: 961 closed ports
PORT      STATE      SERVICE
7/tcp     open       echo
9/tcp     open       discard
11/tcp    open       systat
13/tcp    open       daytime
15/tcp    open       netstat
19/tcp    open       chargen
21/tcp    open       ftp
22/tcp    open       ssh
23/tcp    open       telnet
25/tcp    open       smtp
37/tcp    open       time
79/tcp    open       finger
```

```
80/tcp          open        http
110/tcp         open        pop3
111/tcp         open        rpcbind
135/tcp         filtered    msrpc
[14 open        ports       omitted for brevity]
1434/tcp        filtered    ms-sql-m
2000/tcp        open        callbook
2766/tcp        open        listen
3000/tcp        open        ppp
3306/tcp        open        mysql
6112/tcp        open        dtspc
32770/tcp       open        sometimes-rpc3
32771/tcp       open        sometimes-rpc5
32772/tcp       open        sometimes-rpc7

Nmap done: 1 IP address (1 host up) scanned in 7.30 seconds
```

Estes resultados são exatamente o que Ereet queria! As mesmas 39 portas interessantes são mostradas da mesma forma que com o exame por FIN, mas desta vez ele distingue entre as duas portas filtradas (MS-SQL e MSRPC) e as 37 que estão realmente abertas. Estes são os mesmos resultados que Ereet obteve pela combinação dos resultados dos exames por FIN e por ACK, na seção anterior. A verificação dos resultados com relação a consistência é uma outra boa razão para se experimentar múltiplos tipos de exames numa rede alvo.

5.9. O Exame de TCP de Maimon (-sM)

O exame de Maimon foi nomeado em homenagem ao seu descobridor, Uriel Maimon. Ele descreveu a técnica na edição 49 da Revista *Phrack* (novembro de 1996). O Nmap, que incluía esta técnica, foi liberado duas edições mais tarde. Esta técnica é exatamente a mesma que os exames nulo, por FIN e de Natal, com exceção de que a prova é FIN/ACK. De acordo com a RFC 793 (TCP), um pacote RST deve ser gerado em resposta a tal prova, se a porta estiver aberta ou fechada. Entretanto, Uriel percebeu que muitos sistemas derivados do BSD simplesmente descartavam o pacote, se a porta estivesse aberta.

O Nmap tira vantagem disto para determinar portas abertas, como mostrado na tabela 5.7.

Capítulo 5: Técnicas e Algoritmos de Exames de Portas — 183

Tabela 5.7. Como o Nmap interpreta as respostas a uma prova de exame de Maimon

Resposta à prova	Estado atribuído
Nenhuma resposta recebida (mesmo depois das retransmissões)	open|filtered (aberta ou filtrada)
Pacote TCP RST	closed (fechada)
Erro ICMP de inalcançável (tipo 3, código 1, 2, 3, 9, 10, ou 13)	filtered (filtrada)

O sinalizador do Nmap para um exame de Maimon é -sM. Embora esta opção fosse muito útil em 1996, os sistemas modernos raramente exibem este erro. Eles enviam um RST de volta para todas as portas, fazendo com que todas as portas pareçam fechadas. Este resultado é mostrado no exemplo 5.18.

Exemplo 5.18. Um exame falho de Maimon

```
# nmap -sM -T4 para

Starting Nmap ( http://nmap.org )
All 1000 scanned ports on para (192.168.10.191) are: closed
MAC Address: 00:60:1D:38:32:90 (Lucent Technologies)

Nmap done: 1 IP address (1 host up) scanned in 4.19 seconds
```

5.10. Exame Ocioso de TCP (-sI)

Em 1998, o pesquisador de segurança Antirez (que também escreveu a ferramenta **hping2** frequentemente usada neste livro) postou na lista de correio Bugtraq uma engenhosa técnica nova de exame de portas. O exame ocioso, como ele se tornou conhecido, permite um exame de portas completamente cego. Os atacantes podem realmente examinar um alvo sem enviar um único pacote a ele, a partir de seus próprios endereços IP! Em vez disso, um brilhante ataque de canal lateral permite que o exame seja exposto num "hospedeiro zumbi" burro. Os relatórios do sistema de detecção de intrusão (IDS) apontarão o inocente zumbi como sendo o atacante. Além de ser extraordinariamente invisível, este tipo de exame permite a descoberta de relacionamentos confiáveis, baseados em IP, entre máquinas.

Apesar do exame ocioso ser mais complexo do que qualquer das técnicas discutidas até aqui, você não precisa ser um *expert* em TCP/IP para entendê-lo. Ele pode ser montado a partir de três fatos básicos:

- Uma maneira de se determinar se uma porta TCP está aberta é enviar um pacote SYN (estabelecimento de sessão) à porta. A máquina alvo responderá com um pacote SYN/ACK (requisição de sessão reconhecida) se a porta estiver aberta, e RST (resetar) se a porta estiver fechada. Esta é a base do exame por SYN previamente discutido.

- Uma máquina que receba um pacote SYN/ACK não solicitado responderá com um RST. Um RST não solicitado será ignorado.

- Todo pacote IP na Internet tem um número de identificação de fragmento (ID de IP). Como muitos sistemas operacionais simplesmente incrementam este número para cada pacote que eles enviam, a prova do ID de IP pode dizer a um atacante quantos pacotes foram enviados desde a última prova.

Pela combinação destes traços, é possível examinar uma rede alvo enquanto se forja sua identidade, de forma que pareça que uma inocente máquina zumbi fez o exame.

5.10.1. O Exame Ocioso Passo a Passo

Fundamentalmente, um exame ocioso consiste de três passos que são repetidos para cada porta:

1. Provar a ID de IP do zumbi e guardá-la.

2. Forjar um pacote SYN a partir do zumbi e enviá-lo à porta desejada do alvo. Dependendo do estado da porta, a reação do alvo poderá ou não fazer com que a ID de IP do zumbi seja incrementada.

3. Provar novamente a ID de IP do zumbi. O estado da porta alvo será, então, determinado pela comparação desta nova ID de IP com a que foi guardada no passo 1.

Capítulo 5: Técnicas e Algoritmos de Exames de Portas — 185

Depois deste processo, a ID de IP do zumbi deverá ter sido incrementada de um ou dois. Um incremento de um indica que o zumbi não enviou nenhum pacote, com exceção de sua resposta à prova do atacante. Esta falta de envio de pacotes significa que a porta não está aberta (o alvo deve ter enviado ao zumbi ou um pacote RST, que foi ignorado, ou absolutamente nada). Um incremento de dois indica que o zumbi enviou um pacote entre as duas provas. Este pacote extra normalmente significa que a porta está aberta (o alvo presumivelmente enviou ao zumbi um pacote SYN/ACK em resposta ao SYN forjado, que induziu um pacote RST do zumbi). Incrementos maiores que dois normalmente representam um mau hospedeiro zumbi. Ele pode não ter números de ID de IP predizíveis, ou pode estar engajado em comunicação não relacionada ao exame ocioso.

Muito embora o que acontece com uma porta fechada seja ligeiramente diferente do que acontece com uma porta filtrada, o atacante mede o mesmo resultado em ambos os casos, ou seja, um incremento de 1 na ID de IP. Portanto, não é possível, para o exame ocioso, distinguir entre portas fechadas e filtradas. Quando o Nmap registra um incremento de ID de IP de 1, ele marca a porta como closed|filtered (fechada ou filtrada).

Para quem estiver querendo mais detalhes, os três diagramas seguintes mostram exatamente o que acontece nos três casos de uma porta aberta, fechada e filtrada. Os atores em cada diagrama são:

▇ o atacante, ▇ o zumbi e ▇ o alvo.

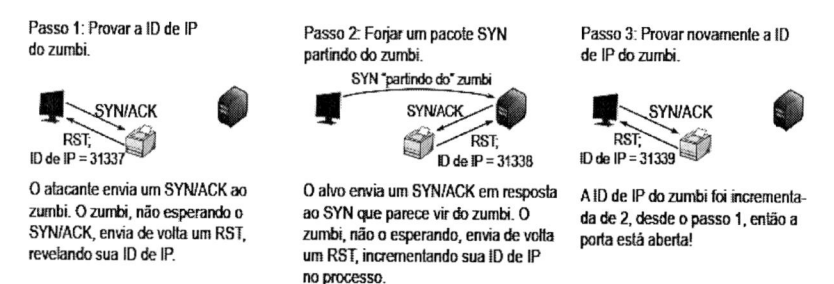

Figura 5.6. Exame ocioso de uma porta aberta

Passo 1: Provar a ID de IP do zumbi.

SYN/ACK
RST,
ID de IP = 31337

O atacante envia um SYN/ACK ao zumbi. O zumbi, não esperando o SYN/ACK, envia de volta um RST, revelando sua ID de IP.

Passo 2: Forjar um pacote SYN partindo do zumbi.

SYN "partindo do" zumbi
SYN/ACK
RST,
ID de IP = 31338

O alvo envia um SYN/ACK em resposta ao SYN que parece vir do zumbi. O zumbi, não o esperando, envia de volta um RST, incrementando sua ID de IP no processo.

Passo 3: Provar novamente a ID de IP do zumbi.

SYN/ACK
RST,
ID de IP = 31339

A ID de IP do zumbi foi incrementada de 2, desde o passo 1, então a porta está aberta!

Figura 5.7. Exame ocioso de uma porta fechada

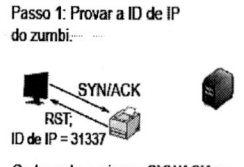

Passo 1: Provar a ID de IP do zumbi:

SYN/ACK
RST;
ID de IP = 31337

O atacante envia um SYN/ACK ao zumbi. O zumbi, não esperando o SYN/ACK, envia de volta um RST, revelando sua ID de IP. Este passo é sempre o mesmo.

Passo 2: Forjar um pacote SYN partindo do zumbi.

SYN "partindo do" zumbi
RST
(nenhuma resposta)

O alvo envia um RST (a porta está fechada) em resposta ao SYN que parece vir do zumbi. O zumbi ignora o RST não solicitado, deixando sua ID de IP inalterada.

Passo 3: Provar a ID de IP do zumbi, novamente.

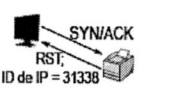

SYN/ACK
RST;
ID de IP = 31338

A ID de IP do zumbi foi incrementada de apenas 1 desde o passo 1, então a porta não está aberta.

Figura 5.8. Exame ocioso de uma porta filtrada

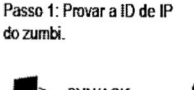

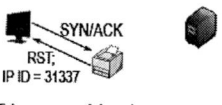

Passo 1: Provar a ID de IP do zumbi.

SYN/ACK
RST;
IP ID = 31337

Tal como nos dois outros casos, o atacante envia um SYN/ACK ao zumbi. O zumbi revela sua ID de IP.

Passo 2: Forjar um pacote SYN partindo do zumbi.

SYN "partindo do" zumbi
(nenhuma resposta)

O alvo, obstinadamente filtrando sua porta, ignora o SYN que parece vir do zumbi. O zumbi, sem saber que alguma coisa aconteceu, não incrementa sua ID de IP.

Passo 3: Provar novamente a ID de IP.

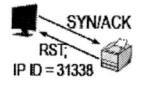

SYN/ACK
RST;
IP ID = 31338

A ID de IP do zumbi foi incrementada de apenas 1 desde o passo 1, então a porta não está aberta. Do ponto de vista do atacante, esta porta filtrada não é distinguível de uma porta fecha-

O exame ocioso é o exame invisível ao extremo. O Nmap oferece o exame por isca (-D) para ajudar os usuários a protegerem suas identidades, mas este (diferentemente do exame ocioso) ainda exige que um atacante envie alguns pacotes ao alvo, a partir de seu endereço IP real, para obter de volta os resultados do exame. Uma consequência do exame ocioso é que os sistemas de detecção de intrusão geralmente enviarão alertas reclamando que a máquina zumbi lançou um exame contra eles. Então ele pode ser usado para enquadrar alguns outros parceiros no exame. Tenha esta possibilidade em mente, quando lendo alertas de seu IDS.

Uma vantagem única do exame ocioso é que ele pode ser usado para driblar certos firewalls e roteadores com filtragem de pacotes. A filtragem de endereços IP de origem é um mecanismo de segurança comum (embora fraco) para limitação de máquinas que podem se conectar a um hospedeiro ou rede confidencial. Por exemplo, o servidor de bases de dados de uma companhia pode permitir conexões apenas do servidor web público que o acessa. Ou um usuário doméstico pode permitir conexões SSH (login interativo) somente das máquinas de seu trabalho.

Um cenário mais perturbador ocorre quando alguma autoridade de uma companhia exige que os administradores da rede abram uma brecha no firewall para que ela possa acessar recursos internos da rede a partir de seu endereço IP doméstico. Isto pode acontecer quando executivos não estão querendo ou não podem usar alternativas seguras de VPN.

O exame ocioso pode, às vezes, ser usado para mapear estes relacionamentos confiáveis. O fator chave é que os resultados do exame ocioso lista portas abertas a partir da perspectiva do hospedeiro zumbi. Um exame normal no servidor de bases de dados previamente mencionado poderá mostrar que não há portas abertas, mas a realização de um exame ocioso usando o IP do servidor web como zumbi poderá expor o relacionamento de confiança, mostrando as portas de serviço relacionadas com a base de dados como abertas.

O mapeamento destes relacionamentos de confiança podem ser muito úteis para os atacantes na priorização de alvos. O servidor web discutido anteriormente pode parecer mundano para uma atacante, até que ela note seu acesso especial à base de dados. Uma desvantagem do exame ocioso é que ele demora muito mais do que a maioria dos outros tipos de exame. A despeito dos algoritmos otimizados descritos na seção 5.10.4, "Algoritmos de implementação do exame ocioso", um exame por SYN de 15 segundos leva 15 minutos ou mais, como exame ocioso. Uma outra questão é que você deve ser capaz de simular pacotes como se eles viessem do zumbi, e fazer com que eles alcancem a máquina alvo. Muitos provedores de acesso (particularmente provedores de banda larga domésticos e de conexão discada) agora implementam filtragem de saída para impedir este tipo de simulação de pacotes. Provedores de ponta (tais como serviços de co-locação e de T1) são muito menos prováveis de fazerem isto. Se esta filtragem estiver em efeito, o Nmap apresentará uma rápida mensagem de erro para cada zumbi que você experimentar. Se a mudança de provedor não for possível, você poderá tentar usar um outro IP da mesma rede do provedor. Às vezes a filtragem só bloqueia a simulação de endereços IP que estão *fora* da faixa usada pelos clientes. Um outro desafio do exame ocioso é que você deve encontrar um hospedeiro zumbi operacional, como descrito na próxima seção.

5.10.2. Encontrando um Hospedeiro Zumbi Operacional para o Exame Ocioso

O primeiro passo na execução de um exame ocioso por ID de IP é encontrar um zumbi apropriado. Ele precisa atribuir ID de IP aos pacotes incrementalmente, numa base global (em vez de pôr hospedeiro com quem ele se comunique). Ele deve estar ocioso (daí o nome do exame), uma vez que tráfego estranho irá desorganizar sua sequência de ID de IP, confundindo a lógica do exame. Quanto menor a latência entre o atacante e o zumbi, e entre o zumbi e o alvo, tanto mais rápido o exame se procederá.

Quando um exame ocioso for tentado, o Nmap testará o zumbi proposto e relatará quaisquer problemas com ele. Se um não funcionar, tente outro. Há bastante hospedeiros vulneráveis, na Internet, de forma que candidatos a zumbi não são difíceis de se encontrar. Como o hospedeiro precisa estar desocupado, a escolha de um hospedeiro bem conhecido, tal como o www.yahoo.com ou o google.com quase nunca funcionará. Uma abordagem comum é simplesmente executar um exame por ping, do Nmap, em alguma rede. Você poderá usar o modo de seleção aleatória de IP (-iR), do Nmap, mas ele provavelmente resultará em zumbis muito distantes, com latência substancial. A escolha de uma rede próxima de seu endereço de origem, ou próxima do alvo, produzirá melhores resultados. Você poderá experimentar um exame ocioso usando cada hospedeiro disponível a partir dos resultados de um exame por ping, até que você encontre um que funcione. Como sempre, é melhor pedir permissão, antes de usar as máquinas de alguém para fins inesperados, tais como o exame ocioso.

Nós não escolhemos um ícone de impressora para representar um zumbi em nossas ilustrações apenas para ser engraçados - dispositivos simples de rede frequentemente se tornam ótimos zumbis, porque são comumente subutilizados (ociosos) e construídos com pilhas simples de rede, que são vulneráveis a detecção de tráfego de ID de IP.

A realização de um exame de portas e identificação de SO (-O) na rede do candidato a zumbi, em vez de apenas um exame por ping, ajudará na seleção de um bom zumbi. Desde que o modo verboso esteja habilitado (-v), a detecção de SO normalmente determinará o método de geração da sequência de ID de IP e apresentará uma linha como "IP ID Sequence Generation: Incremental"

(Geração de sequência de ID de IP: incremental). Se o tipo for dado como Incremental ou Broken little-endian incremental (incremental de final menor interrompido), a máquina é um bom candidato a zumbi. Isto ainda não é garantia de que ela funcionará, já que o Solaris e alguns outros sistemas criam uma nova sequência de ID de IP para cada hospedeiro com quem eles se comunicam. O hospedeiro poderá, também, estar muito ocupado. A detecção de SO e a lista de portas abertas poderá, também, ajudar na identificação de sistemas que provavelmente estejam ociosos.

Apesar da identificação de um zumbi conveniente dar algum trabalho inicial, você poderá se manter reutilizando os bons.

5.10.3. Executando um Exame Ocioso

Uma vez que um zumbi conveniente tenha sido encontrado, a realização de um exame será fácil. Simplesmente especifique o nome de hospedeiro do zumbi para a opção -sI e o Nmap fará o resto. O exemplo 5.19 mostra um exemplo de Ereet examinando a Recording Industry Association of America pela exposição de um exame ocioso a uma máquina da Adobe chamada Kiosk.

Exemplo 5.19. Um exame ocioso na RIAA

```
# nmap -PN -p- -sI kiosk.adobe.com www.riaa.com

Starting Nmap ( http://nmap.org )
Idlescan using zombie kiosk.adobe.com (192.150.13.111:80);
Class: Incremental
Interesting ports on 208.225.90.120:
(The 65522 ports scanned but not shown below are in state:
closed)
Port            State           Service
21/tcp          open            ftp
25/tcp          open            smtp
80/tcp          open            http
111/tcp         open            sunrpc
135/tcp         open            loc-srv
443/tcp         open            https
1027/tcp        open            IIS
1030/tcp        open            iad1
2306/tcp        open            unknown
5631/tcp        open            pcanywheredata
7937/tcp        open            unknown
```

```
7938/tcp         open           unknown
36890/tcp        open           unknown

Nmap done: 1 IP address (1 host up) scanned in 2594.47
seconds
```

Do exame anterior, descobrimos que a RIAA não é muito consciente com relação a segurança (note as portas abertas do PC Anywhere, portmapper, e Legato nsrexec). Como eles aparentemente não têm firewall, é improvável que tenham um IDS. Mas se o tiverem, ele mostrará kiosk.adobe.com como culpado pelo exame. A opção -PN impede que o Nmap envie um pacote inicial de ping à máquina da RIAA. Isto teria revelado o endereço verdadeiro de Ereet. O exame demorou muito porque -p foi especificado para o exame de todas as 65K portas. Não tente usar kiosk para os seus exames, uma vez que ele já foi removido.

Por omissão, o Nmap forja provas para o alvo a partir da porta de origem 80, do zumbi. Você pode optar por uma porta diferente, apensando um sinal de dois-pontos e o número da porta ao nome do zumbi (p.ex.: -sI kiosk.adobe.com:113). A porta selecionada não deverá estar filtrada para o atacante nem para o alvo. Um exame por SYN do zumbi deverá mostrar a porta no estado aberto ou fechado.

5.10.4. Algoritmos de Implementação do Exame Ocioso

Apesar da seção 5.10.1, "O exame ocioso passo a passo" descrever o exame ocioso num nível fundamental, a implementação do Nmap é muito mais complexa. As diferenças chaves são o paralelismo, para uma rápida execução e a redundância, para redução de falsos-positivos.

A paralelização do exame ocioso é mais complicada do que em outras técnicas de exame, devido ao método indireto de dedução de estados das portas. Se o Nmap enviar provas a muitas portas no alvo e depois checar o novo valor da ID de IP do zumbi, o número de incrementos da ID de IP exporá quantas portas do alvo estão abertas, mas não quais. Isto não é realmente um problema maior, uma vez que a vasta maioria das portas, num exame grande, estará fechada ou filtrada (closed|filtered). Como apenas portas abertas fazem com que o valor da ID de IP seja incrementado, o Nmap não verá nenhum incremento permeado e poderá marcar todo o grupo de portas como closed|filtered. O Nmap pode examinar grupos de até 100 portas em paralelo. Se o Nmap provar um grupo e depois descobrir que a ID de IP do zumbi foi incrementada de <N> vezes, deverá haver <N> portas abertas dentro deste grupo. O Nmap, então, encontra as portas abertas com uma busca binária. Ele divide o grupo em dois e envia provas separadas para cada um. Se um subgrupo mostra zero portas abertas, as portas daquele grupo serão todas marcadas como closed|filtered. Se um subgrupo mostrar uma ou mais portas abertas, ele será dividido novamente e o processo continuará até que aquelas portas sejam identificadas. Embora esta técnica adicione complexidade, ela pode reduzir os tempos de exame em dez vezes, em cima do tempo de exame de apenas uma porta por vez.

A confiabilidade é uma outra preocupação maior no exame ocioso. Se o hospedeiro zumbi enviar pacotes a quaisquer máquinas não relacionadas, durante o exame, sua ID de IP será incrementada. Isto fará com que o Nmap pense ter encontrado uma porta aberta. Felizmente, o exame paralelo ajuda nisso, também. Se o Nmap examinar 100 portas num grupo e o aumento da ID de IP sinalizar duas portas abertas, o Nmap dividirá o grupo em dois subgrupos de cinquenta portas. Quando o Nmap fizer um exame da ID de IP de ambos os subgrupos, será melhor que o incremento total da ID de IP do zumbi seja novamente dois! Do contrário, o Nmap detectará a inconsistência e reexaminará os grupos. Ele também modificará o tamanho do grupo e a temporização do exame com base na taxa de confiabilidade do zumbi detectada. Se o Nmap detectar demasiados resultados inconsistentes, ele sairá e solicitará que o usuário forneça um zumbi melhor.

Às vezes um rastreamento de pacotes é a melhor maneira de entender algoritmos e técnicas complexos como estes. Mais uma vez, a opção --packet-trace do Nmap torna trivial a produção destes, quando desejado. O resto desta seção fornece um rastreamento de pacote anotado, para um exame ocioso real de sete portas. Os endereços IP foram mudados para Atacante, Zumbi e Alvo, e alguns aspectos irrelevantes das linhas de rastreamento (tais como o tamanho da janela de TCP) foram removidos para fins de clareza.

```
Atacante# nmap -sI Zumbi -PN -p20-25,110 -r --packet- trace
-v Alvo
Starting Nmap ( http://nmap.org )
```

-PN é necessário para a invisibilidade, do contrário, pacotes de ping seriam enviados ao alvo a partir do endereço real do Atacante.

O exame de versão também exporia o endereço verdadeiro e, então, -sV *não* é especificado. A opção -r (desliga a randomização das portas) só é usada para tornar este exemplo mais fácil de se seguir.

O Nmap, primeiro, testa a geração de sequência da ID de IP pelo envio de seis pacotes SYN/ACK a ele e analisando as respostas. Isto ajuda o Nmap a remover imediatamente os maus zumbis. Isto também é necessário porque alguns sistemas (normalmente máquinas Microsoft Windows, embora nem todas as máquinas Windows o façam) incrementam de 256 a ID de IP para cada pacote enviado, em vez de um. Isto acontece em máquinas little-endian (de terminação menor), quando elas não convertem a ID de IP para a ordem de bytes da rede (que é big-endian, ou seja, de terminação maior). O Nmap usa estas provas iniciais para detectar e contornar este problema.

```
SENT (0.0060s) TCP Atacante:51824 > Zumbi:80 SA id=35996
SENT (0.0900s) TCP Atacante:51825 > Zumbi:80 SA id=25914
SENT (0.1800s) TCP Atacante:51826 > Zumbi:80 SA id=39591
RCVD (0.1550s) TCP Zumbi:80 > Atacante:51824 R id=15669
SENT (0.2700s) TCP Atacante:51827 > Zumbi:80 SA id=43604
RCVD (0.2380s) TCP Zumbi:80 > Atacante:51825 R id=15670
SENT (0.3600s) TCP Atacante:51828 > Zumbi:80 SA id=34186
RCVD (0.3280s) TCP Zumbi:80 > Atacante:51826 R id=15671
SENT (0.4510s) TCP Atacante:51829 > Zumbi:80 SA id=27949
RCVD (0.4190s) TCP Zumbi:80 > Atacante:51827 R id=15672
RCVD (0.5090s) TCP Zumbi:80 > Atacante:51828 R id=15673
RCVD (0.5990s) TCP Zumbi:80 > Atacante:51829 R id=15674
Idlescan using zombie Zumbi (Zumbi:80); Class:Incremental
```

Este teste demonstra que o zumbi está funcionando bem. Cada ID de IP foi incrementado de um em cima do valor prévio. Então, o sistema parece estar ocioso e vulnerável à detecção de tráfego de ID de IP. Estes resultados promissores ainda estão sujeitos ao próximo teste, no qual o Nmap simula quatro pacotes para Zumbi como se eles estivessem partindo de Alvo. Depois ele prova o zumbi para assegurar que a ID de IP foi incrementada. Se isto não aconteceu, então é provável que ou o provedor de acesso do atacante esteja bloqueando os pacotes simulados, ou o zumbi usa um contador de sequência

Capítulo 5: Técnicas e Algoritmos de Exames de Portas — 193

de ID de IP separado para cada hospedeiro com que ele se comunica. Ambas são ocorrências comuns, então o Nmap sempre realiza este teste. A última ID de IP conhecida de Zumbi foi 15674, como mostrado anterior.

```
SENT (0.5990s) TCP Alvo:51823 > Zumbi:80 SA id=1390
SENT (0.6510s) TCP Alvo:51823 > Zumbi:80 SA id=24025
SENT (0.7110s) TCP Alvo:51823 > Zumbi:80 SA id=15046
SENT (0.7710s) TCP Alvo:51823 > Zumbi:80 SA id=48658
SENT (1.0800s) TCP Atacante:51987 > Zumbi:80 SA id=27659
RCVD (1.2290s) TCP Zumbi:80 > Atacante:51987 R id=15679
```

Os quatro pacotes simulados casados com a prova de Atacante fizeram com que Zumbi incrementasse sua ID de IP de 15674 para 15679. Perfeito! Agora, o exame real começa. Lembre-se de que 15679 é a última ID de IP de Zumbi.

```
Initiating Idlescan against Alvo
SENT (1.2290s) TCP Zumbi:80 > Alvo:20 S id=13200
SENT (1.2290s) TCP Zumbi:80 > Alvo:21 S id=3737
SENT (1.2290s) TCP Zumbi:80 > Alvo:22 S id=65290
SENT (1.2290s) TCP Zumbi:80 > Alvo:23 S id=10516
SENT (1.4610s) TCP Atacante:52050 > Zumbi:80 SA id=33202
RCVD (1.6090s) TCP Zumbi:80 > Atacante:52050 R id=15680
```

O Nmap prova as portas 20-23. Depois ele prova Zumbi e descobre que a nova ID de IP é 15680, apenas um a mais que o valor anterior, de 15679. Não houve nenhum incremento na ID de IP entre estes dois pacotes conhecidos, o que significa que as portas 20-23 estão provavelmente fechadas ou filtradas. Também é possível que um SYN/ACK de uma porta de Alvo simplesmente ainda não tenha chegado. Neste caso, Zumbi não respondeu com um RST e, portanto, sua ID de IP não foi incrementada. Para assegurar a precisão, o Nmap tentará estas portas novamente, mais tarde.

```
SENT (1.8510s) TCP Atacante:51986 > Zumbi:80 SA id=49278
RCVD (1.9990s) TCP Zumbi:80 > Atacante:51986 R id=15681
```

O Nmap prova novamente, porque quatro décimos de segundo se passaram desde a última prova que ele enviou. O Zumbi (se não estiver realmente ocioso) pode ter se comunicado com outros hospedeiros, durante este período, o que causaria imprecisões posteriormente, se não detectado aqui. Felizmente, isto não aconteceu. A próxima ID de IP é 15681, como esperado.

```
SENT (2.0000s) TCP Zumbi:80 > Alvo:24 S id=23928
SENT (2.0000s) TCP Zumbi:80 > Alvo:25 S id=50425
SENT (2.0000s) TCP Zumbi:80 > Alvo:110 S id=14207
SENT (2.2300s) TCP Atacante:52026 > Zumbi:80 SA id=26941
RCVD (2.3800s) TCP Zumbi:80 > Atacante:52026 R id=15684
```

O Nmap prova as portas 24, 25 e 110 e depois consulta a ID de IP de Zumbi. Ela deu um salto de 15681 para 15684. Ela pulou 15682 e 15683, o que significa que duas das três portas estão provavelmente abertas. O Nmap não pode dizer quais as duas que estão abertas e isto poderia, também, ser um falso-positivo. Então o Nmap penetra mais a fundo, dividindo o exame em subgrupos.

```
SENT (2.6210s) TCP Atacante:51867 > Zumbi:80 SA id=18869
RCVD (2.7690s) TCP Zumbi:80 > Atacante:51867 R id=15685
SENT (2.7690s) TCP Zumbi:80 > Alvo:24 S id=30023
SENT (2.7690s) TCP Zumbi:80 > Alvo:25 S id=47253
SENT (3.0000s) TCP Atacante:51979 > Zumbi:80 SA id=12077
RCVD (3.1480s) TCP Zumbi:80 > Atacante:51979 R id=15687
```

O primeiro subgrupo são as portas 24 e 25. A ID de IP salta de 15685 para 15687, significando que uma destas duas portas está muito provavelmente aberta. O Nmap tenta a abordagem da divisão e conquista, novamente, provando cada porta separadamente.

```
SENT (3.3910s) TCP Atacante:51826 > Zumbi:80 SA id=32515
RCVD (3.5390s) TCP Zumbi:80 > Atacante:51826 R id=15688
SENT (3.5390s) TCP Zumbi:80 > Alvo:24 S id=47868
SENT (3.7710s) TCP Atacante:52012 > Zumbi:80 SA id=14042
RCVD (3.9190s) TCP Zumbi:80 > Atacante:52012 R id=15689
```

Uma prova da porta 24 não mostra qualquer salto na ID de IP. Então esta porta não está aberta. Dos resultados até agora, o Nmap determinou por tentativas:

- As portas 20-23 estão closed|filtered (fechadas ou filtradas)
- Duas das portas 24, 25 e 110 estão abertas
- Uma das portas 24 e 25 está aberta
- A porta 24 está fechada ou filtrada (closed|filtered)

Capítulo 5: Técnicas e Algoritmos de Exames de Portas — 195

Observe este quebra-cabeças demoradamente e você descobrirá somente uma solução: as portas 25 e 110 estão abertas, enquanto as outras cinco estão fechadas ou filtradas. Usando esta lógica, o Nmap poderia cessar o exame e apresentar os resultados agora. Ele costumava fazer isto, mas tal produzia demasiados falsos-positivos de portas abertas, quando Zumbi não estava realmente ocioso. Então, Nmap continua examinando para verificar seus resultados:

```
SENT (4.1600s) TCP Atacante:51858 > Zumbi:80 SA id=6225
RCVD (4.3080s) TCP Zumbi:80 > Atacante:51858 R id=15690
SENT (4.3080s) TCP Zumbi:80 > Alvo:25 S id=35713
SENT (4.5410s) TCP Atacante:51856 > Zumbi:80 SA id=28118
RCVD (4.6890s) TCP Zumbi:80 > Atacante:51856 R id=15692
Discovered open port 25/tcp on Alvo
SENT (4.6900s) TCP Zumbi:80 > Alvo:110 S id=9943
SENT (4.9210s) TCP Atacante:51836 > Zumbi:80 SA id=62254
RCVD (5.0690s) TCP Zumbi:80 > Atacante:51836 R id=15694
Discovered open port 110/tcp on Alvo
```

As provas das portas 25 e 110 mostram que elas estão abertas, como deduzimos anteriormente.

```
SENT (5.0690s) TCP Zumbi:80 > Alvo:20 S id=8168
SENT (5.0690s) TCP Zumbi:80 > Alvo:21 S id=36717
SENT (5.0690s) TCP Zumbi:80 > Alvo:22 S id=4063
SENT (5.0690s) TCP Zumbi:80 > Alvo:23 S id=54771
SENT (5.3200s) TCP Atacante:51962 > Zumbi:80 SA id=38763
RCVD (5.4690s) TCP Zumbi:80 > Atacante:51962 R id=15695
SENT (5.7910s) TCP Atacante:51887 > Zumbi:80 SA id=61034
RCVD (5.9390s) TCP Zumbi:80 > Atacante:51887 R id=15696
```

Apenas para ter certeza, o Nmap tenta as portas 20-23 de novo. Uma consulta à ID de IP de Zumbi mostra que não houve nenhum salto na sequência. Diante da remota possibilidade de um SYN/ACK de Alvo para Zumbi chegar com atraso, o Nmap tenta uma outra consulta à ID de IP. Esta, mais uma vez, não mostra nenhuma porta aberta. O Nmap está, agora, suficientemente confiante em seus resultados, para apresentá-los.

```
The Idlescan took 5 seconds to scan 7 ports.
Interesting ports on Alvo:
PORT            STATE              SERVICE
20/tcp          closed|filtered    ftp-data
21/tcp          closed|filtered    ftp
```

```
22/tcp              closed|filtered   ssh
23/tcp              closed|filtered   telnet
24/tcp              closed|filtered   priv-mail
25/tcp              open              smtp
110/tcp             open              pop3

Nmap finished: 1 IP address (1 host up) scanned in 5.949
seconds
```

Para detalhes completos sobre a implementação do exame ocioso no Nmap, leia o idle_scan.cc na distribuição de código fonte do Nmap.

Embora o exame de portas seja um abuso inteligente das sequências predizíveis de ID de IP, elas podem ser exploradas para muitos outros propósitos, também. Os exemplos estão salpicados ao longo deste livro, particularmente no capítulo 10, *Detectando e Subvertendo Firewalls e Sistemas de Detecção de Intrusão*.

5.11. Exame de Protocolos IP (-sO)

O exame de protocolos IP permite que você determine quais protocolos IP (TCP, ICMP, IGMP etc) são suportados pelas máquinas alvo. Isto não é, tecnicamente, um exame de portas, uma vez que ele circula pelos números de protocolos IP, em vez dos números de portas TCP ou UDP. Mesmo assim, ele ainda usa a opção -p para selecionar os números de protocolos examinados, reporta seus resultados no formato normal da tabela de portas e, até, usa o mesmo mecanismo subjacente que os métodos reais de exame de portas. Assim, ele está perto o bastante de um exame de portas, para estar aqui.

Além de ser útil em si mesmo, o exame de protocolos demonstra o poder do software de código aberto. Apesar da ideia fundamental ser bastante simples, eu não pensei em adicioná-la, nem recebi quaisquer solicitações para tal funcionalidade. Então, no verão de 2000, Gerhard Rieger concebeu a ideia, escreveu uma excelente emenda implementando-a e enviou para a lista de correio *nmap-hackers*. Eu incorporei essa emenda na árvore do Nmap e liberei uma nova versão no dia seguinte. Poucas partes de software comercial têm usuários suficientemente entusiasmados para projetar e contribuir com suas próprias melhorias!

O exame de protocolos funciona de forma similar ao exame de UDP. Em vez de iterarem pelo campo do número da porta de um pacote UDP, ele envia cabeçalhos de pacotes IP e itera pelo campo de oito bits do protocolo IP. Os cabeçalhos normalmente são vazios, sem conter nenhum dado e nem mesmo o cabeçalho apropriado para o protocolo reclamado. Uma exceção é feita a certos protocolos populares (incluindo o TCP, o UDP, e o ICMP). Os cabeçalhos de protocolos apropriados para estes são incluídos, já que, do contrário, alguns sistemas não os enviarão, e porque o Nmap já tem funções para criá-los. Em vez de esperar por mensagens de ICMP de porta inalcançável, o exame de protocolos fica no encalço de mensagens de ICMP de *protocolo* inalcançável. A tabela 5.8 mostra como as respostas às provas de IP são mapeadas para estados de portas.

Tabela 5.8. Como o Nmap interpreta as respostas a uma prova de protocolos de IP

Resposta à prova	Estado atribuído
Qualquer resposta, em qualquer protocolo, do hospedeiro alvo	open (aberta - para o protocolo usado na resposta, não necessariamente o protocolo da prova)
Erro de ICMP de protocolo inalcançável (tipo 3, código 2)	closed (fechada)
Outros erros de ICMP de inalcançável (tipo 3, código 1, 3, 9, 10, ou 13)	filtered (filtrada - embora eles provem que a do ICMP está aberta se enviado a partir da máquina alvo)
Nenhuma resposta recebida (mesmo depois de retransmissões)	open|filtered (aberta ou filtrada)

Como as portas abertas nos protocolos TCP ou UDP, cada protocolo aberto é um vetor de exploração em potencial. Além disso, os resultados do exame de protocolos ajudam a determinar o propósito de uma máquina e que tipo de filtragem de pacotes está em atividade. Hospedeiros finais normalmente têm pouco mais que TCP, UDP, ICMP e (às vezes) IGMP abertos, enquanto os roteadores frequentemente oferecem muito mais, incluindo protocolos relacionados a roteamento, tais como GRE e EGP. Firewalls e gateways de VPNs podem apresentar protocolos relacionados com encriptação, tais como IPsec e SWIPE.

Como as mensagens de ICMP de porta inalcançável recebidas durante um exame de UDP, as mensagens de ICMP de protocolo inalcançável são normalmente de taxa limitada. Por exemplo, não mais que uma resposta de ICMP de destino inalcançável é enviada por segundo, por uma máquina Linux 2.4.20 omissiva. Como há apenas 256 números possíveis de protocolos, este é um problema menor que o de um exame de UDP de 65.536 portas. As sugestões da seção 5.4.2, "Acelerando os exames de UDP" se aplicam à aceleração dos exames de protocolos IP, também.

O exame de protocolos é usado da mesma forma que a maioria de outras técnicas de exame, na linha de comando. Simplesmente especifique -sO em acréscimo a quaisquer opções gerais, do Nmap, que lhe interessem. A opção normal de porta (-p) é usada para selecionar os números dos protocolos. Ou você pode usar -F para examinar todos os protocolos listados na base de dados nmap-protocols. Por omissão, o Nmap examina todos os 256 valores possíveis. O exemplo 5.20 mostra Ereet examinando um roteador na Polônia, seguido de uma máquina Linux típica, na minha rede local.

Exemplo 5.20. Exame de protocolos IP de um roteador e de uma máquina Linux 2.4 típica

```
# nmap -sO 62.233.173.90 para

Starting Nmap ( http://nmap.org )
Interesting protocols on ntwklan-62-233-173-90.devs.futuro.
pl (62.233.173.90):
Not shown: 240 closed ports
PROTOCOL        STATE              SERVICE
1               open               icmp
4               open|filtered      ip
6               open               tcp
8               open|filtered      egp
9               open|filtered      igp
17              filtered           udp
47              open|filtered      gre
53              filtered           swipe
54              open|filtered      narp
```

```
55                      filtered            mobile
77                      filtered            sun-nd
80                      open|filtered       iso-ip
88                      open|filtered       eigrp
89                      open|filtered       ospfigp
94                      open|filtered       ipip
103                     filtered            pim

Interesting protocols on para (192.168.10.191):
Not shown: 252 closed ports
PROTOCOL                STATE               SERVICE
1                       open                icmp
2                       open|filtered       igmp
6                       open                tcp
17                      filtered            udp
MAC Address: 00:60:1D:38:32:90 (Lucent Technologies)

Nmap done: 2 IP addresses (2 hosts up) scanned in 458.04
seconds
```

5.12. Exame de TCP por Rebate de FTP (-b)

Uma funcionalidade interessante do protocolo FTP (RFC 959) é o suporte às assim chamadas conexões de FTP por representante. Isto permite que um usuário se conecte a um servidor FTP e, depois, solicite que arquivos sejam enviados a um servidor de terceiros. Tal funcionalidade é oportuna para abusos em muitos níveis, de forma que a maioria dos servidores deixou de suportá-la. Um dos abusos que esta funcionalidade permite é fazer com que o servidor FTP examine as portas de outros hospedeiros. Simplesmente solicite ao servidor FTP para enviar um arquivo a cada porta interessante do hospedeiro alvo, por vez. A mensagem de erro descreverá se a porta está aberta ou não. Esta é uma boa maneira de se eliminar firewalls, porque servidores FTP organizacionais normalmente são colocados onde eles têm mais acesso a outros hospedeiros internos do que qualquer velho hospedeiro da Internet teria. O Nmap suporta o exame por rebate de FTP com a opção -b. Ela usa um argumento na forma *<nome de usuário>:<senha>@<servidor>:<porta>*. *<servidor>* é o nome ou o endereço IP de um servidor FTP vulnerável. Como nos URLs normais, você pode omitir o *<nome de usuário>:<senha>*, em cujo caso, as credenciais de login anônimo (usuário: anonymous, senha: -wwwuser@) serão usadas. O número da porta (e o dois-pontos precedente) pode ser omitido, também, em cujo caso a porta FTP omissiva (21) em *<servidor>* será usada.

No exemplo 5.21, eu tento expor o servidor FTP principal da Microsoft para examinar o Google.

Exemplo 5.21. Tentativa de exame por rebate de FTP

```
# nmap -PN -b ftp.microsoft.com google.com

Starting Nmap ( http://nmap.org )
Your FTP bounce server doesn't allow privileged ports,
skipping them.
Your FTP bounce server sucks, it won't let us feed bogus
ports!
```

Usuários frequentes do exame por rebate de FTP estão mais acostumados a esta mensagem de erro. Esta vulnerabilidade estava disseminada em 1997, quando o Nmap foi liberado, mas foi amplamente solucionada. Servidores vulneráveis ainda estão por aí, então vale a pena experimentar, quando tudo o mais falhar. Se ultrapassar um firewall for o seu objetivo, examine a rede alvo em busca da porta 21 aberta (ou mesmo em busca de quaisquer serviços FTP, se você examinar todas as portas com detecção de versão), depois experimente um exame por rebate, usando cada um. O Nmap lhe dirá se o hospedeiro é vulnerável ou não. Se você estiver apenas tentando ocultar seus rastros, você não precisará (e, na verdade, não deverá) se limitar a hospedeiros na rede alvo. Antes de partir para o exame de endereços aleatórios de Internet, em busca de servidores FTP vulneráveis, leve em conta que os administradores de sistemas não apreciarão que você abuse dos servidores deles desta forma.

O exemplo 5.22 mostra um bem sucedido exame por rebate em algumas portas interessantes em Scanme. A opção de verbosidade (-v) foi fornecida para oferecer detalhes extras. O tipo de servidor dado, "JD FTP Server", significa que este é um servidor de impressão HP JetDirect.

Capítulo 5: Técnicas e Algoritmos de Exames de Portas — 201

Exemplo 5.22. Exame por rebate de FTP bem sucedido

```
krad~> nmap -p 22,25,135 -PN -v -b XXX.YY.111.2 scanme.nmap.
org

Starting Nmap ( http://nmap.org )
Attempting connection to ftp://anonymous:-wwwuser@@XXX.
YY.111.2:21
Connected:220 JD FTP Server Ready
Login credentials accepted by ftp server!
Initiating TCP ftp bounce scan against scanme.nmap.org
(64.13.134.52)
Adding open port 22/tcp
Adding open port 25/tcp
Scanned 3 ports in 12 seconds via the Bounce scan.
Interesting ports on scanme.nmap.org (64.13.134.52):
PORT         STATE         SERVICE
22/tcp       open          ssh
25/tcp       open          smtp
135/tcp      filtered      msrpc

Nmap done: 1 IP address (1 host up) scanned in 21.79 seconds
```

5.13. Código e Algoritmos de Exames

Em 2004, o mecanismo primário de exame de portas do Nmap foi reescrito para maior desempenho e precisão. O novo mecanismo, conhecido como ultra_scan, em menção ao nome de sua função, trata os exames por SYN, por connect, de UDP, nulo, por FIN, de Natal, por ACK, por janela, de Maimon, e de protocolos IP, bem como os vários exames de descoberta de hospedeiros. Isto deixa somente o exame ocioso e o exame por rebate de FTP usando seus próprios mecanismos.

Embora os diagramas, ao longo deste capítulo, mostrem como cada tipo de exame funciona, a implementação do Nmap é muito mais complexa, uma vez que ele tem de se preocupar com paralelização de portas e hospedeiros, estimativa de latências, detecção de perda de pacotes, perfis de temporização, condições anormais de redes, filtros de pacotes, limites de taxas de resposta, e muito mais.

Esta seção não fornece cada detalhe de baixo nível do mecanismo ultra_scan. Se você for bastante inquiridor para querer isto, será melhor obtê-lo da fonte. Você poderá encontrar o ultra_scan e suas funções auxiliares de alto nível definidos no scan_engine.cc, no pacote do Nmap. Aqui, eu cubro as características mais importantes do algoritmo. O entendimento destas ajuda na otimização de seus exames para melhor desempenho, como descrito no capítulo 6, *Otimizando o Desempenho do Nmap*.

5.13.1. Monitoramento de Condições da Rede

Alguns autores alardeiam que seus scanners são mais rápidos que o Nmap, por causa da operação sem estado. Eles simplesmente espalham uma inundação de pacotes, depois esperam por respostas e torcem pelo melhor. Apesar de isto poder ter valor para levantamentos rápidos e outros casos em que a velocidade seja mais importante que a abrangência e a precisão, eu não acho apropriado para exames de segurança. Um scanner sem estado não pode detectar pacotes descartados para poder retransmiti-los e regular sua taxa de envio. Se um roteador ocupado a meio caminho, na rede, descartar 80% da inundação de pacotes do scanner, este ainda considerará a execução como bem sucedida e apresentará resultados que são desastrosamente imprecisos. O Nmap, por outro lado, salva extensivos estados em RAM, enquanto roda. Há, normalmente, muita memória disponível, mesmo num PDA. O Nmap marca cada prova com números de sequência, portas de origem e de destino, campos de ID, ou outros aspectos (dependendo do tipo de prova) que permitirão que ele reconheça as respostas (e consequentemente os descartes). Ele, então, ajusta sua velocidade apropriadamente para permanecer tão rápido quanto a rede (e as opções dadas na linha de comando) o permita, sem ultrapassar os limites e sofrer com a imprecisão ou extrapolar indevidamente uma rede compartilhada. Alguns administradores que não instalaram um IDS poderão não perceber um exame por SYN, do Nmap, de toda a sua rede. Mas é melhor que você acredite que o administrador investigará, se você usar um scanner bruto de inundação de pacotes que afete o tempo de ping do Quake dele!

Apesar dos algoritmos de controle de congestionamento do Nmap serem recomendados para a maioria dos exames, eles podem ser omitidos. A opção --min-rate envia pacotes na taxa que você especificar (ou maior), mesmo que isto exceda os limites normais de controle de congestionamento do Nmap. Da mesma forma, a opção --max-retries controla quantas vezes o Nmap poderá retransmitir um pacote. Opções como --min-rate 100 --max-retries 0 simularão o comportamento de scanners simples sem estado. Você poderia dobrar a velocidade, especificando uma taxa de 200 pacotes por segundo, ao invés de 100 pps, mas não fique tão faminto - um exame extremamente rápido será de pouco valor, se os resultados estiverem errados ou incompletos. Qualquer uso de --min-rate fica a seu próprio risco.

5.13.2. Paralelização de Hospedeiros e Portas

A maioria dos diagramas, neste capítulo, ilustra o uso de uma técnica para determinação do estado de uma única porta. O envio de uma prova e o recebimento da resposta exige um tempo de ida e volta (RTT, na sigla em inglês) entre as máquinas de origem e alvo. Se seu RTT for de 200 ms e você estiver examinando 65.536 portas numa máquina, tratá-las serialmente levaria pelo menos 3,6 horas. Examine uma rede de 20.000 máquinas desta forma e a espera voará para mais de oito anos. Isto é claramente inaceitável, de forma que o Nmap paraleliza seus exames e é capaz de examinar centenas de portas em cada uma de dezenas de máquinas ao mesmo tempo. Isto eleva a velocidade em várias dezenas de vezes. O número de hospedeiros e portas que ele examina de uma só vez depende dos argumentos descritos no capítulo 6, *Otimizando o Desempenho do Nmap*, incluindo --min-hostgroup, --min-parallelism, -T4, --max-rtt-timeout e muitas outras. Ele depende, também, das condições da rede detectadas pelo Nmap.

Quando examinando múltiplas máquinas, o Nmap tenta espalhar eficientemente a carga entre elas. Se uma máquina parece sobrecarregada (descarta os pacotes ou sua latência aumenta), o Nmap desacelera para aquele hospedeiro, enquanto continua com os outros a plena velocidade.

5.13.3. Estimativa de Tempo de Ida e Volta (Round Trip)

Cada vez que uma resposta a uma prova é recebida, o Nmap calcula os microssegundos passados desde que a prova foi enviada. Nós chamamos isto de RTTinstancia, e o Nmap a utiliza para manter uma contagem em andamento de três valores cruciais relacionados à temporização: srtt, rttvar, e timeout. O

Nmap mantém valores separados para cada hospedeiro e, também, valores combinados para um grupo inteiro de hospedeiros examinados em paralelo. Eles são calculados como se segue:

srtt
> O tempo médio nivelado de ida e volta. É isto que o Nmap usa como sua estimativa mais precisa de RTT. Ao invés de usar uma média aritmética, a fórmula favorece os resultados mais recentes, porque as condições da rede mudam frequentemente. A fórmula é:

```
novosrtt = srttanterior + (RTTinstancia -
    srttanterior) / 8
```

rttvar
> Esta é a variação ou derivação observada no tempo de ida e volta. A ideia é que se os valores de RTT forem bastante consistentes, o Nmap poderá desistir logo depois de esperar pelo srtt. Se a variação for muito alta, o Nmap deverá esperar mais tempo do que o srtt, antes de desistir de uma prova, porque respostas relativamente lentas são comuns. A fórmula é a seguinte (ABS representa a operação de valor absoluto):

```
novorttvar = rttvaranterior + (ABS(RTTinstancia -
    srttanterior) - rttvaranterior) / 4
```

timeout
> Esta é a quantidade de tempo que o Nmap quer esperar antes de desistir de uma prova. Ela é calculada como:

```
timeout = novosrtt + novorttvar * 4
```

Quando uma prova expira, o Nmap pode retransmiti-la ou atribuir a uma porta um estado como filtrado (dependendo do tipo de exame). O Nmap mantém algumas informações de estado, mesmo depois de uma expiração, só para o caso de uma resposta atrasada chegar, enquanto o exame geral ainda está em andamento.

Estas simples fórmulas de estimativa de tempo parecem funcionar muito bem. Elas são vagamente baseadas em técnicas similares usadas pelo TCP e discutidas na RFC 2988, *Computação do Temporizador de Retransmissão do TCP*. Otimizamos esses algoritmos ao longo dos anos para melhor se encaixarem no exame de portas.

5.13.4. Controle de Congestionamento

Os temporizadores de retransmissão estão longe da única técnica que o Nmap colheu do TCP. Como o Nmap é mais comumente usado com o TCP, é apenas certo que ele siga muitas das mesmas regras. Particularmente uma vez que essas regras são o resultado de pesquisas substanciais para a maximização da produção sem degradar numa tragédia dos comuns, na qual todos egoisticamente devoram a rede. Com suas opções omissivas, o Nmap é razoavelmente polido. O Nmap usa três algoritmos modelados pelo TCP para controlar a agressividade do exame: uma janela de congestionamento, redução exponencial, e partida lenta. A janela de congestionamento controla quantas provas o Nmap poderá ter em andamento de uma só vez. Se a janela estiver cheia, o Nmap não enviará nenhuma outra prova, até que uma resposta seja recebida ou que uma prova expire. A redução exponencial faz com que o Nmap reduza dramaticamente a velocidade, quando ele detectar pacotes descartados. A janela de congestionamento será normalmente reduzida para um, sempre que descartes forem detectados. A despeito de lenta fazer parte do nome, a partida lenta é um algoritmo bastante rápido para o incremento gradual da velocidade de exame, para a determinação dos limites de desempenho da rede.

Todas estas técnicas são descritas na RFC 2581, *Controle de congestionamento de TCP*. Este documento foi escrito pelos gurus de redes Richard Stevens, Vern Paxson, e Mark Allman. Ele só tem 10 páginas de comprimento e qualquer pessoa interessada em implementar pilhas eficientes de TCP (ou outros protocolos de rede, ou scanners de portas) deve achá-lo fascinante.

Quando o Nmap examina um grupo de alvos, ele mantém em memória uma janela e um limite de congestionamento para cada alvo, bem como uma janela e um limite para o grupo como um todo. A janela de congestionamento é o número de provas que podem ser enviadas de uma só vez. O limite de congestionamento define o limite entre a partida lenta e os modos de evitação de congestionamento. Durante a partida lenta, a janela de congestionamento cresce rapidamente, em resposta às respostas. Uma vez que a janela de congestionamento exceda o limite de congestionamento, o modo de evitação de congestionamento inicia, durante o qual a janela de congestionamento aumenta mais lentamente. Depois de um descarte, tanto a janela quanto o limite de congestionamento são reduzidos para alguma fração de seus valores prévios.

Há uma importante diferença entre fluxos de TCP e exames de portas do Nmap, no entanto. Nos fluxos de TCP, é normal esperarem-se ACKs em resposta a cada pacote enviado (ou, pelo menos, a uma grande fração deles). Na verdade, o crescimento apropriado da janela de congestionamento depende desta premissa. O Nmap frequentemente se encontra numa situação diferente: encarando um alvo com um firewall de negação omissiva, muito poucos pacotes enviados chegarão a ser respondidos. A mesma coisa acontece quando do exame por ping de um bloco de endereços de rede que contenha apenas uns poucos hospedeiros ativos. Para compensar isto, o Nmap toma conta da relação entre pacotes enviados e respostas recebidas. Sempre que a janela de congestionamento de grupo mudar, a quantidade da mudança será multiplicada por esta razão. Em outras palavras, quando poucos pacotes receberem resposta, cada resposta carrega mais peso.

Uma descrição gráfica de como a janela e o limite de congestionamento de grupo variam durante um típico exame de portas é mostrado na figura 5.9. A janela de congestionamento é mostrada em preto e o limite de congestionamento em cinza.

Figura 5.9. Janela e limite de congestionamento

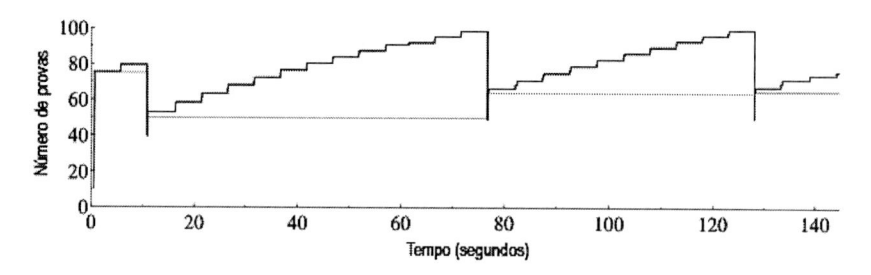

A janela de congestionamento inicia baixa e o limite de congestionamento inicia alto. O modo de início lento começa e o tamanho da janela aumenta rapidamente. Os grandes saltos "em degraus" são o resultado da temporização de pings. A cerca de 10 segundos, a janela de congestionamento aumentou para 80 provas, quando um descarte é detectado. Tanto a janela quanto o limite de congestionamento são reduzidos. A janela de congestionamento continua a crescer até cerca de 80 segundos, quando um outro descarte é detectado. Depois, o ciclo se repete, o que é típico quando as condições da rede são estáveis.

Descartes durante um exame não são nada com que se preocupar. O propósito dos algoritmos de controle de congestionamento é provar dinamicamente a rede para descobrir sua capacidade. Vistos desta forma, os descartes são um retorno valioso que ajuda o Nmap a determinar o tamanho correto para a janela de congestionamento.

5.13.5. Provas de Temporização

Cada técnica discutida nesta seção de algoritmos envolve (em algum nível) o monitoramento da rede para detecção e estimativa de perda de pacotes e de latência da rede. Isto é realmente crítico para a obtenção de tempos curtos de exames. Infelizmente, bons dados são frequentemente difíceis de se obterem, quando examinando sistemas fortemente protegidos por firewalls. Estes filtros normalmente descartam a grande maioria de pacotes sem qualquer resposta. O Nmap pode ter de enviar 20.000 provas, ou mais, para encontrar uma porta responsiva, tornando difícil o monitoramento das condições da rede.

Para combater este problema, o Nmap usa provas de temporização, também conhecidas como pings de exame de portas. Se o Nmap tiver encontrado pelo menos uma porta responsiva, num hospedeiro fortemente protegido por firewalls, ele enviará uma prova àquela porta a cada 1,25 segundos que ele fique sem receber respostas de quaisquer outras portas. Isto permite ao Nmap conduzir um nível suficiente de monitoramento para acelerar ou desacelerar seus exames, conforme o permitam as condições da rede.

5.13.6. Tempos Inferidos de Vizinho

Às vezes, até mesmo os pings de exame de portas não ajudarão, porque absolutamente nenhuma porta responsiva foi encontrada. A máquina pode estar fora do ar (e sendo examinada com -PN), ou cada porta única poderá estar filtrada. Ou, talvez, o alvo tenha duas portas responsivas, mas o Nmap não teve sorte bastante para encontrá-las, ainda. Nestes casos, o Nmap usa valores de temporização que ele mantém para todo o grupo de máquinas que ele está examinando ao mesmo tempo. Desde que pelo menos uma resposta seja recebida de qualquer máquina no grupo, o Nmap terá alguma coisa com que trabalhar. É claro que o Nmap não pode considerar que os hospedeiros num grupo compartilham sempre características de temporização similares. Assim, o Nmap acompanha as variações de temporização entre os hospedeiros responsivos, num grupo. Se elas diferirem largamente, o Nmap inferirá longos prazos de expiração para que hospedeiros vizinhos estejam do lado seguro.

5.13.7. Retransmissão Adaptável

Os mais simples dos scanners (e os sem estado) geralmente não retransmitem nenhuma prova. Eles simplesmente enviam uma prova a cada porta e reportam com base na resposta ou na falta desta. Scanners ligeiramente mais complexos retransmitirão um número definido de vezes. O Nmap tenta ser mais experto, mantendo uma cuidadosa estatística de perda de pacotes para cada exame de um alvo. Se nenhuma perda de pacotes for detectada, o Nmap só poderá retransmitir uma vez, quando ele falhar em receber uma resposta a uma prova. Quando uma perda maciça de pacotes for evidente, o Nmap poderá retransmitir dez vezes ou mais. Isto permite que o Nmap examine rapidamente os hospedeiros de rede rápidas e confiáveis, enquanto preserva a precisão (à custa de alguma velocidade) quando examinando redes ou máquinas problemáticas. Mesmo a paciência do Nmap tem limites, no entanto. A certa altura (dez retransmissões), o Nmap exibirá uma advertência e desistirá de outras retransmissões. Isto impede hospedeiros maliciosos de retardar o Nmap demasiadamente com descartes intencionais de pacotes, respostas lentas, e enrolações semelhantes. Um tal ataque é conhecido como atolamento no piche e é comumente usado contra spammers.

5.13.8. Retardo de Exames

A limitação na taxa de resposta de pacotes é, talvez, o problema mais pernicioso encarado pelos scanners de portas, tais como o Nmap. Por exemplo, os kernels Linux 2.4 limitam as mensagens de erro de ICMP retornadas durante um exame de UDP (-sU) ou de protocolos IP (-sO) a um por segundo. Se o Nmap contasse estes como descartes normais, ele estaria continuamente retardando (lembre-se da redução exponencial), mas ainda terminaria tendo a vasta maioria de suas provas descartadas. Em vez disso, o Nmap tenta detectar esta situação. Quando uma grande proporção de pacotes está sendo descartada, ele implementa o retardo curto (apenas 5 milissegundos) entre cada prova enviada a um único alvo. Se os descartes continuarem a ser um problema maior, o Nmap continuará a dobrar o retardo até que os descartes cessem ou que o

Nmap atinja o máximo retardo de exame permitido. Os efeitos do retardo dos exames durante um exame de UDP das portas 1 - 50 de um hospedeiro Linux com taxa de resposta limitada são mostrados na figura 5.10. No início, a taxa de exames é ilimitada pelo retardo de exames, embora, é claro, outros mecanismos, como o controle de congestionamento, impõem seus próprios limites. Quando descartes são detectados, o retardo de exame é dobrado, significando que a taxa máxima de exames é efetivamente reduzida à metade. No gráfico, por exemplo, uma taxa máxima de exames de cinco pacotes por segundo corresponde a um retardo de exames de 200 milissegundos.

Figura 5.10. A taxa de exames, conforme afetada pelo retardo de exames

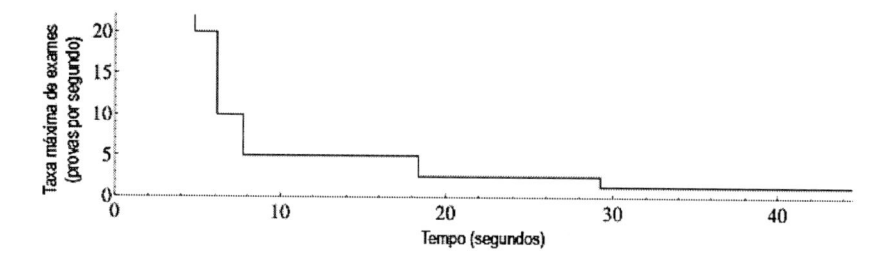

O retardo máximo de exames, por omissão, é de um segundo entre as provas. O retardo de exames é, às vezes, habilitado quando um hospedeiro lento não pode corresponder, mesmo que esse hospedeiro não tenha regras explícitas de limitação de taxa. Isto pode reduzir dramaticamente o tráfego total da rede, pela redução de pacotes de provas descartados. Infelizmente, mesmo pequenos valores de retardo de exames podem tornar um exame várias vezes tão demorado. O Nmap é conservador por omissão, permitindo retardos de exames de um segundo para provas de TCP e de UDP. Se suas prioridades diferirem, você poderá configurar retardos máximos de exames com --max-scan-delay, como discutido no capítulo 5, *Técnicas e Algoritmos de Exames de Portas*.

Capítulo 6:
Otimizando o Desempenho do Nmap

6.1. Introdução

Uma das vantagens no desenvolvimento do Nmap sempre foi o desempenho. Um exame omissivo (**nmap <nomedohospedeiro>**) de um hospedeiro na minha rede local leva um quinto de segundo. Isto é apenas tempo suficiente para piscar, mas acumula quando você está examinando centenas de milhares de hospedeiros. Além do mais, certas opções de exame, tais como o exame de UDP e a detecção de versão, podem aumentar os tempos dos exames substancialmente. Assim também o podem certas configurações de firewalls, particularmente a limitação da taxa de resposta. Apesar do Nmap utilizar o paralelismo e muitos algoritmos avançados para acelerar estes exames, o usuário tem o controle final sobre como o Nmap roda. Usuários *experts* montam cuidadosamente os comandos do Nmap para obter somente a informação que lhes interessa, ao mesmo tempo que atendam a suas exigências de tempo.

Embora o desempenho do Nmap seja uma alta prioridade, a precisão é ainda mais importante. Autores de scanners concorrentes fazem apresentações em conferências de destaque sobre como seus scanners levam apenas quatro segundos para examinar todo um espaço de endereços de classe B. Estes scanners são realmente triviais de se escrever, uma vez que eles omitem todos os algoritmos de controle de congestionamento e de perda de pacotes, deixando apenas um laço apertado vomitar pacotes de provas tão rápido quanto o sistema possa gerar ou o cabeamento possa suportar. Tais scanners são frequentemente promovidos como sem estado - significando que eles também omitiram o código para acompanhar e retransmitir as provas. Você pode obter comportamento similar com o Nmap pela adição de sinalizadores como --min-rate 1000 para solicitar que o Nmap envie pelo menos 1.000 pacotes por segundo, e --max-retries 0 para desabilitar a retransmissão de provas expiradas. Mesmo assim, eu raramente recomendo isto. Noventa e nove porcento dos pacotes podem ser descartados pelo próximo roteador na rota e o scanner jamais saberá a diferença.

Scanners que empurram pacotes sem medida, tais como o Scanrand[1] são úteis em algumas situações, mas o Nmap usa uma rota muito mais conservadora e precisa. O Nmap presume o pior (alta latência e perda de pacotes) da rede alvo, em princípio, depois acelera, à medida que ele colhe estatísticas que mostrem que ele pode seguramente fazê-lo. Apesar disto acontecer automaticamente, um administrador pode acelerar o processo de descoberta passando dicas sobre a rede para o Nmap. Um exemplo de tal dica seria --max-rtt-timeout 200, que permite que o Nmap presuma que quaisquer respostas a uma prova no hospedeiro alvo se dará dentro de 200 milissegundos.

Este capítulo discute, primeiro, as metodologias de alto nível para melhoria dos tempos de exames. Depois, ele cobre como os gabaritos de temporização e os controles de baixo nível são usados para acelerar o Nmap sem impactar na precisão. Ele termina com um tutorial de Jack Mogren, da Mayo Clinic, detalhando como ele melhorou o tempo de exame de sua rede de 676.352 IPs de quase uma semana para 46 horas. Considerando a imensa importância do desempenho do scanner, este capítulo pode parecer curto. Isto é porque o capítulo foca nas dicas gerais de alto nível de desempenho de exames, enquanto que as dicas para otimização específica de técnicas de exame estão espalhadas por todo este livro, onde tais técnicas são cobertas.

6.2. Técnicas de Redução de Tempos de Exames

A solução ideal para tempos prolongados de exames é reduzi-los. Esta seção oferece muitas dicas de alto nível para fazê-lo. Diferentemente de muitas

---
1 *http://sectools.org/tools4.html#scanrand*

circunstâncias na vida, a afinação de sua linha de comando do Nmap poderá fazer uma enorme diferença.

Envenenar seu Honda Accord com uma ponteira de escapamento incrementada, um spoiler de 90 cm de altura e um grande adesivo vermelho "type R" não reduzirão muito seu tempo de 0 a 100. De qualquer forma, a seção 6.7, "Examinando 676.352 Endereços IP em 46 Horas" descreve como Jack Mogren removeu vários dias de sua execução do Nmap simplesmente adicionando alguns adesivos (quero dizer, opções) a sua linha de comando do Nmap.

6.2.1. Omita Testes que não Sejam Críticos

O equivalente eletrônico de comprar um Hummer quando você nunca sai do asfalto ou transporta mais do que a mercearia é lançar um intenso e abrangente exame do Nmap para obter uma quantidade relativamente trivial de informação. O desperdício de alguns segundos por hospedeiro raramente interessa numa rede doméstica, mas pode tornar inviáveis os exames diários de WANs para grandes empresas. A lista seguinte detalha os erros mais comuns dos superexames, a começar pelas gafes mais flagrantes de principiantes, seguidos por problemas mais sutis que até usuários avançados confrontam.

Especifique o exame por ping (-sP) quando você precisar apenas determinar quais hospedeiros estão no ar.

    Algumas pessoas determinam se um hospedeiro está no ar usando o comando **nmap <nome do hospedeiro>**. Embora isto funcione, ele é um exagero. O Nmap enviará dois pacotes para determinar se o hospedeiro está no ar, depois, pelo menos 1.000 para examinar as portas do hospedeiro. O problema é amplificado quando toda uma rede é examinada desta forma para se encontrar todos os hospedeiros que estejam no ar, ou um hospedeiro em particular.

    Em vez de desperdiçar tempo examinando portas, especifique -sP para fazer um exame por ping, quando tudo o que você quiser saber for quais hospedeiros estão no ar, ou quais são seus endereços MAC.

Limite o número de portas examinadas.

    Por omissão, o Nmap examina as 1.000 portas mais comuns. Numa rede rápida de máquinas responsivas, isto pode levar uma fração de segundo por hospedeiro. Mas o Nmap deve reduzir dramaticamente, quando ele encontra limitações de taxas ou firewalls que descartam pacotes de provas sem responderem. Exames de UDP podem ser enfadonhamente lentos por estas razões. De qualquer forma, a vasta maioria das portas abertas se encaixam em apenas algumas centenas de números de portas. Um exame de portas será cerca de 10 vezes mais rápido se você só examinar 100 portas, ao invés das 1.000 omissivas. Você pode examinar apenas as 100 portas mais populares com a opção -F (exame rápido), especificar um número arbitrário de portas principais com --top-ports, ou fornecer uma lista personalizada de portas a -p.

Omita os tipos avançados de exame (-sC, -sV, -O, --traceroute e -A).
Algumas pessoas especificam, regularmente, a opção -A do Nmap, que lhes dá tudo. Ela faz com que o Nmap realize detecção de SO, detecção de versão, exame por scripts (NSE) e traceroute, bem como o exame omissivo de portas. A detecção de versão pode ser extraordinariamente útil, mas pode também emperrar um exame grande. O mesmo vale para o NSE. Quando pressionado pelo tempo, você sempre poderá omitir -sC e -sV num exame de larga escala e, então, realizá-los em portas individuais, se necessário, posteriormente.

A detecção de SO não é tão lenta quanto a detecção de versão, mas ela ainda pode facilmente levar até 5 - 10 segundos por hospedeiro no ar. Mesmo sem isto, você pode, frequentemente, adivinhar o SO com base no nome, nas portas abertas e no endereço MAC de uma LAN. E em muitos casos você pode não se interessar pelo SO. Assim -O é uma outra candidata ao uso somente-quando-necessário. Como compromisso, você pode especificar --osscan-limit --max-os-tries 1, que diz ao Nmap para não repetir as tentativas de detecção de SO que falhem em corresponder, e também para pular a detecção de SO de quaisquer hospedeiros no ar que não tenham pelo menos uma porta TCP aberta e outra fechada. A detecção de SO não é tão precisa em tais hospedeiros, de qualquer forma.

Lembre-se de desabilitar a resolução DNS, quando ela não for necessária.
Por omissão, o Nmap realiza a resolução de DNS reverso para cada hospedeiro que ele encontra no ar. Ela é feita para todos os hospedeiros, se você omitir o passo do ping com -PN ou especificar -R. Isto era um gargalo importante, quando as bibliotecas de DNS do hospedeiro eram usadas para buscar um IP por vez.

Apesar do Nmap, hoje, ter um rápido sistema paralelo de DNS reverso para acelerar as consultas, elas ainda podem levar um tempo substancial.

Desabilite-as com a opção -n, quando você não precisar dos dados. Para exames simples (tais como exames por ping) em um grande número de hospedeiros, a omissão do DNS poderá, às vezes, reduzir o tempo de exame em 20% ou mais. O tempo de DNS não é um fator importante em exames mais complicados, que provam milhares de portas ou utilizam funcionalidades intensivas, como a detecção de versão. Se você quiser que a máquina hospedeira do Nmap trate a resolução de nomes (usando a função gethostbyaddr), especifique a opção --system-dns. Fazê-lo poderá retardar dramaticamente os exames.

6.2.2. Otimize os Parâmetros de Temporização

O Nmap oferece dezenas de opções para o fornecimento de dicas e regras para o controle da atividade do exame. Estas vão desde os níveis de agressividade de temporização de alto nível, fornecidos pela opção -T (descrita na seção 6.6, "Gabaritos de temporização (-T)") até os controles mais criteriosos descritos na seção 6.5, "Controles de temporização de baixo nível". Você poderá até combinar os dois. Estas opções são particularmente úteis quando do exame de redes altamente filtradas, em que o Nmap recebe poucas respostas para determinar suas próprias estimativas de temporização. O tempo do exame pode, com frequência, ser seguramente cortado ao meio. A maioria destas opções terá pouco efeito numa LAN local recheada de hospedeiros responsivos, uma vez que o Nmap pode determinar, ele próprio, valores ótimos nesse caso.

6.2.3. Separe e Otimize os Exames de UDP

O exame de portas UDP é importante porque muitos serviços vulneráveis usam este protocolo, mas as características de temporização e as exigências de desempenho dos exames de UDP são muito diferentes das dos exames de TCP. De particular interesse é a limitação da taxa de erros de ICMP, que é extremamente comum e afeta os exames de UDP muito mais frequentemente que os de TCP.

Por estas razões, eu não recomendo combinar exames de TCP e UDP, quando o desempenho for crítico, muito embora o Nmap suporte fazê-lo com opções como -sSU. Você normalmente quererá diferentes sinalizadores de temporização para cada protocolo, exigindo linhas de comando separadas. A seção 5.4.2, "Acelerando os Exames de UDP" fornece dicas valiosas e exemplos da vida real para a melhoria do desempenho de exames de UDP.

6.2.4. Atualize o Nmap

Houve muitos casos em que eu investiguei relatos de fraco desempenho do Nmap somente para descobrir que quem relatou usou uma versão antiga que estava desatualizada em muitos anos. As versões mais recentes do Nmap têm importantes melhoras algorítmicas, solução de erros, funcionalidades de melhoria de desempenho, como o exame de rede local por ARP e outras mais. A primeira resposta aos problemas de desempenho deveria ser comparar sua versão do Nmap (rode **nmap -V**) com a versão mais recente disponível em *http://nmap.org*. Atualize, se necessário. Se ele ainda não estiver suficientemente rápido, experimente as outras técnicas deste capítulo.

6.2.5. Execute Instâncias Concorrentes do Nmap

Algumas pessoas tentam acelerar o Nmap executando muitas cópias, em paralelo, contra cada alvo. Por exemplo, o scanner Nessus fazia isto por omissão. Isto é, normalmente, muito menos eficiente e mais lento do que deixar o Nmap rodar em toda a rede. O Nmap tem seu próprio sistema de paralelização que é personalizado para as suas necessidades e ainda é capaz de acelerar à medida que ele aprende sobre a confiabilidade da rede, quando ele examina um grande grupo. Além disso, há uma sobrecarga substancial em solicitar ao SO que ramifique 65.536 instâncias separadas, do Nmap, só para examinar uma classe B. Ter dezenas de cópias do Nmap rodando em paralelo é, também, um desperdício de memória, já que cada instância carrega sua própria cópia dos arquivos de dados, tais como o nmap-services e o nmap-os-db.

Embora o lançamento de exames em paralelo do Nmap em um único hospedeiro seja uma má ideia, a velocidade geral poderá, normalmente, ser melhorada pela divisão do exame em vários grupos grandes e pela execução destes concorrentemente. Não se exceda, no entanto. Cinco ou dez processos do Nmap vão bem, mas lançar 100 processos do Nmap de uma só vez não é recomendado. O lançamento de muitos processos concorrentes do Nmap leva à contenção de recursos. Um outro tipo de concorrência é rodar o Nmap a partir de diferentes hospedeiros de uma só vez. Você poderá fazer com que o **cron** (ou o **At** no Windows) agende hospedeiros locais em cada uma de suas redes para iniciarem exames de máquinas locais a elas, a um só tempo e, depois, enviar um e-mail com os resultados para um servidor central de dados.

Examinar sua rede australiana a partir dos EUA será mais lento que examiná-la a partir de uma máquina local daquela rede. A diferença será ainda maior se a máquina que se encontre nos EUA deva ultrapassar firewalls extras até alcançar a distante rede.

6.2.6. Examine a Partir de uma Localização Favorável na Rede

Firewalls restritivos podem transformar um exame de cinco segundos numa tarefa de várias horas. A latência e a perda de pacotes associadas a algumas rotas da Internet não ajudam também. Se você puder rodar o Nmap a partir de hospedeiros locais à rede alvo, faça-o. É claro que se o objetivo for visualizar a rede como um atacante externo a visualizaria, ou testar o firewall, o exame externo será necessário. Por outro lado, examinar e segurar a rede interna fornecerá uma defesa profunda, que será crítica contra ameaças internas e contra àqueles atacantes ardilosos que contornam o firewall (veja o capítulo 10, *Detectando e Subvertendo Firewalls e Sistemas de Detecção de Intrusão*).

Quando fazendo resolução de DNS reverso, especialmente se você tiver um servidor de nomes local pesadamente carregado, ajudará usar um servidor de nomes menos ocupado ou consultar diretamente os servidores de nomes autorizadores. Este ganho é normalmente pequeno e só vale a pena para exames repetidos ou enormes. É claro que algumas vezes haverá razões diversas do desempenho para a escolha dos servidores de nomes.

6.2.7. Aumente a Largura de Banda e o Tempo de CPU Disponíveis

Você poderá, ocasionalmente, melhorar os tempos de exames do Nmap pelo aumento de sua largura de banda ou poder de CPU. Isto pode ser feito ou pela instalação de uma nova linha de dados ou CPU, ou pela interrupção de aplicações em execução, que competem por estes recursos. Por exemplo, o Nmap rodará mais lentamente se você saturar concorrentemente sua linha DSL baixando um torrent pirata de *The Matrix Reloaded*.

Muito mais comum é o Nmap ser restringido por seus próprios algoritmos de controle de congestionamento, do que ser atado à CPU ou limitado pela largura de banda local disponível. Estes controles ajudam a prevenir a inundação da rede e aumentam a precisão. O aumento do poder da CPU e da largura de banda local não ajudarão a este tipo de autolimitação pelo Nmap - as opções de temporização deverão ser ajustadas. Você poderá testar se o Nmap está restrito pela CPU através do monitoramento da carga de sua CPU por uma aplicação como o top, do Unix, ou o Gerenciador de Tarefas, do Windows. Se sua CPU gastar a maior parte de seu tempo ociosa, então a atualização não ajudará muito. Para testar o uso de largura de banda pelo Nmap, rode-o em modo verboso (-v). O Nmap, então, reportará o número de bytes enviados e recebidos, e seu tempo de execução, como mostrado no exemplo 6.1.

Exemplo 6.1. Uso da largura de banda sobre uma rede ethernet local de 100 Mbps

```
# nmap -v -n -p- sec.titan.net

Starting Nmap ( http://nmap.org )
[10 linhas excluídas]
Interesting ports on 192.168.0.8:
Not shown: 65534 closed ports
PORT   STATE SERVICE
22/tcp open  ssh
MAC Address: 00:1A:6B:C1:33:37 (USI)

Nmap done:  1 IP address (1 host up) scanned in 2.20 seconds
            Raw packets sent: 65536 (2.884MB) | Rcvd: 65536
            (2.621MB)
```

Multiplique os valores dos bytes por oito e divida pelo tempo de execução para obter o uso médio de largura de banda, em bits por segundo. No exemplo 6.1, o Nmap recebeu 2.621.000 bytes (o Nmap considera 1.000;000 bytes como sendo 1MB) em 2,20 segundos. Assim, o tráfego de recepção foi de cerca de 9,5 Mbps (a taxa de envio foi de 10,5 Mbps). Portanto, o enlace de ethernet de 100 Mbps provavelmente não está restringindo o Nmap e a atualização para uma ethernet de gigabits não ajudará muito.

Alguns dispositivos de banda larga e outros equipamentos de clientes têm momentos de dificuldade no lidar com a taxa de pacotes enviados pelo Nmap, muito embora o pequeno tamanho dos pacotes (normalmente o Nmap envia cabeçalhos vazios) mantenha baixa a largura de banda. No exemplo 6.1, "Uso da largura de banda sobre uma rede ethernet local de 100 Mbps", o Nmap enviou cerca de 30.000 pacotes por segundo e recebeu um número similar. Tais taxas elevadas de pacotes podem causar problemas com dispositivos de baixa qualidade. Neste caso, vemos que ambas as contagens de pacotes, enviados e recebidos, foram de 65.536, que é o número de portas examinadas (65.535) mais um para a prova inicial de ping de ARP. Portanto, o Nmap não encontrou nenhum descarte de pacotes que exigisse retransmissão. Isto sugere, novamente, que o equipamento da rede não é um fator de limitação - o Nmap provavelmente está amarrado pela CPU.

6.3. Tecendo Estratégias para Exames Demorados

Embora as opções de otimização de exames para acelerar um exame possam lhe parecer bem longe, há um limite para a velocidade em que o Nmap pode rodar preservando a precisão e tratando os fluxos competitivos da rede com equilíbrio. Grandes exames, envolvendo milhares de hospedeiros, todas as 65K portas, UDP, ou detecção de versão, são prováveis de demorarem um bocado, mesmo depois da otimização. Esta seção fornece poderosas estratégias para o trato com estes exames prolongados.

6.3.1. Use uma Abordagem de Múltiplos Estágios

Uma auditagem de segurança abrangente precisará incluir o exame de UDP e de TCP de todas as 65.536 portas de cada protocolo, normalmente com -PN, para o caso de uma máquina estar no ar mas fortemente filtrada. Além disso, menos de 100 desses números de porta são comumente usados e a maioria dos hospedeiros é responsiva com opções moderadas de descoberta de hospedeiros. Então, especifique -F para realizar um rápido exame nas portas mais populares dos hospedeiros que se saiba estarem no ar, primeiro. Isto permitirá que você analise os hospedeiros que estiverem no ar e a maioria das portas abertas, enquanto inicia o imenso exame -PN de todas as portas TCP e UDP com detecção de versão e de SO em segundo plano. Opções de atalho para a aceleração do exame rápido são discutidas na seção 6.2.1, "Omita Testes que não Sejam Críticos". Depois que o exame lento for feito, compare-o com os resultados anteriores para encontrar quaisquer hospedeiros ou portas recém descobertos.

6.3.2. Estime e Planeje o Tempo e a Hora do Exame

Em muitos casos, o aspecto mais frustrante de exames demorados é não se ter nenhuma ideia de quando eles serão completados. O Nmap, hoje, ajuda mais do que anteriormente, ao fornecer estimativas regulares de tempo de exames, desde que o modo verboso esteja habilitado (-v).

Exemplo 6.2. Estimando o tempo do exame

```
# nmap -T4 -sS -p0- -iR 500 -n --min-hostgroup 100 -v
Starting Nmap ( http://nmap.org )
Initiating SYN Stealth Scan against 29 hosts [65536 ports/
host] at 23:27
[...]
SYN Stealth Scan Timing: About 0.30% done; ETC: 09:45
(10:15:45 remaining)
```

O exemplo 6.2 nos mostra que o exame por SYN provavelmente demorará dez horas e dezoito minutos (das 23:27 às 9:45) para examinar 29 hospedeiros. Assim, o tempo total que o Nmap gastará examinando a rede poderá ser, grosso modo, estimado multiplicando-se 21 minutos por hospedeiro pelo número de hospedeiros no ar. Se além disso a detecção de versão ou o UDP estiverem sendo feitos, você precisará, também, observar as estimativas de temporização destes.

Uma outra opção é esperar até que o Nmap tenha completado totalmente o exame de seu primeiro grupo de hospedeiros. Depois, estimar o tempo gasto para o tamanho daquele conjunto em cima do tamanho da rede alvo inteira. Isto é mais simples, porque você não precisará se preocupar com componentes individuais do exame. Basear suas estimativas no número de endereços IP alvo concluídos versus o tamanho do espaço de IP alvo poderá ser enganoso, já que os hospedeiros no ar raramente estão regularmente distribuídos dentro deste espaço de IP. Eles são normalmente encontrados em aglomerados, frequentemente próximos do início do espaço de IP. Então, se o próprio exame incluir a descoberta de hospedeiros (ou seja, sem a opção -PN), uma medida mais acurada será o exame por ping de toda a rede primeiro, e depois basear suas estimativas no número de hospedeiros no ar que o Nmap terminou de examinar versus o número encontrado no ar pelo exame por ping.

Apesar de estimativas ocasionais serem exibidas automaticamente, no modo verboso, você sempre poderá solicitar a estimativa atual pressionando <enter> (veja a seção 15.15, "Interação Durante a Execução"). Se a estimativa estiver dentro de suas expectativas, você poderá agendar alguma outra coisa a fazer, enquanto ele procede. Isto é melhor do que verificar, a cada 20 minutos, se o Nmap já terminou. Uma estimativa mostrando que o Nmap não terminará em tempo é ainda mais valiosa. Você poderá, imediatamente, trabalhar na otimização do exame ou prolongar o compromisso. Suas opções serão muito mais limitadas se você só determinar que o exame é muito lento depois que um prazo for ultrapassado e o Nmap ainda estiver rodando.

6.4. Dados e Estratégias de Seleção de Portas

O exame de portas pode ser a porção mais demorada de um exame do Nmap, mesmo quando o exame incluir detecção de versão ou scripts de NSE. O tempo de um exame de portas é aproximadamente proporcional ao número de portas examinadas, de forma que a redução do número de portas oferece um significativo impulso no desempenho. A desvantagem é que exames reduzidos são menos abrangentes, então você poderá perder portas abertas. A realidade é que há 65.536 portas em cada protocolo e a maioria delas quase nunca está aberta. Eu perdi um verão inteiro conduzindo exames de larga escala para determinar a prevalência de cada porta TCP e UDP. Os resultados incluem dados de exames de dezenas de milhões de endereços IP da Internet, bem como de redes empresariais examinadas de dentro. Esta seção fornece resultados empíricos em que você pode se basear para alcançar o balanço correto entre velocidade e eficácia, em seus exames.

Apesar de haver mais de cem mil portas TCP e UDP (totais), a vasta maioria de portas abertas se reduz a um conjunto muito menor. De acordo com nossa pesquisa, as 10 principais portas TCP e 1.075 portas UDP representam metade das portas abertas para seus protocolos. Para capturar 90% das portas abertas, você precisará examinar 576 portas TCP e 11.307 portas UDP. Por omissão, o Nmap examina as 1.000 portas principais de cada protocolo solicitado. Isto inclui praticamente 93% das portas TCP e 49% das portas UDP. Com a opção -F (rápido), somente as 100 portas principais serão examinadas, fornecendo 78% de eficácia para o TCP e 39% para o UDP. Para especificar um número diferente de portas, especifique esse valor para a opção --top-ports. A tabela 6.1 fornece uma aproximação do número de portas TCP ou UDP que você deverá examinar para alcançar a taxa de eficácia dada para aquele protocolo.

Tabela 6.1. Valores de --top-ports necessários para se alcançar vários níveis de eficácia

Eficácia	Portas TCP necessárias	Portas UDP necessárias
10%	1	5
20%	2	12
30%	4	27
40%	6	135
50%	10	1.075
60%	18	2.618
70%	44	5.157
80%	122	7.981
85%	236	9.623
90%	576	11.307
95%	1.558	13.035
99%	3.328	15.094
100%	65.536	65.536

Embora o Nmap possa tratar a seleção de portas automaticamente para você (quando você confia nos valores omissivos ou usa opções como -F ou --top-ports), a especificação explícita de portas com -p é normalmente útil. Em qualquer caso, a familiaridade com as portas mais comumente vistas abertas é importante. As principais portas, de acordo com nossos dados, estão descritas na seção 4.1.2, "Quais são as portas mais populares?".

6.5. Controles de Temporização de Baixo Nível

O Nmap oferece muitas opções criteriosas para o controle da velocidade do exame. A maioria das pessoas usa estas opções para acelerar o Nmap, mas elas também podem ser úteis para retardá-lo. As pessoas o fazem para evitar sistemas IDS, reduzir a carga da rede, ou mesmo aumentar a precisão, se as condições da rede forem tão ruins que até o comportamento omissivo conservador do Nmap seja muito agressivo.

A tabela 6.2 lista cada opção de controle de temporização de baixo nível por função. Para informações detalhadas do uso de cada opção, leia a seção 15.11, "Temporização e Desempenho". Presume-se que o leitor já esteja familiarizado com os algoritmos de exames do Nmap, descritos na seção 5.13, "Código e algoritmos de exames".

Tabela 6.2. Controles de temporização de baixo nível por função

Função	Opções
Tamanho do Hostgroup (lote de hospedeiros examinados concorrentemente)	--min-hostgroup, --max-hostgroup
Número de provas lançadas em paralelo	--min-parallelism, --max-parallelism
Valores de expiração das provas	--min-rtt-timeout, --max-rtt-timeout, --initial-rtt-timeout
Número máximo de retransmissões de provas permitido	--max-retries
Tempo máximo antes de desistir de um hospedeiro por completo	--host-timeout
Retardo de controle inserido entre cada prova contra um hospedeiro individual	--scan-delay, --max-scan-delay
Taxa de pacotes de provas enviados por segundo	--min-rate, --max-rate
Taxa de resposta de pacotes RST de desistência por hospedeiro alvo	--defeat-rst-ratelimit

6.6. Gabaritos de Temporização (-T)

Apesar dos controles criteriosos discutidos na seção anterior serem poderosos e eficientes, algumas pessoas acham-nos confusos. Além do mais, a seleção dos valores apropriados pode, às vezes, demorar mais do que o exame que você está tentando otimizar. Assim, o Nmap oferece uma abordagem mais simples, com seis gabaritos de temporização. Você pode especificá-los com a opção -T e seus números (0 - 5) ou seus nomes. Os nomes dos gabaritos são paranoid (0), sneaky (1), polite (2), normal (3), aggressive (4), e insane (5). Os dois primeiros são para evitação de IDS. O modo polite retarda o exame para usar menos largura de banda e recursos da máquina alvo. O modo normal é o omissivo e, portanto, -T3 não faz nada. O modo aggressive acelera os exames pela presunção de que você está numa rede razoavelmente rápida e confiável. Por fim, o modo insane presume que você está numa rede extraordinariamente rápida ou querendo sacrificar algo da precisão em prol da velocidade.

Estes gabaritos permitem que o usuário especifique o quão agressivo ele quer ser, enquanto permite que o Nmap selecione os valores exatos de temporização. Os gabaritos também fazem alguns ajustes menores de velocidade, para os quais ainda não há opções de controle criteriosas. Por exemplo, -T4 proíbe que o retardo dinâmico de exames exceda 10 ms para portas TCP e -T5 limita este valor a 5 ms. Os gabaritos podem ser usados em combinação com controles finos e as opções granulares sobreporão aos gabaritos gerais de temporização para aqueles valores específicos. Eu recomendo o uso de -T4 quando do exame de redes razoavelmente modernas e confiáveis. Mantenha esta opção (no início da linha de comando) mesmo quando você adicionar controles criteriosos, de forma que você se beneficie destas otimizações menores que ele habilita.

A tabela 6.3 mostra como as variáveis de temporização variam para cada valor de -T. Todos os valores de tempo estão em milissegundos.

Tabela 6.3. Gabaritos de temporização e seus efeitos

	T0	T1	T2	T3	T4	T5
Nome	Paranoid	Sneaky	Polite	Normal	Aggressive	Insane
min-rtt-timeout	100	100	100	100	100	50
max-rtt-timeout	300.000	15.000	10.000	10.000	1.250	300
initial-rtt-timeout	300.000	15.000	1.000	1.000	500	250
max-retries	10	10	10	10	6	2
Retardo inicial (e mínimo) do exame (--scan-delay)	300.000	15.000	400	0	0	0
Máximo retardo de exame de TCP	300.000	15.000	1.000	1.000	10	5
Máximo retardo de exame de UDP	300.000	15.000	1.000	1.000	1.000	1.000
host-timeout	0	0	0	0	0	900.000
min-parallelism	Dinâmico, não afetado pelos gabaritos de temporização					
max-parallelism	1	1	1	Dinâmico	Dinâmico	Dinâmico
min-hostgroup	Dinâmico, não afetado pelos gabaritos de temporização					
max-hostgroup	Dinâmico, não afetado pelos gabaritos de temporização					
min-rate	Não há limite mínimo de taxa					
max-rate	Não há limite máximo de taxa					
defeat-rst-ratelimit	Não habilitado por omissão					

Se você estiver numa conexão decente de banda larga ou ethernet, eu recomendaria usar sempre -T4. Algumas pessoas adoram -T5, embora ele seja muito agressivo para o meu gosto. As pessoas às vezes especificam -T2 porque acham que ele é menos provável de derrubar hospedeiros, ou porque se consideram educadas, em geral. Elas normalmente não imaginam o quanto é realmente lento o -T polite. Seus exames devem demorar dez vezes mais do que um exame omissivo. Quedas de máquinas e problemas de largura de banda são raros, com as opções de temporização omissivas (-T3) e, portanto, eu normalmente a recomendo para exames cautelosos. A omissão da detecção de versão é muito mais eficiente do que jogar-se com valores de temporização para a redução destes problemas.

Apesar de -T0 e -T1 poderem ser úteis para a evitação de alertas de IDS, eles gastam um tempo extraordinariamente longo para examinar milhares de máquinas ou portas. Para um exame tão longo, você poderá preferir definir os valores exatos de temporização de que precise, em vez de se basear nos valores enlatados -T0 e -T1.

6.7. Examinando 676.352 Endereços IP em 46 Horas

Esta história foi remetida por Jack L. Mogren, da Mayo Clinic. Ele serve como tutorial, demonstrando os passos que ele deu para implementar um regime de exames regulares do Nmap e reduzir o tempo de exame desta imensa rede de uma semana para 46 horas.

A Mayo Clinic construiu uma rede privada relativamente grande, com as tabelas ARP indicando mais de 70.000 endereços IP em uso. Nosso gerenciamento de rede focava na criação e manutenção da arquitetura física através de três campos principais e várias dezenas de satélites em redor do país. Nosso mote era "Você precisa? Nós construiremos". Havia pouca preocupação com o que estava realmente conectado à rede. O gerenciamento de rede terminava convenientemente no conector de dados e sofria da síndrome do bombom: era crocante e seguro do lado de fora, mas macio e borrachento por dentro. Nós tínhamos limites bem protegidos, mas pouco controle interno.

Capítulo 6: Otimizando o Desempenho do Nmap — 227

Esta atitude mudou abruptamente em janeiro de 2003, quando o vírus Slammer (W32.SQLExp) e suas variantes irrompeu no nosso ambiente. Subitamente tornou-se muito importante saber o que estava conectado à nossa rede. No caso do Slammer, precisávamos saber onde estavam localizados todos os dispositivos rodando o MS SQL Server 2000 ou o MSDE 2000 e quem eram os administradores. Na falta destas informações, o esforço para erradicar o Slammer levou vários meses.

Assim nasceu o esforço para "saber o que está na rede". Isto soa simplista, mas dados o tamanho, a complexidade e a história da rede, este era um passo importante para a frente e uma nova direção para nossos serviços de gerenciamento de rede.

O Nmap provou ser uma ferramenta valiosa, neste esforço. Você não pode bater o preço, e eu aprecio as vantagens que a comunidade do código aberto traz para o seu desenvolvimento. Especialmente a impressão digital de SO e as muitas contribuições fornecidas pelos usuários finais.

Comecei a testar o Nmap. Meu objetivo era criar um inventário inteligível da rede, usando a opção -O do Nmap para realizar rapidamente a identificação de hospedeiros remotos através do exame da impressão digital de TCP/IP.

Deixe-me começar com algumas palavras sobre nosso ambiente IP e minha plataforma de exames. Atualmente possuímos uma classe B e 44 faixas de classe C, bem como usamos a maior parte do espaço de endereços privados. Isto soma até 676.352 endereços IP possíveis. Realizei meus exames a partir de um Compaq DL380 rodando o Red Hat Linux 8.0. Minha primeira tentativa foi este exame básico de TCP por SYN com detecção de SO (-O) e requisições de eco de ICMP apenas para a descoberta de hospedeiros (-PE):

```
# nmap -O -PE -v -oX mayo.xml -iL ip_networks.txt
```

Infelizmente, isto aconteceu tão lentamente que teria levado uma semana para examinar toda a nossa rede. Dado que todas as partes significativas de nossa rede estavam conectadas por pelo menos uma linha T1 (1,54 Mbps), eu acrescentei a política enlatada de temporização insane (-T5). Acrescentei também, o modo de exame rápido (-F), que reduziu o número de portas examinadas de cerca de 1600 para 1200[2]. Acrescentei, ainda, --osscan-limit, de forma que o Nmap não desperdiçasse tempo examinando o SO dos hospedeiros que não apresentassem portas abertas. Isto resultou no seguinte comando:

```
# nmap -O -T5 -PE -F --osscan-limit -v -oX mayo.xml -iL
    ip_networks.txt
```

Infelizmente, isto pareceu que ainda levaria alguns dias. Então eu editei o arquivo nmap-services para encolher o número de portas para 270. O exame, então, terminou em pouco mais de 49 horas e encontrou 66.558 dispositivos. Afinando as variáveis de temporização, removendo a opção de verbosidade e redirecionando a saída para /dev/null reduzi este tempo para 46 horas. Isto me deixou com este comando final:

```
# nmap -O -T5 -PE -F --osscan-limit --max-rtt-timeout 100 \
    --max-parallelism 100 --min-hostgroup 100 -oX mayo.xml \
    -iL ip_networks.txt
```

Planejo realizar este exame com uma frequência semanal e fornecer a saída no formato XML para uma base de dados MS SQL. Nossos outros métodos de exame já alimentaram esta base de dados e podemos criar relatórios que nos ajudem a atingir nosso objetivo original de saber o que está na rede. Eu posso decidir distribuir a carga rodando subconjuntos do exame em vários sistemas.

---

2 Com o Nmap versão 4.75 ou posterior, -F é ainda mais eficaz, por reduzir o número de portas examinadas para 100.

Capítulo 7: Detecção de Versão de Serviços e de Aplicações

7.1. Introdução

Apesar do Nmap fazer muitas coisas, sua funcionalidade mais fundamental é o exame de portas. Aponte o Nmap para uma máquina remota e ele poderá lhe dizer se as portas 25/tcp, 80/tcp, e 53/udp estão abertas. Usando sua base de dados nmap-services de mais de 2.200 serviços bem conhecidos, o Nmap relataria que estas portas provavelmente correspondem a um servidor de correio (SMTP), um servidor web (HTTP), e um servidor de nomes (DNS), respectivamente. Esta busca normalmente é precisa - a vasta maioria de serviços que atendem na porta 25 TCP é, de fato, servidores de correio. Entretanto, você não deve apostar sua segurança nisto! As pessoas podem rodar, e rodam, serviços em portas estranhas. Talvez o servidor web principal delas já estivesse na porta 80, então elas escolheram uma porta diferente para um servidor de testes ou de apresentações. Talvez elas pensem que ocultar um serviço vulnerável em alguma porta obscura impeça que "hackers do mal" o encontrem. Ainda mais comum, hoje em dia, é as pessoas escolherem portas com base não no serviço que eles querem rodar, mas no que passe pelo firewall. Quando os provedores de acesso bloquearam a porta 80 depois dos principais vírus do Microsoft IIS, o CodeRed e o Nimda, hordas de usuários responderam movendo seus servidores web pessoais para uma outra porta. Quando as companhias bloquearam o acesso Telnet em virtude de seus terríveis riscos de segurança, eu vi os usuários simplesmente rodarem o telnetd na porta do Secure Shell (SSH).

Mesmo que o Nmap esteja certo, e que o servidor hipotético acima esteja rodando os serviços SMTP, HTTP, e DNS, isto não é lá tanta informação. Quando fazendo levantamentos de vulnerabilidades (ou mesmo simples inventários de rede) de suas companhias ou clientes, você realmente quererá saber que servidores e versões de correio e DNS estão rodando. Ter um número de versão acurado ajuda dramaticamente na determinação de a quais explorações um servidor está vulnerável. Tenha em mente que as correções de segurança são sempre portadas para as versões anteriores do software, de forma que você não pode se basear unicamente no número da versão para provar que um serviço é vulnerável. Falsos negativos não mais raros, mas podem acontecer quando administradores tolos simulam o número de versão de um serviço vulnerável para fazer com que ele pareça emendado.

Outra boa razão para a determinação dos tipos e números de versão dos serviços é que muitos serviços compartilham o mesmo número de porta. Por exemplo, a porta 258/tcp é usada tanto pela GUI da interface de gerenciamento do Checkpoint Firewall-1, quanto pelo cliente de bate-papo yak do Windows. Isto torna uma dedução baseada na tabela nmap-services ainda menos precisa. Qualquer um que tenha feito muitos exames sabe que você frequentemente encontra, também, serviços atendendo em portas não registradas - estas são um completo mistério, sem a detecção de versão. Um último problema é que as portas UDP filtradas frequentemente parecem o mesmo que portas abertas, para um simples scanner de portas (veja a seção 5.4, "Exame de UDP (-sU)"). Mas se eles responderem às provas específicas do serviço, enviadas pela detecção de versão do Nmap, você saberá com certeza que elas estão abertas (e, frequentemente, o que, exatamente, está rodando).

Os exames de serviços, às vezes, revelam informações sobre um alvo, além do tipo e do número de versão do serviço. Informações diversas descobertas sobre um serviço são coletadas no campo "info". Isto é mostrado na coluna VERSION, dentro de parênteses, seguindo o nome e o número de versão do produto. Este campo pode incluir números de protocolo SSH, módulos do Apache, e muito mais.

Capitúlo 7: Detecção de Versão de Serviços e de Aplicações — 231

Alguns serviços também reportam seus nomes de hospedeiros configurados, que diferem dos nomes de hospedeiros de DNS reverso da máquina, com frequência surpreendente. O campo do nome de hospedeiro é reportado numa linha Service Info, seguindo a tabela de portas. Isto soa como um vazamento menor de informação, mas pode ter consequências. Um ano, na conferência de segurança CanSecWest, eu estava reunido em meu quarto com meu laptop. Subitamente a janela do tcpdump, no canto de minha tela, tornou-se descontrolada e eu imaginei que minha máquina estava sob ataque. Eu examinei de volta e encontrei uma porta alta incomum aberta. Ao conectá-la, a porta vomitou um punhado de caracteres binários, mas um campo ASCII, na saída, me deu um nome de domínio configurado. O domínio era de uma companhia de segurança pequena o suficiente para que eu conhecesse exatamente quem era o responsável. Fiz com que a recepção ligasse para o seu quarto no hotel, e ele ficou surpreso quando eu pedi que ele parasse de provar minha máquina.

Dois outros campos que a detecção de versão pode descobrir são o sistema operacional e o tipo de dispositivo. Estes também são reportados na linha Service Info. Nós usamos duas técnicas, aqui. Uma é a exclusividade da aplicação. Se nós identificamos um serviço como Microsoft Exchange, nós sabemos que o sistema operacional é o Windows, uma vez que o Exchange não roda em nenhum outro. A outra técnica é persuadir aplicações mais portáveis para divulgarem a informação da plataforma. Muitos servidores (especialmente servidores web) exigem muito pouca persuasão. Este tipo de detecção de SO objetiva complementar o sistema de detecção de SO do Nmap (-O) e pode, às vezes, reportar resultados diferentes. Considere-se um servidor Microsoft Exchange escondido por trás de um firewall Unix de encaminhamento de portas.

O subsistema de exame de versão, do Nmap, obtém todos estes dados conectando-se a portas abertas e interrogando-as sobre mais informações usando provas que os serviços específicos entendem. Isto permite que o Nmap forneça um levantamento detalhado do que está realmente rodando, ao invés de apenas quais números de portas estão abertos. O exemplo 7.1 mostra a saída real.

Exemplo 7.1. Uso simples da detecção de versão

```
# nmap -A -T4 -F insecure.org

Starting Nmap ( http://nmap.org )
Interesting ports on insecure.org (205.217.153.53):
(The 1206 ports scanned but not shown below are in state:
filtered)
PORT      STATE   SERVICE   VERSION
22/tcp    open    ssh       OpenSSH 3.1p1 (protocol 1.99)
25/tcp    open    smtp      Qmail smtpd
53/tcp    open    domain    ISC BIND 9.2.1
80/tcp    open    http      Apache httpd 2.0.39 ((Unix)
                            mod_perl/1.99_07-dev)
113/tcp   closed  auth
Device type: general purpose
Running: Linux 2.4.X|2.5.X
OS details: Linux Kernel 2.4.0 - 2.5.20

Nmap finished: 1 IP address (1 host up) scanned in 34.962
seconds
```

A detecção de versão do Nmap oferece as seguintes funcionalidades avançadas (descritas por completo posteriormente):

- Alta velocidade, operação em paralelo através de soquetes não bloqueadores e uma gramática de definição de prova/correspondência desenhada para uma implementação eficiente, ao mesmo tempo que poderosa.

- Determina o nome e o número de versão da aplicação sempre que disponíveis - não só o protocolo do serviço.

- Suporta tanto o protocolo TCP quanto o UDP, bem como tanto os serviços textuais ASCII quanto em pacotes em binários.

- Suporte multi-plataforma, incluindo Linux, Windows, Mac OS X, FreeBSD/NetBSD/OpenBSD, Solaris, e todas as outras plataformas em que se sabe que o Nmap funciona.

- Se for detectado SSL, o Nmap conecta usando OpenSSL (se disponível) e tenta determinar que serviço está atendendo por trás desta camada de encriptação. Isto permite que ele descubra serviços como HTTPS, POP3S, IMAPS etc, bem como forneça detalhes de versão.

- Se um serviço SunRPC for descoberto, o Nmap lança seu processador de força bruta de RPC para encontrar o número, o nome e o número de versão do programa.

Capítulo 7: Detecção de Versão de Serviços e de Aplicações — 233

- O IPv6 é suportado, incluindo o TCP, UDP, e SSL sobre TCP.

- Contribuições da comunidade: se o Nmap obtém dados de volta de um serviço que ele não reconheça, uma *impressão digital do serviço* é apresentada juntamente com um URL para submissão. Este sistema é padronizado em virtude do extremamente bem sucedido processo de submissão de impressões digitais da Detecção de SO do Nmap. Novas provas e correções podem, também, ser submetidas.

- Base de dados abrangente: o Nmap reconhece mais de mil assinaturas de serviços, cobrindo mais de 180 protocolos de serviços únicos, desde ACAP, AFP, e AIM até XML-RPC, Zebedee, e Zebra.

7.2. Uso e Exemplos

Antes de descermos aos detalhes técnicos de como a detecção de versão é implementada, eis alguns exemplos que demonstram seu uso e capacidades. Para habilitar a detecção de versão, apenas adicione -sV a quaisquer sinalizadores do Nmap que você normalmente use. Ou use a opção -A, que habilita a detecção de versão e outras funcionalidades *A*vançadas e *A*gressivas, depois. É simples assim, como mostrado no exemplo 7.2.

Exemplo 7.2. Detecção de versão em www.microsoft.com

```
# nmap -A -T4 -F www.microsoft.com

Starting Nmap ( http://nmap.org )
Interesting ports on 80.67.68.30:
(The 1208 ports scanned but not shown below are in state:
closed)
PORT       STATE    SERVICE     VERSION
22/tcp     open     ssh         Akamai-I SSH (protocol 1.5)
80/tcp     open     http        AkamaiGHost (Akamai's HTTP
                                Acceleration service)
443/tcp    open     ssl/http    AkamaiGHost (Akamai's HTTP
                                Acceleration service)
Device type: general purpose
Running: Linux 2.1.X|2.2.X
OS details: Linux 2.1.19 - 2.2.25

Nmap finished: 1 IP address (1 host up) scanned in 19.223
seconds
```

Este exame demonstra duas coisas: primeiro, é gratificante ver o www.Microsoft. Com servida por uma das máquinas Linux da Akamai. Mais relevante para este capítulo é que o serviço listado para a porta 443 é ssl/http. Isto significa que a detecção de serviço descobriu, primeiro, que a porta era SSL, depois ela carregou o OpenSSL e realizou outra detecção de serviço através de conexões SSL para descobrir um servidor web rodando AkamiGHost por trás da encriptação. Lembre-se de que -T4 faz com que o Nmap seja mais rápido (temporização mais agressiva) e -F diz ao Nmap para examinar somente as portas registradas no nmap-services. O exemplo 7.3 é mais longo e mais diverso.

Exemplo 7.3. Detecção complexa de versão

```
# nmap -A -T4 localhost

Starting Nmap ( http://nmap.org )
Interesting ports on felix (127.0.0.1):
(The 1640 ports scanned but not shown below are in state:
    closed)
PORT         STATE       SERVICE     VERSION
21/tcp       open        ftp         WU-FTPD wu-2.6.1-20
22/tcp       open        ssh         OpenSSH 3.1p1 (protocol
                                     1.99)
53/tcp       open        domain      ISC BIND 9.2.1
79/tcp       open        finger      Linux fingerd
111/tcp      open        rpcbind     2 (rpc #100000)
443/tcp      open        ssl/http    Apache httpd 2.0.39
                                     ((Unix) mod_perl/1.99_04-
                                     dev)
515/tcp      open        printer
631/tcp      open        ipp         CUPS 1.1
953/tcp      open        rndc?
5000/tcp     open        ssl/ftp     WU-FTPD wu-2.6.1-20
5001/tcp     open        ssl/ssh     OpenSSH 3.1p1 (protocol
                                     1.99)
5002/tcp     open        ssl/domain  ISC BIND 9.2.1
5003/tcp     open        ssl/finger  Linux fingerd
6000/tcp     open        X11         (access denied)
8000/tcp     open        http-proxy  Junkbuster webproxy
8080/tcp     open        http        Apache httpd 2.0.39
                                     ((Unix) mod_perl/1.99_04-
                                     dev)
8081/tcp     open        http        Apache httpd 2.0.39
                                     ((Unix) mod_perl/1.99_04-dev)
```

```
Device type: general purpose
Running: Linux 2.4.X|2.5.X
OS details: Linux Kernel 2.4.0 - 2.5.20

Nmap finished: 1 IP address (1 host up) scanned in 42.494
seconds
```

Você pode ver, aqui, a forma como os serviços RPC são tratados, com o scanner de força bruta de RPC sendo usado para determinar que a porta 111 é o rpcbind versão 2. Você pode ver, também, que a porta 515 mostra o serviço como impressão, mas aquela coluna de versão está vazia. O Nmap determinou o nome do serviço através de provas, mas não foi capaz de determinar qualquer coisa a mais. Por outro lado, a porta 953 dá o serviço como "rndc?". O ponto de interrogação nos diz que o Nmap sequer foi capaz de determinar o nome do serviço, através das provas. Como apelação, rndc é mencionado, porque ele tem a porta 953 registrada no nmap-services. Infelizmente, nenhuma das provas induziu qualquer tipo de resposta do rndc. Do contrário, o Nmap teria exibido uma impressão digital do serviço e um URL para submissão, para que ele pudesse ser reconhecido na próxima versão. Como está, o Nmap exige uma prova especial. Alguma já pode até estar disponível quando você estiver lendo isto. A seção 7.7, "Contribuições da comunidade" fornece detalhes sobre a escrita de suas próprias provas.

Também vale notar que alguns serviços fornecem muito mais informações do que apenas o número de versão. Os exemplos acima incluem se o X11 permite conexões, o número do protocolo de SSH, e a lista de versões de módulos do Apache. Alguns dos módulos do Apache tiveram mesmo que serem removidos da saída, para que ela coubesse nesta página.

Alguns dos primeiros revisores questionavam a sanidade da execução de serviços tais como o SSH e o finger sobre o SSL. Isto era, na realidade, apenas diversão com o stunnel[1], em parte para assegurar que os exames de SSL em paralelo realmente funcionavam.

---

1 *http://www.stunnel.org/*

7.3. A Técnica Descrita

O exame de versão, do Nmap é, na verdade, bastante direto. Ele foi projetado para ser tão simples quanto possível, ao mesmo tempo que mantivesse a escalabilidade, a rapidez e a precisão. Os detalhes verdadeiramente intrínsecos são melhor descobertos baixando-se e revendo-se o código fonte, mas uma sinopse das técnicas usadas segue.

O Nmap primeiro faz um exame de portas, de acordo com as suas instruções e, depois, passa todas as portas abertas e abertas ou filtradas TCP e/ou UDP para o módulo de exame de serviços. Essas portas são, então, questionadas em paralelo, embora uma única porta seja descrita, aqui, em prol da simplicidade.

1. O Nmap verifica se a porta é uma das portas a serem excluídas, como especificado pela diretiva Exclude, no nmap-service-probes. Se sim, o Nmap não examinará esta porta, pelas razões mencionadas na seção 7.6, "Formato do arquivo nmap-service-probes".

2. Se a porta for TCP, o Nmap começará conectando-se a ela. Se a conexão tiver sucesso e a porta estiver no estado open|filtered (aberto ou filtrado), ele será mudado para open (aberto). Isto é raro (para o TCP), uma vez que quem tenta ser tão invisível que use um tipo de exame de TCP que produza portas open|filtered (tais como o exame por FIN) geralmente sabe mais do que desperdiçar toda a sua invisibilidade realizando detecção de versão.

3. Depois que a conexão TCP for feita, o Nmap escutará por cerca de cinco segundos. Muitos serviços comuns, incluindo a maioria dos servidores de FTP, SSH, SMTP, Telnet, POP3, e IMAP, se identificam com uma saudação inicial de boas-vindas. O Nmap se refere a isto como a "prova NULL", porque o Nmap apenas atenta para respostas sem enviar nenhum dado de prova. Se qualquer dado for recebido, o Nmap o comparará com as centenas de expressões regulares de assinatura em seu arquivo nmap-service-probes (descrito na seção 7.6, "Formato do arquivo nmap-service-probes"). Se o serviço for totalmente identificado, nós teremos terminado com esta porta! A expressão regular inclui substrings que podem ser usadas para extração de números de versão da resposta. Em alguns casos, o Nmap conseguirá uma "combinação leve"

Capitúlo 7: Detecção de Versão de Serviços e de Aplicações — 237

com o tipo de serviço, mas nenhuma informação de versão. Neste caso, o Nmap continuará, mas só enviará provas que saiba reconhecerem o tipo de serviço por combinação leve.

4. A esta altura, as provas de UDP do Nmap começarão, e as conexões TCP terminarão aqui, se a prova NULL, acima, falhar ou ocorrer uma combinação leve. Como a realidade é que a maioria das portas são usadas pelo serviço para o qual elas estão registradas no nmap-services, cada prova tem uma lista de números de porta que são considerados os mais eficientes. Por exemplo, a prova chamada GetRequest, que reconhece servidores web (dentre outros serviços) lista 80-85, 8000-8010, e 8080-8085 como portas prováveis. O Nmap executa sequencialmente as provas que correspondem ao número da porta que está sendo examinada.

Cada prova inclui uma string de prova (que pode ser um texto ASCII arbitrário ou binário escapado na forma \xHH), que é enviada à porta. As respostas que voltarem serão comparadas com uma lista de expressões regulares do mesmo tipo que o discutido na descrição da prova NULL, acima. Como com a prova NULL, estes testes podem resultar ou numa correspondência completa (termina o processamento para o serviço remoto), ou numa combinação leve (limita as provas futuras às que correspondem a um certo serviço), ou absolutamente nenhuma correspondência. A lista exata de expressões regulares que o Nmap usa para testar uma correspondência depende da configuração da solução da prova. Por exemplo, os dados retornados da X11Probe são muito improváveis de corresponderem a qualquer expressão regular construída pela prova GetRequest. Por outro lado, é provável que os resultados retornados de uma prova como a RTSPRequest venham a corresponder a uma expressão regular construída pela GetRequest, uma vez que os dois protocolos sendo testados estão intimamente relacionados. Assim, a prova RTSPRequest tem uma solução nas correspondências de GetRequest. Para uma explanação mais abrangente, veja a seção 7.3.1, "Atalhos e recursos".

Se qualquer resposta, durante a detecção de versão, vier a ser recebida de uma porta UDP que estava no estado open|filtered, este estado será mudado para open. Isto torna a detecção de versão um excelente complemento para o exame de UDP, que é forçado a marcar todas as portas UDP examinadas como open|filtered, quando algumas regras comuns de firewall estão ativas. Embora a combinação do exame de UDP com a detecção de versão possa demorar muitas vezes tanto quanto um exame pleno de UDP, ela é uma técnica eficiente e útil. Este método é descrito na seção 5.4.1, "Desfazendo a ambiguidade entre as portas UDP abertas e filtradas".

5. Na maioria dos casos, a prova NULL ou as prováveis provas da porta (normalmente só há uma) descritas acima corresponderão ao serviço. Como a prova NULL compartilha sua conexão com a provável prova da porta, isto permite que a detecção de serviço seja feita com apenas uma breve conexão, na maioria dos casos. Com o UDP, somente um pacote é normalmente exigido. Mas caso a prova NULL e as prováveis provas da porta falharem, o Nmap seguirá por todas as provas existentes, em sequência. No caso do TCP, o Nmap deverá fazer uma nova conexão para cada prova, para evitar que as provas anteriores corrompam os resultados. Este cenários de pior caso pode demorar um pouquinho, especialmente porque o Nmap deverá esperar cerca de cinco segundos pelos resultados de cada prova, por causa de conexões lentas de rede e também de serviços que respondam lentamente. Felizmente, o Nmap utiliza várias técnicas automáticas para acelerar os exames:

- O Nmap torna a maioria das provas genéricas o suficiente para corresponderem a muitos serviços. Por exemplo, a prova GenericLines envia duas linhas em branco ao serviço. Isto corresponde a servidores de muitos tipos de serviços diversos, incluindo FTP, ident, POP3, UUCP, Postgres, e whois. A prova GetRequest corresponde a ainda mais tipos de serviços. Outros exemplos incluem "help\r\n" e provas genéricas de RPC e MS SMB.

- Se um serviço corresponder a uma diretiva softmatch (de combinação leve), o Nmap só precisará tentar provas que possam corresponder potencialmente àquele serviço.

- As provas não foram criadas todas iguais! Algumas correspondem a muito mais serviços que outras. Por causa disto, o Nmap usa a métrica da raridade para evitar tentar provas que sejam extremamente improváveis de corresponderem. Usuários experientes do Nmap poderão forçar para que todas as provas sejam tentadas independentemente, ou limitar as tentativas de provas ainda mais do que o omissivo, usando as opções --version-intensity, --version-all, e --version-light discutidas na seção 7.3.2, "Seleção e raridade de provas".

6. Uma das provas testará se a porta alvo está rodando o SSL. Se sim (e se o OpenSSL estiver disponível), o Nmap se conectará de volta através de SSL e reiniciará o exame do serviço para determinar o que está atendendo por trás da encriptação. Uma diretiva especial permite diferentes portas prováveis para conexões normais e através de tuneis de SSL. Por exemplo,

o Nmap deverá começar contra a porta 443 (HTTPS) com uma prova de SSL. Mas depois que o SSL for detectado e habilitado, o Nmap deverá tentar a prova GetRequest contra a porta 443, porque esta porta normalmente tem um servidor web atendendo por trás da encriptação SSL.

7. Uma outra prova genérica identificará os serviços baseados em RPC. Quando estes forem encontrados, o processador de RPC do Nmap (discutido posteriormente) será iniciado para obter, à força bruta, o nome/número do programa RPC e os números de versão suportados. Da mesma forma, um pós-processador de SMB para coleta de impressões digitais de serviços do Windows poderá ser adicionado, eventualmente.

8. Se pelo menos uma das provas induzirem algum tipo de resposta, apesar do Nmap ser incapaz de reconhecer o serviço, o conteúdo da resposta será apresentado ao usuário na forma de uma *impressão digital*. Se os usuários souberem que serviços estão realmente atendendo, eles são estimulados a submeterem esta impressão digital para que os desenvolvedores do Nmap a integrem no Nmap, como descrito na seção 7.7.1, "Envie impressões digitais de serviços".

7.3.1. Atalhos e Recursos

Muito embora o Nmap espere durante um tempo generoso que os serviços respondam, às vezes uma aplicação é lenta para responder à prova NULL. Isto pode ocorrer por uma série de razões, incluindo buscas lentas de DNS reverso realizadas por alguns serviços. Por causa disto, o Nmap poderá, às vezes, corresponder os resultados de uma prova subsequente com uma linha correspondente projetada para a prova NULL. Por exemplo, suponha que examinemos a porta 25 (SMTP), num servidor, para determinar o que está atendendo nela. Tão logo conectemos, este serviço poderá efetuar um punhado de buscas de lista negra de DNS para determinar se deveremos ser tratados como spammers e ter o serviço negado. Antes de ele terminar, o Nmap desistirá de esperar por uma resposta à prova NULL e enviará a próxima prova registrada para a porta 25, que é "HELP\r\n". Quando o serviço finalmente completar suas verificações anti-spam, ele apresentará uma mensagem de saudação, lerá a prova do Help, e responderá como mostrado no exemplo 7.4.

Exemplo 7.4. Saída de exemplo do atalho da prova NULL

```
220 hcsw.org ESMTP Sendmail 8.12.3/8.12.3/Debian-7.1; Tue,
[corte]
214-2.0.0 This is sendmail version 8.12.3
214-2.0.0 Topics:
214-2.0.0      HELO      EHLO      MAIL      RCPT      DATA
214-2.0.0      RSET      NOOP      QUIT      HELP      VRFY
214-2.0.0      EXPN      VERB      ETRN      DSN       AUTH
214-2.0.0      STARTTLS
214-2.0.0 For more info use "HELP <topic>".
214-2.0.0 To report bugs in the implementation send email to
214-2.0.0        sendmail-bugs@sendmail.org.
214-2.0.0 For local information send email to Postmaster at
your site.
214 2.0.0 End of HELP info
```

O Nmap lerá estes dados a partir do soquete e verá que nenhuma expressão regular a partir da prova Help corresponderá aos dados retornados. Isto porque o Nmap normalmente espera receber a saudação de ESMTP, durante a prova NULL, e correspondê-la aqui.

Como este é um cenário relativamente comum, o Nmap "atalha", tentando corresponder respostas com qualquer uma das linhas da prova NULL, se nenhuma das linhas específicas da prova corresponderem. Neste caso, haverá uma linha de correspondência NULL que reportará que o programa é o Sendmail, a versão é 8.12.3/8.12.3/Debian-7.1, e o nome do hospedeiro é hcsw.org.

O atalho da prova NULL é, na verdade, apenas um exemplo específico de uma funcionalidade mais geral do Nmap: os recursos. A diretiva de recurso é descrita em detalhes na seção 7.6, "Formato do arquivo nmap-service-probes". Em essência, qualquer prova que possa encontrar resultados que possam ser correspondidos por uma expressão regular em outras provas terá uma diretiva de recurso que especificará estas outras provas.

Por exemplo, em algumas configurações do popular servidor web Apache, este servidor não responderá à prova GetRequest ("GET / HTTP/1.0\r\n\r\n") porque nenhum nome de hospedeiro virtual foi especificado. O Nmap ainda será capaz de identificar corretamente estes servidores, porque eles normalmente responderão à prova HTTPOptions. Esta prova tem uma solução para

Capítulo 7: Detecção de Versão de Serviços e de Aplicações — 241

as expressões regulares da GetRequest, que são suficientemente gerais para reconhecerem as respostas do Apache às provas HTTPOptions.

7.3.2. Seleção e Raridade de Provas

Na determinação de quais provas usar, o Nmap considera suas raridades. Esta é uma indicação de quão provável é que a prova retorne dados úteis. Se uma prova tiver uma alta raridade, ela é considerada menos comum e é menos provável de ser tentada. Os usuários do Nmap podem especificar quais provas serão tentadas, pela mudança do nível de intensidade do exame de versão, como descrito abaixo. O algoritmo exato que o Nmap usa quando determinando quais provas usará segue:

1. Para TCP, a prova NULL será sempre tentada primeiro.

2. Todas as provas que tenham a porta sendo examinada listada como uma porta provável (veja a seção 7.6, "Formato do arquivo nmap-service-probes") serão tentadas na ordem em que aparecem no nmap-service-probes.

3. Todas as outras provas que tiverem uma valor de raridade menor que ou igual ao valor de intensidade atual do exame serão tentadas, também na ordem em que aparecem no nmap-service-probes.

Uma vez que uma prova seja encontrada em correspondência, o algoritmo terminará e os resultados serão reportados.

Como todas as provas do Nmap (com exceção da prova NULL) têm um valor de raridade associado, é relativamente fácil controlar quantas delas serão tentadas, quando realizando um exame de versão. Simplesmente escolha um nível de intensidade apropriado para um exame. Quando mais alto um nível de intensidade, tanto mais provas serão tentadas. Assim, se um exame muito abrangente for desejado, um nível de intensidade alto será apropriado - muito embora ele possa demorar mais do que um exame realizado num nível de intensidade menor. O nível de intensidade omissivo do Nmap é 7, mas o Nmap fornece as seguintes chaves para diferentes necessidades de exames:

--version-intensity <*nível de intensidade entre 0 e 9*>
    Ajusta o nível de intensidade de um exame de versão para o valor especificado. Se 0 for especificado, somente a prova NULL (para TCP) e

as provas que listem a porta como uma porta provável serão tentadas. Exemplo: **nmap -sV --version-intensity 3 scanme.nmap.org**

--version-light
Ajusta o nível de intensidade para 2. Exemplo: **nmap -sV --version-light scanme.nmap.org**

--version-all
Ajusta o nível de intensidade para 9. Como todas as provas têm um nível de raridade entre 1 e 9, esta chave tenta todas elas. Exemplo: **nmap -sV --version-all scanme.nmap.org**

7.4. A Técnica Demonstrada

Se a descrição acima não for muito clara, você poderá ver por si mesmo como ela funciona, adicionando as opções --version-trace (e comumente -d (depuração)) à sua linha de comando do Nmap. Isto mostrará todas as conexões e atividades de leitura/escrita de dados do exame do serviço. Segue um exemplo anotado do mundo real.

```
# nmap -sSV -T4 -F -d --version-trace insecure.org

Starting Nmap ( http://nmap.org )
Host insecure.org (205.217.153.53) appears to be up ...
good.
Initiating SYN Stealth Scan against insecure.org
(205.217.153.53) at 19:53
Initiating service scan against 4 services on 1 host at
19:53
```

O exame por SYN encontrou 4 portas abertas - agora, estamos iniciando um exame de serviço contra cada uma delas, em paralelo. Começamos com uma conexão TCP para a prova NULL:

```
Starting probes against new service: 205.217.153.53:22 (tcp)
NSOCK (2.0750s) TCP connection requested to
205.217.153.53:22 (IOD #1) EID 8
```

Capitúlo 7: Detecção de Versão de Serviços e de Aplicações — 243

```
Starting probes against new service: 205.217.153.53:25 (tcp)
NSOCK (2.0770s) TCP connection requested to
205.217.153.53:25 (IOD #2) EID 16
Starting probes against new service: 205.217.153.53:53 (tcp)
NSOCK (2.0830s) TCP connection requested to
205.217.153.53:53 (IOD #3) EID 24
Starting probes against new service: 205.217.153.53:80 (tcp)
NSOCK (2.0860s) TCP connection requested to
205.217.153.53:80 (IOD #4) EID 32
NSOCK (2.0870s) Callback: CONNECT SUCCESS for EID 32
[205.217.153.53:80]
NSOCK (2.0870s) Read request from IOD #4 [205.217.153.53:80]
       (timeout: 5000ms) EID 42
NSOCK (2.0870s) Callback: CONNECT SUCCESS for EID 24
[205.217.153.53:53]
NSOCK (2.0870s) Read request from IOD #3 [205.217.153.53:53]
       (timeout: 5000ms) EID 50
NSOCK (2.0870s) Callback: CONNECT SUCCESS for EID 16
[205.217.153.53:25]
NSOCK (2.0870s) Read request from IOD #2 [205.217.153.53:25]
       (timeout: 5000ms) EID 58
NSOCK (2.0870s) Callback: CONNECT SUCCESS for EID 8
[205.217.153.53:22]
NSOCK (2.0870s) Read request from IOD #1 [205.217.153.53:22]
       (timeout: 5000ms) EID 66
```

Neste ponto, as conexões da prova NULL foram realizadas com sucesso para os quatro serviços. Ele inicia em 2 segundos, porque este foi o tempo que os exames por ping e por SYN demoraram.

```
NSOCK (2.0880s) Callback: READ SUCCESS for EID 66
[205.217.153.53:22]
       (23 bytes): SSH-1.99-OpenSSH_3.1p1.
Service scan match: 205.217.153.53:22 is ssh.
       Version: |OpenSSH|3.1p1|protocol 1.99|
```

O SSH foi bacana o suficiente para se identificar por completo, imediatamente após a conexão, como OpenSSH 3.1p1. Um feito, três a caminho.

```
NSOCK (2.0880s) Callback: READ SUCCESS for EID 58
[205.217.153.53:25]
        (27 bytes): 220 core.lnxnet.net ESMTP..
Service scan soft match: 205.217.153.53:25 is smtp
```

O servidor de correio, na porta 25, também nos deu uma saudação útil. Nós não sabemos que tipo de servidor de correio ele é, mas começando com 220 e incluindo a palavra ESMTP nos diz que ele é um servidor de correio (SMTP). Assim, o Nmap faz uma combinação leve com smtp, significando que somente provas que correspondam a servidores SMTP serão tentadas, de agora em diante. Note que caracteres não exibíveis são representados por pontos - assim, os ".." depois de ESMTP é, realmente, a sequência de terminação de linha "\r\n".

```
NSOCK (2.0880s) Read request from IOD #2 [205.217.153.53:25]
        (timeout: 4996ms) EID 74
NSOCK (7.0880s) Callback: READ TIMEOUT for EID 74
[205.217.153.53:25]
NSOCK (7.0880s) Write request for 6 bytes to IOD #2 EID 83
        [205.217.153.53:25]: HELP..
NSOCK (7.0880s) Read request from IOD #2 [205.217.153.53:25]
        (timeout: 5000ms) EID 90
```

O Nmap escuta um pouco mais demoradamente na conexão SMTP, só para o caso de o servidor ter mais a dizer. A requisição de leitura expira após cinco segundos. O Nmap, então, encontra a próxima prova que está registrada para a porta 25 e tem assinaturas de SMTP. Esta prova consiste simplesmente de HELP\r\n, que o Nmap escreve na conexão.

```
NSOCK (7.0880s) Callback: READ TIMEOUT for EID 50
[205.217.153.53:53]
NSOCK (7.0880s) Write request for 32 bytes to IOD #3 EID 99
        [205.217.153.53:53]: ..............version.bind....
NSOCK (7.0880s) Read request from IOD #3 [205.217.153.53:53]
        (timeout: 5000ms) EID 106
```

O servidor de DNS, na porta 53, não retorna absolutamente nada. A primeira prova registrada para a porta 53, no nmap-service-probes, é DNSVersionBindReq, que consulta um servidor de DNS sobre seu número de versão. Isto é enviado pela rede.

```
NSOCK (7.0880s) Callback: READ TIMEOUT for EID 42
    [205.217.153.53:80]
NSOCK (7.0880s) Write request for 18 bytes to IOD #4 EID 115
    [205.217.153.53:80]: GET / HTTP/1.0....
NSOCK (7.0880s) Read request from IOD #4 [205.217.153.53:80]
    (timeout: 5000ms) EID 122
```

A prova NULL da porta 80 também falhou em retornar quaisquer dados. Uma requisição HTTP GET é enviada, uma vez que esta prova está registrada para a porta 80.

```
NSOCK (7.0920s) Callback: READ SUCCESS for EID 122
    [205.217.153.53:80] [EOF](15858 bytes)
Service scan match: insecure.org (205.217.153.53):80 is
http.
                    Version: |Apache httpd|2.0.39|(Unix)
                    mod_perl/1.99_07-dev..
```

O Apache retornou uma resposta enorme (15KB), então ela não é exibida. Esta resposta forneceu informações detalhadas da configuração, que o Nmap extraiu dela. Não há nenhuma outra prova registrada para a porta 80. Assim, se esta tivesse falhado, o Nmap teria tentado a primeira prova de TCP no nmap-service-probes. Esta prova simplesmente enviaria linhas em branco ("\r\n\r\n"). Uma nova conexão teria sido feita, caso a prova GET tivesse confundido o serviço.

```
NSOCK (7.0920s) Callback: READ SUCCESS for EID 106
    [205.217.153.53:53]
        (50 bytes): .O........version.bind.......9.2.1
Service scan match: insecure.org (205.217.153.53):53 is
                    domain.
                    Version: |ISC BIND|9.2.1||
```

A porta 53 respondeu a nossa solicitação de versão de DNS. A maior parte da resposta (da mesma forma que a prova) é binária, mas você pode ver claramente a versão 9.2.1, lá. Se esta prova tivesse falhado, a próxima prova registrada para a porta 53 seria uma requisição de status de servidor de DNS (14 bytes: \0\x0C\0\0\x10\0\0\0\0\0\0\0\0\0). Ter esta prova de recurso ajuda, porque muito mais servidores respondem a uma requisição de status do que a uma requisição de número de versão.

```
NSOCK (7.0920s) Callback: READ SUCCESS for EID 90
[205.217.153.53:25]
       (55 bytes): 214 qmail home page: http...
Service scan match: insecure.org (205.217.153.53):25 is
                    smtp.
              Version: |qmail smtpd|||
```

A porta 25 fornece uma resposta muito útil à prova Help. Outros servidores SMTP, tais como o Postfix, Courier, e Exim podem, frequentemente, ser identificados por esta prova, também. Se a resposta não correspondesse, o Nmap teria desistido deste serviço, porque ele já teria feiro uma combinação leve com o smtp e não haveria mais provas de SMTP no nmap-service-probes.

```
The service scan took 5 seconds to scan 4 services on 1
host.
```

Este exame de serviço rodou muito bem. Nenhum serviço exigiu mais que uma conexão. Ele demorou cinco segundos, porque o Qmail e o Apache atingiram a expiração de cinco segundos da prova NULL, antes que o Nmap enviasse as primeiras provas reais. Eis a recompensa por estes esforços:

```
Interesting ports on insecure.org (205.217.153.53):
(The 1212 ports scanned but not shown below are in state:
closed)
PORT      STATE   SERVICE VERSION
22/tcp    open    ssh     OpenSSH 3.1p1 (protocol 1.99)
25/tcp    open    smtp    qmail smtpd
53/tcp    open    domain  ISC BIND 9.2.1
80/tcp    open    http    Apache httpd 2.0.39 ((Unix)
                          mod_perl/1.99_07-dev)

Nmap finished: 1 IP address (1 host up) scanned in 7.104
seconds
```

7.5. Pós-Processadores

O Nmap normalmente termina de trabalhar numa porta quando ele deduz a informação de serviço e versão, como demonstrado acima. Entretanto, há certos serviços para os quais o Nmap realiza trabalhos adicionais. Os pós-processadores presentemente disponíveis são a integração com o Mecanismo de Scripts do Nmap, a exploração de RPC, e o tunelamento por SSL. A interrogação de SMB do Windows SMB está sob consideração.

7.5.1. Integração com o Mecanismo de Scripts do Nmap

A abordagem baseada em expressão regular, da detecção de versão, é poderosa, mas não pode reconhecer tudo. Alguns serviços não podem ser reconhecidos pelo simples envio de uma prova padrão e correspondência de um padrão com a resposta. Alguns serviços exigem strings de provas personalizadas ou um complexo processo de saudação em múltiplos passos. Outros exigem um processamento mais avançado que uma expressão regular, para reconhecimento de uma resposta. Por exemplo, o serviço Skype v2 foi projetado para ser difícil de se detectar, devido ao risco de que portadoras encarregadas (tais como companhias telefônicas provedoras de linhas DSL) o considerem um concorrente e degradem ou bloqueiem o serviço de seus assinantes. A única maneira que pudemos encontrar para detectar este serviço envolveu a análise de respostas a duas provas diferentes. Da mesma forma, nós poderíamos reconhecer mais serviços SNMP se tentássemos algumas centenas de diferentes nomes de comunidades por força bruta. Nenhuma destas tarefas se encaixa bem na tradicional detecção de versão, do Nmap, mas ambas são facilmente realizadas com a Linguagem de Scripts do Nmap. Por estas razões, a detecção de versão, agora, chama o NSE, por omissão, para tratar alguns serviços complicados, como descrito na seção 9.10, "Detecção de versão usando o NSE".

7.5.2. Exploração de RPC

O SunRPC (Sun Remote Procedure Call = Chamada a Procedimento Remoto, da Sun) é um protocolo comum do Unix usado para implementar muitos serviços, incluindo o NFS. O Nmap é acompanhado de uma base de dados nmap-rpc de quase 600 programas de RPC. Muitos serviços RPC usam portas de numeração elevada e/ou o protocolo de transporte UDP, tornando-os disponíveis através de muitos firewalls mal configurados. Os programas de RPC (e as próprias bibliotecas de infra-estrutura) têm, ainda, uma longa história de sérias brechas de segurança exploráveis remotamente. Então, os administradores de redes e auditores de segurança frequentemente querem saber mais sobre quaisquer programas de RPC em suas redes.

Se o serviço portmapper (rpcbind - porta 111 UDP ou TCP) estiver disponível, os serviços de RPC poderão ser enumerados com o comando **rpcinfo** do Unix. O exemplo 7.5 demonstra isto contra um servidor omissivo Solaris 9.

Exemplo 7.5. Enumerando serviços de RPC com o rpcinfo

```
> rpcinfo -p ultra
    program    vers    proto    port
    100000     4       tcp      111      rpcbind
    100000     4       udp      111      rpcbind
    100232     10      udp      32777    sadmind
    100083     1       tcp      32775    ttdbserverd
    100221     1       tcp      32777    kcms_server
    100068     5       udp      32778    cmsd
    100229     1       tcp      32779    metad
    100230     1       tcp      32781    metamhd
    100242     1       tcp      32783    rpc.metamedd
    100001     4       udp      32780    rstatd
    100002     3       udp      32782    rusersd
    100002     3       tcp      32785    rusersd
    100008     1       udp      32784    walld
    100012     1       udp      32786    sprayd
    100011     1       udp      32788    rquotad
    100024     1       udp      32790    status
    100024     1       tcp      32787    status
    100133     1       udp      32790    nsm_addrand
    100133     1       tcp      32787    nsm_addrand
[ Dezenas de linhas removidas, por brevidade ]
```

Este exemplo mostra que os hospedeiros frequentemente oferecem muitos serviços de RPC, o que aumenta a probabilidade de que um seja explorável. Você deverá notar, também, que a maioria dos serviços estão em estranhas portas de numeração elevada (que podem mudar por qualquer número de razões) e se dividem entre os protocolos de transporte UDP e TCP.

Capitúlo 7: Detecção de Versão de Serviços e de Aplicações — 249

Como a informação de RPC é tão delicada, muitos administradores tentam obscurecê-la, bloqueando a porta do portmapper (111). Infelizmente, isto não tapa a brecha. O Nmap pode determinar toda a mesma informação pela comunicação direta com as portas RPC abertas, através do seguinte processo de três passos:

1. O exame da porta TCP e/ou UDP encontra todas as portas abertas.

2. A detecção de versão determina quais das portas abertas usa o protocolo SunRPC.

3. O mecanismo de força bruta de RPC determina a identidade do programa de cada porta RPC, tentando um *comando nulo* em cada um dos 600 números de programas no nmap-rpc. No mais das vezes, o Nmap chuta errado e recebe uma mensagem de erro atestando que o número do programa solicitado não está atendendo na porta. O Nmap continua tentando cada número em sua lista até que um sucesso seja retornado para uma delas. O Nmap desiste na improvável eventualidade de se exaurirem todos os seus números de programas conhecidos ou se a porta enviar respostas mal formadas que sugiram que ela não seja realmente RPC.

As provas de identificação de programas RPC são feitas em paralelo, e as retransmissões são tratadas para as portas UDP. Esta funcionalidade é ativada automaticamente, sempre que a detecção de versão encontra quaisquer portas RPC. Ou ela pode ser realizada sem a detecção de versão, pela especificação da opção -sR. O exemplo 7.6 demonstra o exame direto de RPC realizado como parte da detecção de versão.

Exemplo 7.6. Exame direto de RPC do Nmap

```
# nmap -F -A -sSU ultra

Starting Nmap ( http://nmap.org )
Interesting ports on ultra.nmap.org (192.168.0.50):
(The 2171 ports scanned but not shown below are in state:
closed)
PORT            STATE       SERVICE         VERSION
[Um monte de portas removidas para brevidade]
32776/tcp       open        kcms_server     1 (rpc #100221)
32776/udp       open        sadmind         10 (rpc #100232)
32777/tcp       open        kcms_server     1 (rpc #100221)
32777/udp       open        sadmind         10 (rpc #100232)
```

```
32778/tcp      open            metad       1 (rpc #100229)
32778/udp      open            cmsd        2-5 (rpc #100068)
32779/tcp      open            metad       1 (rpc #100229)
32779/udp      open            rstatd      2-4 (rpc #100001)
32780/tcp      open            metamhd     1 (rpc #100230)
32780/udp      open            rstatd      2-4 (rpc #100001)
32786/tcp      open            status      1 (rpc #100024)
32786/udp      open            sprayd      1 (rpc #100012)
32787/tcp      open            status      1 (rpc #100024)
32787/udp      open            rquotad     1 (rpc #100011)
Device type: general purpose
Running: Sun Solaris 9
OS details: Sun Solaris 9

Nmap finished: 1 IP address (1 host up) scanned in 252.701
seconds
```

7.5.3. Notas Sobre o Pós-Processador de SSL

Como discutido na seção técnica, o Nmap tem a habilidade de detectar o protocolo de encriptação SSL e, depois, lançar uma sessão encriptada, através da qual ele executa a detecção normal de versão. Como com a exploração de RPC, discutida anteriormente, o pós-processador de SSL é executado automaticamente sempre que uma porta apropriada (SSL) é detectada. Isto é demonstrado pelo exemplo 7.7.

Exemplo 7.7. Examinando a versão através de SSL

```
nmap -PN -sSV -T4 -F www.amazon.com

Starting Nmap ( http://nmap.org )
Interesting ports on 207-171-184-16.amazon.com
(207.171.184.16):
(The 1214 ports scanned but not shown below are in state:
filtered)
PORT        STATE     SERVICE     VERSION
80/tcp      open      http        Apache Stronghold httpd 2.4.2
                                  (based on Apache 1.3.6)
443/tcp     open      ssl/http    Apache Stronghold httpd 2.4.2
                                  (based on Apache 1.3.6)

Nmap finished: 1 IP address (1 host up) scanned in 35.038
seconds
```

Note que a informação de versão é a mesma para cada uma das duas portas abertas, mas o serviço é http na porta 80 e ssl/http na porta 443. O caso comum de HTTPS na porta 443 não está fixado ao código - o Nmap deve ser capaz de detectar SSL em qualquer porta e determinar o protocolo subjacente para qualquer serviço que o Nmap possa detectar em texto puro. Se o Nmap não detectasse o servidor que está atendendo por trás do SSL, o serviço listado seria ssl/unknown (ssl/desconhecido). Se o Nmap não tivesse sido construído com suporte a SSL, o serviço listado teria sido simplesmente ssl. A coluna de versão estaria em branco em ambos os casos.

O suporte a SSL pelo Nmap depende da biblioteca livre OpenSSL[2]. Ela não é incluída nos binários RPM do Linux, para evitar interromper sistemas que omitem estas bibliotecas. A distribuição do código fonte do Nmap tenta detectar o OpenSSL num sistema e se liga a ele, quando disponível. Veja o capítulo 2, *Obtendo, compilando, instalando e removendo o Nmap* para detalhes sobre a personalização do processo de construção para incluir ou excluir o OpenSSL.

7.6. Formato do Arquivo nmap-service-probes

Como com a detecção de SO remoto (-O), o Nmap usa um arquivo plano para armazenar as provas de detecção de versão e corresponder strings. Apesar da versão do nmap-services distribuído com o Nmap ser suficiente para a maioria dos usuários, o entendimento do formato do arquivo permitirá que hackers avançados do Nmap adicionem seus próprios serviços ao mecanismo de detecção. Como muitos arquivos do Unix, o nmap-service-probes é baseado em linhas. Linhas que comecem com um caractere # são tratadas como comentários e ignoradas pelo processador. Linhas em branco também são ignoradas. Outras linhas deverão conter uma das diretivas descritas abaixo. Alguns leitores preferirão dar uma olhada nos exemplos da seção 7.6.9, "Juntando tudo", antes de lidarem com a dissecação seguinte.

---

2 *http://www.openssl.org*

7.6.1. Diretiva Exclude (excluir)

Sintaxe: `Exclude <especificação da porta>`

Exemplos:

```
Exclude 53,T:9100,U:30000-40000
```

Esta diretiva exclui as portas especificadas do exame de versão. Ela só pode ser usada uma vez e deve estar próxima do início do arquivo, acima de quaisquer diretivas Probe. A diretiva Exclude usa o mesmo formato que a chave -p do Nmap, de forma que faixas e listas de portas separadas por vírgulas são suportadas. No nmap-service-probes incluído com o Nmap, as únicas portas excluídas são as portas TCP de 9100 até 9107. Estas são portas comuns para o atendimento de impressoras, e elas normalmente imprimem quaisquer dados enviados a elas. Assim, um exame de detecção de versão pode fazer com que elas imprimam várias páginas cheias de provas que o Nmap envie, tais como requisições do SunRPC, sentenças de ajuda (help) e provas do X11.

Este comportamento normalmente é indesejável, especialmente quando um exame pretende ser invisível. No entanto, o comportamento omissivo do Nmap, de evitação de exame desta porta poderá facilitar, para um usuário ardiloso, a ocultação de um serviço: simplesmente rode-o numa porta excluída, tal como a 9100, e ele será menos provável de ser identificado pelo nome. O exame da porta ainda a mostrará como aberta. Os usuários poderão sobrepor a diretiva Exclude com a opção --allports. Isto fará com que a detecção de versão interrogue todas as portas abertas.

7.6.2. Diretiva Probe (prova)

Sintaxe: `Probe <protocolo> <nome da prova> <string da prova>`

Exemplos:

```
Probe TCP GetRequest q|GET / HTTP/1.0\r\n\r\n|
Probe UDP DNSStatusRequest q|\0\0\x10\0\0\0\0\0\0\0\0\0|
Probe TCP NULL q||
```

Capitúlo 7: Detecção de Versão de Serviços e de Aplicações — 253

A diretiva Probe diz ao Nmap que string enviar para reconhecer vários serviços. Todas as diretivas discutidas posteriormente operam sobre a sentença Probe mais recente. Os argumentos são como os seguintes:

<protocolo>
Este deve ser TCP ou UDP. O Nmap só usa as provas que correspondam ao protocolo do serviço que ele está tentando examinar.

<nome da prova>
Este é um nome pleno em inglês para a prova. Ele é usado nas impressões digitais dos serviços para descrever quais provas induziram respostas.

<string da prova>
Diz ao Nmap o que enviar. Ela deve começar com um q seguido de um caractere delimitador, que inicie e termine a string. Entre os caracteres delimitadores ficará a string que será realmente enviada. Ela é formatada similarmente a uma string do C ou do Perl, no sentido de permitir os seguintes caracteres padrões escapados: \\, \0, \a, \b, \f, \n, \r, \t, \v, \xHH. Uma linha Probe no nmap-service-probes tem uma string de prova vazia, como mostrado no terceiro exemplo, acima. Esta é a prova NULL de TCP, que apenas espera pelas saudações iniciais que muitos serviços enviam. Se seu caractere delimitador (|, nestes exemplos) for necessário em sua string de prova, você precisará escolher um delimitador diferente.

7.6.3. Diretiva match (correspondência)

Sintaxe: match <serviço> <padrão> [<informação de versão>]

Exemplos:

```
match ftp m/^220.*Welcome to PureFTPd (\d\S+)/ p/PureFT Pd/
v/$1/
match ssh m/^SSH-([.\d]+)-OpenSSH_(\S+)/ p/OpenSSH/ v/$2/ i/
protocol $1/
match mysql m/^.\0\0\0\n(4\.[-.\w]+)\0...\0/s p/MySQL/ i/$1/
match chargen m|@ABCDEFGHIJKLMNOPQRSTUVWXYZ|
match uucp m|^login: Password: Login incorrect\.$| p/Su nOS
uucpd/ o/SunOS/
match printer m|^([\w-_.]+): lpd: Illegal service re quest\
n$| p/lpd/ h/$1/
match afs m|^[\d\D]{28}\s*(OpenAFS)([\d\.]{3}[^\s\0]*)\0|
p/$1/ v/$2/
```

A diretiva match diz ao Nmap como reconhecer os serviços com base nas respostas à string enviada pela diretiva Probe anterior. Uma única linha Probe pode ser seguida por dezenas ou centenas de sentenças match. Se o padrão dado corresponder, um especificador opcional de versão constroi o nome da aplicação, o número de versão e informações adicionais para o Nmap relatar. Os argumentos para esta diretiva são os seguintes:

<serviço>

Este é simplesmente o nome do serviço que corresponde ao padrão. Exemplos seriam ssh, smtp, http, ou snmp. Como caso especial, você pode prefixar o nome do serviço com ssl/, como em ssl/vmware-auth. Neste caso, o serviço seria armazenado como vmware-auth por túnel de SSL. Isto é útil para serviços que possam ser completamente reconhecidos sem o excedente de se fazer uma conexão SSL.

<padrão>

Este padrão é usado para determinar se a resposta recebida corresponde ao serviço dado no parâmetro anterior. O formato é como no Perl, com a sintaxe sendo m/[regex]/[opções]. O "m" diz ao Nmap que uma string de correspondência está começando. A barra (/) é um delimitador, que pode ser substituído por quase qualquer caractere que possa ser exibido, desde que a segunda barra também seja substituída em combinação. A regex é uma expressão regular no estilo do Perl[3]. Isto é possível graças à excelente biblioteca de Expressões Regulares Compatíveis com o Perl[4] (PCRE, na sigla em inglês). As únicas opções atualmente suportadas são 'i', que faz a correspondência insensível ao caso*, e 's', que inclui quebras de linhas no especificador '.'. Como você poderia esperar, estas duas opções têm a mesma semântica que no Perl. Sub-expressões a serem capturadas (tais como números de versão) são envolvidas por parênteses, como mostrado na maioria dos exemplos acima.

<informação de versão>

A seção de <informação de versão> contém, realmente, seis campos opcionais. Cada campo começa com uma letra identificadora (tal como h para "nome de hospedeiro"). Em seguida, vem um caractere delimitador, que o escritor da assinatura escolhe. O delimitador preferido é a barra

---

3 http://www.perl.com/doc/manual/html/pod/perlre.html
4 http://www.pcre.org
* Maiúsculas são tratadas indistintamente das minúsculas. - N. do T.

Capítulo 7: Detecção de Versão de Serviços e de Aplicações — 255

('/'), a menos que ela seja usada no próprio campo. Depois, vem o valor do campo, seguido pelo caractere delimitador. A tabela seguinte descreve os seis campos:

Tabela 7.1. Formatos e valores do campo "informação de versão"

Formato do campo	Descrição do valor
p/fornecedor e nome do produto/	Inclui o fornecedor e, normalmente, o nome do serviço, e é na forma "Sun Solaris rexecd", "ISC BIND named", ou "Apache httpd".
v/versão/	O "número" da versão da aplicação, que pode incluir caracteres não numéricos e até mesmo múltiplas palavras.
i/info/	Outras informações diversas, que estavam imediatamente disponíveis e podem ser úteis. Exemplos incluem se um servidor X está aberto para conexões não autenticadas, ou o número do protocolo de servidores SSH.
h/nome do hospedeiro/	O nome do hospedeiro (se houver) oferecido pelo serviço. Isto é comum em protocolos como o SMTP e POP3, e é útil porque estes nomes podem ser para redes internas ou, por outra, diferirem das respostas diretas do DNS reverso.
o/sistema operacional/	O sistema operacional em que o serviço está rodando. Este pode ser legitimamente diferente do SO reportado pela pilha IP do Nmap, com base na detecção de SO. Por exemplo, o IP alvo pode ser uma máquina Linux que use tradução de endereço de rede para encaminhar solicitações a um servidor Microsoft IIS na DMZ. Neste caso, a detecção de SO da pilha deverá reportar o SO como Linux, enquanto que a detecção de serviço reportará a porta 80 como sendo Windows.
d/tipo de dispositivo/	O tipo de dispositivo em que o serviço está rodando. Alguns serviços revelam esta informação, e ela pode ser inferida em muitos outros casos. Por exemplo, o servidor web HP-ChaiServer só roda em impressoras.

Qualquer um dos seis campos pode ser omitido. Na verdade, todos os campos podem ser omitidos, se nenhuma outra informação, no serviço, estiver disponível. Qualquer um dos campos de versão pode incluir strings numeradas, como $1 ou $2, que serão substituídas (no estilo do Perl) pela substring correspondente entre parênteses no <padrão>.

Em raros casos, uma *função auxiliar* pode ser aplicada ao texto de substituição, antes da inserção. A função auxiliar $P() eliminará os caracteres não exibíveis. Isto é útil para a conversão de strings codificadas com Unicode UTF-16, tais como W\0O\0R\0K\0G\0R\0O\0U\0P\0, em aproximações ASCII, como WORKGROUP. Ela pode ser usada em qualquer um dos campos da "informação de versão", passando para ela o número da correspondência que você quer tornar exibível, como em i/$P(3)/.

Uma outra função auxiliar é $SUBST(). Esta é usada para fazer substituições nas correspondências, antes que elas sejam exibidas. Ela recebe três argumentos. O primeiro é o número da substituição no padrão, exatamente como você usaria numa variável normal de substituição, como $1 ou $3. O segundo e o terceiro especificam sub-strings que você deseja encontrar e substituir, respectivamente. Todas as instâncias da string de correspondência encontradas na sub-string serão substituídas, não só a primeira. Por exemplo, o VanDyke VShell sshd fornece seu número de versão num formato como 2_2_3_578. Nós usamos o campo da "informação de versão" v/$SUBST(1,"_",".")/ para convertê-lo para a forma mais convencional 2.2.3.578.

7.6.4. Diretiva softmatch (combinação leve)

Sintaxe: `softmatch <serviço> <padrão>`

Exemplos:

```
softmatch ftp m/^220 [-.\w ]+ftp.*\r\n$/i
softmatch smtp m|^220 [-.\w ]+SMTP.*\r\n|
softmatch pop3 m|^\+OK [-\[\]\(\)!,/+:<>@.\w ]+\r\n$|
```

A diretiva softmatch é similar, em formato, à diretiva match discutida acima. A principal diferença é que o exame continua, depois de uma softmatch, mas ela está limitada a provas que se sabe corresponderem ao serviço dado. Isto permite que uma correspondência normal ("rígida") seja encontrada posteriormente, o que poderá fornecer informações úteis da versão. Veja a seção 7.3, "A técnica descrita" para mais detalhes sobre como isto funciona. Os argumentos não são definidos, aqui, porque são os mesmos que os de match, acima, com exceção de que nunca haverá um argumento <*informação de versão*>.

Capítulo 7: Detecção de Versão de Serviços e de Aplicações — 257

Além disso, como com match, muitas sentenças softmatch podem haver dentro de uma única seção Probe.

7.6.5. Diretivas ports e sslports

Sintaxe: `ports <lista de portas>`

Exemplos:

```
ports 21,43,110,113,199,505,540,1248,5432,30444
ports 111,4045,32750-32810,38978
```

Esta linha diz ao Nmap em quais portas os serviços identificados por esta prova são comumente encontrados. Ela só deve ser usada uma vez dentro de cada seção Probe. A sintaxe é uma versão ligeiramente simplificada da que é usada pela opção -p do Nmap. Veja os exemplos acima. Mais detalhes sobre como isto funciona estão na seção 7.3, "A técnica descrita".

Sintaxe: `sslports <lista de portas>`

Exemplo:

```
sslports 443
```

Esta é igual à diretiva 'ports' descrita anteriormente, com exceção de que estas portas são frequentemente usadas para envolver um serviço em SSL. Por exemplo, a prova HTTP declara "sslports 443" e as provas de detecção de SMTP têm uma linha "sslports 465" porque estas são as portas padrões para o HTTPS e SMTPS, respectivamente. O formato da *<lista de portas>* é o mesmo que para a diretiva ports. Esta diretiva opcional não pode aparecer mais de uma vez por Probe.

7.6.6. Diretiva totalwaitms (espera total em ms)

Sintaxe: `totalwaitms <milissegundos>`

Exemplo:

```
totalwaitms 5000
```

Esta diretiva raramente necessária especifica a quantidade de tempo que o Nmap deverá esperar antes de desistir da prova (Probe) mais recentemente definida contra um serviço em particular. O valor omissivo do Nmap normalmente é suficiente.

7.6.7. Diretiva rarity (raridade)

Sintaxe: `rarity <valor entre 1 e 9>`

Exemplo:

```
rarity 6
```

A diretiva rarity corresponde aproximadamente à frequência com que se pode esperar que esta prova retorne resultados úteis. Quanto mais alto o número, tanto mais rara a prova é considerada e menos provável ela é de ser tentada contra um serviço. Mais detalhes podem ser encontrados na seção 7.3.2, "Seleção e raridade de provas".

7.6.8. Diretiva fallback (recurso)

Sintaxe: `fallback <lista de provas separadas por vírgulas>`

Exemplo:

```
fallback GetRequest,GenericLines
```

Esta diretiva opcional especifica quais provas deverão ser usadas como recurso, no caso de não haver correspondências na seção Probe corrente. Para mais informações sobre recursos, veja a seção 7.3.1, "Atalhos e recursos". Para as provas de TCP sem uma diretiva fallback, o Nmap tentará, primeiro, as linhas de correspondência da própria prova e, depois, usará o recurso implícito da prova NULL. Se a diretiva fallback estiver presente, o Nmap tentará, primeiro, as linhas de correspondências da própria prova e, depois as da prova especificada na diretiva fallback (da esquerda para a direita). Por último, o Nmap tentará a prova NULL. Para o UDP, o comportamento é idêntico, com exceção de que a prova NULL jamais será tentada.

7.6.9. Juntando Tudo

Eis alguns exemplos do nmap-service-probes que junta tudo isto (para economizar espaço, muitas linhas foram omitidas). Depois de ler até aqui, nesta seção, o que se segue deverá ser entendido.

```
# As diretivas Exclude recebem uma lista de portas separadas
por vírgulas.
# O formato é exatamente o mesmo que o da chave -p.
Exclude T:9100-9107

# Esta é a prova NULL que apenas compara quaisquer saudações
que nos forem feitas
######################PRÓXIMA PROVA#######################
Probe TCP NULL q||
# Aguarda pelo menos 5 segundos pelos dados. Do contrário,
uma omissiva do Nmap será usada.
totalwaitms 5000
# Windows 2003
match ftp m/^220[ -]Microsoft FTP Service\r\n/ p/Microsoft
ftpd/
match ftp m/^220 ProFTPD (\d\S+) Server/ p/ProFTPD/ v/$1/
softmatch ftp m/^220 [-.\w ]+ftp.*\r\n$/i
match ident m|^flock\(\) on closed filehandle .*midentd| p/
midentd/ i/broken/
match imap m|^\* OK Welcome to Binc IMAP v(\d[-.\w]+)| p/
Binc IMAPd/ v$1/
softmatch imap m/^\* OK [-.\w ]+imap[-.\w ]+\r\n$/i
match lucent-fwadm m|^0001;2$| p/Lucent Secure Management
Server/
match meetingmaker m/^\xc1,$/ p/Meeting Maker calendaring/
# lopster 1.2.0.1 no Linux 1.1
match napster m|^1$| p/Lopster Napster P2P client/

Probe UDP Help q|help\r\n\r\n|
rarity 3
ports 7,13,37
match chargen m|@ABCDEFGHIJKLMNOPQRSTUVWXYZ|
match echo m|^help\r\n\r\n$|
```

7.7. Contribuições da Comunidade

Não importa o quão tecnicamente avançada uma estrutura de detecção de serviços seja, ela seria quase inútil sem uma base de dados de serviços abrangente com a qual fazer correspondências. É aí que a natureza do código aberto do Nmap realmente brilha. O laboratório do Insecure.Org está bem recheado de padrões malucos, mas ele jamais poderá esperar rodar mais que uma minúscula porcentagem de tipos de máquinas e serviços que estão lá. Felizmente, a experiência com as impressões digitais da detecção de SO tem mostrado que os usuários do Nmap juntos rodam todas as coisas comuns, além de uma impressionante matriz de equipamentos bizarros, também. A base de dados de impressões digitais de SO contém mais de mil entradas, incluindo todos os tipos de switches, WAPs, telefones VoIP, consoles de jogos, máquinas Unix, hospedeiros Windows, impressoras, roteadores, PDAs, firewalls etc. A detecção de versão suporta, ainda, as submissões dos usuários. Os usuários do Nmap têm contribuído com milhares de serviços. Há três formas primárias de a comunidade do Nmap ajudar a tornar esta uma base de dados excepcional: enviando impressões digitais de serviços, correções da base de dados e novas provas.

7.7.1. Envie Impressões Digitais de Serviços

Se um serviço responder a uma ou mais provas do Nmap e ainda assim o Nmap for incapaz de identificar esse serviço, o Nmap exibirá uma *impressão digital de serviço* como esta:

```
SF-Port21-TCP:V=3.40PVT16%D=9/6%Time=3F5A961C%r(NULL,3F,"
220\x20stage\x20F
SF:TP\x20server\x20\(Version\x202\.1WU\(1\)\+SCO-2 \.6\.1\+-
sec\)\x20ready\
SF:.\r\n")%r(GenericLines,81,"220\x20stage\x20FTP\
x20server\x20\(Version\x
SF:202\.1WU\(1\)\+SCO-2\.6\.1\+-sec\)\x20ready\.\r\n500\
x20'':\x20command\
SF:x20not\x20understood\.\r\n500\x20'':\x20command\ x20not\
x20understood\.\
SF:r\n");
```

Se você receber uma tal impressão digital, e tiver certeza de que sabe qual versão do servidor está rodando no hospedeiro alvo, por favor, envie esta impressão digital pelo URL que o Nmap lhe fornece. Todo o processo de envio é anônimo (a menos que você opte por fornecer informações de identificação) e não deve levar mais que uns dois minutos. Se você estiver se sentindo particularmente útil, examine o sistema novamente, usando -d (às vezes, o Nmap fornece impressões digitais mais longas desta forma) e cole ambas as impressões na caixa fingerprint do formulário de submissão. Às vezes, as pessoas lêem a seção sobre o formato do arquivo e enviam suas próprias linhas funcionais de correspondências. Tudo bem, mas por favor envie as impressões digitais dos serviços, também, porque os scripts existentes tornam a integração e o teste delas relativamente fácil.

Para quem se interessar, a informação na impressão digital acima é o número da porta (21), o protocolo (TCP), a versão do Nmap (3.40PVT16), a data (6 de setembro), a hora do Unix em hexa, e uma sequência de respostas de provas na forma r({<nome da prova>}, {<comprimento da resposta>}, "{<string da resposta>}").

7.7.2. Envie Correções às Bases de Dados

Esta é uma outra forma fácil de ajudar a melhorar a base de dados. Quando integrando a impressão digital para um serviço como "chargen on Windows XP" ou "FooBar FTP server 3.9.213" que tenha sido enviada, é difícil determinar o quão geral é a correspondência. Será que ela corresponderá, também, ao chargen no Solaris ou ao FooBar FTP 2.7? Já que não há nenhuma maneira correta de se dizer, um nome muito específico é usado, na esperança de que as pessoas reportem quando a correspondência precisar ser generalizada. A única razão para que a base de dados do Nmap seja tão abrangente é milhares de usuários terem gasto alguns minutos, cada, para enviar novas informações. Se você examinar um hospedeiro e a impressão digital do serviço fornecer um SO, um número de versão, um nome de aplicação, ou mesmo um tipo de serviço incorretos, por favor, deixe-nos saber da forma descrita a seguir:

Atualize o Nmap para a versão mais recente (Opcional)
    Muitas distribuições Linux e de outros sistemas operacionais vêm com versões antigas do Nmap. A base de dados de detecção de versão é melhorada em quase cada liberação, então cheque o número de sua versão

rodando **nmap -V** e, depois, compare-o com a mais recente disponível em *http://nmap.org/download.html*. O problema que você está vendo poderá já ter sido corrigido. A instalação da nova versão leva só alguns minutos, na maioria das plataformas, e é valiosa, independentemente de o erro de detecção de versão que você está reportando ainda existir. Mas mesmo que você não tenha tempo para atualizá-lo imediatamente, o envio de liberações mais antigas ainda será valioso.

Esteja absolutamente certo de que você sabe o que está rodando
"Correções" inválidas podem corromper a base de dados de detecção de versão. Se você não estiver certo do que exatamente está rodando na máquina remota, por favor descubra-o, antes do envio.

Gere uma impressão digital
Rode o comando **nmap -O -PN -sSV -T4 -d --version-trace -p<porta>** <alvo>, onde <*porta*> é a porta em que o serviço incorretamente identificado está rodando no hospedeiro <*alvo*>. Se o serviço for UDP, ao invés de TCP, substitua -sSV por -sUV.

Envie-nos sua correção
Agora, simplesmente envie-nos sua correção através de *http://insecure.org/cgi-bin/submit.cgi?corr-service*. Obrigado por contribuir com a comunidade do Nmap e ajudar a tornar a detecção de versão ainda melhor!

7.7.3. Envie Novas Provas

Suponha que o Nmap falhou na detecção de um serviço. Se ele recebeu uma resposta a qualquer prova, ele deverá fornecer uma impressão digital que poderá ser enviada como descrito acima. Mas e se não houver nenhuma resposta e, assim, uma impressão digital não estiver disponível? Crie e envie sua própria prova! Estas são muito bem-vindas. Os passos seguintes descrevem o processo.

Passos para a criação de uma nova prova de detecção de versão

1. Baixe a versão mais recente do Nmap de *http://nmap.org* e tente novamente. Você se sentiria um tanto tolo desperdiçando o tempo no desenvolvimento de uma nova prova só para descobrir que ela já foi adicionada. Certifique-se de que nenhuma impressão digital está disponível, já que é melhor reconhecer os serviços usando provas existentes, se possível, do que criar muitas provas novas. Se o serviço não responder a nenhuma das provas existentes, não haverá outra escolha.

2. Opte por uma boa string de prova para reconhecimento do serviço. Uma prova ideal deverá induzir uma resposta do máximo possível de instâncias do serviço e, idealmente, as respostas deverão ser únicas o suficiente para diferenciar entre elas. Este passo será o mais fácil, se você entender o protocolo muito bem, então considere a leitura das RFCs relevantes e produza documentação. Uma abordagem simples é apenas iniciar um cliente para o dado serviço e observar que saudação inicial é feita, pela farejamento da rede com o Wireshark ou o tcpdump, ou se conectar a um Netcat na escuta.

3. Depois que você tiver se decidido sobre a string apropriada, adicione a nova linha Probe conveniente ao Nmap (veja a seção 7.3, "A técnica descrita" e a seção 7.6, "Formato do arquivo nmap-service-probes"). Não insira nenhuma linha match (de correspondências), em princípio, embora uma diretiva ports para fazer com que este novo teste se dê primeiro nas portas registradas seja aceitável. Depois, examine o serviço com o Nmap algumas vezes. Você deverá obter uma impressão digital, de volta, mostrando a resposta do serviço a sua nova prova. Envie a nova linha de prova e as impressões digitais (contra diferentes máquinas, se possível, mas mesmo algumas contra o mesmo servidor ajuda a destacar diferenças) para Fyodor em <fyodor@insecure.org>. Ela provavelmente será, então, integrada a futuras versões do Nmap. Quaisquer detalhes que você puder fornecer, a respeito da natureza de sua string de prova, também será útil. Para serviços personalizados que só apareçam em sua rede, será melhor simplesmente adicioná-los a seu próprio nmap-service-probes, ao invés do Nmap global.

7.8. SOLUÇÃO: Encontrar todos os Servidores Rodando uma Versão de Aplicação Insegura ou não Padrão

7.8.1. Problema

Uma tarefa comum é examinar uma faixa de endereços IP para encontrar todos os servidores de uma versão particular ou mesmo que satisfaça uma propriedade em particular. Isto é algo em que a detecção de versão, do Nmap, se supera.

Uma das aplicações de bases de dados mais populares é o servidor de código aberto MySQL. O MySQL pode ser configurado para impedir todos os logins remotos partindo de IPs não confiáveis. Esta é uma boa prática de segurança, quando logins remotos não são necessários. Um caso relevante: em 2005, uma vulnerabilidade de execução remota de código no MySQL foi descoberta e publicada[5]. Felizmente, um atacante deveria ser capaz de logar, primeiro - sem dúvida, poupando a Internet de mais um vírus devastador. À luz de problemas como este, e o fato de que logins e senhas de SQL são normalmente fáceis de se adivinhar ou descobrir através de ataques de injeção de SQL, da intuição, e do conhecimento interno da rede, os logins remotos devem ser negados sempre que possível.

O problema, para um administrador de redes, é descobrir servidores MySQL que desnecessariamente permitam o login a partir de IPs não confiáveis e tomar as medidas defensivas apropriadas.

NOTA

Esta solução foi contribuída pelo desenvolvedor do Nmap Doug Hoyte.

7.8.2. Solução

A detecção de versão do Nmap mostra-se útil nesta situação, porque ela adiciona a palavra unauthorized (não autorizado) à linha de informação da detecção de serviço, quando o servidor proibir qualquer acesso de nosso hospedeiro. Se quisermos examinar a rede de 10.0.0.0/24, uma estratégia simples, embora eficiente, será rodar o seguinte comando a partir de uma origem não confiável:

nmap -sV -p 3306 -oG 10.0.0-mysqls-032506.gnmap 10.0.0.0/24

Depois, poderemos usar o utilitário **grep**, do Unix, para encontrar IPs que aceitem conexões a partir do nosso IP e não impeçam logins por omissão (a chave -v do grep especifica resultados inversos e só exibe as linhas que não correspondem ao padrão dado):

grep 'Ports: 3306/open/tcp//mysql' 10.0.0-mysqls-032506.gnmap | grep -v unauthorized

---

5 http://www.securityfocus.com/bid/12781

Capitúlo 7: Detecção de Versão de Serviços e de Aplicações — 265

A saída resultante mostra os servidores MySQL que permitem logins remotos:

```
Host: 10.0.0.33 (foo.com) Ports: 3306/open/tcp//mysql//MySQL
4.1.11/
Host: 10.0.0.72 (bar.com) Ports: 3306/open/tcp//mysql//MySQL
4.0.24-standard/
Host: 10.0.0.99 () Ports: 3306/open/tcp//mysql//MySQL
4.1.11-Debian_4sarge2/
Host: 10.0.0.154 () Ports: 3306/open/tcp//mysql//MySQL
4.0.25-standard/
Host: 10.0.0.155 () Ports: 3306/open/tcp//mysql//MySQL
4.0.25-standard/
```

7.8.3. Discussão

O truque, aqui, é entender alguns princípios do protocolo do MySQL e saber como ler o arquivo nmap-service-probes. Rodando-se o grep no arquivo em busca de linhas de correspondências para Probe e mysql obtém-se a seguinte saída (com as linhas devidamente quebradas):

```
$ cat /usr/local/share/nmap/nmap-service-probes | egrep
'^(Probe|match mysql)'
Probe TCP NULL q||
match mysql m/^.\0\0\0\xffj\x04.*Host .* is not allowed to
           connect to this MySQL server$/ p/MySQL/ i/
           unauthorized/
match mysql m|^.\0\0\0\xffj\x04Host hat keine Berechti gung,
           eine Verbindung zu diesem MySQL Server
           herzustellen\.| p/MySQL/
           i/unauthorized; German/
match mysql m/^.\0\0\0...Al sistema '[-.\w]+' non e` con
           sentita la connessione a questo server
           MySQL$/ p/MySQL/ i/unauthorized; Italian/
match mysql m|^.\0\0\0\xffi?\x04?Host .* is blocked be cause
           of many connection errors\.| p/MySQL/ i/
           blocked - too many connection errors/
match mysql m/^.\0\0\0.(3\.[-.\w]+)\0.*\x08\x02\0\0\0\0\0\
           0\0\0\0\0\0\0\0$/s p/MySQL/ v/$1/
match mysql m/^.\0\0\0\n(3\.[-.\w]+)\0...\0/s p/MySQL/ v/$1/
match mysql m/^.\0\0\0\n(4\.[-.\w]+)\0.../s p/MySQL/ v/$1/
```

```
match mysql m|^.\0\0\0\n(5\.[-.\w]+)\0...\0|s p/MySQL/ v/$1/
match mysql m|^.\0\0\0\xffj\x04'[\d.]+' .* MySQL|s p/MySQL/
Probe TCP GenericLines q|\r\n\r\n|
Probe TCP GetRequest q|GET / HTTP/1.0\r\n\r\n|
Probe TCP HTTPOptions q|OPTIONS / HTTP/1.0\r\n\r\n|
...
```

Vemos que as linhas de correspondência de mysql estão definidas para serem disparadas pela prova NULL, então nenhuma prova personalizada é necessária para se determinar que servidores permitem logins remotos (a este respeito, veja a seção 7.9, "SOLUÇÃO: Aprimorar a detecção de versão para adequá-la a necessidades personalizadas, como a detecção de Open Proxy"). Pela análise destas linhas de correspondência de mysql nós descobrimos que os serviços MySQL que não permite logins remotos resultarão num campo de informação contendo a palavra unauthorized.

Além dos tipos e números de versões de serviços, há muitos casos em que a detecção de versão é capaz de reunir informações úteis sobre alvos de exames. O arquivo de provas está cheio de tais gemas que podem transformar uma tarefa demorada de pesquisa de protocolo, codificação de script, localização de servidores de testes e depuração, num simples comando do Nmap. Alguns interessantes pedacinhos de informação que a detecção de versão pode, às vezes, revelar são:

- Versões de protocolo de SSH
- Se um pserver de CVS está devidamente configurado
- Os nomes de usuários usado por clientes populares de compartilhamento de arquivos par-a-par
- Se um servidor X está aceitando conexões
- A linguagem e outros parâmetros de localização de muitos serviços
- O tamanho da palavra da CPU do alvo
- Os nomes de robôs configurados de robôs populares de IRC, tais como eggdrop
- Se a postagem é permitida nos servidores de notícias (NNTP) da Internet

Capítulo 7: Detecção de Versão de Serviços e de Aplicações — 267

A base de dados de detecção de versão está constantemente aumentando e sendo refinada, graças à impressionante comunidade de usuários do Nmap e seu envio de impressões digitais de serviços. Esta solução é um bom exemplo de como a investigação das capacidades de detecção de serviços do Nmap podem fornecer soluções elegantes e, às vezes, não óbvias a muitos problemas diversos.

7.9. SOLUÇÃO: Aprimorar a Detecção de Versão para Adequá-la a Necessidades Personalizadas, tais como a Detecção de Proxies Abertos

7.9.1. Problema

Uma parte importante do seguro de qualquer rede é a identificação de hospedeiros perigosos. O sistema de detecção de serviços do Nmap é uma forma flexível e confiável de se fazer isto. Ele pode ajudar a identificar versões vulneráveis de software, encontrar servidores mal configurados, e outras coisas mais. Mas, às vezes, a tentativa de realmente abusar de serviços de formas que o exame de versão padrão não encara é a melhor maneira de se determinar se eles são realmente vulneráveis.

Proxies abertos são servidores que cegamente repassarão as requisições de hospedeiros não confiáveis aos servidores que estes escolherem. Rodar este tipo de servidor numa rede pode ser extremamente perigoso, por muitas razões, uma vez que os atacantes poderão:

- Lançar ataques que pareçam vir de sua rede
- Roubar largura de banda ou outros serviços de sua rede
- Fingir ser um cliente interno para promover mais os privilégios deles dentro de sua organização

Isto fornece uma boa motivação para o aprimoramento da detecção de versão para se tentar a exploração específica dos proxies abertos. Provavelmente nós poderíamos mapear as portas que são proxies usando as linhas de correspondências normais de proxies do Nmap, mas a melhor e única maneira real de se provar que uma aplicação é vulnerável é realmente explorá-la por si mesmo.

> **NOTA**
>
> Esta solução foi contribuída pelo desenvolvedor do Nmap Doug Hoyte.

7.9.2. Solução

A primeira coisa que faremos será copiar o arquivo nmap-service-probes para que possamos trabalhar numa cópia temporária:

```
mkdir ~/proxydetect
cp /usr/local/share/nmap/nmap-service-probes ~/proxyde
    tect
```

Em seguida, nós quereremos forçar temporariamente o Nmap a usar nosso arquivo temporário:

```
export NMAPDIR=$HOME/proxydetect
```

Agora, precisaremos adicionar uma prova e uma linha de correspondência ao arquivo, então abra seu editor favorito e insira o texto seguinte em sua cópia do nmap-service-probes. Um bom lugar para se colocar este texto é depois de todas as linhas de correspondências da prova NULL, mas imediatamente antes da próxima linha Probe (GenericLines).

```
Probe TCP ProxyProbe q|GET http://insecure.org/ HTTP/1.1\r\
nHost: insecure ?
.org\r\n\r\n|
rarity 1
ports 1-65535
totalwaitms 20000
match proxy m|^HTTP/1.[01] 200 OK\r?\n.*TITLE>Insecure. O|s
p/Open HTTP Proxy!!/
```

Agora, o Nmap tentará, realmente, solicitar um download de HTTP a partir de insecure.org tratando quaisquer portas examinadas como proxies. Começaremos a ver o seguinte, nos exames de redes contendo proxies abertos:

```
PORT     STATE   SERVICE   VERSION
80/tcp   open    proxy     Open HTTP Proxy!!
```

7.9.3. Discussão

O posicionamento de nossa prova, o baixo valor de raridade e a extensiva faixa de portas ajudam a assegurar que nossa prova personalizada será tentada muito brevemente, no exame de serviços, de forma que outras provas, como GetRequest, não identifiquem isto simplesmente como um proxy antes de termos tido uma chance de usar nossa prova ativa.

Nós também usamos uma diretiva totalwaitms para fazer com que o Nmap aguarde mais tempo pela expiração desta prova. Isto poderá ser necessário, porque nós não estaremos só lidando com a latência e inconfiabilidade da conexão entre nós e o proxy, mas também a latência e inconfiabilidade da conexão entre o proxy e o servidor que contém a página que nós solicitamos (insecure.org).

Tenha em mente que muitos outros protocolos podem ser representados, além do HTTP. A detecção de versão identificará proxies (representantes) para muitos deles, incluindo FTP, POP3, IMAP, e SMTP. Proxies de SOCKS têm linhas de correspondências especiais, que determinam informações sobre as opções de autenticação que o proxy configurou. Como fizemos nesta solução, nós frequentemente usamos a detecção de versão para dizer se tais proxies estão abertos ou não, usando arquivos de provas personalizadas. Entretanto, testes mais complicados são provavelmente melhor realizados com os scripts NSE.

CAPÍTULO 8:
DETECÇÃO DE SO REMOTO

8.1. Introdução

Quando da exploração de uma rede para auditagem ou inventário/administração de segurança, você normalmente quererá saber mais do que os endereços IP básicos das máquinas identificadas. Sua reação à descoberta de uma impressora poderá ser muito diferente do encontro de um roteador, ponto de acesso sem fio, telefone PBX, console de jogo, computador Windows, ou servidor Unix. Uma detecção mais criteriosa (tal como distinguir o Mac OS X 10.4 do 10.3) é útil para a determinação da vulnerabilidade a falhas específicas e para o delineamento de explorações eficazes para aquelas vulnerabilidades.

Em parte devido ao seu valor para os atacantes, muitos sistemas são fechados com relação a sua natureza exata e a configuração de seu sistema operacional. Felizmente, o Nmap inclui uma enorme base de dados de heurísticas para identificação de milhares de sistemas diferentes, baseado em como eles respondem a uma seleção de provas de TCP/IP. Um outro sistema (parte da detecção de versão) interroga as portas TCP ou UDP abertas para determinar o tipo de dispositivo e detalhes do SO. Os resultados destes dois sistemas são reportados independentemente, de forma que você possa identificar combinações tais como um firewall Checkpoint encaminhando a porta 80 para um servidor IIS do Windows.

Embora o Nmap suporte a detecção de SO desde 1998, este capítulo descreve a segunda geração do sistema liberado em 2006.

8.1.1. Razões para Detecção de SO

Apesar de alguns benefícios da descoberta do SO subjacente e dos tipos de dispositivos numa rede serem óbvios, outros são mais obscuros. Esta seção lista as principais razões que eu ouço para a descoberta desta informação extra.

Determinação da vulnerabilidade de hospedeiros alvo

Às vezes é muito difícil determinar remotamente se um serviço disponível é suscetível a uma certa vulnerabilidade ou se já está emendado. Mesmo a obtenção do número de versão da aplicação não ajuda sempre, já que os distribuidores de SO frequentemente portam retroativamente as correções de segurança sem mudar o número de versão. A maneira mais certa de se verificar se uma vulnerabilidade é real é explorá-la, mas isto arrisca derrubar o serviço e pode levar à perda de horas ou mesmo dias de frustrantes esforços de exploração, se o serviço se revelar emendado.

A detecção de SO pode ajudar a reduzir estes falsos-positivos. Por exemplo, o servidor Rwho no Solaris 7 a 9 não emendado, da Sun, pode ser remotamente explorável (alerta nº 57659, da Sun). A determinação remota de vulnerabilidades é difícil, mas você pode excluí-la ao descobrir que um sistema alvo está rodando o Solaris 10.

Tomando o ponto de vista de um administrador de sistemas, ao invés do de um testador de penetração, imagine que você gerencia uma grande loja da Sun, quando o alerta nº 57659 aparece. Examine toda a sua rede com a detecção de SO para encontrar as máquinas que precisam ser emendadas, antes que os caras maus o façam.

Delineamento de explorações

Mesmo depois de você descobrir uma vulnerabilidade num sistema alvo, a detecção de SO pode ser útil na exploração dele. Estouros de buffers, explorações de string de formatação e muitas outras vulnerabilidades normalmente exigem um programa personalizado com deslocamentos e cargas de código de máquina gerados para corresponderem ao SO e à arquitetura do equipamento alvo. Em alguns casos, você só consegue uma tentativa, porque o serviço cairá se você usar o programa errado. Use a detecção de SO primeiro, ou você poderá terminar enviando programas do Linux para um servidor FreeBSD.

Inventário e suporte de redes

Apesar de não ser tão excitante quanto irromper como root através de uma exploração de string de formatação especialmente preparada, há muitas razões administrativas para se acompanhar o que está rodando na rede. Antes de você renovar aquele contrato de suporte da IRIX por mais um ano, faça um exame para ver se alguém ainda usa tais máquinas. Um inventário também pode ser útil para orçamento de TI e para assegurar que todo o equipamento da companhia seja levado em conta.

Detecção de dispositivos não autorizados e perigosos

Com a onipresença de dispositivos móveis e dos baratos equipamentos de rede, as companhias estão cada vez mais achando que os empregados estão estendendo suas redes de formas indesejáveis. Eles podem instalar um ponto de acesso sem fios (WAP) de R$ 100 em seus cubículos sem imaginarem (ou se preocuparem) que acabaram de abrir a rede corporativa protegida para potenciais atacantes no estacionamento ou em prédios próximos. WAPs podem ser tão perigosos que o Nmap tem uma categoria especial para detectá-los, como demonstrado na seção 8.8, "SOLUÇÃO: Detectar pontos de acesso sem fios irregulares numa rede empresarial". Os usuários também podem aturdir os administradores de sistemas ao conectarem à rede laptops inseguros e/ou infectados por vírus. O exame regular pode detectar dispositivos não autorizados para investigação e contenção.

Engenharia social

Um outro uso possível é a engenharia social. Digamos que você esteja examinando uma companhia alvo e o Nmap reporte um "Datavoice TxPORT PRISM 3000 T1 CSU/DSU 6.22/2.06". Você poderia chamar o alvo fingindo ser do suporte da Datavoice e discutir algumas questões sobre o PRISM 3000 dela. Diga-lhes que você está para anunciar uma grande brecha de segurança, mas que está, primeiro, fornecendo a emenda para clientes especiais. Alguns administradores ingênuos podem presumir que apenas um engenheiro autorizado da Datavoice saberia tanto sobre seu CSU/DSU. É claro que a emenda que você enviaria a eles seria um cavalo de Troia que lhe daria acesso remoto para farejar e passear pela rede deles. Certifique-se de ler o resto deste capítulo para conselhos sobre precisão e verificação de detecção, antes de experimentar isto. Se você chutar errado o sistema alvo e eles chamarem a polícia, esta será uma história embaraçosa de se contar a seus colegas de cela.

8.2. Uso e Exemplos

O funcionamento interno da detecção de SO é bastante complexa, mas ela é uma das funcionalidades mais fáceis de se usar. Simplesmente adicione -O a suas opções de exames. Você poderá querer também aumentar a verbosidade com -v para obter ainda mais detalhes relacionados ao SO. Isto é mostrado no exemplo 8.1.

Exemplo 8.1. Detecção de SO com verbosidade (-O -v)

```
# nmap -O -v scanme.nmap.org

Starting Nmap ( http://nmap.org )
Interesting ports on scanme.nmap.org (64.13.134.52):
Not shown: 994 filtered ports
PORT      STATE      SERVICE
22/tcp    open       ssh
25/tcp    closed     smtp
53/tcp    open       domain
70/tcp    closed     gopher
80/tcp    open       http
113/tcp   closed     auth
Device type: general purpose
Running: Linux 2.6.X
OS details: Linux 2.6.20-1 (Fedora Core 5)
Uptime guess: 11.433 days (since Thu Sep 18 13:13:01  2008)
TCP Sequence Prediction: Difficulty=204 (Good luck!)
IP ID Sequence Generation: All zeros

Nmap done:  1 IP address (1 host up) scanned in 6.21 seconds
            Raw packets sent: 2021 (90.526KB) | Rcvd: 23
            (1326B)
```

A inclusão das opções -O -v fez com que oo Nmap gerasse os seis itens de linha extras seguintes:

Device type (tipo de dispositivo)
Todas as impressões digitais estão classificadas com um ou mais tipos de dispositivos de alto nível, tais como roteador, impressora, firewall, ou (como neste caso) de uso geral (general purpose). Estes são melhor descritos na seção intitulada "Classificação de dispositivos e de SO (linhas de classe)". Vários tipos de dispositivos podem ser mostrados, em cujo caso eles estarão separados pela barra vertical, como em "Device Type: router|firewall".

Running (rodando)
Este campo também está relacionado com o esquema de classificação de SO descrito na seção intitulada "Classificação de dispositivos e de SO (linhas de classe)". Ele mostra a família do SO (Linux, neste caso) e a geração do SO (2.6.X), se disponíveis. Se houver múltiplas famílias de SO, elas serão separadas pela barra vertical ('|'). Exemplos incluem OpenBSD 3.X, NetBSD 3.X|4.X e Linux 2.4.X|2.5.X|2.6.X.

Se o Nmap encontrar famílias de SO em demasia para exibir concisamente, ele omitirá esta linha. Quando não houver nenhuma correspondência perfeita, o Nmap mudará o campo para Running (JUST GUESSING)* e adicionará uma porcentagem de precisão (100% é uma correspondência perfeita) entre parênteses, depois de cada nome provável da família. Se nenhuma impressão digital for uma correspondência fechada, a linha será omitida.

OS details (detalhes de SO)
Esta linha dá a descrição detalhada de cada impressão digital que corresponde. Enquanto as linhas de "tipo de dispositivo" e "rodando" vêm das listas enumeradas predefinidas, que são fáceis de processar por um computador, a linha de "detalhes de SO" contém dados em formato livre que são úteis para a leitura do relatório por um ser humano. Isto pode incluir números de versão mais exatos, modelos de dispositivos, e especificidades de arquiteturas para uma dada impressão digital. Neste exemplo, a única correspondência para a impressão digital foi Linux 2.6.20-1 (Fedora Core 5). Quando há múltiplas correspondências exatas, elas são separadas por vírgulas. Se não houver nenhuma correspondência perfeita, mas algumas ocorrências aproximadas, o campo será renomeado para Aggressive OS guesses (estimativa agressiva de SO) e as impressões digitais serão mostradas, seguidas por uma porcentagem entre parênteses, que especifica o quão próximo cada correspondência estava)

---

* Rodando (APENAS ARRISCANDO). - N. do T.

Uptime guess (tempo estimado de atividade)
Como parte da detecção de SO, o Nmap recebe vários pacotes TCP de SYN/ACK numa linha e checa os cabeçalhos em busca de uma opção de marca de horário. Muitos sistemas operacionais usam um contador simples para este campo, que começa em zero, no momento da inicialização e, depois, é incrementado a uma taxa constante, tal como duas vezes por segundo. Pelo exame de várias respostas, o Nmap pode determinar os valores atuais e a taxa de incremento. Uma estimativa linear simples determina o tempo desde a inicialização. O algoritmo de marca de horário também é usado para detecção de SO (veja a seção intitulada "algoritmos da opção de marca de horário do TCP (TS)"), uma vez que a taxa de incremento, em diferentes sistemas, varia de 2 Hz até 1.000 Hz.

A estimativa do tempo de atividade é rotulada de "estimativa" porque vários fatores podem torná-la completamente imprecisa. Alguns sistemas operacionais não iniciam o contador de marca de horário em zero, mas o fazem com um valor aleatório, tornando sem sentido a estimativa baseada em zero. Mesmo em sistemas que usam um contador simples iniciando em zero, este pode eventualmente extrapolar o limite e zerar. Um contador com taxa de incremento de 1.000 Hz é zerado aproximadamente a cada 50 dias. Assim, um hospedeiro que esteja no ar por 102 dias parecerá estar há apenas dois dias. Mesmo com estes "poréns", a estimativa de tempo de atividade é precisa, na maior parte do tempo, para a maioria dos sistemas operacionais, então ela é exibida, quando disponível, mas somente em modo verboso. A estimativa do tempo de atividade será omitida se o alvo fornecer zeros ou nenhuma opção de marca de horário em seus pacotes de SYN/ACK, ou se ele não responder de forma alguma. A linha também será omitida se o Nmap não puder discernir a taxa de incremento da marca de horário ou se ela parecer suspeita (como um tempo de atividade de 30 anos).

Network Distance (distância da rede)
Um efeito colateral de um dos testes de detecção de SO permite que o Nmap compute quantos roteadores há entre ele e o hospedeiro alvo. A distância é zero quando você estiver examinando o hospedeiro local (localhost), e um para uma máquina no mesmo segmento de rede. Cada roteador adicional, no caminho, acrescenta um à contagem de saltos. A linha Network Distance não é exibida, neste exemplo, já que o Nmap omite a linha quando ela não pode ser computada (nenhuma resposta à prova relevante).

Capítulo 8:Detecção de SO Remoto — 277

TCP Sequence Prediction (predição de sequência de TCP)

Sistemas com uma geração fraca do número inicial da sequência de TCP são vulneráveis a ataques de simulação cega de TCP. Em outras palavras, você pode fazer uma conexão completa a estes sistemas e enviar (mas não receber) dados, enquanto simula um endereço IP diferente. Os registros do alvo mostrarão o IP simulado, e você poderá tirar vantagem de quaisquer relacionamentos de confiança entre eles. Este ataque era moda em meados dos anos 90, quando as pessoas normalmente usavam o rlogin para permitir logins em suas contas sem qualquer senha, a partir de endereços IP confiáveis. Kevin Mitnick foi acusado de ter usado este ataque para irromper nos computadores da Tsutomu Shimomura, em dezembro de 1994.

A boa notícia é que dificilmente alguém ainda usa o rlogin, e muitos sistemas operacionais foram corrigidos para usar números iniciais de sequência não predizíveis, como proposto pela RFC 1948. Por estas razões, esta linha só é exibida em modo verboso. Tristemente, muitos fornecedores ainda entregam sistemas operacionais e dispositivos vulneráveis[1e2]. Mesmo os corrigidos, frequentemente variam em implementação, o que os torna valiosos para fins de detecção de SO. A classe descreve o algoritmo de geração do ISN (sigla em inglês para Número Inicial de Sequência) usado pelo alvo, e a dificuldade é uma estimativa aproximada do quão difícil o sistema torna a simulação cega de IP (0 é a mais fácil). Os comentários entre parênteses estão baseados no índice de dificuldade e varia de Trivial joke (banalidade), passando por Easy (fácil), Medium (médio), Formidable (formidável), Worthy challenge (desafio valioso), e finalmente Good luck! (boa sorte!). Mais detalhes sobre os testes de sequência são fornecidos na seção intitulada "Máximo denominador comum (MDC) do ISN do TCP".

Apesar da família do rlogin se praticamente uma relíquia do passado, atacantes expertos ainda podem encontrar usos eficazes para a simulação cega de TCP. Por exemplo, ela permite requisições simuladas de HTTP. Você não vê os resultados, mas só o URL (requisição de POST ou GET) pode ter dramáticos efeitos colaterais. A simulação permite que os atacantes ocultem sua identidade, evidenciem outra pessoa ou explorem restrições de endereço IP.

---

1 Um visual fascinante disto está disponível em *http://lcamtuf.coredump.cx/newtcp/*

2 Uma versão brasileira desta página está disponível em *http://www.angico.org/visn/*. - N. do T.

IP ID sequence generation (sequência de geração de ID de IP)
Muitos sistemas involuntariamente fornecem informações confidenciais sobre seus níveis de tráfego com base em como geram os 16 bits inferiores do campo de ID, em pacotes IP. Isto pode ser abusado na simulação de um exame de portas em outros sistemas e para outros propósitos danosos discutidos na seção 5.10, "Exame ocioso de TCP (-sI)". Este campo descreve o algoritmo de geração de ID que o Nmap era capaz de discernir. Mais informações sobre como ele os classifica está disponível na seção intitulada "Algoritmo de geração de sequência de ID de IP do TCP (TI)". Note que muitos sistemas usam um espaço de ID de IP diferente para cada hospedeiro com quem eles se comunicam. Neste caso, eles podem parecer vulneráveis (tal como mostrando a classe Incremental), apesar de ainda serem seguros contra ataques tais como o do exame ocioso. Por esta razão, e porque a questão raramente é crítica, a linha IP ID sequence generation só é apresentada no modo verboso. Se o Nmap não receber respostas suficientes, durante a detecção de SO, ele omitirá toda a linha. A melhor maneira de testar se um hospedeiro é vulnerável a se tornar um zumbi de exames é testá-lo com -sI.

Embora a coleta de impressões digitais de TCP seja um método poderoso para a detecção de SO, o questionamento de portas abertas em busca de pistas é uma outra abordagem eficaz. Algumas aplicações, tais como o Microsoft IIS, só rodam numa única plataforma (e, assim, entregando-a de bandeja), enquanto muitas outras divulgam suas plataformas em mensagens de saudação excessivamente verbosas. A adição da opção -sV habilita a detecção de versão, do Nmap, que é treinada para procurar por estas pistas (entre outras). No exemplo 8.2, o Nmap colhe os detalhes da plataforma a partir de um servidor FTP.

Exemplo 8.2. Usando o exame de versão para detectar o SO

```
# nmap -sV -O -v 129.128.X.XX
Starting Nmap ( http://nmap.org )
Interesting ports on [hostname] (129.128.X.XX):
Not shown: 994 closed ports
PORT       STATE     SERVICE       VERSION
21/tcp     open      ftp           HP-UX 10.x ftpd 4.1
22/tcp     open      ssh           OpenSSH 3.7.1p1
                                   (protocol 1.99)
111/tcp    open      rpc
445/tcp    filtered  microsoft-ds
1526/tcp   open      oracle-tns    Oracle TNS Listener
32775/tcp  open      rpc
```

```
No exact OS matches for host
TCP Sequence Prediction: Class=truly random
         Difficulty=9999999 (Good luck!)

   IP ID Sequence Generation: Incremental
Service Info: OS: HP-UX
```

Neste exemplo, a linha "No exact OS matches for host" (nenhuma correspondência exata de SO para o hospedeiro) significa que a coleta de impressões digitais de TCP/IP foi incapaz de encontrar uma correspondência exata. Felizmente, o campo Service Info, poucas linhas abaixo, revela que o SO é o HP-UX. Se vários sistemas operacionais forem detectados (o que pode acontecer com máquinas de gateway com NAT, que redirecionem as portas para várias máquinas diferentes), o campo seria OSs e os valores seriam separados por vírgulas. A linha Service Info também pode conter nomes de hospedeiros e tipos de dispositivos encontrados durante o exame de versão. O foco deste capítulo é na coleta de impressões digitais de TCP/IP, no entanto, uma vez que a detecção de versão foi coberta no capítulo 7, *Detecção de versão de serviços e de aplicações*.

Com dois métodos eficientes de detecção de SO disponíveis, qual deles você deverá usar? A melhor resposta é, normalmente, ambos. Em alguns casos, tais como um firewall proxy fazendo encaminhamentos para uma aplicação num outro hospedeiro, as respostas podem diferir ligeiramente. A coleta de impressões digitais de TCP/IP identificará o proxy, enquanto o exame de versão geralmente detectará o servidor rodando a aplicação representada. Mesmo quando nenhuma representação ou encaminhamento de portas está envolvido, o uso de ambas as técnicas é benéfico. Se elas produzirem o mesmo, isto tornará os resultados mais críveis. Se elas produzirem diferenças gritantes, investigue mais além para determinar o que está acontecendo, antes de confiar em qualquer um. Como a detecção de SO e de versão caminham tão bem juntas, a opção -A habilita ambas.

A detecção de SO será muito mais eficaz se pelo menos uma porta TCP aberta e outra fechada forem encontradas. Ajuste a opção --osscan-limit e o Nmap nem mesmo tentará a detecção de SO para os hospedeiros que não satisfizerem este critério. Isto pode poupar um tempo substancial, particularmente nos exames -PN de muitos hospedeiros. Você ainda precisará habilitar a detecção de SO com -O (ou -A) para que isto tenha qualquer efeito.

Uma outra opção de detecção de SO é --osscan-guess. Quando o Nmap é incapaz de detectar uma correspondência perfeita de SO, ele às vezes oferecerá correspondências próximas como possibilidades. A correspondência terá de ser muito próxima para que o Nmap faça isto por omissão. Se você especificar esta opção (ou a opção equivalente --fuzzy), o Nmap adivinhará mais agressivamente. O Nmap ainda lhe dirá quando uma correspondência imperfeita for exibida e apresentará seu nível de confiança (porcentagem) para cada adivinhação.

Quando o Nmap realiza a detecção de SO num alvo e não consegue encontrar uma correspondência perfeita, ele normalmente repete a tentativa. Por omissão, o Nmap fará cinco tentativas, se as condições forem favoráveis para a submissão de impressão digital de SO, e duas tentativas quando as condições não forem tão boas. A opção --max-os-tries permite que você altere este número máximo de tentativas de detecção de SO. Baixá-lo (normalmente até 1) acelerará o Nmap, embora você perca em tentativas que poderiam potencialmente identificar o SO. Alternativamente, um valor alto poderá ser ajustado para permitir ainda mais tentativas, quando as condições forem favoráveis. Isto raramente é feito, exceto para gerar melhores impressões digitais para submissão e integração à base de dados de SO do Nmap.

Como praticamente todas as outras partes do Nmap, os resultados vêm, em último caso, da própria máquina alvo. Apesar de raro, os sistemas eventualmente são configurados para confundir ou induzir a erros o Nmap. Vários programas foram desenvolvidos especificamente para iludir a detecção de SO do Nmap (veja a seção 11.5.4, "Simulação de SO"]). Sua melhor aposta será usar numerosos métodos de reconhecimento para explorar uma rede, e não confiar em nenhum deles.

A coleta de impressões digitais de TCP/IP exige a coleta de informações detalhadas sobre a pilha de IP do alvo. Os resultados normalmente mais úteis, tais como informação de TTL, são exibidos na saída do Nmap, sempre que eles são obtidos. Informações ligeiramente menos pertinentes, tais como a geração de sequência de ID de IP e a dificuldade de predição da sequência de TCP, só são exibidas no modo verboso. Mas se quiser todos os detalhes da pilha de IP que o Nmap coletar, você poderá encontrá-la numa forma compacta, chamada *impressão digital do tema*. Às vezes o Nmap apresetna esta (para fins de envio, pelo usuário) quando ele não reconhece um hospedeiro. Você também pode forçar o Nmap a apresentá-la (nos formatos normal, interativo e XML), habilitando a depuração com -d. Depois leia a seção 8.5, "Entendendo uma impressão digital do Nmap" para interpretá-la.

8.3. Métodos de Coleta de Impressões Digitais de TCP/IP Suportados pelo Nmap

A coleta de impressões digitais de SO do Nmap funciona através do envio de até 15 provas de TCP, UDP, e ICMP a portas que se sabem abertas e fechadas, da máquina alvo. Estas provas são especialmente projetadas para explorarem várias ambiguidades nas RFCs do protocolo padrão. Depois, o Nmap aguarda as respostas. Dezenas de atributos, nestas respostas, são analisados e combinados para gerar uma impressão digital. Cada pacote de prova é rastreado e será reenviado pelo menos uma vez, se não houver resposta. Todos os pacotes são IPv4 com um valor aleatório de ID de IP. As provas para uma porta TCP aberta serão omitidas se nenhuma destas portas for encontrada. Para as portas TCP ou UDP fechadas, o Nmap primeiro verificará se tal porta foi encontrada. Se não, o Nmap apenas selecionará uma porta aleatoriamente e esperará pelo melhor.

As seções seguintes são altamente técnicas e revelam as atividades ocultas da detecção de SO do Nmap. O Nmap pode ser usado eficazmente sem o entendimento disto, embora o material possa lhe ajudar a melhor entender as redes remotas e, também, a detectar e explicar certas anomalias. Além do mais, algumas das técnicas são bem legais. Os leitores apressados poderão pular para a seção 8.7, "Lidando com hospedeiros mal identificados e não identificados". Mas quem estiver pronto para uma jornada pela notificação explícita de congestionamento do TCP, pelos bits reservados do cabeçalho de UDP, pelos números iniciais de sequência, pelos falsos sinalizadores, e pelos pacotes de árvores de Natal: continue lendo!

Mesmo o melhor de nós, ocasionalmente, esquece os deslocamentos de bytes dos campos e sinalizadores nos cabeçalhos dos pacotes. Para uma referência rápida, as disposições dos cabeçalhos de IPv4, TCP, UDP, e ICMP podem ser encontradas na seção 7, "Referência do TCP/IP". As disposições para os pacotes de requisição de eco de ICMP e de destino inalcançável são mostradas nas figuras 8.1 e 8.2.

Figura 8.1. Disposição do cabeçalho de requisição ou de resposta de eco de ICMP

Deslocamento do Byte	0	1	2	3	
0	Tipo (0 ou 8)	Código (0)	Soma-verificadora		8 Bytes
4	Identificador		Número de sequência		

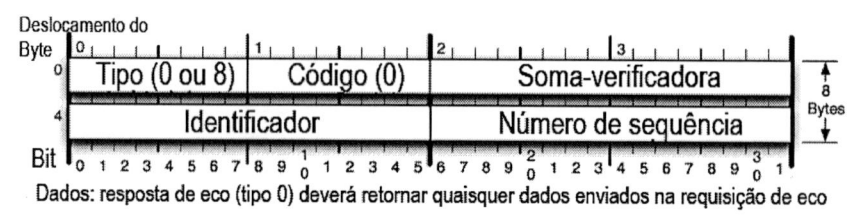

Dados: resposta de eco (tipo 0) deverá retornar quaisquer dados enviados na requisição de eco

Figura 8.2. Disposição do cabeçalho de destino inalcançável de ICMP

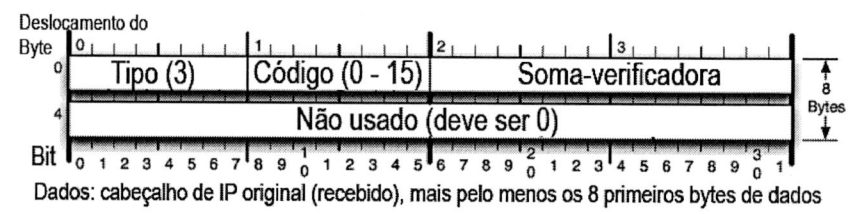

Deslocamento do Byte	0	1	2	3	
0	Tipo (3)	Código (0 - 15)	Soma-verificadora		8 Bytes
4	Não usado (deve ser 0)				

Dados: cabeçalho de IP original (recebido), mais pelo menos os 8 primeiros bytes de dados

8.3.1. Provas Enviadas

Esta seção descreve cada prova de IP enviada pelo Nmap como parte da coleta de impressões digitais de TCP/IP. Ela se refere aos testes de respostas do Nmap e às opções de TCP que são explicadas na próxima seção.

Geração de sequência (SEQ, OPS, WIN, e T1)

Uma série de seis provas de TCP é enviada para gerar estas quatro linhas de respostas de testes. As provas são enviadas com uma separação exata de 110 milissegundos, de forma que o tempo total gasto é de 550 ms. A temporização exata é importante, já que alguns dos algoritmos de sequência que detectamos (números iniciais de sequência, IDs de IP, e marcas de horário de TCP) são dependentes de tempo. Este valor de temporização foi escolhido para levar mais de 500 ms, para que nós pudéssemos detectar confiavelmente as sequências comuns de marcas de horário de TCP de 2 Hz.

Cada prova é um pacote TCP SYN para uma porta detectada como aberta numa máquina remota. Os números de sequência e de reconhecimento são aleatórios (mas são salvos para que o Nmap possa diferenciar as respostas). A precisão da detecção exige consistência das provas, então não há carga de dados, mesmo que o usuário tenha solicitado uma com --data-length.

Estes pacotes variam nas opções de TCP que usam e no valor do campo da janela (window) de TCP. A lista seguinte fornece as opções e valores para todos os seis pacotes. Os valores listados para o campo da janela não refletem o redimensionamento. EOL é a opção de término de lista de opções, que muitas ferramentas de farejamento não mostram, por omissão.

- **Pacote nº 1:** escala de janela (10), NOP, MSS (1460), marca de horário (TSval: 0xFFFFFFFF; TSecr: 0), SACK permitido. O campo da janela é 1.

- **Pacote nº 2:** MSS (1400), escala de janela (0), SACK permitido, marca de horário (TSval: 0xFFFFFFFF; TSecr: 0), EOL. O campo da janela é 63.

- **Pacote nº 3:** Marca de horário (TSval: 0xFFFFFFFF; TSecr: 0), NOP, NOP, escala de janela (5), NOP, MSS (640). O campo da janela é 4.

- **Pacote nº 4:** SACK permitido, marca de horário (TSval: 0xFFFFFFFF; TSecr: 0), escala de janela (10), EOL. O campo da janela é 4.

- **Pacote nº 5:** MSS (536), SACK permitido, marca de horário (TSval: 0xFFFFFFFF; TSecr: 0), escala de janela (10), EOL. O campo da janela é 16.

- **Pacote nº 6:** MSS (265), SACK permitido, marca de horário (TSval: 0xFFFFFFFF; TSecr: 0). O campo da janela é 512.

Os resultados destes testes incluem quatro linhas de categorias de resultados. A primeira, SEQ, contém resultados baseados na análise da sequência dos pacotes de prova. Os resultados destes testes são GCD, SP, ISR, TI, II, TS, e SS. A próxima linha, OPS, contém as opções de TCP recebidas para cada uma das provas (os nomes dos testes são de O1 até O6). Similarmente, a linha WIN contém os tamanhos da janela (window) para as respostas das provas (nomeadas de W1 até W6). A última linha relacionada a estas provas, T1, contém vários valores de testes para o pacote nº 1. Estes resultados são para os testes

R, DF, T, TG, W, S, A, F, O, RD, e Q. Estes testes só são reportados para a primeira prova, uma vez que eles são quase sempre os mesmos para cada uma.

Eco de ICMP (IE)

O teste de IE envolve o envio de dois pacotes de requisição de eco de ICMP para o alvo. O primeiro tem o bit DF do IP ligado, um valor de byte de tipo de serviço (TOS) de zero, um código de nove (muito embora ele deva ser zero), o número de sequência 295, uma ID de IP e um identificador de requisição de ICMP aleatórios, e um caractere aleatório repetido 120 vezes, como carga de dados.

A segunda consulta ping é similar, exceto por um TOS de quatro (IP_TOS_RELIABILITY) ser usado, o código ser zero, 150 bytes de dados serem enviados, e a ID de IP, a ID da requisição e os números de sequência estarem incrementados de um, com relação aos valores da consulta anterior.

Os resultados de ambas estas provas são combinados numa linha IE contendo os testes R, DFI, T, TG, TOSI, CD, SI, e DLI. O valor R só é verdadeiro (Y) se ambas as provas induzirem respostas. Os valores T e CD são para a resposta à primeira prova, somente, uma vez que é altamente improvável que eles difiram. Os DFI, TOSI, SI, e DLI são testes personalizados para este caso especial de prova dupla de ICMP.

Estas provas de ICMP seguem imediatamente após as provas de sequência de TCP, para assegurar resultados válidos do teste do número compartilhado de sequência de ID de IP (veja a seção intitulada "Valor booleano da sequência compartilhada de ID de IP (SS)").

Notificação explícita de congestionamento de TCP (ECN)

Esta prova testa o suporte à notificação explícita de congestionamento (ECN) na pilha de TCP do alvo. A ECN é um método para melhoria do desempenho da Internet que permite que os roteadores sinalizem problemas de congestionamento, antes que eles comecem a descartar pacotes. Ela está documentada na RFC 3168. O Nmap testa isto enviando um pacote de SYN que também tem os sinalizadores de controle de congestionamento ECN CWR e ECE ligados. Para um teste não relacionado (à ECN), o valor de 0xF7F5 do campo urgent é usado, muito embora o sinalizador urgent não esteja ligado. O número do reconhecimento é zero, o número de sequência é aleatório, o campo do tamanho da janela é três e o bit reservado que precede imediatamente o bit CWR está ligado. As opções de TCP são WScale (10), NOP, MSS (1460), SACK permitido, NOP, NOP. A prova é enviada a uma porta aberta. Se uma resposta for recebida, os testes R, DF, T, TG, W, O, CC, e Q serão realizados e registrados.

TCP (T2 - T7)

Os seis testes de T2 a T7 enviam, cada um, um pacote de prova de TCP. Com uma exceção, os dados de opções de TCP, em cada caso são (em hexa) 03030A0102040109080AFFFFFFFF000000000402. Estes 20 bytes correspondem à escala de janela (10), NOP, MSS (265), marca de horário (TSval: 0xFFFFFFFF; TSecr: 0) e, depois, SACK permitido. A exceção é que T7 usa um valor de escala de janela de 15, ao invés de 10. As características variáveis de cada prova são descritas a seguir:

- **T2** envia um pacote TCP nulo (nenhum sinalizador ligado) com o bit IP DF ligado e um campo de janela de 128 a uma porta aberta.

- **T3** envia um pacote TCP com os sinalizadores SYN, FIN, URG, e PSH ligados e um campo de janela de 256 a uma porta aberta. O bit IP DF não está ligado.

- **T4** envia um pacote TCP ACK com IP DF e um campo de janela de 1024 a uma porta aberta.

- **T5** envia um pacote TCP SYN sem IP DF e com um campo de janela de 31337 a uma porta fechada.

- **T6** envia um pacote TCP ACK com IP DF e um campo de janela de 32768 a uma porta fechada.

- **T7** envia um pacote TCP com os sinalizadores FIN, PSH, e URG ligados e um campo de janela de 65535 a uma porta fechada. O bit IP DF não está ligado.

Em cada um destes casos, uma linha é adicionada à impressão digital com resultados para os testes R, DF, T, TG, W, S, A, F, O, RD, e Q.

UDP (U1)

Esta prova é um pacote UDP enviado a uma porta fechada. O caractere 'C' (0x43) é repetido 300 vezes para o campo de dados. O valor da ID de IP é ajustado para 0x1042 para os sistemas operacionais que nos permitam ajustá-lo. Se a porta estiver realmente fechada e não houver firewall em posição, o Nmap esperará receber de volta uma mensagem ICMP de porta inalcançável. Esta resposta é, então, submetida aos testes R, DF, T, TG, TOS, IPL, UN, RIPL, RID, RIPCK, RUCK, RUL e RUD.

8.3.2. Testes de Respostas

A seção anterior descreve as provas enviadas pelo Nmap, e esta completa o quebra-cabeças descrevendo a saraivada de testes realizados nas respostas. Os nomes abreviados (tais como DF, R, e RIPCK) são aqueles usados na base de dados de impressões digitais, nmap-os-db, para poupar espaço. Todos os valores numéricos de testes são dados em notação hexadecimal, sem zeros prefixados, a menos que indicado em contrário. Os testes são documentados na ordem aproximada em que aparecem nas impressões digitais.

Máximo Denominador comum (MDC) do ISN do TCP

O teste SEQ envia seis pacotes TCP SYN a uma porta aberta da máquina alvo e coleta pacotes SYN/ACK de volta. Cada um destes pacotes SYN/ACK contém um número inicial de sequência (ISN, na sigla em inglês) de 32 bits. Este teste tenta determinar o menor número pelo qual o hospedeiro alvo incrementa estes valores. Por exemplo, muitos hospedeiros (especialmente os antigos) sempre incrementam o ISN em múltiplos de 64.000.

O primeiro passo no cálculo deste valor é a criação de uma matriz de diferenças entre respostas a provas. O primeiro elemento é a diferença entre o primeiro e o segundo ISNs das respostas à prova. O segundo elemento é a diferença entre a segunda e a terceira respostas. Haverá cinco elementos, se o Nmap receber respostas a todas as seis provas. Como as duas próximas seções referencia esta matriz, nós a chamaremos de diff1. Se um ISN for menor que o anterior, o Nmap examinará tanto o número de valores que ele teria de subtrair do primeiro valor para obter o segundo, quanto o número de valores que ele teria de contar para cima (incluindo a virada do contador de 32 bits de volta a zero). O menor destes dois valores será armazenado em diff1. Assim, a diferença entre 0x20000 seguido de 0x15000 é 0xB000. A diferença entre 0xFFFFFF00 e

0xC000 é 0xC0FF. O valor deste teste, então, guarda o máximo denominador comum de todos aqueles elementos. Este MDC também é usado para o cálculo do resultado do SP.

Taxa do contador de ISN de TCP (ISR)

Este valor reporta a taxa média de incremento para o número inicial de sequência de TCP retornado. Lembre-se de que uma diferença é tomada entre cada duas respostas a provas consecutivas e armazenada na matriz diff1, previamente discutida. Estas diferenças são divididas, cada uma, pela quantidade de tempo passado (em segundos - geralmente será de cerca de 0,1) entre o envio das duas provas que as geraram. O resultado é uma matriz, que nós chamaremos de seq_rates, contendo as taxas de incrementos por segundo do contador de ISN. A matriz tem um elemento para cada valor de diff1. Uma média é tomada dos valores da matriz. Se esta média for menor que um (p.ex.: um ISN constante é usado), o ISR será zero. Do contrário, o ISR será oito vezes o logaritmo binário (log base-2) deste valor médio, arredondado para o inteiro mais próximo.

Índice de predizibilidade da sequência de ISN de TCP (SP)

Enquanto o teste ISR mede a taxa média de incrementos do número inicial de sequência, este valor mede a variabilidade do ISN. Ele estima aproximadamente o quão difícil seria predizer o próximo ISN a partir da sequência conhecida das seis respostas à prova. O cálculo usa a matriz das diferenças (seq_rates) e os valores de MDC discutidos na seção anterior.

Este teste só é realizado se pelo menos quatro respostas forem vistas. Se o valor do MDC computado anteriormente for maior que nove, os elementos da matriz seq_rates também previamente calculados serão divididos por este valor. Nós não faremos a divisão para valores de MDC menores, porque esses são normalmente causados por coincidência. Um desvio padrão da matriz dos valores resultantes será, então, calculado. Se o resultado for um ou menor, SP será zero. Do contrário, o logaritmo binário do resultado será computado, depois ele será multiplicado por oito, arredondado para o inteiro mais próximo e armazenado como SP.

Tenha em mente que este teste só é feito para fins de detecção de SO e não é uma auditagem completa do gerador de ISN do alvo. Há muitas fragilidades do algoritmo que levam à fácil predizibilidade, mesmo com um alto valor de SP.

Algoritmo de geração de sequência de ID de IP de TCP (TI)

Este teste examina o campo ID do cabeçalho IP de cada resposta às provas de SEQ de TCP. O teste só é incluído se pelo menos três provas forem retornadas. Ele, então, classifica o gerador de ID de IP do alvo com base no algoritmo abaixo. Note que os valores das diferenças presumem que o contador pode virar (voltar a zero). Assim, a diferença entre uma ID de IP de 65.100 seguido de um valor de 700 é 1.136. A diferença entre 2.000 seguido de 1.100 é 64.636. Eis os detalhes do cálculo:

1. Se todos os números da ID forem zero, o TI será ajustado para Z.

2. Se a sequência de ID de IP alguma vez aumentar em pelo menos 20.000, o TI será ajustado para RD (aleatório).

3. Se todas as IDs de IP forem idênticas, a TI será ajustada para este valor em hexa.

4. Se qualquer uma das diferenças entre duas IDs consecutivas exceder 1000, e não for divisível por 256, o TI será ajustado para RI (incrementos positivos aleatórios). Se a diferença for divisível por 256, ela deverá ser de pelo menos 256.000 para causar este resultado de RI.

5. Se todas as diferenças forem divisíveis por 256 e nenhuma for maior que 5120, o TI será ajustado para (incremento interrompido). Isto acontece em sistemas como o Microsoft Windows, em que a ID de IP é enviada na ordem de bytes do hospedeiro, ao invés da ordem de bytes da rede. Ela funciona bem e não caracteriza nenhuma violação de RFC, embora revele detalhes da arquitetura do hospedeiro, que podem ser úteis para os atacantes.

6. Se todas as diferenças forem menores que dez, o TI será ajustado para I (incremental). Nós permitimos diferenças de até dez (ao invés de exigir uma ordenação sequencial), aqui, porque o tráfego de outros hospedeiros pode causar falhas de sequência.

7. Se nenhum dos passos anteriores identificar o algoritmo de geração, o teste será omitido da impressão digital.

Algoritmo de geração de sequência de ID de IP de ICMP (II)

Este teste é similar ao de TI, acima, exceto que ele avalia as IDs de IP a partir das respostas de ICMP às nossas duas provas de ping. Ele só é incluído se ambas as respostas forem recebidas. As diferenças de ID de IP são absolutas (considera a virada) e são calculadas conforme descrito no TI. O resultado é mais fácil de se calcular do que o TI. Não há resultado RD porque não há amostras suficientes para suportá-lo. O II é calculado como segue:

1. Se ambos os números de ID forem zero, II será ajustado para Z.

2. Se ambas IDs de IP forem idênticas, o II será ajustado para este valor em hexa.

3. Se a diferença absoluta entre as IDs exceder 1.000, e não for divisível por 256, II será ajustado para (incrementos aleatórios positivos). Se a diferença for divisível por 256, ela deverá ser, pelo menos, de 256.000 para causar este resultado de RI.

4. Se a diferença da ID de IP for divisível por 256 e não for maior que 5.120, II será ajustado para BI (incremento interrompido). Isto acontece em sistemas como os da Microsoft, onde a ID de IP é enviada na ordem de bytes do hospedeiro, ao invés da ordem de bytes da rede. Ela funciona bem e não é nenhum tipo de violação de RFC, embora ela revele detalhes da arquitetura do hospedeiro que podem ser úteis aos atacantes.

5. Se a diferença for menor que dez, II será ajustada para I (incremental). Nós permitimos diferenças de até dez (ao invés de exigir uma ordenação sequencial), aqui, porque tráfego de outros hospedeiros pode causar falhas de sequência.

6. Se nenhum dos passos anteriores identificar o algoritmo de geração, o teste será omitido da impressão digital.

Valor booleano da sequência compartilhada de ID de IP (SS)

Este valor registra se o alvo compartilha sua sequência de ID de IP entre os protocolos TCP e ICMP. Se nossos seis valores de ID de IP de TCP forem 117, 118, 119, 120, 121, e 122, e depois nossos resultados de ICMP forem 123 e 124, estará claro que não só ambas as sequências são incrementais, mas que ambas são parte da mesma sequência. Se, por outro lado, os valores de ID de

IP de TCP forem 117-122, mas os valores de ICMP forem 32.917 e 32.918, uma sequência diferente estará sendo usada.

Este teste só é incluído se o II for RI, BI, ou I, e o TI for igual. Se o SS for incluído, o resultado será S se a sequência for compartilhada e O (outro), em caso contrário. Esta determinação é feita pelo seguinte algoritmo:

Aqui, avg é a ID de IP da última resposta da sequência de TCP menos a ID de IP da primeira resposta da sequência de TCP, dividido pela diferença em números de provas. Se a prova nº 1 retornar uma ID de IP de 10.000 e a prova nº 6 retornar 20.000, avg será (20.000 - 10.000) / (6 - 1), que é igual a 2.000.

Se a ID de IP da primeira resposta de eco de ICMP for menor que a ID de IP da última resposta da sequência de TCP mais três vezes avg, o resultado do SS será S. Do contrário, será O.

Algoritmo de opção de marca de horário de TCP (TS)

O TS é um outro teste que tenta determinar características do SO alvo com base em como ele gera uma série de números. Este examina a opção de marca de horário de TCP (se houver) nas respostas às provas de SEQ. Ele examina o TSval (primeiros quatro bytes da opção), ao invés do valor ecoado de TSecr (últimos quatro bytes). Ele pega a diferença entre cada TSval consecutivo e divide esta pela quantidade de tempo decorrido entre o envio das duas provas, pelo Nmap, que geraram estas respostas. O valor resultante fornece uma taxa de incrementos de marcas de horário por segundo. O Nmap computa os incrementos médios por segundo em cima de todas as provas consecutivas e, depois, calcula o TS como segue:

1. Se qualquer uma das respostas não tiver a opção de marca de horário, o TS será ajustado para U (não suportado).

2. Se qualquer um dos valores de marca de horário for zero, o TS será ajustado para 0.

3. Se a média de incrementos por segundo cair na faixa de 0 - 5,66, 70 - 150, ou 150 - 350, o TS será ajustado para 1, 7, ou 8, respectivamente. Estas três faixas recebem tratamento especial porque correspondem às frequências de 2 Hz, 100 Hz, e 200 Hz usadas por muitos hospedeiros.

Capítulo 8:Detecção de SO Remoto — 291

4. Em todos os demais casos, o Nmap registra o logaritmo binário da média de incrementos por segundo, arredondado para o inteiro mais próximo. Como muitos hospedeiros usam frequências de 1.000 Hz, A é um resultado comum.

Opções de TCP (O, 01 - 06)

Este teste registra as opções do cabeçalho de TCP num pacote. Ele preserva a ordem original e também fornece algumas informações sobre valores de opções. Como a RFC 793 não exige nenhuma ordenação em particular, as implementações normalmente se apresentam com ordenações únicas. Algumas plataformas não implementam todas as opções (elas são, é claro, opcionais). Quando você combina todas estas permutações com o número de diferentes valores de opção que as implementações usam, este teste fornece um verdadeiro tesouro de informações. O valor para este teste é uma string de caracteres representando as opções sendo usadas. Várias opções usam argumentos que vêm imediatamente após o caractere. As opções e os argumentos suportados são todos mostrados na tabela 8.1.

Tabela 8.1. Valores do teste O

Nome da opção	Caractere	Argumento (se houver)
Término de Lista de Opções (EOL)	L	
Nenhuma operação (NOP)	N	
Tamanho Máximo do Segmento (MSS)	M	O valor é apensado. Muitos sistemas ecoam o valor usado na prova correspondente.
Escala de janela (WS)	W	O valor real é apensado.
Marca de horário (TS)	T	O T é seguido pelos dois caracteres binários que representam os valores de TSval e TSecr, respectivamente. Os caracteres serão 0, se o campo for zero e 1 no caso oposto.
ACK seletivo permitido (SACK)	S	

Como exemplo, a string M5B4NW3NNT11 significa que o pacote inclui a opção MSS (valor 0x5B4) seguido por um NOP. Depois vem uma opção de escala de janela com um valor de três, depois mais dois NOPs. A última opção é uma marca de horário, e nenhum de seus dois campo é zero. Se não houver opções de TCP numa resposta, o teste existirá, mas a string de valor será vazia. Se nenhuma prova for retornada, o teste será omitido.

Embora este teste seja geralmente denominado O, as seis provas enviadas para fins de geração de sequência são um caso especial. Estas são inseridas na linha especial de teste OPS e usa os nomes de O1 até O6 para distinguir a que pacote de provas se relacionam. O "O" é de "opções". A despeito dos nomes diferentes, cada teste de O1 a O6 é processado exatamente da mesma forma que os outros testes O.

Tamanho inicial da janela de TCP (W, W1–W6)

Este teste registra simplesmente os 16 bits do tamanho da janela de TCP do pacote recebido. Ele é muito eficiente, já que há mais de 80 valores que ao menos um SO é conhecido por enviar. Uma desvantagem é que alguns sistemas operacionais têm mais de uma dezena de valores possíveis por si mesmos. Isto leva a resultados de falso-negativos, até que coletemos todos os tamanhos possíveis de janelas usados por um sistema operacional.

Apesar de este teste ser geralmente denominado W, as seis provas enviadas para fins de geração de sequência são um caso especial. Estas são inseridas numa linha especial de teste WIN e usa os nomes de W1 a W6. O tamanho da janela é registrado para todas as provas de número de sequência, porque eles diferem nos valores de opção MSS do TCP, o que faz com que alguns sistemas operacionais divulguem um tamanho diferente de janela. A despeito dos diferentes nomes, cada teste é processado exatamente da mesma forma.

Responsividade (R)

Este teste simplesmente registra se o alvo respondeu a uma dada prova. Os valores possíveis são Y e N. Se não houver resposta, os campos restantes para o teste serão omitidos. Um risco com este teste envolve provas que sejam descartadas por um firewall. Isto leva a R=N na impressão digital do tema. Além disso a impressão digital de referência no nmap-os-db poderá ter R=Y, se o SO alvo normalmente responder. Assim, o firewall poderia impedir a devida detecção de SO. Para reduzir este problema, as impressões digitais de referência geralmente omitem o teste R=Y das provas IE e U1, que são as que mais provavelmente serão descartadas. Além disso, se o Nmap estiver perdendo uma porta TCP fechada de um alvo, ele não ajustará R=N para os testes T5, T6, ou T7 mesmo que a porta que ele tente não seja responsiva. Afinal, a falta de uma porta fechada pode ser porque todas elas estejam filtradas.

Bit de não fragmentar de IP (DF)

O cabeçalho de IP contém um único bit que proíbe os roteadores de fragmentarem um pacote. Se o pacote for muito grande para os roteadores tratarem, eles apenas terão de descartá-lo (e, idealmente, retornar uma resposta "destino inalcançável, fragmentação necessária". Este teste registra Y se o bit estiver ligado, e N no caso contrário).

Não fragmentar (ICMP) (DFI)

Este é simplesmente uma versão modificada do teste DF que é usado para as provas especiais IE. Ele compara os resultados do bit "não fragmentar" das duas provas de requisição de eco de ICMP enviadas. Ele tem quatro possíveis valores, que estão numerados na tabela 8.2.

Tabela 8.2. Valores do teste DFI

Valor	Descrição
N	Nenhuma das repostas ao ping têm o bit DF ligado.
S	Ambas as respostas ecoam o valor DF da prova.
Y	Ambos os bits DF das respostas estão ligados.
O	A combinação restante - ambas as respostas têm o bit DF invertido.

Tempo inicial de vida do IP (T)

Os pacotes IP contêm um campo chamado tempo de vida (TTL, na sigla em inglês), que é decrementado a cada vez que eles atravessam um roteador. Se o campo atingir zero, o pacote deverá ser descartado. Isto evita que os pacotes circulem interminavelmente. Como os sistemas operacionais diferem no TTL com que eles iniciam, ele pode ser usado para detecção de SO. O Nmap determina a quantos saltos de distância ele está do alvo examinando a resposta de porta inalcançável do ICMP à prova UI. Esta resposta inclui o pacote IP original, incluindo o campo TTL já decrementado, recebido pelo alvo. Pela subtração desse valor de nosso TTL enviado, nós descobrimos a quantos saltos de distância a máquina está. Depois, o Nmap adiciona esta distância em saltos ao TTL de reposta da prova para determinar qual era o TTL inicial quando este pacote de resposta à prova ICMP foi enviado. Esse valor de TTL inicial é armazenado na impressão digital como o resultado do T.

Muito embora um campo de oito bits como o TTL jamais possa guardar valores maiores que 0xFF, este teste ocasionalmente resulta em valores de 0x100 ou mais. Isto ocorre quando um sistema (que pode ser a origem, o alvo, ou um sistema a meio caminho) corrompe ou, por outra, falha em decrementar corretamente, o TTL. Ele também pode acontecer em virtude de rotas assimétricas.

O Nmap também pode descobrir a partir da interface do sistema e das tabelas de roteamento, quando a distância em saltos for zero (exame de localhost) ou um (no mesmo segmento de rede). Este valor é usado quando o Nmap exibe a distância em saltos para o usuário, mas não é usado para cálculo do resultado de T.

Estimativa de tempo inicial de vida do IP (TG)

Não é incomum que o Nmap não receba nenhuma resposta à prova U1, o que impede que o Nmap descubra a quantos saltos de distância o alvo está. Firewalls e dispositivos de NAT adoram bloquear pacotes UDP não solicitados. Mas como valores comuns de TTL são bem variados e os alvos raramente estão a mais de 20 saltos de distância, o Nmap pode fazer uma estimativa muito boa, de qualquer forma. A maioria dos sistemas envia pacotes com um TTL inicial de 32, 60, 64, 128, ou 255. Assim, o valor de TTL recebido na resposta é arredondado para cima, até o próximo valor diferente de 32, 64, 128, ou 255. 60 não está nesta lista porque ele não pode ser confiavelmente distinguido de 64. Ele raramente é visto, de qualquer forma. A estimativa resultante é armazenada no campo TG. Este campo de estimativa de TTL não é exibido numa impressão digital de tema, se o valor de TTL real (T) foi descoberto.

Notificação explícita de congestionamento (CC)

Este teste só é usado para a prova ECN. Esta prova é um pacote SYN que inclui os sinalizadores de controle de congestionamento CWR e ECE. Quando a resposta SYN/ACK é recebida, estes sinalizadores são examinados para ajustar o valor do teste CC (controle de congestionamento), conforme descrito na tabela 8.3.

Tabela 8.3. Valores do teste CC

Valor	Descrição
Y	Somente o bit ECE está ligado (não o CWR). Este hospedeiro suporta ECN.
N	Nenhum dos dois bits está ligado. O alvo não suporta ECN.
S	Ambos os bits estão ligados. O alvo não suporta ECN, mas ecoa de volta o que ele acha que é um bit reservado.
O	A combinação restante destes dois bits (outro).

Idiossincrasias diversas de TCP (Q)

Estes, testa dois pontos de vista que algumas implementações têm em suas pilhas de TCP. A primeira é que o campo reservado, no cabeçalho de TCP (logo após o comprimento do cabeçalho) é não-zero. Isto é particularmente provável de acontecer em resposta ao teste ECN, uma vez que ele liga um bit reservado na prova. Se ele for visto num pacote, um "R" será registrado na string Q.

A outra idiossincrasia que o Nmap testa é um valor não-zero para o campo apontador de urgência, quando o sinalizador URG não estiver ligado. Isto também é particularmente provável de ser visto em resposta à prova ECN, que ajusta um campo urgente para não-zero. Um "U" será apensado à string Q quando isto for visto.

A string Q deverá sempre ser gerada em ordem alfabética. Se nenhuma idiossincrasia estiver presente, o teste Q será vazio, mas ainda será mostrado.

Número de sequência de TCP (S)

Este teste examina o campo de 32 bits do número de sequência, no cabeçalho de TCP. Ao invés de registrar o valor do campo, como alguns outros testes, este examina como ele se compara ao número de reconhecimento do TCP, a partir da prova que induziu a resposta. Ele, então, registra o valor apropriado, como mostrado na tabela 8.4.

Tabela 8.4. Valores do teste S

Valor	Descrição
Z	Número de sequência é zero.
A	Número de sequência é o mesmo que o número de reconhecimento na prova.
A+	Número de sequência é o mesmo que o número de reconhecimento na prova, mais um.
O	Número de sequência é alguma outra coisa (outro).

Número de sequência de ICMP (SI)

Este teste examina o número de sequência nos pacotes de resposta de eco de ICMP. Ele só é usado para as duas provas de requisição de eco IE. Os quatro valores que ele pode receber são mostrados na tabela 8.5.

Tabela 8.5. Valores do teste SI

Valor	Descrição
Z	Ambos os números de sequência estão ajustados para 0.
S	Ambos os números de sequência ecoam os das provas.
<NNNN>	Quando ambos usam o mesmo número não-zero, ele é registrado aqui.
O	Qualquer outra combinação.

Número de reconhecimento de TCP (A)

Este teste é o mesmo que o S, com exceção de que ele testa como o número de reconhecimento, na resposta, se compara ao número de sequência na respectiva prova. Os quatro valores possíveis são dados na tabela 8.6.

Tabela 8.6. Valores do teste A

Valor	Descrição
Z	O número de reconhecimento é zero.
S	O número de reconhecimento é o mesmo que o número de sequência, na prova.
S+	O número de reconhecimento é o mesmo que o número de sequência na prova, mais um.
O	O número de reconhecimento é alguma outra coisa (outro).

Sinalizadores de TCP (F)

Este campo registra os sinalizadores de TCP na resposta. Cada letra representa um sinalizador, e elas ocorrem na mesma ordem que no pacote TCP (do bit mais alto, à esquerda, para os mais baixos). Assim, o valor SA representa os bits SYN e ACK ligados, enquanto que o valor AS é ilegal (ordem incorreta). Os possíveis sinalizadores são mostrados na tabela 8.7.

Tabela 8.7. Valores do teste F

Caractere	Nome do sinalizador	Valor do byte do sinalizador
E	ECN Echo (ECE - Eco de ECN)	64
U	Urgent Data (URG - Dados urgentes)	32
A	Acknowledgment (ACK - Reconhecimento)	16
P	Push (PSH - transferir)	8
R	Reset (RST - cancelar)	4
S	Synchronize (SYN - sincronizar)	2
F	Final (FIN - terminar)	1

Soma-verificadora de dados de RST de TCP (RD)

Alguns sistemas operacionais retornam dados ASCII, tais como mensagens de erro, nos pacotes de cancelamento. Isto é explicitamente permitido pela seção 4.2.2.12 da RFC 1122. Quando o Nmap encontra tais dados, ele realiza uma soma-verificadora CRC16 e reporta os resultados. Quando não há dados, RD é ajustado para zero. Alguns dos poucos sistemas operacionais que podem retornar dados em seus pacotes de cancelamento são o HP-UX e versões do Mac OS anteriores ao Mac OS X.

Tipo de serviço de IP (TOS)

Este teste simplesmente registra o byte do tipo de serviço do cabeçalho IP de pacotes ICMP de porta inalcançável. Este byte está descrito na RFC 791. O valor não é registrado para outras respostas (tais como pacotes de TCP ou de resposta de eco) porque as variações, aí, são normalmente causadas por serviços de dispositivos de rede ou de hospedeiros, ao invés de refletirem o SO alvo, em si.

Tipo de serviço de IP para respostas de ICMP (TOSI)

Este teste compara os bytes do tipo de serviço de IP (TOS) das respostas a ambas as provas de requisição de eco de ICMP do teste ID. Os valores possíveis são mostrados na tabela 8.8.

Tabela 8.8. Valores do teste TOSI

Valor	Descrição
Z	Ambos os valores de TOS são zero.
S	Ambos os valores de TOS são os mesmos que os das provas correspondentes.
<NN>	Quando ambos usam o mesmo número não-zero, ele é registrado aqui.
O	Qualquer outra combinação.

Comprimento total de IP (IPL)

Este teste registra o comprimento total (em octetos) de um pacote IP. Ele só é usado para a resposta de porta inalcançável induzida pelo teste U1. Este comprimento varia de acordo com a implementação, porque elas podem escolher quantos dados da prova original incluir, desde que atendam às exigência mínimas da RFC 792. Esta exigência é incluir o cabeçalho de IP original e, pelo menos, oito bytes de dados.

Campo não usado de porta inalcançável não-zero (UN)

Um cabeçalho de mensagem de ICMP de porta inalcançável tem oito bytes de comprimento, mas só os quatro primeiros são usados. A RFC 792 atesta que os últimos quatro bytes devem ser zero. Algumas implementações (a maioria switches ethernet e alguns dispositivos embutidos especializados) os ajustam de qualquer forma. O valor destes quatro últimos bytes é registrado neste campo.

Valor do comprimento total do IP da prova retornada (RIPL)

Mensagens de ICMP de porta inalcançável (como são enviadas em resposta à prova U1) são obrigadas a incluir o cabeçalho IP que as gerou. Este cabeçalho deverá ser retornado exatamente como foi recebido, mas algumas implementações o enviam de volta uma versão corrompida, devido a mudanças que elas fazem durante o processamento de IP. Este teste simplesmente registra o valor do comprimento total do IP retornado. Se o valor correto de 0x148 (328) for retornado, o valor G (de bom, em inglês) será armazenado, ao invés do valor real.

Valor da ID de IP da prova retornada (RID)

A prova U1 tem um valor de ID de IP estático de 0x1042. Se este valor for retornado na mensagem de porta inalcançável, o valor G será armazenado para este teste. Do contrário, o valor exato retornado será armazenado. Alguns sistemas, tais como o Solaris, manipulam os valores de ID de IP dos pacotes de IP crus que o Nmap envia. Em tais casos, este teste é omitido. Nós percebemos que alguns sistemas, particularmente impressoras HP e Xerox, invertem os bytes e retornam, ao contrário, 0x4210.

Integridade do valor da soma-verificadora de IP da prova retornada (RIPCK)

A soma-verificadora de IP é um valor que nós não esperamos que permaneça o mesmo, quando retornado numa mensagem de porta inalcançável. Afinal, cada salto de rede, durante o trânsito, muda a soma-verificadora, à medida que o TTL é decrementado. Entretanto, a soma-verificadora que nós recebermos deverá corresponder ao pacote IP envolto. Neste caso, o valor G (bom) será armazenado para este teste. Se o valor retornado for zero, então Z será armazenado. Do contrário, o resultado será I (inválido).

Integridade do comprimento e da soma-verificadora da prova de UDP retornada (RUL e RUCK)

Os valores do comprimento e da soma-verificadora do cabeçalho de UDP deverão ser retornados exatamente como foram enviados. Neste caso, G será registrado para estes testes. Do contrário, o valor realmente retornado será registrado. A comprimento correto é 0x134 (308).

Integridade dos dados de UDP retornados (RUD)

Se a carga de UDP retornada consistir de 300 caracteres 'C' (0x43), como esperado, um G será registrado para este teste. Do contrário, I (inválido) será registrado.

Código de resposta de ICMP (CD)

O valor do código de um pacote de resposta de eco de ICMP (tipo zero) é supostamente zero. Mas algumas implementações enviam incorretamente outros valores, particularmente se a requisição de eco tiver um código diferente de zero (como faz alguns dos testes de IE). Os valores do código de resposta para as duas provas são combinados num valor CD, como descrito na tabela 8.9.

Tabela 8.9. Valores do teste CD

Valor	Descrição
Z	Ambos os valores de código são zero.
S	Ambos os valores são os mesmos que nas provas correspondentes.
<NN>	Quando ambos usam o mesmo número não-zero, ele é mostrado aqui.
O	Qualquer outra combinação.

Comprimento de dados de IP para respostas de ICMP (DLI)

Quando dados são incluídos num pacote de requisição de eco de ICMP, presume-se que eles serão retornados intactos, na resposta de eco correspondente. Mas algumas implementações truncam os dados, de alguma forma. Este teste examina ambas as respostas de ICMP às provas de IE, e atribui um valor como descrito na tabela 8.10.

Tabela 8.10. Valores do teste DLI

Valor	Descrição
Z	Nenhuma resposta inclui nenhum dado.
S	Ambas as respostas retornam todos os dados enviados na requisição correspondente.
<NN>	Se pelo menos uma das respostas truncar os dados, a maior quantidade de dados retornada (em qualquer um dos pacotes) será armazenada aqui. Quando ambas truncarem o comprimento dos dados para o mesmo número não-zero, ele será mostrado aqui. Este valor só conta dados atuais, não os cabeçalhos de IP ou de ICMP.

8.4. Métodos de Coleta de Impressões Digitais Evitados pelo Nmap

O Nmap suporta muito mais técnicas de detecção de SO que qualquer outro programa, e nós estamos sempre interessados em saber de novas ideias. Por favor, enviem-nas para a lista de desenvolvimento do Nmap (nmap-dev) para discussão. Entretanto, há alguns métodos que simplesmente não se encaixam bem. Esta seção detalha alguns dos mais interessantes. Embora não sejam suportados pelo Nmap, alguns são úteis em combinação com o Nmap para verificarem descobertas ou conhecerem mais detalhes

8.4.1. Coleta Passiva de Impressões Digitais

A coleta passiva de impressões digitais usa a maioria das mesmas técnicas que a coleta ativa de impressões digitais realizada pelo Nmap. A diferença é que um sistema passivo simplesmente fareja a rede, classificando oportunamente os hospedeiros à medida que observam seus tráfegos. Isto é muito mais difícil do que a coleta ativa de impressões digitais, uma vez que você tem de aceitar qualquer comunicação que aconteça, em vez de projetar suas próprias provas personalizadas. Ela é uma técnica valiosa, mas não pertence a uma ferramenta fundamentalmente ativa, como o Nmap. Felizmente, Michal Zalewski escreveu a excelente ferramenta de coleta passiva de impressões digitais de SO, p0f[3]. Ele também divisou dois dos testes atuais de coleta de impressões digitais de SO do Nmap. Uma outra opção é o SinFP[4], de GomoR, que suporta tanto a coleta ativa quanto a passiva de impressões digitais.

8.4.2. Cronologia de Explorações

A coleta de impressões digitais de TCP/IP funciona bem para distinguir diferentes sistemas operacionais, mas a detecção de diferentes versões do mesmo sistema operacional pode ser complicada. A companhia deve mudar sua pilha de alguma forma que nós possamos diferenciar. Felizmente, muitos forne-

---

3 *http://lcamtuf.coredump.cx/p0f.shtml*

4 *http://www.gomor.org/bin/view/Sinfp*

cedores de SO atualizam regularmente seus sistemas para se adequarem aos padrões mais recentes. Mas e aqueles que não o fazem? A maioria deles pelo menos procura contornar corrigindo eventuais erros exploráveis da pilha. E estas correções são fáceis de se detectar remotamente. Primeiro, envie a carga de exploração, seja ela um ataque land, de lágrima, de ping da morte, de inundação de SYN, ou de WinNuke*. Envie um ataque de cada vez e, depois, tente imediatamente contactar novamente o sistema. Se ele subitamente se tornar não-responsivo, você terá afunilado o SO para versões que não seguem com a correção.

> **ADVERTÊNCIA**
>
> Se você usar explorações de negação de serviço (DoS) como parte de sua bagagem de detecção de SO, lembre-se de realizar estes testes por último.

8.4.3. Tempos de Retransmissão

As implementações do TCP têm espaço significativo no tempo exato que eles esperam antes da retransmissão de pacotes. As ferramentas de prova de conceito Ring e Cron-OS estão disponíveis para explorar isto. Elas enviam um pacote de SYN a uma porta aberta e, depois, ignoram o SYN/ACK que recebem, ao invés de reconhecê-lo com um ACK (para completar a conexão) ou com um RST (para cancelá-la). O hospedeiro alvo reenviará o SYN/ACK várias vezes mais, e estas ferramentas acompanham cada fração de segundo da espera. Apesar de alguma informação poder, de fato, ser colhida desta técnica, há várias razões para que eu não tenha incorporado a emenda no Nmap:

- Ela normalmente requer a modificação das regras de firewall do hospedeiro de origem para impedir que seu sistema responda com um pacote RST aos SYN/ACK que ele recebe. Isto é difícil de se fazer de uma forma portável. E mesmo que ela fosse fácil, muitos usuários não apreciam aplicações que emporcalhem suas regras de firewall.

- Ela pode ser muito lenta. As retransmissões podem continuar por vários minutos. Isto é um tempo longo para se esperar por um teste que não fornece tanta informação, em princípio.

- Ela pode ser imprecisa, porque o descarte de pacotes e a latência (que você tem de esperar de ambientes do mundo real) podem levar a resultados falsos.

---
* Um tipo de ataque DoS (negação de serviços). - N. do T.

Eu enumerei estas razões, aqui, porque elas também se aplicam a alguns outros métodos propostos de detecção de SO. Eu adorarei adicionar novos testes, mas eles devem ser rápidos e exigirem poucos pacotes. Mexer com firewalls de hospedeiros é inaceitável. Eu tento evitar fazer conexões completas de TCP para coleta de impressões digitais de pilhas, embora isto seja feito para a detecção de SO como parte do sistema de exame de versão.

8.4.4. Fragmentação de IP

A fragmentação de IP é um sistema complexo e as implementações são crivadas de erros e inconsistências. Possíveis testes poderiam examinar como os fragmentos sobrepostos são montados ou ajustar os tempos de expiração da recomposição. Estes testes são evitados pelo Nmap porque muitos firewalls e outros dispositivos na linha recompõem o tráfego nos gateways. Assim, o Nmap poderia terminar coletando as impressões digitais do firewall, ao invés do verdadeiro hospedeiro de destino. Além do mais, fragmentos são difíceis de serem enviados, em alguns sistemas operacionais. Os kernels Linux 2.6 têm uma tendência a enfileirar os fragmentos que você está tentando enviar e os monta por si mesmo, antes da transmissão.

8.4.5. Padrões de Portas Abertas

O SO do hospedeiro alvo normalmente pode ser adivinhado pelo simples exame das portas que estão abertas. Máquinas do Microsoft Windows frequentemente têm as portas TCP 135 e 139 abertas. O Windows 2000 e mais novos também atendem na porta 445. Enquanto isso, uma máquina rodando serviços na porta 22 (SSH) e 631 (Protocolo de Impressão da Internet) provável estará rodando Unix.

Apesar desta heurística ser comumente útil, ela apenas não é confiável o bastante para o Nmap. Combinações de portas podem ser obscurecidas por regras de firewalls, e a maioria dos protocolos principais está disponível em múltiplas plataformas. Servidores OpenSSH podem ser executados no Windows[5], e as portas do "Windows SMB" podem ser servidas pelo Samba[6] rodando numa máquina Unix. O encaminhamento de portas anuvia ainda mais a questão.

---

5 *http://sshwindows.sourceforge.net/*
6 *http://www.samba.org/*

Uma máquina que parece estar rodando o Microsoft IIS pode ser um firewall Unix simplesmente encaminhando a porta 80 para uma máquina Windows.

Por estas razões, o Nmap não considera números de portas abertas, durante a coleta de impressões digitais da pilha TCP/IP. Contudo, o Nmap poderá usar informações da detecção de versão (veja o capítulo 7, *Detecção de versão de serviços e de aplicações*) para descobrir, em separado, informações do sistema operacional e do tipo do dispositivo. Ao manter separados os resultados da detecção do SO descobertos pela detecção de SO e pela detecção de versão, o Nmap pode, graciosamente, tratar um firewall Checkpoint que use o encaminhamento de portas TCP para um servidor web do Windows. Os resultados da coleta de impressões digitais da pilha deverão ser "Checkpoint Firewall-1", enquanto que a detecção de versão deverá sugerir que o SO é o Windows. Tenha em mente que somente uma pequena fração de assinaturas de detecção de versão incluem informações de SO e de tipos de dispositivos - nós só podemos preencher estes campos quando a aplicação divulga a informação, ou quando ela só roda em um SO ou tipo de dispositivo.

8.5. Entendendo uma Impressão Digital do Nmap

Quando o Nmap armazena uma impressão digital na memória, ele usa uma árvore de atributos e valores em estruturas de dados da qual os usuários nem sequer precisam saber. Mas há, também, uma versão especial, codificada em ASCII, que o Nmap pode apresentar para os usuários quando uma máquina não é identificada. Milhares destas impressões digitais serializadas também relidas a cada vez que o Nmap roda (com a detecção de SO habilitada, a partir da base de dados nmap-os-db. O formato da impressão digital é um compromisso entre a compreensão humana e a brevidade. Ele é tão breve e direto que parece com ruído de linha para muitos usuários inexperientes, mas aqueles que lerem este documento deverão ser capazes de decifrar as impressões digitais com facilidade. Há, na verdade, dois tipos de impressões digitais, embora elas tenham a mesma estrutura geral. As impressões digitais de sistemas operacionais conhecidos, que o Nmap carrega são chamadas de *impressões digitais de referência*, enquanto que as impressões digitais que o Nmap exibe após o exame de um sistema são uma *impressão digital de tema*. As impressões digitais de referência são um pouco mais complexas, uma vez que elas podem ser adequadas para corresponderem a toda uma classe de sistemas operacionais, pela adição de espaço aos (ou pela omissão de) testes que não sejam tão confiáveis, ao mesmo tempo em que se permitem apenas um único valor possível para outros testes. As impressões digitais de referência também têm detalhes e classificações de SO. Uma vez que os testes de tema são mais simples, nós os descreveremos primeiro.

8.5.1. Decodificando o Formato da Impressão Digital de Tema

Se o Nmap realizar a coleta de impressões digitais de SO num hospedeiro e não obtiver uma correspondência perfeita de SO, a despeito de condições promissoras (tais como o encontro de ambas as portas abertas e fechadas acessíveis no alvo), o Nmap exibe uma impressão digital de tema, que mostra todos os resultados dos testes que ele avalia como relevantes e, depois, solicita que o usuário envie os dados ao Nmap.Org. Os testes não são mostrados, quando o Nmap não tem resultados úteis, como quando as respostas às provas relevantes não foram recebidas. Uma linha especial, intitulada SCAN, fornece detalhes extras sobre o exame (tal como o número de versão do Nmap) que fornece um contexto útil para integração do envio de impressões digitais no nmap-os-db. Uma típica impressão digital de tema é mostrada no exemplo 8.3.

Exemplo 8.3. Uma típica impressão digital de tema

```
OS:SCAN(V=4.62%D=5/21%OT=80%CT=1%CU=36069%PV=Y%DS=1%G=Y%M
=001839%TM=483466E
OS:0%P=i686-pc-linux-gnu)SEQ(SP=C9%GCD=1%ISR=CE%TI=Z%II=I%TS
=8)OPS(O1=M5B4S
OS:T11NW0%O2=M5B4ST11NW0%O3=M5B4NNT11NW0%O4=M5B4ST11NW0%O
5=M5B4ST11NW0%O6=M
OS:5B4ST11)WIN(W1=16A0%W2=16A0%W3=16A0%W4=16A0%W5=16A0%W6=16
A0)ECN(R=Y%DF=Y
OS:%T=40%W=16D0%O=M5B4NNSNW0%CC=N%Q=)T1(R=Y%DF=Y%T=40%S=O
%A=S+%F=AS%RD=0%Q=
OS:)T2(R=N)T3(R=Y%DF=Y%T=40%W=16A0%S=O%A=S+%F=AS%O=M5B4ST11N
W0%RD=0%Q=)T4(R
```

```
OS:=Y%DF=Y%T=40%W=0%S=A%A=Z%F=R%O=%RD=0%Q=)T5(R=Y%DF=Y%T=
40%W=0%S=Z%A=S+%F=
OS:AR%O=%RD=0%Q=)T6(R=Y%DF=Y%T=40%W=0%S=A%A=Z%F=R%O=%RD=0%
Q=)T7(R=Y%DF=Y%T=
OS:40%W=0%S=Z%A=S+%F=AR%O=%RD=0%Q=)U1(R=Y%DF=N%T=40%TOS=C0%I
PL=164%UN=0%RIP
OS:L=G%RID=G%RIPCK=G%RUCK=G%RUL=G%RUD=G)IE(R=Y%DFI=N%T=40%TO
SI=S%CD=S%SI=S%
OS:DLI=S)
```

Agora, você pode olhar para esta impressão digital e entender, imediatamente, o que tudo significa. Se sim, você poderá simplesmente pular esta seção. Mas eu nunca vi uma tal reação. Muitas pessoas provavelmente pensam que algum tipo de estouro de buffer ou erro de string não terminada está fazendo com que o Nmap vomite dados espúrios nelas. Esta seção lhe ajuda a decodificar a informação, para que você possa imediatamente dizer que ataques de predição de sequência cega de TCP são moderadamente difíceis, contra esta máquina, mas que ela pode se tornar um bom zumbi para exames ociosos (-sI). O primeiro passo no entendimento desta impressão digital é consertar as quebras de linha. Os testes são todos espremidos juntos, com cada linha quebrada em 71 caracteres. Depois OS: é prefixado a cada linha, aumentando o comprimento para 74 caracteres. Isto torna as impressões digitais fáceis de se cortar e colar no formulário de envio de impressões digitais do Nmap (veja a seção 8.7.2, "Quando o Nmap falha em encontrar uma correspondência e exibe uma impressão digital"). A remoção do prefixo e a correção da quebras de palavras (cada linha deve terminar com um fechamento de parêntese) leva à versão limpa do exemplo 8.4.

Exemplo 8.4. Uma impressão digital de tema limpa

```
SCAN(V=4.62%D=5/21%OT=80%CT=1%CU=36069%PV=Y%DS=1%G=Y%M=00183
9%
       TM=483466E0%P=i686-pc-linux-gnu)
SEQ(SP=C9%GCD=1%ISR=CE%TI=Z%II=I%TS=8)
OPS(O1=M5B4ST11NW0%O2=M5B4ST11NW0%O3=M5B4NNT11NW0%O4=M5B4ST11
NW0%
       O5=M5B4ST11NW0%O6=M5B4ST11)
WIN(W1=16A0%W2=16A0%W3=16A0%W4=16A0%W5=16A0%W6=16A0)
ECN(R=Y%DF=Y%T=40%W=16D0%O=M5B4NNSNW0%CC=N%Q=)
T1(R=Y%DF=Y%T=40%S=O%A=S+%F=AS%RD=0%Q=)
```

```
T2(R=N)
T3(R=Y%DF=Y%T=40%W=16A0%S=O%A=S+%F=AS%O=M5B4ST11NW0%RD=0%Q=)
T4(R=Y%DF=Y%T=40%W=0%S=A%A=Z%F=R%O=%RD=0%Q=)
T5(R=Y%DF=Y%T=40%W=0%S=Z%A=S+%F=AR%O=%RD=0%Q=)
T6(R=Y%DF=Y%T=40%W=0%S=A%A=Z%F=R%O=%RD=0%Q=)
T7(R=Y%DF=Y%T=40%W=0%S=Z%A=S+%F=AR%O=%RD=0%Q=)
U1(R=Y%DF=N%T=40%TOS=C0%IPL=164%UN=0%RIPL=G%RID=G%RIPCK=G%RU
CK=G%RUL=G%RUD=G)
IE(R=Y%DFI=N%T=40%TOSI=S%CD=S%SI=S%DLI=S)
```

Embora este ainda não seja o formato mais intuitivo do mundo (nós tivemos de mantê-lo breve), ele está muito mais claro, agora. Cada linha é uma categoria, como a SEQ para os testes de geração de sequência, T3 para os resultados desta prova de TCP em particular, e ID para testes relacionados às duas provas de eco de ICMP.

Seguindo cada nome de teste, há um par de parênteses que envolvem os resultados dos testes individuais. Os testes têm o formato *<nome do teste>=<valor>*. Todas as categorias, testes e valores possíveis são descritos na seção 8.3, "Métodos de coleta de impressões digitais de TCP/IP suportados pelo Nmap". Cada par de testes é separado por um símbolo de porcentagem (%). Os valores dos testes podem ser vazios, levando a um símbolo de porcentagem ou um fechamento de parêntese de terminação de categoria seguindo imediatamente o sinal de igual. A string "O=%RD=0%Q=)" no T4 de nosso exemplo mostra dois destes testes vazios. Um valor de teste em branco deverá corresponder a um outro valor em branco, de forma que este valor Q de idiossincrasias de TCP vazio não corresponderia a uma impressão digital com Q ajustado para RU.

Em alguns casos, todo um teste é omitido, ao invés de apenas seu valor. Por exemplo, o T2 de nossa impressão digital de amostra não tem nenhum teste W (janela de TCP), S (número de sequência), A (número de reconhecimento), T (TTL), ou TG (estimativa de TTL). Isto porque o único teste e valor que ela inclui, R=N, significa que nenhuma resposta foi retornada para a prova T2. Assim, a inclusão de um valor de janela ou de número de sequência faria pouco sentido. Da mesma forma, os testes que não são bem suportados no sistema que está rodando o Nmap são omitidos. Um exemplo é o teste RID (campo de ID de IP retornado no pacote de ICMP), que não funciona bem no Solaris porque este sistema tende a corromper o campo ID que o Nmap envia. Testes que não são conclusivos (tais como a falha na detecção da sequência de ID de IP para os testes TI e II) também são omitidos.

Decodificando a linha SCAN de uma impressão digital de tema

A linha SCAN é um caso especial, numa impressão digital de tema. Em vez de descrever o sistema alvo, estes testes descrevem várias condições do exame. Eles nos ajudam a integrar as impressões digitais enviadas ao Nmap.Org. Os testes nesta linha são:

- O número de versão do Nmap (V).

- A data do exame (D) na forma mês/dia.

- As portas TCP aberta e fechada (no alvo) usadas para exames (OT e CT). Diferentemente da maioria dos testes, estes são exibidos no formato decimal. Se o Nmap não foi capaz de encontrar uma porta aberta ou uma fechada, o teste é incluído com um valor vazio (mesmo quando o Nmap adivinha uma porta possivelmente fechada e envia uma prova para ela).

- Porta UDP fechada (CU). Este é o mesmo que o CT, mas para o UDP. Como a maioria dos exames não inclui o UDP, o valor deste teste é normalmente vazio.

- Espaço privado de IP (PV) é Y se o alvo estiver nas redes privadas 10.0.0.0/8, 172.16.0.0/12, ou 192.168.0.0/16 (RFC 1918). Do contrário, ele é N.

- Distância da rede (DS) é a distância em saltos da rede, a partir do alvo. Ele é 0 se o alvo for localhost, 1 se estiver diretamente conectado a uma rede ethernet, ou a distância exata, se descoberta pelo Nmap. Se a distância for desconhecida, este teste será omitido.

- Bons resultados (G) é Y se as condições e os resultados parecerem bons o suficiente para o envio desta impressão digital ao Nmap.Org. Do contrário ele será N. A menos que você os force, habilitando a depuração (-d) ou a verbosidade extrema (-vv), impressões digitais G=N não são exibidas pelo Nmap.

- Prefixo MAC do alvo (M) são os primeiros seis dígitos hexa do endereço MAC do alvo, que correspondem ao nome do fornecedor. Zeros precedentes não são incluídos. Este campo é omitido, a menos que o alvo esteja na mesma rede ethernet (DS=1).

- O horário do exame do SO (TM) é fornecido no formato time_t do Unix (em hexadecimal).

- A plataforma para a qual o Nmap foi compilado é dada no campo P.

8.5.2. Decodificando o Formato da Impressão Digital de Referência

Quando o Nmap examina um alvo para criar uma impressão digital de tema, ele tenta, depois, corresponder estes dados com as milhares de *impressões digitais de referência* na base de dados nmap-os-db. As impressões digitais de referência são inicialmente formadas de uma ou mais impressões digitais de temas e, portanto, têm muito em comum. Elas têm um pouquinho de informação extra para facilitar a correspondência e, é claro, para descrever os sistemas operacionais que representam. Por exemplo, a impressão digital de tema que acabamos de examinar pode formar a base para a impressão digital de referência do exemplo 8.5.

Exemplo 8.5. Uma típica impressão digital de referência

```
Fingerpring Sony PlayStation 3 game console
Class Sony | embedded || game console
SEQ(SP=F7-101%GCD=<7%ISR=FC-106%TI=RD%TS=21)
OPS(O1=M5B4NNSNW1NNT11%O2=M5B4NNSNW1NNT11%O3=M5B4NW1NNT11%
    O4=M5B4NNSNW1NNT11%O5=M5B4NNSNW1NNT11%O6=M5B4NNSNNT11)
WIN(W1=FFFF%W2=FFFF%W3=FFFF%W4=FFFF%W5=FFFF%W6=FFFF)
ECN(R=Y%DF=N%T=41%TG=41%W=FFFF%O=M5B4NNSNW1%CC=N%Q=)
T1(R=Y%DF=N%T=41%TG=41%S=O%A=S+%F=AS%RD=0%Q=)
T2(R=Y%DF=N%T=41%TG=41%W=0%S=Z%A=O|S%F=AR%O=%RD=0%Q=)
T3(R=Y%DF=N%T=41%TG=41%W=FFFF%S=O%A=S+%F=AS%O=M5B4NNSNW1NNT1
1%RD=0%Q=)
T4(R=Y%DF=N%T=41%TG=41%W=0%S=A|O%A=Z%F=R%O=%RD=0%Q=)
T5(R=Y%DF=N%T=40%TG=40%W=0%S=Z%A=O|S+%F=AR%O=%RD=0%Q=)
T6(R=Y%DF=N%T=40%TG=40%W=0%S=A|O%A=Z%F=R%O=%RD=0%Q=)
T7(R=Y%DF=N%T=40%TG=40%W=0%S=Z%A=O|S%F=AR%O=%RD=0%Q=)
U1(DF=N%T=FF%TG=FF%TOS=0%IPL=38%UN=0%RIPL=G%RID=G%RIPCK=G%RU
CK=G%RUL=G%RUD=G)
IE(DFI=N%T=FF%TG=FF%TOSI=S%CD=S%SI=S%DLI=S)
```

Algumas diferenças são imediatamente óbvias. A quebra de linha não é feita, porque isto só é importante para o processo de submissão. A linha SCAN também é removida, uma vez que aquela informação que descreve uma instância específica de um exame, em vez das características gerais do SO alvo.

Você também provavelmente percebeu as duas novas linhas, Fingerprint e Class, que são novas para esta impressão digital de referência. Uma mudança mais sutil é que alguns dos resultados de testes individuais foram removidos, enquanto que outros foram melhorados com expressões lógicas.

Descrição de SO em formato livre (linha Fingerprint)

A linha Fingerprint serve primeiro como um identificador para que o Nmap saiba começar a carregar uma nova impressão digital. Cada impressão digital tem apenas uma tal linha. Logo após o identificador Fingerprint (e um espaço) vem uma descrição textual dos sistemas operacionais representados por esta impressão digital. Estas são em formato livre de texto em inglês, destinado à interpretação humana, ao invés de um processador de máquina. De qualquer forma, o Nmap tenta manter um formato consistente, incluindo o nome do fornecedor e do produto e, depois, o número da versão. Faixas de números de versão e alternativas separados por vírgulas discutidos anteriormente podem ser encontrados neste campo. Eis alguns exemplos:

```
Fingerprint HP LaserJet printer (4050, 4100, 4200, or 8150)
Fingerprint Sun Solaris 9 or 10 (SPARC)
Fingerprint Linux 2.6.22 - 2.6.24
Fingerprint Microsoft Windows Server 2003 SP1
Fingerprint Microsoft Windows XP Professional SP1
Fingerprint Minolta Di550 laser printer
```

Num mundo ideal, cada SO diferente corresponderia a exatamente uma impressão digital única. Infelizmente, os fornecedores de SO não tornam a vida tão fácil para nós. A mesma liberação de SO pode apresentar impressões digitais diferentes, com base em quais drivers de rede estão em uso, nas opções configuráveis pelo usuário, níveis de emendas, arquitetura do processador, quantidade de RAM disponível, ajustes de firewall e outras coisas mais. Às vezes as impressões digitais diferem por razões não discerníveis. Embora o formato da impressão digital de referência tenha uma sintaxe de expressão para lidar com ligeiras variações, a criação de múltiplas impressões digitais para o mesmo SO é frequentemente preferível, quando diferenças maiores são descobertas.

Da mesma forma que múltiplas impressões digitais são frequentemente necessárias para um SO, às vezes uma única impressão digital descreve vários sistemas. Se dois sistemas fornecerem exatamente os mesmos resultados para cada teste único, o Nmap terá pouca opção além de oferecer ambas as possibilidades. Isto normalmente ocorre por várias razões. Uma delas é que os fornecedores podem liberar uma nova versão de seu SO sem qualquer mudança significativa em sua pilha de IP. Talvez eles tenham feito mudanças importantes em alguma outra parte do sistema, ou talvez eles tenham feito pouco, mas queiram fazer um bocado de dinheiro vendendo "atualizações". Nestes casos, o Nmap frequentemente exibe uma faixa, tal como Apple Mac OS X 10.4.8 - 10.4.11 ou Sun Solaris 9 or 10.

Um outro motivo de impressões digitais duplicadas são os dispositivos embutidos, que compartilham um SO comum. Por exemplo, uma impressora de um fornecedor e um switch ethernet de um outro podem, na realidade, compartilhar um SO embutido de um terceiro fornecedor. Em muitos casos, diferenças sutis entre os dispositivos ainda permitirão que eles sejam distinguidos. Mas às vezes o Nmap deverá simplesmente listar um grupo de possibilidades, tal como Cisco 1200-series WAP, HP ProCurve 2650 switch, ou Xerox Phaser 7400N or 8550DT printer.

Há também casos em que numerosos fornecedores rotulam com sua própria marca e número de modelo o mesmíssimo dispositivo OEM. Aqui, também, o Nmap deverá simplesmente listar as possibilidades. Mas distinguir estes é menos importante, porque todos eles são fundamentalmente o mesmo dispositivo.

Dica

Se a descrição exibida pelo Nmap (que vem da linha Fingerprint) não for suficientemente esclarecedora para você, informações mais detalhadas poderão estar disponíveis nos comentários acima da própria impressão digital, no nmap-os-db. Você poderá encontrá-lo instalado em seu sistema como descrito no capítulo 14, *Entendendo e personalizando os arquivos de dados do Nmap*, ou buscar a versão mais recente em *http://nmap.org/data/nmap-os-db*. Procure pela descrição exata do SO que o Nmap lhe fornece. Tenha em mente que poderá haver várias linhas Fingerprint com a mesmíssima descrição, então você poderá ter de examiná-las todas. Ou use a saída XML do Nmap, que mostra o número de linha de cada correspondência.

Classificação de dispositivos e de SO (Linhas Class)

Ainda que a descrição da impressão digital funcione muito bem para analistas que leiam a saída direta do Nmap, muitas pessoas rodam o Nmap a partir de outros scripts e aplicações. Estas aplicações podem usar a informação de SO para verificar vulnerabilidades específicas do SO ou apenas para criar um gráfico ou relatório legal.

Um sistema mais estruturado de classificação de SO existe para estes propósitos. Ele também é útil quando há múltiplas correspondências. Se você só tiver uma impressão digital parcial (talvez nenhuma porta aberta tenha sido encontrada no alvo, de forma que muitos testes tenham sido omitidos), ela poderá corresponder a dezenas de diferentes impressões digitais na base de dados nmap-os-db. A exibição dos detalhes de todas estas impressões digitais seria uma complicação. Mas graças à classificação de SO, o Nmap pode encontrar concordâncias. Se todas as correspondências forem classificadas como Linux, o Nmap simplesmente mostrará que o alvo é uma máquina Linux.

Cada impressão digital tem uma ou mais linhas Class. Cada uma contém quatro campos bem definidos: fornecedor, nome do SO, família do SO e tipo do dispositivo. Os campos são separados pela barra vertical (|).

O tipo do dispositivo é uma classificação genérica, como router (roteador), printer (impressora), ou game console (console de jogo) e foi discutido anteriormente, neste capítulo. Sistemas operacionais de uso geral, tais como o Linux e o Windows, que podem ser usados para praticamente qualquer coisa, são classificados como general purpose (de uso geral).

O fornecedor é a companhia que produz um SO ou dispositivo. Exemplos são Apple, Cisco, Microsoft, e Linksys. Para projetos comunitários, tais como o OpenBSD e o Linux sem um fornecedor controlador, o nome da família do SO é repetido na coluna do fornecedor.

A família do SO inclui produtos como Windows, Linux, IOS (para roteadores Cisco), Solaris, e OpenBSD. Há, ainda, centenas de dispositivos, tais como switches, roteadores de banda larga e impressoras, que usam sistemas operacionais fechados. Quando o SO subjacente não estiver claro, embedded será usado.

A geração do SO é uma descrição mais criteriosa do SO. Gerações do Linux incluem 2.4.X e 2.6.X, enquanto que gerações do Windows incluem 95, 98, Me, 2000, XP, e Vista. O FreeBSD usa gerações como 4.X e 5.X. Para sistemas operacionais obscuros, que nós não subdividimos em gerações (ou sempre que o SO estiver listado simplesmente como embedded), este campo será deixado em branco.

Cada campo poderá conter apenas um valor. Quando uma impressão digital representar mais de uma combinação possível destes quatro campos, múltiplas linhas Class serão usadas. O exemplo 8.6 fornece algumas linhas Fingerprint de exemplo seguidas por suas classificações correspondentes.

Exemplo 8.6. Algumas descrições típicas de impressões digitais e as classificações correspondentes

```
Fingerprint D-Link DSL-500G ADSL router
Class D-Link | embedded || broadband router

Fingerprint Linksys WRT54GC or TRENDnet TEW-431BRP WAP
Class Linksys | embedded || WAP
Class TRENDnet | embedded || WAP

Fingerprint Apple Mac OS X 10.3.9 (Panther) - 10.4.7 (Tiger)
Class Apple | Mac OS X | 10.3.X | general purpose
Class Apple | Mac OS X | 10.4.X | general purpose

Fingerprint Sony PlayStation 3 game console
Class Sony | embedded || game console
```

Se estes exemplos não forem suficientes, uma lista de classificações reconhecidas pela versão mais recente do Nmap é mantida em *http://nmap.org/data/os-classes.txt*.

Expressões de teste

As expressões de teste não têm de mudar entre uma impressão digital de tema e uma de referência, mas quase sempre elas o fazem. A impressão digital de referência frequentemente precisa ser um pouquinho generalizada para corresponder a todas as instâncias de um SO em particular, ao invés de apenas à máquina que você está examinando. Por exemplo, algumas máquinas Windows XP retornam um tamanho de janela de F424 à prova T1, enquanto outras retornam FAF0. Isto pode ser devido ao driver do dispositivo ethernet particular, em uso, ou talvez quanta memória esteja disponível. Em qualquer caso, nós gostaríamos de detectar o Windows XP independentemente do tamanho de janela usado.

Uma forma de generalizar uma impressão digital é simplesmente remover os testes que produzam resultados inconsistentes. Remova todos os testes de tamanho de janela de uma impressão digital de referência, e os sistemas vão corresponder àquela impressão, não interessa que tamanho eles usem. A desvantagem é que você pode perder um monte de informações importantes, desta forma. Se os únicos tamanhos de janela que um sistema em particular sempre envia forem F424 e FAF0, você realmente só quererá permitir estes dois valores, não todas as 65.536 possibilidades.

Apesar da remoção de testes ser um exagero, em algumas situações, ela é útil em outras. O valor do teste R=Y, significando que houve uma resposta, é normalmente removido dos testes U1 e IE, antes de eles serem adicionados ao nmap-os-db. Estas provas são frequentemente bloqueadas por um firewall, então a falta de uma resposta não deverá contar contra a correspondência de SO.

Quando a remoção de testes for indesejável, o Nmap oferecerá uma sintaxe de expressões para permitir que um teste corresponda a múltiplos valores. Por exemplo, W=F424|FAF0 permitiria aqueles dois valores de janela do Windows XP sem permitir nenhum outro. A tabela 8.11 mostra os operadores permitidos nos valores dos testes.

Tabela 8.11. Referência de operadores de expressões de testes de impressões digitais

Nome do Op	Símbolo	Exemplo	Descrição
Ou	|	O=|ME|MNNTNW	Corresponde se o teste da impressão digital de tema correspondente usar o valor de qualquer uma das cláusulas. Neste exemplo, a barra vertical inicial significa que uma lista vazia de opções corresponderá, também.
Intervalo	-	SP=7-A	Corresponde se o teste da impressão digital de tema produzir um valor numérico que caia dentro da faixa especificada.

Nome do Op	Símbolo	Exemplo	Descrição
Maior que	>	SP=>8	Corresponde se o teste correspondente da impressão digital de tema produzir um valor numérico que seja maior que o especificado.
Menor que	<	GCD=<5	Corresponde se o teste correspondente da impressão digital de tema produzir um valor numérico que seja menor que o especificado.

As expressões podem combinar operadores, como em GCD=<7|64|256|>1024, que corresponde se o GCD for menor que sete, exatamente 64, exatamente 256 ou maior que 1024.

8.6. Algoritmos de Correspondência de SO

O algoritmo do Nmap para detecção de correspondências é relativamente simples. Ele pega uma impressão digital de tema e a testa com cada uma das impressões digitais de referência no nmap-os-db.

Quando testando com uma impressão digital de referência, o Nmap examina cada linha de categoria de prova da impressão digital de tema (como SEQ ou T1) por vez. Quaisquer linhas de prova que *não* existirem na impressão digital de referência serão omitidas. Quando a impressão digital de referência tiver uma linha de correspondência, elas serão comparadas.

Para uma comparação de linha de prova, o Nmap examina cada teste individual (R, DF, W etc) da linha de categoria do tema por vez. Quaisquer testes que *não* existirem na linha de referência serão omitidos. Sempre que um teste correspondente for encontrado, o Nmap incrementará o acumulador Possible-Points pelo número de pontos atribuídos a este teste. Depois, os valores do teste serão comparados. Se o teste de referência tiver um valor vazio, o teste do tema só corresponderá se seu valor também for vazio. Se o teste de referência for apenas uma string plena ou um número (sem operadores), o teste de tema deverá corresponder a ele exatamente. Se a string de referência contiver operadores (|, -, >, or <), o tema deverá corresponder conforme descrito na seção intitulada "Expressões de teste". Se um teste corresponder, o acumulador NumMatchPoints será incrementado pelo valor de pontos do teste.

Depois que todas as linhas de provas forem testadas com uma impressão digital, o Nmap dividirá NumMatchPoints por PossiblePoints. O resultado será um fator de confiabilidade descrevendo a probabilidade de que a impressão digital de tema corresponda àquela particular impressão digital de referência. Ele será tratado como uma porcentagem, então 1.00 será uma correspondência perfeita, enquanto que 0.95 é muito próxima.

Os valores de pontos de testes são atribuídos por uma entrada MatchPoints especial (que só poderá aparecer uma vez) no nmap-os-db. Esta entrada parece muito com uma impressão digital normal, mas em vez de fornecer resultados para cada teste, ela fornece valores de pontos (inteiros não negativos) para cada teste. Os testes listados na estrutura MatchPoints só se aplicam quando encontrados no mesmo teste em que eles estão listados. Assim, um dado valor para o teste W (tamanho da janela) em T1 não afeta o teste W em T3. Uma estrutura MatchPoints de exemplo é fornecida no exemplo 8.7.

Exemplo 8.7. A estrutura MatchPoints

```
MatchPoints
SEQ(SP=25%GCD=75%ISR=25%TI=100%II=100%SS=80%TS=100)
OPS(O1=20%O2=20%O3=20%O4=20%O5=20%O6=20)
WIN(W1=15%W2=15%W3=15%W4=15%W5=15%W6=15)
ECN(R=100%DF=20%T=15%TG=15%W=15%O=15%CC=100%Q=20)
T1(R=100%DF=20%T=15%TG=15%S=20%A=20%F=30%RD=20%Q=20)
T2(R=80%DF=20%T=15%TG=15%W=25%S=20%A=20%F=30%O=10%RD=20%Q
=20)
T3(R=80%DF=20%T=15%TG=15%W=25%S=20%A=20%F=30%O=10%RD=20%Q=2
0)
T4(R=100%DF=20%T=15%TG=15%W=25%S=20%A=20%F=30%O=10%RD=20%
Q=20)
T5(R=100%DF=20%T=15%TG=15%W=25%S=20%A=20%F=30%O=10%RD=20%
Q=20)
T6(R=100%DF=20%T=15%TG=15%W=25%S=20%A=20%F=30%O=10%RD=20%
Q=20)
T7(R=80%DF=20%T=15%TG=15%W=25%S=20%A=20%F=30%O=10%RD=20%Q
=20)
```

```
U1(R=50%DF=20%T=15%TG=15%TOS=50%IPL=100%UN=100%RIPL=100%R
ID=100%RIPCK=100% ?
     RUCK=100%RUL=100%RUD=100)
IE(R=50%DFI=40%T=15%TG=15%TOSI=25%CD=100%SI=100%DLI=100)
```

Depois que todas as impressões digitais de referência tiverem sido avaliadas, o Nmap irá ordená-las e exibir as correspondências perfeitas (se não houver demais). Se não houver correspondências perfeitas, mas algumas estiverem muito perto, o Nmap poderá exibir estas. Estimativas são mais provavelmente exibidas se a opção --osscan-guess for dada.

8.7. Lidando com Hospedeiros mal Identificados e não Identificados

Apesar do Nmap ter uma enorme base de dados, ele não pode detectar tudo. O Nmap não tem oportunidade de detectar a maioria das torradeiras, refrigeradores, cadeiras ou automóveis, porque eles não têm pilha de IP. Ainda assim eu não excluiria nenhum destes, dada a lista sempre em expansão de dispositivos conectados. A base de dados de impressões digitais do Nmap inclui uma grande quantidade de consoles de jogos, telefones, termômetros, câmeras, brinquedos interativos e tocadores.

Ter um endereço IP é necessário, mas não suficiente, para garantir uma impressão digital apropriada. O Nmap ainda pode estimar errado ou falhar em produzir qualquer estimativa. Eis algumas sugestões para melhorar seus resultados:

Atualize para o Nmap mais recente
> Muitas distribuições Linux e outros sistemas operacionais seguem com versões antigas do Nmap. A base de dados de SO do Nmap é melhorada em quase toda liberação, então verifique seu número de versão rodando **nmap -V** e, então, compare este valor com o mais recente disponível em *http://nmap.org/download.html*. A instalação da versão mais nova leva só alguns minutos, na maioria das plataformas.

Examine todas as portas
   Quando o Nmap detectar problemas com a detecção de SO em um certo hospedeiro, ele emitirá advertências. Uma das mais comuns é: "Warning: OS detection will be MUCH less reliable because we did not find at least 1 open and 1 closed TCP port"*. É possível que tais portas estejam realmente indisponíveis, na máquina, mas a repetição da tentativa de seu exame com -p- para examinar todas as portas poderá encontrar alguma que seja responsiva para a detecção de SO. Fazer também um exame de UDP (-sU) pode ajudar ainda mais, embora ele retardará substancialmente o exame.

Tente uma estimativa mais agressiva
   Se o Nmap disser que não há correspondências próximas o suficiente para exibir, alguma coisa provavelmente estará errada. Talvez um firewall ou uma máquina com NAT no meio do caminho, esteja modificando os pacotes da prova ou da resposta. Isto pode causar uma situação híbrida, em que um grupo de testes pareça ser de um SO, enquanto outro conjunto pareça completamente diferente. Adicionar o --osscan-guess poderá dar mais pistas sobre o que está rodando.

Examine a partir de uma localização diferente
   Quanto mais saltos de rede seu pacote tiver de atravessar para alcançar seu alvo, maiores as chances de um dispositivo de rede modificar (ou descartar) a prova ou a resposta. Gateways de NAT, firewalls e, especialmente, o encaminhamento de portas poderá confundir a detecção de SO. Se você estiver examinando o IP de um dispositivo de balanço de carga que simplesmente redirecione pacotes para uma rede diversa de servidores, não será nem claro qual será o resultado correto da detecção de SO.

   Muitos provedores de acesso filtram tráfego para portas "ruins", e outros usam proxies transparentes para redirecionar certas portas para seus próprios servidores. A porta 25 ou 80, que você ache que esteja aberta em seu alvo, poderá realmente ser simulada a partir de seu provedor de acesso para se conectar a servidores proxy do provedor de acesso. Um outro comportamento que pode confundir a detecção de SO é quando firewalls simulam pacotes de cancelamento de TCP, como se eles estivessem vindo do hospedeiro de destino. Isto é particularmente comum com a porta 113 (identd). Tanto a simulação de cancelamento quanto proxies transparentes podem, frequentemente, ser detectados pela percepção de

---

* Advertência: a detecção de SO será MUITO menos confiável, porque nós não encontramos pelo menos 1 porta TCP aberta e 1 fechada. - N. do T.

Capítulo 8:Detecção de SO Remoto — 319

que todas as máquinas, numa rede alvo, parecem exibir o comportamento - mesmo aquelas que, de outra forma, pareçam estar fora do ar. Se você detectar qualquer coisa destas sem sentido, certifique-se de excluir estas portas de seu exame, de forma que eles não contaminem seus resultados. Você poderá também querer tentar de uma localização de rede completamente diferente. Quanto mais perto você estiver do alvo, mais precisos serão os resultados. Num caso perfeito, você sempre examinaria o alvo partindo do mesmo segmento de rede em que ele se encontrasse.

8.7.1. Quando o Nmap Estima Incorretamente

Ocasionalmente o Nmap reportará uma estimativa de SO que você sabe que está errada. Os erros são normalmente menores (tais como reportar uma máquina rodando 2.4.16 como "Linux kernel 2.4.8 - 2.4.15"), mas tem havido relatos do Nmap estar completamente por fora (tais como reportar seu servidor web como uma impressora AppleWriter). Quando você encontrar tais problemas (menores e maiores), por favor reporte-os, para que todos possam se beneficiar. A única razão para a base de dados do Nmap ser tão abrangente é que milhares de usuários dedicaram alguns minutos, cada um, para enviar novas informações. Por favor, siga estas instruções:

Obtenha uma versão recente do Nmap
> Rode **nmap -V** para determinar que versão do Nmap você tem. Você não precisa estar rodando a absolutamente mais recente versão do Nmap (embora isto seria o ideal), mas certifique-se de que sua versão seja 4.20 ou maior, porque nós só precisamos de impressões digitais de SO de segunda geração, não do velho estilo produzido pelas versões anteriores. Você pode determinar a versão do Nmap mais recente disponível visitando o *http://nmap.org/download.html*. Se você atualizar, poderá descobrir que a identificação já foi corrigida.

Esteja absolutamente certo de que sabe o que está rodando
> "Correções" inválidas podem corromper a base de dados de SO. Se você não estiver certo do que exatamente está rodando na máquina remota, por favor descubra-o, antes de submetê-lo.

Gere uma impressão digital
> Rode o comando **nmap -O -sSU -F -T4 -d <alvo>**, onde *<alvo>* é o sistema mal identificado, em questão. Observe os resultados da detecção de SO para assegurar que a má identificação ainda está presente.

Se a saída do Nmap para os resultados do SO do hospedeiro disser (JUST GUESSING), será esperável que os resultados estejam um pouco fora da realidade. Não envie uma correção, neste caso.

Do contrário, o comando nmap deveria ter produzido resultados que incluíssem a linha OS Fingerprint:. Abaixo desta estará a impressão digital (uma série de linhas que começa, cada uma, com OS:)

Verifique se a detecção de SO funciona com outros hospedeiros
Tente examinar dois outros hospedeiros, na rede alvo, que você saiba terem um SO diferente. Se eles não forem detectados devidamente, talvez haja alguma obstrução na rede, entre os sistemas, que esteja corrompendo os pacotes.

Se você tiver chegado até aqui e ainda estiver habilitado ao envio, ótimo! Por favor, envie a informação por *http://insecure.org/cgi-bin/submit.cgi?corr-os*

8.7.2. Quando o Nmap Falha em Encontrar uma Correspondência e Exibe uma Impressão Digital

Quando o Nmap detecta que as condições de detecção de SO parecem ideais e ainda assim não encontra correspondências exatas, ele exibirá uma mensagem como esta:

```
No OS matches for host (If you know what OS is running on it,
see
http://nmap.org/submit/ ).
TCP/IP impressão digital:
OS:SCAN(V=4.62%D=5/20%OT=21%CT=1%CU=42293%PV=Y%DS=1%G=Y%M=008
077%TM=48336D6
OS:D%P=i686-pc-linux-gnu)SEQ(SP=11%GCD=1E848%ISR=A4%TI=I%
II=I%SS=S%TS=A)OPS
OS:(O1=M5B4NW0NNSNNT11%O2=M578NW0NNSNNT11%O3=M280NW0NNT11
%O4=M5B4NW0NNSNNT1
OS:1%O5=M218NW0NNSNNT11%O6=M109NNSNNT11)WIN(W1=21F0%W2=2088%W
3=2258%W4=21F0
OS:%W5=20C0%W6=209D)ECN(R=Y%DF=N%T=40%W=2238%O=M5B4NW0NNS
%CC=N%Q=)T1(R=Y%DF
OS:=N%T=40%S=O%A=S+%F=AS%RD=0%Q=)T2(R=N)T3(R=Y%DF=N%T=40%
W=209D%S=O%A=S+%F=
OS:AS%O=M109NW0NNSNNT11%RD=0%Q=)T4(R=Y%DF=N%T=40%W=0%S=A%
QA=Z%F=R%O=%RD=0%Q=
OS:)T5(R=Y%DF=N%T=40%W=0%S=Z%A=S+%F=AR%O=%RD=0%Q=)
T6(R=Y%DF=N%T=40%W=0%S=A%
```

```
OS:A=Z%F=R%O=%RD=0%Q=)T7(R=Y%DF=N%T=40%W=0%S=Z%A=S+%F=AR%
O=%RD=0%Q=)U1(R=Y%
OS:DF=N%T=FF%TOS=0%IPL=38%UN=0%RIPL=G%RID=G%RIPCK=G%RUCK=
G%RUL=G%RUD=G)IE(R
OS:=Y%DFI=N%T=FF%TOSI=Z%CD=S%SI=S%DLI=S)
```

Por favor, considere o envio da impressão digital para que todos os usuários do Nmap possam ser beneficiados. Isto só leva um ou dois minutos e pode significar que você não precisará ver esta horrível mensagem novamente, quando examinar o hospedeiro com a próxima versão do Nmap! Simplesmente visite o URL que o Nmap fornece, para obter instruções.

Se o Nmap não encontrar nenhuma correspondência, e ainda assim não exibir nenhuma impressão digital, as condições não foram ideais. Mesmo que você obtenha a impressão digital através do modo de depuração ou de saída XML, por favor não a envie, a menos que o Nmap o solicite (como no exemplo anterior).

8.7.3. Modificando a Base de Dados nmap-os-db por si Mesmo

As pessoas frequentemente perguntam sobre a integração de uma impressão digital por elas mesmas, ao invés (ou além) de a enviarem ao Nmap.Org. Embora não ofereçamos instruções detalhadas ou scripts para isto, isto é certamente possível, uma vez que você esteja intimamente familiarizado com a seção 8.5, "Entendendo uma impressão digital do Nmap". Espero que isto seja útil para os seus propósitos, mas não há necessidade de enviar suas próprias criações de impressões digitais de referências para nós. Só podemos integrar as impressões digitais de temas cruas, enviadas a partir do formulário web.

8.8. SOLUÇÃO: Detectar Pontos de Acesso sem Fios Irregulares numa Rede Empresarial

8.8.1. Problema

Com a onipresença de dispositivos móveis e equipamentos de conveniência de rede baratos, as companhias estão cada vez mais descobrindo que os empregados estão estendendo suas redes de formas indesejáveis. Dentre os dispositivos mais perigosos estão os pontos de acesso sem fios 802.11 (WAPs). Os usuários podem instalar um WAP de R$ 100 em seus cubículos de forma que possam trabalhar a partir da sala de repouso, sem imaginarem (ou se preocuparem) que acabaram de abrir a rede corporativa protegida a potenciais atacantes no estacionamento ou em edifícios próximos.

Algumas instalações de WAP são ainda piores que aquelas instaladas por usuários inexperientes. Abrir a segurança de um prédio é muito mais arriscado para um atacante do que acessar dados corporativos de bem longe, através de uma rede. Corre-se o risco de ser preso com a mão na massa. Assim, os atacantes têm sido conhecidos por instalarem compactos WAPs para que possam, depois, invadir a rede à vontade, a partir da segurança relativa de um carro distante, na rua. Um WAP grudado sob uma mesa ou ocultado de outra forma é improvável de ser percebido por algum tempo.

Apesar do foco desta solução ser encontrar WAPs, a mesma estratégia pode ser usada para se encontrar praticamente qualquer coisa. Você pode precisar localizar todos os roteadores Cisco para aplicar uma nova emenda, ou máquinas Solaris para determinar se você tem sistemas o suficiente para aconselhar o pagamento de suporte.

Uma maneira de encontrar dispositivos sem fios não autorizados é varrer a área com um farejador destes dispositivos, como o Kismet[7] ou o NetStumbler[8]. Uma outra abordagem é examinar o lado cabeado com o Nmap. Não é surpresa esta solução focar exclusivamente na última abordagem. Cada técnica pode perder certos WAPs, então a melhor abordagem é fazer ambas e combinar os resultados.

8.8.2. Solução

Examine todo o seu espaço de endereços, usando a opção -A. Você poderá acelerá-lo pela limitação das portas examinadas a 1–85, 113, 443, e 8080–8100. Estas deverão encontrar tanto uma porta aberta quanto uma fechada na maioria dos WAPs, o que melhora a precisão da detecção de SO. Se sua rede

---

7 *http://www.kismetwireless.net/*

8 *http://www.netstumbler.com/*

se estender por múltiplos segmentos de ethernet, examine cada segmento a partir de uma máquina designada no mesmo segmento. Isto acelera o exame (especialmente porque você poderá fazê-los em paralelo), e também dará a você o endereço MAC de cada dispositivo. O exame a partir do mesmo segmento também permite que você destaque dispositivos invisíveis. Mesmo um WAP com todas as portas filtradas normalmente responderá a uma requisição ARP. Os resultados deverão ser salvos pelo menos nos formatos normal e XML, então você pode usar, também, -oA. Considere todas as opções de melhora de desempenho descritas no capítulo 6, *Otimizando o desempenho do Nmap*. Um bom e relativamente seguro começo para as opções de desempenho é -T4 --min-hostgroup 50 --max-rtt-timeout 1000 --initial-rtt-timeout 300 --max-retries 3 --host-timeout 20m --max-scan-delay 1000. Reúna tudo isto num comando como:

nmap -A -oA ~/nmap-logs/wapscan -p 1-85,113,443,8080-8100 -T4 --min-hostgroup 50 --max-rtt-timeout 1000 --initial-rtt-timeout 300 --max-retries 3 --host-timeout 20m --max-scan-delay 1000 <rede alvo>

Quando o exame terminar, procure por características de WAP. Numa rede de duzentos hospedeiros ativos, sua melhor aposta será examinar cada um individualmente. Para as grandes redes, você provavelmente precisará automatizar a tarefa. A busca por características individuais pode ser feita com o grep, embora um script Perl que analise a saída XML é preferível. Isto é bastante fácil, graças a módulos existentes, tais como o Nmap::Scanner e o Nmap::Parser, para análise da saída XML do Nmap. Veja a seção 13.7, "Manipulando a saída XML com o Perl" para exemplos.

Depois que você determinar uma lista de candidatos, será provavelmente melhor abrir o arquivo da saída normal do Nmap e examinar cada um para eliminar falsos-positivos. Por exemplo, um dispositivo Linksys pode ser sinalizado como um possível WAP, muito embora ele possa ser um de seus switches plenos, sem qualquer funcionalidade de sem fios.

Depois que você encontrar os WAPs, será hora de rastreá-los. Isto normalmente pode ser feito consultando-se o switch a que eles se conectam para obter seus números de porta ethernet física.

8.8.3. Características de WAP

Agora é hora de discutir as características de WAP a procurar. O entendimento destas é útil para inspeções manuais ou para modificação do script de procura de WAP, para procurar por algo mais. Você provavelmente verá muitos deles de imediato, observando o exame de um WAP típico, no exemplo 8.8.

Exemplo 8.8. Resultados de exame num WAP de um cliente

```
nmap -A -v wap.nmap.org

Starting Nmap ( http://nmap.org )
Interesting ports on wap.nmap.org (192.168.0.6):
Not shown: 999 closed ports
PORT      STATE    SERVICE      VERSION
80/tcp    open     http         Netgear MR-series WAP
                                (MR814; Embedded HTTPD 1.00)
MAC Address: 00:09:5B:3F:7D:5E (Netgear)
Device type: WAP
Running: Compaq embedded, Netgear embedded
OS details: WAP: Compaq iPAQ Connection Point or Netgear
MR814
Service Info: Device: WAP

Nmap done: 1 IP address (1 host up) scanned in 10.90 seconds
       Raw packets sent: 1703 (75.706KB) | Rcvd: 1686
       (77.552KB)
```

Este dispositivo mostra muitas pistas óbvias de ser um WAP (Device type: WAP é bastante gritante) e algumas outras mais sutis. Mas os WAPs nem sempre são tão fáceis de se descobrir. Esta seção fornece uma lista de características de WAP, começando com a mais poderosa e terminando com heurísticas que são estimativas ou mais prováveis de produzirem falsos-positivos. Cada característica listada é acompanhada por uma expressão XPath[9] que mostra onde encontrá-la na saída XML do Nmap. Como isto está relacionado com segurança, sugiro tentar todas elas e remover manualmente os falsos-positivos.

Tipo do dispositivo por coleta de impressões digitais de TCP/IP
    Como descrito na seção intitulada "Classificação de dispositivos e de SO (linhas Class)", cada impressão digital de referência tem pelo menos uma classificação (que inclui o tipo do dispositivo) associada a ela. Como os WAPs são tão controvertidos, nós tentamos usar esta (ou dar duas classificações)

---
9 *http://www.w3.org/TR/xpath*

quando múltiplos tipos se encaixarem. Assim, dispositivos como o roteador sem fios de banda larga D-Link DI-624 é classificado como WAP, ao invés de como switch ou roteador. O tipo do dispositivo pode ser encontrado na saída XML usando-se a expressão XPath /nmaprun/host/os/osclass/@type (isto é, o atributo type do elemento osclass do elemento os de quaisquer elementos host dentro do elemento raiz nmaprun).

Detalhes da coleta de impressões digitais de TCP/IP

Embora os dispositivos com capacidades sem fios *devam* ser classificados como tipo de dispositivo WAP, vale a pena procurar, na descrição detalhada do SO, por termos como wireless ou wap, apenas para se certificar. A descrição está em /nmaprun/host/os/osmatch/@name, na saída XML.

Tipo de dispositivo por detecção de versão

A detecção de versão também tenta determinar os tipos dos dispositivos, mas pela coleta de impressões digitais dos serviços em execução no alvo, ao invés de sua pilha de IP. Verifique se o atributo XML devicetype, localizado em /nmaprun/host/ports/port/service/@devicetype é WAP. Para ficar completamente seguro, valerá a pena verificar o campo /nmaprun/host/ports/port/service/@extrainfo em busca das sub-strings wap ou wireless.

Fornecedor (a partir do endereço MAC, da coleta de impressões digitais de TCP/IP, e da detecção de versão)

Alguns fornecedores se especializam em produzir os dispositivos de rede de baixo custo para o cliente que são mais prováveis de clandestinamente chegarem às redes empresariais. Exemplos são Linksys, Netgear, Belkin, SMC, D-Link, Motorola, Trendnet, Zyxel, e Gateway. Você poderá verificar estes fornecedores com base nos resultados da busca por endereço de MAC (que está em /nmaprun/host/address/@vendor, na saída XML), detecção de SO (/nmaprun/host/os/osclass/@vendor, na saída XML), ou detecção de versão (/nmaprun/host/ports/port/service/@product, na saída XML). Certifique-se de procurar pelo fornecedor como uma substring dos campos, já que o campo poderá conter o tipo da empresa (p. ex.: Inc.) ou outras informações.

Este teste pode levar a muitos falsos-positivos. Se você usar um fornecedor principalmente para os dispositivos autorizados, tais como pôr placas de rede Netgear em suas máquinas de mesa, poderá ter de remover este fornecedor e re-executar o script.

Nome de hospedeiro

Não custa nada verificar os nomes de hospedeiros (resolução de DNS reverso) em busca de termos como wap, wireless, ou airport. Estes podem ser encontrados em /nmaprun/host/hostnames/hostname/@name, na saída XML. Empregados que não pertençam à administração raramente mudam os nomes DNS, mas isto pode ser útil para testadores de penetração, novos administradores, e outros que possam estar examinando uma nova rede procurando por pontos de acesso autorizados.

Capítulo 9:
Mecanismo de Scripts do Nmap

9.1. Introdução

O Mecanismo de Scripts do Nmap (NSE) é uma das funcionalidades mais poderosas e flexíveis do Nmap. Ele permite que os usuários escrevam (e compartilhem) scripts simples para automatização de uma ampla variedade de tarefas de manutenção de rede. Estes scripts são, então, executados em paralelo com a velocidade e eficiência que você espera do Nmap. Os usuários podem se basear no conjunto crescente e diverso de scripts distribuídos com o Nmap, ou escreverem os seus próprios, para atenderem às suas necessidades personalizadas.

Nós projetamos o NSE para ser versátil, com as seguintes tarefas em mente:

Descoberta de rede
    Isto é o café-com-leite do Nmap. Os exemplos incluem a busca de dados de whois baseada no domínio alvo, na consulta à ARIN, RIPE, ou APNIC sobre o IP alvo, para determinação de propriedade, realização de buscas por identd em portas abertas, consultas de SNMP, e listagem de compartilhamentos e serviços disponíveis de NFS/SMB/RPC.

Detecção de versão mais sofisticada
    O sistema de detecção de versão do Nmap (capítulo 7, *Detecção de versão de serviços e de aplicações*) é capaz de reconhecer milhares de serviços diferentes, através de seu sistema de correspondência baseado em assinaturas de provas e de expressões regulares, mas não pode reconhecer tudo. Por exemplo, a identificação do serviço Skype v2 exige duas provas independentes, que a detecção de versão não é flexível o suficiente para tratar. O Nmap poderá, também, reconhecer mais serviços SNMP

se ele tentar algumas centenas de nomes de comunidade diferentes, por força bruta. Nenhuma destas tarefas é bem adequada à detecção de versão tradicional do Nmap , mas ambas são facilmente realizadas com o NSE. Por estas razões, a detecção de versão, agora, chama o NSE, por omissão, para tratar de alguns serviços complicados. Isto é descrito na seção 9.10, "Detecção de versão usando o NSE".

Detecção de vulnerabilidades
Quando uma nova vulnerabilidade é descoberta, você normalmente quererá examinar suas redes rapidamente, para identificar sistemas vulneráveis, antes que a galera do mal o faça. Ainda que o Nmap não seja um examinador abrangente de vulnerabilidades, o NSE é poderoso o bastante para tratar até de verificações de vulnerabilidades complicadas. Muitos scripts de detecção de vulnerabilidades já estão disponíveis, e nós planejamos distribuir mais, à medida que são escritos.

Detecção de backdoor
Muitos atacantes e alguns vírus automatizados deixam backdoors para permitirem reentradas posteriores. Alguns destes podem ser detectados pelas expressões regulares do Nmap, com base na detecção de versão. Por exemplo, dentro de poucas horas depois do vírus MyDoom atingir a Internet, Jay Moran postou uma prova e uma assinatura de detecção de versão para o Nmap, de forma que outros pudessem rapidamente examinar suas redes em busca da infecção por este vírus. O NSE é necessário para se detectar confiavelmente vírus e backdoors mais complexos.

Exploração de vulnerabilidades
Como uma linguagem de scripts genérica, o NSE pode até ser usado para explorar vulnerabilidades, ao invés de apenas encontrá-las. A capacidade de se adicionar scripts personalizados de exploração pode ser valiosa para algumas pessoas (particularmente testadores de penetração), embora nós não estejamos planejando transformar o Nmap numa estrutura de exploração como o Metasploit[1].

Estes itens listados foram nossos objetivos iniciais, e nós esperamos que os usuários do Nmap apareçam com usos ainda mais inventivos para o NSE.

Os scripts são escritos na linguagem de programação incorporada Lua[2]. A linguagem, em si, está bem documentada nos livros *Programming in Lua*,

---

1 http://www.metasploit.com
2 http://www.lua.org/

Second Edition e *Lua 5.1 Reference Manual*. O manual de referência também está disponível gratuitamente online[3], como também a primeira edição de *Programming in Lua*[4]. Dada a disponibilidade destas excelentes referências de programação geral em Lua, este documento cobre apenas aspectos e extensões específicas do mecanismo de scripts do Nmap.

O NSE é ativado com a opção -sC (ou --script se você quiser especificar um conjunto personalizado de scripts) e os resultados são integrados nas saídas normal e XML do Nmap. Dois tipos de scripts são suportados: scripts de serviços e de hospedeiros. Scripts de serviços se relacionam a certas portas abertas (serviços) no hospedeiro alvo, e quaisquer resultados que eles produzam serão incluídos ao lado daquela porta, na tabela de porta da saída do Nmap. Scripts de hospedeiros, por outro lado, rodam não mais que uma vez para cada IP alvo, e produzem resultados abaixo da tabela de porta. O exemplo 9.1 mostra um típico exame de script. Os scripts de serviços produzindo saída, neste exemplo, são o ssh-hostkey, que fornece as chaves de RSA e de DSA do SSH, e o rpcinfo, que consulta o portmapper para enumerar os serviços disponíveis. O único script de hospedeiro produzindo saída, neste exemplo, é o smb-os-discovery, que coleta uma variedade de informações dos servidores SMB. O Nmap descobriu toda esta informação em um terço de segundo.

Exemplo 9.1. Saída típica do NSE

```
# nmap -sC -p22,111,139 -T4 localhost

Starting Nmap ( http://nmap.org )
Interesting ports on flog (127.0.0.1):
PORT      STATE      SERVICE
22/tcp    open       ssh
| ssh-hostkey: 1024 b1:36:0d:3f:50:dc:13:96:b2:6e:34:39:0
    d:9b:1a:38 (DSA)
|_ 2048 77:d0:20:1c:44:1f:87:a0:30:aa:85:cf:e8:ca:4c:11(RSA)
111/tcp open rpcbind
| rpcinfo:
| 100000 2,3,4 111/udp rpcbind
| 100024 1 56454/udp status
|_ 100000 2,3,4 111/tcp rpcbind
```

[3] *http://www.lua.org/manual/5.1/*

[4] *http://www.lua.org/pil/*

```
139/tcp open netbios-ssn
Host script results:
| smb-os-discovery: Unix
| LAN Manager: Samba 3.0.31-0.fc8
|_ Name: WORKGROUP

Nmap done: 1 IP address (1 host up) scanned in 0.33 seconds
```

9.2. Uso e Exemplos

Ainda que o NSE tenha uma implementação complexa para a eficiência, ele é notavelmente fácil de se usar. Simplesmente especifique -sC para habilitar os scripts mais comuns. Ou especifique a opção --script para selecionar seus próprios scripts para execução, fornecendo categorias, nomes de arquivos de script, ou os nomes de diretórios cheios de scripts que você deseje executar. Você pode personalizar alguns scripts, fornecendo argumentos para eles através da opção --script-args. As duas últimas opções, --script-trace e --script-updatedb, são geralmente usadas apenas para depuração e desenvolvimento de scripts. O exame por scripts também está incluído como parte da opção -A (exame agressivo).

9.2.1. Categorias de Scripts

Os scripts NSE definem uma lista de categorias a que pertencem. As categorias atualmente definidas são auth (de autenticação), default (omissivos), discovery (de descoberta), external (externos), intrusive (intrusivos), malware, safe (seguros), version (de versão), and vuln (de vulnerabilidade). Os nomes das categorias não são sensíveis ao caso*. A lista seguinte descreve cada categoria:

auth
> Estes scripts tentam determinar credenciais de autenticação no sistema alvo, normalmente através de um ataque de força bruta. Os exemplos incluem snmp-brute, http-auth, e ftp-anon.

---

* Refere-se à diferenciação entre maiúsculas e minúsculas, no uso de caracteres do alfabeto. - N. do T.

default
: Estes scripts são o conjunto omissivo e são executados quando usando as opções -sC ou -A, ao invés de se listar os scripts com --script. Esta categoria pode também ser especificada explicitamente, como qualquer outra, usando-se --script=default. Muitos fatores são considerados na decisão de se um script deverá ser executado por omissão:

Velocidade
: Um exame omissivo deve terminar rapidamente, o que exclui crackers de autenticação por força bruta, web spiders, e quaisquer outros scripts que possam levar minutos ou horas para examinar um único serviço.

Utilidade
: Exames omissivos precisam produzir informações valiosas e que possam servir de base para ações. Se o próprio autor do script tiver problemas para explicar por que um profissional mediano de rede ou de segurança acharia a saída valiosa, o script não deverá rodar por omissão. Ele ainda poderá valer a pena ser incluído no Nmap, de forma que os administradores possam rodá-lo em ocasiões em que precisem de informações extras.

Verbosidade
: A saída do Nmap é usada para uma ampla variedade de propósitos e precisa ser legível e concisa. Um script que frequentemente produza páginas cheias de saída não deverá ser adicionado à categoria default (omissiva). Quando não houver informações importantes a relatar, os scripts NSE (particularmente os desta categoria) não deverão retornar nada. Verificar uma vulnerabilidade obscura poderá ser bom, por omissão, desde que ele só produza saída quando esta vulnerabilidade for descoberta

Confiabilidade
: Muitos scripts usam heurísticas e correspondências confusas de assinaturas para chegar a conclusões sobre o hospedeiro ou serviço alvo. Exemplos incluem o sniffer-detect e o sql-injection. Se o script estiver frequentemente errado, ele não pertencerá à categoria default, onde ele poderá confundir ou desorientar usuários eventuais. Usuários que especifiquem um script ou uma categoria diretamente são geralmente mais avançados e provavelmente sabem como o script funciona ou, pelo menos, onde encontrar sua documentação.

Intrusividade
: Alguns scripts são muito intrusivos, porque usam recursos significativos no sistema remoto, porque podem derrubar o sistema ou serviço, ou porque provavelmente serão percebidos como um ataque, pelos administradores remotos. Quanto mais intrusivo for um script, menos ele se encaixará na categoria default.

Privacidade
: Alguns scripts, particularmente aqueles na categoria external, descrita posteriormente, divulgam informações a terceiros, pela sua própria natureza. Por exemplo, o script whois deve divulgar o endereço IP do alvo aos registros regionais de whois. Nós também ponderamos (e decidimos contra) a adição de scripts que verifiquem as impressões digitais de chaves de SSH e SSL do alvo em bases de dados de chaves fracas da Internet. Quanto mais invasivo (em termos de privacidade) um script for, menos adequado ele será para inclusão na categoria default.

Não temos limites exatos para cada um destes critérios, e muitos deles são subjetivos. Todos estes fatores são considerados em conjunto, quando da decisão de se promover um script à categoria default. Alguns scripts omissivos são o identd-owners (determina o nome do usuário rodando serviços remotos usando o identd), o http-auth (obtém o esquema de autenticação e do território de websites que exigem autenticação), e o ftp-anon (testa se um servidor de FTP permite acesso anônimo).

discovery
: Estes scripts tentam ativamente descobrir mais sobre a rede, consultando registros públicos, dispositivos habilitados ao SNMP, serviços de diretórios e que tais. Os exemplos incluem o html-title (obtém o título do caminho raiz de websites), o smb-enum-shares (enumera compartilhamentos do Windows), e o snmp-sysdescr (extrai detalhes do sistema através do SNMP).

external
: Os scripts desta categoria podem enviar dados a bases de dados de terceiros ou outros recursos de rede. Um exemplo destes é o whois, que faz uma conexão a servidores de whois para descobrirem sobre o endereço do alvo. Sempre há a possibilidade de que os operadores das bases de dados de terceiros registrem qualquer coisa que você envie para eles, o que, em muitos casos, incluirá seu endereço IP e o endereço do alvo. A

maioria dos scripts envolve tráfego estritamente entre o computador examinador e o cliente; qualquer um que não haja assim, é colocado nesta categoria.

intrusive
Estes são scripts que não podem ser classificados na categoria safe, porque os riscos são muito altos de que eles venham a derrubar o sistema alvo, usar recursos significativos no hospedeiro alvo (tais como largura de banda ou tempo de CPU), ou até serem percebidos como maliciosos, pelos administradores do sistema alvo. Exemplos são o http-open-proxy (que tenta usar o servidor alvo como um proxy de HTTP) e o snmp-brute (que tenta adivinhar a string de comunidade de SNMP de um dispositivo, enviando valores comuns, como public, private, e cisco).

malware
Estes scripts testam se a plataforma alvo está infectada por malwares ou backdoors. Exemplos incluem o smtp-strangeport, que observa servidores de SMTP rodando em números de porta incomuns e o auth-spoof, que detecta servidores de simulação de identd que fornecem uma resposta falsa, antes mesmo de receberem uma consulta. Ambos estes comportamentos são comumente associados a infecções de malware.

safe
Scripts que não foram projetados para derrubar serviços, usar grandes quantidades de largura de banda da rede ou outros recursos, ou explorar brechas de segurança são categorizados como safe. Estes são menos prováveis de ofenderem os administradores remotos, embora (como com todas as outras funcionalidades do Nmap) nós não possamos garantir que eles jamais causem reações adversas. A maioria deles realiza descobertas gerais de rede. Exemplos são o ssh-hostkey (recupera uma chave de SSH de hospedeiro) e o html-title (captura o título de uma página web).

version
Os scripts nesta categoria especial são uma extensão à funcionalidade de detecção de versão e não podem ser selecionados explicitamente. Eles são selecionados para execução somente se a detecção de versão (-sV) for solicitada. A saída deles não pode ser distinguida da saída da detecção de versão e eles não produzem resultados de scripts de serviços ou de hospedeiros. Exemplos são o skypev2-version, o pptp-version, e o iax2-version.

vuln

> Estes scripts checam vulnerabilidades específicas conhecidas e, geralmente, só reportam resultados se elas forem encontradas. Exemplos incluem o realvnc-auth-bypass e o xampp-default-auth.

9.2.2. Argumentos de linha de comando

Estes são os cinco argumentos de linha de comando específicos de exames por script:

-sC

> Realiza um exame por script usando o conjunto omissivo de scripts. É o equivalente de --script=default. Alguns dos scripts nesta categoria default são considerados intrusivos e não devem ser executados contra uma rede alvo sem permissão.

--script <*categorias de script*>|<*diretório*>|<*nome do arquivo*>|all

> Roda um exame por script (como -sC) usando a lista separada por vírgulas de categorias de scripts, de scripts individuais ou de diretórios contendo scripts, ao invés do conjunto omissivo. O Nmap tenta, primeiro, interpretar os argumentos como categorias, depois (se isto falhar) como arquivos ou diretórios. Um script ou diretório de scripts pode ser especificado como um caminho absoluto ou relativo. Caminhos absolutos são usados como forem fornecidos. Caminhos relativos serão procurados nos seguintes locais, até serem encontrados: --datadir/; $NMAPDIR/; ~/.nmap/ (que não é procurado no Windows); NMAPDATADIR/ ou ./. Um subdiretório scripts/ também é tentado em cada um destes.
>
> Se um diretório for especificado e encontrado, o Nmap carregará todos os scripts NSE (quaisquer nomes de arquivos terminando em .nse) daquele diretório. Nomes de arquivo sem a extensão nse serão ignorados. O Nmap não procura recursivamente por scripts em subdiretórios. Se nomes de arquivos individuais forem especificados, a extensão do arquivo não terá de ser nse.
>
> Os scripts do Nmap são armazenados num subdiretório scripts do diretório de dados do Nmap, por omissão (veja o capítulo 14, *Entendendo e personalizando os arquivos de dados do Nmap*). Por uma questão de eficiência, os scripts são indexados numa base de dados armazenada em scripts/script.db. Que lista a categoria ou categorias a que cada script pertence. Forneça o argumento all para executar todos os scripts na base de dados de scripts do Nmap.

Os scripts não são executados numa caixa de areia e, portanto, poderão acidentalmente ou maliciosamente danificar seu sistema ou invadir sua privacidade. Nunca rode scripts de terceiros, a menos que você confie nos autores ou tenha cuidadosamente auditado o script por si mesmo.

--script-args
> Fornece os argumentos para os scripts. Veja a seção 9.2.3, "Argumentos para scripts", para uma explanação detalhada.

--script-trace
> Esta opção é similar a --packet-trace, mas funciona no nível da aplicação, ao invés de pacote por pacote. Se esta opção for especificada, toda a comunicação, que chegue e que saia, realizada pelos scripts será exibida. A informação apresentada incluirá o protocolo da comunicação, os endereços de origem e alvo, e os dados transmitidos. Se mais de 5% dos dados transmitidos não forem exibíveis, listagens em hexa serão fornecidas, ao invés. A especificação de --packet-trace também habilita o rastreamento de scripts.

--script-updatedb
> Esta opção atualiza a base de dados de scripts encontrada em scripts/script.db, que é usada pelo Nmap para determinar os scripts e categorias omissivos disponíveis. Só será necessário atualizar a base de dados se você tiver adicionado ou removido scripts NSE do diretório omissivo scripts, ou se você tiver mudado as categorias de qualquer script. Esta opção é usada por si só, sem argumentos: **nmap --script-updatedb**.

Algumas outras opções do Nmap têm efeito nos exames por script. A mais notável destas é -sV. Yn exame de versão executa automaticamente os scripts da categoria version. Os scripts desta categoria são ligeiramente diferentes dos outros, porque suas saídas são misturadas aos resultados do exame de versão e eles não produzem nenhuma saída de exame por script.

Uma outra opção que afeta o mecanismo de scripts é -A. O modo agressivo do Nmap implica na opção -sC.

9.2.3. Argumentos para Scripts

Argumentos podem ser passados aos scripts NSE usando-se a opção --script-args. Os argumentos de scripts são, geralmente, pares de nome-valor. Eles são passados aos scripts como uma tabela Lua denominada args, dentro de nmap.

registry. Os nomes dos argumentos são chaves para os valores correspondentes. Os valores podem ser ou strings ou tabelas. Sub-tabelas podem ser usadas para se passar argumentos para os scripts com mais critérios, tal como a passagem de diferentes nomes de usuários para diferentes scripts. Eis uma típica invocação do Nmap com argumentos de scripts:

$ nmap -sC --script-args user=foo,pass=bar,whois={whodb=nofollow+ripe}

Este comando resulta nesta tabela Lua:

```
{user="foo",pass="bar",whois={whodb="nofollow+ripe"}}
```

Você poderá, então, acessar o nome de usuário (foo) de dentro de seu script com esta sentença:

```
local username = nmap.registry.args.user
```

Subtabelas usadas para sobrepor opções para scripts são normalmente nomeadas a partir do script, para facilitar a recuperação.

9.2.4. Exemplos de Uso

Um simples exame por script, usando o conjunto omissivo de scripts:

$ nmap -sC exemplo.com

Executando um script específico com rastreamento habilitado:

$ nmap --script=./showSSHVersion.nse --script-trace exemplo.com

Executar todos os scripts no diretório mycustomscripts, bem como todos os scripts omissivos da categoria safe:

$ nmap --script=mycustomscripts,safe exemplo.com

9.3. Formato dos Scripts

Os scripts NSE consistem de dois a cinco campos descritivos, juntamente com uma regra de porta ou de hospedeiro definindo quando o script deve ser executado e um bloco de ação contendo as instruções reais do script. Valores podem ser atribuídos aos campos descritivos, exatamente como você os atribuiria a qualquer outra variável Lua. Seus nomes devem ser em minúsculas, como mostrado nesta seção.

9.3.1. Campo description (descrição)

O campo description descreve o que um script está testando e quaisquer notas importantes de que o usuário deva saber. Dependendo da complexidade do script, a descrição pode variar de algumas sentenças a alguns parágrafos. O primeiro parágrafo deverá ser uma breve sinopse da função do script, adequada à apresentação isolada ao usuário. Outros parágrafos podem fornecer mais detalhes do script.

9.3.2. Campo categories (categorias)

O campo categories define uma ou mais categorias a que um script pertence (veja a seção 9.2.1, "Categorias de scripts"). As categorias não são sensíveis ao caso e podem ser especificadas em qualquer ordem. Elas são listadas numa tabela Lua em estilo de matriz, como neste <G>exemplo:

```
categories = {"default", "discovery", "safe"}
```

9.3.3. Campo author (autor)

O campo author contém os nomes dos autores do script e informações de contato. Se você estiver preocupado com spam, fique à vontade para omitir ou obscurecer seu endereço de email, ou forneça o URL de sua página base, ao invés. Este campo opcional não é usado pelo NSE, mas dá aos autores do script os devidos créditos ou deméritos.

9.3.4. Campo license (licença)

O Nmap é um projeto comunitário e nós damos as boas-vindas a todos os tipos de contribuições de código, incluindo scripts NSE. Assim, se você escrever um script valioso, não guarde-o só para si! O campo opcional license ajuda a assegurar que nós temos permissão legal para distribuir todos os scripts que acompanham o Nmap. Todos esses scripts atualmente usam a licença padrão do Nmap (descrita na seção 15.19.1, "Copyright e Licença do Nmap"). Eles incluem a seguinte linha:

```
license = "Same as Nmap--See http://nmap.org/book/man-legal.
html"*
```

A licença do Nmap é similar à GPL do GNU. Os autores de scripts podem usar uma licença no estilo BSD (nenhuma cláusula de propaganda), ao invés, se eles a preferirem.

9.3.5. Campo runlevel (nível de execução)

Este campo opcional determina a ordem de execução do script. Quando esta seção é ausente, o nível de execução omissivo é 1.0. Scripts com um dado nível de execução são executados depois de qualquer outro com um nível de execução menor e antes de quaisquer scripts com um nível de execução mais alto, para uma única máquina alvo. A ordem dos scripts com mesmo nível de execução é indefinida e eles frequentemente rodam concorrentemente. Uma aplicação dos níveis de execução é para permitir que os scripts dependam uns dos outros. Se o script A depende de alguma informação coletada pelo script B, dê a B um nível de execução mais baixo que o de A. O script B poderá armazenar informações no registro do NSE para que A as recupere, posteriormente. Para informações sobre o registro do NSE, veja a seção 9.7.5, "O registro".

9.3.6. Regras de Portas e de Hospedeiros

O Nmap usa as regras de scripts para determinar se um script deve ser rodado para um alvo. Um script contém ou uma *regra de porta*, que governa contra quais portas de um alvo os scripts podem rodar, ou uma *regra de hospedeiro*, que especifica que o script só deverá ser executado uma única vez, contra o IP alvo, e somente se as condições dadas forem satisfeitas. Uma regra é uma função Lua que retorna true ou false. A *ação* do script só será realizada se sua regra for avaliada como true. Regras de hospedeiros aceitam uma tabela de hospedeiros como argumento e podem testar, por exemplo, o endereço IP ou o nome de hospedeiro do alvo. Uma regra de porta aceita tanto tabelas de hospedeiros quanto de portas como argumentos para qualquer porta TCP ou

---

* "Igual à do Nmap -- Veja..." - N. do T.

UDP nos estados de portas open (aberto), open|filtered (aberto ou filtrado), ou unfiltered (não filtrado). Regras de portas geralmente testam fatores tais como o número da porta, o estado da porta,ou o nome do serviço atendendo na porta, para decisão sobre rodar contra uma porta. Regras de exemplo são mostradas na seção 9.8.2, "A regra".

9.3.7. Ação

A ação é o coração de um script NSE. Ela contém todas as instruções a serem executadas quando a regra de porta ou de hospedeiro do script for disparada. Ela é uma função Lua que aceita os mesmos argumentos que a regra e que pode retornar ou nil ou uma string. Se uma string for retornada por um script de serviço, a string e o nome de arquivo do script serão exibidos na saída da tabela de porta do Nmap. Uma string retornada por um script de hospedeiro será exibida abaixo da tabela de porta. Nenhuma saída será produzida, se o script retornar nil. Para um exemplo de uma ação NSE, consulte a seção 9.8.3, "O mecanismo".

9.4. Linguagem de Scripts

O núcleo do Mecanismo de Scripts do Nmap é um interpretador Lua embutido. Lua é uma linguagem leve, projetada para ser extensível. Ela oferece uma API poderosa e bem documentada para interface com outros softwares, como o Nmap.

A segunda parte do Mecanismo de Scripts do Nmap é a Biblioteca NSE, que conecta a Lua ao Nmap. Esta camada trata de questões como a inicialização do interpretador Lua, o agendamento da execução de scripts em paralelo, a recuperação de scripts e outras coisas mais. Ela também é o coração da estrutura de E/S de rede do NSE e do mecanismo de tratamento de exceções. Ela inclui, ainda, bibliotecas utilitárias para tornar os scripts mais poderosos e convenientes. Os módulos e extensões das bibliotecas utilitárias são descritos na seção 9.6, "Bibliotecas NSE".

9.4.1. Linguagem Base Lua

A linguagem de scripts do Nmap é um interpretador Lua[5] embutido que foi estendido com bibliotecas para interfacear com o Nmap. A API do Nmap está no espaço de nomes Lua nmap. Isto significa que todas as chamadas a recursos fornecidos pelo Nmap têm um prefixo nmap. nmap.new_socket(), por exemplo, retorna um novo objeto empacotador de soquete. A camada de bibliotecas do Nmap também cuida da inicialização do contexto Lua, do agendamento de scripts paralelos e da coleta da saída produzida por scripts completados.

Durante os estágios de planejamento, nós consideramos várias linguagens de programação como base para o suporte a scripts do Nmap. Uma outra opção foi implementar uma linguagem de programação completamente nova. Nossos critérios eram estritos: o NSE teria de ser fácil de se usar, pequeno em tamanho, compatível com a licença do Nmap, escalável, rápido e capaz de execução em paralelo. Vários esforços anteriores (por outros projetos) para projetar sua própria linguagem de auditagem de segurança a partir do zero resultaram em soluções complicadas, então nós decidimos, cedo, não seguir esta rota. Primeiro, consideramos o interpretador Guile Scheme, mas a preferência se voltou para o interpretador Elk devido a sua licença mais favorável. Mas a execução em paralelo de scripts Elk teria sido difícil. Além do mais, nós esperávamos que a maioria dos usuários do Nmap preferisse a programação procedimental, em lugar das linguagens funcionais, como o Scheme. Interpretadores maiores, como o Perl, Python, e Ruby são bem conhecidos e adorados, mas são difíceis de serem eficientemente embutidos. No final, a Lua se excedeu em todos os nossos critérios. Ela é pequena, distribuída sob a licença liberal de código aberto do MIT, tem corrotinas para execução eficiente de scripts em paralelo, foi projetada com a capacidade de embutidura em mente, tem excelente documentação e é ativamente desenvolvida por uma grande e comprometida comunidade. A Lua está, hoje, embutida até mesmo em outras ferramentas populares de segurança, de código aberto, incluindo o farejador Wireshark e o IDS Snort.

---

5 *http://www.lua.org/*

9.5. Scripts NSE

Esta seção lista (alfabeticamente) todos os scripts NSE que estão empacotados com o Nmap no momento da escrita deste livro. Ela vem diretamente do código fonte dos scripts, graças ao sistema de documentação NSEDoc, descrito na seção 9.9, "Escrevendo a documentação do script (NSEDoc)". É claro que nenhum documento pode permanecer atual com um software desenvolvido tão ativamente quanto o NSE. Para a documentação mais abrangente e atualizada, veja o Portal de Documentação do NSE em *http://nmap.org/nsedoc/*.

asn-query.nse

Categorias: discovery, external

Mapeia endereços IP para números de sistemas autônomos (AS).

O script funciona enviando consultas TXT de DNS a um servidor de DNS que, por sua vez, consulta um serviço de terceiros, fornecido pela Team Cymru (team-cymru.org) usando uma configuração de zona no estilo in-addr.arpa especialmente para uso pelo Nmap.

As respostas a estas consultas contêm tanto os ASNs da Origem e do Parceiro, quanto suas descrições, apresentadas juntamente com o Prefixo BGP e o Código do País.

O script coleta os resultados para reduzir o número de consultas e deve realizar uma única consulta para todos os alvos examinados num Prefixo BGP presente na base de dados da Team Cymru.

Saiba que quaisquer alvos contra os quais este script seja executado serão enviados a um ou mais servidores de DNS, e possivelmente registrados por um ou mais deles e pela Team Cymru. Além disso, seu endereço IP será enviado juntamente com o ASN a um servidor DNS (seu servidor DNS omissivo, ou a qualquer outro que você especifique com o argumento de script dns).

Argumentos do script

dns
    O endereço de um servidor de nomes recursivo a ser usado (opcional).

Uso

```
nmap --script asn-query.nse [--script-args dns=<servidor de DNS>] <alvo>
```

Saída de Amostra

```
Host script results:
| asn-query:
| BGP: 64.13.128.0/21 | Country: US
|       Origin AS: 10565 SVCOLO-AS - Silicon Valley
        Colocation, Inc.
|       Peer AS: 3561 6461
| BGP: 64.13.128.0/18 | Country: US
|       Origin AS: 10565 SVCOLO-AS - Silicon Valley
        Colocation, Inc.
|_      Peer AS: 174 2914 6461
```

auth-owners.nse

Categorias: default, safe

Tenta encontrar o proprietário de uma porta TCP aberta, consultando um servidor de autenticação (identd - port 113) que deverá, também, estar aberto, no sistema alvo.

Saída de amostra

```
21/tcp      open    ftp         ProFTPD 1.3.1
|_ auth-owners: nobody
22/tcp      open    ssh         OpenSSH 4.3p2 Debian 9etch2
                                (protocol 2.0)
|_ auth-owners: root
25/tcp      open    smtp        Postfix smtpd
|_ auth-owners: postfix
80/tcp      open    http        Apache httpd 2.0.61 ((Unix)
                                PHP/4.4.7 ...)
|_ auth-owners: dhapache
113/tcp     open    auth?
```

```
|_ auth-owners: nobody
587/tcp    open  submission Postfix smtpd
|_ auth-owners: postfix
5666/tcp   open  unknown
|_ auth-owners: root
```

auth-spoof.nse

Categorias: malware

Verifica um servidor identd (autenticação) que esteja simulando suas respostas.

Testa se um servidor identd (autenticação) responde com uma resposta, antes mesmo de nós enviarmos a consulta. Este tipo de simulação de identd pode ser um sinal de infecção por malware, embora ela possa também ser usada por razões legítimas de privacidade.

daytime.nse

Categorias: discovery

Recupera o dia e a hora do serviço UDP Daytime.

dns-random-srcport.nse

Categorias: external, intrusive

Checa um servidor de DNS com relação à vulnerabilidade da recursividade de porta predizível. Portas de origem predizíveis podem tornar um servidor de DNS vulnerável a ataques de envenenamento de cache (veja a CVE-2008-1447*).

O script funciona consultando o porttest.dns-oarc.net. Saiba que quaisquer alvos contra os quais este script for executado serão enviados a um ou mais servidores de DNS e ao servidor do porttest, e possivelmente serão registrados por eles. Além disso, seu endereço IP será enviado junto com consulta ao porttest para o servidor de DNS rodando no alvo.

---

* CVE - Sigla em inglês da Vulnerabilidades e Exposições Comuns. De acordo com seu web-site (*http://cve.mitre.org/*) "é um dicionário de vulnerabilidades e exposições de segurança de informações publicamente conhecidas". A descrição desta vulnerabilidade está em *http://cve.mitre.org/cgi-bin/cvename.cgi?name=CVE-2008-1447*. - N. do T.

dns-random-txid.nse

Categorias: external, intrusive

Checa um servidor de DNS pela vulnerabilidade da recursividade de DNS de TXID predizível. Valores predizíveis de TXID podem tornar o servidor de DNS vulnerável a ataques de envenenamento de cache (veja a CVE-2008-1447).

O script funciona consultando o txidtest.dns-oarc.net. Saiba que quaisquer alvos contra os quais este script for executado serão enviados a um ou mais servidores de DNS e ao servidor do porttest, e possivelmente serão registrados por eles. Além disso, seu endereço IP será enviado junto com consulta ao txidtest para o servidor de DNS rodando no alvo.

dns-recursion.nse

Categorias: default, intrusive

Checa se um servidor de DNS permite consultas de nomes de terceiros. Espera-se que a recursividade esteja habilitada em seu próprio servidor de nomes interno.

dns-zone-transfer.nse

Categorias: default, intrusive, discovery

Solicita uma transferência de zona (AXFR) de um servidor de DNS.

O script envia uma consulta AXFR a um servidor de DNS. O domínio a ser consultado é determinado pelo exame do nome dado na linha de comando, do nome de hospedeiro do servidor de DNS, ou pode ser especificado com o argumento de script dnszonetransfer.domain. Se a consulta tiver sucesso, todos os domínios e tipos de domínio serão retornados, juntamente com dados específicos de tipos comuns (SOA/MX/NS/PTR/A).

Se nós não tivermos o nome "verdadeiro" do hospedeiro do servidor de DNS, não poderemos determinar uma zona provável na qual realizar a transferência.

Recursos úteis

- DNS para gênios: *http://www.zytrax.com/books/dns/*
- Como funciona o protocolo AXFR: *http://cr.yp.to/djbdns/axfr-notes.html*

Argumentos do script

dnszonetransfer.domain

Domínio a ser transferido.

Uso

```
nmap --script dns-zone-transfer.nse \
--script-args 'dnszonetransfer={domain=<domain>}'
```

Saída de amostra

```
53/tcp open domain
| dns-zone-transfer:
|  foo.com.              SOA      ns2.foo.com. piou.foo.com.
|  foo.com.              TXT
|  foo.com.              NS       ns1.foo.com.
|  foo.com.              NS       ns2.foo.com.
|  foo.com.              NS       ns3.foo.com.
|  foo.com.              A        127.0.0.1
|  foo.com.              MX       mail.foo.com.
|  anansie.foo.com.      A        127.0.0.2
|  dhalgren.foo.com.     A        127.0.0.3
|  drupal.foo.com.       CNAME
|  goodman.foo.com.      A        127.0.0.4 i
|  goodman.foo.com.      MX       mail.foo.com.
|  isaac.foo.com.        A        127.0.0.5
|  julie.foo.com.        A        127.0.0.6
|  mail.foo.com.         A        127.0.0.7
|  ns1.foo.com.          A        127.0.0.7
|  ns2.foo.com.          A        127.0.0.8
|  ns3.foo.com.          A        127.0.0.9
|  stubing.foo.com.      A        127.0.0.10
|  vicki.foo.com.        A        127.0.0.11
|  votetrust.foo.com.    CNAME
|  www.foo.com.          CNAME
|_ foo.com.              SOA      ns2.foo.com. piou.foo.com.
```

finger.nse

Categorias: default, discovery

Tenta recuperar uma lista de nomes de usuários usando o serviço finger.

ftp-anon.nse

Categorias: default, auth, safe

Checa se um servidor de FTP permite logins anônimos.

Saída de amostra

```
|_ ftp-anon: Anonymous FTP login allowed
```

ftp-bounce.nse

Categorias: default, intrusive

Checa se um servidor de FTP permite o exame de portas usando o método de rebate de FTP.

html-title.nse

Categorias: default, discovery, safe

Mostra o título da página omissiva de um servidor web.

O script não seguirá mais que um redirecionamento de HTTP, e somente se o redirecionamento levar ao mesmo hospedeiro. O script poderá enviar uma consulta DNS para determinar se o hospedeiro para o qual o redirecionamento leva tem o mesmo endereço IP que o alvo original.

Saída de amostra

```
Interesting ports on scanme.nmap.org (64.13.134.52):
PORT    STATE SERVICE
80/tcp  open  http
|_ html-title.nse: Go ahead and scanme!
```

http-auth.nse

Categorias: default, auth, intrusive

Recupera o esquema de autenticação e o território de um serviço web que requeira autenticação.

Saída de amostra

```
80/tcp open http
| http-auth: HTTP Service requires authentication
| Auth type: Basic, realm = Password Required
|_ HTTP server may accept admin:admin combination for Basic
authentication
```

http-open-proxy.nse

Categorias: default, discovery, external, intrusive

Checa se um proxy de HTTP está aberto.

O script tenta se conectar ao www.google.com através do (possível) proxy e checa se exite um campo Server: gws no cabeçalho da resposta.

Se o alvo for um proxy aberto, este script fará com que o alvo recupere uma página web do www.google.com.

http-passwd.nse

Categorias: intrusive, vuln

Checa se um servidor web é vulnerável a travessia de diretórios, tentando recuperar /etc/passwd usando vários métodos de travessia, como pela solicitação de ../../../../etc/passwd.

http-trace.nse

Categorias: discovery

Envia uma requisição de HTTP TRACE e mostra os campos do cabeçalho que foram modificados na resposta.

Saída de amostra

```
80/tcp open http
| http-trace: Response differs from request. First 5
additional lines:
| Cookie: UID=d4287aa38d02f409841b4e0c0050c131...
| Country: us
| Ip_is_advertise_combined: yes
| Ip_conntype-Confidence: -1
|_ Ip_line_speed: medium
```

iax2-version.nse

Categorias: version

Detecta o serviço UDP IAX2.

O script envia uma requisição Inter-Asterisk eXchange (IAX) Revision 2 Control Frame POKE e verifica se há uma resposta apropriada. Este protocolo é usado para habilitar conexões VoIP entre servidores, bem como a comunicação cliente-servidor.

irc-info.nse

Categorias: default, discovery

Coleta informações de um servidor IRC.

Ele usa STATS, LUSERS, e outras consultas para obter estas informações.

Saída de amostra

```
6665/tcp open irc
| irc-info: Server: target.exemplo.org
| Version: hyperion-1.0.2b(381). target.exemplo.org
| Lservers/Lusers: 0/4204
| Uptime: 106 days, 2:46:30
| Source host: source.exemplo.org
|_ Source ident: OK n=nmap
```

ms-sql-info.nse

Categorias: default, discovery, intrusive

Tenta extrair informações de instâncias do Microsoft SQL Server.

mysql-info.nse

Categorias: default, discovery, safe

Conecta-se a um servidor MySQL e apresenta informações tais como os números de versão e protocolo, a ID do segmento, o status, as capacidades e o "tempero" da senha.

Se a detecção de serviço for realizada e o servidor parecer estar bloqueando nosso hospedeiro ou estiver bloqueado por causa de demasiadas conexões, então este script não será executado (veja a regra de porta).

Saída de amostra

```
3306/tcp open mysql
| mysql-info: Protocol: 10
| Version: 5.0.51a-3ubuntu5.1
| Thread ID: 7
| Some Capabilities: Connect with DB, Transactions, Secure
Connection
| Status: Autocommit
|_ Salt: bYyt\NQ/4V6IN+*3`imj
```

nbstat.nse

Categorias: default, discovery, safe

Tenta recuperar os nomes de NetBIOS e endereços MAC do alvo.

Por omissão, o script apresenta o nome do computador e do usuário que está logado; se a verbosidade estiver habilitada, ele apresentará todos os nomes que o sistema pense que possui.

Uso

```
sudo nmap -sU --script nbstat.nse -p137 <host>
```

Saída de amostra

```
(não verbosa)
|_ nbstat: NetBIOS name: TST, NetBIOS user: RON, NetBIOS
MAC: 00:0c:29:f9:d9:28
(verbosa)
| nbstat: NetBIOS name: TST, NetBIOS user: RON, NetBIOS MAC:
00:0c:29:f9:d9:28
| Name: TST<00> Flags: <unique><active>
| Name: TST<20> Flags: <unique><active>
| Name: WORKGROUP<00> Flags: <group><active>
| Name: TST<03> Flags: <unique><active>
| Name: WORKGROUP<1e> Flags: <group><active>
```

```
| Name: RON<03>          Flags: <unique><active>
| Name: WORKGROUP<1d>    Flags: <unique><active>
|_ Name: \x01\x02__MSBROWSE__\x02<01> Flags: <group><active>
```

pop3-brute.nse

Categorias: intrusive, auth

Tenta fazer login numa conta POP3 através da adivinhação nomes de usuários e senhas.

pop3-capabilities.nse

Categorias: default

Recupera as capacidades do servidor de email POP3.

Saída de amostra

```
110/tcp open pop3
|_ pop3-capabilities: USER CAPA RESP-CODES UIDL
   PIPELINING STLS TOP SASL(PLAIN)
```

pptp-version.nse

Categorias: version

Tenta extrair informações do sistema a partir do serviço do protocolo de tunelamento ponto a ponto (PPTP).

realvnc-auth-bypass.nse

Categorias: default, vuln

Checa se um servidor VNC é vulnerável à omissão de autenticação RealVNC (CVE-2006-2369).

robots.txt.nse

Categorias: default, discovery, safe

Procura por entradas não permitidas em robots.txt.

Quando maior a verbosidade ou o nível de depuração, tanto mais entradas não permitidas serão mostradas.

Saída de amostra

```
80/tcp open http syn-ack
| robots.txt: has 156 disallowed entries (40 shown)
| /news?output=xhtml& /search /groups /images /catalogs
| /catalogues /news /nwshp /news?btcid=*& /news?btaid=*&
| /setnewsprefs? /index.html? /? /addurl/image? /pagead/
/relpage/
| /relcontent /sorry/ /imgres /keyword/ /u/ /univ/ /co brand
/custom
| /advanced_group_search /googlesite /preferences /set prefs
/swr /url /default
| /m? /m/? /m/lcb /m/news? /m/setnewsprefs? /m/search? /
wml?
|_ /wml/? /wml/search?
```

rpcinfo.nse

Categorias: default, safe, discovery

Conecta-se ao portmapper e busca uma lista de todos os programas registrados.

Saída de amostra

```
111/tcp open rpcbind
| rpcinfo:
| 100000 2 111/udp rpcbind
| 100005 1,2,3 705/udp mountd
| 100003 2,3,4 2049/udp nfs
| 100024 1 32769/udp status
| 100021 1,3,4 32769/udp nlockmgr
| 100000 2 111/tcp rpcbind
| 100005 1,2,3 706/tcp mountd
| 100003 2,3,4 2049/tcp nfs
| 100024 1 50468/tcp status
|_ 100021 1,3,4 50468/tcp nlockmgr
```

skypev2-version.nse

Categorias: version

Detecta o serviço Skype versão 2.

smb-check-vulns.nse

Categorias: intrusive

Checa se um hospedeiro é vulnerável ao MS08-067, uma vulnerabilidade de RPC do Windows que pode permitir a execução de código remoto. Este script deverá verificar mais vulnerabilidades, no futuro.

A verificação do MS08-067 é muito perigosa, uma vez que pode derrubar os sistemas. Num exame bem abrangente realizado por Brandon Enright, nós determinamos que, em média, um sistema vulnerável é mais provável de cair do que sobreviver a este cheque. De 82 sistemas vulneráveis, 52 caíram. Assim, muito cuidado deve ser tomado quando do uso deste cheque.

Você tem a opção de fornecer um nome de usuário e senha, mas isto não deverá ser necessário para uma configuração omissiva.

Argumentos do script

smb*
    Este script suporta os argumentos de script smbusername, smbpassword, smbhash, smbguest, e smbtype, do módulo smb.

Uso

```
nmap --script smb-check-vulns.nse -p445 <host>
sudo nmap -sU -sS --script smb-check-vulns.nse -p
U:137,T:139 <host>
```

Saída de amostra

```
Host script results:
|_ smb-check-vulns: This host is vulnerable to MS08-067
```

smb-enum-domains.nse

Categorias: discovery, intrusive

Tenta enumerar domínios num sistema, juntamente com suas políticas. Este provavelmente só funcionará sem credenciais contra o Windows 2000.

Depois de fazer o bind inicial ao SAMR, a sequência de chamadas é:

- Connect4: obtém um connect_handle (manipulador de conexão)
- EnumDomains: obtém uma lista dos domínios (pare aqui se você quiser apenas os nomes).
- QueryDomain: obtém a SID para o domínio.
- OpenDomain: obtém um manipulador para cada domínio.
- QueryDomainInfo2: obtém a informação do domínio.
- QueryDomainUsers: obtém uma lista dos usuários no domínio.

Argumentos do script

smb*
> Este script suporta os argumentos de script smbusername, smbpassword, smbhash, smbguest, e smbtype, do módulo smb.

Uso

```
nmap --script smb-enum-domains.nse -p445 <host>
sudo nmap -sU -sS --script smb-enum-domains.nse -p
U:137,T:139 <host>
```

Saída de Amostra

```
Host script results:
| smb-enum-domains:
| Domain: LOCALSYSTEM
| |_ SID: S-1-5-21-2956463495-2656032972-1271678565
| |_ Users: Administrator, Guest, SUPPORT_388945a0
| |_ Creation time: 2007-11-26 15:24:04
| |_ Passwords: min length: 11 characters; min age: 5 days;
max age: 63 days
|_ Password lockout: 3 attempts in under 15 minutes will
lock the account u ?
|
```

```
ntil manually reset
|  |_ Password history : 5 passwords
|  |_ Password properties:
|  |_ Password complexity requirements exist
|  |_ Administrator account cannot be locked out
| Domain: Builtin
|  |_ SID: S-1-5-32
|  |_ Users:
|  |_ Creation time: 2007-11-26 15:24:04
|  |_ Passwords: min length: n/a; min age: n/a; max age: 42
days
|  |_ Account lockout disabled
|  |_ Password properties:
|  |_ Password complexity requirements do not exist
|_ |_ Administrator account cannot be locked out
```

smb-enum-sessions.nse

Categorias: discovery, intrusive

Enumera os usuários logados num sistema, seja localmente, seja através de um cliente de área de trabalho remoto (serviços de terminal), seja através de um compartilhamento SMB.

A enumeração dos usuários locais e de serviços de terminal é feita pela leitura do registro remoto. As chaves abaixo de HKEY_USERS são SIDs que representam os usuários presentemente logados, e estas SIDs podem ser convertidas em nomes apropriados, usando-se a função LsaLookupSids. Para se fazer isto é necessário qualquer acesso maior que anônimo. Convidados, usuários ou administradores são, todos, capazes de realizar esta requisição nos sistemas operacionais que eu (Ron Bowes) testei.

A enumeração de conexões SMB é feita pelo uso da função srvsvc.netsessenum, que retorna quem está logado, quando logou, e há quanto tempo estão ociosos. Infelizmente, eu não pude encontrar uma forma de obter o domínio do usuário com esta função, então o domínio não é apresentado. O nível de acesso exigido para isto varia entre as versões do Windows, mas no Windows 2000 qualquer pessoa (incluindo a conta de anônimo) pode acessá-las, e no Windows 2003 uma conta de usuário ou de administrador é necessária.

Capítulo 9: Mecanismo de Scripts do Nmap — 355

Como ambas as informações se relacionam a usuários estando logados no servidor, parece lógico combiná-las num único script.

Eu peguei a ideia e a técnica para isto a partir da ferramenta interna do sistema PsLoggedOn.exe. Eu uso chamadas de funções similares à que ele usa, então eu agradeço a eles. Agradeço também a Matt, por me dar a ideia de escrever este script.

Argumentos do script

smb*
> Este script suporta os argumentos de script smbusername, smbpassword, smbhash, smbguest, e smbtype, do módulo smb.

Uso

```
nmap --script smb-enum-sessions.nse -p445 <host>
sudo nmap -sU -sS --script smb-enum-sessions.nse -p
U:137,T:139 <host>
```

Saída de Amostra

```
Host script results:
| smb-enum-sessions:
| Users logged in:
|  |_ TESTBOX\Administrator since 2008-10-21 08:17:14
|  |_ DOMAIN\rbowes since 2008-10-20 09:03:23
| Active SMB Sessions:
|_ |_ ADMINISTRATOR is connected from 10.100.254.138 for
[just logged in, it's ?
probably you], idle for [not idle]
```

smb-enum-shares.nse

Categorias: discovery, intrusive

Tenta listar compartilhamentos usando a função MSRPC srvsvc.NetShare-EnumAll, depois recupera mais informações sobre cada compartilhamento usando a srvsvc.NetShareGetInfo.

A execução de NetShareEnumAll funciona anonimamente no Windows 2000, e exige uma conta no nível de usuário em outras versões do Windows. A chamada a NetShareGetInfo exige uma conta de administrador em todas as versões do Windows que eu (Ron Bowes) testei.

Embora NetShareEnumAll seja restrita em certos sistemas, o conectar-se realmente a um compartilhamento para checar se ele existe sempre funcionará. Então, se NetShareEnumAll falhar, uma lista de compartilhamentos comuns será tentada.

Depois que uma lista de compartilhamentos for encontrada, esteja ela completa ou não, nós tentaremos nos conectar a cada um deles, anonimamente, o que nos permitirá dividi-los nas classes "anônimos" e "restritos".

Quando possível, depois que a lista de compartilhamentos estiver determinada, a NetShareGetInfo será chamada para a obtenção de informações adicionais sobre o compartilhamento. A probabilidade é que isto falhe, a menos que estejamos fazendo um teste autenticado.

Argumentos do script

smb*
>Este script suporta os argumentos de script smbusername, smbpassword, smbhash, smbguest, e smbtype, do módulo smb.

Uso

```
nmap --script smb-enum-shares.nse -p445 <host>
sudo nmap -sU -sS --script smb-enum-shares.nse -p
U:137,T:139 <host>
```

Saída de Amostra

```
Padrão:
| smb-enum-shares:
| Anonymous shares: IPC$
|_ Restricted shares: F$, ADMIN$, C$
Verbosa:
Host script results:
| smb-enum-shares:
| Anonymous shares:
| IPC$
| |_ Type: STYPE_IPC_HIDDEN
```

```
|  |_ Comment: Remote IPC
|  |_ Users: 1, Max: <unlimited>
|  |_ Path:
| test
|  |_ Type: STYPE_DISKTREE
|  |_ Comment: This is a test share, with a maximum of 7
     users
|  |_ Users: 0, Max: 7
|  |_ Path: C:\Documents and Settings\Ron\Desktop\test
| Restricted shares:
| ADMIN$
|  |_ Type: STYPE_DISKTREE_HIDDEN
|  |_ Comment: Remote Admin
|  |_ Users: 0, Max: <unlimited>
|  |_ Path: C:\WINNT
| C$
|  |_ Type: STYPE_DISKTREE_HIDDEN
|  |_ Comment: Default share
|  |_ Users: 0, Max: <unlimited>
|_ |_ Path: C:\
```

smb-enum-users.nse

Categorias: discovery, intrusive

Tenta enumerar os usuários num sistema Windows remoto, com o máximo de informações possível, através de uma série de técnicas (sobre SMB e MSRPC, que usa a porta 445 ou 139). Algumas funções no SAMR são usadas para enumerar usuários, e algumas adivinhações por força bruta usando funções LSA são tentadas.

Uma técnica usada é a chamada à função QueryDisplayInfo, na biblioteca SAMR. Se esta tiver sucesso, ela retornará uma lista detalhada de usuários. Isto pode ser feito anonimamente no Windows 2000, e com uma conta de nível de usuário em outras versões do Windows (mas não com uma conta de nível de convidado).

Para realizar este teste, as seguintes funções são usadas:

• Bind: liga-se ao serviço SAMR.

• Connect4: obtém um connect_handle.

- EnumDomains: obtém uma lista dos domínios.
- QueryDomain: obtém a sid do domínio.
- OpenDomain: obtém um manipulador para cada domínio.
- QueryDisplayInfo: obtém a lista de usuários no domínio.
- Close: fecha o manipulador do domínio.
- Close: fecha o manipulador da conexão.

A vantagem desta técnica é que um monte de detalhes é retornado, incluindo o nome completo e a descrição; a desvantagem é que ela exige uma conta de nível de usuário em cada sistema, com exceção do Windows 2000. Adicionalmente, ele só coleta contas reais de usuários, não grupos ou apelidos.

Independentemente de esta ter sucesso, uma segunda técnica é usada, para coletar as contas de usuários, chamada execução de força bruta de LSA. Esta pode ser feita anonimamente no Windows 2000, e exige uma conta de convidado ou superior em outros sistemas. Ela tem a vantagem de rodar com menos permissões, e também encontrará mais tipos de contas (p. ex.: grupos, apelidos etc). As desvantagens são que ela retorna menos informações, e que, por ser uma adivinhação à força, é possível perder algumas contas.

Esta não é uma técnica de força bruta no sentido comum, no entanto: é uma obtenção à força de RIDs de usuários. Uma RID de usuário é um valor (geralmente 500, 501, ou 1000+) que identifica unicamente um usuário num domínio ou sistema. Há uma função LSA exposta que nos permite converter a RID (digamos, 1000) num nome de usuário (digamos, "Ron"). Então, a técnica essencialmente tentará converter 1000 em um nome, depois 1001, 1002, etc, até que nós achemos que terminamos.

Os usuários são repartidos em grupos de cinco RIDs, depois verificados individualmente (verificar muitos ao mesmo tempo causa problemas). Nós continuamos verificando até chegarmos a 1100 e obter um grupo vazio. Isto provavelmente não é a forma mais eficiente, mas parece funcionar. Poderá ser uma boa ideia modificá-lo, no futuro, com alguma inteligência a mais. Eu (Ron Bowes) realizei um teste num velho servidor com um monte de contas, e obtive estes resultados: 500, 501, 1000, 1030, 1031, 1053, 1054, 1055, 1056, 1057,

1058, 1059, 1060, 1061, 1062, 1063, 1064, 1065, 1066, 1067, 1070, 1075, 1081, 1088, 1090. O pulo de 1000 para 1030 é muito grande e pode facilmente resultar em contas perdidas, numa verificação automatizada.

Antes de tentar esta conversão, a SID do servidor terá de ser determinada. Esta determinação é feita através da operação reversa, ou seja, pela conversão de um nome numa RID. O nome é determinado buscando-se qualquer nome presente no sistema. Nós tentamos:

- O nome do computador e o nome do domínio, retornado em SMB_COM_NEGOTIATE;
- Uma consulta nbstat para obter o nome do servidor e o usuário presentemente logado; e
- Alguns nomes comuns: "administrator", "guest", e "test".

Em tese, o nome do computador deveria ser suficiente para que isto sempre funcionasse, e até agora tem funcionado nos meus testes, mas eu incluí o resto dos nomes por precaução.

Os nomes e detalhes de ambas estas técnicas são combinados e apresentados. Se a saída for verbosa, então detalhes extras serão mostrados. A saída é ordenada alfabeticamente.

Créditos vão para os programas enum.exe, sid2user.exe, e user2sid.exe, o código que eu escrevi para este script é grandemente baseado nas técnicas usadas por eles.

Argumentos do script

smb*
    Este script suporta os argumentos de script smbusername, smbpassword, smbhash, smbguest, e smbtype, do módulo smb.

Uso

```
nmap --script smb-enum-users.nse -p445 <host>
sudo nmap -sU -sS --script smb-enum-users.nse -p U:137,T:139 <host>
```

Saída de Amostra

```
Host script results:
| smb-enum-users:
|_ TESTBOX\Administrator, EXTERNAL\DnsAdmins, TESTBOX\Guest,
EXTERNAL\HelpServi ?
cesGroup, EXTERNAL\PARTNERS$, TESTBOX\SUPPORT_388945a0
Host script results:
| smb-enum-users:
| Administrator
|  |_ Type: User
|  |_ Domain: LOCALSYSTEM
|  |_ Full name: Built-in account for administering the
computer/domain
|  |_ Flags: Normal account, Password doesn't expire
| DnsAdmins
|  |_ Type: Alias
|  |_ Domain: EXTRANET
| EventViewer
|  |_ Type: User
|  |_ Domain: SHARED
| ProxyUsers
|  |_ Type: Group
|  |_ Domain: EXTRANET
| ComputerAccounts
|  |_ Type: Group
|  |_ Domain: EXTRANET
| Helpdesk
|  |_ Type: Group
|  |_ Domain: EXTRANET
| Guest
|  |_ Type: User
|  |_ Domain: LOCALSYSTEM
|  |_ Full name: Built-in account for guest access to the
computer/domain
    |_ Flags: Normal account, Disabled, Password not required,
Password doesn' ?
|
t expire
| Staff
|  |_ Type: Alias
|  |_ Domain: LOCALSYSTEM
| Students
|  |_ Type: Alias
|_ |_ Domain: LOCALSYSTEM
```

smb-os-discovery.nse

Categorias: default, discovery, safe

Tenta determinar o sistema operacional sobre o protocolo SMB (portas 445 e 139).

Embora os argumentos de script padrões smb* possam ser usados, eles provavelmente não mudarão a saída de qualquer forma significativa.

Argumentos do script

smb*
    Este script suporta os argumentos de script smbusername, smbpassword, smbhash, smbguest, e smbtype, do módulo smb.

Uso

```
nmap --script smb-os-discovery.nse -p445 127.0.0.1
sudo nmap -sU -sS --script smb-os-discovery.nse -p
U:137,T:139 127.0.0.1
```

Saída de amostra

```
| smb-os-discovery: Windows 2000
| LAN Manager: Windows 2000 LAN Manager
| Name: WORKGROUP\TEST1
|_ System time: 2008-09-09 20:55:55 UTC-5
```

smb-security-mode.nse

Categorias: discovery, safe

Retorna informações sobre o nível de segurança de SMB determinado pelo SMB.

Eis aqui como interpretar a saída:

User-level authentication (autenticação em nível de usuário): cada usuário tem um nome de usuário/senha separados que é usado para logar no sistema.

Esta é a configuração omissiva de quase tudo, hoje em dia.

Share-level authentication (autenticação em nível de compartilhamento): A conta anônima deve ser usada para logar, depois a senha será fornecida (em texto pleno) quando um compartilhamento for acessado. Todos os usuários que tiverem acesso ao compartilhamento usarão esta senha. Esta foi a forma original de se fazer as coisas, mas não é vista comumente, hoje. Se um servidor usar segurança em nível de compartilhamento, ele será vulnerável a farejamentos.

Challenge/response passwords supported (senhas de desafio/resposta suportadas): se habilitado, o servidor poderá aceitar qualquer tipo de senha:

- Texto pleno

- LM e NTLM

- LMv2 e NTLMv2

Se não estiver habilitado, o servidor só poderá aceitar senhas em texto pleno. A maioria dos servidores está configurada para usar desafio/resposta, atualmente. Se um servidor estiver configurado para aceitar senhas em texto pleno, ele será vulnerável a farejamentos. LM e NTLM são bastante seguras, embora haja alguns ataques de força bruta contra elas.

Message signing (assinatura de mensagem): se exigida, todas as mensagens entre o cliente e o servidor deverão ser assinadas com uma chave compartilhada, derivada da senha e do desafio do servidor. Se for suportada e não exigida, a assinatura de mensagens será negociada entre clientes e servidores, e usada se ambos a suportarem e exigirem. Por omissão, os clientes Windows não assinam mensagens, então se a assinatura de mensagens não for exigida pelo servidor, as mensagens provavelmente não serão assinadas; além disso, se estiver realizando um ataque man-in-the-middle (atravessador), um atacante poderá negociar a não assinatura de mensagens. Se a assinatura de mensagens não for exigida, o servidor será vulnerável a ataques de atravessador.

Este script permitirá que você use os argumentos de script smb* (para definir o nome de usuário e senha etc), mas provavelmente ele jamais os exigirá.

Argumentos do script

smb*

    Este script suporta os argumentos de script smbusername, smbpassword, smbhash, smbguest, e smbtype, do módulo smb.

Uso

```
nmap --script smb-security-mode.nse -p445 127.0.0.1
sudo nmap -sU -sS --script smb-security-mode.nse -p
U:137,T:139 127.0.0.1
```

Saída de Amostra

```
| smb-security-mode: User-level authentication
| smb-security-mode: Challenge/response passwords   supported
|_ smb-security-mode: Message signing supported
```

smb-server-stats.nse

Categorias: discovery, intrusive

Tenta coletar as estatísticas do servidor sobre o SMB e o MSRPC, que usa as portas TCP 445 ou 139.

Uma conta de administrador é exigida para coletar estas estatísticas, na maioria das versões do Windows, e o Vista parece não permitir nem mesmo que a conta do administrador as colete.

Alguns dos números retornados, aqui, não me parecem corretos, mas são definitivamente números que o Windows retorna. Use estes valores com uma pitada de sal.

Argumentos do script

smb*

    Este script suporta os argumentos de script smbusername, smbpassword, smbhash, smbguest, e smbtype, do módulo smb.

Uso

```
nmap --script smb-server-stats.nse -p445 <host>
sudo nmap -sU -sS --script smb-server-stats.nse -p
U:137,T:139 <host>
```

Saída de amostra

```
Host script results:
| smb-server-stats:
| Server statistics collected since 2008-10-17 09:32:41
(4d0h24m29s):
| |_ Traffic 133467 bytes (0.38b/s) sent, 167696 bytes
(0.48b/s) received
| |_ Failed logins: 5
| |_ Permission errors: 1, System errors: 0
| |_ Print jobs spooled: 0
|_ |_ Files opened (including pipes): 18
```

smb-system-info.nse

Categorias: discovery, intrusive

Recupera informações sobre o sistema remoto a partir do registro. A obtenção de toda a informação exige uma conta administrativa, embora uma conta de usuário ainda obterá um bocado delas. O convidado provavelmente não obterá nada, como também o anônimo. Isto vale para todos os sistemas operacionais, incluindo o Windows 2000.

O Windows Vista parece não ter a ligação WINREG (ou ela é diferente e eu não a conheço), então ele não suporta o Vista em absoluto.

Argumentos do script

smb*

Este script suporta os argumentos de script smbusername, smbpassword, smbhash, smbguest, e smbtype, do módulo smb.

Uso

```
nmap --script smb-system-info.nse -p445 <host>
sudo nmap -sU -sS --script smb-system-info.nse -p
U:137,T:139 <host>
```

Saída de amostra

```
Host script results:
| smb-system-info:
| OS Details
| |_ Microsoft Windows Server 2003 Service Pack 2 (ServerNT
5.2 build 3790)
| |_ Installed on 2007-11-26 23:40:40
| |_ Registered to IPC (organization: MYCOMPANY)
| |_ Path: %SystemRoot%\system32;%SystemRoot%;%SystemRoo t%\
System32\Wbem;C:\Pr ?
ogram Files\Microsoft SQL Server\90\Tools\binn\;C:\Program
Files\IBM\Rational A ?
ppScan\
| |_ Systemroot: C:\WINDOWS
| |_ Page files: C:\pagefile.sys 2046 4092 (cleared at
shutdown => 0)
| Hardware
| |_ CPU 0: Intel(R) Xeon(TM) CPU 2.80GHz [2780mhz
GenuineIntel]
| |_ Identifier 0: x86 Family 15 Model 2 Stepping 9
| |_ CPU 1: Intel(R) Xeon(TM) CPU 2.80GHz [2780mhz
GenuineIntel]
| |_ Identifier 1: x86 Family 15 Model 2 Stepping 9
| |_ CPU 2: Intel(R) Xeon(TM) CPU 2.80GHz [2780mhz
GenuineIntel]
| |_ Identifier 2: x86 Family 15 Model 2 Stepping 9
| |_ CPU 3: Intel(R) Xeon(TM) CPU 2.80GHz [2780mhz
GenuineIntel]
| |_ Identifier 3: x86 Family 15 Model 2 Stepping 9
| |_ Video driver: RAGE XL PCI Family (Microsoft
Corporation)
| Browsers
| |_ Internet Explorer 7.0000
|_ |_ Firefox 3.0.3 (en-US)
```

smtp-commands.nse

Categorias: default, discovery, safe

Tenta usar EHLO e HELP para coletar os comandos estendidos suportados por um servidor de SMTP.

Saída de amostra

```
25/tcp open smtp
| smtp-commands: EHLO uninvited.exemplo.net Hello root at
localhost [127.0.0.1 ?
], SIZE 52428800, PIPELINING, HELP
|_ HELP Commands supported: AUTH HELO EHLO MAIL RCPT DATA
NOOP QUIT RSET HELP
```

smtp-open-relay.nse

Categorias: demo

Checa se um servidor de SMTP é um retransmissor.

smtp-strangeport.nse

Categorias: malware

Checa se o SMTP está rodando numa porta não padrão.

Isto pode indicar que crackers ou script kiddies configuraram um backdoor no sistema para envio de spam ou controlar a máquina.

Saída de amostra

```
22/tcp open smtp
|_ smtp-strangeport: Mail server on unusual port: possible
malware
```

sniffer-detect.nse

Categorias: discovery

Checa se um alvo, numa ethernet local, está com sua placa de rede em modo promíscuo.

As técnicas usadas são descritas em *http://www.securityfriday.com/promiscuous_detection_01.pdf*.

Saída de amostra

```
Host script results:
|_ sniffer-detect: Likely in promiscuous mode (tests:
"11111111")
```

snmp-brute.nse

Categorias: intrusive, auth

Tenta encontrar uma string de comunidade de SNMP por adivinhação à força bruta.

snmp-sysdescr.nse

Categorias: default, discovery, safe

Tenta extrair informações do sistema a partir de um serviço SNMP versão 1.

Saída de amostra

```
| snmp-sysdescr: HP ETHERNET MULTI-ENVIRONMENT,ROM
A.25.80,JETDIRECT,JD117,EEP ?
ROM V.28.22,CIDATE 08/09/2006
|_ System uptime: 28 days, 17:18:59 (248153900 timeticks)
```

sql-injection.nse

Categorias: intrusive, vuln

Percorre um servidor de HTTP procurando por URLs que contenham consultas vulneráveis a ataques de injeção de SQL.

O script percorre um servidor de HTTP procurando por URLs contendo consultas. Depois, ele passa à combinação de comandos SQL fabricados com URLs suscetíveis, a fim de obter erros. Os erros serão analisados para ver se o URL é vulnerável a ataques. Este script usa a forma mais básica de injeção de SQL, mas qualquer coisa mais complicada será mais adequada a uma ferramenta isolada. Tanto os redirecionamentos no estilo meta, quanto os de HTTP, são suportados.

Nós poderemos não ter acesso ao nome verdadeiro do servidor web do alvo, que poderá impedir acesso a sites hospedados virtualmente. Este script só segue links absolutos quando o componente do nome de hospedeiro é o mesmo que o nome de DNS reverso do servidor alvo.

ssh-hostkey.nse

Categorias: safe, default, intrusive

Mostra as chaves de SSH do hospedeiro.

Mostra a impressão digital da chave do servidor de SSH do alvo e (com um nível de verbosidade suficientemente alto) a própria chave pública. Ele registra as chaves de hospedeiro descobertas no nmap.registry para uso por outros scripts. A saída pode ser controlada com o argumento de script ssh_hostkey.

Argumentos do script

ssh_hostkey
    Controla o formato de exibição das chaves. Múltiplos valores podem ser fornecidos, separados por espaços. Os valores possíveis são:

- "full": toda a chave, não só a impressão digital.
- "bubble": saída Bubble Babble*.
- "visual": representação visual em arte ASCII.
- "all": todas as acima.

Uso

```
nmap host --script SSH-hostkey --script-args ssh_hostkey=full
nmap host --script SSH-hostkey --script-args ssh_hostkey=all
nmap host --script SSH-hostkey --script-args ssh_hostkey='visual bubble'
```

Saída de amostra

```
22/tcp open ssh
| ssh-hostkey: 2048 f0:58:ce:f4:aa:a4:59:1c:8e:dd:4d:07:44:c8:25:11 (RSA)
22/tcp open ssh
| ssh-hostkey: 2048 f0:58:ce:f4:aa:a4:59:1c:8e:dd:4d:07:44:c8:25:11 (RSA)
| +--[ RSA 2048]----+
| |  .E*+  |
```

---

* Bubble Babble - um tipo de codificação de dados binários. Para maiores informações, ver *http://www.answers.com/topic/bubble-babble*. - N. do T.

```
|  |  oo    |
|  | . o .  |
|  | O . .  |
|  | o S o .|
|  | = o + .|
|  | . * o .|
|  | = .    |
|  | o .    |
|_  +----------------+
22/tcp open ssh
| ssh-hostkey: 2048 xuvah-degyp-nabus-zegah-hebur-nopig-
bubig-difeg-hisym-rume ?
f-cuxex (RSA)
|_ ssh-rsa AAAAB3NzaC1yc2EAAAABIwAAAQEAwVuv2gcr0maaKQ69V
VIEv2ob4OxnuI64fkeOnCXD ?
1lUx5tTA+vefXUWEMxgMuA7iX4irJHy2zer0NQ3Z3yJvr5scPgTYIaEOp
5Uo/eGFG9Agpk5wE8CoF0e ?
47iCAPHqzlmP2V7aNURLMODb3jVZuI07A2ZRrMGrD8d888E2ORVOR
v1rYeTYCqcMMoVFmX9l3gWEdk4 ?
yx3w5sD8v501Iuyd1v19mPfyhrI5E1E1nl/Xjp5N0/
xP2GUBrdkDMxKaxqTPMie/f0dXBUPQQN697a5 ?
q+5lBRPhKYOtn6yQKCd9s1Q22nxn72Jmi1RzbMyYJ52FosDT755Qmb46GLrD
MaZMQ==
```

sshv1.nse

Categorias: default, safe

Checa se um servidor de SSH suporta o protocolo de SSH Versão 1, menos seguro e obsoleto.

sslv2.nse

Categorias: default, safe

Determina se o servidor suporta o obsoleto e menos seguro SSL-v2, e descobre quais cifras ele suporta.

Saída de amostra

```
443/tcp open https syn-ack
| sslv2: server still supports SSLv2
| SSL2_RC4_128_WITH_MD5
| SSL2_DES_192_EDE3_CBC_WITH_MD5
| SSL2_RC2_CBC_128_CBC_WITH_MD5
```

```
| SSL2_DES_64_CBC_WITH_MD5
| SSL2_RC4_128_EXPORT40_WITH_MD5
|_ SSL2_RC2_CBC_128_CBC_WITH_MD5
```

telnet-brute.nse

Categorias: auth, intrusive

Tenta obter credenciais de login de Telnet pela adivinhação de nomes de usuários e senhas.

upnp-info.nse

Categorias: default, safe

Tenta extrair informações do sistema a partir do serviço UPnP.

Saída de amostra

```
| upnp-info: System/1.0 UPnP/1.0 IGD/1.0
|_ Location: http://192.168.1.1:80/UPnP/IGD.xml
```

whois.nse

Categorias: discovery, external, safe

Consulta os serviços de WHOIS do Regional Internet Registries (RIR) e tenta recuperar informação sobre a Atribuição de Endereço IP que contém o endereço IP alvo.

Os campos apresentados contêm informações sobre a atribuição e a organização responsável pelo gerenciamento do espaço de endereços. Quando a verbosidade de saída for solicitada, na linha de comando do Nmap (-v) informações extras sobre a atribuição serão exibidas.

Para determinar quais RIRs consultar, para um dado endereço IP de alvo, este script utiliza dados de atribuições hospedados pela IANA. Os dados são guardados localmente e, depois, processados para uso como uma tabela de buscas. Os arquivos guardados localmente são atualizados periodicamente, para ajudar a assegurar que os dados são atuais. Se, por alguma razão, estes arquivos não estiverem disponíveis para o script, então uma sequência omissiva de serviços Whois será consultada, até que o registro desejado seja encontrado; ou uma recomendação para um outro serviço Whois (definido) seja encontrada; ou até que a sequência seja exaurida sem que se encontre nem uma recomendação, nem o registro desejado.

O script reconhecerá uma recomendação para um outro serviço Whois se este serviço estiver definido no script e continuará pelo envio de uma consulta ao serviço recomendado. Um registro será considerado desejado se não contiver uma recomendação.

Para reduzir o número de consultas desnecessárias enviadas aos serviços Whois, um cache de registro é empregado e as entradas no cache podem ser aplicadas a quaisquer alvos dentro da faixa de endereços representados no registro.

Em certas circunstâncias, a habilidade de reservar repostas impede a descoberta de outras atribuições menores de endereços IP aplicáveis ao alvo, porque uma resposta reservada é aceita em preferência ao envio de uma consulta Whois. Quando for importante assegurar que a informação mais precisa sobre a atribuição do endereço IP seja recuperada, o argumento de script whodb deverá ser usado com um valor de "nocache" (veja os argumentos do script). Isto reduz a faixa de endereços que podem usar um registro reservado a um tamanho que ajuda a assegurar que atribuições menores serão descobertas. Esta opção deverá ser usada com cuidado, devido ao potencial para enviar grandes números de consultas whois e possivelmente ser banido do uso dos serviços.

Ao usar este script, seu endereço IP será enviado à iana.org. Além do mais, seu endereço e o endereço do alvo do exame serão enviados a um dos RIRs.

Argumentos do script

whodb
    Usa qualquer um dos seguintes valores, que podem ser combinados:

- whodb=nofile Impede o uso de dados de atribuições da IANA e, ao invés, consulta os serviços omissivos.

- whodb=nofollow Ignora as recomendações e, ao invés, exibe o primeiro registro obtido.

- **whodb=nocache** Impede a aceitação de registros em cache, quando eles se aplicarem a grandes faixas de endereços.

- **whodb=[ids-dos-serviços]** Redefine os serviços omissivos a serem consultados. Implica em nofile.

Uso

```
# Uso básido:
nmap target --script whois

# Para impedir o uso dos dados de atribuições da IANA,
forneça o valor
# nofile para o argumento whodb:
nmap target --script whois --script-args whodb=nofile
nmap target --script whois --script-args whois={whodb=nofile}

# Fornecendo uma sequência de serviços whois também impedirá
o uso
# dos dados de atribuições da IANA e sobreporá a sequência
omissiva:
nmap target --script whois --script-args
whodb=arin+ripe+afrinic
nmap target --script whois --script-args
whois={whodb=apnic*lacnic}
# A ordem em que os serviços são fornecidos é a ordem em que
eles serão
# consultados (N.B. Vírgulas ou pontos-e-vírgulas não devem
ser
# usados para delimitar valores de argumentos).

# Para retornar o primeiro registro obtido, mesmo que ele
contenha uma recomendação
# para um outro serviço, forneça o valor nofollow para
whodb:
nmap target --script whois --script-args whodb=nofollow
nmap target --script whois --script-args
whois={whodb=nofollow+ripe}
# Note que somente um serviço (o primeiro fornecido) será
usado
# em conjunto com nofollow.

# Para assegurar a descoberta de atribuições menores, qmesmo
que exitam maiores
# no cache, forneça o valor nocache para o whodb:
nmap target --script whois --script-args whodb=nocache
nmap target --script whois --script-args
whois={whodb=nocache}
```

Saída de Amostra

```
Host script results:
| whois: Record found at whois.arin.net
| netrange: 64.13.134.0 - 64.13.134.63
| netname: NET-64-13-143-0-26
| orgname: Titan Networks
| orgid: INSEC
|_ country: US stateprov: CA
```

xampp-default-auth.nse

Categorias: auth, vuln

Checa se um servidor XAMP ou XAMPP FTP usa um nome de usuário e senha omissivos.

XAMP é uma distribuição do Apache projetada para fácil instalação e administração.

Saída de amostra

```
21/tcp open ftp
|_ xampp-default-auth: Login success with u/p: nobody/ xampp
```

9.6. Bibliotecas NSE

Além das significativas capacidades intrínsecas da Lua, nós escrevemos ou integramos muitas bibliotecas de extensão que tornam a escrita de scripts mais poderosa e conveniente. Estas bibliotecas (às vezes chamadas de módulos) são compiladas, se necessário, e instaladas juntamente com o Nmap. Elas têm seu próprio diretório, nselib, que é instalado no datadir configurado. Os scripts só precisam fazer um require[6] das bibliotecas omissivas para usá-las.

---

6 *http://www.lua.org/manual/5.1/manual.html#pdf-require*

9.6.1. Lista de Todas as Bibliotecas

Esta lista é apenas uma visão geral para dar uma ideia de quais bibliotecas estão disponíveis. Os desenvolvedores quererão consultar a documentação completa em *http://nmap.org/nsedoc/*.

base64
   Codificação e decodificação de base64. Segue a RFC 4648.

bin
   Empacota e desempacota dados binários.

bit
   Operações com bits em inteiros.

comm
   Funções comuns de comunicação para tarefas de descoberta de rede, como captura de saudações e troca de dados.

datafiles
   Lê e processa alguns dos arquivos de dados do Nmap: nmap-protocols, nmap-rpc, e nmap-services.

dns
   Biblioteca simples de DNS com suporte para a criação, codificação, decodificação e consultas de pacotes.

http
   Biblioteca de HTTP do lado cliente.

ipOps
   Funções utilitárias para manipulação e comparação de endereços IP.

listop
   Operações em listas no estilo funcional.

match
   Funções auxiliares de E/S de rede com buffer.

msrpc
   Chama várias funções de MSRPC.

netbios
Cria e processa tráfego de NetBIOS. O uso primário para esta biblioteca é o envio de requisições de nomes de NetBIOS.

nmap
Interface com a funcionalidade interna do Nmap.

openssl
Ligações com o OpenSSL.

packet
Facilidades para manipulação de pacotes crus.

pcre
Perl Compatible Regular Expressions (expressões regulares compatíveis com o Perl).

pop3
Funções de POP3.

shortport
Funções para construção de regras curtas de portas.

smb
Tráfego de Server Message Block (SMB, também conhecido como CIFS).

snmp
Funções de SNMP.

ssh1
Funções para o protocolo SSH-1.

ssh2
Funções para o protocolo SSH-2.

stdnse
Funções padrões do Mecanismo de Scripts do Nmap.

strbuf
Facilidades de buffer para strings.

tab
Arranja a saída em tabelas.

unpwdb
Biblioteca de base de dados de nomes de usuários/senhas.

url
Processamento e composição de URI, e resolução de URL relativo.

9.6.2. Adição de Módulos C à Nselib

Alguns dos módulos incluídos no nselib são escritos em C ou C++, ao invés de Lua. Dois exemplos são bit e pcre. Nós recomendamos que os módulos sejam escritos em Lua, se possível, mas C e C++ podem ser mais apropriados, se o desempenho for crítico ou (como no caso dos módulos pcre e openssl) se você estiver fazendo uma ligação com uma biblioteca C existente. Esta seção descreve como escrever suas próprias extensões compiladas ao nselib.

A API C da Lua é descrita em profundidade em *Programming in Lua, Second Edition,* então este é apenas um breve resumo. Módulos C consistem de funções que seguem o protocolo do tipo lua_CFunction[7]. As funções são registradas na Lua e montadas numa biblioteca chamando-se a função luaL_register. Uma função especial de inicialização fornece a interface entre o módulo e o resto do código NSE. Por convenção, a função de inicialização é nomeada na forma luaopen_*<módulo>*.

O menor módulo compilado que acompanha o NSE é o bit, e um dos mais diretos é o openssl.

Estes módulos servem como bons exemplos para um escritor de módulos principiante. O código fonte para bit é encontrado em nse_bit.cc e nse_bit.h, enquanto que a fonte do openssl está em nse_openssl.cc e nse_openssl.h. A maioria dos outros módulos compilados segue esta convenção de nomeação nse_*<nome do módulo>*.cc.

A revisão do módulo openssl mostra que uma das funções em nse_openssl.cc é l_md5, que calcula um extrato MD5. Seu protótipo de função é:

```
static int l_md5(lua_State *L);
```

O protótipo mostra que l_md5 corresponde ao tipo lua_CFunction. A função é estática porque não tem de ser visível para outro código compilado. Somente

---
[7] http://www.lua.org/manual/5.1/manual.html#lua_CFunction

um endereço é necessário para registrá-lo na Lua. Mais à frente, no arquivo, l_md5 é inserida numa matriz de tipo luaL_reg e associada ao nome md5:

```
static const struct luaL_reg opensslib[] = {
    { "md5", l_md5 },
    { NULL, NULL }
};
```

Esta função, agora, será conhecida como md5 para o NSE. Em seguida, a biblioteca é registrada com uma chamada a luaL_register dentro da função de inicialização luaopen_openssl, como mostrado em seguida. Algumas linhas relacionadas ao registro de tipos OpenSSL BIGNUM foram omitidas:

```
LUALIB_API int luaopen_openssl(lua_State *L) {
    luaL_register(L, OPENSSLLIBNAME, opensslib);
    return 1;
}
```

A função luaopen_openssl é a única função do arquivo que é exposta em nse_openssl.h. OPENSSLLIBNAME é simplesmente a string "openssl".

Depois que um módulo compilado for escrito, ele deverá ser adicionado ao NSE através de sua inclusão na lista de bibliotecas padrões em nse_init.cc. Depois os nomes de arquivos fontes do módulo deverão ser adicionados ao Makefile.in, nos lugares apropriados. Para ambas estas tarefas você poderá simplesmente seguir o exemplo dos outros módulos C. Para a construção no Windows, os novos arquivos fontes deverão ser adicionados ao arquivo de projeto mswin32/nmap.vcproj, usando o MS Visual Studio (veja a seção 2.4.4, "Compilar a partir do código fonte").

9.7. A API do Nmap

Os scripts NSE têm acesso a várias facilidades do Nmap para a escrita de scripts flexíveis e elegantes. A API fornece detalhes de hospedeiros alvos, tais como estados de portas e resultados de detecção de versão. Ela também oferece uma interface para a biblioteca Nsock para E/S eficiente de rede.

9.7.1. Informações Passadas a um Script

Um mecanismo de scripts eficaz, do Nmap, exige mais que apenas um interpretador Lua. Os usuários precisam de fácil acesso à informação que o Nmap descobriu sobre os hospedeiros alvo. Estes dados são passados como argumentos ao método action do script NSE. Os argumentos, host e port, são tabelas Lua que contêm informações sobre o alvo contra o qual o script será executado. Se um script corresponder a uma regra de hospedeiro, ele pegará apenas a tabela host, e se ele corresponder à regra de porta, ele pegará ambas as tabelas, host e port. A lista seguinte descreve cada variável nestas duas tabelas.

host

> Esta tabela é passada como parâmetro para as funções rule e action. Ela contém informações sobre o sistema operacional rodado pelo hospedeiro (se a chave -O tiver sido fornecida), o endereço IP e o nome de hospedeiro do alvo examinado.

host.os

> A entrada os, na tabela host, é uma matriz de strings. As strings (oito, no total) são os nomes dos sistemas operacionais que o alvo esteja possivelmente rodando. As strings só são entradas nesta matriz se a máquina alvo tiver uma correspondência perfeita com uma ou mais entradas na base de dados de SO. Se o Nmap foi executado sem a opção -O, então host.os is nil.

host.ip

> Contém uma representação em string do endereço IP do hospedeiro alvo. Se o exame foi executado contra um nome de hospedeiro e a consulta de DNS reverso retornou mais de um endereço IP, então o mesmo endereço IP será usado como o escolhido para o exame.

host.name

> Contém a entrada de DNS reverso do hospedeiro alvo examinado representada como string. Se o hospedeiro não tiver nenhuma entrada de DNS reverso, o valor do campo será uma string vazia.

host.targetname

> Contém o nome do hospedeiro como especificado na linha de comando. Se o alvo dado na linha de comando contiver uma máscara de rede ou for um endereço IP, o valor do campo será nil.

host.directly_connected
: Um valor booleano indicando se o hospedeiro alvo está, ou não, diretamente conectado a (isto é, no mesmo segmento de rede que) o hospedeiro que está rodando o Nmap.

host.mac_addr
: Endereço MAC do hospedeiro de destino (uma string binária de seis bytes) ou nil, se o hospedeiro não estiver diretamente conectado.

host.mac_addr_src
: Nosso próprio encereço MAC, que foi usado para a conexão com o hospedeiro (ou o de nossa placa de rede, ou o endereço simulado, se foi usada a opção --spoof-mac).

host.interface
: Uma string contendo o nome da interface (no estilo dnet) através da qual os pacotes são enviados ao hospedeiro.

host.bin_ip
: O endereço IPv4 do hospedeiro alvo na forma de um valor binário de 32 bits.

host.bin_ip_src
: O endereço IPv4 de origem de nosso hospedeiro (rodando o Nmap) na forma de um valor binário de 32 bits.

port
: A tabela de porta é passada a um script de serviço NSE (isto é, somente aqueles com uma regra de porta, ao invés de uma regra de hospedeiro) da mesma forma que a tabela de hospedeiros (host). Ela contém informações sobre a porta para a qual o script está rodando. Apesar desta tabela não ser passada para scripts de hospedeiros, os estados das portas no alvo ainda podem ser solicitados do Nmap usando-se a chamada nmap.get_port_state().

port.number
: Contém o número da porta da porta alvo.

port.protocol
: Define o protocolo da porta alvo. Os valores válidos são "tcp" e "udp".

port.service
: Contém uma representação em string do serviço em execução em port. number, conforme detectado pela detecção de serviço do Nmap. Se o campo port.version for nil, o Nmap adivinhou o serviço com baase no número da porta. Do contrário, a detecção de versão pôde determinar o serviço atendendo na porta e este campo é igual ao port.version.name.

port.version
: Esta entrada é uma tabela que contém informações recuperadas pelo mecanismo de exame de versões do Nmap. Alguns dos valores (tais como nome de serviço, confiabilidade do tipo de serviço e os valores relacionados com RPC) podem ser recuperados pelo Nmap, mesmo que um exame de versão não tenha sido realizado. Valores que não tenham sido determinados serão nil por omissão. O significado de cada valor é dado na tabela seguinte:

Tabela 9.1. Valores de port.version

Nome	Descrição
name	Contém o nome do serviço que o Nmap deduziu para a porta.
name_confidence	Avalia o quão confiante o Nmap está a respeito da precisão do nome, numa faixa de 1 (o menos confiante) a 10.
product, version, extrainfo, hostname, ostype, devicetype	Estas cinco variáveis são descritas em These five variables are described in <informação de versão> (seção 7.6.3, "Diretiva match").
service_tunnel	Contém a string "none" ou "ssl" de acordo com o Nmap ter usado, ou não, o tunelamento de SSL para detectar o serviço.
service_fp	A impressão digital do serviço, se houver, é fornecida neste valor. Isto é descrito na seção 7.7, "Contribuições da comunidade".
rpc_status	Contém um valor em string do good_prog, se nós pudemos determinar o número do programa de um serviço RPC atendendo na porta, unknown (desconhecido) se a porta parecer ser RPC, mas não tivermos podido determinar o número do programa, not_rpc, se a porta não parecer ser RPC, ou untested (não testada), se nós não tivermos verificado um status de RPC.
rpc_program, rpc_lowver, rpc_highver	O número do programa e a faixa de números de versão detectados que são suportados pelo programa de RPC. Estes serão nil se rpc_status for qualquer coisa que não good_prog.

port.state
> Contém informações sobre o estado da porta. Scripts de serviço rodam apenas para portas nos estados open (aberto) ou open|filtered (aberto ou filtrado), então port.state geralmente contém um destes valores. Outros valores poderão aparecer, se a tabela de porta for resultado da função get_port_state. Você poderá ajustar o estado da porta usando a chamada nmap.set_port_state(). Isto normalmente é feito quando uma porta open|filtered é vista como aberta.

9.7.2. API de E/S de Rede

Para permitir uma E/S de rede que seja eficaz e capaz de paralelização, o NSE fornece uma interface para o Nsock, a biblioteca de soquetes do Nmap. O mecanismo inteligente de callback que o Nsock usa é completamente transparente para os scripts NSE. O principal benefício dos soquetes do NSE é que eles nunca bloqueiam em operações de E/S, permitindo que muitos scripts sejam executados em paralelo. O paralelismo de E/S é completamente transparente para os autores de scripts NSE. No NSE você pode programar ou como se estivesse usando um único soquete não bloqueador, ou como se sua conexão fosse bloqueadora. Mesmo chamadas de E/S bloqueadoras retornam assim que um tempo de expiração especificado tiver excedido. Dois aspectos de E/S de rede são suportados: o estilo de conexão e o de pacotes crus.

E/S de rede no estilo de conexão

Esta parte da API de rede deverá ser conveniente para a maioria dos usos clássicos de rede: os usuários criam um soquete, conectam-no ao endereço remoto, enviam e recebem dados e, por fim, fecham o soquete. Tudo, até a camada de transporte (que é TCP, UDP ou SSL), é tratado pela biblioteca.

Um soquete NSE é criado por uma chamada a nmap.new_socket, que retorna um objeto soquete. O objeto soquete suporta os métodos comuns connect, send, receive, e close. Adicionalmente, as funções receive_bytes, receive_lines, e receive_buf permitem um maior controle sobre a recepção de dados. O exemplo 9.2 mostra o uso das operações de rede no estilo de conexão. A função try é usada para tratamento de erros, como descrito na seção 9.7.4, "Tratamento de exceções".

Exemplo 9.2. E/S no estilo de conexão

```
require("nmap")

    local socket = nmap.new_socket()
socket:set_timeout(1000)
try = nmap.new_try(function() socket:close() end)
try(socket:connect(host.ip, port.number))
try(socket:send("login"))
response = try(socket:receive())
socket:close()
```

E/S de rede no estilo de pacotes crus

Para aqueles casos em que a abordagem orientada por conexão é de nível muito alto, o NSE fornece aos desenvolvedores de scripts a opção de E/S de rede por pacotes crus.

A recepção de pacotes crus é tratada através de um empacotador da Libpcap dentro da biblioteca Nsock. Os passos são abrir um dispositivo de captura, registrar atendentes no dispositivo e, então, processar os pacotes à medida que eles são recebidos.

O método pcap_open cria um manipulador para leitura de soquetes crus, a partir de um objeto soquete normal. Este método usa uma função de callback, que computa um extrato de pacote (incluindo seus cabeçalhos). Este extrato pode retornar uma string binária, que é depois comparada com as strings registradas com a função pcap_register. A callback do extrato do pacote normalmente extrairá algumas porções do pacote, tais como seu endereço de origem.

O leitor da pcap é instruído a esperar por certos pacotes usando-se a função pcap_register. Esta função recebe uma string binária e a compara com o valor do extrato de cada pacote recebido. Aqueles pacotes, cujos extratos correspondam a quaisquer strings registradas serão retornados pelo método pcap_receive. Registre uma string vazia para receber todos os pacotes.

Um script recebe todos os pacotes para os quais um atendente tiver sido registrado por uma chamada ao método pcap_receive. O método bloqueia até que um pacote seja recebido ou uma expiração ocorra.

Quanto mais genérica a função de cálculo do extrato for mantida, mais scripts poderão receber o pacote e procederem com sua execução. Para tratar a captura de pacotes dentro de seu script, você primeiro terá de criar um soquete com nmap.new_socket e, posteriormente, fechar o soquete com objeto_soquete:close - exatamente como com a E/S de rede baseada em conexão.

A recepção de pacotes crus é importante, mas o seu envio é uma funcionalidade chave, também. Para conseguir isto, o NSE pode acessar um empacotador em torno da biblioteca libdnet. A escrita de pacotes crus não usa um objeto soquete padrão, como as leituras usam. Ao invés, chame a função nmap.new_dnet para criar um objeto dnet com métodos de envio por ethernet. Depois, abra uma interface com o método ethernet_open. Quadros crus de ethernet poderão, então, ser enviados com ethernet_send. Quando você terminar, feche o manipulador de ethernet com ethernet_close.

Às vezes, a maneira mais fácil de se entender APIs complexas é através de exemplos. O script sniffer-detect.nse incluído no Nmap usa a captura e o envio de pacotes crus numa tentativa de detectar máquinas em modo promíscuo, na rede (aqueles que estejam rodando farejadores).

9.7.3. Mutexes de Segmentos

Cada segmento de execução de script (p. ex.: o ftp-anon rodando contra um servidor de FTP no hospedeiro alvo) leva a outros scripts sempre que ele faça uma chamada em objetos de rede (envio ou recebimento de dados). Alguns scripts exigem um controle mais criterioso da concorrência sobre a execução do segmento. Um exemplo é o script whois que consulta servidores whois para cada endereço IP alvo. Como muitas consultas concorrentes frequentemente resultam no banimento do IP de alguém por abuso, e como uma única consulta pode retornar informações adicionais sobre alvos para os quais outros segmentos estejam rodando, será útil fazer com que outros segmentos pausem enquanto um único realize uma consulta.

Para resolver este problema, o NSE inclui uma função mutex, que fornece um mutex[8] (objeto de mútua exclusão) utilizável pelos scripts. O mutex permite que apenas um segmento esteja trabalhando num objeto. Os segmentos

---

8 http://en.wikipedia.org/wiki/Mutual_exclusion

concorrentes que estejam esperando para trabalhar neste objeto são postos na fila de espera, até que possam obter uma "trava" no mutex. Uma solução para o problema do whois, acima, seria fazer com que cada segmento bloqueasse num mutex usando uma string comum, assegurando, assim, que somente um segmento estaria consultando os servidores de whois de cada vez. Este segmento poderia armazenar os resultados no registro do NSE, antes de liberar a trava no mutex. O próximo script na fila de espera poderia, então, ser executado. Ele primeiramente verificaria o registro e somente consultaria os servidores de whois se os resultados fossem insuficientes.

O primeiro passo é criar um objeto mutex usando uma declaração como:

```
mutexfn = nmap.mutex(object)
```

O mutexfn retornado é uma função que funciona como um mutex para o objeto que lhe é passado. Este objeto pode ser qualquer tipo de dado Lua, com exceção de nil, booleanos e números. A função retornada permite que você trave, tente travar ou libere o mutex. Seu primeiro e único parâmetro deverá ser um dos seguintes:

"lock"
:   Faz uma trava bloqueadora no mutex. Se o mutex estiver ocupado (um outro segmento tiver uma trava nele), então o segmento cederá a vez e esperará. A função retorna com o mutex travado.

"trylock"
:   Faz uma trava não bloqueadora no mutex. Se o mutex estiver ocupado, então ela retornará imediatamente, com um valor de retorno de false. Do contrário, mutex travará o mutex e retornará true.

"done"
:   Libera o mutex e permite que um outro segmento o trave. Se o segmento não tiver uma trava no mutex, um erro será disparado.

"running"
:   Retorna o segmento travado no mutex, ou nil, se o mutex não estiver travado. Este só deverá ser usado para depuração, uma vez que ele interfere na coleta de lixo de segmentos finalizados.

Um exemplo simples de uso da API é fornecido no exemplo 9.3. Para exemplos da vida real, leia os scripts asn-query.nse e whois.nse na distribuição do Nmap.

Exemplo 9.3. Manipulação de mutex

```
local mutex = nmap.mutex("My Script's Unique ID");
function action(host, port)
    mutex "lock";
    -- Realiza trabalho crítico da seção -somente um
segmento por vez executa isto.
    mutex "done";
    return script_output;
end
```

9.7.4. Tratamento de Exceções

O NSE fornece um mecanismo de tratamento de exceções que não está presente na linguagem Lua base. Ele foi talhado especificamente para operações de E/S de rede, e segue um paradigma de programação funcional, ao invés de orientado por objetos. O método nmap.new_try, da API, é usado para criar um tratador de exceções. Este método retorna uma função que recebe um número variável de argumentos que serão considerados como sendo valores de retorno de uma outra função. Se uma exceção for detectada, nos valores de retorno (o primeiro valor de retorno é false), então a execução do script será abortada e nenhuma saída será produzida. Opcionalmente, você poderá passar uma função a new_try, que será chamada se uma exceção for capturada. A função geralmente realizará algumas operações necessárias de limpeza. O exemplo 9.4 mostra o tratamento de exceções em ação na limpeza. Uma nova função, chamada catch é definida para simplesmente fechar o soquete recém-criado, no caso de algum erro. Ela é, então, usada para proteger a conexão e as tentativas de comunicação naquele soquete. Se nenhuma função de captura for especificada, a execução do script abortará sem mais demora - os soquetes abertos permanecerão abertos até a próxima execução do coletor de lixo da Lua. Se o nível de verbosidade for pelo menos um, ou se o exame for realizado em modo de depuração, uma descrição da condição de erro não capturado será exibida na saída padrão. Note que, atualmente, não é facilmente possível agrupar várias declarações em um bloco try.

Exemplo 9.4. Exemplo de tratamento de exceções

```
local result, socket, try, catch

result = ""
socket = nmap.new_socket()
catch = function()
socket:close()
end
try = nmap.new_try(catch)

try(socket:connect(host.ip, port.number))
result = try(socket:receive_lines(1))
try(socket:send(result))
```

A escrita de uma função que seja tratada apropriadamente pelo mecanismo try/catch é direta. A função deverá retornar múltiplos valores. O primeiro valor deverá ser um booleano que será true no caso de completamento com sucesso da função, e false no caso contrário. Se a função foi completada com sucesso, a construção try consumirá o valor indicador e retornará os valores restantes. Se a função falhar, então o segundo valor retornado deverá ser uma string descrevendo a condição de erro. Note que, se o valor não for nil nem false, ele será tratado como true (verdadeiro), de forma que você poderá retornar seu valor no caso normal, e nil, <descrição do erro> se ocorrer algum erro.

9.7.5. O Registro

O registro é uma tabela Lua (acessível como nmap.registry) com a propriedade especial de ser visível por todos os scripts e reter seu estado entre execuções de scripts. O registro é transiente - ele não é armazenado entre execuções do Nmap. Todo script pode ler e escrever no registro. Os scripts normalmente o utilizam para salvar informações para outras instâncias do mesmo script. Por exemplo, os scripts whois e asn-query podem consultar um endereço IP, mas receberem informações que podem ser aplicadas a dezenas de milhares de IPs, naquela rede. O salvamento da informação no registro poderá evitar que outros segmentos de script tenham de repetir a consulta.

O registro também pode ser usado para passar informações para scripts completamente diferentes. Por exemplo, o script snmp-brute salva um nome de comunidade descoberto no registro, onde ele poderá ser usado por outros scripts de SNMP. Scripts que deixam para trás informações para um segundo script, devem ter um nível de execução mais baixo que este segundo, do contrário não haverá nenhuma garantia de que serão executados primeiro.

Como cada script pode escrever na tabela do registro, é importante evitar conflitos através da escolha inteligente das chaves (únicas).

9.8. Tutorial de Escrita de Scripts

Suponha que você esteja convencido do poder do NSE. Como fazer para escrever seu próprio script? Digamos que você queira extrair informações de um servidor de identificação para determinar o proprietário do processo que está atendendo numa porta TCP. Este não é, realmente, o propósito do identd (seu objetivo é ser consultado sobre o proprietário de conexões de saída, não de servidores em atenção), mas muitos servidores identd o permitem, de qualquer forma. O Nmap costumava ter esta funcionalidade (chamada exame de ident), mas ela foi removida, quando da transição para uma nova arquitetura do mecanismo de exames. Os usos do protocolo do identd é muito simples, mas ainda muito complicado para ser tratado com a linguagem de detecção de versão do Nmap. Primeiro, você se conecta ao servidor de identificação e envia uma consulta na forma *<porta no servidor>,<porta no cliente>* e terminada com um caractere newline. O servidor deverá, então, responder com uma string contendo a porta do servidor, a porta do cliente, o tipo de resposta e informações de endereço. A informação de endereço será omitida se houver algum erro. Mais detalhes estão disponíveis na RFC 1413, mas esta descrição é suficiente para nossos propósitos. O protocolo não pode ser modelado na linguagem de detecção de versão do Nmap por duas razões. A primeira é que você precisa conhecer tanto a porta local quanto a remota de uma conexão. A detecção de versão não fornece estes dados. A segunda, que é um obstáculo mais severo, é que você precisa de duas conexões abertas para o alvo - uma para o servidor de identificação e a outra para a porta atendente que você deseja consultar. Ambos os obstáculos são facilmente contornados com o NSE.

A anatomia de um script é descrita na seção 9.3, "Formato dos scripts". Nesta seção, nós mostraremos como a estrutura descrita é utilizada.

9.8.1. O Cabeçalho

O cabeçalho do script é essencialmente sua meta informação. Isto inclui os campos: description (descrição), categories (categorias), runlevel (nível de execução), author (autor), e license (licença), bem como informações iniciais do NSEDoc, tais como uso, argumentos e marcas de saída (veja a seção 9.9, "Escrevendo a documentação do script (NSEDoc)").

O campo description deverá conter um parágrafo ou mais descrevendo o que o script faz. Se qualquer coisa sobre os resultados do script puder confundir ou desorientar os usuários, e você não puder eliminar o problema através da melhora do script ou do texto dos resultados, ela deverá ser documentada na descrição. Se houver múltiplos parágrafos, o primeiro será usado como um breve resumo, onde for necessário. Certifique-se de que o primeiro parágrafo possa servir como um resumo isolado. Esta descrição é curta porque este é um script bem simples:

```
description = [[
Tenta encontrar o proprietário de uma porta TCP aberta,
consultando um servidor
de autenticação (identd - porta 113) que também deverá estar
aberto, no sistema alvo.
]]
```

Em seguida, vem a informação do NSEDoc. Este script omite as marcas comuns @usage e @args, já que ele é muito simples, mas ele tem uma marca @ output do NSEDoc:

```
---
--@output
-- 21/tcp   open  ftp      ProFTPD 1.3.1
-- |_ auth-owners: nobody
-- 22/tcp   open  ssh      OpenSSH 4.3p2 Debian 9etch2 (protocol 2.0)
-- |_ auth-owners: root
-- 25/tcp   open  smtp     Postfix smtpd
-- |_ auth-owners: postfix
-- 80/tcp   open  http     Apache httpd 2.0.61 ((Unix) PHP/4.4.7 ...)
-- |_ auth-owners: dhapache
-- 113/tcp  open  auth?
-- |_ auth-owners: nobody
-- 587/tcp  open  submission Postfix smtpd
-- |_ auth-owners: postfix
-- 5666/tcp open  unknown
-- |_ auth-owners: root
```

Em seguida, vem as marcas author, license, e categories. Este script pertence à categoria safe, porque nós não estamos usando o serviço para nada que ele não tenha sido projetado. Como o script deve ser executado por omissão, ele também está na categoria default (omissivo). Eis as variáveis no contexto:

```
author = "Diman Todorov <diman.todorov@gmail.com>"
license = "Same as Nmap--See http://nmap.org/book/man-legal.html"
categories = {"default", "safe"}
```

9.8.2. A Regra

A seção da regra é um método Lua que decide a omissão ou execução do método action do script para um serviço ou hospedeiro em particular. Esta decisão normalmente é baseada na informação de hospedeiro e porta, passada à função da regra. No caso do script de identificação, ela é ligeiramente mais complicada que isto. Para decidir se executará o script de identificação para a porta dada, nós precisaremos saber se há um servidor de autenticação rodando na máquina alvo. Em outras palavras, o script deverá ser executado somente se a porta TCP atualmente examinada estiver aberta e a porta 113 TCP também estiver aberta. Por ora, nós nos basearemos no fato de que os servidores de identificação atendem na porta 113 TCP. Infelizmente, o NSE só nos dá informações sobre a porta presentemente examinada.

Para descobrir se a porta 113 está aberta, nós usamos a função nmap.get_port_state. Se a porta da autenticação não for examinada, a função get_port_state retornará nil. Assim, nós verificamos se a tabela não é nil. Nós também verificamos se ambas as portas estão no estado open (aberto). Se este for o caso, a ação será executada. Do contrário, nós omitiremos a ação.

```
portrule = function(host, port)
    local auth_port = { number=113, protocol="tcp" }
    local identd = nmap.get_port_state(host, auth_port)

     if
     identd ~= nil
     and identd.state == "open"
     and port.protocol == "tcp"
     and port.state == "open"
    then
       return true
    else
       return false
    end
end
```

9.8.3. O Mecanismo

Enfim implementamos a funcionalidade real! O script, primeiro, se conecta à porta em que nós esperamos encontrar o servidor de identificação, depois ele se conectará à porta sobre a qual queremos informações. Fazê-lo envolve primeiro a criação de duas opções de soquetes, pela chamada a nmap.new_socket. Em seguida, nós definimos uma função catch, de tratamento de erros, que fechará esses soquetes se alguma falha for detectada. A esta altura, nós poderemos seguramente usar os métodos do objeto, tais como open, close, send e receive para operar no soquete de rede. Neste caso, nós chamaremos connect para fazer as conexões. O mecanismo de tratamento de exceções do NSE é usado para evitar código excessivo de tratamento de erros. Nós simplesmente empacotamos as chamadas de rede numa chamada try, que por sua vez chamará nossa função catch se alguma coisa der errado.

Se as duas conexões tiverem sucesso, nós construiremos uma string de consulta e processaremos a resposta. Se recebermos uma resposta satisfatória, nós retornaremos a informação recuperada.

Capítulo 9: Mecanismo de Scripts do Nmap — 391

```
action = function(host, port)
    local owner = ""

    local client_ident = nmap.new_socket()
    local client_service = nmap.new_socket()

        local catch = function()
        client_ident:close()
        client_service:close()
    end

        local try = nmap.new_try(catch)

        try(client_ident:connect(host.ip, 113))
        try(client_service:connect(host.ip, port.number))

        local localip, localport, remoteip, remoteport =
            try(client_service:get_info())

        local request = port.number .. ", " .. localport .. "\n"

        try(client_ident:send(request))
    owner = try(client_ident:receive_lines(1))

        if string.match(owner, "ERROR") then
        owner = nil
    else
        owner = string.match(owner, "USERID : .+ : (.+)\n",1)
    end

        try(client_ident:close())
    try(client_service:close())

        return owner
end
```

Note que como sabemos que a porta remota está armazenada em port.number, poderíamos ter ignorado os dois últimos valores de retorno de client_service:get_info() assim:

```
local localip, localport = try(client_service:get_info())
```

Neste exemplo, saímos *quietamente* se o serviço responder com um erro. Isto é feito através da atribuição de nil à variável owner, que será retornada. Os scripts NSE geralmente só retornam mensagens quando bem sucedidos, de forma que não inundem o usuário com alertas sem sentido.

9.9. Escrevendo a Documentação do Script (NSEDoc)

Os scripts são usados por mais do que apenas seus autores, então precisam de boa documentação. Os módulos do NSE precisam de documentação para que os desenvolvedores possam usá-los em seus scripts. O sistema de documentação do NSE, descrito nesta seção, objetiva atender a ambas estas necessidades. Durante a leitura desta seção, você poderá querer navegar pela documentação online do NSE, que é gerada por meio deste sistema. Ela está em *http://nmap.org/nsedoc/*.

O NSE usa uma versão personalizada do sistema de documentação LuaDoc[9], chamado NSEDoc. A documentação de scripts e módulos está contida em seu código fonte, como comentários com uma forma especial. O exemplo 9.5 é um comentário do NSEDoc retirado da função stdnse.print_debug().

Exemplo 9.5. Um comentário do NSEDoc para uma função

```
--- Apresenta uma mensagem de depuração formatada, se o
    nível de verbosidade atual
-- for maior ou igual ao nível dado.
--
-- Este é um empacotador de conveniência em torno de
-- <code>nmap.print_debug_unformatted()</code>. O
    primeiro argumento numérico
-- opcional, <code>verbosity</code>, é usado como nível de verbosidade necessário
-- para apresentação da mensagem (seu valor omissivo é 1). Todos os demais argumentos
-- são processados pela função Lua <code>string.for mat()</code>.
-- @param nivel Nível de verbosidade opcional.
-- @param fmt String de formato.
-- @param ... Argumentos para formatação.
```

---

9 *http://luadoc.luaforge.net/*

Os comentários de documentação começam com três traços: ---. O corpo do comentário é a descrição do código seguinte. O primeiro parágrafo da descrição deverá ser um breve resumo, com os parágrafos seguintes fornecendo mais detalhes. Marcas especiais começando com @ demarcam outras partes da documentação. No exemplo acima, você vê @param, que é usado para descrever cada parâmetro de uma função. Uma lista completa das marcas de documentação é encontrada na seção 9.9.1, "Marcas de documentação do NSE".

O texto envolvido em marcas no estilo HTML *<code>* e *</code>* serão compostas numa fonte de largura única. Isto deverá ser usado para nomes de variáveis e funções, bem como exemplos de código de múltiplas linhas. Quando uma sequência de linhas começar com os caracteres "* ", elas serão compostas como uma lista com marcadores. É de boa prática documentar cada função pública e tabela em um script ou módulo. Além disso, todo script e módulo deverá ter sua própria documentação em nível de arquivo. Um comentário de documentação no início de um arquivo (que não seja seguido por uma definição de função ou de tabela) se aplica a todo o arquivo. A documentação em nível de arquivo pode e deve ter vários parágrafos de extensão, com toda a informação de alto nível útil para um desenvolvedor que esteja usando um módulo ou um usuário que esteja rodando um script. O exemplo 9.6 mostra a documentação para o módulo comm (com alguns parágrafos removidos para poupar espaço).

Exemplo 9.6. Um comentário do NSEDoc para um módulo

```
--- Common communication functions for network discovery tasks like
-- banner grabbing and data exchange.
--
-- These functions may be passed a table of options, but it's not required. The
-- keys for the options table are <code>"bytes"</code>, <code>"lines"</code>,
-- <code>"proto"</code>, and <code>"timeout"</code>. <code>"bytes"</code> sets
-- a minimum number of bytes to read. <code>"lines"</code> does the same for
-- lines. <code>"proto"</code> sets the protocol to communicate with,
-- defaulting to <code>"tcp"</code> if not provided. <code>"timeout"</code>
```

```
-- sets the socket timeout (see the socket function
<code>set_timeout()</code>
-- for details).
-- @author Kris Katterjohn 04/2008
-- @copyright Same as Nmap--See http://nmap.org/book/man-
legal.html
```

Há algumas considerações especiais para a documentação de scripts, ao invés de funções e módulos. Em particular, os scripts têm variáveis especiais para algumas informações que, do contrário, pertenceriam a comentários de marcas @ (variáveis de script são descritas na seção 9.3, "Formado dos scripts"). Em especial, a descrição de um script pertence à variável de descrição, em vez de ao comentário da documentação, e a informação que iria em @author e @ copyright pertence às variáveis author e license, ao invés. O NSEDoc sabe destas variáveis e as usará em preferência aos campos nos comentários. Os scripts devem, também ter uma marca @output apresentando uma saída de amostra, bem como marcas @args e @usage onde for apropriado. O exemplo 9.7 mostra a forma correta da documentação em nível de script, usando uma combinação de comentários de documentação e variáveis do NSE.

Exemplo 9.7. Um comentário do NSEDoc para um script

```
description = [[
Maps endereços IP to autonomous system (AS) numbers.

    The script works by sending DNS TXT queries to a DNS
server which in
turn queries a third-party service provided by Team Cymru
(team-cymru.org) using an in-addr.arpa style zone set up
especially for
use by Nmap.
]]

       ---
-- @usage
-- nmap --script asn-query.nse [--script-args dns=<DNS
server>] <target>
-- @args dns The address of a recursive nameserver to use
(optional).
-- @output
-- Host script results:
-- | AS Numbers:
```

```
-- | BGP: 64.13.128.0/21 | Country: US
-- | Origin AS: 10565 SVCOLO-AS - Silicon Valley Colocation,
Inc.
-- | Peer AS: 3561 6461
-- | BGP: 64.13.128.0/18 | Country: US
-- | Origin AS: 10565 SVCOLO-AS - Silicon Valley Colocation,
Inc.
-- |_ Peer AS: 174 2914 6461

    author = "jah, Michael"
license = "Same as Nmap--See http://nmap.org/book/man-legal.
html"
categories = {"discovery", "external"}
```

Módulos compilados do NSE também são documentados com o NSEDoc, muito embora eles não tenham nenhum código fonte Lua. Cada módulo compilado tem um arquivo *<nome do módulo>*.luadoc que é mantido no diretório nselib, juntamente com os módulos Lua. Este arquivo lista e documenta as funções e tabelas no módulo compilado, como se eles fossem escritos em Lua. Somente o nome de cada função é exigido, não sua definição (nem mesmo end). Você deverá usar as marcas @name e @class, quando documentando uma tabela, para ajudar o processador de documentação a identificá-la. Há vários exemplos deste método de documentação na distribuição fonte do Nmap (incluindo nmap.luadoc, bit.luadoc, e pcre.luadoc).

9.9.1. Marcas de Documentação do NSE

As seguintes marcas são entendidas pelo NSEDoc:

@param
> Descreve um parâmetro de função. A primeira palavra seguindo @param é o nome do parâmetro sendo descrito. A marca deverá aparecer somente uma vez para cada parâmetro de uma função.

@see
> Adiciona uma referência cruzada para uma outra tabela ou função.

@return
> Descreve um valor de retorno de uma função. @return pode ser usada múltiplas vezes para múltiplos valores de retorno.

@usage
> Fornece um exemplo de uso de uma função ou script. No caso de uma função, o exemplo está no código Lua; para um script, ele é uma linha de comando do Nmap. @usage pode ser fornecido mais de uma vez.

@name
> Define um nome para a função ou tabela sendo documentada. Esta marca normalmente não é necessária, porque o NSEDoc infere os nomes a partir da análise do código.

@class
> Define a "classe" do objeto sendo modificado: function, table, ou module. Como com @name, esta é inferida automaticamente.

@field
> Na documentação de uma tabela, @field descreve o valor de um campo nomeado.

@args
> Descreve um argumento de script, como usado com a opção --script-args (veja a seção 9.2.3, "Argumentos para scripts"). A primeira palavra após o @args é o nome do argumento, e tudo o que se seguir é a descrição. Esta marca é especial para comentários em nível de script.

@output
> Esta marca, que é exclusiva para comentários em nível de script, mostra a saída de amostra de um script.

@author
> Esta marca, que pode ser usada múltiplas vezes, lista os autores de um módulo do NSE. Para scripts, use a variável author, ao invés.

@copyright
> Esta marca descreve o status de copyright de um módulo. Para scripts, use a variável license, ao invés.

9.10. Detecção de Versão Usando o NSE

O sistema de detecção de versão embutido no Nmap foi projetado para reconhecer eficientemente a vasta maioria dos protocolos com uma simples prova e sintaxe de correspondência de padrões. Alguns protocolos exigem comunicações mais complexas do que a detecção de versão pode tratar. Uma linguagem de scripts generalizada como a que é fornecida pelo NSE é perfeita para estes casos complicados.

A categoria version, do NSE, contém scripts que melhoram a detecção de versão padrão. Os scripts nesta categoria são executados sempre que você solicitar a detecção de versão, com -sV; você não precisará usar -sC para rodá-los. Isto afeta a outra forma, também: se você usar -sC, não obterá os scripts de versão, a menos que também use -sV.

Um protocolo que nós não fomos capazes de detectar com a detecção de versão normal foi o Skype versão 2. O protocolo foi provavelmente projetado para frustrar a detecção por medo de que a companhia telefônica associada ao serviço dos provedores de Internet pudesse considerá-lo um rival e interferissem no tráfego. Ainda assim, nós encontramos uma forma de detectá-lo. Se o Skype receber uma requisição de HTTP GET, ele finge ser um servidor web e retorna um erro 404. Mas para outras requisições ele envia de volta um punhado de dados com aspecto aleatório. A identificação apropriada exige o envio de duas provas e a comparação das duas respostas - uma tarefa ideal para o NSE. O simples script NSE que realiza isto é mostrado no exemplo 9.8.

Exemplo 9.8. Um típico script de detecção de versão (detecção do Skype versão 2)

```
description = [[
Detects the Skype version 2 service.
]]
author = "Brandon Enright <bmenrigh@ucsd.edu>"
license = "Same as Nmap--See http://nmap.org/book/man-legal.html"
```

```
categories = {"version"}

    require "comm"

    portrule = function(host, port)
    return (port.number == 80 or port.number == 443 or
        port.service == nil or port.service == "" or
        port.service == "unknown")
      and port.protocol == "tcp" and port.state == "open"
      and port.service ~= "http" and port.service ~= "ssl/
      http"
end

    action = function(host, port)
    local status, result = comm.exchange(host, port,
       "GET / HTTP/1.0\r\n\r\n", {bytes=26, proto=port.
       protocol})
    if (not status) then
       return
    end
    if (result ~= "HTTP/1.0 404 Not Found\r\n\r\n") then
       return
    end
    -- So far so good, now see if we get random data for
       another request
    status, result = comm.exchange(host, port,
       "random data\r\n\r\n", {bytes=15, proto=port.
       protocol})

       if (not status) then
       return
    end
    if string.match(result, "[^%s!-~].*[^%s!-~].*[^%s!-~]")
       then
       -- Detected
       port.version.name = "skype2"
       port.version.product = "Skype"
       nmap.set_port_version(host, port, "hardmatched")
       return
    end
    return
end
```

Se o script detectar o Skype, ele aumentará sua tabela de portas com os agora conhecidos campos name e product. Depois, ele enviará esta nova informação para o Nmap com uma chamada a nmap.set_port_version. Vários outros campos de versão estarão disponíveis para serem ajustados, se forem conhecidos,

Capítulo 9: Mecanismo de Scripts do Nmap — 399

mas neste caso nós só temos name e product. Para a lista completa dos campos de versão, consulte a documentação do nmap.set_port_version.

Note que este script não faz nada, a menos que ele detecte o protocolo. Um script não deverá produzir saída (além da saída de depuração) apenas para dizer que não descobriu nada.

9.11. Script de Exemplo: finger.nse

O script finger (finger.nse) é um perfeito exemplo de um script NSE curto e simples.

Primeiro, os campos de informação são atribuídos. Uma descrição detalhada do que o script realmente faz, vai no campo description.

```
description = [[
Attempts to get a list of usernames via the finger service.
]]
author = "Eddie Bell <ejlbell@gmail.com>"
license = "Same as Nmap--See http://nmap.org/book/man-legal.html"
```

O campo categories é uma tabela contendo todas as categorias às quais o script pertence - estas serão usadas para a seleção do script com a opção --script:

```
categories = {"default", "discovery"}
```

Você pode usar as facilidades fornecidas pela nselib (seção 9.6, "Bibliotecas NSE") usando um require. Aqui, nós queremos usar funções comuns de comunicação e regras de portas mais breves:

```
require "comm"
require "shortport"
```

Queremos rodar o script contra o serviço finger. Assim, testamos se ele está usando a porta bem conhecida do finger (79/tcp), ou se o serviço está nomeado como "finger", com base nos resultados da detecção de versão ou na listagem de números de portas no nmap-services:

```
portrule = shortport.port_or_service(79, "finger")
```

Primeiro, o script usa nmap.new_try para criar um tratador de exceções que terminará o script no caso de um erro. Em seguida, ele passa o controle a comm.exchange, que trata a transação de rede. Aqui, nós solicitamos uma espera, na troca de comunicações, até que tenhamos recebido pelo menos 100 linhas, uma espera de pelo menos 5 segundos, ou até que o lado remoto feche a conexão. Quaisquer erros serão tratados pelo tratador de exceções. O script retornará uma string se a chamada a comm.exchange() tiver sucesso.

```
action = function(host, port)
    local try = nmap.new_try()

        return try(comm.exchange(host, port, "\r\n",
        {lines=100, proto=port.protocol, timeout=5000}))
end
```

9.12. Detalhes de Implementação

Agora é hora de explorar os detalhes de implementação do NSE em profundidade. O entendimento de como o NSE funciona é útil para o projeto de scripts e bibliotecas eficientes. A referência canônica da implementação do NSE é o código fonte, mas esta seção fornece uma visão geral dos detalhes chaves. Ela deverá ser valiosa para o pessoal que estiver tentando entender e estender o código fonte do NSE, bem como para autores de scripts que queiram entender melhor como seus scripts são executados.

9.12.1. Fase de Inicialização

Durante seu estágio de inicialização, o Nmap carrega o interpretador Lua e suas bibliotecas fornecidas. Estas bibliotecas estão completamente documentadas no Manual de Referência da Lua[10]. Eis um resumo das bibliotecas, listadas alfabeticamente pelo seu nome do espaço de nomes:

---

10 *http://www.lua.org/manual/5.1/manual.html*

debug
: A biblioteca debug fornece uma API de baixo nível para o interpretador Lua, permitindo que você acesse funções juntamente com a pilha de execução, recupere clausuras de funções e metatabelas de objetos, e outras coisas mais.

io
: A biblioteca de Entrada/Saída oferece funções tais como para leitura de arquivos ou da saída de programas que você execute.

math
: Os números, em Lua, normalmente correspondem ao tipo double, em C, assim a biblioteca math fornece acesso a funções de arredondamento, funções trigonométricas, geração de números aleatórios e muito mais.

os
: A biblioteca de Sistema Operacional fornece facilidades do sistema, tais como operações de sistema de arquivos (incluindo renomeação ou remoção de arquivos e criação de arquivos temporários) e acesso ao ambiente do sistema.

package
: Dentre as funções fornecidas pelo pacote de bibliotecas da Lua está require, que é usada para carregar módulos da nselib.

string
: A biblioteca string fornece funções para manipulação de strings Lua, incluindo a formatação de strings no estilo de printf, a correspondência de padrões usando padrões no estilo Lua, a extração de sub-strings, e outras mais.

table
: A biblioteca de manipulação de tabelas é essencial para a operação nas estruturas centrais de dados da Lua (as tabelas).

Além do carregamento das bibliotecas fornecidas pela Lua, as funções do espaço de nomes nmap são carregadas. Os caminhos de busca são os mesmos diretórios que o Nmap busca por seus arquivos de dados, com exceção de que o diretório nselib é apensado a cada um. Neste estágio, quaisquer argumentos de script fornecidos são armazenados dentro do registro.

A próxima fase de inicialização do NSE é o carregamento dos scripts selecionados, com base nos omissivos ou nos argumentos fornecidos à opção --script. Os scripts da categoria version são carregados, também, se a detecção de versão estiver habilitada. O NSE tenta, primeiro, interpretar cada argumento para --script como uma categoria. Isto é feito com uma função C da Lua, no nse_init.cc, chamada entry, com base nos dados da base de dados de categorização de scripts script.db. Se a categoria for encontrada, estes scripts serão carregados. Do contrário, o Nmap tentará interpretar os argumentos para --script como arquivos ou diretórios. Se nenhum arquivo ou diretório com um dado nome for encontrado no caminho de busca do Nmap, um erro será emitido e o Mecanismo de Scripts abortará.

Se um diretório for especificado, todos os arquivos .nse dentro dele serão carregados. Cada arquivo carregado será executado pela Lua. Se uma *portrule* (regra de porta) estiver presente, ela será salva na tabela *porttests* com uma chave de portrule e um valor de clausura de arquivo. Do contrário, se o script tiver uma *hostrule* (regra de hospedeiro), ele será salvo na tabela *hosttests*, da mesma forma.

9.12.2. Correspondendo Scripts com Alvos

Depois que a inicialização tiver terminado, as hostrules e portrules serão avaliadas para cada hospedeiro no grupo de alvos atual. As regras de cada script selecionado serão testadas para cada hospedeiro e (no caso de scripts de serviço) para cada porta no estado open (aberto) ou open|filtered (aberto ou filtrado) nos hospedeiros. A combinação pode crescer bastante, então as portrules devem ser mantidas tão simples quanto possível. Guarde qualquer cálculo pesado para a action (ação) do script.

Em seguida, um segmento da Lua[11] será criado para cada uma das combinações de alvo de script correspondentes. Cada segmento será armazenado com informações pertinentes, tais como tabelas de nível de execução, de alvo, de porta alvo (se aplicável), de hospedeiro e de porta (passadas a action), e o tipo do script (script de serviço ou de hospedeiro). A função mainloop, então, processa cada agrupamento de nível de execução de segmentos em ordem.

---

11 *http://www.lua.org/manual/5.1/manual.html#2.11*

9.12.3. Execução de Scripts

O Nmap realiza o exame por scripts NSE em paralelo, tirando vantagem da biblioteca de E/S em paralelo Nsock, do Nmap, e da funcionalidade de linguagem das corrotinas[12] da Lua. As corrotinas oferecem multi-segmentação colaborativa, de forma que os scripts possam se suspender em pontos definidos e permitirem que outras corrotinas sejam executadas. A E/S de rede, particularmente na espera por respostas de hospedeiros remotos, frequentemente envolve longos tempos de espera. Então é aí que os scripts cedem à execução de outros. Funções chaves do empacotador do Nsock fazem com que os scripts cedam (pausem). Quando a Nsock termina o processamento de uma tal requisição, ela faz uma rechamada que faz com que o script seja retirado da fila de espera de volta para a fila de execução, de forma que ele possa retomar as operações quando sua vez chegar novamente.

A função mainloop move os segmentos entre as filas de espera e de execução, conforme necessário. Um segmento que ceder será movido da fila de execução para a lista de espera. Os segmentos em execução rodam até que ou cedam, ou terminem, ou falhem com um erro. Os segmentos são aprontados para execução (postos na fila de execução) por uma chamada a process_waiting2running. Este processo de agendamento de segmentos de execução e de movimentação de segmentos entre filas continua até que não exista mais nenhum segmento em nenhuma das filas.

---

12 *http://www.lua.org/manual/5.1/manual.html#2.11*

Capítulo 10:
Detectando e Subvertendo Firewalls e Sistemas de Detecção de Intrusão

10.1. Introdução

Muitos pioneiros da Internet divisaram uma rede global aberta, com um espaço de endereços IP universal, permitindo conexões virtuais entre quaisquer dois nós. Isto permitiria que os hospedeiros atuassem como verdadeiros parceiros, servindo e recuperando informações um do outro. As pessoas poderiam acessar todos os seus sistemas domésticos a partir do trabalho, alterando os ajustes do controle de climatização ou destravando as portas para convidados adiantados. Esta visão da conectividade universal foi abafada pelos encurtamentos dos espaços de endereços e pelas preocupações com segurança. No início da década de 1990, as organizações começaram a distribuir firewalls para o propósito expresso de reduzir a conectividade. Redes enormes foram isoladas da Internet não filtrada por representantes de aplicações, dispositivos de tradução de endereços de rede, e filtros de pacotes. O fluxo irrestrito de informações deu lugar a firmes regulamentações de canais de comunicação aprovados e do conteúdo que passa por eles.

Obstruções de rede tais como firewalls podem tornar o mapeamento de uma rede excessivamente difícil. E ele não vai se tornar nem um pouco mais fácil, já que o abafamento de eventuais reconhecimentos é frequentemente um objetivo chave da implementação dos dispositivos. De qualquer forma, o Nmap oferece muitas funcionalidades para ajudar no entendimento destas redes complexas, e para verificar se os filtros estão funcionando como deveriam. Ele suporta até mesmo mecanismos para ultrapassagem de defesas mal implementadas. Um dos melhores métodos de entendimento da postura de segurança de sua rede é tentar derrubá-la. Coloque-se no ponto de vista de um atacante e distribua técnicas deste capítulo contra suas redes. Lance um exame de rebate de FTP, um exame ocioso, um ataque de fragmentação, ou tente usar um túnel através de um de seus próprios proxies.

Além de restringirem a atividade de rede, as companhias estão cada vez mais monitorando o tráfego com sistemas de detecção de intrusão (IDS, na sigla em inglês). Todos os principais IDSs seguem com regras projetadas para detectar exames do Nmap, porque os exames são, às vezes, precursores de ataques. Muitos destes produtos se transformaram em sistemas de *prevenção* de intrusão (IPS, na sigla em inglês) que bloqueiam ativamente tráfego visto como malicioso. Infelizmente, para os administradores de redes e fornecedores de IDSs, a detecção confiável de más intenções pela análise de dados de pacotes é um problema complicado. Os atacantes com paciência, conhecimento e a ajuda de certas opções do Nmap podem, normalmente, passar pelos IDSs sem serem detectados. Enquanto isso, os administradores devem lidar com grandes números de resultados falsos-positivos em que atividades inocentes são incorretamente diagnosticadas e alertadas ou bloqueadas.

10.2. Por que Profissionais Éticos (chapéus-brancos) Fariam Isto?

Alguns de você, leitores chapéus-brancos, podem se sentir tentados a pular este capítulo. Para o uso autorizado de suas próprias redes, por que você quereria driblar seus próprios sistemas de segurança? Porque isto ajudaria no entendimento do perigo de atacantes reais. Se você puder passar sorrateiramente por uma porta bloqueada do portmapper usando o exame direto de RPC do Nmap, então a galera do mal também poderá. É fácil cometer um erro na configuração de firewalls complexos e de outros dispositivos. Muitos deles vêm até com brilhantes brechas de segurança que usuários conscientes devem encontrar e fechar. O exame regular da rede pode ajudar a encontrar regras implícitas perigosas (por exemplo, em seu Checkpoint Firewall-1 ou nos filtros do IPsec do Windows) antes que os atacantes o façam.

Há boas razões para a evitação de IDSs, também. A avaliação do produto é uma das mais comuns. Se os atacantes puderem deslisar por baixo do radar, simplesmente pela adição de um ou dois sinalizadores do Nmap, o sistema não estará oferecendo tanta proteção. Ele ainda poderá capturar os script kiddies e os vírus, mas estes são claramente óbvios, de qualquer forma.

Eventualmente, as pessoas sugerem que o Nmap deveria oferecer funcionalidades para evasão de regras de firewalls ou para passagem sorrateira por IDSs. Elas argumentam que estas funcionalidades são tão prováveis de serem indevidamente usadas por atacantes quanto por administradores para aumentar a segurança. O problema com esta lógica é que estes métodos ainda seriam usados pelos atacantes, que apenas encontrariam outras ferramentas ou emendariam a funcionalidade no Nmap. Enquanto isso, os administradores achariam muito mais difícil fazer seus trabalhos. A distribuição apenas de servidores de FTP modernos, emendados, é uma defesa muito mais poderosa do que a tentativa de impedir a distribuição de ferramentas que implementem o ataque de rebate de FTP.

10.3. Determinando as Regras do Firewall

O primeiro passo em direção à ultrapassagem das regras do firewall é entendê-las. Onde possível, o Nmap distingue entre portas que são atingíveis mas estão fechadas, e aquelas que estão ativamente filtradas. Uma técnica eficaz é começar com um exame normal de portas por SYN, depois passar a técnicas mais exóticas, tais como o exame por ACK e o sequenciamento de ID de IP, para se obter um melhor entendimento da rede.

10.3.1. Exame Padrão por SYN

Uma característica útil do protocolo TCP é que os sistemas são obrigados, pela RFC 793, a enviar uma resposta negativa a requisições de conexão não esperadas, na forma de um pacote RST (cancelar) do TCP. O pacote RST torna fácil o reconhecimento, para o Nmap, de portas fechadas. Dispositivos de filtragem, como firewalls, por outro lado, tendem a descartar os pacotes destinados a portas não permitidas. Em alguns casos, eles enviam mensagens de erro de ICMP (normalmente, porta inalcançável), ao invés. Como os pacotes descartados e os erros de ICMP são facilmente distinguíveis dos pacotes RST, o Nmap pode confiavelmente detectar as portas TCP filtradas das abertas ou fechadas, e ele o faz automaticamente. Isto é mostrado no exemplo 10.1.

Exemplo 10.1. Detecção de portas TCP fechadas e filtradas

```
# nmap -sS -T4 scanme.nmap.org

Starting Nmap ( http://nmap.org )
Interesting ports on scanme.nmap.org (64.13.134.52):
Not shown: 994 filtered ports
PORT       STATE     SERVICE
22/tcp     open      ssh
25/tcp     closed    smtp
53/tcp     open      domain
70/tcp     closed    gopher
80/tcp     open      http
113/tcp    closed    auth

Nmap done: 1 IP address (1 host up) scanned in 5.40 seconds
```

Uma das linhas mais importantes, no exemplo 10.1, é a nota destacada "Not shown: 994 filtered ports" (não mostradas: 994 portas filtradas). Em outras palavras, este hospedeiro tem uma política de firewall apropriada de negação por omissão. Somente as portas que o administrador explicitamente permitiu são alcançáveis, enquanto a ação omissiva é negá-las (filtrá-las). Três das portas enumeradas estão no estado aberto (22, 53, e 80), e outras três estão no estado fechado (25, 70, e 113). As demais 994 portas testadas são inalcançáveis por este exame padrão (filtradas).

Firewalls furtivos que retornam RST

Apesar da distinção, pelo Nmap, entre portas fechadas (que retornam um pacote RST) e filtradas (que não retornam nada ou uma mensagem de erro de ICMP) ser normalmente acurada, muitos dispositivos de firewall hoje são capazes de forjar pacotes RST como se eles estivessem vindo do hospedeiro de destino e atestando que a porta está fechada. Um exemplo desta capacidade é o sistema iptables do Linux, que oferece muitos métodos para rejeição de pacotes não desejados. A página manual do iptables documenta esta funcionalidade como segue:

--reject-with *tipo*

O *tipo* dado pode ser icmp-net-unreachable, icmp-host-unreachable, icmp-port-unreachable, icmp-proto-unreachable, icmp-net-prohibited ou icmp-host-prohibited, que retornam as mensagens de erro de ICMP apropriadas (porta inalcançável é o omissivo). A opção tcp-reset pode ser usada em regras que só correspondam ao protocolo TCP: ela faz com que um pacote RST de TCP seja enviado de volta. Isto é principalmente útil para o bloqueio de provas de ident (113/tcp) que comumente ocorrem quando do envio de e-mail a hospedeiros de correio interrompidos (que, do contrário, não aceitarão seu e-mail).

O forjamento de pacotes RST pelos firewalls e IDSs/IPSs não é particularmente comum fora da porta 113, já que isto pode ser confuso para operadores legítimos de rede e também permite que scanners passem para a próxima porta imediatamente, sem esperar pela expiração causada pelo descarte de pacotes. De qualquer forma, ele ocorre. Tal forjamento pode normalmente ser detectado pela cuidadosa análise do pacote RST em comparação com outros pacotes enviados pela máquina. A seção 10.6, "Detectando o forjamento de pacotes por Firewalls e Sistemas de Detecção de Intrusão" descreve técnicas eficazes para fazê-lo.

10.3.2. Exame por ACK

Como descrito em profundidade na seção 5.7, "Exame de TCP por ACK (-sA)", o exame por ACK envia pacotes TCP somente com o bit ACK ligado. Estejam as portas abertas ou fechadas, o alvo é obrigado pela RFC 793 a responder com um pacote RST. Firewalls que bloqueiam a prova, por outro lado, normalmente não fazem nenhuma resposta, ou enviam de volta um erro de ICMP de destino inalcançável. Esta distinção permite ao Nmap reportar se os pacotes ACK estão sendo filtrados. O conjunto de portas filtradas reportado por um exame por ACK do Nmap é, frequentemente, menor que o de um exame por SYN para a mesma máquina, porque os exames por ACK são mais difíceis de serem filtrados. Muitas redes permitem conexões de saída praticamente irrestritas, mas desejam impedir que hospedeiros da Internet iniciem conexões de volta a elas. O bloqueio de pacotes SYN que entram (sem o bit ACK ligado) é uma maneira fácil de se fazer isto, mas ele ainda permite que quaisquer pacotes ACK passem. O bloqueio destes pacotes ACK é mais difícil, porque eles não dizem qual o lado que iniciou a conexão. Para bloquear pacotes ACK não solicitados (como enviados pelo exame por ACK, do Nmap), ao mesmo tempo em que permitem pacotes ACK pertencentes a conexões legítimas, os firewalls devem observar, em todo seu estado, cada conexão estabelecida para determinar se um dado ACK é apropriado. Estes firewalls de estado são normalmente mais seguros, porque eles podem ser mais restritivos. O bloqueio de exames por ACK é uma restrição extra disponível. As desvantagens são que eles exigem mais recursos para funcionar, e a reinicialização de um firewall de estado pode fazer com que um dispositivos perca o estado e encerre todas as conexões estabelecidas passando por ele.

Apesar dos firewalls de estado estarem amplamente disseminados e aumentando em popularidade, a abordagem sem estado ainda é muito comum. Por exemplo, o sistema Netfilter/iptables do Linux suporta a opção de conveniência --syn para tornar a abordagem sem estado, descrita acima, fácil de se implementar.

Na seção anterior, um exame por SYN mostrou que todas as 1.000 portas comuns, com exceção de seis, em Scanme.nmap.org, estavam no estado filtrado. O exemplo 10.2 demonstra um exame por ACK no mesmo hospedeiro, para determinar se ele está usando um firewall de estado.

Exemplo 10.2. Exame porACK em Scanme

```
# nmap -sA -T4 scanme.nmap.org

Starting Nmap ( http://nmap.org )
Interesting ports on scanme.nmap.org (64.13.134.52):
Not shown: 994 filtered ports
PORT       STATE         SERVICE
22/tcp     unfiltered    ssh
25/tcp     unfiltered    smtp
53/tcp     unfiltered    domain
70/tcp     unfiltered    gopher
80/tcp     unfiltered    http
113/tcp    unfiltered    auth

Nmap done: 1 IP address (1 host up) scanned in 5.96 seconds
```

As mesmas seis portas mostradas no exame por SYN são mostradas aqui. As outras 994 ainda estão filtradas. Isto ocorre porque Scanme está protegido por esta diretiva de estado do iptables:

iptables -A INPUT -m state --state ESTABLISHED,RELATED -j ACCEPT. Isto só aceita pacotes que sejam parte ou estejam relacionados com uma conexão estabelecida. Pacotes ACK não solicitados enviados pelo Nmap são descartados, com exceção das seis portas especiais mostradas. Regras especiais permitem todos os pacotes para as portas 22, 25, 53, 70, e 80, bem como o envio de um pacote RST em resposta a provas para a porta 113. Note que as seis portas mostradas estão no estado unfiltered (não filtrado), uma vez que o exame por ACK os divide mais além em open (abertas - 22, 53, e 80) ou closed (fechadas - 25, 70, 113).

Agora vamos examinar um outro exemplo. Um hospedeiro Linux chamado para em minha rede local usa o seguinte script (simplificado para poupar espaço) de firewall:

```
#!/bin/sh
#
# Um script de firewall simples, sem estado, baseado no
hospedeiro.

# Primeiro de tudo, zera e exclui quaisquer tabelas
existentes
iptables -F
iptables -X

# Negação por omissão (entrada/encaminhamento)
iptables --policy INPUT DROP
iptables --policy OUTPUT ACCEPT
iptables --policy FORWARD DROP

# Eu quero tornar ssh e www acessíveis a partir do lado de
fora

iptables -A INPUT -m multiport -p tcp --destination-port
22,80 -j ACCEPT
# Permite respostas a requisições de TCP para fora
iptables -A INPUT --proto tcp ! --syn -j ACCEPT
```

Este firewall é sem estado, uma vez que não há nenhum sinal da opção --state ou de requisição do módulo -m state. O exemplo 10.3 mostra exames por SYN e por ACK neste hospedeiro.

Exemplo 10.3. Contrastando exames por SYN e por ACK em Para

```
# nmap -sS -p1-100 -T4 para

Starting Nmap ( http://nmap.org )
Interesting ports on para (192.168.10.191):
Not shown: 98 filtered ports
PORT      STATE     SERVICE
22/tcp    open      ssh
80/tcp    closed    http
MAC Address: 00:60:1D:38:32:90 (Lucent Technologies)

Nmap done: 1 IP address (1 host up) scanned in 3.81 seconds

# nmap -sA -p1-100 -T4 para

Starting Nmap ( http://nmap.org )
All 100 scanned ports on para (192.168.10.191) are:
unfiltered
MAC Address: 00:60:1D:38:32:90 (Lucent Technologies)

Nmap done: 1 IP address (1 host up) scanned in 0.70 seconds
```

No exame por SYN, 98 de 100 portas estavam filtradas. Ainda assim, o exame por ACK mostra cada porta examinada como não filtrada. Em outras palavras, todos os pacotes ACK estão atravessando sorrateiramente sem serem bloqueados e induzindo respostas de RST. Estas respostas também tornam o exame mais de cinco vezes mais rápido, uma vez que ele não tem de esperar por expirações.

Agora nós sabemos como distinguir entre firewalls de estado e sem estado, mas o que há de bom nisso? O exame por ACK de para mostra que alguns pacotes estão provavelmente alcançando o hospedeiro de destino. Digo provavelmente porque o forjamento de firewall sempre é possível. Embora você possa não ser capaz de estabelecer conexões TCP com estas portas, elas podem ser úteis para a determinação de quais endereços IP estão em uso, para testes de detecção de

SO, para certas simulações de ID de IP, e como um canal para o tunelamento de comandos para rootkits instalados nessas máquinas. Outros tipos de exames, tais como o exame por FIN, podem até ser capazes de determinar quais portas estão abertas e, assim, inferir o propósito dos hospedeiros. Tais hospedeiros podem ser úteis como zumbis para um exame ocioso de ID de IP.

Este par de exames também demonstra que o que nós estamos chamando de estado de uma porta não é unicamente uma propriedade da própria porta. Aqui, o mesmo número de porta é considerado filtrado por um tipo de exame e não filtrado por outro. A partir de que endereço IP você examine, as regras de quaisquer dispositivos de filtragem ao longo do caminho, e qual interface da máquina alvo você acesse podem, todos, afetar a forma como o Nmap vê as portas. A tabela de portas apenas reflete o que o Nmap viu quando rodando de uma máquina em particular, com um conjunto definido de opções, num dado instante.

10.3.3. Truques de ID de IP

O humilde campo de identificação, dentro dos cabeçalhos de IP pode divulgar uma quantidade surpreendente de informações. Posteriormente, neste capítulo, ele será usado para o exame de portas (técnica do exame ocioso) e para detectar se firewalls e sistemas de detecção de intrusão estão forjando pacotes RST como se eles viessem dos hospedeiros protegidos. Um outro truque sistemático é discernir qual endereço de origem ultrapassa o firewall. Não há sentido em se gastar horas num ataque cego de simulação "a partir de" 192.168.0.1, se algum firewall ao longo do caminho descartar todos estes pacotes.

Eu normalmente texto esta condição com a ferramenta livre, para prova de redes, **hping2**[1]. Esta é uma técnica realmente complexa, mas ela pode ser valiosa, às vezes. Eis aqui os passos que eu sigo:

1. Encontrar pelo menos uma porta (aberta ou fechada) acessível de uma máquina na rede interna. Roteadores, impressoras, e máquinas Windows frequentemente funcionam bem. Liberações recentes do Linux, Solaris, e OpenBSD resolveram grandemente o problema da predizibilidade dos números de sequência de ID de IP e não funcionarão. A máquina escolhida deverá ter pouco tráfego de rede, para evitar resultados confusos.

---

1 *http://www.hping.org*

2. Verificar se a máquina tem sequência predizíveis de ID de IP. O seguinte comando testa uma máquina Windows XP chamada playground. As opções do hping2 solicitam que cinco pacotes SYN sejam enviados à porta 80, com intervalos de um segundo.

```
# hping2 -c 5 -i 1 -p 80 -S playground
HPING playground (eth0 192.168.0.40): S set, 40 headers + 0
data bytes
len=46 ip=192.168.0.40 ttl=128 id=64473 sport=80 flags=RA
seq=0 rtt=0.7 ms
len=46 ip=192.168.0.40 ttl=128 id=64474 sport=80 flags=RA
seq=1 rtt=0.3 ms
len=46 ip=192.168.0.40 ttl=128 id=64475 sport=80 flags=RA
seq=2 rtt=0.3 ms
len=46 ip=192.168.0.40 ttl=128 id=64476 sport=80 flags=RA
seq=3 rtt=0.3 ms
len=46 ip=192.168.0.40 ttl=128 id=64477 sport=80 flags=RA
seq=4 rtt=0.3 ms

--- playground hping statistic ---
5 packets transmitted, 5 packets received, 0% packet loss
round-trip min/avg/max = 0.3/0.3/0.7 ms
```

Como os campos de ID de IP são perfeitamente sequenciais, podemos passar para o próximo teste. Se eles fossem aleatórios ou muito distanciados, teríamos de encontrar um novo hospedeiro acessível.

3. Iniciar uma inundação de provas para o alvo a partir de um hospedeiro próximo do seu (praticamente qualquer hospedeiro servirá). Um comando de exemplo é **hping2 --spoof scanme.nmap.org --fast -p 80 -c 10000 -S playground.** Substitua scanme.nmap.org por algum outro hospedeiro de sua escolha, e playground pelo seu hospedeiro alvo. Obter respostas de volta não é necessário, porque o objetivo é simplesmente incrementar as sequências de ID de IP. Não use o endereço real da máquina a partir da qual você está rodando o hping2. O uso de uma máquina próxima, na rede, é aconselhável, para reduzir a probabilidade de seu próprio provedor de acesso bloquear os pacotes.

Enquanto isto segue, refaça o teste do passo anterior em sua máquina alvo.

```
# hping2 -c 5 -i 1 -p 80 -S playground
HPING playground (eth0 192.168.0.40): S set, 40 headers + 0
data bytes
```

```
len=46 ip=192.168.0.40 ttl=128 id=64672 sport=80 flags=RA
seq=0 rtt=0.6 ms
len=46 ip=192.168.0.40 ttl=128 id=64683 sport=80 flags=RA
seq=1 rtt=0.2 ms
len=46 ip=192.168.0.40 ttl=128 id=64694 sport=80 flags=RA
seq=2 rtt=0.2 ms
len=46 ip=192.168.0.40 ttl=128 id=64705 sport=80 flags=RA
seq=3 rtt=0.2 ms
len=46 ip=192.168.0.40 ttl=128 id=64716 sport=80 flags=RA
seq=4 rtt=0.2 ms

--- playground hping statistic ---
5 packets transmitted, 5 packets received, 0% packet loss
round-trip min/avg/max = 0.2/0.3/0.6 ms
```

Desta vez, as IDs de IP estão sendo incrementadas em aproximadamente 11 por segundo, ao invés de um. O alvo está recebendo nosso 10 pacotes forjados por segundo, e respondendo a cada um deles. Cada resposta incrementa a ID de IP. Alguns hospedeiros usam uma única sequência de ID de IP para cada endereço IP com que eles se comunicam. Se este fosse o caso, nós não teríamos visto a ID de IP pulando assim, e teríamos de procurar por um hospedeiro alvo diferente, na rede.

4. Repetir o passo 3 usando endereços simulados que você suspeite poderem ser confiados ou permitidos através do firewall. Tente endereços por trás do firewall deles, bem como os de redes privadas da RFC 1918, como 10.0.0.0/8, 192.168.0.0/16, e 172.16.0.0/12. Tente também localhost (127.0.0.1) e talvez um outro endereço de 127.0.0.0/8 para detectar casos em que 127.0.0.1 esteja fixado ao código. Tem havido muitas brechas de segurança relacionadas a pacotes simulados de localhost, incluindo o infame ataque de negação de serviços Land. Sistemas mal configurados confiam, às vezes, nestes endereços, sem verificar se eles vêm da interface loopback. Se um endereço de origem atravessar até o hospedeiro final, a ID de IP saltará como visto no passo 3. Se ela continuar a ser incrementada lentamente, como no passo 2, os pacotes foram provavelmente descartados por um firewall ou roteador.

O resultado final desta técnica é uma lista de blocos de rede de endereços de origem que são permitidos através do firewall, e daqueles que estão bloqueados. Esta informação é valiosa por várias razões. Os endereços IP que uma companhia seleciona para bloqueio ou permissão podem dar pistas de quais endereços são usados internamente ou são confiados. Por exemplo, máquinas numa rede de produção de uma companhia podem confiar em endereços IP da rede corporativa, ou confiar numa máquina pessoal do administrador do sistema. Máquinas na mesma rede de produção também, às vezes, confiam umas nas outras, ou confiam em localhost. Relacionamentos comuns de confiança baseados em IP são vistos em exportações de NFS, regras de firewall de hospedeiro, empacotadores de TCP, aplicações personalizadas, rlogin etc. Um outro exemplo é o SNMP, onde uma solicitação simulada a um roteador Cisco poderia fazer o roteador transferir (TFTP) seus dados de configuração de volta ao atacante. Antes de despender um tempo substancial para encontrar e explorar estes problemas, use o teste descrito aqui para determinar se os pacotes simulados ao menos atravessam.

Um exemplo concreto deste problema de endereço de origem confiado: certa vez, eu percebi que um serviço personalizado de UDP de uma companhia permitia que os usuários omitissem a autenticação se eles viessem de blocos de rede especiais, entrados num arquivo de configuração. Estes blocos de rede correspondem a diferentes localizações da corporação, e a funcionalidade objetivava facilitar a administração e a depuração. O firewall de frente para a Internet deles inteligentemente tentava bloquear esses endereços, já que empregados reais poderiam acessar a produção a partir de um enlace privado, ao invés. Mas pelo uso das técnicas descritas nesta seção, eu descobri que o firewall não estava perfeitamente sincronizado com o arquivo de configuração. Havia alguns endereços a partir dos quais eu poderia forjar com sucesso as mensagens de controle de UDP e assumir o controle da aplicação deles.

Esta técnica de mapeamento das regras do firewall não usa o Nmap, mas os resultados são valiosos para futuras execuções. Por exemplo, este teste pode mostrar quando usar certas iscas (-D). As melhores iscas conseguirão chegar ao sistema alvo. Além disso, pacotes forjados deverão atravessar, para que o exame ocioso de ID de IP (discutido posteriormente) funcione. O teste de potenciais IPs de origem, com esta técnica, é normalmente mais fácil que encontrar e testar cada máquina proxy ociosa em potencial numa rede. Proxies ociosos em potencial só precisam ser testados se eles passarem pelo passo número dois, acima.

10.3.4. Exame de Versão de UDP

As seções anteriores focaram no protocolo prevalecente TCP. O trabalho com o UDP é frequentemente mais difícil, porque o protocolo não fornece o reconhecimento de portas abertas, como o TCP o faz. Muitas aplicações de UDP simplesmente ignorarão pacotes inesperados, deixando o Nmap inseguro sobre se a porta está aberta ou filtrada. Assim, o Nmap coloca estas portas ambíguas no estado open|filtered (aberto ou filtrado), como mostrado no exemplo 10.4.

Exemplo 10.4. Exame de UDP num hospedeiro protegido por firewall

```
# nmap -sU -p50-59 scanme.nmap.org

Starting Nmap ( http://nmap.org )
Interesting ports on scanme.nmap.org (64.13.134.52):
PORT        STATE           SERVICE
50/udp      open|filtered   re-mail-ck
51/udp      open|filtered   la-maint
52/udp      open|filtered   xns-time
53/udp      open|filtered   domain
54/udp      open|filtered   xns-ch
55/udp      open|filtered   isi-gl
56/udp      open|filtered   xns-auth
57/udp      open|filtered   priv-term
58/udp      open|filtered   xns-mail
59/udp      open|filtered   priv-file

Nmap done: 1 IP address (1 host up) scanned in 1.38 seconds
```

Este exame de 10 portas não foi muito útil. Nenhuma porta respondeu aos pacotes de provas e, então, elas estão todas listadas como abertas ou filtradas. Uma maneira de melhor entender quais portas estão realmente abertas é enviar todo um punhado de provas de UDP para dezenas de diferentes serviços conhecidos de UDP, na esperança de induzir uma resposta de quaisquer portas abertas. A detecção de versão do Nmap (capítulo 7, *Detecção de versão de serviços e de aplicações*) faz exatamente isto. O exemplo 10.5 mostra o mesmo exame com a adição da detecção de versão (-sV).

Exemplo 10.5. Exame de versão de UDP num hospedeiro protegido por firewall

```
# nmap -sV -sU -p50-59 scanme.nmap.org

Starting Nmap ( http://nmap.org )
Interesting ports on scanme.nmap.org (64.13.134.52):
PORT        STATE           SERVICE         VERSION
50/udp      open|filtered   re-mail-ck
51/udp      open|filtered   la-maint
52/udp      open|filtered   xns-time
53/udp      open            domain          ISC BIND 9.3.4
54/udp      open|filtered   xns-ch
55/udp      open|filtered   isi-gl
56/udp      open|filtered   xns-auth
57/udp      open|filtered   priv-term
58/udp      open|filtered   xns-mail
59/udp      open|filtered   priv-file

Nmap done: 1 IP address (1 host up) scanned in 56.59 seconds
```

A detecção de versão mostra sem sombra de dúvidas que a porta 53 (domínio) está aberta, e até mesmo o que ela está rodando. As outras portas ainda estão abertas ou filtradas, porque elas não responderam a nenhuma das provas. Elas estão provavelmente filtradas, embora isto não seja garantido. Elas podem estar rodando um serviço como o SNMP que só responde a pacotes com a string de comunidade correta. Ou elas poderiam estar rodando um serviço obscuro ou personalizado de UDP, para o qual nenhuma prova de detecção de versão, do Nmap, exista. Note, ainda, que este exame levou mais de 40 vezes o tempo do exame anterior. O envio de todas essas provas a cada porta é um processo relativamente lento. A adição da opção --version-intensity 0 reduziria significativamente o tempo do exame, ao só enviar as provas mais prováveis de induzirem uma resposta dos serviços num dado número de porta.

10.4. Contornando Regras de Firewalls

Apesar do mapeamento das regras de firewalls poder ser valioso, contornar as regras é, frequentemente, o objetivo primário. O Nmap implementa muitas técnicas para se fazer isto, embora a maioria só seja eficaz em redes muito mal configuradas. Infelizmente, estas são comuns. As técnicas individuais têm, cada uma, uma baixa probabilidade de sucesso, então tente tantos métodos diferentes quantos forem possíveis. O atacante só precisará encontrar uma configuração indevida para ter sucesso, enquanto que os defensores da rede devem fechar cada brecha.

10.4.1. Sinalizadores Exóticos de Exames

A seção anterior discutiu o uso de um exame por ACK para mapear quais portas da rede alvo estão filtradas. Entretanto, ele não poderia determinar quais das portas acessíveis estavam abertas ou fechadas. O Nmap oferece vários métodos de exame que são bons na passagem sorrateira por firewalls, ao mesmo tempo que ainda fornecem as informações desejadas dos estados das portas. O exame por FIN é uma destas técnicas. Na seção 10.3.2, "Exame por ACK", os exames por SYN e por ACK foram executados numa máquina chamada para. O exame por SYN mostrou apenas duas portas abertas, talvez devido a restrições de firewall. Enquanto isso, o exame por ACK não foi capaz de distinguir entre portas abertas e fechadas. O exemplo 10.6 mostra uma outra tentativa de exame em para, desta vez usando um exame por FIN. Como um pacote FIN puro está sendo definido, este pacote ultrapassa as regras que bloqueiam pacotes SYN. Apesar do exame por SYN só ter encontrado uma porta aberta em 100, o exame por FIN encontra ambas.

Exemplo 10.6. Exame por FIN num firewall sem estado

```
# nmap -sF -p1-100 -T4 para

Starting Nmap ( http://nmap.org )
Interesting ports on para (192.168.10.191):
Not shown: 98 filtered ports
PORT        STATE           SERVICE
22/tcp      open|filtered   ssh
53/tcp      open|filtered   domain
MAC Address: 00:60:1D:38:32:90 (Lucent Technologies)

Nmap done: 1 IP address (1 host up) scanned in 1.61 seconds
```

Muitos outros tipos de exames valem ser tentados, uma vez que as regras de firewall do alvo e o tipo do hospedeiro alvo determinam quais técnicas funcionarão. Alguns tipos de exames particularmente valiosos são o por FIN, de Maimon, de janela, por SYN/FIN, e nulo. Estes são todos descritos no capítulo 5, *Técnicas e algoritmos de exames de portas*.

10.4.2. Manipulação de Porta de Origem

Uma configuração incorreta surpreendentemente comum é confiar em tráfego com base somente no número da porta de origem. É fácil entender como isto surge. Um administrador configurará um novíssimo firewall somente para ser inundado por reclamações de usuários ingratos cujas aplicações pararam de funcionar. Em particular, o DNS pode estar interrompido, porque as respostas de UDP de DNO de servidores externos não podem mais entrar na rede. O FTP é um outro exemplo comum. Em transferências ativas de FTP, o servidor remoto tenta estabelecer uma conexão de volta ao cliente para transferir o arquivo solicitado.

Soluções seguras para estes problemas existem, frequentemente na forma de módulos de firewall de processamento de protocolo ou de proxies em nível de aplicação. Infelizmente, também há soluções mais fáceis e inseguras. Percebendo que as respostas de DNS vêm da porta 53 e o FTP ativo da porta 20, muitos administradores caem na armadilha de simplesmente permitirem o tráfego que chegue partindo destas portas. Eles normalmente consideram que nenhum atacante notará e explorará tais brechas de firewall. Em outros casos, os administradores consideram isto como uma medida de improviso de curto prazo, até que eles possam implementar uma solução mais segura. Depois, eles esquecem da atualização de segurança.

Administradores de rede sobrecarregados não são os únicos a caírem nesta armadilha. Numerosos produtos seguem com estas regras inseguras. Até mesmo a Microsoft tem sido culpada. Os filtros IPsec que acompanham o Windows 2000 e o Windows XP contêm uma regra implícita que permite todo o tráfego de TCP ou UDP originado na porta 88 (Kerberos). O fãs da Apple não devem ficar muito eufóricos com relação a isto, porque o firewall que acompanha o Mac OS X Tiger é igualmente ruim. Jay Beale descobriu que mesmo que você habilite a caixa "Block UDP Traffic" (bloquear tráfego de UDP), na GUI do firewall, os pacotes vindos da porta 67 (DHCP) e 5.353 (Zeroconf) passarão sem interrupção. Ainda mais outro exemplo patético desta configuração é que o firewall pessoal Zone Alarm (versões até 2.1.25) permitiam quaisquer pacotes de UDP de chegada com a porta de origem 53 (DNS) ou 67 (DHCP).

O Nmap oferece as opções -g e --source-port (elas são equivalentes) para explorar estas fraquezas.

Simplesmente forneça um número de porta, e o Nmap enviará pacotes a partir daquela porta, onde possível. O Nmap deverá usar diferentes números de porta para que certos testes de detecção de SO funcionem devidamente. A maioria dos exames de TCP, incluindo o exame por SYN, suporta completamente esta opção, tanto quanto o exame de UDP. Em maio de 2004, JJ Gray postou exames de exemplo do Nmap no Bugtraq que demonstram a exploração do erro da porta de origem 88 do Windows IPsec contra um dos clientes dele. Um exame normal, seguido por um exame com -g 88 são mostrados no exemplo 10.7. Parte da saída foi removida a bem da brevidade e da clareza.

Exemplo 10.7. Ultrapassando o filtro Windows IPsec usando a porta de origem 88

```
# nmap -sS -v -v -PN 172.25.0.14

Starting Nmap ( http://nmap.org )
Interesting ports on 172.25.0.14:
Not shown: 1658 filtered ports
PORT          STATE          SERVICE
88/tcp        closed         kerberos-sec
Nmap done: 1 IP address (1 host up) scanned in 7.02 seconds
# nmap -sS -v -v -PN -g 88 172.25.0.14
Starting Nmap ( http://nmap.org )
Interesting ports on 172.25.0.14:
Not shown: 1653 filtered ports
PORT          STATE          SERVICE
135/tcp       open           msrpc
139/tcp       open           netbios-ssn
445/tcp       open           microsoft-ds
1025/tcp      open           NFS-or-IIS
1027/tcp      open           IIS
1433/tcp      open           ms-sql-s

Nmap done: 1 IP address (1 host up) scanned in 0.37 seconds
```

Note que a porta 88 fechada foi a dica que levou JJ a tentar usá-la como porta de origem. Para mais informações sobre esta vulnerabilidade, veja o artigo 811832 da Microsoft Knowledge Base.

10.4.3. Ataques de IPv6

Apesar do IPv6 não ter exatamente dominado o mundo, ele é razoavelmente popular no Japão e em algumas outras regiões. Quando as organizações adotam este protocolo, elas geralmente esquecem de bloqueá-lo, como instintivamente aprenderam a fazer com o IPv4. Ou podem tentar fazê-lo, mas descobrem que seu hardware não suporta regras de filtragem de IPv6.

A filtragem de IPv6 pode, às vezes, ser mais crítica que a de IPv4, porque o espaço de endereços expandido permite, normalmente, a alocação de endereços IPv6 globalmente endereçáveis para hospedeiros que normalmente teriam de usar os endereços IPv4 privados especificados pela RFC 1918.

A realização de um exame de IPv6, ao invés do omissivo de IPv4 é frequentemente tão fácil quanto adicionar -6 à linha de comando. Certas funcionalidades, tais como a detecção de SO e o exame de UDP, ainda não são suportados por este protocolo, mas as funcionalidades mais populares funcionam. O exemplo 10.8 demonstra exames de IPv4 e IPv6 scans, realizados há muito tempo, em uma bem conhecida organização de desenvolvimento e promoção do IPv6.

Exemplo 10.8. Comparando os exames de IPv4 e IPv6

```
> nmap www.kame.net

Starting Nmap ( http://nmap.org )
Interesting ports on kame220.kame.net (203.178.141.220):
Not shown: 984 closed ports
Port            State           Service
19/tcp          filtered        chargen
21/tcp          open            ftp
22/tcp          open            ssh
53/tcp          open            domain
80/tcp          open            http
111/tcp         filtered        sunrpc
137/tcp         filtered        netbios-ns
138/tcp         filtered        netbios-dgm
```

```
139/tcp      filtered    netbios-ssn
513/tcp      filtered    login
514/tcp      filtered    shell
2049/tcp     filtered    nfs
2401/tcp     open        cvspserver
5999/tcp     open        ncd-conf
7597/tcp     filtered    qaz
31337/tcp    filtered    Elite

Nmap done: 1 IP address (1 host up) scanned in 34.47 seconds
> nmap -6 www.kame.net
Starting Nmap ( http://nmap.org )
Interesting ports on 3ffe:501:4819:2000:210:f3ff:fe03:4d0:
Not shown: 994 closed ports
Port         State       Service
21/tcp       open        ftp
22/tcp       open        ssh
53/tcp       open        domain
80/tcp       open        http
111/tcp      open        sunrpc
2401/tcp     open        cvspserver

Nmap done: 1 IP address (1 host up) scanned in 19.01 seconds
```

O primeiro exame mostra numerosas portas filtradas, incluindo serviços frequentemente exploráveis, como o SunRPC, o Windows NetBIOS, e o NFS. Ainda assim, o exame do mesmo hospedeiro com IPv6 não mostra nenhuma porta filtrada! De repente, o SunRPC (porta 111) está disponível e esperando ser consultado por um **rpcinfo** habilitado ao IPv6 ou pela detecção de versão do Nmap, que suporta o IPv6. Eles corrigiram o problema logo depois que eu lhes notifiquei sobre ele.

Para realizar um exame de IPv6, um sistema deve estar configurado para IPv6. Ele deverá ter um endereço de IPv6 e informações de roteamento. Como meus provedores de acesso não fornecem endereços de IPv6, eu uso o serviço gratuito de distribuição de túneis de IPv6 em *http://www.tunnelbroker.net*. Outros distribuidores de túneis são listados na Wikipedia[2]. Túneis 6to4 são uma outra abordagem popular e gratuita. É claro que esta técnica exige que o alvo também use IPv6.

---

2 *http://en.wikipedia.org/wiki/List_of_IPv6_tunnel_brokers*

10.4.4. Exame ocioso de ID de IP

O exame ocioso de ID de IP tem uma reputação de ser um dos tipos de exames mais invisíveis, já que nenhum pacote é enviado ao alvo a partir de seu endereço real. As portas abertas são inferidas a partir das sequências de ID de IP de uma máquina zumbi escolhida. Uma característica menos reconhecida do exame ocioso é que os resultados obtidos são realmente aqueles que você obteria se o zumbi fosse examinar o hospedeiro alvo diretamente. De forma similar à que a opção -g permite a exploração de portas de origem confiadas, o exame ocioso pode, às vezes, explorar endereços IP de origem confiados. Este engenhoso tipo de exame, que foi originalmente concebido pelo pesquisador de segurança Antirez, é completamente descrito na seção 5.10, "Exame ocioso de TCP (-sI)".

10.4.5. Múltiplas Provas de ping

Um problema comum quando da tentativa de exame através de redes protegidas por firewalls é que as provas de ping descartadas podem levar à perda de hospedeiros. Para reduzir este problema, o Nmap permite que uma variedade muito ampla de provas seja enviada em paralelo. Esperançosamente, ao menos um conseguirá passar. O capítulo 3, *Descoberta de hospedeiros ("exame por ping")* discute estas técnicas a fundo, incluindo dados empíricos sobre as melhores técnicas de robustecimento de firewalls.

10.4.6. Fragmentação

Alguns filtros de pacotes têm problemas ao lidar com fragmentos de pacotes de IP. Eles podem remontar os pacotes por si mesmos, mas isto exige recursos extras. Há também a possibilidade de que os fragmentos sigam por caminhos diferentes, impedindo a remontagem. Devido a esta complexidade, alguns filtros ignoram todos os fragmentos, enquanto outros automaticamente passam todos os fragmentos, com exceção do primeiro. Coisas interessantes podem acontecer se o primeiro fragmento não for longo o suficiente para conter todo o cabeçalho de TCP, ou se o segundo pacote o sobrescrever parcialmente. O número de dispositivos de filtragem vulneráveis a estes problemas está diminuindo, embora não custe nada tentar.

Um exame do Nmap usará minúsculos fragmentos de IP se a opção -f for especificada. Por omissão, o Nmap incluirá até oito bytes de dados em cada fragmento, de forma que um típico pacote de TCP de 20 ou 24 bytes (dependendo das opções) será enviado em três minúsculos fragmentos. Cada instância de -f adiciona oito ao tamanho máximo dos dados do fragmento. Assim, -f -f permite até 16 bytes de dados dentro de cada fragmento. Alternativamente, você pode especificar a opção --mtu e fornecer o número máximo de bytes de dados como argumento. O argumento para --mtu deverá ser um múltiplo de oito, e não poderá ser combinado com a opção -f.

Alguns sistemas de origem desfragmentam os pacotes de saída no kernel. O Linux, com o módulo de acompanhamento de conexões do iptables, é um exemplo. Faça um exame enquanto roda um farejador, como o Wireshark, para assegurar que os pacotes enviados estão fragmentados. Se o SO de seu hospedeiro estiver causando problemas, tente a opção --send-eth para eliminar a camada de IP e enviar quadros crus de ethernet.

A fragmentação só é suportada para as funcionalidades de pacotes crus do Nmap, que incluem os exames de portas de TCP e UDP (com exceção do exame por connect e do exame por rebate de FTP) e a detecção de SO. Funcionalidades tais como a detecção de versão e o Mecanismo de Scripts do Nmap geralmente não suportam a fragmentação, porque elas se baseiam na pilha de TCP de seu hospedeiro para se comunicarem com os serviços alvo.

Fragmentos de IP fora de ordem e parcialmente sobrepostos podem ser úteis para a pesquisa e exploração da rede, mas isto pede uma ferramenta de manipulação de rede de nível ainda mais baixo que o Nmap. O Nmap envia fragmentos em ordem, sem nenhuma sobreposição. Se um exame de porta fragmentado conseguir passar, uma ferramenta como o Fragroute[3] pode ser usada para fragmentar outras ferramentas e explorações usadas para atacar o hospedeiro.

10.4.7. Proxies

Proxies em nível de aplicação, particularmente para a web, têm se tornado populares devido aos benefícios percebidos de segurança e eficiência da rede (através de uso de cache). Como os firewalls e IDSs, proxies mal configurados podem causar muito mais problemas de segurança do que eles resolvem. O problema mais frequente é uma falha no ajuste de controles de acesso

---

3 *http://www.monkey.org/~dugsong/fragroute/*

apropriados. Centenas de milhares de proxies amplamente abertos existem, na Internet, permitindo que qualquer um os utilize como trampolins anônimos para outros sites na Internet. Dezenas de organizações usam scanners automatizados para encontrar estes proxies abertos e distribuir os endereços IP. Eventualmente, os proxies são usados para coisas questionavelmente positivas, como escapar da censura draconiana imposta pelo governo chinês a seus residentes. Esta "grande muralha corta fogo da China" ficou conhecida por bloquear o website do New York Times, bem como outros sites de notícias, política e de espiritualidade com que o governo discorda. Infelizmente, os proxies abertos são mais frequentemente abusados por gente mais sinistra, que quer irromper anonimamente em sites, cometer fraudes com cartões de crédito ou inundar a Internet com spam.

Embora a hospedagem de um proxy amplamente aberto para recursos na Internet possa causar numerosos problemas, uma condição mais séria é quando os proxies abertos permitem conexões de volta à rede protegida. Administradores que decidem que os hospedeiros internos devem usar um proxy para acessar recursos da Internet frequentemente permitem, inadvertidamente, tráfego na direção oposta, também. O hacker Adrian Lamo ficou famoso por irromper na Microsoft, Excite, Yahoo, WorldCom, the New York Times, e outras grandes redes, normalmente pela exploração desta técnica de proxy reverso.

O Nmap não oferece, presentemente, nenhuma opção de exame através de proxies, embora ele esteja alto na lista de prioridades. A seção 7.9, "SOLUÇÃO: Aprimorar a detecção de versão para adequá-la a necessidades personalizadas, tais como a detecção de proxies abertos" discute uma maneira de encontrar proxies abertos usando a detecção de versão do Nmap. Além disso, inúmeros scanners de proxies dedicados livres estão disponíveis em sites da Internet como o Packet Storm[4]. Listas de milhares de proxies abertos estão amplamente disseminadas, também.

10.4.8. Simulação de Endereço MAC

Dispositivos de ethernet (incluindo Wi-Fi) são identificados por um endereço único, de seis bytes, de controle de acesso a meios (MAC, na sigla em inglês).

---

4 http://packetstormsecurity.nl/

Os três primeiros bytes compõem um identificador organizacionalmente único (OUI, na sigla em inglês). Este prefixo é atribuído a um fornecedor pelo IEEE. O fornecedor é, então, responsável por atribuir os três bytes restantes de forma única para os adaptadores e dispositivos que ele vende. O Nmap inclui uma base de dados que mapeia OUIs para os nomes de fornecedores a que eles estão atribuídos. Isto ajuda na identificação de dispositivos, durante o exame de uma rede, embora esta seção descreva por que ela não pode ser totalmente confiada. O arquivo da base de dados de OUI, o nmap-mac-prefixes, é descrito na seção 14.6, "Prefixos de fornecedores de endereços MAC: nmap-mac-prefixes".

Embora os endereços MAC sejam pré-atribuídos aos dispositivos ethernet, eles podem ser mudados com um driver na maioria dos hardwares atuais. Mas como poucas pessoas mudam seus endereços MAC (ou mesmo sabem que têm um), muitas redes os utilizam para propósitos de identificação e autorização. Por exemplo, a maioria dos pontos de acesso sem fios fornece uma opção de configuração para limitar o acesso a um certo conjunto de endereços MAC. Da mesma forma, algumas redes pagas ou privadas lhe forçarão a se autenticar ou pagar depois que você se conectar usando um formulário web. Então, eles permitirão que você acesse o resto da rede com base em seu endereço MAC. Dado que é geralmente fácil farejar endereços MAC (eles devem ser incluídos em cada quadro enviado e recebido) e, depois, simular aquele MAC para obter acesso não autorizado à rede, esta forma de controle de acesso é bastante fraca. Ela também só é eficaz nos limites de uma rede, uma vez que um endereço MAC de um hospedeiro final é substituído, quando atravessando um roteador.

Além do controle de acesso, os endereços MAC são, às vezes, usados para contabilidade. Os administradores de rede registrarão endereços MAC quando eles obtiverem uma sessão de DHCP ou quando uma nova máquina se comunicar na rede. Se reclamações de abusos de rede ou de pirataria forem recebidas, posteriormente, eles descobrirão o endereço MAC com base no endereço IP e na hora do incidente. Depois, eles usarão o MAC para rastrear a máquina responsável e seu proprietário. A facilidade da simulação de endereços MAC indetermina um pouco esta abordagem. Mesmo quando os usuários são culpados, eles podem ampliar o espectro de simulação de endereços MAC para desviar a responsabilidade.

O Nmap suporta a simulação de endereços MAC com a opção --spoof-mac. O argumento fornecido usa várias formas. Se ele for simplesmente o número 0, o Nmap escolherá um endereço MAC completamente aleatório para a sessão. Se a string fornecida for um número par de seis dígitos (com os pares opcionalmente separados por dois-pontos), o Nmap usará estes como MAC. Se menos de 12 dígitos hexas forem fornecidos, o Nmap preencherá os seis bytes restantes com valores aleatórios. Se o argumento não for um zero ou uma string hexa, o Nmap procurará no nmap-mac-prefixes por um nome de fornecedor contendo a string dada (que é insensível ao caso). Se uma correspondência for encontrada, o Nmap usará o OUI do fornecedor e preencherá os demais três bytes aleatoriamente. Exemplos válidos de argumento para --spoof-mac são Apple, 0, 01:02:03:04:05:06, deadbeefcafe, 0020F2, e Cisco. Esta opção implica em --send-eth para assegurar que o Nmap realmente enviará pacotes de ethernet de baixo nível. Esta opção só afetará os exames por pacotes crus, tais como o exame por SYN ou a detecção de SO, não as funcionalidades orientadas por conexão, tais como a detecção de versão ou o Mecanismo de Scripts do Nmap.

Mesmo quando a simulação de endereços MAC não for necessária para acesso à rede, ela poderá ser usada para subterfúgios. Se eu estiver numa conferência e lançar um exame a partir de meu Thinkpad com --spoof-mac Apple, olhos suspeitosos poderão se voltar para os usuários de MacBook, na sala.

10.4.9. Roteamento de Origem

Esta técnica da velha guarda ainda é eficaz, em alguns casos. Se um roteador em particular, no meio do caminho, estiver lhe causando problemas, tente encontrar uma rota que o contorne. A eficácia desta técnica é limitada porque os problemas com a filtragem de pacotes normalmente ocorrem na rede alvo, ou perto dela. Estas máquinas são prováveis de ou descartar todos os pacotes de origem roteada, ou serem o único caminho para a rede. O Nmap suporta tanto o roteamento vago quanto o estrito, na fonte, usando a opção --ip-options. Por exemplo, especificando --ip-options "L 192.168.0.7 192.168.30.9" solicita-se que o pacote seja vagamente roteado na fonte através destes dois pontos dados de caminho de IP. Especifique S, em vez de L, para um roteamento estrito na fonte. Se você optar pelo roteamento estrito na fonte, tenha em mente que terá de especificar cada salto no caminho.

Para um exemplo da vida real do roteamento na fonte usado para evitação de políticas de filtragem numa rede moderna, veja a seção 10.4.12, "Um exemplo prático, da vida real, de subversão de firewall". Apesar do roteamento de IPv4 na fonte ser muito comumente bloqueado, a forma de roteamento na fonte de IPv6 é muito mais extensa. Um artigo interessante sobre este problema está disponível em *http://lwn.net/Articles/232781/*.

Se um caminho roteado na origem até uma máquina alvo for descoberto com o Nmap, a explorabilidade não estará limitada ao exame de portas. O Netcat[5] de Hobbit é uma ferramenta clássica para habilitação de comunicação TCP e UDP sobre caminhos roteados na fonte (use a opção -g).

10.4.10. Exame por Rebate de FTP

Apesar de apenas uma pequena porcentagem de servidores de FTP ainda ser vulneráveis, vale a pena checar todos os sistemas de seus clientes com relação a este problema. No mínimo, ele permite que atacantes externos utilizem sistemas vulneráveis para examinar outros parceiros. Configurações piores permitem até que os atacantes atravessem os firewalls da organização. Detalhes e exemplos desta técnica são fornecidos na seção 5.12, "Exame de TCP por rebate de FTP (-b)". O exemplo 10.9 mostra uma impressora HP sendo usada para encaminhar um exame de portas. Se esta impressora estiver por trás do firewall da organização, ela poderá ser usada para examinar endereços internos normalmente inacessíveis (para o atacante), também.

Exemplo 10.9. Explorando uma impressora com o exame por rebate de FTP

```
felix~> nmap -p 22,25,135 -PN -v -b XXX.YY.111.2 scanme.
nmap.org
Starting Nmap ( http://nmap.org )
Attempting connection to ftp://anonymous:-wwwuser@@XXX.
YY.111.2:21
Connected:220 JD FTP Server Ready
Login credentials accepted by ftp server!
Initiating TCP ftp bounce scan against scanme.nmap.org
(64.13.134.52)
Adding open port 22/tcp
```

---

5 *http://sectools.org/#netcat*

```
Adding open port 25/tcp
Scanned 3 ports in 12 seconds via the Bounce scan.
Interesting ports on scanme.nmap.org (64.13.134.52):
PORT        STATE       SERVICE
22/tcp      open        ssh
25/tcp      open        smtp
135/tcp     filtered    msrpc

Nmap done: 1 IP address (1 host up) scanned in 21.79 seconds
```

10.4.11. Use um Caminho Alternativo

Eu odeio abusar do clichê "pense fora da máquina", mas bater continuamente na porta da frente de uma rede bem segura nem sempre é a melhor abordagem. Procure outras formas. Abuse das linhas telefônicas deles, ataque subsidiárias que possam ter acesso especial à rede, ou apareça nos escritórios deles com um equipamento de farejamento de Wi-Fi, ou mesmo penetre sorrateiramente e se conecte a um conveniente encaixe de ethernet. O Nmap funciona bem através de todas estas conexões. Apenas assegure-se de que seu contrato de teste de penetração cubra estes métodos antes que seu cliente lhe pegue numa roupa de ninja agarrado ao teto do centro de dados deles.

10.4.12. Um Exemplo Prático, da Vida Real, de Subversão de Firewall

Agora que muitas técnicas individuais para ultrapassagem de firewalls foram cobertas, é hora de reuni-las todas num cenário de teste de penetração da vida real. Tudo começou com uma postagem[6] na lista *pen-test* da SecurityFocus pelo profissional de segurança Michael Cain. Ele e seu colega Demetris Papapetrou estavam testando a penetração da rede interna de uma grande corporação e tinham acabado de ultrapassar as regras do firewall, preparadas para impedir que uma VLAN acessasse a outra. Eu tive o prazer de ler que eles realizaram este feito usando o Nmap, e eu escrevi para eles pedindo a história completa. Ela tanto era instrutiva quanto inspiradora, no sentido de que demonstrava o valor da perseverança e da experimentação de cada técnica que você conhece, mesmo depois das explorações mais comuns falharem. Não deixe que o firewall lhe derrote!

---
6 *http://seclists.org/pen-test/2008/Mar/0010.html*

Capítulo 10: Detectando e Subvertendo Firewalls... — 431

A história começa com Michael e Demetris realizando um exame do Nmap que mostra que eles estão amarrados numa rede fortemente filtrada. Eles podem alcançar alguns servidores corporativos, mas não nenhuma das (possivelmente vulneráveis) máquinas de trabalho clientes, que têm de existir em algum lugar na rede. Talvez eles estejam numa rede restrita de um saguão ou sala de conferências, ou talvez num ponto de acesso sem fios configurado para convidados corporativos. Alguns dos hospedeiros e redes descobertos são mostrados no exemplo 10.10. Alguns detalhes nesta história (tais como endereços IP) foram mudados por questões de confidencialidade. Eu chamarei a corporação alvo de Megacorp.

Exemplo 10.10. Alguns hospedeiros e redes interessantes na Megacorp

```
10.10.5.1 - Um roteador/firewall que nos dará dores de
            cabeça, posteriormente.
10.10.5.42 -Nossos protagonistas estão examinando a partir
            desta máquina.
10.10.6.30 -files2.megacorp.com; o Nmap mostra este como uma
            máquina Windows, com a porta 445 aberta.
10.10.6.60 -mail.megacorp.com; a detecção de SO do Nmap
            mostra que este é um Solaris 8. A porta 25 está
            aberta e acessível.
10.10.10.0/24 -  Nada é mostrado, aqui, mas muitos dos IPs
                 têm nomes de DNS reverso, então Demetris
                 suspeita que um firewall possa estar blo
                 queando suas provas. O objetivo é alcançar
                 quaisquer hospedeiros disponíveis nesta
                 subrede.
```

Dado o objetivo de determinar se algum hospedeiro está se ocultando na rede 10.10.10.0/24, Demetris inicia com um simples exame por ping, usando consultas de requisição de eco de ICMP (-PE). Os resultados são mostrados no exemplo 10.11.

Exemplo 10.11. Exame por ping na rede alvo

```
# nmap -n -sP -PE -T4 10.10.10.0/24
Starting Nmap ( http://nmap.org )
Nmap done: 256 IP addresses (0 hosts up) scanned in 26.167
seconds
```

O exame por ping falha em encontrar quaisquer hospedeiros responsivos. Demetris está compreensivelmente desapontado, mas, pelo menos, isto torna esta seção mais interessante e instrutiva. Talvez a rede realmente esteja vazia, mas ela também pode estar recheada de máquinas vulneráveis que Demetris esteja impedido de acessar. Ele precisa penetrar mais fundo. No exemplo 10.12, Demetris escolhe um IP daquela rede e realiza um exame por ping. Ele especifica as opções de rastreamento de pacotes (--packet-trace) e de verbosidade extra (-vv) para determinar o que está ocorrendo em nível de pacotes. A razão para a escolha de apenas um IP é evitar uma confusa inundação de centenas de pacotes.

Exemplo 10.12. Rastreamento de pacotes em um único IP

```
# nmap -vv -n -sP -PE -T4 --packet-trace 10.10.10.7

Starting Nmap ( http://nmap.org )
SENT (0.3130s) ICMP 10.10.5.42 > 10.10.10.7 echo request
(type=8/code=0)
  ttl=41 id=7193 iplen=28
RCVD (0.3130s) ICMP 10.10.5.1 > 10.10.5.42 host 10.10.10.7
unreachable
  (type=3/code=1) ttl=255 id=25980 iplen=56

Nmap done: 1 IP address (0 hosts up) scanned in 0.313
seconds
```

Parece que Demetris está recebendo mensagens de ICMP de hospedeiro inalcançável, durante a tentativa de exame destes IPs (ou pelo menos deste). Roteadores normalmente fazem isto quando um hospedeiro está indisponível e, então, eles não podem determinar um endereço MAC. Isto também é causado eventualmente por filtragens. Demetris examina os outros hospedeiros na rede e verifica que eles se comportam da mesma forma. É possível que apenas pacotes ICMP sejam filtrados, então Demetris decide tentar um exame de TCP por SYN. Ele roda o comando **nmap -vv -n -sS -T4 -PN --reason 10.10.10.0/24**. Todas as portas são mostradas como filtradas, e os resultados de --reason culpam algumas mensagens de hospedeiro inalcançável e algumas portas não responsivas. As portas não responsivas podem ser devidas à limitação da taxa de mensagens de hospedeiro inalcançável enviadas pelo roteador. Muitos roteadores só enviarão uma destas a cada poucos segundos. Demetris pode verificar se a limitação da taxa é a causa, rodando o exame novamente e vendo se as mensagens de hospedeiro inalcançável vêm exatamente para o mesmo conjunto de portas. Se as portas forem as mesmas, isto poderá ser um filtro específico baseado em portas. Se o Nmap receber mensagens de hospedeiro inalcançável para portas diferentes, a cada vez, a limitação de taxa é provavelmente a causa.

Se um filtro estiver causando o problema, ele poderá ser um simples firewall sem estado, que é comumente disponível em roteadores e switches. Como discutido nas seções anteriores, estes, às vezes, permitem que pacotes ACK de TCP passem sem serem molestados. Demetris repete o exame, mas especifica -sA para um exame por ACK, ao invés de -sS. Quaisquer portas não filtradas encontradas pelo exame sugerirão que os pacotes ACK conseguiram atravessar e induziram uma resposta de RST de TCP do hospedeiro alvo. Infelizmente, os resultados foram todos filtrados, neste caso, exatamente como com o exame por SYN.

Demetris decide tentar algo mais avançado. Ele já sabe que a porta 445 está aberta na máquina Windows em 10.10.6.30 (files2.megacorp.com), do seu exame inicial com o Nmap. Apesar de Demetris não ter podido alcançar a rede 10.10.10.0/24 diretamente, talvez files2 (sendo um importante servidor de arquivos da companhia) seja capaz de acessar esta faixa de IPs. Demetris decide tentar apresentar seus exames a partir de files2 usando o exame ocioso de ID de IP. Primeiro ele quer assegurar que files2 funcionará como um zumbi, testando-o contra 10.10.6.60 - uma máquina sabida como responsiva, com a porta 25 aberta. Os resultados deste teste são mostrados no exemplo 10.13.

Exemplo 10.13. Testando um exame ocioso*

```
# nmap -vv -n -PN -sI 10.10.6.30:445 -p 25 10.10.6.60

Starting Nmap ( http://nmap.org )
```

---

* O texto informa: "Muito embora seu zumbi (10.10.6.30) pareça ser vulnerável à predição da sequência de ID de IP (classe: Incremental), nossas tentativas falharam. Isto geralmente significa que ou o zumbi usa uma base separada de ID de IP para cada hospedeiro (como o Solaris), ou porque você não pode simular pacotes de IP (talvez seu provedor de acesso tenha habilitado a filtragem de saída para impedir a simulação de IPs), ou talvez a rede alvo reconheça a origem dos pacotes como falsa e os descarte". - N. do T.

```
Initiating idle scan against 10.10.6.60 at 13:10
Idle scan using zombie 10.10.6.30 (10.10.6.30:445); Class:
Incremental Even though your Zombie (10.10.6.30) appears
to be vulnerable to IP ID sequence prediction (class:
Incremental), our attempts have failed. This generally means
that either the Zombie uses a separate IP ID base for each
host (like Solaris), or because you cannot spoof IP packets
(perhaps your ISP has enabled egress filtering to prevent IP
spoofing), or maybe the target network recognizes the packet
source as bogus and drops them
QUITTING!
```

O uso de 10.10.6.30 como zumbi ocioso não resolveu bem. Se o problema fosse devido a tráfego pesado, ele poderia tentar novamente no meio da noite. A opção --packet-trace combinada com a leitura exaustiva da seção 5.10, "Exame ocioso de TCP (-sI)" poderia ajudar a determinar por que 10.10.6.30 não está funcionando como zumbi. Demetris tenta o punhado de outros hospedeiros que ele encontrou na rede, e nenhum funciona como zumbi.

Demetris começa a se preocupar sobre se conseguirá irromper na rede 10.10.10.0/24. Felizmente, ele é um veterano nisto, e tem um outro truque nas mangas - o roteamento de IP na fonte. Nos primeiros tempos da Internet (e mesmo hoje, com o IPv6), o roteamento na fonte era uma importante e amplamente distribuída funcionalidade de diagnóstico de rede. Ele permite que você especifique os saltos que você quer que um pacote dê até o seu alvo, ao invés de confiar nas regras normais de roteamento. Com o roteamento estrito na fonte, você deve especificar todos os saltos. O roteamento vago na fonte permite que você preencha pontos chaves de IP do caminho, enquanto que o roteamento normal da Internet preenche os detalhes dos saltos entre esses pontos do caminho.

Há muito tempo, a comunidade que trabalhava com redes chegou ao consenso de que o roteamento na fonte era mais problemático (particularmente para a segurança) do que valia a pena. Muitos roteadores (se não a maioria) eram configurados para descartar pacotes de IPv4 roteados na fonte, então algumas pessoas consideraram o problema resolvido desde o início dos anos 90. Ainda assim, o roteamento na fonte, como a inundação por SYN e o farejamento de senhas de Telnet, continua como um raro mas potente risco. Demetris testa este ataque fazendo um exame por ping em files2 (10.10.6.30) usando pacotes roteados vagamente na fonte, através do servidor de correio 10.10.6.60. Os resultados são mostrados no exemplo 10.14.

Exemplo 10.14. Testando o roteamento na fonte

```
# nmap -n -sP -PE --ip-options "L 10.10.6.60" --reason
10.10.6.30
Starting Nmap ( http://nmap.org )
Host 10.10.6.30 appears to be up, received echo-reply.
Nmap done: 1 IP address (1 host up) scanned in .313 seconds
```

Demetris está surpreso e deleitado pelo teste ter funcionado. Ele imediatamente volta sua atenção para sua verdadeira rede alvo, repetindo seu exame por ping inicial com uma opção adicional: --ip-options "L 10.10.6.60". Desta vez, o Nmap reporta que a máquina em 10.10.10.7 é responsiva. Demetris entende que ela não era alcançável, antes, porque as subredes 10.10.10.0/24 e 10.10.5.0/24 estão em diferentes VLANs do roteador, configuradas para impedir que elas se comuniquem umas com as outras. A técnica de roteamento na fonte, de Demetris, abriu uma grande passagem nesta política! Demetris prossegue com um exame por SYN da máquina 10.10.10.7, como mostrado no exemplo 10.15.

Exemplo 10.15. Sucesso, afinal

```
# nmap -vv -n -sS -PN --ip-options "L 10.10.6.60" --reason
10.10.10.7
Starting Nmap ( http://nmap.org )
Interesting ports on 10.10.10.7:
Not shown: 988 closed ports
Reason: 988 resets
PORT         STATE        SERVICE            REASON
21/tcp       filtered     ftp                no-response
23/tcp       filtered     telnet             no-response
25/tcp       open         smtp               syn-ack
80/tcp       open         http               syn-ack
```

```
135/tcp    open         msrpc                   syn-ack
139/tcp    open         netbios-                ssn syn-ack
443/tcp    open         https                   syn-ack
445/tcp    open         microsoft-ds            syn-ack
515/tcp    open         printer                 syn-ack
1032/tcp   open         iad3                    syn-ack
1050/tcp   open         java-or-OTGfileshare    syn-ack
3372/tcp   open         msdtc                   syn-ack

Nmap done: 1 IP address (1 host up) scanned in 21.203
seconds
```

Demetris omitiu a detecção de SO e a detecção de versão deste exame inicial, mas esta parece uma máquina Windows, pelo perfil de portas abertas. Demetris pode, agora, se conectar e acessar estas portas, desde que use ferramentas tais como o Netcat, que oferece opções de roteamento na fonte. Eu não sei o que acontece em seguida, na história, mas acho que envolve Demetris penetrar completamente a rede e, depois, ajudar a companhia a redesenhá-la mais seguramente.

10.5. Subvertendo Sistemas de Detecção de Intrusão

Os firewalls não são o único obstáculo que os modernos atacantes encaram. Os sistemas de detecção e prevenção de intrusão podem ser problemáticos, também. A equipe de administração da rede nem sempre recebem bem uma inundação de páginas de alerta de intrusão do IDS, às duas da manhã. Hackers considerados se esforçam para evitar que suas ações causem todos estes alertas, em princípio. Um primeiro passo é detectar se um IDS sequer está presente - muitas companhias pequenas não os utilizam. Se um IDS é suspeitado ou detectado, há muitas técnicas eficazes para subvertê-lo. Eles se dividem em três categorias que variam por intrusividade: evitando o IDS como se o atacante não estivesse lá, confundindo o IDS com dados distrativos, e explorando o IDS para obter mais privilégios na rede ou apenas para derrubá-lo. Alternativamente, os atacantes que não estiverem preocupados com invisibilidade, podem ignorar completamente o IDS, à medida que batalham seu caminho até a rede alvo.

10.5.1. Detecção de Sistemas de Detecção de Intrusão

Cedo, na batalha sem fim entre administradores de redes e hackers maliciosos, os administradores defendiam seus territórios fortalecendo os sistemas e até instalando firewalls para atuarem como uma barreira do perímetro. Os hackers desenvolveram novas ferramentas para penetrar ou contornar sorrateiramente os firewalls e explorar hospedeiros vulneráveis. A corrida armamentista aumentou com os administradores apresentando os sistemas de detecção de intrusão, que constantemente observam atividades tortas. Os atacantes responderam, é claro, concebendo sistemas para detecção e distração do IDS. Embora os sistemas de detecção de intrusão devam ser dispositivos passivos, muitos podem ser detectados pelos atacantes através da rede.

O IDS menos indiscreto é aquele que passivamente observa o tráfego de uma rede sem nunca transmitir. Dispositivos especiais de hardware de extensão de rede estão disponíveis para assegurar que o IDS *não possa transmitir*, mesmo que ele seja comprometido por atacantes. A despeito das vantagens da segurança de tal configuração, ele não é amplamente distribuído devido a considerações práticas. IDSs modernos esperam poder enviar alertas para consoles centrais de gerenciamento e coisas do gênero. Se isto fosse tudo o que o IDS transmitisse, o risco seria mínimo. Mas para fornecer dados mais extensos sobre o alerta, eles frequentemente iniciam provas que podem ser vistas pelos atacantes.

Provas reversas

Uma prova comumente iniciada pelos IDSs é a consulta de DNS reverso do endereço IP do atacante. Afinal, um nome de domínio, num alerta, é mais valioso que apenas um endereço IP. Infelizmente, os atacantes que controlam seus próprios rDNS (muito comum) podem observar os registros em tempo real e perceberem que foram detectados. Esta é uma boa hora para os atacantes fornecerem informações incorretas, tais como nomes e entradas de cache falsos, ao IDS solicitante.

Alguns IDSs vão muito além, e enviam provas mais intrusivas aos aparentes atacantes. Quando um atacante vê seu alvo examiná-lo de volta, não há dúvida de que ele disparou alarmes. Alguns IDSs enviam solicitações de informações de NetBIOS do Windows de volta ao atacante. O ISS BlackICE Defender é um fornecedor que faz (ou pelo menos fazia) isto por omissão. Eu escrevi uma pequena ferramenta chamada icepick que envia um simples pacote que gera um alerta de instâncias atentas do BlackICE. Depois ele aguarda por consultas de NetBIOS indicativas e reporta quaisquer instalações encontradas do BlackICE. Alguém poderia facilmente examinar grandes redes procurando por este IDS e, então, tentando explorá-los usando as brechas discutidas posteriormente, neste capítulo.

Não satisfeito com simplesmente localizar instalações do BlackICE ou detectá-lo durante testes de penetração, eu escrevi um simples programa do Unix chamado windentd que responde à prova com informações incorretas. A figura 10.1 mostra um console do BlackICE onde o intruso é listado como "Your Mother" (sua mãe), graças ao windentd e ao icepick. Estas ferramentas simples estão disponíveis em *http://insecure.org/presentations/CanSecWest01/*, embora não tenham suporte.

Figura 10.1. O BlackICE descobre um intruso incomum

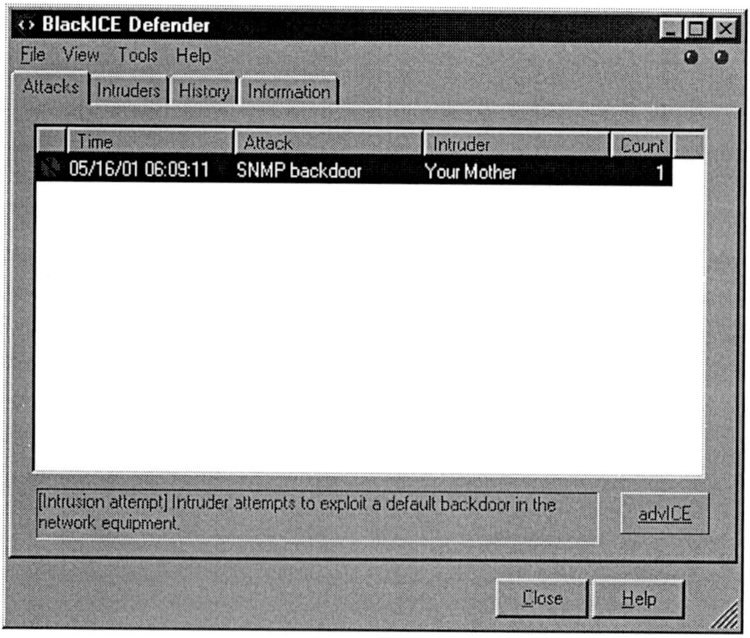

Súbitas mudanças no firewall e pacotes suspeitos

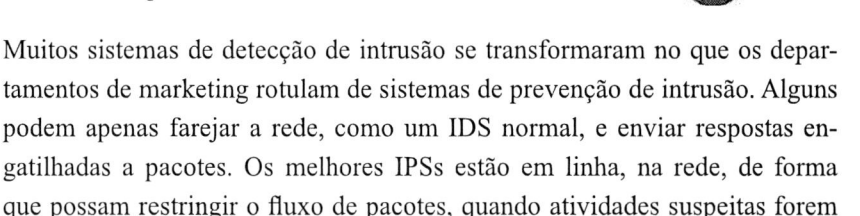

Muitos sistemas de detecção de intrusão se transformaram no que os departamentos de marketing rotulam de sistemas de prevenção de intrusão. Alguns podem apenas farejar a rede, como um IDS normal, e enviar respostas engatilhadas a pacotes. Os melhores IPSs estão em linha, na rede, de forma que possam restringir o fluxo de pacotes, quando atividades suspeitas forem detectadas. Por exemplo, um IPS pode bloquear qualquer outro tráfego de um endereço IP que ele acredite que examinou suas portas, ou que tentou uma exploração de estouro de buffer. Os atacantes provavelmente notarão isto, se eles examinarem as portas de um sistema e, depois, não puderem se conectar às portas reportadas como abertas. Eles podem confirmar que estão bloqueados tentando se conectar a partir de um outro endereço IP.

Pacotes de resposta suspeitos também podem ser uma dica de que as ações do atacante foram sinalizadas por um IDS. Em particular, muitos IDSs que *não* estão em linha, na rede, forjarão pacotes RST numa tentativa de derrubar as conexões. As maneiras de se determinar se estes pacotes são forjados são cobertas na seção 10.6, "Detectando o forjamento de pacotes por Firewalls e Sistemas de Detecção de Intrusão".

Convenções de nomeação

Convenções de nomeação podem ser outra delação da presença de um IDS. Se um exame de lista do Nmap retornar nomes de hospedeiros tais como realsecure, ids-monitor, ou dragon-ids, você poderá ter encontrado um sistema de detecção de intrusão. Os administradores podem ter revelado esta informação inadvertidamente, ou podem vê-la como um daqueles adesivos de alarmes em janelas de casas ou de carros. Talvez eles achem que os script kiddies ficarão assustados com os nomes relacionados a IDSs. Pode também ser uma desinformação. Você jamais poderá confiar completamente em nomes de DNS. Por exemplo, você pode presumir que bugzilla.securityfocus.com é um servidor web rodando o popular software Bugzilla de acompanhamento de erros baseado na web. Nem tanto. O exame do Nmap no exemplo 10.16 mostra que, ao contrário, ele é provavelmente um firewall Raptor, da Symantec. Nenhum servidor web está acessível, embora possa haver um escondido por trás de Raptor.

Exemplo 10.16. Os nomes de hospedeiros podem ser despistamentos

```
# nmap -sS -sV -T4 -p1-24 bugzilla.securityfocus.com

Starting Nmap ( http://nmap.org )
Interesting ports on 205.206.231.82:
Not shown: 21 closed ports
PORT       STATE     SERVICE      VERSION
21/tcp     open      ftp-proxy    Symantec Enterprise Firewall
                                  FTP proxy
22/tcp     open      ssh?
23/tcp     open      telnet       Symantec Raptor firewall
                                  secure gateway telnetd

Nmap done: 1 IP address (1 host up) scanned in 0.94 seconds
```

Saltos de TTL inexplicados

Uma outra forma de se detectar certos IDSs é atentar para falhas inexplicadas (ou máquinas suspeitas) em traceroutes. Embora a maioria dos sistemas operacionais inclua um comando **traceroute** (que é abreviado para **tracert** no Windows), o Nmap oferece uma alternativa mais rápida e mais eficaz com a opção --traceroute. Diferentemente do **traceroute** padrão, o Nmap envia suas provas em paralelo e é capaz de determinar que tipo de prova será mais eficaz, com base nos resultados dos exames. No exemplo 10.17, que foi planejado para ser simples, o traceroute não localiza nada no quinto salto. Isto pode ser um IDS em linha ou um firewall protegendo a companhia alvo. É claro que isto só pode detectar IDSs em linha, em comparação com aqueles que passivamente farejam a rede sem fazerem parte da rota. Nem mesmo dispositivos em linha podem ser evidenciados, porque deixam de decrementar o TTL ou se recusam a repassar as mensagem de ICMP de TTL excedido de volta da rede protegida.

Exemplo 10.17. Percebendo falhas de TTL com traceroute

```
# nmap --traceroute www.target.com

Interesting ports on orestes.red.target.com (10.0.0.6)
Not shown: 996 filtered ports
```

```
PORT            STATE           SERVICE
22/tcp          open            ssh
53/tcp          open            domain
80/tcp          open            http
113/tcp         closed          auth
TRACEROUTE (using port 22/tcp)
HOP RTT ADDRESS
1 1.10 gw (205.217.153.49)
2 10.40 metro1-ge-152.pa.meer.net (205.217.152.1)
3 12.02 208.185.168.171 (208.185.168.171)
4 14.74 p4-2-0-0.r06.us.bb.verio.net (129.250.9.129)
5 ...
6 15.07 orestes.red.target.com (10.0.0.6)

Nmap done: 1 IP address (1 host up) scanned in 4.35 seconds
```

Apesar do traceroute ser o melhor método conhecido para obtenção desta informação, ele não é o único. O IPv4 oferece uma opção obscura, chamada de record route (registrar rota) para coleta desta informação. Em virtude do tamanho máximo do cabeçalho de IP, um máximo de nove saltos pode ser registrado. Além disso, alguns hospedeiros e roteadores descartam pacotes com esta opção ligada. Ainda assim, ela é um truque útil para aqueles momentos em que o traceroute tradicional falhar. Esta opção pode ser especificada no Nmap usando-se a opção --ip-options R, para ligar a opção e --packet-trace, para lê-la da resposta. Ela é geralmente usada em conjunto com um exame de ICMP por ping (-sP -PE). A maioria dos sistemas operacionais oferece uma opção -R para seus comandos ping, que é mais fácil de se usar do que o Nmap, para este propósito. Um exemplo desta técnica é fornecido no exemplo 10.18.

Exemplo 10.18. Usando a opção de registro de rota de IP

```
> ping -R 151.164.184.68
PING 151.164.184.68 (151.164.184.68) 56(124) bytes of data.
64 bytes from 151.164.184.68: icmp_seq=1 ttl=126 time=11.7 ms
NOP
RR:     192.168.0.100
        69.232.194.10
        192.168.0.6
```

```
           192.168.0.100
--- 151.164.184.68 ping statistics ---
1 packets transmitted, 1 received, 0% packet loss, time  0ms
rtt min/avg/max/mdev = 11.765/11.765/11.765/0.000 ms
```

10.5.2. Evitando os Sistemas de Detecção de Intrusão

A maneira mais sutil de combater sistemas de detecção de intrusão é evitar inteiramente o olhar atendo deles. A realidade é que as regras que governam os IDSs são bastante frágeis, no sentido de poderem, frequentemente, serem combatidas por ligeiras manipulações do ataque. Os atacantes têm dezenas de técnicas, desde codificação de URL até geradores polimórficos de programas para proteger suas explorações da detecção por IDSs. Esta seção foca no exame invisível de portas, que é mais fácil até que a exploração invisível de vulnerabilidades.

Retardar

Quando o assunto é a evitação de alertas de IDS, a paciência é uma virtude. A detecção de exames de portas é, normalmente, baseada em limiares. O sistema observa um dado número de provas, num certo espaço de tempo. Isto ajuda a evitar falsos positivos de usuários inocentes. E também é essencial para a economia de recursos - salvar eternamente provas de conexão consumiria memória e tornaria a busca em tempo real, na lista, muito lenta. A desvantagem desta abordagem de limiar é que os atacantes podem evitá-la mantendo suas taxas de exames logo abaixo do limiar. O Nmap oferece vários modos enlatados de temporização que podem ser selecionados com a opção -T, para se conseguir isto. Por exemplo, a opção -T paranoid faz com que o Nmap envie apenas uma prova por vez, esperando cinco minutos entre elas. Um exame maior poderá levar semanas, mas pelo menos ele provavelmente não será detectado. A opção -T sneaky é similar, mas só espera 15 segundos entre as provas.

Ao invés de especificar os modos de temporização enlatados, tais como sneaky, variáveis de temporização podem ser personalizadas com precisão, com opções tais como --max-parallelism, --min-rtt-timeout, e --scan-delay. O capítulo 6, *Otimizando o desempenho do Nmap*, descreve estas opções em profundidade.

Um exemplo prático: evitando as regras omissivas do Snort 2.2.0

O exame do útil IDS de código aberto Snort nos dá uma lição de penetração por baixo do radar. O Snort teve várias gerações de detectores de exames de portas. O módulo Flow-Portscan é muito admirável. Um exame que passe por ele é provável que escape à detecção de muitos outros IDSs, também.

O Flow-portscan é composto de dois sistemas de detecção que podem trabalhar em conjunto (ou serem habilitados individualmente) para detectar scanners de portas. O sistema e suas dezenas de variáveis de configuração estão documentados no arquivo docs/README.flow-portscan, na distribuição do Snort, mas eu darei um breve resumo.

O método de detecção mais simples, no Flow-portscan, é conhecido como a *escala de tempo fixo*. Este simplesmente observa scanner-fixed-threshold (limite fixo do scanner) pacotes de provas em scanner-fixed-window (janela fixa do scanner) segundos. Estas duas variáveis, que são ajustadas no arquivo snort.conf, têm cada uma o valor omissivo de 15. Note que o contador inclui quaisquer provas enviadas de uma única máquina para qualquer hospedeiro na rede protegida. Assim, o rápido exame de uma única porta em cada uma de 15 máquinas protegidas gerará um alerta tão certamente quanto o exame de 15 portas numa única máquina.

Se este fosse o único método de detecção, a solução seria muito fácil: passar a opção --scan-delay 1075 para assegurar que o Nmap esperasse 1,075 segundos entre o envio das provas. A opção intuitiva poderia ser um segundo de espera entre os pacotes, para evitar 15 pacotes em 15 segundos, mas isto não é suficiente. Só há 14 esperas entre o envio do primeiro e o do décimo quinto pacotes, então a espera deverá ser de pelo menos 15/14, ou 1,07143 segundos. Algum pobre tolo que escolha --scan-delay 1000 retardaria dramaticamente o exame, enquanto ainda dispararia o alarma. Se múltiplos hospedeiros, na rede, estiverem sendo provados, eles deverão ser examinados separadamente, para evitar o acionamento do alarme. A opção --max-hostgroup 1 asseguraria que apenas um hospedeiro por vez fosse examinado, mas não é completamente segura, porque não enfatizará o --scan-delay entre a última prova enviada a um hospedeiro, e a primeira enviada ao próximo. Desde que pelo menos 15 portas por hospedeiro estejam sendo examinadas, você poderá compensar, fazendo o

--scan-delay ser pelo menos de 1155 ms, ou simplesmente iniciar instâncias do Nmap para alvos únicos, a partir de um script de shell, esperando 1075 ms entre elas. O exemplo 10.19 mostra um tal exame invisível em várias máquinas numa rede. Múltiplas instâncias do Nmap são tratadas usando-se a sintaxe do shell Bash. Aqui, os IPs são especificados manualmente. Se muitos alvos fossem desejados, eles poderiam ser enumerados num arquivo com a opção -iL (exame de lista) e, depois, o Nmap iniciaria para cada um deles, usando um laço normal de shell. A razão destes exames levarem mais de 1,075 segundos por porta é que as retransmissões são exigidas para as portas filtradas, para assegurar que eles não foram descartados em virtude de congestionamento na rede.

Exemplo 10.19. Exame lento para evitar o método omissivo de detecção de exames de tempo fixo do Flow-portscan, do Snort 2.2.0

```
felix~# for target in 205.217.153.53 205.217.153.54
205.217.153.62; \
do nmap --scan-delay 1075 -p21,22,23,25,53 $target; \
usleep 1075000; \
done

Starting Nmap ( http://nmap.org )
Interesting ports on insecure.org (205.217.153.53):
PORT       STATE        SERVICE
21/tcp     filtered     ftp
22/tcp     open         ssh
23/tcp     filtered     telnet
25/tcp     open         smtp
53/tcp     open         domain

Nmap done: 1 IP address (1 host up) scanned in 10.75 seconds
Starting Nmap ( http://nmap.org )
Interesting ports on lists.insecure.org (205.217.153.54):
PORT       STATE        SERVICE
21/tcp     filtered     ftp
22/tcp     open         ssh
23/tcp     filtered     telnet
25/tcp     open         smtp
53/tcp     open         domain

Nmap done: 1 IP address (1 host up) scanned in 10.78 seconds
```

```
Starting Nmap ( http://nmap.org )
Interesting ports on scanme.nmap.org (205.217.153.62):
PORT       STATE          SERVICE
21/tcp     filtered       ftp
22/tcp     open           ssh
23/tcp     filtered       telnet
25/tcp     open           smtp
53/tcp     open           domain

Nmap done: 1 IP address (1 host up) scanned in 10.80 seconds
```

Infelizmente, para os entusiastas do exame de portas, combater o Snort não é tão simples. Ele tem um outro método de detecção, conhecido como *escala de tempo deslisante*. Este método é similar ao método da janela fixa recém-discutido, com exceção de que ele aumenta a janela sempre que uma nova prova, partindo de um hospedeiro, é detectada. Um alarma é disparado se scanner-sliding-threshold (limite deslisante do scanner) provas forem detectadas durante a janela. A janela inicia em scanner-sliding-window (janela deslisante do scanner) segundos, e aumenta, a cada prova detectada, na quantidade de tempo passado até então, na janela, vezes o scanner-sliding-scale-factor (fator de escala deslisante do scanner). Estas três variáveis têm valor omissivo de 40 provas, 20 segundos e um fator de 0,5, no snort.conf.

A escala deslizante é, de fato, insidiosa, na forma como ela aumenta continuamente, à medida que novos pacotes chegam. A solução mais simples (embora lenta) seria enviar uma prova a cada 20,1 segundos. Isto evitaria tanto a escala fixa quanto a deslisante. Isto poderia ser feito exatamente como no exemplo 10.19, mas usando-se um valor mais alto. Você poderia acelerar isto umas dez vezes, enviando 14 pacotes realmente rápidos, esperando 20 segundos para que a janela expirasse e, depois, repetindo com outras 14 provas. Você pode ser capaz de fazer isto com um script de shell controlando o Nmap, mas escrever seu próprio programa simples de exame por SYN, para este trabalho personalizado, pode ser preferível.

Espalhar as provas através das redes, ao invés de examinar hospedeiros consecutivamente

Como discutido na seção anterior, os IDSs são normalmente programados para alarmar somente depois que um limiar de atividade suspeita for alcançado.

Este limiar é, frequentemente, global, aplicando-se a toda a rede protegida pelo IDS, ao invés de apenas para um único hospedeiro. Eventualmente, eles observam especificamente o tráfego de um dado endereço de origem para hospedeiros consecutivos. Se um hospedeiro enviar um pacote SYN à porta 139 do hospedeiro 10.0.0.1, isto não será tão suspeito, por si só. Mas se esta prova for seguida por pacotes similares para 10.0.0.2, .3, .4, e .5, um exame de portas está claramente indicado.

Uma maneira de evitar o acionamento destes alarmas é espalhar as provas entre um grande número de hospedeiros, ao invés de examiná-los consecutivamente. Às vezes você pode evitar examinar muitos hospedeiros da mesma rede. Se você só estiver fazendo um levantamento de pesquisa, considere o espalhamento das provas através de toda a Internet com -iR, ao invés de examinar uma grande rede. Os resultados serão, provavelmente, mais representativos, de qualquer forma.

Na maioria dos casos, você quererá examinar uma rede em particular, e uma amostragem da amplitude da Internet não será suficiente. A evitação dos alarmas de provas de hospedeiros consecutivos é fácil. O Nmap oferece a opção --randomize-hosts que divide as redes alvo em blocos de 16384 IPs e, depois, seleciona aleatoriamente os hospedeiros em cada bloco. Se você estiver examinando uma rede enorme, tal como uma classe B ou maior, você poderá obter melhores (mais invisíveis) resultados pela seleção aleatória de blocos maiores. Você poderá consegui-lo pelo incremento de PING_GROUP_SZ em nmap.h e, depois, recompilando o Nmap. O tamanho do bloco usado num exame com --randomize-hosts é de quatro vezes o valor de PING_GROUP_SZ. Note que valores maiores de PING_GROUP_SZ consomem mais memória do hospedeiro. Uma solução alternativa seria gerar uma lista de IPs alvo com um exame de lista (-sL -n -oN <nome do arquivo>), embaralhá-la com um script Perl e, depois, passar a lista completa para o Nmap com -iL. Você provavelmente terá de usar esta abordagem se estiver examinando uma rede enorme como 10.0.0.0/8 e quiser todos os 16 milhões de endereços IP embaralhados.

Fragmentar os pacotes

Fragmentos de IP podem ser um problema maior para os sistemas de detecção de intrusão, particularmente por causa do tratamento de irregularidades como a sobreposição de fragmentos e as expirações de montagem de fragmentações são ambíguos e diferem substancialmente entre as plataformas. Por causa disto, o IDS normalmente tem de adivinhar como o sistema remoto interpretará um pacote. A montagem de fragmentos também pode consumir muitos recursos. Por estas razões, muitos sistemas de detecção de intrusão ainda não suportam muito bem a fragmentação. Especifique a opção -f para especificar que um exame de portas usará minúsculos (oito bytes de dados, ou menos) fragmentos de IP. Veja a seção 10.4.6, "Fragmentação" para detalhes mais importantes.

Evitar regras específicas

A maioria dos fornecedores de IDS apregoa quantos alertas eles suportam, mas muitos (se não a maioria) são fáceis de evitar. O mais popular IDS entre os usuários do Nmap é o de código aberto Snort[7][7]. O exemplo 10.20 mostra todas as regras omissivas do Snort 2.0.0 que referenciam o Nmap.

Exemplo 10.20.Regras omissivas do Snort referenciando o Nmap

```
felix~/src/snort-2.0.0/rules>grep -i nmap *
icmp.rules:alert icmp $EXTERNAL_NET any -> $HOME_NET any
(msg:"ICMP PING NMAP";
    dsize:0;itype: 8;reference:arachnids,162;
    classtype:attempted-recon;sid:469;rev:1;)
scan.rules:alert tcp $EXTERNAL_NET any -> $HOME_NET any
(msg:"SCAN nmap XMAS";
    flags:FPU;reference:arachnids,30;classtype:attempted-
    recon; sid:1228;rev:1;)
scan.rules:alert tcp $EXTERNAL_NET any -> $HOME_NET any
(msg:"SCAN nmap TCP";
    flags:A;ack:0;reference:arachnids,28;classtype:
    attempted-recon;sid:628;rev:1;)
scan.rules:alert tcp $EXTERNAL_NET any ->
    $HOME_NET any (msg:"SCAN nmap fingerprint attempt";
    flags:SFPU;reference:arachnids,05;classtype:
    attempted-recon; sid:629; rev:1;)
web-attacks.rules:alert tcp $EXTERNAL_NET any -> $HTTP_
    SERVERS $HTTP_PORTS
 (msg:"WEB-ATTACKS nmap command attempt";
 flow:to_server,established;content:"nmap%20";
 nocase;sid:1361;classtype:web-application-attack; rev:4;)
```

---

7 http://www.snort.org

Agora, vamos examinar estas regras pelos olhos de um atacante. A primeira regra procura por um pacote de ping de ICMP sem nenhuma carga (dsize:0). Simplesmente especificando-se uma opção --data-length não zero derruba-se esta regra. Ou o usuário poderia especificar um tipo completamente diferente de exame por ping, como um ping por SYN de TCP.

A próxima regra procura por pacotes de TCP com os sinalizadores FIN, PSH, e URG ligados (sinalizadores:FPU) e sinaliza um alerta de exame de Natal, do Nmap. Adicionando-se a opção --scanflags FINPSH às opções do exame de Natal remove-se o sinalizador URG. O exame ainda funcionará como esperado, mas a regra falhará no acionamento.

A terceira regra, na lista, procura por pacotes de TCP com o bit ACK ligado, mas com um número de reconhecimento de zero (sinalizadores:A;ack:0). Antigas versões do Nmap tinham este comportamento, mas ele foi corrigido em 1999 em resposta à regra do Snort.

A regra número quatro procura por pacotes de TCP com os sinalizadores SYN, FIN, PSH, e URG ligados (sinalizadores:SFPU). Ele, então, declara uma tentativa de coleta de impressão digital de SO, do Nmap. Um atacante pode evitar sinalizar isto, omitindo o sinalizador -O. Se ele realmente quiser fazer a detecção de SO, este único teste poderá ser excluído comentando-se ele em osscan2.cc. A detecção de SO ainda será muito precisa, mas o alerta do IDS não será sinalizado.

A última regra procura por pessoas enviando a string "nmap " aos servidores web. Elas estariam procurando tentativas de executar comandos através do servidor web. Um atacante poderá combater isto renomeando o Nmap, usando um caractere de tab, ao invés de um espaço, ou conectando-se com encriptação SSL, se disponível.

É claro que há outras regras relevantes que não têm Nmap no nome, mas que ainda poderiam ser sinalizadas por exames de portas intrusivos. Atacantes avançados instalam o IDS com que estão preocupados em suas próprias redes e, depois, alteram e testam exames antecipadamente, para assegurar que eles não dispararão alarmes.

O Snort só foi escolhido para este exemplo porque sua base de dados de regras é pública e ele é uma ferramenta camarada de código aberto de segurança de rede. Os IDSs comerciais sofrem de problemas semelhantes.

Evitar funcionalidades facilmente detectadas do Nmap

Algumas funcionalidades do Nmap são mais notáveis que outras. Em particular, a detecção de versão se conecta a muitos serviços diferentes, que frequentemente deixam registros nessas máquinas e acionam alarmas de sistemas de detecção de intrusão. A detecção de SO é, também, fácil de se destacar pelos sistemas de detecção de intrusão, porque alguns dos testes usam pacotes e sequências de pacotes bastante incomuns. As regras do Snort, mostradas no exemplo 10.20, "Regras omissivas do Snort referenciando o Nmap" demonstram uma típica assinatura de detecção de SO do Nmap.

Uma solução para os testadores de penetração que desejarem permanecer invisíveis é omitir inteiramente estas provas indiscretas. As detecções de SO e de serviços são valiosas, mas não são essenciais para um ataque de sucesso. Elas podem também ser usadas na base do caso-a-caso em máquinas ou portas que pareçam interessantes, ao invés da prova de toda a rede alvo com elas.

10.5.3. Distraindo os Sistemas de Detecção de Intrusão

A seção anterior discutiu o uso da sutilidade para a evitação dos olhos atentos de sistemas de detecção de intrusão. Uma abordagem alternativa é distrair ou confundir, ativamente, o IDS, com o forjamento de pacotes. O Nmap oferece numerosas opções para a realização disto.

Iscas

Criminosos de rua sabem que um dos meios eficazes de evitação de autoridades, depois de um crime, é se misturarem em qualquer multidão próxima. A polícia não poderá identificar o batedor de carteiras dentre todos os passantes inocentes. No terreno das redes, o Nmap pode construir um exame que pareça estar vindo de dezenas de hospedeiros de todo o mundo. O alvo terá dificuldades na determinação de quais hospedeiros representam os atacantes, e quais deles são iscas inocentes. Apesar disto poder ser combatido através do rastreamento do caminho de roteadores, do descarte de respostas e de outros mecanismos ativos, ela é geralmente uma técnica eficaz para ocultação da origem do exame. A figura 10.2 mostra uma tela de reportagem do BlackICE que está inundada de iscas. O administrador não poderá reclamar aos provedores responsáveis por cada endereço na lista. Isto levaria muito tempo, e todos os hospedeiros, com exceção de um, são inocentes.

Figura 10.2. Um atacante mascarado por dezenas de iscas

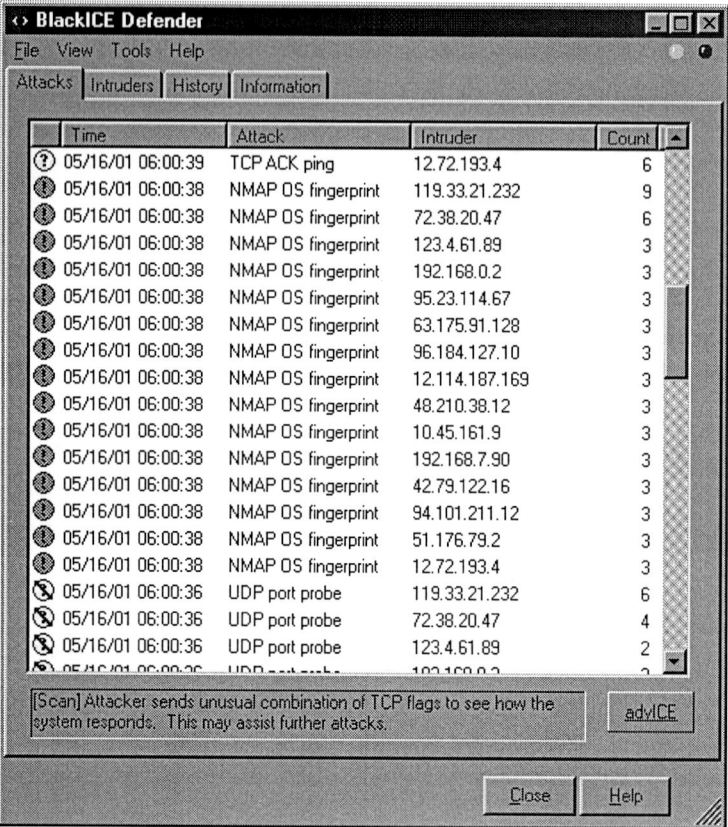

Time	Attack	Intruder	Count
05/16/01 06:00:39	TCP ACK ping	12.72.193.4	6
05/16/01 06:00:38	NMAP OS fingerprint	119.33.21.232	9
05/16/01 06:00:38	NMAP OS fingerprint	72.38.20.47	6
05/16/01 06:00:38	NMAP OS fingerprint	123.4.61.89	3
05/16/01 06:00:38	NMAP OS fingerprint	192.168.0.2	3
05/16/01 06:00:38	NMAP OS fingerprint	95.23.114.67	3
05/16/01 06:00:38	NMAP OS fingerprint	63.175.91.128	3
05/16/01 06:00:38	NMAP OS fingerprint	96.184.127.10	3
05/16/01 06:00:38	NMAP OS fingerprint	12.114.187.169	3
05/16/01 06:00:38	NMAP OS fingerprint	48.210.38.12	3
05/16/01 06:00:38	NMAP OS fingerprint	10.45.161.9	3
05/16/01 06:00:38	NMAP OS fingerprint	192.168.7.90	3
05/16/01 06:00:38	NMAP OS fingerprint	42.79.122.16	3
05/16/01 06:00:38	NMAP OS fingerprint	94.101.211.12	3
05/16/01 06:00:38	NMAP OS fingerprint	51.176.79.2	3
05/16/01 06:00:38	NMAP OS fingerprint	12.72.193.4	3
05/16/01 06:00:36	UDP port probe	119.33.21.232	6
05/16/01 06:00:36	UDP port probe	72.38.20.47	4
05/16/01 06:00:36	UDP port probe	123.4.61.89	2

[Scan] Attacker sends unusual combination of TCP flags to see how the system responds. This may assist further attacks.

ADVERTÊNCIA

Muitos provedores de acesso (discado, modem a cabo, DSL etc) filtram a maioria dos pacotes simulados, embora os pacotes simulados da mesma faixa de rede que a sua possam passar. Faça alguns testes primeiro em alguma máquina que você controle através da

Capítulo 10: Detectando e Subvertendo Firewalls... — 451

Internet, ou mesmo teste isto em servidores de terceiros usando truques de ID de IP similares aos discutidos na seção 10.3.3, "Truques de ID de IP".

Iscas são adicionadas com a opção -D. O argumento é uma lista de hospedeiros, separados por vírgulas. A string ME pode ser usada como uma das iscas para representar onde o verdadeiro hospedeiro de origem deverá aparecer, na ordem dos exames. Do contrário, ele estará numa posição aleatória. A inclusão de ME na sexta posição ou mais, na lista, impede que alguns detetores comuns de exames de portas reportem a atividade. Por exemplo, o excelente Scanlogd da Solar Designer

só reporta as primeiras cinco fontes de exames, para evitar a inundação de seus registros com iscas.

Você também pode usar RND para solicitar um endereço IP aleatório e não reservado, ou RND:*<número>* para gerar *<número>* endereços aleatórios.

Note que os hospedeiros usados como iscas devem estar no ar e em atividade. Seria bastante fácil determinar qual hospedeiro está realizando o exame se somente um estivesse realmente no ar, na rede. O uso de muitas iscas fora do ar pode, também, fazer com que as portas alvo se tornem temporariamente não responsivas, devido a uma condição conhecida como inundação por SYN. O uso de endereços IP, em vez de nomes, é aconselhável, para se evitar a aparição nos registros do servidor de nomes da rede da isca. Os próprios alvos devem, idealmente, ser expressados por endereços IP, também.

Iscas são usadas tanto no exame inicial por ping (usando ICMP, SYN, ACK, ou o que quer que seja) e durante a fase real do exame de portas. As iscas também são usadas durante a detecção de SO remoto. Elas não são usadas para consultas de DNS ou detecção de serviços/versões, então você se delatará se usar opções como -sV ou -A. O uso de muitas iscas poderá retardar dramaticamente um exame e, às vezes, até torná-lo menos preciso.

Simulação de exames de portas

Embora um enorme grupo de iscas seja muito eficaz na ocultação da verdadeira origem de um exame de portas, os alertas de IDS tornarão óbvio que alguém está usando iscas. Uma abordagem mais sutil, mas limitada, é simular um exame de portas a partir de um único endereço. Especifique -S seguido de um endereço IP, e o Nmap lançará o exame de portas solicitado partindo da origem dada. Nenhum resultado útil, do Nmap, estará disponível, já que o alvo responderá ao IP simulado, e o Nmap não verá estas respostas. Alarmes de IDS no alvo condenarão a origem simulada pelo exame. Você poderá ter de especificar -e <nome da interface> para selecionar o nome da interface apropriada (tal como eth0, ppp0 etc) pela qual o Nmap enviará os pacotes simulados. Isto pode ser útil para o enquadramento de parceiros inocentes, lançar dúvidas na mente do administrador sobre a precisão de seu IDS, e ataques de negação de serviços, que serão discutidos na seção 10.5.4, "Ataques DoS contra sistemas reativos".

Exame ocioso

O exame ocioso é uma técnica inteligente que permite a simulação de endereços IP de origem, como discutido na seção anterior, ao mesmo tempo que obtém resultados precisos de exames de portas de TCP. Isto é feito pelo abuso de propriedades do campo de identificação de IP, como implementado por muitos sistemas. Ele é descrito em muito mais profundidade na seção 5.10, "Exame ocioso de TCP (-sI)".

Representação de DNS

Mesmo os planos mais cuidadosamente concebidos podem ser frustrados por um pequeno detalhe ignorado. Se o plano envolve exames ultra-invisíveis de portas, esse pequeno detalhe poderá ser o DNS. Como discutido na seção 3.4, "Resolução DNS", o Nmap efetua a resolução de DNS reverso, por omissão, para cada hospedeiro responsivo. Se os administradores da rede alvo forem do tipo paranóico que registram tudo, ou se eles tiverem um IDS extremamente sensível, estas provas de busca de DNS poderão ser detectadas. Mesmo alguma coisa tão não intrusiva quanto um exame de lista (-sL) pode ser detectada desta forma. As provas virão do servidor de DNS configurado para a máquina que estiver rodando o Nmap. Este é, normalmente, uma máquina separada, mantida pelo seu provedor de acesso ou por sua organização, embora ele seja, às vezes, seu próprio sistema.

A maneira mais eficaz de se eliminar o risco é especificar -n para desabilitar toda a resolução de DNS reverso. O problema com esta abordagem é que você perde a valiosa informação fornecida pelo DNS. Felizmente, o Nmap oferece uma maneira de coletar esta informação enquanto oculta a origem. Uma porcentagem substancial de servidores de DNS, na Internet, está aberta a consultas recursivas de qualquer um. Especifique um ou mais destes servidores de nomes à opção --dns-servers, do Nmap, e todas as consultas de rDNS serão realizadas através deles. O exemplo 10.21 demonstra esta técnica pelo uso de um exame de lista de alguns IPs do SecurityFocus, enquanto usa os servidores públicos de DNS recursivos 4.2.2.1 e 4.2.2.2 para cobrir quaisquer rastros. Tenha em mente que o DNS direto ainda usa o servidor de DNS configurado em seu hospedeiro, então especifique endereços IP alvo, ao invés de nomes de domínio, para evitar até aquele mínimo vazamento de informação em potencial. Por esta razão, o exemplo 10.21 mostra, primeiro, o comando host do Linux sendo usado para buscar www.securityfocus.com, ao invés de especificar este nome de hospedeiro na linha de comando do Nmap. Para evitar os limites de IDS com base no número de requisições partindo de um único servidor de DNS, você pode especificar dezenas de servidores de DNS separados por vírgulas com a opção --dns-servers, e o Nmap distribuirá suas requisições entre eles.

Exemplo 10.21. Usando representantes de DNS (DNS recursivo) para um exame de lista invisível em SecurityFocus

```
# host www.securityfocus.com 4.2.2.1
Using domain server:
Address: 4.2.2.1#53

www.securityfocus.com has address 205.206.231.12
www.securityfocus.com has address 205.206.231.15
www.securityfocus.com has address 205.206.231.13

# nmap --dns-servers 4.2.2.1,4.2.2.2 -sL 205.206.231.12/28

Starting Nmap ( http://nmap.org )
Host 205.206.231.0 not scanned
Host mail2.securityfocus.com (205.206.231.1) not scanned
Host ns1.securityfocus.com (205.206.231.2) not scanned
```

```
Host sgs1.securityfocus.com (205.206.231.3) not scanned
Host sgs2.securityfocus.com (205.206.231.4) not scanned
Host 205.206.231.5 not scanned
Host adserver.securityfocus.com (205.206.231.6) not scanned
Host datafeeds.securityfocus.com (205.206.231.7) not scanned
Host sfcm.securityfocus.com (205.206.231.8) not scanned
Host mail.securityfocus.com (205.206.231.9) not scanned
Host www.securityfocus.com (205.206.231.10) not scanned
Host www1.securityfocus.com (205.206.231.11) not scanned
Host www2.securityfocus.com (205.206.231.12) not scanned
Host www3.securityfocus.com (205.206.231.13) not scanned
Host media.securityfocus.com (205.206.231.14) not scanned
Host www5.securityfocus.com (205.206.231.15) not scanned

Nmap done: 16 IP addresses (0 hosts up) scanned in 0.27 seconds
```

10.5.4. Ataques DoS Contra Sistemas Reativos

Muitos fornecedores estão promovendo o que eles chamam de sistemas de *prevenção* de intrusão. Estes são basicamente IDSs que podem bloquear tráfego ativamente e cancelar conexões estabelecidas que sejam vistas como maliciosas. Estes normalmente estão em linha, na rede, ou são baseados em hospedeiros, para maior controle sobre a atividade da rede. Outros sistemas (não em linha) atendem promiscuamente e tentam lidar com conexões suspeitas, forjando pacotes RST de TCP. Além dos tradicionais fornecedores de IPS que tentam bloquear uma ampla faixa de atividade suspeita, muitos pequenos programas populares, como o Port Sentry[8] são projetados especificamente para bloquear scanners de portas.

Embora o bloqueio de scanners de portas possa parecer, em princípio, uma boa ideia, há muitos problemas com esta abordagem. A mais óbvia é que os exames de porta normalmente são muito fáceis de se forjar, como demonstrado em seções anteriores. Também é normalmente fácil para os atacantes dizerem quando este tipo de software de bloqueio de exames está em ação, porque eles não poderão se conectar a portas supostamente abertas, depois de

---

8 http://sourceforge.net/projects/sentrytools/

fazerem um exame de portas. Eles tentarão novamente, de um outro sistema e se conectarão com sucesso, confirmando que o IP original estava bloqueado. Os atacantes podem, então, usar as técnicas de simulação de hospedeiro, discutidas anteriormente (opção -S), para fazer com que o hospedeiro alvo bloqueie quaisquer sistemas que o atacante deseje. Isto poderá incluir importantes servidores de DNS, websites maiores, arquivos de atualização de software, servidores de correio e que tais. Provavelmente não demoraria muito para incomodar suficientemente o administrador legítimo, a ponto de ele desabilitar o bloqueio reativo. Apesar de a maioria de tais produtos oferecer uma opção de lista branca para impedir o bloqueio de certos hospedeiros importantes, enumerá-los todos seria extraordinariamente difícil. Os atacantes, normalmente, poderão encontrar um novo hospedeiro, comumente usado, para bloquear, perturbando os usuários até que o administrador determine o problema e ajuste a lista branca convenientemente.

10.5.5. Explorando os Sistemas de Detecção de Intrusão

A forma mais audaciosa de subverter sistemas de detecção de intrusão é explorá-los. Muitos fornecedores comerciais e de código aberto têm deploráveis registros de segurança de explorabilidade dos produtos. O IDS carro-chefe da Internet Security System, RealSecure e o IDS BlackICE têm uma vulnerabilidade que permitia que o vírus Witty comprometesse mais de dez mil instalações e, depois, desabilitasse os IDSs através da corrupção de seus sistemas de arquivos. Outros fornecedores de IDSs e firewalls, como Cisco, Checkpoint, Netgear, e Symantec também sofreram sérias explorações remotamente exploráveis. Farejadores de código aberto não se saíram muito melhor, com falhas exploráveis encontradas no Snort, Wireshark, tcpdump, FakeBO, e muitos outros. O processamento de protocolos de uma forma segura e eficiente é extremamente difícil, e a maioria das aplicações precisa processar centenas de protocolos. Os ataques de negação de serviços que derrubam o IDS (frequentemente com um único pacote) são ainda mais comuns que estas vulnerabilidades de elevação de privilégios. Um IDS derrubado não detectará nenhum exame do Nmap.

Dadas todas estas vulnerabilidades, a exploração do IDS pode ser o caminho mais viável para a rede alvo. Um belo aspecto desta abordagem é que você nem mesmo terá de encontrar o IDS. O envio de um pacote impredizível a qualquer máquina "protegida" na rede é normalmente suficiente para disparar estas falhas dos IDSs.

10.5.6. Ignorando os Sistemas de Detecção de Intrusão

Enquanto os atacantes avançados normalmente empregarão as técnicas de subversão de IDS descritas neste capítulo, os muito mais comuns atacantes principiantes (script kiddies) raramente se preocupam com IDSs. Muitas companhias nem sequer distribuem um IDS, e aquelas que o fazem comumente os têm mal configurados ou prestam pouca atenção aos alertas. Um IDS de frente para a Internet verá tantos ataques de script kiddies e vírus que uns poucos exames do Nmap para localizar um serviço vulnerável são improváveis de levantarem quaisquer sinalizadores.

Mesmo que um tal atacante comprometa a rede, seja detectado por um IDS monitorado e, depois, chutado para fora dos sistemas, esta será uma perda pequena. Explorar é, frequentemente, uma loteria, para eles, então a perda de uma rede comprometida em milhares é de somenos importância. Uma rede bem patrulhada teria, provavelmente, percebido rapidamente seu uso (tal como ataques de negação de serviços, exames maciços ou envio de spam) e os teria derrubado de qualquer forma. Os hackers querem comprometer redes negligentemente administradas e mal monitoradas, que permitirão nós perenes para atividades criminosas.

Ser rastreado e processado raramente é uma preocupação do grupo que ignora os IDSs. Eles normalmente lançam ataques partindo de outras redes comprometidas que, frequentemente, estão a vários saltos, se expandindo por todo o globo, de distância de suas localizações verdadeiras. Ou eles podem usar conectividade anônima, tal como fornecida por alguns Internet cafés, laboratórios de computação de escolas, bibliotecas, ou pontos de acesso sem fios comumente abertos. Contas de acesso discado descartáveis também são comumente usadas. Mesmo que eles sejam expulsos, uma nova assinatura com outro (ou com o mesmo) provedor leva só alguns minutos. Muitos atacantes vêm da Romênia, da China, da Coréia do Sul e de outros países onde um processo é altamente improvável.

Vírus de Internet são uma outra classe de ataques que raramente se incomoda com a evitação de IDSs. O exame sem dó de milhões de endereços IP é preferível tanto por vírus quanto por script kiddies, já que levam a mais comprometimentos por hora do que uma abordagem cautelosa e orientada que enfatiza a invisibilidade.

Apesar de a maioria dos ataques não fazer qualquer esforço com relação à invisibilidade, o fato de que a maioria dos sistemas de detecção de intrusão é tão facilmente subvertida é uma preocupação maior. Atacantes experientes são uma pequena minoria, mas são frequentemente a maior ameaça. Não seja embalado em complacência por um grande número de alertas vomitados pelos IDSs. Eles não podem detectar tudo, e comumente perdem o que é mais importante.

Até mesmo hackers experientes, às vezes, ignoram a questão do IDS para o reconhecimento inicial. Eles simplesmente examinam de longe, partindo de algum endereço IP não rastreável, na esperança de se misturarem a todos os outros atacantes e ao tráfego de provas, na Internet. Depois de analisarem os resultados, eles podem lançar ataques mais cautelosos e invisíveis, partindo de outros sistemas.

10.6. Detectando o Forjamento de Pacotes por Firewalls e Sistemas de Detecção de Intrusão

As seções anteriores mencionaram que alguns firewalls e sistemas de detecção de intrusão podem ser configurados para forjarem pacotes, como se eles viessem de um dos sistemas protegidos por trás do dispositivo. Os pacotes RST de TCP são um frequente exemplo. Balanceadores de carga, aceleradores de SSL, dispositivos de tradução de endereços de rede, e certas redes atratoras também podem levar a resultados confusos ou inconsistentes. O entendimento de como o Nmap interpreta as respostas ajuda muito na montagem de complexas topologias de redes remotas. Quando o Nmap reportar resultados incomuns ou inesperados, você poderá adicionar a opção --packet-trace para ver os pacotes crus sobre os quais o Nmap baseia suas conclusões. Em situações que causem perplexidade, você poderá ter de ir ainda mais além e lançar provas personalizadas e analisar os pacotes com outras ferramentas, tais como o hping2 e o Wireshark. O objetivo, normalmente, é encontrar inconsistências que ajudem a entender a configuração real da rede. As seções seguintes descrevem várias técnicas úteis para se fazê-lo. Ainda que a maioria destes testes não envolva o Nmap diretamente, eles podem ser úteis para a interpretação de resultados inesperados do Nmap.

10.6.1. Procure pela Consistência do TTL

Firewalls, balanceadores de carga, gateways NAT, e dispositivos similares estão normalmente localizados a um ou mais saltos à frente das máquinas que eles estão protegendo. Neste caso, os pacotes podem ser criados com um TTL tal que eles alcancem o dispositivo de rede, mas não o hospedeiro final. Se um RST for recebido de uma tal prova, ele deverá ter sido enviado pelo dispositivo.

Durante um levantamento informal, eu examinei a rede de um grande editor de revistas pela Internet (você deve lembrar dele, da seção 4.5, "SOLUÇÃO: examinar uma grande rede em busca de uma certa porta TCP aberta"). Quase todos os endereços IP mostravam a porta 113 fechada. Suspeitando de forjamento de RST por um firewall, eu cavei um pouco mais fundo. Como ela continha portas abertas, fechadas e filtradas, eu decidi focar neste hospedeiro em particular:

```
# nmap -sS -PN -T4 mx.chi.playboy.com

Starting Nmap ( http://nmap.org )
Interesting ports on mx.chi.playboy.com (216.163.143.4):
Not shown: 998 filtered ports
PORT      STATE     SERVICE
25/tcp    open      smtp
113/tcp   closed    auth
Nmap done: 1 IP address (1 host up) scanned in 53.20 seconds
```

Estaria a porta 113 realmente fechada, ou estaria o firewall simulando pacotes RST? Eu contei a distância (em saltos de rede) para as portas 25 e 113, usando o modo personalizado de traceroute do utilitário livre hping2, como mostrado no exemplo 10.22. Eu poderia ter usado a opção --traceroute do Nmap, mais rápida, para fazê-lo, mas esta opção não existia, na época.

Exemplo 10.22. Detecção de portas TCP fechadas e filtradas

```
# hping2 -t 5 --traceroute -p 25 -S mx.chi.playboy.com
[combined with results from hping2 -i 1 --ttl \* -p 25 -S
mx.chi.playboy.com]
5->TTL 0 during transit from 64.159.2.97 (ae0-54.mp2.San
Jose1.Level3.net)
6->TTL 0 during transit from 64.159.1.34 (so-3-0-0.mp2.
Chicago1.Level3.net)
7->TTL 0 during transit from 200.247.10.170 (pos9-0.core1.
Chicago1.level3.net)
8->TTL 0 during transit from 200.244.8.42 (gige6-0.ipcolo1.
Chicago1.Level3.net)
9->TTL 0 during transit from 166.90.73.205 (ge1-0.br1.ord.
playboy.net)
10->TTL 0 during transit from 216.163.228.247 (f0-0.b1.chi.
playboy.com)
11->No response
12->TTL 0 during transit from 216.163.143.130 (fw.chi.
playboy.com)

13->46 bytes from 216.163.143.4: flags=SA seq=0 ttl=52
id=48957 rtt=75.8 ms
# hping2 -t 5 --traceroute -p 113 -S mx.chi.playboy.com
[ results augmented again ]
5->TTL 0 during transit from 64.159.2.97 (ae0-54.mp2.San
Jose1.Level3.net)
6->TTL 0 during transit from 64.159.1.34 (so-3-0-0.mp2.
Chicago1.Level3.net)
7->TTL 0 during transit from 200.247.10.170 (pos9-0.core1.
Chicago1.level3.net)
8->TTL 0 during transit from 200.244.8.42 (gige6-0.ipcolo1.
Chicago1.Level3.net)
9->TTL 0 during transit from 166.90.73.205 (ge1-0.br1.ord.
playboy.net)
10->TTL 0 during transit from 216.163.228.247 (f0-0.b1.chi.
playboy.com)
11->Nothing
12->46 bytes from 216.163.143.4: flags=RA seq=0 ttl=48
id=53414 rtt=75.0 ms
```

Este traceroute personalizado mostra que o alcance da porta aberta 25 exige 13 saltos. 12 saltos além está um firewall, em Chicago, utilmente chamado fw.chi.playboy.com. Era de se esperar que diferentes portas na mesma máquina estivessem na mesma distância em saltos. Ainda assim, a porta 113 respondia com um RST depois de apenas 12 saltos. Este RST estava sendo forjado pelo fw.chi.playboy.com. Como ficou evidente que o firewall estava forjando respostas da porta 113, aqueles pacotes não deveriam ser tomados como uma indicação de que um hospedeiro estaria disponível num dado endereço IP. Eu encontrei hospedeiros disponíveis através de um novo exame por ping da rede, usando tipos comuns de provas, como requisições de eco de ICMP (-PE) e pacotes SYN para as portas 22 e 80 (-PS22,80), mas omitindo quaisquer provas de ping envolvendo a porta TCP 113.

10.6.2. Procure pela Consistência da ID de IP e dos Números de Sequência

Cada pacote IP contém um campo de identificação de 16 bits que é usado para desfragmentação. Ele também pode ser explorado para se obter uma surpreendente quantidade de informações sobre hospedeiros remotos. Isto inclui o exame de portas, usando a técnica do exame ocioso, do Nmap, a estimativa de tráfego, a detecção de apelido de hospedeiro, e muito mais. Ele também pode ajudar a detectar muitos dispositivos de rede, tais como balanceadores de carga. Uma vez eu notei estranhos resultados de detecção de SO, enquanto examinava beta.search.microsoft.com. Então, eu lancei provas de SYN do hping2 na porta TCP 80 para descobrir o que estava se passando. O exemplo 10.23 mostra os resultados.

Exemplo 10.23. Testando a consistência de números de sequência da ID de IP

```
# hping2 -c 10 -i 1 -p 80 -S beta.search.microsoft.com
HPING beta.search.microsoft.com. (eth0 207.46.197.115): S
set, 40 headers
46 bytes from 207.46.197.115: flags=SA seq=0 ttl=56 id=57645
win=16616
46 bytes from 207.46.197.115: flags=SA seq=1 ttl=56 id=57650
win=16616
46 bytes from 207.46.197.115: flags=RA seq=2 ttl=56 id=18574
win=0
46 bytes from 207.46.197.115: flags=RA seq=3 ttl=56 id=18587
win=0
```

```
46 bytes from 207.46.197.115: flags=RA seq=4 ttl=56
id=18588 win=0
46 bytes from 207.46.197.115: flags=SA seq=5 ttl=56 id=57741
win=16616
46 bytes from 207.46.197.115: flags=RA seq=6 ttl=56 id=18589
win=0
46 bytes from 207.46.197.115: flags=SA seq=7 ttl=56 id=57742
win=16616
46 bytes from 207.46.197.115: flags=SA seq=8 ttl=56 id=57743
win=16616
46 bytes from 207.46.197.115: flags=SA seq=9 ttl=56 id=57744
win=16616
```

Examinando a sequência de números de ID de IP (em negrito), está claro que há realmente duas máquinas compartilhando o mesmo endereço IP através de algum tipo de balanceador de carga. Uma tem sequências de ID de IP na faixa de 57K, enquanto que a outra está usando 18K. Dadas estas informações, não admira que o Nmap tenha tido dificuldades em estabelecer na descoberta de um único sistema operacional. Eles poderiam estar rodando em sistemas muito diferentes.

Testes similares podem ser realizados em outros campos numéricos, tais como a opção de marca de horário de TCP, ou o número de sequência inicial retornado por portas abertas. Neste caso em particular, você pode ver que o tamanho da janela de TCP e os sinalizadores de TCP também revelam os hospedeiros.

10.6.3. O Truque da Soma-Verificadora de TCP Falsa

Um outro truque útil para determinação de se um IDS ou firewall está simulando pacotes de resposta é enviar provas com uma soma-verificadora de TCP falsa. Essencialmente, todos os hospedeiros finais checam a soma-verificadora, antes de qualquer outro processamento, e não responderão a estes pacotes corrompidos. Firewalls, por outro lado, frequentemente omitem esta verificação, por questões de desempenho. Nós podemos detectar este comportamento com a opção --badsum, como mostrado no exemplo 10.24.

Exemplo 10.24. Encontrando um firewall com más somas-verificadores de TCP

```
# nmap -sS -p 113 -PN --badsum google.com
Starting Nmap ( http://nmap.org )
```

```
Warning: Hostname google.com resolves to 3 IPs. Using
64.233.187.99.
Interesting ports on jc-in-f99.google.com (64.233.187.99):
PORT           STATE      SERVICE
113/tcp        closed     auth
Nmap done: 1 IP address (1 host up) scanned in 0.44 seconds
```

Do exemplo 10.24 nós podemos inferir que há algum tipo de dispositivo de rede, talvez um firewall, que está tratando os pacotes destinados ao google. com, na porta 113, sem checar as somas-verificadoras de TCP. Normalmente, um hospedeiro final descartará, silenciosamente, os pacotes com más somas-verificadoras de TCP e nós veremos uma porta filtrada, ao invés de uma fechada. A opção --badsum também usará más somas-verificadoras para outros protocolos em cima do IP, incluindo UDP, ICMP, e IGMP.

Esta técnica, juntamente com outras razões para o envio deliberado de pacotes com somas-verificadoras mal formadas, é descrito mais a fundo na *Phrack* 60, artigo 12[9], de Ed3f. Embora esta seja, às vezes, uma técnica útil, há vários *poréns* a serem considerados:

1. Muitos firewalls modernos checam, hoje, as somas-verificadoras de TCP (ao menos quando determinando se devem responder a um pacote) para evitar vazar esta informação. Assim, esta técnica é mais útil para provar que uma resposta a uma prova de --badsum foi enviada por um firewall (ou outro dispositivo com uma pilha de TCP incompleta) do que para provar que uma tal prova filtrada foi descartada por um hospedeiro final.

2. O uso de --badsum não garante que os pacotes serão enviados com más somas-verificadoras em todas as plataformas. Em alguns sistemas, o kernel ou a placa de rede realiza o cálculo da soma-verificadora e insere o valor correto, sobrepondo o valor ruim desejado. Uma maneira de assegurar que isto não estará acontecendo com você é usar uma máquina remota para farejar os pacotes que você está enviando. Por exemplo, quando farejando com o tcpdump, os pacotes com más somas-verificadoras de TCP serão indicados como [bad tcp cksum aa79 (->ab79)!]. Uma outra abordagem é fazer um exame normal por SYN em uma de seus hospedeiros (com pelo menos uma porta aberta). Depois, faça o mesmo exame

---

9 http://nmap.org/p60-12.html

com --badsum. Se as mesmas portas ainda forem mostradas como abertas, então --badsum provavelmente não estará funcionando para você. Por favor, reporte o problema como descrito na seção 15.17, "Erros".

10.6.4. Tempos de Ida e Volta

Quando um firewall forja uma resposta a uma prova, esta resposta normalmente retornará ligeiramente mais cedo que uma resposta do verdadeiro hospedeiro de destino. Afinal, o firewall está, normalmente, pelo menos um salto mais próximo. Ele também é otimizado para examinar e processar rapidamente os pacotes, e faz pouco mais. O hospedeiro de destino, por outro lado, pode estar tão ocupado rodando aplicações, que levará vários milissegundos a mais para responder a uma prova. Assim, uma comparação próxima de tempos de ida e volta podem, frequentemente, revelar ardis de firewalls.

Um desafio com esta técnica é que a discrepância de tempo entre a resposta de um firewall e a resposta de um alvo verdadeiro pode ser uma fração de um milissegundo. Variações normais de tempo de ida e volta podem ser maior que isto, então o envio de apenas duas provas (uma que solicite uma resposta que se saiba ser do hospedeiro alvo, e outra suspeita, que possa ser do firewall) raramente é suficiente. O envio de mil provas de cada tipo cancela a maioria das variações de RTT (sigla em inglês para o tempo de ida e volta), de forma que diferenças fundamentais possam ser discernidas. Isto não precisa demorar todo aquele tempo - o hping2 com as opções -c 1000 -i u50000 envia mil provas em menos de um minuto. A partir desses resultados, calcule a média, ao invés de usar a que ele lhe fornece. Isto evita que tempos enormes (tais como de uma resposta perdida que é retransmitida dois segundos depois) estejam desviando os dados. Faça as mil provas uma ou duas vezes mais, para determinar o quão consistentes os resultados são. Depois, tente o mesmo com a prova suspeita e compare as duas. Se os tempos forem exatamente os mesmos até o dígito menos significativo, provavelmente o mesmo hospedeiro estará enviando ambas as respostas. Se você vir consistentemente que um tipo de prova é respondido mais rapidamente que o outro, o forjamento de pacotes poderá ser o responsável.

Este método não é perfeito. Uma discrepância de tempo pode ser causada por inúmeros fatores além de um firewall. Ainda assim, é uma técnica valiosa, já que a detecção de anomalias na rede, tais como o forjamento de pacotes, é como provar um caso na justiça. Cada mínima evidência ajuda na busca de uma conclusão. A discrepância pode até levar a descobertas mais interessantes que o forjamento por um firewall. Talvez certas portas, no alvo, estejam sendo redirecionadas para uma rede atratora, para melhor estudo dos ataques.

10.6.5. Análise Cuidadosa de Cabeçalhos e Conteúdos de Pacotes

É surpreendente quantos elementos podem diferir até mesmo num pequeno cabeçalho de TCP. Consulte o capítulo 8, *Detecção de SO remoto* para dezenas de detalhes sutis que podem ser indicativos de um SO diferente. Por exemplo, diferentes sistemas respondem com diferentes opções de TCP, de texto de pacote RST, de valores de tipo de serviço etc. Se houver vários sistemas por trás de um balanceador de carga, ou se os pacotes estiverem sendo enviados por firewalls ou sistemas de detecção de intrusão, os pacotes raramente corresponderão exatamente.

Uma excelente ferramenta para dissecação de cabeçalhos de pacotes é o Wireshark, porque ele pode separar o cabeçalho em campos individuais e fornecer descrições textuais do conteúdo binário do pacote. O truque para comparar os pacotes é coletar um pacote que você ache que possa ser de um firewall e um outro do mesmo tipo do hospedeiro alvo ou do sistema operacional alvo. Dois tipos de pacotes que você provavelmente poderá coletar são os pacotes de cancelamento de TCP e os pacotes de erro de ICMP. Pelo uso do hping2 ou da opção --scanflags do Nmap, deverá ser possível induzir repostas com diferentes cabeçalhos de IP, TCP, ou ICMP.

10.6.6. Uniformidade Incomum da Rede

Quando os pacotes de resposta são enviados por um firewall, eles são normalmente mais uniformes que seria esperável de agrupamentos de máquinas individuais. Apesar do exame da companhia da revista discutido na seção anterior de verificação do TTL, eu notei que centenas de máquinas de IP sequencial responderam com um RST para a porta 113. Num agrupamento real de máquinas, você esperaria pelo menos que duas estivesse fora do ar, num dado horário. Além disso, eu estava incapacitado de induzir qualquer outro tipo de resposta da maioria daqueles endereços. Este resultado suspeito me levou aos testes de TTL que me mostraram que o hospedeiro fw.chi estava, realmente, simulando os pacotes RST.

Um firewall não tem nem mesmo de simular pacotes para se revelar. Uma outra configuração comum de firewall é o descarte de pacotes para portas específicas. Muitos provedores de acesso filtram as portas 135, 139 e 445 do Windows para reduzir a disseminação de vírus. Se um grande número de hospedeiros adjacentes ativos se apresenta com o mesmo conjunto de portas filtradas, um firewall de rede é o provável culpado. Depois de determinar quais portas estão sendo filtradas por um firewall, você pode, frequentemente, mapear quantos hospedeiros estão protegidos pelas regras desse firewall, examinando muitos blocos de rede em busca dessas portas filtradas. Isto poderá levar à descoberta de algumas brechas acidentais, ou à DMZ (sigla em inglês para zona desmilitarizada) da organização, que tipicamente hospeda serviços públicos e tem regras de firewalls muito mais frouxas.

Capítulo 11:
Defesas contra o Nmap

11.1. Introdução

O capítulo 10, *Detectando e subvertendo Firewalls e Sistemas de Detecção de Intrusão* discutiu a miríade de maneira que o Nmap (juntamente com algumas outras ferramentas de segurança de código aberto) pode ser usado para passar despercebidamente por firewalls e superar sistemas de detecção de intrusão. Agora, nós examinaremos a situação do outro lado da brecha: como tecnologias tais como firewalls e IDSs podem defender contra o Nmap. Possíveis defesas incluem o bloqueio de provas, a restrição da informação retornada, o retardamento do exame do Nmap, e o retorno de informações distrativas. Os perigos de algumas defesas são cobertos, também. O ofuscamento de sua rede ao ponto de os atacantes não poderem entender o que está se passando não será uma vitória da rede, se seus administradores não mais a entenderem, também. Similarmente, software defensivo com o objetivo de confundir ou bloquear scanners de portas não será benéfico se ele próprio abrir vulnerabilidades mais sérias. Muitas das técnicas descritas aqui, protegem contra provas ativas em geral, não apenas aquelas produzidas com o Nmap.

11.2. Examinar Pro-ativamente, Depois Fechar ou Bloquear Portas e Corrigir Vulnerabilidades

Diz-se com frequência que a melhor defesa é o ataque. Uma excelente maneira de se defender contra atacantes é pensar como eles. Examine suas redes regularmente, e cautelosamente analise a saída em busca de vulnerabilidades. Use o crontab, no Unix, ou o Agendador de Tarefas, no Windows, com um sistema como o Ndiff[1] ou nmap-report (veja a seção 1.2.3, "MadHat no País das Maravilhas") para lhe notificar de quaisquer alterações.

O exame proativo fornece a oportunidade de encontrar e corrigir vulnerabilidades antes que um atacante o faça. Igualmente importante é fechar e bloquear portas desnecessariamente disponíveis, para evitar a exploração de vulnerabilidades de que você ainda não saiba. O exame pró-ativo também lhe deixará mais ciente de quais informações os atacantes poderão obter. Quando você tiver revisto os resultados, por si mesmo, em busca de fraquezas e estiver satisfeito com sua postura de segurança, os scanners de portas se tornarão muito menos ameaçadores. As pessoas que estiverem paranóicas com relação aos scanners de portas e empregarem os softwares mais defensivos e de detecção são normalmente aquelas que têm a menor confiança na segurança de suas redes. Eu não quero dissuadir ninguém de usar as técnicas descritas ao longo deste capítulo, mas apenas sugerir que elas primeiro procurem e corrijam quaisquer riscos e vulnerabilidades existentes na rede. Consertar uma brecha é muito mais eficaz que tentar ocultá-la. Esta abordagem também é menos estressante que a constante preocupação de que atacantes possam encontrar as vulnerabilidades.

Uma vez que o exame pró-ativo esteja ativo, o primeiro passo é corrigir quaisquer vulnerabilidades conhecidas. Em seguida vem a auditagem de cada porta aberta externamente disponível através do firewall, na rede interna. Serviços que o público não precise alcançar devem ser bloqueados no firewall. Se os empregados precisarem alcançá-los, talvez eles possam usar a VPN, ao invés. Serviços internos comumente ficam atendendo, mesmo quando não estão sendo usados. Eles podem ter sido instalados ou habilitados por omissão, ou foram habilitados devido a uso anterior e nunca foram desabilitados. Tais serviços desnecessários devem ser desabilitados. Mesmo que você não saiba de uma vulnerabilidade no serviço, os atacantes podem sabê-lo. Falhas de segurança podem ser encontradas para o serviço no futuro, também. Uma porta fechada é um risco muito menor que uma aberta. Depois que as brechas estiverem corrigidas, os serviços privados bloqueados pelo firewall, e os serviços

---

1 *http://nmap.org/ndiff/*

desnecessários desabilitados, outras tecnologias defensivas, como os sistemas de prevenção de intrusão podem ser aconselhadas para proteger contra explorações de dia zero, ameaças internas, e quaisquer brechas que seu sistema de análise de vulnerabilidades perca.

O exame e a auditagem pró-ativos da rede devem se tornar uma rotina, ao invés de uma auditoria isolada. Em qualquer rede complexa, hospedeiros e serviços são adicionados e alterados regularmente. Você deve se manter à frente deles, se a rede dever se manter segura.

Lembre-se de que alguns sistemas mal implementados e testados podem reagir desfavoravelmente a exames de portas, detecção de SO ou detecção de versão. Isto raramente é um problema, quando o exame é feito através da Internet, porque as máquinas que caem quando são examinadas não duram muito num ambiente de desenvolvimento tão hostil. Máquinas internas são, comumente, mais frágeis. Quando iniciando um programa de exame pro-ativo, assegure-se de que ele esteja aprovado e comunicado aos parceiros afetados, antecipadamente. Comece com uma parte relativamente pequena da rede e certifique-se de que não haja problemas. Depois, leve-o mais além nos estágios. Você poderá querer começar com um simples exame de portas e, depois, passar para a detecção de SO ou detecção de versão, conforme desejado.

11.3. Bloquear e Retardar o Nmap com Firewalls

Uma das melhores medidas defensivas contra exames é um firewall bem configurado. Ao invés de simplesmente ofuscar a configuração da rede, como algumas técnicas descritas posteriormente o fazem, firewalls bem configurados podem bloquear eficazmente muitas avenidas de ataques.

Qualquer livro decente sobre firewalls enfatiza esta regra capital: negar por omissão. Ao invés de tentar bloquear tráfego suspeitado como malicioso, bloqueie tudo em princípio, depois sobreponha isto especificamente, para permitir o tráfego essencial. É muito mais fácil supervisionar o bloqueio de alguma coisa maliciosa do que acidentalmente permitir, explicitamente, a esta mesma coisa. Além do mais, a falha em bloquear tráfego ruim pode não ser notada até que ela seja explorada por um atacante, enquanto que a falha em permitir tráfego legítimo normalmente é rapidamente descoberta pelos usuários afetados. E eles continuarão a lhe lembrar, até que o problema seja resolvido.

As duas razões precedentes deveriam ser bastante para convencer qualquer um a partir para a negação por omissão, mas há outros benefícios, também. Um é reduzir o reconhecimento de larga escala por ferramentas como o Nmap. Quando um exame de TCP por SYN, do Nmap, encontra uma porta fechada, a máquina alvo envia de volta um pacote RST e o status desta porta é determinado dentro do espaço de apenas um tempo de ida e volta. Isto fica abaixo de um quarto de segundo, mesmo em torno do mundo, de meu servidor web na Califórnia a um provedor de acesso em Moscou. Se um firewall filtrar a porta descartando a prova, por outro lado, o Nmap terá de esperar por uma expiração de pior caso, antes de desistir. O Nmap, então, faz várias retransmissões só para o caso de algum pacote ter sido descartado por algum roteador, devido à extrapolação da capacidade, ao invés de por uma regra de firewall. Em exames de larga escala, a diferença pode ser muito significativa. Por exemplo, um exame de TCP por SYN de 1.000 portas numa máquina em minha rede sem fios (**nmap -sS -T4 para**) leva apenas cinco segundos, quando todas as portas estão abertas ou fechadas. A filtragem de uma dúzia, mais ou menos, de portas comumente exploradas aumenta o tempo de exame para 12 segundos. Passando para a negação por omissão (filtrando todas as portas, com exceção das cinco abertas) quase triplica o tempo de exame, para 33 segundos. Uma diferença de 28 segundos pode não soar significativa, mas ela pode se somar a dias extras, em exames de larga escala.

Portas filtradas são ainda mais frustrantes, para os atacantes, quando o protocolo UDP é usado. Quando a proteção por firewall não estiver envolvida, virtualmente todos os sistemas respondem com uma porta inalcançável de ICMP, quando o Nmap prova uma porta fechada. Portas abertas normalmente não respondem absolutamente nada. Então, se um firewall com negação por omissão descartar um pacote de prova, o Nmap não poderá dizer se a porta está aberta ou filtrada. Aqui, as retransmissões não ajudarão, já que a porta jamais responderá. Os atacantes deverão, então, recorrer a técnicas mais lentas e muito mais indiscretas, tais como a detecção de versão, do Nmap, e o uso de força bruta da string de comunidade de SNMP, para terem uma ideia das portas UDP.

Para realmente retardar o Nmap, certifique-se de que o firewall esteja descartando os pacotes, ao invés de responder com um erro de ICMP ou um RST de TCP. Do contrário, o Nmap rodará tão rápida e acuradamente quanto se as portas estivessem fechadas, embora você ainda colha o benefício do bloqueio das provas. Como exemplo desta distinção, o firewall iptables, do Linux, oferece as ações de alvo DROP (descartar) e REJECT (rejeitar). Como os nomes implicam, DROP não faz nada além de bloquear o pacote, enquanto que REJECT envia uma mensagem de erro, de volta. A primeira é melhor para retardar o reconhecimento e é normalmente recomendada, embora REJECT possa facilitar o diagnóstico de problemas de rede, ao tornar claro que o firewall está bloqueando certo tráfego.

Uma outra ideia de firewalls é a *defesa a fundo*. Muito embora as portas estejam bloqueadas pelo firewall, certifique-se de que elas estejam fechadas (nenhuma aplicação está atendendo). Considere que um atacante determinado eventualmente passará pelo firewall. Mesmo que ele atravesse usando uma técnica do capítulo 10, *Detectando e subvertendo Firewalls e Sistemas de Detecção de Intrusão*, as máquinas individuais deverão estar bloqueadas para apresentar uma defesa forte. Isto reduzirá a abrangência e os danos dos enganos, que todos cometem ocasionalmente. Os atacantes precisarão encontrar fraquezas tanto no firewall quanto nas máquinas individuais. Um scanner de portas é bem impotente contra portas que estejam tanto fechadas quanto filtradas. O uso do espaço de endereços privados (como com tradução de endereços de rede) e de firewalls adicionais fornecerão ainda mais proteção.

11.4. Detectar Exames do Nmap

Algumas pessoas acreditam que a detecção de exames de portas é uma perda de tempo. Eles são tão comuns que qualquer organização conectada à Internet será regularmente examinada. Muito poucos destes exames representam ataques alvejados. Muitos são vírus da Internet interminavelmente batendo à toa, procurando uma ou outra vulnerabilidade do Windows. Alguns exames vêm de projetos de pesquisa na Internet, outros de indivíduos curiosos ou entediados, explorando a Internet. Eu examinei dezenas de milhares de IPs, procurando bons exemplos e dados empíricos para este livro. Outros exames são realmente maliciosos. Script kiddies regularmente examinam enormes faixas em busca de sistemas suscetíveis para sua exploração *du jour*. Apesar desses caras terem más intenções, eles provavelmente seguirão adiante por si mesmos, depois que não descobrirem nenhum serviço vulnerável na sua rede. A maior ameaça são os atacantes testando especificamente sua organização, embora estes representem uma porcentagem tão pequena de exames detectados que eles são extremamente difíceis de se distinguir. Muitos administradores nem sequer se incomodam em registrar os exames de portas.

Outros administradores tomam uma postura diferente. Eles consideram que exames de portas são, comumente, precursores de ataques, e devem, pelo menos, ser registrados, se não respondidos. Eles normalmente põem sistemas de detecção nas redes internas para reduzir a inundação de atividade de exames de portas na Internet. Os registros são, às vezes, analisados com relação a tendências, ou submetidos a terceiros, como o Dshield, para correlações e análises globais. Às vezes, registros extensivos e gráficos assustadores medindo ataques são submetidos à gerencia para justificar orçamentos adequados.

Os registros do sistema, sozinhos, raramente são suficientes para detecção de exames de portas. Normalmente, apenas tipos de exames que estabelecem uma conexão completa de TCP são registrados, embora o exame por SYN, do Nmap, por omissão, atravesse sorrateiramente. Mesmo conexões completas de TCP só serão registradas se a aplicação em particular explicitamente o fizer. Tais mensagens de erro, quando disponíveis, são frequentemente obscuras. Entretanto, um punhado de serviços diferentes descarregando mensagens de erros ao mesmo tempo é uma indicação comum de atividade de exames. Exames intrusivos, particularmente aqueles que usam a detecção de versão, do Nmap, podem, muitas vezes, ser detectados desta forma. Mas somente se os administradores realmente lerem regularmente os registros do sistema. A grande maioria das mensagens de registro fica para sempre sem ser lidas. Ferramentas de monitoramento de registros, tais como a Logwatch[2] e a Swatch[3], podem certamente ajudar, mas a realidade é que os registros do sistema só são marginalmente eficazes, na detecção da atividade do Nmap.

---

2 *http://www.logwatch.org*

3 *http://swatch.sourceforge.net/*

Detectores de exames de portas de propósito especial são uma abordagem mais eficaz na detecção de atividade do Nmap. Dois exemplos comuns são o PortSentry[4] e o Scanlogd[5]. O Scanlogd está disponível desde 1998 e foi cuidadosamente projetado para segurança. Nenhuma vulnerabilidade foi reportada durante toda sua vida. O PortSentry oferece funcionalidades similares, bem como uma capacidade reativa que bloqueia o IP de origem de scanners suspeitos. Note que esta técnica reativa pode ser perigosa, como demonstrado na seção 11.5.6, "Detecção reativa de exame de portas".

A despeito de estar sujeito aos ataques baseados em limites discutidos na seção 10.5.2, "Evitando os Sistemas de Detecção de Intrusão", estas ferramentas de detecção de exames de portas funcionam muito bem. Ainda assim, o tipo de administrador que se preocupa o suficiente para manter um olho nos exames de portas também quererão saber sobre ataques mais sérios, tais como tentativas de exploração e backdoors instalados. Por esta razão, os sistemas de detecção de intrusão que alertam sobre uma ampla faixa de comportamentos suspeitos são mais populares que estas ferramentas de propósito especial.

Muitos fornecedores, hoje, vendem sistemas de detecção de intrusão, mas os usuários do Nmap se inclinam para um IDS leve, de código aberto, chamado Snort. Ele é avaliado como a terceira ferramenta mais popular de segurança, dentre um grupo pesquisado de 3.243 usuários do Nmap

(http://sectools.org). Como o Nmap, o Snort é melhorado por uma comunidade global de desenvolvedores. Ele suporta mais de duas mil regras para detecção de todos os tipos de atividades suspeitas, incluindo exames de portas.

Um IDS devidamente instalado e monitorado pode ser uma tremenda aquisição de segurança, mas não se esqueça dos riscos discutidos na seção 10.5, "Subvertendo Sistemas de Detecção de Intrusão". O Snort teve múltiplas vulnerabilidades remotamente exploráveis, e igualmente as tem muitos de seus concorrentes comerciais. Além disso, um atacante experiente poderá combater a maioria das regras do IDS, então não abaixe sua guarda. IDSs muito frequentemente levam a uma falsa ideia de segurança.

---

4 *http://sourceforge.net/projects/sentrytools/*
5 *http://www.openwall.com/scanlogd/*

11.5. Subterfúgios Expertos

O Nmap, como outras ferramentas ativas de provas, obtém suas informações enviando pacotes aos sistemas alvo e, depois, tentando interpretar e organizar quaisquer respostas em relatórios úteis. O Nmap deve se basear em informações de sistemas e redes que podem ser ambientes completamente hostis. Alguns administradores se ofendem ao serem examinados, e uma pequena porcentagem tenta confundir ou retardar o Nmap com medidas ativas além das técnicas de firewall e IDS discutidas anteriormente.

Muitos destes métodos de respostas ativas são muito inteligentes. Eu diria que muitos são expertos demais, causando mais problemas do que resolvem. Um desses problemas é a explorabilidade. Muitos destes softwares de resposta ativa personalizada são apenas um rápido experimento, escrito sem uma consideração cuidadosa da segurança. Por exemplo, um administrador amigo meu, chamado Paul, estava muito orgulhoso de ter instalado o FakeBO em sua máquina. Ele ria ante a ideia de enganar script kiddies, levando-os a crer que haviam encontrado uma máquina infectada pelo Back Orifice tomarem conta, enquanto ele, na verdade, apenas registrava suas tentativas. A piada se virou contra Paul, quando um estouro de buffer no FakeBO foi descoberto e um atacante o utilizou para comprometer sua máquina e instalar um backdoor real.

Os outros principais riscos comuns destas tecnologias é o desvio de tempo que seria melhor despendido noutra atividade. Confundir atacantes pode ser divertido e gratificante e, em alguns casos, até mesmo prender os atacantes. No fim, contudo, estas técnicas são, na maioria, segurança por obscuridade. Embora ainda possam ser benéficas, elas não são tão importantes quanto tecnologias mais flexíveis como firewalls e o conserto de vulnerabilidades. Atacantes avançados provavelmente verão através do ofuscamento, de alguma forma, e os script kiddies e vírus raramente se incomodam com investigações. As explorações de IIS tentadas diariamente contra meu servidor web Apache são um testemunho disto. Estas técnicas devem ser consideradas apenas quando você já estiver altamente confiante em sua postura de segurança. Muitas pessoas as utilizam como substitutas da real segurança de suas redes.

11.5.1. Ocultação de Serviços em Portas Obscuras

Eventualmente, os administradores defendem a execução de serviços em portas incomuns, para tornar mais difícil, para os atacantes, encontrá-las. Em particular, eles anotam a frequência de varreduras de portas únicas, em seus espaços de endereços, feitas por atacantes procurando por uma versão vulnerável de algum software. Vírus autônomos normalmente fazem a mesma coisa.

É verdade que este tipo de ofuscamento pode impedir que alguns vírus e script kiddies encontrem serviços, mas eles raramente são mais que uma ameaça marginal a companhias que rapidamente emendam vulnerabilidades. E as companhias que não fazem a emenda rapidamente, não serão salvas por este simples ofuscamento de portas. Os proponentes normalmente argumentam que mesmo atacantes mais expertos cairão nesta. Alguns até postaram em listas de segurança que o exame de todas as 65.536 portas TCP é inconcebível. Eles estão errados. Os atacantes podem e examinarão todas as portas TCP. Além disso, técnicas como a detecção de versão, do Nmap, tornam fácil a determinação de qual serviço está atendendo numa porta incomum. O exemplo 11.1 mostra um tal exame. É de se notar que ele só leva oito minutos, e isto é partindo de uma linha ADSL residencial lenta em outro estado. Partindo de uma máquina mais rápida, o mesmo exame leva apenas três minutos. Se o estado omissivo fosse filtrado, o exame teria sido mais lento, mas não tão excessivamente. Mesmo que um exame demore 10 ou 20 minutos, um atacante não tem de ficar observando. Um ataque alvejado contra uma companhia pode, facilmente, ser deixado em execução durante a noite, e atacantes em massa podem deixar um scanner rodando por semanas, baixando periodicamente os últimos arquivos de dados.

Exemplo 11.1. Um exame de versão em todas as portas TCP

```
# nmap -sSV -T4 -O -p0-65535 apollo.sco.com

Starting Nmap ( http://nmap.org )
Interesting ports on apollo.sco.com (216.250.128.35):
Not shown: 65524 closed ports
PORT          STATE       SERVICE      VERSION
0/tcp         filtered    unknown
21/tcp        open        ftp          WU-FTPD 2.1WU(1)+SCO-2
                                       .6.1+-sec
```

```
22/tcp          open        ssh         SSH 1.2.22 (protocol
                                        1.5)
199/tcp         open        smux?
457/tcp         open        http        NCSA httpd 1.3
615/tcp         open        http        NCSA httpd 1.5
1035/tcp        filtered    unknown
1521/tcp        open        oracle      Oracle DB Listener
                                        2.3.4.0.0 (for SCO
                                        System V/386)
13722/tcp       open        inetd       inetd exec err /usr/
                                        openv/netbackup/
                                        bin/bpjava-msvc
13782/tcp       open        inetd       inetd exec err /usr/
                                        openv/netbackup/
                                        bin/bpcd
13783/tcp       open        inetd       inetd exec err /usr/
                                        openv/bin/vopied
64206/tcp       open        unknown
Device type: general purpose
Running: SCO UnixWare
OS details: SCO UnixWare 7.0.0 or OpenServer 5.0.4-5.0.6

Nmap done: 1 IP address (1 host up) scanned in 501.90
seconds
#
```

A maior desvantagem desta abordagem é uma maior inconveniência para usuários legítimos. Alguns serviços, como SMTP e DNS, quase sempre têm de rodar em suas portas bem conhecidas, por razões práticas. Mesmo para serviços como HTTP e SSH, que podem ser mais facilmente mudados, fazer isto significará que todos os usuários deverão se lembrar de um número de porta incomum, como 52.147, sempre que se conectarem ao serviço. Quando houver vários serviços "ocultos", será particularmente difícil lembrar quem é quem. O uso de portas diferentes em cada máquina se torna ainda mais confuso, mas a padronização com mapeamentos de portas incomuns por toda a organização reduzirá o alegado benefício deste esquema. Os atacantes poderão notar que o SSH está sempre em 52.147. O resultado final é que os exames de todas as portas, do Nmap, em seus servidores, poderão aumentar, à medida que usuários legítimos frustrados tentarão descobrir onde os serviços essenciais estão ocultos. Usuários menos esclarecidos poderão lhe inundar com ligações, ao invés.

11.5.2. Batidas em Portas

Uma técnica chamada batidas em portas tornou-se recentemente popular como forma de ocultar serviços de potenciais atacantes. O método está bem descrito na página frontal de *http://www.portknocking.org/*:

> Batidas em portas é um método de estabelecimento de uma conexão a um computador em rede que não tem nenhuma porta aberta. Antes de uma conexão ser estabelecida, as portas são abertas usando-se uma sequência de batidas em portas, que é uma série de tentativas de conexão a portas fechadas. Um hospedeiro remoto gera e envia uma sequência de batidas autênticas, para manipular as regras do firewall do servidor e abrir uma ou mais portas específicas. Estas manipulações são mediadas por um serviço de batidas em portas, rodando no servidor, que monitora o arquivo de registro do firewall à procura de tentativas de conexões que possam ser traduzidas em sequências de batidas autênticas. Depois que as portas desejadas estiverem abertas, o hospedeiro remoto poderá estabelecer uma conexão e iniciar uma sessão. Uma outra sequência de batidas poderá ser usada para acionar o fechamento da porta.

Este método não é novo, mas explodiu em popularidade em 2003, quando Martin Krzywinski cunhou o temo batidas em portas, escreveu uma implementação, criou o extensivo website, e escreveu artigos sobre ele nas revistas Sys Admin e Linux Journal. As batidas em portas adicionam uma segunda camada de proteção aos serviços, embora a autenticação seja normalmente, mais fraca que aquela fornecida por serviços primários como o SSH. As implementações estão normalmente sujeitas a ataques de farejamento e repetição, e frequentemente sofrem ameaças de força bruta e de negação de serviços, também.

A vantagem é uma ocultação de serviços que é muito mais forte que a simples e ineficaz técnica do obscurecimento de portas, descrito anteriormente. Uma porta competentemente ocultada através de batidas em portas é quase impossível de ser descoberta usando-se provas ativas, tais como as que são enviadas pelo Nmap. Por outro lado, sistemas baseados em farejadores, como os sistemas de detecção de intrusão e mapeadores passivos de redes, trivialmente detectam este esquema.

A decisão de implementar as batidas em portas exige uma análise dos benefícios e custos aplicáveis à implementação proposta. A ocultação de serviços só é benéfica para um pequeno conjunto de aplicações. A motivação é para impedir os atacantes de se conectarem a serviços vulneráveis (e os explorarem), ao mesmo tempo que se permite as conexões de usuários autorizados de todas as partes do mundo. Se apenas certos endereços IP precisarem se conectar, restrições de firewalls limitando conexões àqueles IPs específicos são, normalmente, uma abordagem melhor. Num mundo ideal, as aplicações tratariam seguramente, elas próprias, da autenticação, e não haveria necessidades de ocultá-las para impedir sua exploração. Infelizmente, mesmo programas atentos à segurança, como o SSH, têm sofrido numerosas falhas de pré-autenticação remotamente exploráveis. Apesar destas falhas deverem ser corrigidas tão cedo quanto possível, em qualquer caso, a batida em portas pode fornecer uma abertura extra de tempo, antes que uma nova falha seja explorada. Afinal, algumas explorações de SSH se espalham pelos subterrâneos muito antes de emendas oficiais estarem disponíveis. Depois, quando uma falha é anunciada, até o administrador mais consciente poderá precisar de várias horas ou dias para entender a falha, testar a correção e localizar e emendar todas as instâncias vulneráveis. O tempo de resposta de um proprietário de computador doméstico pode ser ainda maior. Afinal, a vasta maioria dos usuários de computador não está inscrita no Bugtraq.

Os caras do bem não são os únicos que se beneficiam da ocultação de serviços. Ela é pelo menos tão popular (se não até mais) para os chapéus-cinzas e os usos criminosos indiretos. Muitos provedores de acesso restringem os usuários de rodarem quaisquer servidores como serviços web ou SSH. Os clientes podem ocultar um servidor de SSH ou servidor web pessoal (apenas para uso muito limitado, já que o público não poderá se conectar facilmente) usando a tecnologia de batida em portas. Similarmente, o patrão de meu amigo Tom só permitia conexões de casa usando um cliente VPN somente do Windows. Tom respondeu configurando um sistema de batidas em portas (antes dele ser chamado assim) que, ao receber as provas apropriadas, configurava um túnel reverso de SSH de seu servidor no trabalho para sua máquina Linux em casa. Isto permitia que ele trabalhasse de casa com completo acesso à rede do trabalho, e sem ter de sofrer a ofensa de usar o Windows. Vale a pena repisar que o provedor de serviços, tanto no exemplo do provedor de acesso quanto no do empregador, poderiam ter detectado o subterfúgio usando um farejador ou o netflow.

Seguindo para usos ainda mais obscuros, criminosos de computadores muitas vezes usam técnicas como estas para ocultar backdoors em sistemas que eles comprometeram. Script kiddies podem bem deixar um ruidoso servidor de SSH ou mesmo um shell puro de root atendendo em alguma porta alta, vulnerável à detecção pelo próximo exame do Nmap. Atacantes mais cautelosos usam técnicas de ocultação que incluem as batidas em portas, em seus backdoors e rootkits.

Apesar da ocultação de serviços fornecida por este sistema poder ser valiosa, ela se apresenta com muitas limitações. Serviços destinados ao público são inapropriados, já que ninguém vai instalar um cliente especial de batidas apenas para visitar seu website. Além disso, a publicação das instruções de acesso destruiria o propósito primário do sistema. Serviços não públicos devem, normalmente, ser bloqueados por um firewall, ao invés de escudados por batidas em portas. Quando um grupo de pessoas precisa de acesso, as VPNs são frequentemente uma solução melhor, já que oferecem encriptação e controle de acesso a nível de usuário. As VPNs também são construídas para tratar de redes do mundo real, onde os pacotes podem ser descartados, duplicados e reordenados. Uma prova relativamente simples usando a implementação da Portknocking.Org poderá exigir mais de 30 provas em portas, todas as quais deverão chegar ao destino em ordem. Para estas muitas provas, você precisará de um cliente especial. Usar o **telnet** ou um navegador web é muito entediante. Além do mais, todos os firewalls no caminho deverão permitir que você se conecte a estas portas incomuns. Dadas estas restrições e incômodos, o uso de uma VPN poderá ser igualmente conveniente.

Um risco adicional é que as implementações de batidas em portas ainda são imaturas. A melhor conhecida, escrita por Martin Krzywinski, adverte, na página de download, que "this is a prototype and includes the bare minimum to get started. Do not use this for production environments" (isto é um protótipo e inclui apenas o mínimo para se começar. Não use isto em ambientes de produção). Lembre-se, também, de que o exame proativo para inventário de sua própria rede será mais difícil com programas como este instalados.

Não deixe que esta longa lista de limitações lhe dissuada de sequer considerar as batidas em portas. Elas podem ser apropriadas para circunstâncias específicas, particularmente aquelas relacionadas a backdoors ocultos ou à administração remota de uma máquina pessoal.

11.5.3. Potes de Mel e Redes Atratoras

Um método cada vez mais popular para confundir os atacantes é colocar sistemas-iscas numa rede e monitorá-los à procura de atacantes. Estes são conhecidos como potes de mel (honeypots, em inglês). Eu sou membro do projeto Honeynet[6] (redes atratoras), que instala redes de potes de mel para fins de pesquisa. Muitas corporações distribuíram estes sistemas para fins de segurança corporativa, embora fazê-lo seja arriscado. O monitoramento extensivo exigido torna-os de alta manutenibilidade e sempre há o risco de que atacantes venham a irromper e usar as máquinas para cometerem crimes sérios. Soluções de manutenibilidade mais baixa, tais como o Honeyd, descrito na próxima seção, ou mesmo um IDS, podem ser mais apropriadas. De qualquer forma, os potes de mel são projetados para capturar ataques mais invasivos que os simples exames do Nmap, então eles não são discutidos mais a fundo.

11.5.4. Simulação de SO

Vários programas foram desenvolvidos especificamente para iludir a detecção de SO do Nmap. Eles manipulam o sistema operacional do hospedeiro para suportar respostas personalizadas às provas do Nmap. Desta forma, um PC Linux pode ser levado a parecer uma impressora Apple LaserWriter ou até uma webcam. O IP Personality[7], liberado em 2000, é um dos sistemas mais populares. Ele estende a estrutura Netfilter do Linux para suportar estes truques. Infelizmente, ele não foi mais atualizado desde abril de 2002 e pode não funcionar em versões do kernel superiores a 2.4.18.

A disponibilidade da ferramenta, sozinha, não torna a simulação de SO uma boa ideia. Alguém tem de justificar o esforço, de alguma forma. O FAQ do IP Personality evita a questão "Por que você precisaria disto?" respondendo que "Se você pergunta isto, então você não precisa". De qualquer forma, algumas pessoas acham-nas valiosas demais para escrever e usar estas ferramentas.

---

6 http://www.honeynet.org

7 http://ippersonality.sourceforge.net/

Uma razão é que informações específicas do SO tornam mais fácil para os atacantes inferirem vulnerabilidades em sua rede, e também ajuda a decidir que tipo de exploração rodar. É claro que a vulnerabilidade, em si, é o problema real, aí, e deve ser consertada. Outras pessoas rodam este tipo de ferramenta porque têm vergonha do SO que rodam, ou estão extremamente conscientes da privacidade. Se seu sistema operacional estiver numa área legal indeterminada, porque alguma companhia está reclamando de violação de IP e entrando com ações na justiça contra os usuários, a simulação de SO poderá proteger contra uma tal ação indenizatória.

Um sério problema com o mascaramento do SO de um hospedeiro desta forma é que ele pode causar problemas de segurança e funcionalidade. O Nmap testa várias propriedades importantes de segurança, tais como o número inicial de sequência de TCP e a predizibilidade do número de identificação de IP. A simulação de um sistema diferente, tal como uma impressora, poderá exigir o enfraquecimento destes números de sequências, de forma que eles sejam predizíveis e vulneráveis a todos os ataques implícitos. A obscuridade obtida pela simulação da impressão digital de seu sistema operacional não compensa o sacrifício de valiosos mecanismos de segurança. Este tipo de simulação também pode danificar a funcionalidade. Muitos testes de detecção de SO, do Nmap, envolvem o questionamento ao sistema de quais opções de TCP são suportadas. Fingir não suportar certas opções, tais como marcas de horário e dimensionamento de janela, removerá os benefícios da eficiência destas opções. Fingir suportar opções não disponíveis poderá ser desastroso.

No exemplo 11.2, o Nmap é levado a crer, pelo IP Personality, que uma máquina Linux é, na realidade, um console do jogo Dreamcast da Sega. Ele vem de um artigo intitulado *Uma abordagem prática para o combate à coleta de impressões digitais de SO pelo Nmap*[8], de David Barroso Berrueta. Este excelente artigo inclui muito mais exemplos, bem como instruções detalhadas de configuração. Ele também descreve muitos sistemas similares, com úteis advertências, tais como "o código não é muito estável. Eu carreguei o módulo e em poucos instantes minha máquina Linux congelou".

---

8 *http://nmap.org/misc/defeat-nmap-osdetect.html*

Exemplo 11.2. Iludindo o Nmap com o IP Personality

```
# nmap -sS -O -oN nmap2.log 192.168.0.19
Interesting ports on 192.168.0.19:
(The 1597 ports scanned but not shown below are in state:
closed)
Port       State      Service
22/tcp     open       ssh
25/tcp     open       smtp
80/tcp     open       http
143/tcp    open       imap
Remote     operating  system guess: Sega Dreamcast

Nmap finished: 1 IP address (1 host up) scanned in 5.886
seconds
```

Um programa mais novo e popular para simulação de sistemas operacionais (dentre outras funcionalidades) é o Honeyd[9]. Ele é ativamente mantido pelo autor, Niels Provos, e oferece vários benefícios maiores em cima do IP Personality. Um deles é que ele é muito mais fácil de configurar. Quase 100 linhas de configuração foram necessárias para a simulação do Dreamcast usando o IP Personality, acima. O Honeyd, por outro lado, simplesmente lê a base de dados de detecção de SO, do Nmap, e simula qualquer SO que o usuário escolher (saiba que o Honeyd usa uma base de dados da primeira geração da detecção de SO do Nmap, que foi descontinuada em 2007). O Honeyd também resolve os problemas de segurança e funcionalidade da simulação de SO pela criação de hospedeiros sintéticos para a simulação. Você pode solicitar ao Honeyd que assuma centenas de endereços IP não usados, numa organização. Ele responderá às provas enviadas àqueles IPs com base em sua configuração. Isto elimina os riscos de segurança e funcionalidade da tentativa de mascarar a pilha de TCP do próprio hospedeiro. Você estará criando um punhado de hospedeiros sintéticos, ao invés, então isto não ajuda a obscurecer o SO de hospedeiros existentes. Os hospedeiros sintéticos constituem, basicamente, uma rede atratora de baixa manutenibilidade que pode ser observada quanto a ataques. Ele é projetado principalmente para fins de pesquisa, tais como usar a rede mundial de instalações de Honeyd para identificar novos vírus e rastrear atividades de spammers.

---

9 *http://www.honeyd.org*

Como com outras técnicas desta seção, eu recomendo experimentar a simulação de SO somente quando completamente satisfeito com sua postura de segurança. A simulação de um único SO, ou mesmo a adição de centenas de instâncias do Honeyd como iscas, não é nenhuma substituição à emenda de sistemas vulneráveis. Muitos atacantes (e especialmente vírus) nem sequer se incomodam com a detecção de SO, antes do envio de código de exploração.

Vale notar, ainda, que estes sistemas são fáceis de serem detectados por atacantes expertos. É extraordinariamente difícil de se apresentar uma fachada convincente, dadas todas as diferenças de aplicações e pilhas de TCP entre os sistemas operacionais. Ninguém acreditará que o sistema, no exemplo 11.2, "Iludindo o Nmap com o IP Personality", oferecendo IMAP, SMTP, e SSH seja, realmente, um Dreamcast rodando seu SO nativo. Além disso, uma falha em todas as versões até a 0.8 permitia a identificação simples do Honeyd com um único pacote de prova. Há, ainda, muitas características de TCP que o Honeyd ainda não pode tratar. Estas podem ser usadas para detectá-lo, embora o Nmap não automatize este trabalho. Se o Honeyd se tornar disseminado, funcionalidades de detecção provavelmente serão adicionadas ao Nmap.

Programas ilusores, tais como o Honeyd, é apenas uma razão por que os usuários do Nmap devem interpretar seus resultados cautelosamente e procurar por inconsistências, particularmente quando examinando redes que você não controla.

11.5.5. Poços de Piche

Ao invés de iludir os atacantes, algumas pessoas objetivam apenas retardá-los. Os poços de piche há muito são métodos populares para o retardo de vírus de Internet e de spammers. Alguns administradores usam técnicas de TCP tais como o recebimento de janelas de tamanho zero ou o envio bem lentamente dos dados de volta, byte a byte. LaBrea[10] é uma implementação popular disto. Outros usam técnicas em nível de aplicação, tais como longos retardos antes de responderem a comandos de SMTP. Embora estas sejam usadas principalmente por anti-spammers, técnicas similares podem ser usadas para retardar os exames do Nmap. Por exemplo, a limitação da taxa de pacotes RST enviados por portas fechadas pode retardar dramaticamente os scanners.

---

10 http://labrea.sourceforge.net/

11.5.6. Detecção Reativa de Exames de Portas

Anteriormente, nós discutimos a detecção de exames usando ferramentas como o Scanlogd. Outras ferramentas vão muito além que isto e, realmente, respondem aos exames. Algumas pessoas propõem o ataque de volta, pelo lançamento de explorações ou com ataques de negação de serviços contra a origem do exame. Esta é uma ideia terrível por muitas razões. Uma é que os exames são frequentemente forjados. Se o endereço de origem for preciso, ele poderá ser uma vítima prévia que o atacante está usando como bode expiatório. Ou o exame pode ser parte de um levantamento de pesquisa na Internet, ou vir de um empregado ou cliente legítimo. Mesmo que o endereço de origem seja um computador pertencente a um atacante real, atacar de volta poderá interromper sistemas e roteadores inocentes, ao longo do caminho. E pode, também, ser ilegal.

Apesar da ideia de atacar de volta ser amplamente evitada, na comunidade de segurança, é muito mais interessante responder aos ataques detectados com o ajuste das regras do firewall para bloquear o endereço IP ofensivo. A ideia é impedi-los de seguir o exame com um ataque real. Há vários riscos nesta abordagem. Um deles é que você mostra sua mão. Ficará óbvio, para os atacantes, que eles foram bloqueados, e a maioria deles tem grandes quantidades de outros endereços IP que podem usar para continuar provando. Eles saberão, então, sobre seu sistema reativo, e poderão ampliar seus próprios ataques. Um problema mais importante é que os exames são muito facilmente forjados. A seção 10.5.3, "Distraindo os Sistemas de Detecção de Intrusão" descreve vários métodos de se fazê-lo. Quando um atacante percebe o bloqueio, ele pode simular exames partindo de sistemas importantes, como websites maiores e servidores de DNS. Uma rede alvo que bloqueie, então, alguns IPs, estará cometendo, ela própria, um ataque de negação de serviços. Restringir os bloqueios de firewall a exames que iniciem uma conexão TCP completa reduzirá o problema da simulação, mas isto não conseguirá parar nem mesmo com o exame omissivo por SYN, do Nmap.

11.5.7. Aumentando a Corrida Armamentista

Embora o foco primário deste livro esteja nas ferramentas de código aberto, uma série de fornecedores comerciais apresentaram produtos que tentam distrair o Nmap. Um exemplo é o Security Agent, da Cisco. O guia de avaliação atesta as seguintes proteções contra o Nmap:

O Network Mapper (Nmap) identifica quais dispositivos estão presentes numa rede e quais sistemas operacionais e serviços eles estão rodando, pelo envio de uma série de provas de rede. A presença de um dispositivo na rede e as portas em que ele está rodando são, ambas, anunciadas pelas suas respostas às provas do Nmap. O padrão de mensagens de erro retornadas identifica o sistema operacional. O Nmap é surpreendentemente preciso. Ele é frequentemente usado no estágio inicial de um ataque ou investigação para determinar quais sistemas podem responder às explorações de um atacante.

Produto esperado de um exame do Nmap em sistemas protegidos com o Security Agent, da Cisco: o Nmap é incapaz de identificar o sistema operacional alvo dos sistemas que estão rodando as políticas omissivas de servidor ou de computador de trabalho. Os exames do Nmap parecem ficar suspensos, enquanto seus testes de segurança expiram. Os exames do Nmap em sistemas não protegidos pelo Security Agent, da Cisco, reportam resultados muito rapidamente.

Eu estou investigando como o CSA funciona, e se o Nmap pode detectá-lo automaticamente e ajustar-se a ele. A tecnologia de exames é uma corrida armamentista. Companhias de código aberto e comerciais continuarão a criar produtos projetados para retardar, bloquear ou distrair o Nmap e outras ferramentas. Enquanto isso, o Nmap continuamente melhora, desenvolvendo a flexibilidade em face destes desafios.

Capítulo 12: Guia do Usuário da GUI Zenmap

12.1. Introdução

O Zenmap é a interface gráfica oficial (GUI) para o Scanner de segurança Nmap. Ela é uma aplicação multi-plataformas, livre e de código aberto, projetada para tornar fácil o uso do Nmap por principiantes, ao mesmo tempo em que fornece funcionalidades avançadas para os usuários experientes do Nmap. Exames frequentemente usados podem ser salvos como perfis, para torná-los fáceis de rodar repetidamente. Um criador de comandos permite a criação interativa de linhas de comando do Nmap. Os resultados do exame podem ser salvos e visualizados posteriormente. Os exames salvos podem ser comparados uns com os outros para se ver como eles diferem. Os resultados de exames recentes são armazenados numa base de dados que pode ser pesquisada. Uma típica tela do Zenmap é mostrada na figura 12.1. Veja a página web[1] oficial do Zenmap, para mais imagens de telas.

---

1 *http://nmap.org/zenmap/*

Figura 12.1. Imagem de tela típica do Zenmap

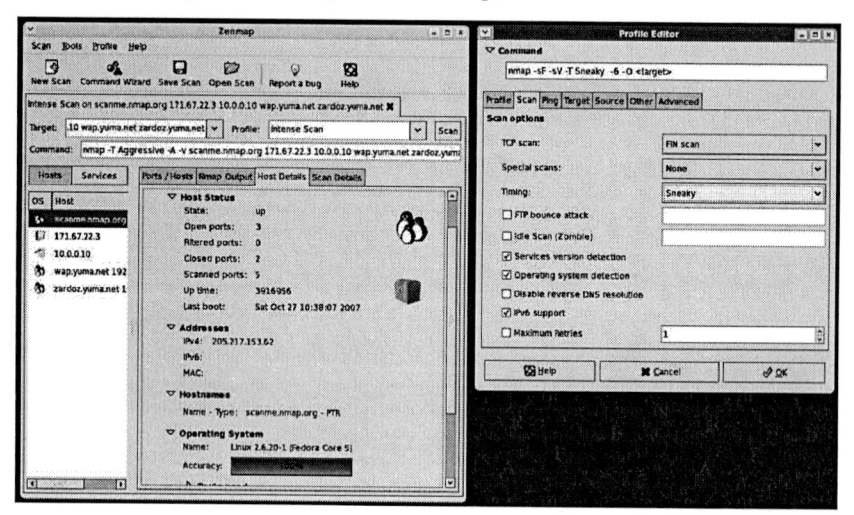

Este guia tem por objetivo tornar o Nmap e o Zenmap fáceis de serem usados em conjunto, mesmo que você nunca os tenha usado antes. Para as partes deste guia que tratam especificamente do Nmap (opções de linha de comando e que tais), consulte o capítulo 15, *Guia de Referência do Nmap*.

12.1.1. O Propósito de um Frontend Gráfico para o Nmap

Nenhum frontend pode substituir a boa e velha linha de comando do Nmap. A natureza de um frontend é depender de uma outra ferramenta para fazer seu trabalho. Portanto, o propósito do Zenmap não é substituir o Nmap, mas tornar o Nmap mais útil. Eis aqui algumas das vantagens que o Zenmap oferece sobre o Nmap puro.

Visualização gráfica e interativa dos resultados

> Além de mostrar a saída normal do Nmap, o Zenmap pode arranjar sua apresentação para mostrar todas as portas de um hospedeiro ou todos os hospedeiros rodando um serviço em particular. Ele resume detalhes sobre um único hospedeiro ou um exame completo, numa exibição conveniente. O Zenmap pode até desenhar um mapa topológico das redes descobertas. Os resultados de vários exames podem ser combinados em conjunto e vistos de uma só vez.

Comparação

> O Zenmap tem a habilidade de apresentar graficamente as diferenças entre dois exames. Você pode ver o que mudou entre execuções do mesmo exame em dias diferentes, entre exames de dois hospedeiros diferentes, entre exames dos mesmos hospedeiros com opções diferentes, ou qualquer outra combinação. Isto permite aos administradores acompanhar facilmente novos hospedeiros ou serviços que apareçam em suas redes, ou os existentes que saiam do ar.

Conveniência

> O Zenmap mantém o acompanhamento dos resultados de seus exames até que você opte por descartá-los. Isto significa que você poderá rodar um exame, ver os resultados e, depois, decidir se os salvará num arquivo. Não há necessidade de pensar num nome de arquivo antecipadamente.

Repetitibilidade

> Os perfis de comandos do Zenmap torna fácil executar exatamente o mesmo exame mais de uma vez. Não há necessidade de se configurar um script de shell para fazer um exame comum.

Possibilidade de descoberta

> O Nmap tem, literalmente, centenas de opções que podem ser assustadoras para os principiantes. A interface do Zenmap foi planejada para sempre mostrar o comando que será executado, venha ele de um perfil ou seja ele construído pela seleção de opções a partir de um menu. Isto ajuda os principiantes a aprenderem e entenderem o que estão fazendo. Isto ajuda, também, os experientes a fazerem uma dupla verificação do que exatamente estará rodando depois que pressionarem o botão "Scan".

12.2. Examinando

Inicie o Zenmap digitando **zenmap** num terminal ou clicando no ícone do Zenmap na área de trabalho. A janela principal, como mostrada na figura 12.2, será apresentada.

Figura 12.2. A janela principal do Zenmap

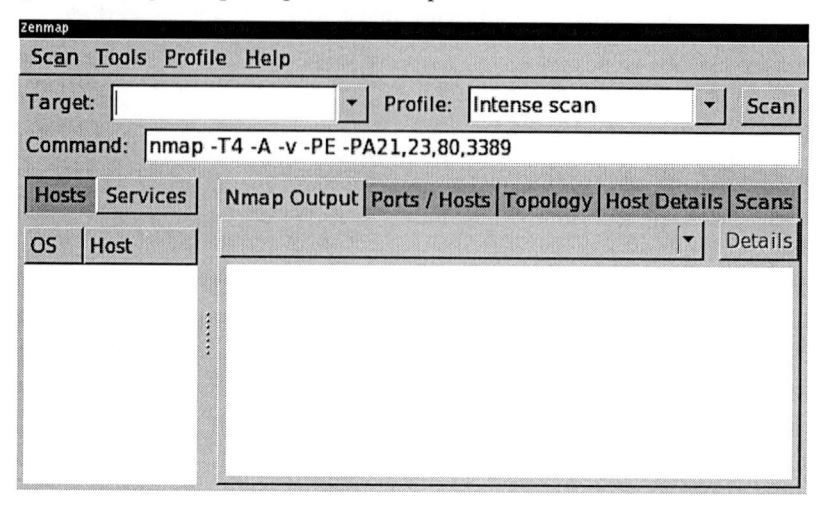

```
Zenmap
Scan  Tools  Profile  Help
Target: [                ▼]   Profile: [Intense scan      ▼]  [Scan]
Command: [nmap -T4 -A -v -PE -PA21,23,80,3389          ]
[Hosts] [Services]  | Nmap Output | Ports / Hosts | Topology | Host Details | Scans |
 OS  | Host                                              [▼]  [Details]
```

Um dos objetivos do Zenmap é tornar fácil o exame de segurança para principiantes e para os experientes. Rodar um exame é tão simples quanto digitar o alvo no campo "Target", selecionar o perfil "Intense scan", e clicar no botão "Scan". Isto é mostrado na figura 12.3.

Figura 12.3. Seleção de alvo e de perfil

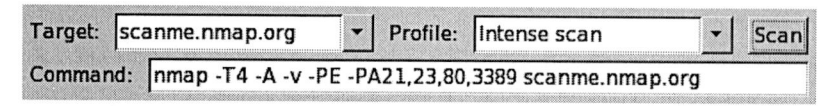

```
Target: [scanme.nmap.org ▼]  Profile: [Intense scan  ▼]  [Scan]
Command: [nmap -T4 -A -v -PE -PA21,23,80,3389 scanme.nmap.org]
```

Enquanto um exame está rodando (e depois que ele completar), a saída do comando Nmap é mostrada na tela. Qualquer número de alvos, separados por espaços, pode ser entrado no campo do alvo. Todas as especificações de alvos suportadas pelo Nmap são, também, suportadas pelo Zenmap, então alvos como 192.168.0.0/24 e 10.0.0-5.* funcionam. O Zenmap recorda os alvos examinados mais recentemente. Para reexaminar um hospedeiro, selecione o hospedeiro a partir da caixa combinada anexada ao campo de texto "Target".

12.2.1. Perfis

O "Intense scan" é apenas um de vários perfis de exames que vêm com o Zenmap. Escolha um perfil selecionando-o na caixa combinada "Profile". Existem perfis para vários exames comuns. Depois de selecionar um perfil, a linha de comando do Nmap associada a ele será exibida na tela. É claro que é possível editar estes perfis ou criar um novo. Isto é coberto na seção 12.7, "O editor de perfis".

Também é possível digitar um comando do Nmap e executá-lo sem usar um perfil. Apenas digite o comando e pressione return ou clique "Scan". Quando você fizer isto, a entrada "Profile" se tornará branca para indicar que o exame não está usando nenhum perfil - ele vem diretamente do campo de comando.

12.2.2. Agregação de Exames

O Zenmap tem a habilidade de combinar os resultados de muitos exames do Nmap numa visualização, uma funcionalidade conhecida como *agregação de exames*. Quando o segundo exame estiver terminado, seus resultados serão combinados com aqueles do primeiro. A coleção de exames que compõem uma visualização agregada é chamada de *inventário de rede*.

Um exemplo de agregação tornará o conceito mais claro. Vamos rodar um rápido exame em scanme.nmap.org.

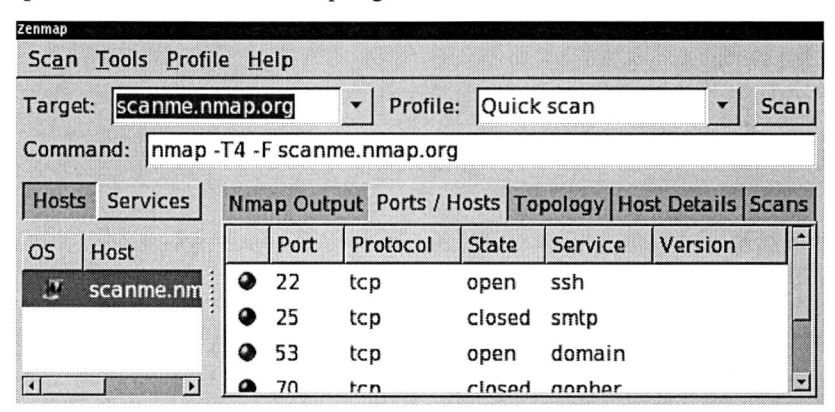

Agora faça o mesmo em localhost:

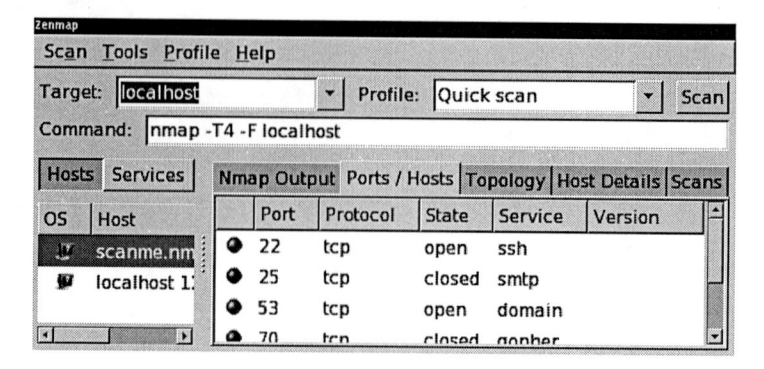

```
Zenmap
Scan  Tools  Profile  Help
Target: localhost          ▼  Profile: Quick scan    ▼  Scan
Command: nmap -T4 -F localhost

Hosts | Services    Nmap Output  Ports / Hosts  Topology  Host Details  Scans
OS | Host           Port   Protocol   State    Service   Version
   scanme.nm        22     tcp        open     ssh
   localhost 1:     25     tcp        closed   smtp
                    53     tcp        open     domain
                    70     tcp        closed   gopher
```

Agora os resultados para ambos, Scanme e localhost são mostrados. Isto é algo que você poderia ter feito com um exame do Nmap, fornecendo ambos os alvos, embora seja conveniente não ter de pensar em todos os alvos antecipadamente. Agora suponha que nós queiramos mais alguma informação sobre Scanme, de forma que nós lançamos um exame intenso nele.

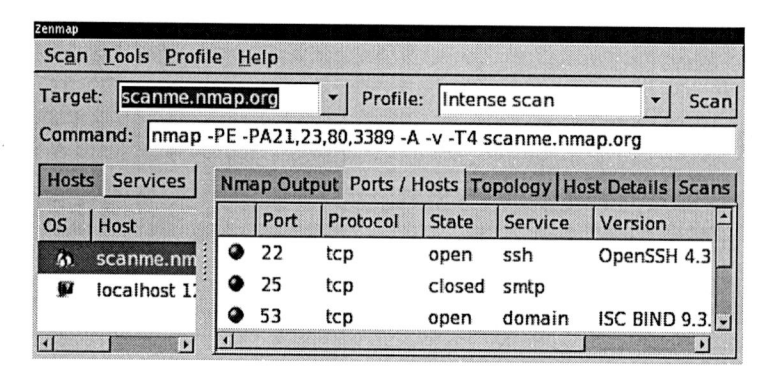

```
Zenmap
Scan  Tools  Profile  Help
Target: scanme.nmap.org    ▼  Profile: Intense scan  ▼  Scan
Command: nmap -PE -PA21,23,80,3389 -A -v -T4 scanme.nmap.org

Hosts | Services    Nmap Output  Ports / Hosts  Topology  Host Details  Scans
OS | Host           Port   Protocol   State    Service   Version
   scanme.nm        22     tcp        open     ssh       OpenSSH 4.3
   localhost 1:     25     tcp        closed   smtp
                    53     tcp        open     domain    ISC BIND 9.3.
```

Agora, Scanme tem um pequeno ícone de pinguim mostrando que seu sistema operacional foi detectado como Linux. Adicionalmente, alguns de seus serviços foram identificados. Agora, nós estamos fazendo coisas que você não pode fazer com um único exame do Nmap, porque você não pode distinguir um hospedeiro para exame mais intenso como nós fizemos. Os resultados para localhost ainda estão presentes, embora nós não saibamos mais sobre ele do que antes, a menos que decidamos fazer um exame mais profundo.

Não é necessário esperar que um exame termine, antes de começar um outro. Vários exames podem rodar concorrentemente. À medida que cada um termina, seus resultados são adicionados ao invetário. Qualquer número de exames pode compor um inventário; a coleção de exames é gerenciada na aba de resultados de exames "Scans", como completamente descrito na seção intitulada "A aba Scans".

É possível ter-se mais de um inventário aberto, ao mesmo tempo. O Zenmap usa a convenção de que uma janela representa um inventário de rede. Para iniciar um novo inventário, selecione "New Window" no menu "Scan" ou use o atalho de teclado **ctrl+N**. Iniciar um exame com o botão "Scan" apensará o exame ao inventário na janela atual. Para colocá-lo num inventário diferente, abra uma janela separada e rode o exame a parir de lá. O carregamento dos resultados de exames de um arquivo ou diretório iniciará um novo inventário, a menos que você use o item de menu "Open Scan in This Window" (abrir exame nesta janela). Para mais informações sobre salvamento e carregamento de inventários de rede e exames individuais, veja a seção 12.4, "Salvando e carregando resultados de exames".

Para fechar uma janela, selecione "Close Window" no menu "Scan", ou pressione **ctrl+W**. Quando todas as janelas abertas forem fechadas, a aplicação terminará. Para fechar todas as janelas abertas, selecione "Quit" ou pressione **ctrl+Q**.

12.3. Interpretando os Resultados de Exames

A saída do Nmap é apresentada durante e após um exame. Esta saída será familiar para os usuários do Nmap. Com exceção do destaque de cores do Zenmap, esta não oferece nenhuma vantagem de visualização em cima da execução do Nmap num terminal. Entretanto, outras partes da interface Zenmap interpretam e agregam a saída do terminal de uma forma que torna os resultados dos exames mais fáceis de se entender e usar.

12.3.1. Abas de Resultados de Exames

Cada janela de exame contém cinco abas, cada uma das quais exibe diferentes aspectos dos resultados do exame. Elas são: "Nmap Output", "Ports / Hosts", "Topology", "Host Details", e "Scans". Cada uma delas é discutida nesta seção.

A aba "Nmap Output" (saída do Nmap)

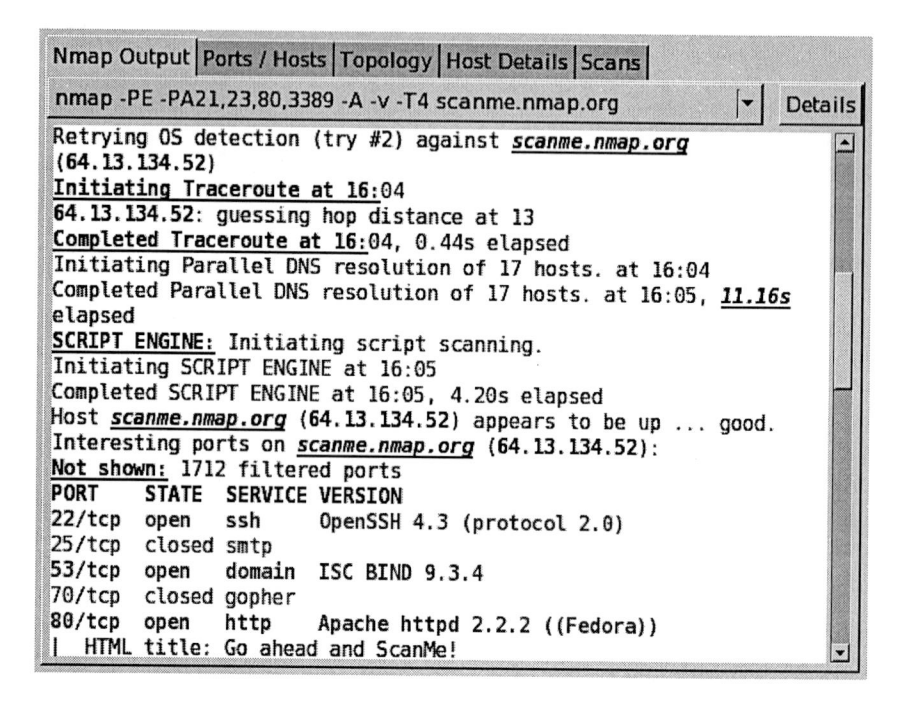

```
Nmap Output | Ports / Hosts | Topology | Host Details | Scans
nmap -PE -PA21,23,80,3389 -A -v -T4 scanme.nmap.org        ▼  Details

Retrying OS detection (try #2) against scanme.nmap.org
(64.13.134.52)
Initiating Traceroute at 16:04
64.13.134.52: guessing hop distance at 13
Completed Traceroute at 16:04, 0.44s elapsed
Initiating Parallel DNS resolution of 17 hosts. at 16:04
Completed Parallel DNS resolution of 17 hosts. at 16:05, 11.16s
elapsed
SCRIPT ENGINE: Initiating script scanning.
Initiating SCRIPT ENGINE at 16:05
Completed SCRIPT ENGINE at 16:05, 4.20s elapsed
Host scanme.nmap.org (64.13.134.52) appears to be up ... good.
Interesting ports on scanme.nmap.org (64.13.134.52):
Not shown: 1712 filtered ports
PORT     STATE  SERVICE  VERSION
22/tcp   open   ssh      OpenSSH 4.3 (protocol 2.0)
25/tcp   closed smtp
53/tcp   open   domain   ISC BIND 9.3.4
70/tcp   closed gopher
80/tcp   open   http     Apache httpd 2.2.2 ((Fedora))
|  HTML title: Go ahead and ScanMe!
```

A aba "Nmap Output" é exibida por omissão, quando um exame é executado. Ela mostra a familiar saída do terminal do Nmap. A apresentação destaca partes da saída de acordo com seus significados; por exemplo, portas abertas e fechadas são exibidas em cores diferentes. O destaque personalizado pode ser configurado no zenmap.conf (veja a seção 12.11, "Descrição do zenmap.conf").

Lembre-se que os resultados de mais de um exame podem ser mostrados numa janela (veja a seção 12.2.2, "Agregação de exames"). A caixa combinada de drop-down, na parte superior da aba, permite que você selecione o exame a ser mostrado. O botão "Details" traz uma janela que mostra informações diversas sobre o exame, tais como marcas de horários, opções de linha de comando, e o número da versão do Nmap usada.

A aba "Ports / Hosts" (portas/hospedeiros)

Port	Protocol	State	Service	Version
22	tcp	open	ssh	OpenSSH 4.3 (protocol 2.0)
25	tcp	closed	smtp	
53	tcp	open	domain	ISC BIND 9.3.4
70	tcp	closed	gopher	
80	tcp	open	http	Apache httpd 2.2.2 ((Fedora))
113	tcp	closed	auth	

A exibição desta aba difere dependendo de um hospedeiro ou um serviço estar presentemente selecionado. Quando um hospedeiro está selecionado, ela mostra todas as portas interessantes nesse hospedeiro, juntamente com informações de versão, quando disponíveis. A seleção de hospedeiros é melhor descrita na seção 12.3.2, "Ordenando por hospedeiro".

Hostname	Port	Protocol	State	Version
home.domain.actdsltmp 192.168.0.1	80	tcp	open	Vonage ht
scanme.nmap.org 64.13.134.52	80	tcp	open	Apache ht

Quando um serviço está selecionado, a aba "Ports / Hosts" mostra todos os hospedeiros que têm aquela porta aberta ou filtrada. Esta é uma boa maneira de se responder rapidamente à questão "Quais computadores estão rodando

HTTP?". A seleção de serviços é melhor descrita na seção 12.3.3, "Ordenando por serviço".

A aba "Topology" (topologia)

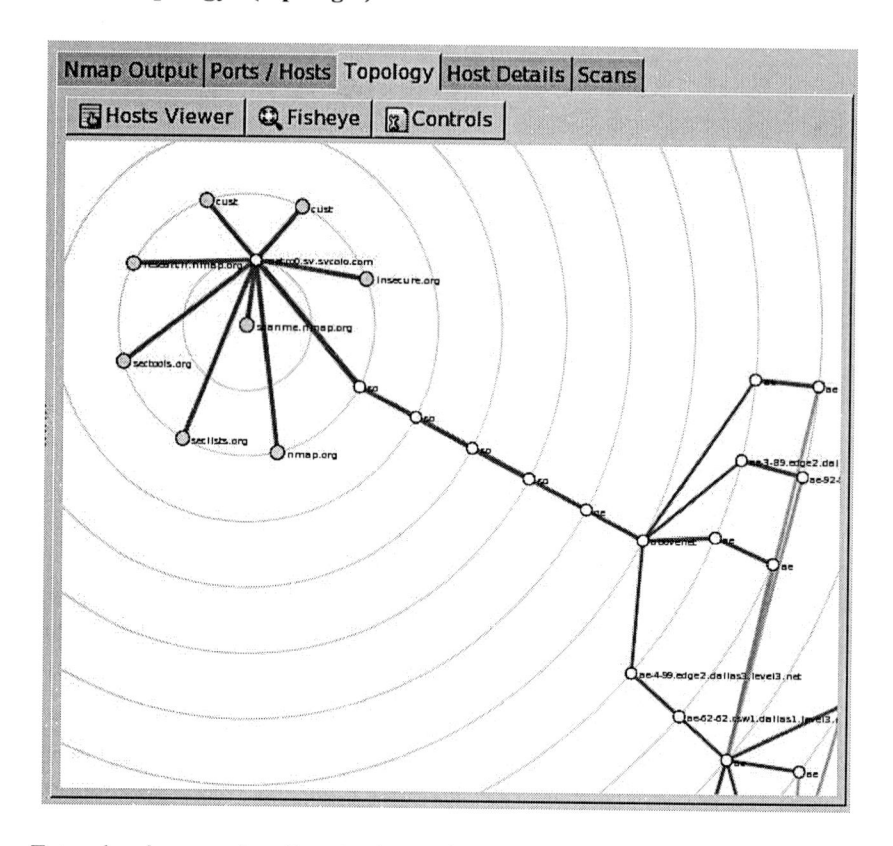

Esta aba é uma visualização interativa das conexões entre hospedeiros numa rede. Os hospedeiros são arrajados em anéis concêntricos. Cada anel representa um salto de rede adicional, partindo do nó central. Clicando-se em um nó, faz-se com que ele seja levado para o centro. Como ela mostra uma representação dos caminhos de rede entre os hospedeiros, a aba "Topology" se beneficia do uso da opção --traceroute. A visualização topológica é discutida em mais detalhes na seção 12.5, "Surfando na topologia da rede".

A aba "Host Details" (detalhes do hospedeiro)

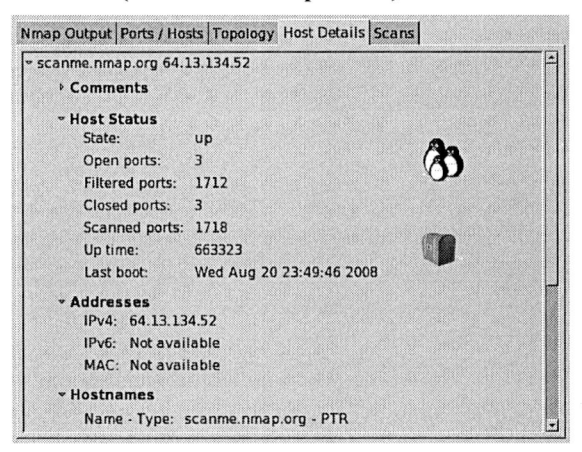

```
Nmap Output | Ports / Hosts | Topology | Host Details | Scans

▼ scanme.nmap.org 64.13.134.52
   ▶ Comments
   ▼ Host Status
        State:           up
        Open ports:      3
        Filtered ports:  1712
        Closed ports:    3
        Scanned ports:   1718
        Up time:         663323
        Last boot:       Wed Aug 20 23:49:46 2008
   ▼ Addresses
        IPv4:  64.13.134.52
        IPv6:  Not available
        MAC:   Not available
   ▼ Hostnames
        Name - Type: scanme.nmap.org - PTR
```

Esta aba esmiuça toda a informação sobre um único hospedeiro numa exibição hierárquica. São mostrados os nomes e endereços dos hospedeiros, seus estados (up - no ar, ou down - fora do ar), e o número e o status das portas examinadas. O tempo de atividade, o sistema operacional, o ícone do SO (veja a figura 12.5, "ícones de SO"), e outros detalhes associados ao hospedeiro são mostrados, quando disponíveis. Quando nenhuma correspondência exata para o SO for encontrada, as correspondências mais próximas serão apresentadas. Há, ainda, um campo de texto contraível para armazenamento de um comentário sobre o hospedeiro que será salvo quando o exame for salvo num arquivo (veja a seção 12.4, "Salvando e carregando resultados de exames").

Cada hospedeiro tem um ícone que fornece uma estimativa muito grosseira da "vulnerabilidade", que é baseada unicamente no número de portas abertas. Os ícones e os números de portas abertas a que eles correspondem são

- 0–2 portas abertas,
- 3–4 portas abertas,
- 5–6 portas abertas,
- 7–8 portas abertas, e
- 9 ou mais portas abertas.

A aba "Scans" (exames)

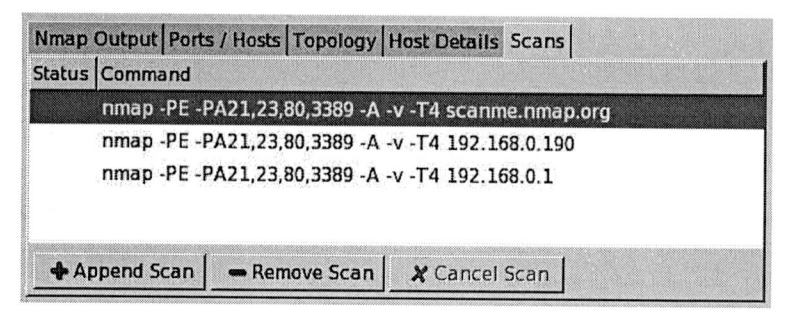

Nmap Output	Ports / Hosts	Topology	Host Details	Scans
Status	Command			
	nmap -PE -PA21,23,80,3389 -A -v -T4 scanme.nmap.org			
	nmap -PE -PA21,23,80,3389 -A -v -T4 192.168.0.190			
	nmap -PE -PA21,23,80,3389 -A -v -T4 192.168.0.1			

[+ Append Scan]   [− Remove Scan]   [✗ Cancel Scan]

A aba "Scans" mostra todos os exames que estão agregados para compor o inventário da rede. Nesta aba, você pode adicionar exames (a partir de um arquivo ou diretório) e removê-los.

Enquanto um exame está em execução e ainda não completou, seu status é "Running" (rodando). Você pode cancelar um exame em execução clicando no botão "Cancel Scan" (cancelar exame).

12.3.2. Ordenando por Hospedeiro

Figura 12.4. Seleção de hospedeiro

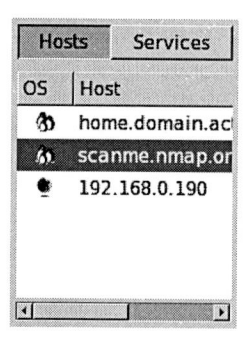

Hosts	Services
OS	Host
🐧	home.domain.ac
🐧	scanme.nmap.or
●	192.168.0.190

Do lado esquerdo da janela principal do Zenmap fica uma coluna encabeçada por dois botões rotulados de "Hosts" e "Services". Clicando no botão "Hosts" apresenta-se uma lista de todos os hospedeiros que foram examinados, como na figura 12.4. Comumente, esta contém apenas um único hospedeiro, mas pode conter milhares, num exame grande. A lista de hospedeiros pode ser ordenada por SO ou nome/endereço IP do hospedeiro clicando-se nos cabeça-

Capítulo 12: Guia do Usuário da GUI Zenmap — 499

lhos em cima da lista. A seleção de um hospedeiro fará com que a aba "Ports / Hosts" apresente as portas interessantes nesse hospedeiro.

Cada hospedeiro é etiquetado com seu nome de hospedeiro ou endereço IP e tem um ícone indicando o sistema operacional que foi detectado para ele. O ícone só tem sentido se a detecção de SO (-O) tiver sido realizada. Do contrário, o ícone será um omissivo, indicando que o SO é desconhecido. A figura 12.5 mostra todos os ícones possíveis. Note que a detecção de SO do Nmap nem sempre pode fornecer o nível de especificidade implicada pelos ícones; por exemplo, um hospedeiro com o Red Hat Linux normalmente será apresentado com o ícone genérico do Linux.

Figura 12.5. Ícones de SO

FreeBSD   Irix   Linux

Mac OS   OpenBSD   Red Hat Linux

Solaris ou   Ubuntu Linux   Windows
OpenSolaris

Outro (sem íco- Detecção de
ne específico)   SO não reali-
                 zada

12.3.3. Ordenando por Serviço

Figura 12.6. Seleção de Serviço

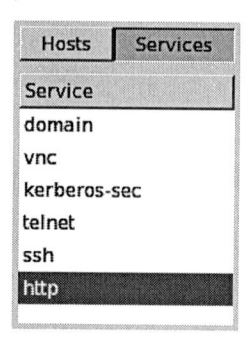

Hosts	Services
Service	
domain	
vnc	
kerberos-sec	
telnet	
ssh	
http	

Acima da mesma lista que contém todos os hospedeiros examinados há um botão rotulado com "Services". Clicando nele muda-se a lista para uma lista de todas as portas que estão abertas, filtradas, ou abertas ou filtradas em qualquer um dos alvos, como mostrado na figura 12.6 (as portas que não estiverem listadas explicitamente na saída do Nmap não serão incluídas). As portas são identificadas pelo nome do serviço (http, ftp etc). A lista pode ser ordenada clicando-se no cabeçalho.

A seleção de um hospedeiro fará com que a aba "Ports / Hosts" apresente todos os hospedeiros que tenham esse serviço aberto ou filtrado.

12.4. Salvando e Carregando Resultados de Exames

Para salvar um exame individual num arquivo, selecione "Save Scan" no menu "Scan" (ou use o atalho de teclado **ctrl+S**). Se houver mais de um exame no inventário, você será questionado sobre qual deles você quer salvar. Os resultados serão salvos no formato XML do Nmap, que é discutido na seção 13.6, "Saída em XML (-oX)".

Você pode salvar cada exame, num inventário, com "Save to Directory" abaixo do menu "Scan" (**ctrl+alt+S**). Quando salvando um inventário pela primeira vez, você normalmente criará um novo diretório usando o botão "Create

Folder", no diálogo de salvar. Nos salvamentos subsequentes, você poderá continuar salvando no mesmo diretório. Para reduzir a chance de sobrepor arquivos de exames não relacionados, a função save-to-directory se recusará a continuar se o diretório escolhido contiver um arquivo que não pertença ao inventário. Se você estiver certo de que quer salvar naquele diretório, exclua quaisquer arquivos em desacordo e, depois, salve novamente.

Os resultados salvos são carregados selecionando-se "Open Scan", no menu "Scan", ou digitando-se o atalho de teclado **ctrl+O**. No seletor de arquivos, o botão "Open" abre um único exame, enquanto que o botão "Open Directory" abre todos os arquivo no diretório selecionado (talvez criado com "Save to Directory").

"Open Scan" abre exames carregados numa nova janela, criando, consequentemente, um novo inventário. Para combinar exames carregados no inventário atual, ao invés, use "Open Scan in This Window".

12.4.1. A Base de Dados de Exames Recentes

Os resultados de exames que não são salvos num arquivo são automaticamente armazenados numa base de dados. Os resultados de exames que são carregados de um arquivo e depois modificados (como pela adição de um comentário de hospedeiro), mas não são novamente salvos, são também armazenados na base de dados. A base de dados é armazenada num arquivo chamado zenmap.db e sua localização é dependente da plataforma (veja a seção 12.10, "Arquivos usados pelo Zenmap"). Por omissão, os exames são mantidos na base de dados por 60 dias e, depois, removidos. Este intervalo de tempo pode ser alterado, modificando-se o valor da variável save_time na seção [search] do zenmap.conf (veja a seção 12.11, "Descrição do zenmap.conf").

A interface de buscas do Zenmap, porque ele busca os conteúdos da base de dados de exames recentes por omissão, duplica como um visualizador de base de dados. Ao abrir a janela de buscas, todos os exames na base de dados são mostrados. A lista de exames pode, então, ser filtrada através de uma string de busca. Veja a seção 12.8, "Procurando nos resultados salvos".

12.5. Surfando na Topologia da Rede

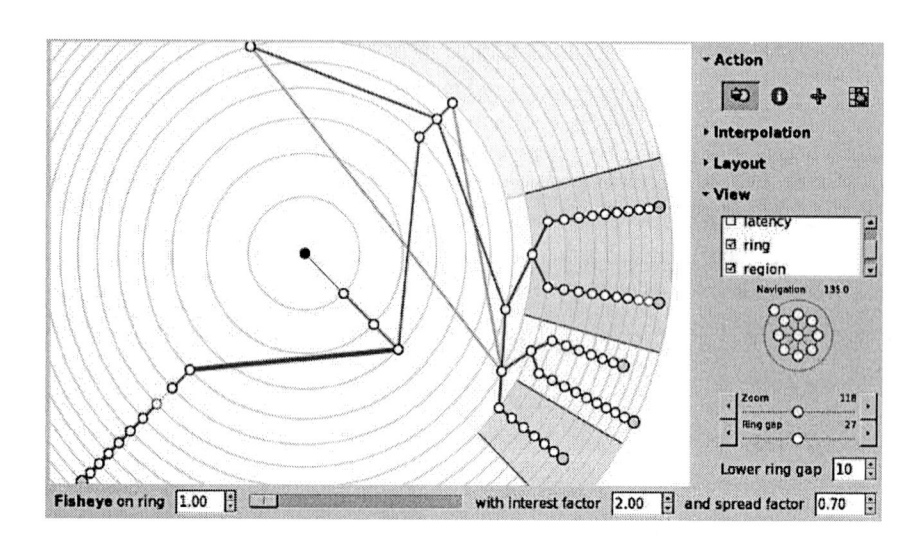

12.5.1. Uma Visão Geral da Aba "Topology"

A aba "Topology", do Zenmap, fornece uma visualização interativa e animada das conexões entre os hospedeiros numa rede. Os hospedeiros são mostrados como nós num gráfico que se estende radialmente a partir do centro. Clique e arraste para expandir a apresentação, e use os controles fornecidos para efetuar zooms (ampliar e reduzir). Clique num hospedeiro e ele se tornará o novo centro. O gráfico se rearranja numa animação suave, para refletir a nova visualização da rede. Rode um novo exame e cada novo hospedeiro e caminho de rede serão adicionados automaticamente à topologia.

A visualização da topologia é muito útil quando combinada com a opção --traceroute, do Nmap, porque esta é a opção que descobre o caminho de rede para um hospedeiro. Você pode visualizar um inventário de rede que não tenha informação de traceroute na topologia, mas os caminhos de rede não estarão visíveis. Lembre-se, no entanto, que você pode adicionar informações de traceroute a um inventário de rede pela simples execução de um outro exame, graças à agregação de exames do Zenmap.

Inicialmente, a topologia é mostrada do ponto de vista de localhost, com você no centro. Clique num hospedeiro para movê-lo para o centro e ver a aparência da rede a partir do ponto de vista dele.

A visualização da topologia é uma adaptação do programa RadialNet, de João Paulo S. Medeiros.

12.5.2. Legenda

A visualização da topologia usa muitas convenções de símbolos e cores. Esta seção explica o que eles significam.

○ Cada hospedeiro regular, na rede, é representado por um pequeno círculo. A cor e o tamanho do círculo é determinado pelo número de portas abertas no hospedeiro. Quanto mais portas abertas, maior o círculo. Um círculo branco representa um hospedeiro intermediário num caminho de rede que não teve as portas examinadas. Se um hospedeiro tiver menos de três portas abertas, ele será verde; entre três e seis portas abertas, amarelo; mais de seis portas abertas, vermelho.

⌒ Se um hospedeiro for um roteador, um switch, ou um ponto de acesso sem fios, ele será desenhado como um quadrado, em vez de círculo.

A distância da rede é mostrada como anéis cinzas concêntricos. Cada anel adicional significa mais um salto de rede, a partir do hospedeiro central.

Conexões entre hospedeiros são mostradas com linhas coloridas. Conexões de traceroute primárias são mostradas com linhas azuis. Caminhos alternativos (caminhos entre dois hospedeiros, onde um caminho diferente já exista) são desenhados em laranja. Que caminho é primário e quais caminhos são alternativos é arbitrário e controlado pela ordem em que os caminhos foram registrados. A espessura de uma linha é proporcional a seu tempo de ida e volta; hospedeiros com um RTT mais alto têm uma linha mais espessa.

Hospedeiros sem informação de traceroute são agrupados em torno de localhost, conectados com uma linha preta tracejada.

Se não houver RTT para um salto (uma entrada de traceroute ausente), a conexão será mostrada com uma linha tracejada azul e o hospedeiro desconhecido que faz a conexão será mostrado com um contorno azul.

Alguns hospedeiros de propósitos especiais podem usar um ou mais ícones descrevendo que tipo de hospedeiro eles são:

- – Um roteador.

- – Um switch.

- – Um ponto de acesso sem fios.

- – Um firewall.

- – Um hospedeiro com algumas portas filtradas.

12.5.3. Controles

Os controles aparecem numa coluna quando o botão "Controls" é clicado. Os controles são divididos em seções.

Controles de ação

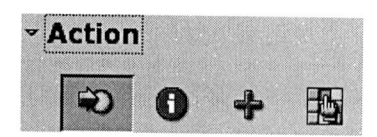

Os controles da seção "Action" controlam o que acontece quando você clica num hospedeiro. Os botões nesta seção são, da esquerda para a direita, "Change focus" (muda o foco), "Show information" (mostra informações), "Group children" (agrupa filhos), e "Fill region" (preenche região). Quando o modo é "Change focus", um clique num hospedeiro rearranja a exibição para pôr o hospedeiro selecionado no centro. Quando o modo é "Show information", o clique num hospedeiro trará uma janela com informações sobre ele.

Capítulo 12: Guia do Usuário da GUI Zenmap — 505

Quando o modo é "Group children", o clique num hospedeiro contrairá nele todos os seus filhos - aqueles nós que estão mais distantes do centro. Quando um hospedeiro é agrupado, ele aparece assim: . O clique num nó agrupado, desagrupa-o novamente. Este diagrama mostra o processo de agrupamento.

Figura 12.7. Agrupando os filhos de um hospedeiro

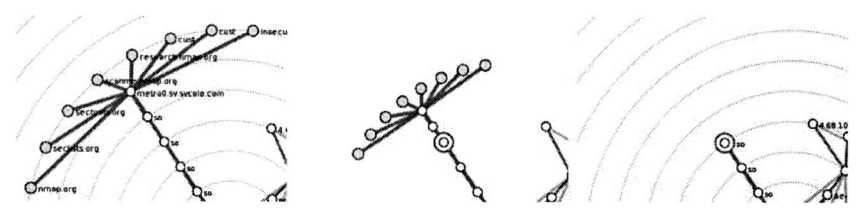

Quando o modo é "Fill region", o clique num hospedeiro destaca a região da exibição ocupada pelo hospedeiro e seus filhos. Os hospedeiros destacados são os mesmos que seriam agrupados no modo "Group children". Você pode selecionar cores diferentes para destacar regiões diferentes. Este diagrama mostra um exemplo de várias regiões destacadas em diferentes cores.

Figura 12.8. Destacando regiões da topologia

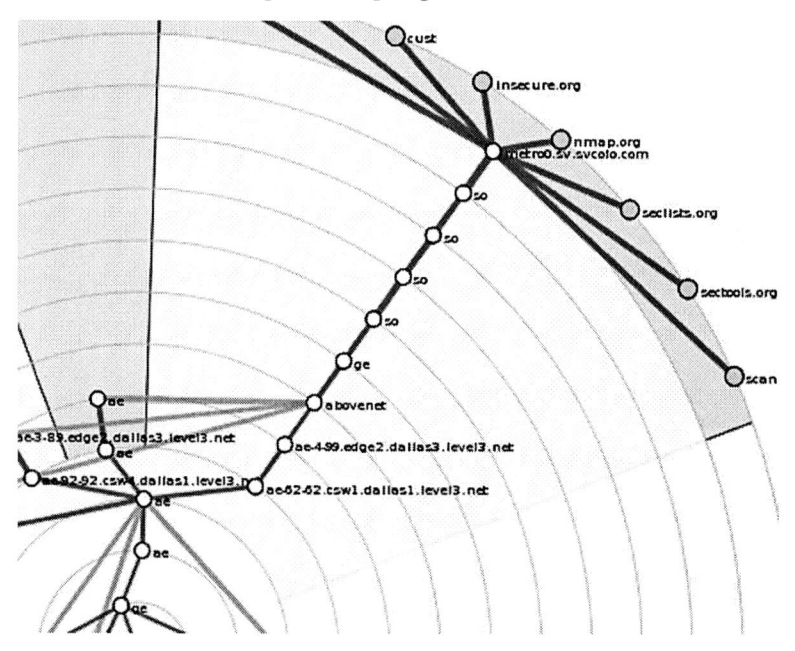

Controles de interpolação

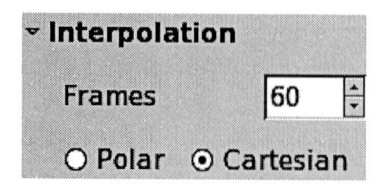

```
▼ Interpolation
    Frames          60
    ○ Polar   ⊙ Cartesian
```

Os controles na seção "Interpolation" controlam o quão rapidamente a animação procede, quando parte do gráfico muda.

Controles de disposição

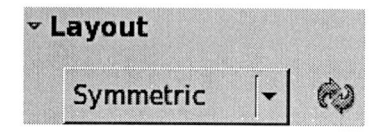

```
▼ Layout
    Symmetric   ▼
```

Há duas opções para a disposição automática de nós. O modo simétrico dá a cada subárvore de um hospedeiro uma fatia igualmente dividida do gráfico. Ela mostra bem a hierarquia da rede, mas os hospedeiros distantes do centro podem ser imprensados juntos. O modo ponderado dá aos hospedeiros com mais filhos um pedaço maior do gráfico.

Controles de visualização

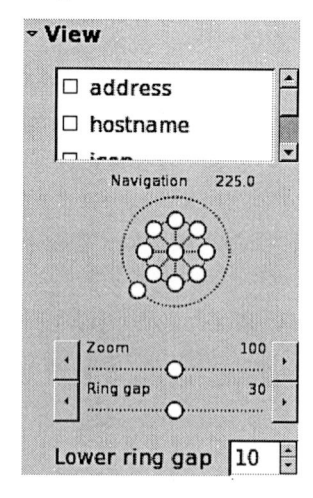

```
▼ View
    □ address
    □ hostname
    □ icon
        Navigation   225.0
        Zoom          100
        Ring gap       30
    Lower ring gap   10
```

As caixas de checar na seção "View" habilitam e desabilitam partes da exibição. Por exemplo, desabilite "hostname" para mostrar somente o endereço IP de cada hospedeiro, ou desabilite "address" para não usar nenhuma etiqueta. A opção "latency" habilita e desabilita a apresentação dos tempos de ida e volta de cada hospedeiro, como determinado pela opção --traceroute, do Nmap. Se "slow in/out" estiver checada, a animação não será linear, mas será mais rápida no meio da animação, e mais lenta no início e no final.

O controle em forma de bússola expande a tela em oito direções. Clique no centro para voltar ao hospedeiro do centro. O anel em torno do exterior controla a rotação de todo o gráfico.

"Zoom" e "Ring gap" controlam, ambos, o tamanho geral do gráfico. "Zoom" altera o tamanho de tudo - hospedeiros, etiquetas, linhas de conexão. "Ring gap" aumenta apenas o espaçamento entre os anéis concêntricos, mantendo tudo o mais do mesmo tamanho. "Lower ring gap" dá um espaçamento mínimo para os anéis, útil principalmente quando o fisheye (olho de peixe) está habilitado.

Controles do Fisheye

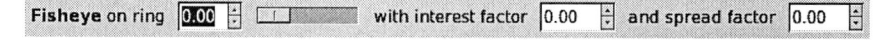

Fisheye on ring 0.00 with interest factor 0.00 and spread factor 0.00

Os controles do fisheye dão mais espaço ao anel selecionado, comprimindo todos os outros. O controle deslizante controla qual o anel que receberá mais atenção. O "interest factor" é quantas vezes maior o espaçamento de anéis será para o anel escolhido do que seria sem o fisheye. O "spread factor" varia de -1 a 1. Ele controla quantos anéis adjacentes serão expandidos em torno do anel selecionado, com os números maiores significando mais espalhamento.

12.5.4. Atalhos de Teclado

A apresentação da topologia reconhece estes atalhos de teclado:

Tecla	Função
c	Volta a exibição ao hospedeiro central.
a	Mostra ou oculta endereços de hospedeiros.
h	Mostra ou oculta nomes de hospedeiros.

Tecla	Função
i	Mostra ou oculta ícones de hospedeiros.
l	Mostra ou oculta a latência.
r	Mostra ou oculta os anéis.

12.5.5. O Visualizador de Hospedeiros

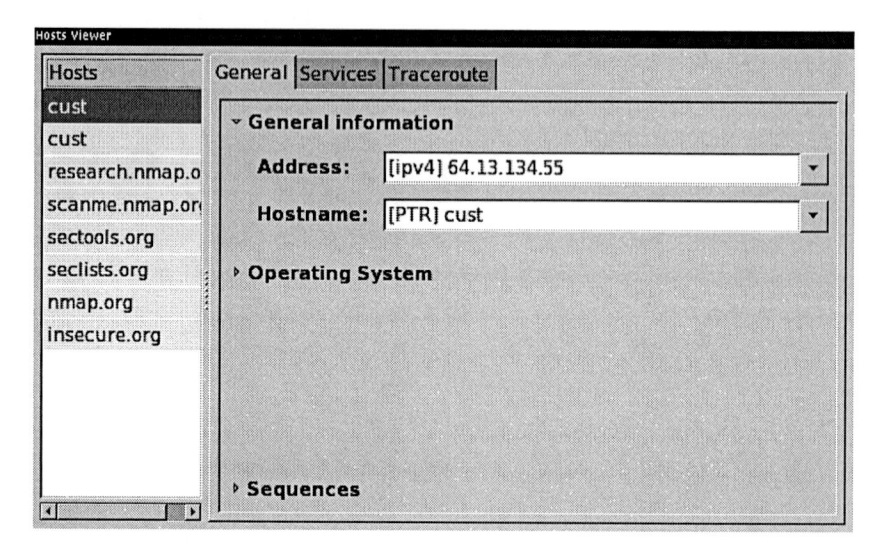

O visualizador de hospedeiros é uma maneira alternativa de se obter detalhes sobre hospedeiros. Ative o visualizador clicando no botão "Hosts Viewer". Todos os hospedeiros no inventário serão apresentados numa lista. Selecione qualquer um deles para obter detalhes sobre ele.

12.6. O Assistente Construtor de Comandos do Nmap

O assistente construtor de comandos do Nmap permite a criação interativa de linhas de comando do Nmap sem que você tenha de lembrar, por exemplo, que -sS significa "exame por SYN". Inicie o assistente selecionando "Command Wizard" no menu "Tools" ou digitando o atalho de teclado **ctrl+I**. A página inicial do assistente será apresentada.

Capítulo 12: Guia do Usuário da GUI Zenmap — 509

Você deverá decidir se quer salvar a descrição do exame como um perfil para executá-lo novamente, ou apenas criar uma linha de comando e rodá-la uma só vez. Se optar por criar um perfil, você será solicitado a entrar o nome e a descrição do perfil.

```
Nmap command constructor wizard

Nmap command constructor wizard

Command  nmap

Scan options

Targets:
TCP scan:              None
Non-TCP scans:         None
Timing template:       None
  ☐ Enable all advanced/aggressive options (-A)
  ☐ Operating system detection (-O)
  ☐ Version detection (-sV)
  ☐ Idle Scan (Zombie) (-sI)
  ☐ FTP bounce attack (-b)
  ☐ Disable reverse DNS resolution (-n)
  ☐ IPv6 support (-6)

    Help            Cancel       Back       Forward
```

Em seguida, você será apresentado a uma série de páginas que solicitarão que você entre interativamente as opções do Nmap. Fazendo-se uma seleção nos menus ou caixas de checar, muda-se o comando para refletir a seleção. Por exemplo, selecionando-se um tipo de exame de "TCP SYN Scan" (exame de TCP por SYN) adiciona-se -sS à linha de comando. Checando-se "Operating system detection" adiciona-se -O ao comando, e desmarcando-se esta caixa, esta opção é removida novamente.

Quando você chegar ao final do assistente, clique em "Apply". Se você optou por criar um novo perfil, ele será criado e estará disponível na caixa combinada profile (perfil). Se você optou por criar o comando e rodá-lo uma só vez, ele começará a rodar imediatamente.

12.7. O Editor de Perfis

É comum, com o Nmap, querer-se rodar o mesmo exame repetidamente. Por exemplo, um administrador de sistemas pode rodar um exame de uma rede inteira uma vez ao mês, para acompanhar as coisas. O mecanismo do Zenmap para facilitação disto é chamado de perfis.

Figura 12.9. Selecionando um perfil

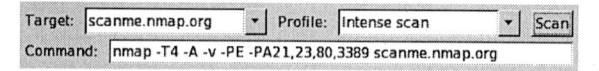

```
Target: scanme.nmap.org     ▼  Profile: Intense scan     ▼  Scan
Command: nmap -T4 -A -v -PE -PA21,23,80,3389 scanme.nmap.org
```

Cada janela contém uma caixa combinada intitulada "Profile". Ao abri-la, mostra-se quais perfis estão disponíveis. Selecionando-se um perfil faz-se com que o campo "Command" apresente a linha de comando que será executada. Os perfis que vêm com o Zenmap são suficientes para muitos propósitos de exame, mas cedo ou tarde você quererá criar os seus próprios.

12.7.1. Criando um Novo Perfil

Os comandos para se trabalhar com perfis estão sob o menu "Profile". Para criar um novo perfil, selecione "New Profile" nesse menu ou use o atalho de teclado **ctrl+P**. Você verá um diálogo como o da figura 12.10.

Figura 12.10. O editor de perfis

```
Profile Editor
▼ Command
  nmap -sS

Profile | Scan | Ping | Scripting | Target | Source | Other | Timing |     Help
Scan options                                                                 TCP SYN scan
  Targets (optional):  [                    ]                                Send probes with the
  TCP scan:            TCP SYN scan (-sS)   ▼                                SYN flag set. This is the
  Non-TCP scans:       None                 ▼                                most popular scan and
  Timing template:     None                 ▼                                the most generally
                                                                             useful. It is known as a
  ☐ Enable all advanced/aggressive options (-A)                              "stealth" scan because
  ☐ Operating system detection (-O)                                          it avoids making a full
  ☐ Version detection (-sV)                                                  TCP connection.
  ☐ Idle Scan (Zombie) (-sI)  [        ]
  ☐ FTP bounce attack (-b)    [        ]
  ☐ Disable reverse DNS resolution (-n)
  ☐ IPv6 support (-6)

                                              Delete    ✗ Cancel    ✔ OK
```

O editor de perfis inicia apresentando uma aba chamada "Profile" que solicita o nome e a descrição do novo perfil. O campo "Profile name" contém o nome como o exame será identificado na caixa combinada drop-down na interface de exames. O texto no campo "Description" contém uma descrição do propósito do perfil.

O resto das abas permite que você especifique opções do Nmap, seja digitando-as diretamente no campo "Command", seja clicando nas caixas de checar. Passe o ponteiro do mouse sobre uma opção para obter uma descrição do que a opção faz e que tipo de entrada ela espera.

Um perfil pode ou não incluir alvos do exame. Se você rodar frequentemente o mesmo exame no mesmo conjunto de alvos, você achará conveniente listar os alvos dentro do perfil. Se você planeja rodar o mesmo exame em alvos diferentes, deixe o campo "Targets" em branco, e preencha os alvos posteriormente, quando você rodar o exame.

12.7.2. Editando um Perfil

Para editar um perfil, selecione aquele que você quer editar e, depois, selecione "Edit Selected Profile" no menu "Profile" ou use o atalho de teclado **ctrl+E**. O editor de perfis será apresentado, desta vez com o nome e a descrição preenchidos a partir do perfil selecionado. Fazendo-se uma alteração ao perfil aqui, modifica-se o perfil permanentemente.

Para excluir um perfil, clique no botão "Delete" dentro do editor de perfis, depois de abrir o que você quer excluir como se fosse editá-lo. O Zenmap apresentará uma advertência, antes de excluir o perfil. Para sair do editor sem modificar o perfil, use o botão "Cancel".

12.7.3. Derivando um Novo Perfil de um mais Antigo

Para usar um novo perfil usando um outro como gabarito, selecione o perfil que servirá de gabarito e, depois, selecione "New Profile with Selected" no menu "Profile" ou use o atalho de teclado **ctrl+R**. Isto ajustará todas as opções com base no perfil selecionado, deixando o nome e a descrição em branco para você preenchê-los. Quaisquer alterações feitas às opções afetarão apenas o perfil recém-criado, não o original do qual ele é derivado. Para sair do editor sem criar o perfil derivado, use o botão "Cancel".

12.8. Procurando nos Resultados Salvos

O Zenmap permite que você procure nos arquivos de resultados de exames salvos e na base de dados de exames recentes. Para começar a procurar, selecione "Search Scan Results" (procurar nos resultados de exames) no menu "Tools", ou use o atalho de teclado **ctrl+F**. O diálogo de buscas aparecerá, como mostrado na figura 12.11.

Figura 12.11. O diálogo de buscas

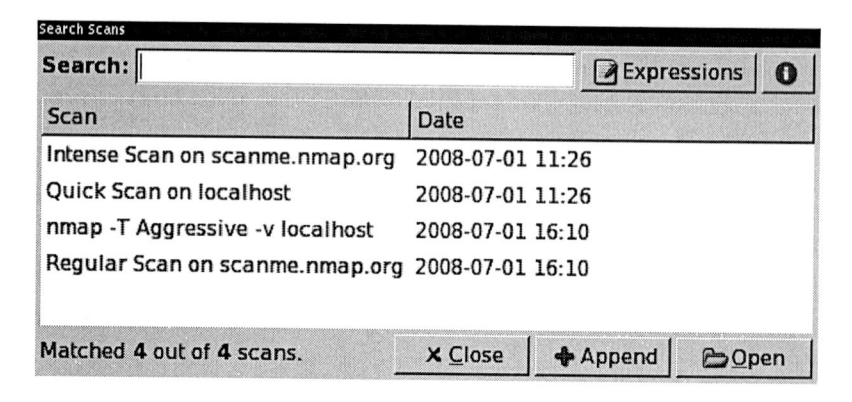

```
Search Scans
Search: [                              ] [Expressions] [O]
Scan                                  Date
Intense Scan on scanme.nmap.org       2008-07-01 11:26
Quick Scan on localhost               2008-07-01 11:26
nmap -T Aggressive -v localhost       2008-07-01 16:10
Regular Scan on scanme.nmap.org       2008-07-01 16:10

Matched 4 out of 4 scans.    [X Close] [+ Append] [Open]
```

A interface de busca inicialmente mostrará todos os exames na base de dados de exames recentes (a respeito da qual, consulte a seção 12.4.1, "A base de dados de exames recentes"). A razão para que todos os exames sejam mostrados é simples - nenhuma restrição ainda foi posta na busca, então todos os resultados possíveis são retornados.

As buscas podem ser dadas em termos de vários critérios de procura, entretanto a mais simples é a de apenas uma palavra-chave. Simplesmente digite uma palavra como Scanme, no campo "Search", para encontrar todos os exames que têm essa palavra como parte de sua saída, seja como nome de hospedeiro, como nome de sistema operacional, perfil, ou qualquer outra coisa. Um exemplo disto é mostrado na figura 12.12.

Capítulo 12: Guia do Usuário da GUI Zenmap — 513

Figura 12.12. Busca de palavra-chave

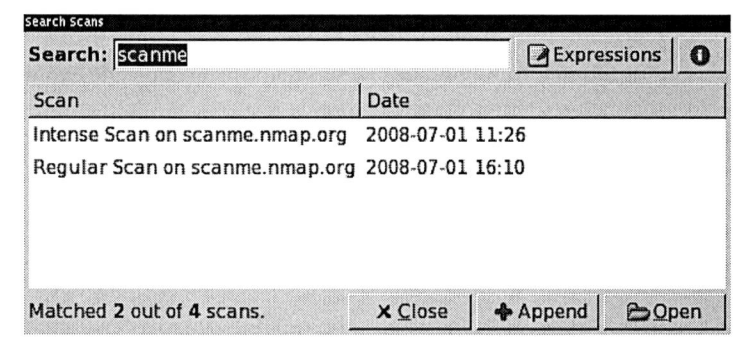

```
Search Scans
Search: scanme                            [Expressions]  [i]
Scan                          | Date
Intense Scan on scanme.nmap.org  2008-07-01 11:26
Regular Scan on scanme.nmap.org  2008-07-01 16:10



Matched 2 out of 4 scans.    [X Close]  [+ Append]  [Open]
```

As buscas ocorrem ao vivo, à medida que você digita. Quando você tiver encontrado o exame que deseja, clique no botão "Open" ou dê um duplo-clique no nome do exame.

Buscas mais complicadas podem ser construídas usando-se a interface "Expressions". Clique no botão "Expressions" e a representação gráfica da busca atual aparecerá. Modifique a busca selecionando nas caixas combinadas mostradas. Clique em "+" para adicionar e em "-" para remover um critério. Clique no botão "Expressions", novamente, para ocultar os critérios (eles ainda estão presentes na string de busca). A edição do texto de busca é desabilitada enquanto as expressões são mostradas. Um exemplo de uma busca mais complicada é mostrado na figura 12.13.

Figura 12.13. Buscas de expressões

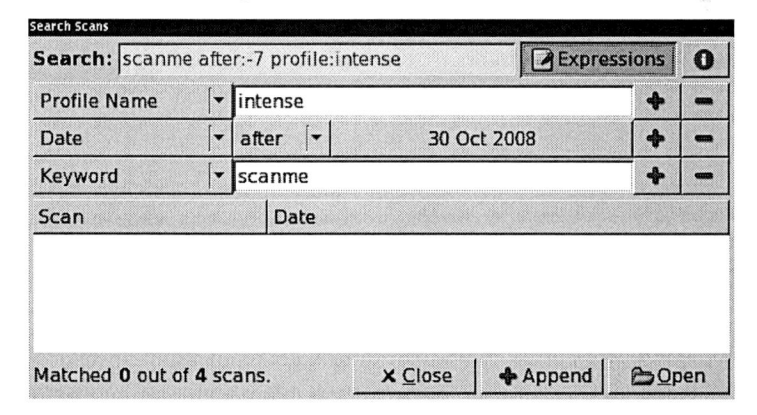

```
Search Scans
Search: scanme after:-7 profile:intense       [Expressions]  [i]
Profile Name  [▼]  intense                              [+] [-]
Date          [▼]  after [▼]    30 Oct 2008             [+] [-]
Keyword       [▼]  scanme                               [+] [-]
Scan                    | Date




Matched 0 out of 4 scans.     [X Close]  [+ Append]  [Open]
```

Buscas são baseadas em "e", significando que todos os critérios devem ser verdadeiros para que um exame corresponda e apareça na lista dos resultados. A maioria das buscas é insensível ao caso (o único critério sensível ao caso é option:). Por omissão, somente os exames na base de dados de exames recentes são procurados. Para procurar recursivamente os arquivos num diretório, use a expressão "Include Directory".

Você notará que sempre que selecionar uma expressão de busca, uma representação dela em texto aparecerá na entrada da busca. A string no campo "Search" é o que realmente controla a busca; a interface "Expressions" é apenas uma maneira conveniente de ajustá-lo. Quando você tiver aprendido quais strings de busca correspondem a quais expressões, poderá eliminar a interface de expressões e apenas digitar uma string de busca diretamente.

Segue uma lista de todos os critérios de busca textual reconhecidos pela interface de buscas. A maioria dos critérios tem uma forma abreviada: d:-5 é o mesmo que date:-5 e op:80 é o mesmo que open:80. A forma abreviada de cada critério é dada na lista a seguir.

<palavra-chave>
    Uma palavra simples corresponde qualquer coisa num exame. Por exemplo, apache corresponderá todos os servidores Apache e Linux corresponderá todos os hospedeiros Linux. Há uma possibilidade de falsos-positivos, quando do uso da busca por palavra-chave, como se um hospedeiro acontecer de ser nomeado apache ou linux.

Estados de portas

Cada estado possível é, também, um critério de busca. Eles são

```
open:<portas> (op: abreviado - portas abertas)
closed:<portas> (cp: abreviado - portas fechadas)
filtered:<portas> (fp: abreviado - portas filtradas)
unfiltered:<portas> (ufp: abreviado - portas não filtradas)
open|filtered:<portas> (ofp: abreviado - portas abertas ou
                          filtradas)
closed|filtered:<portas> (cfp: abreviado - portas fechadas
                          ou filtradas)
```

Use open:80 para corresponder os exames que tenham um hospedeiro com a porta 80 aberta. O argumento <portas> também pode ser uma lista separada por vírgulas.

Além dessas, o critério scanned:<*portas*> (sp:) corresponde exames em que as portas dadas foram examinadas, a despeito de seu estado final.

date:<*AAAA-MM-DD*> ou date:-<*n*> (d: abreviado - data)
Corresponde exames que ocorreram na data dada, no formato <*AAAA-MM-DD*>. Ou use date:-<*n*> para corresponder exames que ocorreram no dia <*n*> dias atrás. Use date:-1 para encontrar os exames realizados ontem.

Quando usando o formato <*AAAA-MM-DD*>, a data poderá ser seguida por um ou mais ~, cada um dos quais expandirá a faixa de datas correspondidas em um dia para ambos os lados. date:2007-12-23 corresponde exames que ocorreram entre 00:00 e 24:00 em 23 de dezembro de 2007. date:2007-12-23~ corresponde exames que se deram entre as 00:00 de 22 de dezembro e as 24:00 de 24 de dezembro de 2007. Esta correspondência "confusa" de datas é útil quando você não consegue lembrar exatamente quando rodou um exame.

after:<*AAAA-MM-DD*> ou after:-<*n*> (a: abreviado - depois de)
Corresponde exames que ocorreram na data dada ou depois dela, no formato <*AAAA-MM-DD*>. Ou use after:-<*n*> para corresponder exames que ocorreram dentro dos últimos <*n*> dias. Por exemplo, after:-7 corresponde exames que aconteceram na última semana.

before:<*AAAA-MM-DD*> ou before:-<*n*> (b: abreviado - antes de)
Corresponde exames que ocorreram na data dada ou antes, no formato <*AAAA-MM-DD*>. Ou use before:-<*n*> para corresponder exames que ocorreram a qualquer tempo antes de <*n*> dias atrás.

target:<*nome*> (t: abreviado - alvo)
Corresponde exames de quaisquer hospedeiros com o nome dado. O nome pode ser ou o nome especificado no exame, ou o nome de DNS reverso de qualquer hospedeiro.

option:<*opção*> (o: abreviado)
Corresponde exames que usaram a dada opção de linha de comando. Omita qualquer - ou -- que precede as opções: option:A corresponde exames que usaram a opção -A.

Este critério corresponde somente literalmente. option:O não corresponderá exames que usaram -A, muito embora -A implique em -O. Similarmente, option:sU não corresponderá exames que usaram -sSU. A correspondência de opções é sensível ao caso.

os:<*string*>
Corresponde exames de hospedeiros com a string dada em qualquer parte de sua descrição de SO. os:windows retornará exames de hospedeiros Microsoft Windows em geral.

service:<*string*> (s: abreviado)
Corresponde exames de hospedeiros com a string dada em qualquer parte da descrição do serviço de qualquer uma de suas portas. service:ssh retornará exames de hospedeiros rodando qualquer tipo de SSH.

profile:<*nome*> (pr: abreviado - perfil)
Corresponde exames que usaram o perfil nomeado. Por exemplo, profile:"intense scan".

inroute:<*hospedeiro*> (ir: abreviado - na rota)
Corresponde exames em que o dado hospedeiro apareça como roteador intermediário na saída de --traceroute.

dir:<*diretório*>
dir: não é, realmente, um critério de busca. Ao invés, ele é o caminho de busca em um diretório, no sistema de arquivos, além daquelas na base de dados de exames recentes. Os diretórios são procurados recursivamente por arquivos terminando com certas extensões, somente xml, por omissão. Para corresponder mais nomes de arquivos, modifique a variável file_extension da seção [search] do zenmap.conf de acordo com as instruções da seção 12.11.1, "Seções do zenmap.conf".

12.9. Comparando os Resultados

É um desejo comum rodar o mesmo exame duas vezes em momentos diferentes, ou rodar dois exames ligeiramente diferentes ao mesmo tempo, e ver como eles diferem. O Zenmap fornece uma interface para comparação de resultados de exames, mostrada na figura 12.14. Abra a ferramenta de comparação selecionando "Compare Results" no menu "Tools", ou usando o atalho de teclado **ctrl+D** (pense em "diff"). O Zenmap suporta a comparação de dois resultados de exames, de cada vez.

Figura 12.14. Ferramenta de comparação

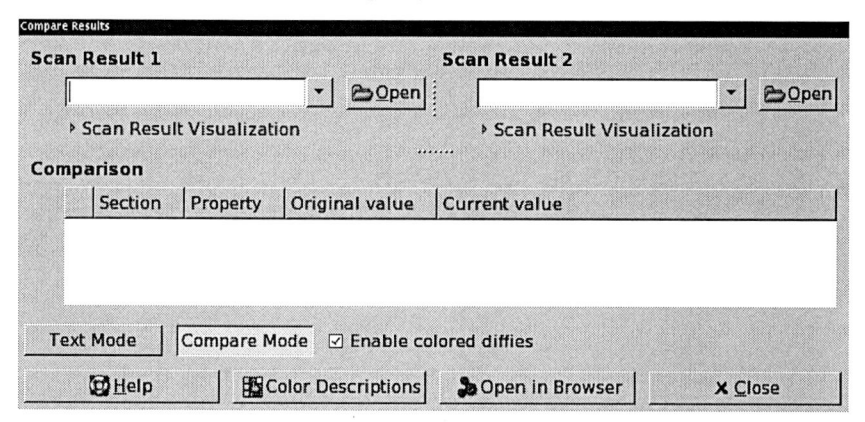

O primeiro passo na realização de uma comparação é selecionar os dois exames a serem comparados. As caixas combinadas abaixo de "Scan Result 1" e "Scan Result 2" permitem que você selecione dentre exames abertos. Ou clique nos botões "Open" para obter os resultados de exames de um arquivo. Para comparar resultados da base de dados de exames recentes, você deverá, primeiro, abrir aqueles exames usando a interface de busca (veja a seção 12.8, "Procurando nos resultados salvos").

A distinção entre Scan Result 1 e Scan Result 2 é importante. A comparação sempre é feita de Scan Result 1 para Scan Result 2, ou seja, como Scan Result 2 difere de Scan Result 1. Depois que os dois resultados tiverem sido escolhidos, a comparação é feita de imediato.

12.9.1. Comparação Gráfica

A figura 12.15 mostra uma comparação de um exame regular com um exame intenso do mesmo hospedeiro.

Figura 12.15. Comparação gráfica

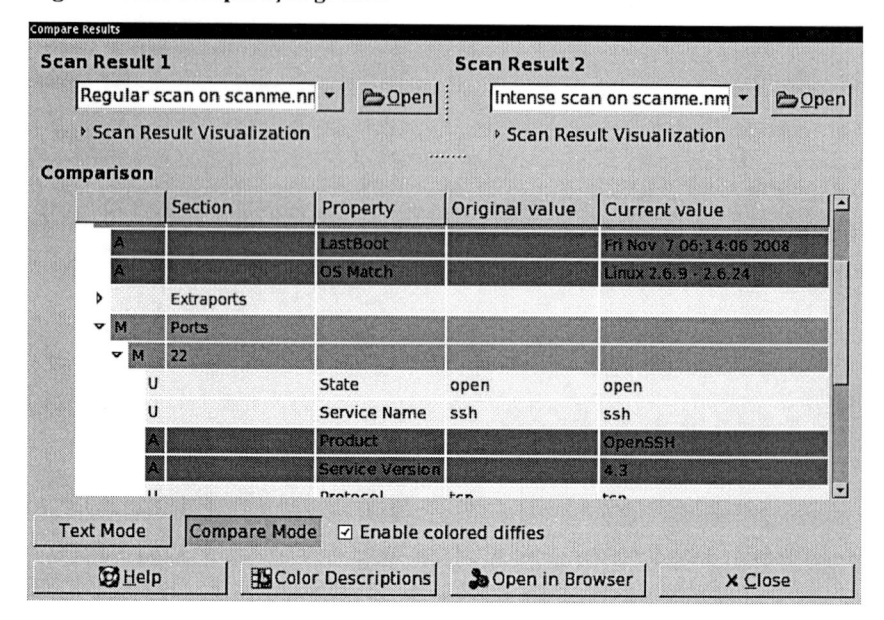

As diferenças e similaridades entre os dois exames são demonstradas hierarquicamente e em cores. Cada cor também tem um código de letra que descreve como aquela parte do exame mudou (ou não). Os códigos são: U para inalterado, A para adicionado, M para modificado e N para não presente (ou excluído). As cores podem ser modificadas clicando no botão "Color Descriptions".

12.9.2. Comparação Textual

Uma visualização alternativa da comparação é o modo texto, que é ativado clicando-se no botão "Text Mode". Uma comparação em modo texto dos mesmos dois exames é mostrada na figura 12.16. Uma vantagem da saída em modo texto é que ela pode ser copiada e colada num arquivo, ou numa mensagem de e-mail.

Capítulo 12: Guia do Usuário da GUI Zenmap — 519

Figura 12.16. Comparação em modo texto

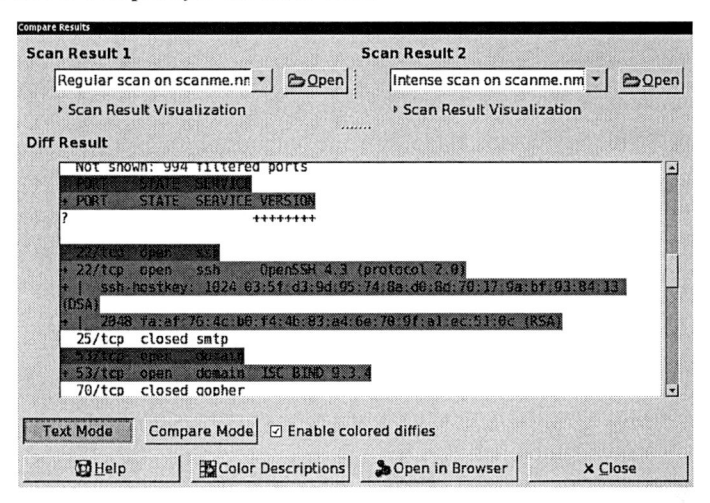

A saída de uma comparação em modo texto é similar àquela da ferramenta diff do Unix. Cada linha começa com um caractere indicando o significado dela. Os possíveis códigos de caracteres são mostrados na tabela 12.1.

Tabela 12.1. Códigos de caracteres da diferenciação de textos

Código	Significado
" " (espaço)	A linha é idêntica em ambos os exames.
+	A linha foi adicionada no segundo exame.
-	A linha foi removida no segundo exame.
?	Os caracteres ^, +, e -, no restante da linha, indicam quais caracteres foram modificados, adicionados ou excluídos, respectivamente, na linha imediatamente acima.

Uma composição em HTML do texto da diferença pode ser visualizada clicando-se no botão "Open in Browser". Esta visualização objetiva ser salva para fins de arquivamento ou impressa em relatório.

12.10. Arquivos Usados pelo Zenmap

O Zenmap usa uma série de arquivos de configuração e controle e, é claro, exige que o Nmap esteja instalado. Em que lugar os arquivos ficam armazenados, dependerá da plataforma e de como o Zenmap foi configurado. Os arquivos de configuração estão divididos em duas categorias: arquivos de sistema, e arquivos por usuário.

12.10.1. O Executável nmap

O Zenmap depende do executável de linha de comando do nmap estar instalado. O programa é primeiramente procurado em todos os diretórios especificados na variável ambiental PATH.

Em algumas plataformas, o comando nmap não é comumente instalado em nenhum dos diretórios em PATH. Como conveniência para estas plataformas, os seguintes diretórios adicionais serão procurados, se o comando não for encontrado em PATH:

• No Mac OS X, o diretório /usr/local/bin é procurado.

• No Windows, o diretório contendo o executável do Zenmap é procurado.

Para usar um caminho absoluto para o executável, ou se o executável estiver instalado sob um outro nome, que não nmap, modifique a variável nmap_command_path, na seção [paths] do zenmap.conf. Por exemplo, se você tiver instalado o nmap em /opt/bin, use

```
[paths]
nmap_command_path = /opt/bin/nmap
```

Ou se você tiver uma versão compilada de forma personalizada do Nmap, chamada nmap-pessoal, use

```
[paths]
nmap_command_path = nmap-pessoal
```

Veja a seção 12.11, "Descrição do zenmap.conf".

12.10.2. Arquivos de Configuração do Sistema

Estes arquivos afetam a instalação do Zenmap em toda a instalação. No Unix e no Mac OS X, eles estão em *<prefixo>*/share/zenmap, onde *<prefixo>* é o prefixo do sistema de arquivos com que o Zenmap foi compilado. O prefixo é provavelmente /usr ou /usr/local, de forma que os arquivos do Zenmap estão provavelmente em /usr/share/zenmap ou em /usr/local/share/zenmap. No Windows, a localização também depende de onde o Zenmap foi instalado. Eles provavelmente estão em C:\Program Files\Nmap\share\zenmap. O diretório de configuração de sistema do Zenmap contém o seguinte:

config/
> Os arquivos em config são copiados para diretórios de configuração por usuário. Veja a seção 12.10.3, "Arquivos de configuração por usuário".

docs/
> Os arquivos no subdiretório docs são a documentação do Zenmap.

locale/
> Os arquivos neste subdiretório contêm traduções do texto usado pelo Zenmap em outras línguas.

misc/profile_editor.xml
> Este arquivo define quais opções serão apresentadas pelo editor de perfis (veja a seção 12.7, "O editor de perfis"). Ele pode ser editado com cuidado para alterar o editor de perfis para todo o sistema.

misc/wizard.xml
> Este arquivo define quais opções serão apresentadas pelo assistente construtor de comandos (veja a seção 12.6, "O assistente construtor de comandos do Nmap"). Ele pode ser editado com cuidado para alterar o assistente para todo o sistema.

12.10.3. Arquivos de Configuração por Usuário

Estes arquivos afetam apenas um usuário do Zenmap. Alguns deles são copiados do subdiretório config dos arquivos de sistema, quando o Zenmap é executado pela primeira vez. Os arquivos por usuário estão em *<HOME>*/.zenmap no Unix e no Mac OS X, onde *<HOME>* é o diretório pessoal do usuário atual. Eles estão em C:\Users*<USER>*\.zenmap no Windows Vista e em C:\Documents and Settings*<USER>*\.zenmap em versões anteriores do Windows, onde *<USER>* é o nome do usuário atual.

recent_scans.txt
: Este arquivo contém uma lista de nomes de arquivos de exames recentemente salvos. Estes exames são mostrados abaixo do menu "Scan". Os exames devem ter sido salvos num arquivo, para aparecerem aqui. Veja a seção 12.4, "Salvando e carregando resultados de exames". Se este arquivo não existir, ele será criado quando o Zenmap for executado.

scan_profile.usp
: Este arquivo contém descrições de perfis de exames, incluindo os perfis omissivos e aqueles criados pelo usuário. Eu recomendo o uso do editor de perfis (veja a seção 12.7, "O editor de perfis") para fazer alterações neste arquivo. Este arquivo é copiado do diretório de configuração do sistema, na primeira vez que o Zenmap é executado.

target_list.txt
: Este arquivo contém uma lista de alvos recentemente examinados. Se ele não existir, será criado quando o Zenmap for executado.

zenmap.conf
: Este é o principal arquivo de configuração do Zenmap. Ele contém os ajustes para a cópia do Zenmap para um usuário em particular, e é discutido em mais detalhes na seção 12.11, "Descrição do zenmap.conf".

zenmap.db
: Este é a base de dados de exames recentes, como descrito na seção 12.4.1, "A base de dados de exames recentes". Se ele não já existir, será criado.

zenmap_version
: Este arquivo contém a versão do Zenmap que foi usada para criar este diretório de configuração por usuário. Poderá ser útil comparar o número de versão neste arquivo com o arquivo de mesmo nome no diretório de configuração do sistema, se você suspeitar de um conflito de versões. Ele é simplesmente copiado da configuração do sistema, da primeira vez que o Zenmap é executado.

12.10.4. Arquivos de Saída

Sempre que um exame é executado, o Zenmap instrui o Nmap a colocar a saída em XML num arquivo temporário, para que ele possa processá-lo. Normalmente, o arquivo de saída em XML é excluído quando o exame é terminado. Entretanto, se a linha de comando no Zenmap contiver uma opção -oX ou -oA, a saída em XML será escrita no arquivo nomeado, ao invés, e este arquivo não será excluído, quando o exame terminar. Em outras palavras, -oX e -oA funcionam da forma como você deveria esperar. -oG, -oN, e -oS funcionam, também, muito embora o Zenmap não utilize os arquivos de saída produzidos por estas opções.

Há uma coisa importante a se notar no tratamento destes nomes de arquivos pelo Zenmap. Caracteres de porcento (%) são escapados para evitar que eles sejam interpretados como especificadores de formato no estilo de strftime (veja a seção 13.2.1, "Controlando o tipo de saída"). Isto é porque o Zenmap deve saber exatamente que nome o Nmap usará para seu arquivo de saída. Se no Zenmap você digitar -oX exame-%T-%D.xml, a saída será salva no arquivo exame-%T-%D.xml, não em exame-144840-121307.xml, ou qualquer que tivesse sido, com base na hora e na data presentes, se você estivesse executando o Nmap diretamente.

12.11. Descrição do zenmap.conf

O zenmap.conf é o arquivo de configuração do Zenmap específico do usuário. Ele é um arquivo de puro texto, localizado no diretório de configuração por usuário (veja a seção 12.10.3, "Arquivos de configuração por usuário"). A sintaxe é aquela reconhecida pelo módulo ConfigParser[1], do Python, que é similar àquela dos arquivos INI do Windows. As seções são delimitadas por títulos entre colchetes. Dentro das seções estão as linhas contendo pares *<nome>=<valor>* ou *<nome>: <valor>*. Um excerto de um zenmap.conf é mostrado, aqui:

```
[output_highlight]
enable_highlight = True

    [paths]
nmap_command_path = nmap

    [search]
search_db = 1
file_extension = xml
store_results = 1
directory =
save_time = 60;days
```

---

1 *http://docs.python.org/lib/module-ConfigParser.html*

Alguns destes ajustes podem ser controlados a partir do Zenmap, sem necessidade de se editar diretamente o arquivo de configuração.

12.11.1. Seções do zenmap.conf

Valores booleanos são normalizados de True, true, ou 1 para true e qualquer outra coisa para false.

[paths]

    A seção [paths] define caminhos importantes usados pelo Zenmap. Somente um é definido, nmap_command_path, que é o caminho para o executável do Nmap. Qualquer que seja a primeira palavra numa linha de comando executada pelo Zenmap, ela será substituída pelo valor desta variável. Seu valor omissivo, nmap, é apropriado para a maioria dos sistemas. Veja a seção 12.10.1, "O executável nmap" para exemplos.

[search]

    A seção [search] define como a ferramenta de busca (veja a seção 12.8, "Procurando nos resultados salvos") se comporta. Os nomes, nesta seção, correspondem às opções na aba "Search options", do diálogo de busca. Ela tem os seguintes nomes definidos:

    directory

        O diretório onde procurar por arquivos de resultados de exames salvos.

    file_extension

        Uma lista separada por vírgulas de extensões de nomes de arquivos para busca.

    search_db

        Um booleano que controla se a busca incluirá a base de dados de exames recentes.

    store_results

        Um booleano que controla se os resultados dos exames devem ser armazenados na base de dados de exames recentes. Veja a seção 12.4.1, "A base de dados de exames recentes".

    save_time

        Por quanto tempo os resultados de exames deverão ser mantidos na base de dados de exames recentes. Os resultados mais antigos que este valor serão excluídos quando o Zenmap for fechado. O formato é um número e um intervalo de tempo separado por pontos-e-vírgulas. Por exemplo, 60;days (60 dias) ou 1;years (1 ano).

[diff]
A seção [diff] define como a ferramenta de comparação (veja a seção 12.9, "Comparando os resultados") se comporta. Ela tem os seguintes nomes definidos.

diff_mode
Controla se as comparações são mostradas, por omissão, no modo gráfico ou no modo texto.

colored_diff
Um booleano que controla se as comparações usam cores.

[diff_colors]
A seção [diff_colors] define as cores usadas pela ferramenta de comparação. Ela tem os seguintes nomes definidos: unchanged, added, not_present, e modified, cujos significados são definidos na seção 12.9, "Comparando os resultados". O valor de cada um destes é uma lista de três inteiros na faixa de 0 a 65535, representando vermelho, verde e azul, no formato [<vermelho>, <verde>, <azul>]. Por exemplo, [65535, 0, 0] especifica vermelho.

[output_highlight]
A seção [output_highlight] contém uma única variável booleana, enable_highlight, que habilita o destaque da saída quando True, e desabilita se ela for False.

[date_highlight], [hostname_highlight], [ip_highlight], [port_list_highlight], [open_port_highlight], [closed_port_highlight], [filtered_port_highlight], [details_highlight]
Todas estas seções definem a natureza do destaque da saída do Nmap, que é discutido na seção intitulada "A aba Nmap Output". Estas são melhor editadas de dentro do Zenmap. Dentro de cada uma destas seções, os seguintes nomes são definidos:

regex
A expressão regular que corresponde à parte relevante da saída.

bold
　　Um booleano que controla se este destaque deve ser negritado.

italic
　　Um booleano que controla se este destaque deve estar em itálico.

underline
　　Um booleano que controla se este destaque deve ser sublinhado.

text
　　A cor do texto deste destaque. A sintaxe é uma lista de três inteiros, na faixa de 0 a 65535, representando vermelho, verde e azul, no formato [<*vermelho*>, <*verde*>, <*azul*>]. Por exemplo, [65535, 0, 0] para um destaque em vermelho.

highlight
　　A cor de fundo deste destaque. A sintaxe é a mesma que para text.

12.12. Opções da Linha de Comando

Sendo uma aplicação gráfica, a maior parte da funcionalidade do Zenmap é exposta através de sua interface gráfica. As opções de linha de comando do Zenmap são dadas aqui para completitude, e porque, às vezes, são úteis. Em particular, é bom saber que o comando **zenmap <arquivo de resultados>** inicia o Zenmap com os resultados em <*arquivo de resultados*> já aberto.

12.12.1. Sinopse

```
zenmap [ <opções> ] [ <arquivo de resultados> ]
```

12.12.2. Resumo das Opções

-f, --file <*arquivo de resultados*>
　　Abre o arquivo de resultados dado para visualização. O arquivo de resultados pode ser um arquivo de saída em XML do Nmap (.xml, como produzido por **nmap -oX**), ou um arquivo previamente salvo pelo Zenmap.

-h, --help
: Mostra uma mensagem de ajuda e sai.

-n, --nmap <*linha de comando do Nmap*>
: Roda o comando dado do Nmap dentro da interface Zenmap. Depois de -n ou --nmap, cada argumento restante da linha de comando é lido como a sendo a linha de comando a ser executada. Isto significa que -n ou --nmap deverá ser dado por último, depois de quaisquer outras opções. Note que a linha de comando deverá incluir o nome do executável **nmap**: **zenmap -n nmap -sS alvo.**

-p, --profile <*perfil*>
: Inicia com o perfil dado selecionado. O nome do perfil é apenas uma string: "Regular scan". Se combinado com -t, inicia um exame com o perfil dado, no alvo especificado.

-t, --target <*alvo*>
: Inicia com o alvo dado. Se combinado com -p, inicia um exame com o perfil dado no alvo especificado.

-v, --verbose
: Aumenta o nível de verbosidade (do Zenmap, não do Nmap). Esta opção pode ser dada múltiplas vezes para que mais e mais verbosidade seja apresentada na janela de console usada para iniciar o Zenmap.

12.12.3. Saída de Erros

Se acontecer de o Zenmap morrer, normalmente ajudará se você enviar um relatório de erro com um rastreamento da pilha. Ajuste a variável ambiental ZENMAP_DEVELOPMENT (o valor não importa) para desabilitar o relato automático de morte e fazer com que os erros sejam apresentados no console. Experimente o comando do shell Bash **ZENMAP_DEVELOPMENT=1 zenmap -v -v**

-v para obter uma útil saída de depuração.

No Windows, o erro padrão é redirecionado para o arquivo zenmap.exe.log, no mesmo diretório que o zenmap.exe, ao invés de ser apresentado no console.

12.13. História

O Zenmap foi originalmente derivado do Umit[2], uma GUI do Nmap criada durante o Summer of Code do Nmap, patrocinado pelo Google, em 2005 e 2006. O primeiro autor do Umit foi Adriano Monteiro Marques. Quando o Umit foi modificado e integrado ao Nmap, em 2007, ele foi renomeado como Zenmap.

---

2 http://www.umitproject.org

CAPÍTULO 13:
FORMATOS DE SAÍDA DO NMAP

13.1. Introdução

Um problema comum com as ferramentas de segurança de código aberto é a saída confusa e desorganizada. Elas frequentemente vomitam muitas linhas de informação de depuração irrelevante, forçando os usuários a catarem pelas páginas de saída na tentativa de discernirem resultados importantes de ruído. Os autores de programas normalmente devotam pouco esforço à organização e apresentação eficiente de resultados. As mensagens de saída podem ser difíceis de entender e mal documentadas. Isto não deve ser muito surpreendente - escrever código experto para explorar algumas fraquezas do TCP/IP é normalmente mais gratificante do que o trabalho de documentação ou de UI. Como os autores de código aberto raramente são pagos, eles fazem o que gostam. Com o risco de ofender meu amigo Dan Kaminsky, eu especificarei seu scanner de portas Scanrand[1] como exemplo de um programa que foi desenvolvido claramente com muito mais ênfase nos brilhantes truques técnicos que na UI amigável para o usuário. A saída de amostra no exemplo 13.1 vem da página de documentação do Scanrand.

Exemplo 13.1. Saída do scanrand contra uma rede local

```
bash-2.05a# scanrand 10.0.1.1-254:quick
  UP:        10.0.1.38:80    [01]    0.003s
  UP:        10.0.1.110:443 [01]    0.017s
  UP:        10.0.1.254:443 [01]    0.021s
  UP:        10.0.1.57:445  [01]    0.024s
```

---
1 *http://sectools.org/tools4.html#scanrand*

```
UP:        10.0.1.59:445    [01]    0.024s
UP:        10.0.1.38:22     [01]    0.047s
UP:        10.0.1.110:22    [01]    0.058s
UP:        10.0.1.110:23    [01]    0.058s
UP:        10.0.1.254:22    [01]    0.077s
UP:        10.0.1.254:23    [01]    0.077s
UP:        10.0.1.25:135    [01]    0.088s
UP:        10.0.1.57:135    [01]    0.089s
UP:        10.0.1.59:135    [01]    0.090s
UP:        10.0.1.25:139    [01]    0.097s
UP:        10.0.1.27:139    [01]    0.098s
UP:        10.0.1.57:139    [01]    0.099s
UP:        10.0.1.59:139    [01]    0.099s
UP:        10.0.1.38:111    [01]    0.127s
UP:        10.0.1.57:1025   [01]    0.147s
UP:        10.0.1.59:1025   [01]    0.147s
UP:        10.0.1.57:5000   [01]    0.156s
UP:        10.0.1.59:5000   [01]    0.157s
UP:        10.0.1.53:111    [01]    0.182s
bash-2.05a#
```

Apesar disto cumprir a tarefa, ela é difícil de interpretar. A saída é apresentada com base em quando a resposta foi recebida, sem nenhuma opção para ordenação dos números de porta, ou mesmo de agrupamento de todas as portas abertas juntas por hospedeiro alvo. Um punhado de espaço é desperdiçado próximo ao início de cada linha, e nenhum resumo dos resultados é fornecido.

A saída do Nmap também está longe de ser perfeita, embora eu me esforce bastante para torná-la legível, bem organizada e flexível. Dado o número de maneiras como o Nmap é usado pelas pessoas e por outros softwares, nenhum formato único pode satisfazer a todo o mundo. Assim, o Nmap oferece vários formatos, incluindo o modo interativo para humanos lerem diretamente, e XML para o fácil processamento por software.

Além de oferecer diferentes formatos de saída, o Nmap fornece opções para o controle da verbosidade de saída, bem como de mensagens de depuração. Os tipos de saída podem ser enviados para a saída padrão ou para arquivos nomeados, aos quais o Nmap pode apensar ou sobrepor. Os arquivos de saída também podem ser usados para retomar exames abortados. Este capítulo inclui detalhes completos destas opções e de cada formato de saída.

13.2. Sinalizadores de Linha de Comando

Como com quase todas as outras capacidades do Nmap, o comportamento da saída é controlado por sinalizadores de linha de comando. Estes sinalizadores são agrupados por categoria e descritos nas seções seguintes.

13.2.1. Controlando o Tipo de Saída

O controle de saída mais fundamental é a designação dos formatos de saída que você deseja. O Nmap oferece cinco tipos, como resumidos na lista seguinte e completamente descritos em seções posteriores.

Formatos de saída suportados pelo Nmap

Saída interativa
> Esta é a saída que o Nmap envia à fila de saída padrão (stdout) por omissão. Desta forma, ela não tem nenhuma opção especial de linha de comando. O modo interativo atende às necessidades de usuários humanos de lerem diretamente os resultados e é caracterizada por uma tabela de portas interessantes que é mostrada em dezenas de exemplos ao longo deste livro.

Saída normal (-oN)
> Esta é muito similar à saída interativa, e é enviada ao arquivo de sua escolha. Ela difere da saída interativa de várias formas, que derivam da expectativa de que esta saída seja analisada depois que o exame tiver terminado, ao invés de interativamente. Assim, a saída interativa inclui mensagens (dependendo do nível de verbosidade especificado com -v) tais como estimativas de tempo para completamento do exame e alertas de portas abertas. A saída normal omite estas por serem desnecessárias depois que o exame estiver completo e a tabela final de portas interessantes for apresentada. Este tipo de saída exibe a linha de comando do nmap usada e o tempo e a data da execução na primeira linha.

Saída em XML (-oX)
> O XML oferece um formato estável que é facilmente processado por software. Processadores gratuitos de XML estão disponíveis para todas as

principais linguagens de computadores, incluindo C/C++, Perl, Python, e Java. Em quase todos os casos em que uma aplicação não trivial faça interface com o Nmap, o XML é o formato preferido. Este capítulo discute, também, como os resultados em XML podem ser transformados em outros formatos, como relatórios HTML e tabelas de bases de dados.

Saída grepável (-oG)

Este formato simples é fácil de ser manipulado na linha de comando com ferramentas simples do Unix, como grep, awk, cut, e diff. Cada hospedeiro é listado numa linha, com os caracteres tab, barra e vírgula usados para delimitar os campos da saída. Embora este possa ser útil para um rápido entendimento profundo dos resultados, o formato XML é preferível para tarefas mais significativas, por ser mais estável e conter mais informações.

sCRiPt KiDDi3 0utPU+ (-oS)

Este formato é fornecido para o l33t haXXorZ!

Apesar da saída interativa ser a saída omissiva e não ter opções de linha de comando associadas, as opções dos outros quatro formatos usam a mesma sintaxe. Elas recebem um argumento, que é o nome do arquivo em que os resultados deverão ser armazenados. Múltiplos formatos podem ser especificados, mas cada formato só pode ser especificado uma vez. Por exemplo, você pode querer salvar a saída normal para sua própria revisão, enquanto salva o mesmo exame em XML para análise programática. Você pode fazer isto com as opções -oX meuexame.xml -oN meuexame.nmap. Ainda que este capítulo use nomes simples como meuexame.xml por brevidade, nomes mais descritivos são geralmente recomendados. Os nomes escolhidos são uma questão de preferência pessoal, embora eu use nomes longos que incorporam a data do exame e uma ou duas palavras que o descrevam, colocados num diretório nomeado de acordo com a companhia que eu estou examinando. Como conveniência, você pode especificar -oA <nomebase> para armazenar os resultados do exame nos formatos normal, XML e grepável, de uma só vez. Eles serão armazenados em <nomebase>.nmap, <nomebase>.xml, and <nomebase>.gnmap, respectivamente. Como com a maioria dos programas, você pode prefixar os nomes de arquivos com um caminho de diretório, tal como ~/nmapregs/ciatal/, no Unix, ou c:\explorações\sco, no Windows.

Capítulo 13: Formatos de Saída do Nmap — 533

Embora estas opções salvem os resultados em arquivos, o Nmap ainda apresentará a saída interativa em stdout, como sempre. Por exemplo, o comando **nmap -oX meuexame.xml alvo** salva o XML em meuexame.xml e preenche a saída padrão com os mesmos resultados interativos que teria apresentado se -oX não tivesse sido especificado. Você pode mudar isto passando um caractere de hífen (-) como argumento para um dos tipos de formato. Isto fará com que o Nmap desative a saída interativa e, ao invés, apresente os resultados no formato que você especificou no fluxo de saída padrão. Assim, o comando nmap -oX - alvo enviará somente a saída em XML para stdout. Erros sérios ainda poderão ser apresentados no fluxo de erros padrão, stderr.

Quando você especificar um nome de arquivo para um sinalizador de formato de saída, tal como -oN, este arquivo será sobreposto por omissão. Se você preferir manter o conteúdo existente do arquivo, e apensar os novos resultados, especifique a opção --append-output. Todos os arquivos de saída especificados nessa execução do Nmap serão, então, apensados, em vez de sobrepostos. Isto não funciona bem com os dados de exames em XML (-oX), já que o arquivo resultante geralmente não passará pelo processamento apropriado, até que você o corrija manualmente.

Diferentemente de alguns argumentos do Nmap, o espaço entre o sinalizador de opção de arquivo de registro (tal como -oX) e o nome do arquivo ou o hífen é obrigatório. Se você omitir os sinalizadores e fornecer argumentos como -oG- ou -oXexame.xml, uma funcionalidade de compatibilidade retroativa do Nmap causará a criação de arquivos de *saída em formato normal* nomeados como G- e Xexame.xml, respectivamente.

Todos estes argumentos suportam conversões no estilo de strftime, no nome do arquivo. %H, %M, %S, %m, %d, %y, e %Y são todos exatamente os mesmos que em strftime. %T é o mesmo que %H%M%S, %R é o mesmo que %H%M, e %D é o mesmo que %m%d%y. A % seguido por outro caractere apenas produz este outro caractere (%% lhe dá um símbolo de porcento). Assim, -oX 'exame-%T-%D.xml' usará um arquivo XML nomeado na forma de exame-144840-121307.xml.

13.2.2. Controlando a Verbosidade da Saída

Depois de decidir em que formato(s) quer que os resultados sejam salvos, você poderá decidir o quão detalhados estes resultados deverão ser. A primeira opção -v habilita a verbosidade com um nível de um. Especifique -v duas vezes para um efeito ligeiramente maior. Níveis de verbosidade maiores que dois não são úteis. A maioria das mudanças só afeta a saída interativa, e alguns também afetam a saída normal e de script kiddie. Os outros tipos de saída são projetados para serem processados por máquinas, então o Nmap pode fornecer detalhes substanciais, por omissão, nestes formatos, sem cansar o usuário humano. No entanto, há algumas mudanças em outros modos onde o tamanho da saída pode ser substancialmente reduzido pela omissão de algum detalhe. Por exemplo, uma linha de comentário na saída grepável que fornece uma lista de todas as portas examinadas só é inserida no modo verboso, porque ela pode ser bastante longa. A lista seguinte descreve as mudanças principais que você consegue com pelo menos uma opção -v:

Estimativas de tempo de completamento do exame

> Em exames que levem mais de um ou dois minutos, você verá eventuais atualizações como esta, no modo de saída interativa:

```
SYN Stealth Scan Timing: About 30.01% done; ETC: 16:04
   (0:01:09 remaining)
```

> Novas atualizações são fornecidas se as estimativas mudarem significativamente. Todas as técnicas de exame de portas, com exceção do exame ocioso e do exame por rebate de FTP, suportam a estimativa de tempo de completamento, e igualmente o faz o exame de versão.

Portas abertas reportadas assim que descobertas

> Quando a verbosidade é habilitada, as portas abertas são apresentadas em modo interativo, à medida que são descobertas. Elas ainda serão relatadas na tabela final de portas interessantes, também. Isto permite que os usuários comecem a investigar as portas abertas, antes mesmo que o Nmap termine. Alertas de portas abertas se parecem com isto:

```
Discovered open port 53/tcp on 64.13.134.52
```

Advertências adicionais

> O Nmap sempre apresenta advertências sobre erros óbvios e problemas críticos. Este padrão é rebaixado quando a verbosidade está habilitada,

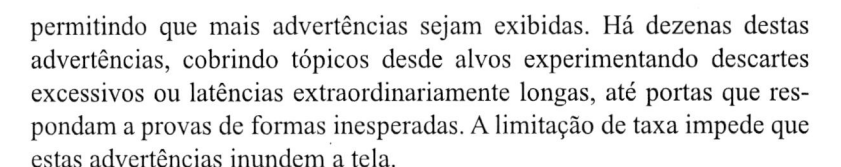

permitindo que mais advertências sejam exibidas. Há dezenas destas advertências, cobrindo tópicos desde alvos experimentando descartes excessivos ou latências extraordinariamente longas, até portas que respondam a provas de formas inesperadas. A limitação de taxa impede que estas advertências inundem a tela.

Notas adicionais
O Nmap apresenta muitas notas de informação extra, quando no modo verboso. Por exemplo, ele apresenta a hora em que cada exame de porta foi iniciado, juntamente com o número de hospedeiros e portas examinados. Posteriormente ele apresenta uma linha de conclusão, revelando quanto tempo o exame durou e resumindo brevemente os resultados.

Informação extra de detecção de SO
Com a verbosidade, os resultados dos testes de predizibilidade do ISN de TCP e do número de sequência de ID de IP são mostrados. Estes são feitos como efeito colateral da detecção de SO. Com uma verbosidade maior que um, a impressão digital real da detecção de SO é mostrada em mais casos.

Os hospedeiros fora do ar são apresentados no exame por ping
Durante um exame por ping com a verbosidade habilitada, hospedeiros fora do ar serão apresentados, ao invés de apenas os que estão no ar.

Mensagens de aniversário
O Nmap se deseja um feliz aniversário quando executado em modo verboso no dia primeiro de setembro.

As mudanças que normalmente só são úteis até que o Nmap encerre e exiba seu relatório, só são enviadas para o modo de saída interativa. Se você enviar a saída normal para um arquivo, com -oN, este arquivo não conterá alertas de portas abertas ou estimativas de tempos de completamento, embora elas ainda sejam apresentadas em stdout. A suposição é que você revisará o arquivo quando o Nmap tiver terminado e não quererá um monte de entulho extra, enquanto pode observar e cuidar do progresso da execução do Nmap na saída padrão. Se você realmente quiser que tudo o que for apresentado em stdout seja enviado para um arquivo, use o redirecionamento do fluxo de saída fornecido pelo seu shell (p.ex.: **nmap -v scanme.nmap.org > saídadoexame.nmap**).

As dezenas de pequenas alterações contingentes na verbosidade (principalmente mensagens extras) são demasiadamente numerosas para serem cobertas aqui.

Elas também estão sempre sujeitas a mudanças. Uma maneira eficaz de vê-las todas é desempacotar o pacote mais recente do Nmap e fazer um grep por elas com um comando tal como **grep -A1 o.verbose *.cc**. Excertos representativos da saída são mostrados no exemplo 13.2.

Exemplo 13.2. Efetuando um grep pelas condições de verbosidade

```
idle_scan.cc: if (o.debugging || o.verbose) {
idle_scan.cc- log_write(LOG_STDOUT, "Initiating Idlescan
       against %s\n", target->NameIP());
--
nmap.cc: if (o.verbose)
nmap.cc-    output_ports_to_machine_parseable_output(ports,
                o.TCPScan(),o.udpscan, o.ipprotscan);
--
nmap_rpc.cc: if (o.debugging || o.verbose)
nmap_rpc.cc- gh_perror("recvfrom in get_rpc_results");
--
osscan.cc: if (o.verbose && openport != (unsigned long) -1)
osscan.cc-     log_write(LOG_STDOUT, "For OSScan assuming
                            port %d is open, %d..."
--
output.cc: if (o.verbose)
output.cc-     log_write(LOG_NORMAL|LOG_SKID|LOG_STDOUT,
                "IP ID Sequence Generation: %s\n",...
```

Os dois exemplos seguintes reúnem tudo isto. O exemplo 13.3 mostra a saída de um exame normal sem a opção -v.

Exemplo 13.3. Saída interativa sem a verbosidade habilitada

```
# nmap -T4 -A -p- scanme.nmap.org

Starting Nmap ( http://nmap.org )
Interesting ports on scanme.nmap.org (64.13.134.52):
Not shown: 65529 filtered ports
PORT     STATE  SERVICE  VERSION
22/tcp   open   ssh      OpenSSH 4.3 (protocol 2.0)
25/tcp   closed smtp
53/tcp   open   domain   ISC BIND 9.3.4
70/tcp   closed gopher
80/tcp   open   http     Apache httpd 2.2.2 ((Fedora))
|_ HTML title: Go ahead and scanme!
```

```
113/tcp closed auth
Device type: general purpose
Running: Linux 2.6.X
OS details: Linux 2.6.17 - 2.6.21, Linux 2.6.23

TRACEROUTE (using port 22/tcp)
HOP RTT ADDRESS
1 16.92 nodem-msfc-vl245-act-security-gw-1-113.ucsd.edu
(132.239.1.113)
[... nove linhas similares excluídas ...]
11 21.97 scanme.nmap.org (64.13.134.52)

OS and Service detection performed. Please report any
incorrect results ?
at http://nmap.org/submit/ .
Nmap done: 1 IP address (1 host up) scanned in 168.10
seconds
```

O exemplo 13.4 é a saída do mesmo exame com a verbosidade habilitada. Funcionalidades tais como dados extras de identificação de SO, estimativas de tempo de completamento, alertas de portas abertas e mensagens informativas extras são facilmente identificadas na última saída. Esta informação extra é comumente útil, durante o exame interativo, então eu sempre especifico -v, quando examinando uma única máquina, a menos que eu tenha uma boa razão para não fazê-lo.

Exemplo 13.4. Saída interativa com a verbosidade habilitada

```
# nmap -v -T4 -A -p- scanme.nmap.org
Starting Nmap ( http://nmap.org )
Initiating Ping Scan at 00:12
Completed Ping Scan at 00:12, 0.02s elapsed (1 total hosts)
Initiating SYN Stealth Scan at 00:12
Scanning scanme.nmap.org (64.13.134.52) [65535 ports]
Discovered open port 80/tcp on 64.13.134.52
Discovered open port 53/tcp on 64.13.134.52
Discovered open port 22/tcp on 64.13.134.52
SYN Stealth Scan Timing: About 16.66% done; ETC: 00:15
(0:02:30 remaining)
Completed SYN Stealth Scan at 00:14, 125.13s elapsed (65535
total ports)
Scanning 3 services on scanme.nmap.org (64.13.134.52)
```

```
Completed Service scan at 00:14, 6.05s elapsed (3 services
on 1 host)
Initiating OS detection (try #1) against scanme.nmap.org
(64.13.134.52)
[Algumas mensagens verbosas relacionadas a traceroute e DNS
em paralelo removidas]
Initiating SCRIPT ENGINE at 00:14
Completed SCRIPT ENGINE at 00:14, 4.09s elapsed
Host scanme.nmap.org (64.13.134.52) appears to be up ...
good.
Interesting ports on scanme.nmap.org (64.13.134.52):
Not shown: 65529 filtered ports
PORT       STATE      SERVICE    VERSION
22/tcp     open       ssh        OpenSSH 4.3 (protocol 2.0)
25/tcp     closed     smtp
53/tcp     open       domain     ISC BIND 9.3.4
70/tcp     closed     gopher
80/tcp     open       http       Apache httpd 2.2.2 ((Fedora))
|_ HTML title: Go ahead and scanme!
113/tcp closed auth
Device type: general purpose
Running: Linux 2.6.X
OS details: Linux 2.6.17 - 2.6.21, Linux 2.6.23
Uptime guess: 12.476 days (since Wed Jul 2 12:48:56 2008)
TCP Sequence Prediction: Difficulty=198 (Good luck!)
IP ID Sequence Generation: All zeros

TRACEROUTE (using port 22/tcp)
HOP RTT ADDRESS
1 0.25 nodem-msfc-vl245-act-security-gw-1-113.ucsd.edu
(132.239.1.113)
[... nove linhas similares excluídas ...]
11 20.67 scanme.nmap.org (64.13.134.52)
OS and Service detection performed. Please report any
incorrect results ?
    at http://nmap.org/submit/ .
Nmap done: 1 IP address (1 host up) scanned in 147.462
seconds
    Raw packets sent: 131128 (5.771MB) | Rcvd: 283637
    (12.515MB)
```

13.2.3. Habilitando a Saída de Depuração

Quando nem mesmo o modo verboso lhe fornecer dados suficientes, a depuração estará disponível para lhe inundar com muito mais! Como com a opção de verbosidade (-v), a depuração é habilitada com um sinalizador de linha de comando (-d) e o nível de depuração pode ser aumentado pela especificação dele múltiplas vezes. Alternativamente, você pode ajustar o nível de depuração fornecendo um argumento a -d, como por exemplo, -d9 ajusta o nível nove. Este é o nível efetivo mais alto, e produzirá milhares de linhas, a menos que você rode um exame muito simples, com muito poucas portas e alvos.

A saída de depuração é útil quando se suspeita de um erro no Nmap, ou se você estiver simplesmente confuso com o que o Nmap está fazendo e por quê. Como esta funcionalidade é principalmente indicada para desenvolvedores, as linhas de depuração nem sempre são auto-explicativas. Se você não entender uma linha, seus únicos recursos serão ignorá-la, procurar no código fonte ou solicitar ajuda da lista de desenvolvimento (*nmap-dev*). Algumas linhas são auto-explicativas, mas as mensagens se tornam mais obscuras à medida que o nível de depuração aumenta. O exemplo 13.5 mostra algumas linhas de depuração diferentes, que resultaram de um exame com -d5 em Scanme.

Exemplo 13.5. Algumas linhas representativas de depuração

```
Timeout vals: srtt: 27495 rttvar: 27495 to: 137475 delta
   -2753
      ==> srtt: 27150 rttvar: 21309 to: 112386
RCVD (15.3330s) TCP 64.13.134.52:25 > 132.239.1.115:50122
   RA ttl=52
      id=0 iplen=40 seq=0 win=0 ack=4222318673
**TIMING STATS** (15.3350s): IP, probes active/freshport
   sleft/retry_stack/
      outstanding/retranwait/onbench,
      cwnd/ccthresh/delay, timeout/srtt/rttvar/
      Groupstats (1/1 incomplete): 83/*/*/*/*/* 82.80/75/*
         100000/25254/4606
      64.13.134.52: 83/60836/0/777/316/4295 82.80/75/0
         100000/26200/4223
Current sending rates: 711.88 packets / s, 31322.57 bytes
   / s.
Overall sending rates: 618.24 packets / s, 27202.62 bytes
   / s.
Discovered filtered port 10752/tcp on 64.13.134.52
Packet capture filter (device eth0): dst host
   132.239.1.115 and
      (icmp or ((tcp or udp) and
      (src host 64.13.134.52)))
SCRIPT ENGINE: TCP 132.239.1.115:59045 > 64.13.134.52:53
   | CLOSE
```

Nenhum exemplo completo é dado, aqui, porque os registros de depuração são muito longos. Um exame em Scanme usou 32 linhas de texto sem verbosidade (exemplo 13.3, "Saída interativa sem a verbosidade habilitada"), e 61 com ela (exemplo 13.4, "Saída interativa com a verbosidade habilitada"). O mesmo exame com -d, em vez de -v, produziu 113 linhas. Com -d2 ele disparou para 65.731 linhas, e -d5 exibiu 396.879 linhas! A opção de depuração habilita implicitamente a verbosidade, então não há necessidade de se especificar ambas.

A determinação do melhor nível de saída, para uma certa tarefa de depuração, é uma questão de tentativa e erro. Eu experimento um nível baixo, primeiro, para entender o que está se passando. Depois o aumento conforme necessário. À medida que aprendo mais, eu posso ser capaz de melhor isolar o problema ou a questão. Depois, eu tento simplificar o comando para deslocar alguma verbosidade aumentada do nível de depuração mais alto.

Da mesma forma que o **grep** pode ser útil para identificar mudanças e níveis associados à verbosidade, ele também ajuda na investigação da saída de depuração. Eu recomendo a execução deste comando a partir do diretório nmap-<VERSÃO>, no pacote fonte do Nmap:

grep -A1 o.debugging *.cc

13.2.4. Tratando Mensagens de Erros e de Advertências

Advertências e erros exibidos pelo Nmap normalmente vão apenas para a tela (saída interativa), deixando quaisquer arquivos de saída em formato normal (normalmente especificados com -oN) em ordem. Quando você quiser ver essas mensagens no arquivo de saída normal que você especificou, use a opção --log-errors. Ela é útil quando você não estiver observando a saída interativa, ou quando você quiser registrar erros enquanto depura um problema. As mensagens de erro e de advertência ainda aparecerão no modo interativo, também. Isto não funcionará para a maioria dos erros relacionados a argumentos incorretos de linha de comando, porque o Nmap poderá não ter inicializado seus arquivos de saída, ainda. Além disso, algumas mensagens de erros e de advertências do Nmap usam um sistema diferente, que ainda não suporta esta opção.

Uma alternativa a --log-errors é o redirecionamento da saída interativa (incluindo o fluxo de erro padrão) para um arquivo. A maioria dos shells do Unix torna fácil esta abordagem. Por exemplo, o tcsh usa o formato **nmap <opções> >& saídacompleta.nmap**. O bash usa uma sintaxe ligeiramente diferente: **nmap <opções> &> saídacompleta.nmap**. A sintaxe do cmd.exe do Windows para se fazer isto é tão complexa que --log-errors é recomendada, ao invés. Por exemplo, você pode rodar **nmap --log-errors -oN saídacompleta. nmap <opções>**.

13.2.5. Habilitando o Rastreamento de Pacotes

A opção --packet-trace faz com que o Nmap apresente um resumo de cada pacote que ele envia e recebe. Isto pode ser extremamente útil para a depuração e o entendimento do comportamento do Nmap, como o demonstram os exemplos ao longo deste livro. O exemplo 13.6 mostra um simples exame por ping em Scanme com o rastreamento de pacotes habilitado.

Exemplo 13.6. Usando --packet-trace para detalhar um exame por ping em Scanme

```
# nmap --packet-trace -n -sP scanme.nmap.org

Starting Nmap ( http://nmap.org )
SENT (0.0230s) ICMP 132.239.1.115 > 64.13.134.52 echo
request
      (type=8/code=0) ttl=38 id=5420 iplen=28
SENT (0.0230s) TCP 132.239.1.115:43743 > 64.13.134.52:80 A
ttl=57
      id=29415 iplen=40 seq=2799605278 win=2048
      ack=2120834905
RCVD (0.0380s) TCP 64.13.134.52:80 > 132.239.1.115:43743 R
ttl=52
      id=0 iplen=40 seq=2120834905 win=0
Host 64.13.134.52 appears to be up.
Nmap done: 1 IP address (1 host up) scanned in 0.04 seconds
```

Esta execução do Nmap mostra três linhas extras causadas pelo rastreamento de pacotes (cada uma delas foi quebrada para melhor legibilidade). Cada linha contém vários campos. O primeiro é se um pacote está sendo enviado ou recebido pelo Nmap, apresentados respectivamente como SENT e RCVD. O próximo campo é um contador de tempo, fornecendo o tempo decorrido desde que o Nmap iniciou. O tempo é em segundos e, neste caso, o Nmap só exige uma minúscula fração de um segundo. O próximo campo é o protocolo: TCP, UDP, ou ICMP. Em seguida, vem os endereços IP de origem e de destino, separados por uma seta direcional. Para os pacotes de TCP ou UDP, cada IP é seguido por dois-pontos e o número da porta de origem ou de destino.

O restante de cada linha é específico do protocolo. Como você pode ver, o ICMP fornece um tipo legível pelo homem, se disponível (requisição de eco, neste caso), seguido pelos valores do tipo e do código de ICMP. Os registros de pacotes ICMP terminam com o TTL, a ID, e o campo do comprimento do pacote IP. Pacotes TCP usam um formato ligeiramente diferente, depois da IP de destino e do número da porta. Primeiro vem uma lista de caracteres representando o conjunto de sinalizadores TCP. Os caracteres dos sinalizadores são SAFRPUEC, que representam SYN, ACK, FIN, RST, PSH, URG, ECE, e CWR, respectivamente. Os dois últimos sinalizadores são parte da notificação explícita de congestionamento de TCP, descrita na RFC 3168.

Como o rastreamento de pacotes pode levar a milhares de linhas de saída, ele ajuda a limitar a intensidade do exame ao mínimo que ainda sirva aos seus propósitos. Um exame de uma única porta numa única máquina não lhe soterrará com dados, enquanto que a saída de um exame com --packet-trace de toda uma rede poderá ser extremamente excessivo. O rastreamento de pacotes é automaticamente habilitado quando o nível de depuração (-d) é de pelo meno três.

Às vezes, --packet-trace fornece dados especializados que o Nmap jamais mostrará de outra forma. Por exemplo, o exemplo 13.6, "Usando --packet-trace para detalhar um exame por ping em scanme" mostra pacotes de ping de ICMP e de TCP enviados ao hospedeiro alvo. O alvo responde à requisição de eco de ICMP, que poderá ser uma informação valiosa que o Nmap não mostraria, de outra forma. É possível que o hospedeiro alvo tenha respondido ao pacote de TCP, também - o Nmap para de esperar depois que recebe uma resposta a um exame por ping, já que isto é tudo de que ele precisa para determinar se o hospedeiro está no ar.

13.2.6. Retomando Exames Abortados

Algumas execuções extensivas do Nmap demoram muito - na ordem de dias. Tais exames nem sempre rodam até o fim. Restrições podem impedir que o Nmap rode durante as horas de trabalho, a rede pode cair, a máquina em que o Nmap está rodando pode sofrer uma reinicialização, planejada ou não, ou o próprio Nmap pode morrer. O administrador que estiver rodando o Nmap pode cancelá-lo por qualquer outra razão, também, pressionando **ctrl-C**. O reinício de todo o exame a partir do começo pode ser indesejável. Felizmente, se registros normais (-oN) ou grepáveis (-oG) forem mantidos, o usuário poderá solicitar ao Nmap que retome um exame com o alvo em que ele estava trabalhando, quando a execução cessou. Simplesmente especifique a opção --resume e passe o arquivo de saída normal/grepável como seu argumento. Nenhum outro argumento é permitido, uma vez que o Nmap processa o arquivo de saída para usar as mesmas opções especificadas anteriormente. Simplesmente chame o Nmap como **nmap --resume <nome do arquivo de registro>**. O Nmap apensará novos resultados aos arquivos de dados especificados na execução anterior. A retomada não suporta o formato de saída XML, porque a combinação das duas execuções num arquivo XML válido seria difícil.

13.3. Saída Interativa

A saída interativa é a que o Nmap exibe no fluxo de saída, que normalmente aparece na janela do terminal em que você o executou. Em outras circunstâncias, você poderia ter redirecionado stdout para um arquivo ou uma outra aplicação, tal como o Nessus, ou uma GUI do Nmap poderia estar lendo os resultados. Se uma aplicação maior estiver interpretando os resultados, ao invés de exibindo a saída do Nmap diretamente para o usuário, então o uso da saída em XML, discutida na seção 13.6, "Saída em XML (-oX)", seria mais apropriado.

Este formato só não tem um objetivo: apresentar resultados que sejam valiosos para um humano ler. Nenhum esforço é feito para tornar estes resultados facilmente processáveis por máquinas ou para manter um formato estável entre as versões do Nmap. Existem formatos melhores para estas coisas.

O desafio mais difícil é decidir qual informação é valiosa o suficiente para exibir. A omissão de dados que um usuário queira será uma pena, embora a inundação do usuário com páginas da mais irrelevante saída pode ser até pior. Os sinalizadores de verbosidade, depuração e rastreamento de pacotes estão disponíveis para fazer este balanço com base nas preferências individuais do usuário.

Este formato de saída não precisa de nenhuma descrição extensa, aqui, já que a maioria dos exemplos do Nmap neste livro já mostra esta característica. Típicos exemplos de saída interativa são dados no exemplo 13.3, "Saída interativa sem a verbosidade habilitada" e no exemplo 13.4, "Saída interativa com a verbosidade habilitada".

13.4. Saída Normal (-oN)

A saída normal é apresentada num arquivo, quando a opção -oN é especificada com um argumento de nome de arquivo. Ela é similar à saída interativa, com exceção de que as notas que perdem relevância depois que o exame está completo são removidas. Presume-se que o arquivo será lido depois que o Nmap tiver terminado, então tempos estimados de completamento e alertas de novas portas abertas são redundantes para o tempo real de completamento e a tabela ordenada de portas. Como a saída pode ser salva por muito tempo e revista dentre muitos outros registros, o Nmap apresenta o horário da execução, os argumentos da linha de comando, e o número de versão do Nmap na primeira linha. Uma linha similar, no final do exame, divulga o tempo final e uma contagem de hospedeiros. Estas duas linhas começam com um caractere de libra (#) para identificá-las como comentários. Se sua aplicação dever processar a saída normal, ao invés dos formatos XML/grepável, assegure-se de que ela ignore comentários que não reconheça, ao invés de tratá-los como um erro e abortar. O exemplo 13.7 é um típico exemplo de saída normal. Note que -oN - foi usado para impedir a saída interativa e enviar a saída normal direto para stdout.

Exemplo 13.7. Um típico exemplo de saída normal

```
# nmap -T4 -A -p- -oN - scanme.nmap.org

# Nmap 4.68 scan initiated Tue Jul 15 07:27:26 2008 as: nmap
-T4 -A -p- ?
-oN - scanme.nmap.org
Interesting ports on scanme.nmap.org (64.13.134.52):
Not shown: 65529 filtered ports
PORT      STATE   SERVICE    VERSION
22/tcp    open    ssh        OpenSSH 4.3 (protocol 2.0)
25/tcp    closed  smtp
53/tcp    open    domain     ISC BIND 9.3.4
70/tcp    closed  gopher
80/tcp    open    http       Apache httpd 2.2.2 ((Fedora))
|_ HTML title: Go ahead and scanme!
113/tcp closed auth
Device type: general purpose
Running: Linux 2.6.X
OS details: Linux 2.6.17 - 2.6.21, Linux 2.6.23

TRACEROUTE (using port 22/tcp)
HOP RTT ADDRESS
1 2.98 nodem-msfc-vl245-act-security-gw-1-113.ucsd.edu
(132.239.1.113)
[... nove linhas similares excluídas ...]
11 13.34 scanme.nmap.org (64.13.134.52)

    OS and Service detection performed. Please report any in
    correct results ?
at http://nmap.org/submit/ .
# Nmap done at Tue Jul 15 07:29:45 2008 -- 1 IP address (1
host up) ?
scanned in 138.938 seconds
```

13.5. Saída $crIpT kIddI3 (-oS)

A saída de script kiddie é igual à saída interativa, com exceção de que ela é pós-processada para melhor se encaixar no '133t HaXXorZ! Antes, eles escarneciam do Nmap devido ao seu uso consistente de maiúsculas e da ortografia. Ela é melhor entendida através de um exemplo, como fornecido no exemplo 13.8.

Exemplo 13.8. Um típico exemplo de Saída $crIpT kIddI3 (-oS) 0uTPut

```
# nmap -T4 -A -oS - scanme.nmap.org
StaRtIng NMap ( httP://nmap.0rg )
Int3rest|ng p0rtz On $CAnme.nmap.0rg (64.13.134.52):
```

```
NOt ShOwn: 65529 FilterEd p0rt$
PORT $TATE $ERVIC3 V3R$IoN
22/tcP 0p3n s$h 0pen$$H 4.3 (pr0t0col 2.0)
25/TcP closEd $mtp
53/tcp op3n d0ma!n I$C BIND 9.3.4
70/tcp clo$ed G0ph3r
80/tcp 0p3n htTP 4pach3 httpd 2.2.2 ((F3d0ra))
|_ HTML tITl3: g0 aheAD And $canM3!
113/tcp cl0$Ed auTh
DeviCe type: g3NeraL purp0$3
RUnning: L1Nux 2.6.X
oS detAIlz: LinUx 2.6.17 - 2.6.21, L1nux 2.6.23
[Muitas linhas excluídas por brevidade]
NmAp doNe: 1 ip addre$z (1 H0$t up) $canneD iN 138.94
$ec0NdS
```

Algumas pessoas sem senso de humor levam esta opção muito a sério, e me reprovam por dar atenção a script kiddies. Esta é simplesmente uma piada *tirando um sarro* dos script kiddies - eles não usam realmente este modo (eu espero).

13.6. Saída em XML (-oX)

O XML, a *linguagem de marcas extensível*, tem sua partilha de críticas, bem como numerosos defensores zelosos. Por muito tempo eu fiz parte do primeiro grupo, e somente a contragosto incorporei o XML no Nmap, depois que voluntários realizaram a maior parte do trabalho. Desde então, eu aprendi a apreciar o poder e a flexibilidade que o XML oferece, e até escrevi este livro no formato DocBook XML. Eu recomendo enfaticamente que os programadores interajam com o Nmap através da interface XML, ao invés de tentarem processar a saída normal, interativa ou grepável. Este formato inclui mais informações do que os outros, e é extensível bastante para que novas funcionalidades possam ser adicionadas, sem interromper os programas existentes que o utilizam. Ele pode ser processado por processadores padrões de XML, que estão disponíveis para todas as linguagens populares de programação, e normalmente de graça. Editores, validadores, sistemas de transformação, e muitas outras aplicações já sabem como tratar o formato. As saídas normal e interativa, por outro lado, são personalizadas para o Nmap, e sujeitas a alterações regulares, à medida que eu me empenho por uma apresentação mais clara para os usuários finais. A saída grepável também é específica do Nmap e mais difícil de estender que o XML. Ela é considerada obsoleta, e muitas funcionalidades do Nmap, como a detecção de endereço MAC, não são apresentadas neste formato de saída.

Um exemplo de saída em XML do Nmap é mostrado no exemplo 13.9. Espaços em branco foram ajustados em favor da legibilidade. Neste caso, o XML foi enviado para stdout graças à construção -oX -. Alguns programas que executam o Nmap optam por ler a saída desta forma, enquanto outros especificam que a saída seja enviada para um arquivo e, depois, lêem esse arquivo, quando o Nmap termina.

Exemplo 13.9. Um exemplo de saída em XML do Nmap

```
# nmap -T4 -A -p- -oX - scanme.nmap.org
<?xml version="1.0" encoding="utf-8"?>
<?xml-stylesheet href="/usr/share/nmap/nmap.xsl" type="text/xsl"?>
<!-- Nmap 4.68 scan initiated Tue Jul 15 07:27:26 2008 as:
     nmap -T4 -A -p- -oX - scanme.nmap.org -->
<nmaprun scanner="nmap" args="nmap -T4 -A -p- -oX - scanme.nmap.org"
     start="1216106846" startstr="Tue Jul 15 07:27:26 2008"
     version="4.68" xmloutputversion="1.02">
 <scaninfo type="syn" protocol="tcp" numservices="65535" services="1-65535" />
 <verbose level="0" /> <debugging level="0" />
 <host starttime="1216106846" endtime="1216106985">
 <status state="up" reason="reset" />
 <address addr="64.13.134.52" addrtype="ipv4" />
 <hostnames><hostname name="scanme.nmap.org" type="PTR" /></hostnames>
 <ports><extraports state="filtered" count="65529">
    <extrareasons reason="no-responses" count="65529" /></extraports>
    <port protocol="tcp" portid="22">
      <state state="open" reason="syn-ack" reason_ttl="52" />
      <service name="ssh" product="OpenSSH" version="4.3"
         extrainfo="protocol 2.0" method="probed" conf="10" />
</port>
    <!-- Several port elements removed for brevity -->
```

```xml
    <port protocol="tcp" portid="80">
     <state state="open" reason="syn-ack" reason_ttl="52" />
     <service name="http" product="Apache httpd"
version="2.2.2"
       extrainfo="(Fedora)" method="probed" conf="10" />
     <script id="HTML title" output="Go ahead and scanme!"/>
</port>
 <port protocol="tcp" portid="113">
 <state state="closed" reason="reset" reason_ttl="52" />
 <service name="auth" method="table" conf="3" /> </port> </
ports>
<os>
    <portused state="open" proto="tcp" portid="22" />
    <portused state="closed" proto="tcp" portid="25" />
    <osclass type="general purpose" vendor="Linux"
osfamily="Linux"
      osgen="2.6.X" accuracy="100" />
    <osmatch name="Linux 2.6.17 - 2.6.21" accuracy="100"
line="11886" />
    <osmatch name="Linux 2.6.23" accuracy="100" line="13895"
/> </os>
<uptime seconds="1104050" lastboot="Wed Jul 2 12:48:55 2008"
/>
<tcpsequence index="203" difficulty="Good luck!"
    values="31F88BFB,327D2AA6,329B817C,329D4191,321A15D3,32
B3D917" />
<ipidsequence class="All zeros" values="0,0,0,0,0,0" />
<tcptssequence class="1000HZ"
    values="41CE58DD,41CE5941,41CE59A5,41CE5A09,41CE5A6D,41
CE5AD5" />
<trace port="22" proto="tcp">
 <hop ttl="1" rtt="2.98" ipaddr="132.239.1.113"
      host="nodem-msfc-vl245-act-security-gw-1-113.ucsd.
edu"/>
 <!-- Several hop elements removed for brevity -->
 <hop ttl="11" rtt="13.34" ipaddr="64.13.134.52"
      host="scanme.nmap.org" /> </trace>
 <times srtt="14359" rttvar="1215" to="100000" /> </host>
<runstats><finished time="1216106985" timestr="Tue Jul 15
07:29:45 2008" />
    <hosts up="1" down="0" total="1" />
    <!-- Nmap done at Tue Jul 15 07:29:45 2008;
    1 IP address (1 host up) scanned in 138.938 seconds -->
 </runstats>
</nmaprun>
```

Uma outra vantagem do XML é que sua natureza verbosa torna-o mais fácil de se ler e entender do que outros formatos. Leitores familiarizados com o Nmap em geral podem, provavelmente, entender a maior parte da saída em XML do exemplo 13.9, "Um exemplo de saída em XML do Nmap" sem mais documentação. O formato de saída grepável, por outro lado, é difícil de se decifrar sem seu próprio guia de referência.

Há alguns aspectos do exemplo de saída em XML que podem não ser auto-explicativas. Por exemplo, observe os dois elementos port, no exemplo 13.10.

Exemplo 13.10. Elementos port do XML do Nmap

```
<port protocol="tcp" portid="80">
    <state state="open" reason="syn-ack" reason_ttl="52" />
    <service name="http" product="Apache httpd"
version="2.2.2"
        extrainfo="(Fedora)" method="probed" conf="10" />
    <script id="HTML title" output="Go ahead and scanme!"
        />
</port>
<port protocol="tcp" portid="113">
    <state state="closed" reason="reset" reason_ttl="52" />
    <service name="auth" method="table" conf="3" />
</port>
```

O protocolo, a ID (número de porta), o estado, e o nome do serviço da porta são os mesmos que seriam mostrados na tabela de portas da saída interativa. Os atributos product, version, e extrainfo, do serviço vêm da detecção de versão e são combinados em um campo da tabela de portas da saída interativa. Os atributos method e conf não estão presentes em nenhum dos outros tipos de saída. O método pode ser table, significando que o nome do serviço foi simplesmente buscado no nmap-services com base no número da porta e no protocolo, ou ele pode ser probed, significando que ele foi determinado através do sistema de detecção de versão. O atributo conf mede a confiança que o Nmap tem na correção do nome do serviço. Os valores variam de um (menos confiável) a dez. O Nmap só tem um nível de confiança de três para portas determinadas através de busca de tabela, enquanto que é altamente confidente (nível 10) de que a porta 80 do exemplo 13.10, "Elementos port do XML do Nmap" é Apache httpd, porque o Nmap se conectou à porta e encontrou um servidor exibindo o protocolo HTTP com boas-vindas do Apache.

Um outro aspecto que alguns usuários acham confuso é que os atributos /nmaprun/@start e /nmaprun/runstats/finished/@time mantêm marcas de horários dados em horário do Unix, o número de segundos decorridos desde 1 de janeiro de 1970. Frequentemente, isto é mais fácil para programas tratarem. Para conveniência de leitores humanos, as versões 3.78 e mais recentes incluem a data equivalente do calendário, mostrada nos atributos /nmaprun/@startstr e /nmaprun/runstats/finished/@endstr.

O Nmap inclui uma definição de tipo de documento (DTD, na sigla em inglês) que permite que processadores de XML validem a saída em XML do Nmap. Embora ela seja destinada primariamente para uso programático, ela também pode ajudar os humanos a interpretar a saída em XML do Nmap. A DTD define os elementos legais do formato e, normalmente, enumera os atributos e valores que eles podem assumir. Ele é reproduzido no Apêndice A, *DTD da saída em XML do Nmap*.

13.6.1. Usando a Saída em XML

O formato XML do Nmap pode ser usado de muitas formas poderosas, embora poucos usuários realmente tirem qualquer vantagem dele. Eu acredito que isto é devido à inexperiência de muitos usuários com o XML, combinado com uma falta de documentação prática, voltada para a solução, no uso do formato XML do Nmap. Este capítulo fornece vários exemplos práticos, incluindo a seção 13.7, "Manipulando a saída em XML com o Perl", a seção 13.8, "Enviando a saída para uma base de dados", e a seção 13.9, "Criando relatórios em HTML".

Uma vantagem chave do XML é que você não precisa escrever seu próprio processador, como precisará para os tipos de saída especializados do Nmap, tais como a saída grepável e a interativa. Qualquer processador genérico de XML deverá fazê-lo.

O processador de XML com que as pessoas estão mais familiarizadas é o de seu navegador web. Tanto o IE quanto o Mozilla/Firefox incluem processadores capazes, que podem ser usados para visualizar dados XML do Nmap. Usá-los é tão simples quanto digitar o URL ou o nome do arquivo XML na barra de endereços. A figura 13.1 mostra um exemplo de saída em XML composta por um navegador web. Como esta composição automática funciona e como salvar uma cópia permanente de um relatório em HTML é coberto na seção 13.9, "Criando relatórios em HTML".

Figura 13.1. Saída em XML num navegador web

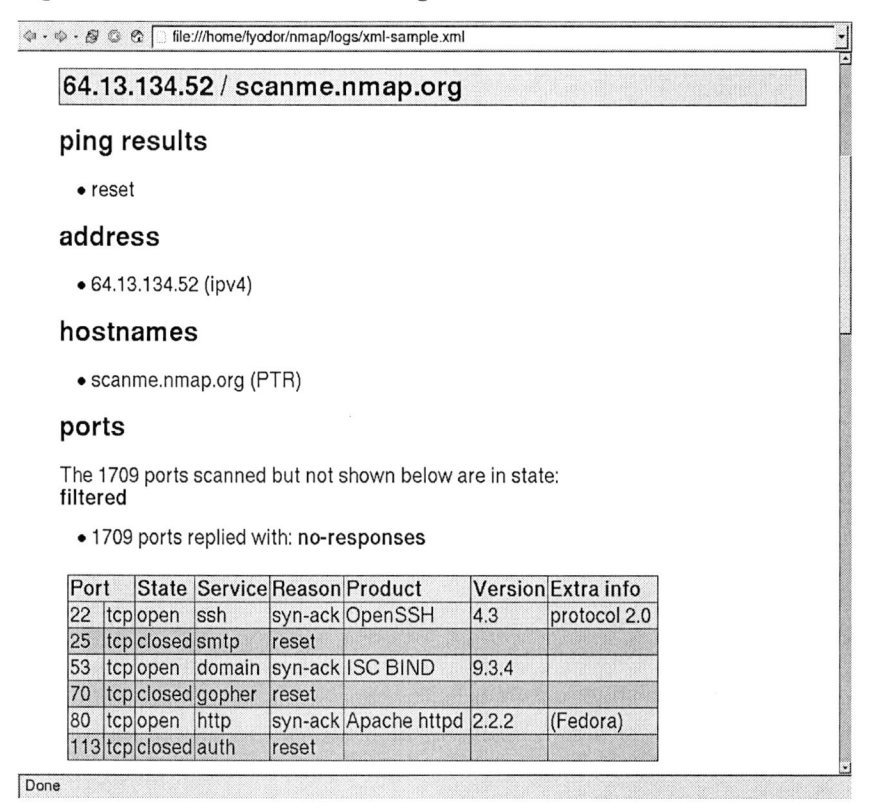

```
file:///home/fyodor/nmap/logs/xml-sample.xml
```

64.13.134.52 / scanme.nmap.org

ping results

- reset

address

- 64.13.134.52 (ipv4)

hostnames

- scanme.nmap.org (PTR)

ports

The 1709 ports scanned but not shown below are in state: filtered

- 1709 ports replied with: **no-responses**

Port	State	Service	Reason	Product	Version	Extra info
22	tcp open	ssh	syn-ack	OpenSSH	4.3	protocol 2.0
25	tcp closed	smtp	reset			
53	tcp open	domain	syn-ack	ISC BIND	9.3.4	
70	tcp closed	gopher	reset			
80	tcp open	http	syn-ack	Apache httpd	2.2.2	(Fedora)
113	tcp closed	auth	reset			

Done

A saída em XML do Nmap pode, é claro, ser visualizada em qualquer editor de textos ou de XML. Alguns programas de planilha eletrônica, incluindo o Microsoft Excel, são capazes de importar dados XML do Nmap diretamente para visualização. Estes processadores de XML de uso geral compartilham a limitação de tratarem o XML do Nmap genericamente, exatamente como qualquer outro arquivo XML. Eles não entendem a relativa importância dos elementos, nem como organizar os dados para uma apresentação mais útil. O uso de processadores especializados de XML que entendem a saída em XML do Nmap é o assunto das seções seguintes.

13.7. Manipulando a Saída em XML com o Perl

Processadores genéricos de XML estão disponíveis para todas as linguagens populares de programação, comumente de graça. Exemplos são a biblioteca C libxml e o processador Xerces, do Apache, para Java e C++ (com ligações com o Perl e COM). Apesar destes processadores serem suficientes para o tratamento da saída em XML do Nmap, os desenvolvedores criaram módulos personalizados para várias linguagens que podem tornar a tarefa de interoperação com o XML do Nmap ainda mais fácil.

A linguagem com o melhor suporte personalizado para o XML do Nmap é o Perl. Max Schubert (aficcionadamente conhecido como Perldork) criou um módulo chamado Nmap::Scanner[1], enquanto Anthony Persaud criou o Nmap::Parser[2]. Estes dois módulos têm muitas similaridades: eles próprios podem executar o Nmap ou ler de um arquivo de saída, são bem documentados, vêm com numerosos scripts de exemplo, são parte da Rede Abrangente de Arquivos do Perl (CPAN, na sigla em inglês), e são populares entre os usuários. Cada um deles oferece tanto um processador baseado em callback para interpretação de dados, à medida que o Nmap roda, quanto um processador tudo-em-um para obtenção de um documento completamente processado, depois que o Nmap termina a execução. Suas APIs são um pouco diferentes - Nmap::Scanner se baseia em classes de tipo seguro, enquanto Nmap::Parser se baseia em matrizes mais leves, nativas do Perl. Eu recomendo o exame de cada um para se decidir qual melhor se adequa a suas necessidades e preferências.

O exemplo 13.11 é uma demonstração simples do Nmap::Parser. Ele vem da documentação do módulo (que contém muitos outros exemplos, também). Ele realiza um exame rápido e depois apresenta estatísticas gerais de exame, bem como informações sobre cada hospedeiro alvo disponível. Note como ele é legível, comparado a scripts que usam outros formatos de saída do Nmap que

---

1 *http://sourceforge.net/projects/nmap-scanner/*

2 *http://nmapparser.wordpress.com/*

são dominados pela lógica de processamento e expressões regulares. Mesmo pessoas com parcos conhecimentos de Perl podem usar este como um ponto de partida para a criação de programas simples para automatização de suas necessidades de exames do Nmap.

Exemplo 13.11. Código de amostra do Nmap::Parser

```
use Nmap::Parser;

        #ANALISANDO
my $np = new Nmap::Parser;

$nmap_exe = '/usr/bin/nmap';
$np->parsescan($nmap_exe,'-sT -p1-1023', @ips);

#ou

$np->parsefile('nmap_output.xml'); #usando nomes de arquivos

        #OBTENDO INFORMAÇÕES DO EXAME
print "Scan Information:\n";
$si = $np->get_scaninfo();
#obtém informações do exame pela chamada a métodos
print
'Number of services scanned: '.$si->num_of_
    services()."\n",
'Start Time: '.$si->start_time()."\n",
'Scan Types: ',(join ' ',$si->scan_types())."\n";

        #OBTENDO INFORMAÇÕES DE HOSPEDEIRO
print "Hosts scanned:\n";
for my $host_obj ($np->get_host_objects()){
    print
    'Hostname : '.$host_obj->hostname()."\n",
    'Address : '.$host_obj->ipv4_addr()."\n",
    'OS match : '.$host_obj->os_match()."\n",
    'Open Ports: '.(join ',',$host_obj->tcp_
    ports('open'))."\n";
        #... você pegou a ideia...
}
#libera a memória - útil quando lidando com scripts de  alto
consumo de memória
$np->clean();
```

Para comparação, o exemplo 13.12 é um script Perl de amostra que usa o Nmap::Scanner, copiado de sua documentação. Este usa uma abordagem de callback dirigida por eventos, registrando as funções scan_started e port_found para apresentar alertas em tempo real quando um hospedeiro for encontrado no ar e quando cada porta aberta for descoberta no hospedeiro.

Exemplo 13.12. Código de amostra do Nmap::Scanner

```perl
my $scanner = new Nmap::Scanner;
$scanner->register_scan_started_event(\&scan_started);
$scanner->register_port_found_event(\&port_found);
$scanner->scan('-sS -p 1-1024 -O --max-rtt-timeout 200

    somehost.org.net.it');
sub scan_started {
    my $self = shift;
    my $host = shift;

    my $hostname = $host->name();
    my $addresses = join(', ', map {$_->address()} $host-
>addresses());
    my $status = $host->status();

    print "$hostname ($addresses) is $status\n";
}
sub port_found {
    my $self = shift;
    my $host = shift;
    my $port = shift;

    my $name = $host->name();
    my $addresses = join(', ', map {$_->addr()} $host-
>addresses());

    print "On host $name ($addresses), found ",
        $port->state()," port ",
        join('/',$port->protocol(),$port->portid()),"\n";
}
```

13.8. Enviando a Saída para uma Base de Dados

Um desejo comum é enviar os resultados do Nmap para uma base de dados, para consultas e acompanhamentos mais fáceis. Isto permite que usuários de um testador de penetração individual de uma empresa internacional armazenem todos os resultados de seus exames e os comparem facilmente. A empresa pode rodar grandes exames diariamente, e agendar consultas para envia e-mail aos administradores a respeito de portas abertas ou máquinas disponibilizadas recentemente. O testador de penetração pode descobrir uma nova vulnerabilidade e procurar em todos os resultados de seus exames anteriores pela aplica-

Capítulo 13: Formatos de Saída do Nmap

ção afetada, de forma que possa advertir os clientes relevantes. Pesquisadores podem examinar milhões de endereços IP e manter os resultados numa base de dados, para fáceis consultas em tempo real.

Embora estes objetivos sejam respeitáveis, o Nmap não oferece nenhuma funcionalidade direta de saída para bases de dados. Não só há muitos tipos de bases de dados diferentes, para que eu forneça suporte a todos, mas as necessidades do usuário variam tão dramaticamente que nenhum esquema único de base de dados é adequado. As necessidades da empresa, do testador de penetração e do pesquisador pedem, todas, diferentes estruturas de tabelas.

Para projetos grandes o bastante para exigirem uma base de dados, eu recomendo a decisão por um esquema ótimo de base de dados, primeiro. Depois, a escrita de um programa ou script simples para importar os dados do XML do Nmap apropriadamente. Tais scripts frequentemente levam só alguns minutos, graças à ampla disponibilidade de módulos processadores de XML e de acesso a bases de dados. O Perl normalmente é uma boa opção, já que oferece uma poderosa camada de abstração de base de dados e também suporte personalizado ao XML do Nmap. A seção 13.7, "Manipulando a saída em XML com o Perl" mostra o quão facilmente os scripts Perl podem fazer uso de dados XML do Nmap.

Uma outra opção é usar uma emenda de suporte personalizado a bases de dados para o Nmap. Um exemplo é o nmap-sql[3], que adiciona funcionalidade de registro no MySQL ao próprio Nmap. As desvantagens são que ele atualmente só suporta a base de dados MySQL e deve ser frequentemente portado para novas versões do Nmap. Uma abordagem baseada no XML, por outro lado, é menos provável de ser interrompida, quando novas versões do Nmap forem liberadas.

Uma outra opção é o PBNJ[4], um conjunto de ferramentas para monitoramento de mudanças numa rede ao longo do tempo. Ele armazena dados de exames, tais como hospedeiros no ar e portas abertas, numa base de dados (SQLite, MySQL ou Postgres). Ele oferece um sistema flexível de consultas e alertas para o acesso àqueles dados ou apresentação de alterações.

---

3 *http://sourceforge.net/projects/nmapsql*

4 *http://pbnj.sourceforge.net/*

13.9. Criando Relatórios em HTML

O Nmap não tem uma opção para salvar os resultados dos exames em HTML. No entanto, é fácil obter uma visualização em HTML da saída em XML do Nmap, apenas abrindo-se o arquivo XML num navegador web. Um exemplo é mostrado na figura 13.1, "Saída em XML num navegador web".

Como é que o navegador web sabe como converter o XML em HTML? Um arquivo de saída em XML do Nmap normalmente contém uma referência a uma folha de estilos XSL[5], chamada nmap.xsl, que descreve como a transformação se dá. A instrução de processamento do XML que diz onde a folha de estilo pode ser encontrada se parecerá algo com

```
<?xml-stylesheet href="/usr/share/nmap/nmap.xsl"
    type="text/xsl"?>
```

A localização exata poderá ser diferente, dependendo da plataforma e de como o Nmap foi configurado.

Uma tal referência a uma folha de estilo funcionará bem quando visualizando resultados de exames na mesma máquina que iniciou o exame, mas não funcionará se o arquivo XML for transferido para uma outra máquina, onde o arquivo nmap.xsl esteja num lugar diferente ou completamente ausente. Para tornar portátil o estilo do XML, passe a opção --webxml para o Nmap. Isto mudará a instrução de processamento para

```
<?xml-stylesheet href="http://nmap.org/data/nmap.xsl"
    type="text/xsl"?>
```

O arquivo de saída em XML resultante será composto como HTML em qualquer máquina conectada à web. Usar a localização de rede desta forma é comumente mais útil, mas a cópia local do nmap.xsl será usada por omissão por questões de privacidade.

Para usar uma folha de estilos diferente, use a opção --stylesheet <*arquivo*>. Note que --webxml é um apelido para --stylesheet http://nmap.org/data/nmap.xsl.

---
5 *http://www.w3.org/Style/XSL/*

Para omitir por completo a folha de estilos, use a opção --no-stylesheet. Isto fará com que os navegadores web mostrem a saída como uma árvore XML pura, sem interpretação.

13.9.1. Salvando um Relatório Permanente em HTML

Ainda que os navegadores web possam apresentar uma visualização em HTML do XML do Nmap, eles normalmente não tornam fácil o salvamento do HTML gerado em um arquivo. Para isto, um processador de XSLT isolado é necessário. Eis aqui alguns comandos que transformam um arquivo de saída em XML do Nmap num arquivo HTML usando processadores comuns de XSLT:

Saxon[6]
>   **java -jar saxon.jar -a <saída-nmap.xml> -o <saída-nmap.html>**

Xalan[7]
>   **Xalan -a <saída-nmap.xml> -o <saída-nmap.html>** (usando o Xalan C++)
>
>   **java -jar xalan.jar -IN <saída-nmap.xml> -OUT <saída-nmap.html>** (usando o Xalan Java)

xsltproc[8]
>   **xsltproc <saída-nmap.xml> -o <saída-nmap.html>**

13.10. Saída Grepável (-oG)

Este formato de saída é coberto por último porque é obsoleto. O formato de saída em XML é muito mais poderoso, e é quase tão conveniente para usuários experimentados. O XML é um padrão para o qual dezenas de excelentes processadores estão disponíveis, enquanto a saída grepável é meu próprio experimento simples. O XML é extensível para suportar novas funcionalidades do Nmap, à medida que elas são liberadas, enquanto que eu frequentemente devo omitir estas funcionalidades da saída grepável, por falta de lugar para pô-las.

---

6 *http://saxon.sourceforge.net/*
7 *http://xalan.apache.org/*
8 *http://xmlsoft.org/XSLT/*

De qualquer forma, a saída grepável ainda é muito popular. Ela é um formato simples que lista cada hospedeiro numa linha e pode ser trivialmente pesquisado e processado com ferramentas padrões do Unix, tais como grep, awk, cut, sed, diff, e Perl. Mesmo eu a utilizo, comumente, para testes isolados feitos na linha de comando. Encontrar todos os hospedeiros com a porta SSH aberta ou que estejam rodando o Solaris usa só um simples grep para identificar os hospedeiros, redirecionado para um comando awk ou cut para apresentar os campos desejados. Um aficionado da saída grepável é MadHat (madhat@unspecific.com), que contribuiu para esta seção.

O exemplo 13.13 mostra um típico exemplo de saída grepável. Normalmente, cada hospedeiro usa apenas uma única linha, mas eu divido esta entrada em sete linhas para caber na página. Há também três linhas começando com um sinal de libra (#) (sem contar a linha de comando do Nmap). Estas são comentários descrevendo quando o Nmap iniciou, as opções de linha de comando utilizadas e estatísticas de tempo de completamento. Uma das linhas de comentário enumera os números de portas que foram examinadas. Eu a abreviei para evitar o desperdício de dezenas de linhas. Este comentário em particular só é exibido em modo verboso (-v). O aumento do nível de verbosidade além de um -v não mudará mais a saída grepável. Os horários e datas foram substituídos por [time] para reduzir o comprimento da linha.

Exemplo 13.13. Um típico exemplo de saída grepável

```
# nmap -oG - -T4 -A -v scanme.nmap.org
# Nmap 4.68 scan initiated [time] as: nmap -oG - -T4 -A -v
scanme.nmap.org
# Ports scanned: TCP(1715;1-1027,1029-1033,...,65301)
UDP(0;) PROTOCOLS(0;)
Host: 64.13.134.52 (scanme.nmap.org) Ports: 22/open/tcp//
ssh//OpenSSH 4.3 ?
(protocol 2.0)/, 25/closed/tcp//smtp///, 53/open/tcp//do
main//ISC BIND ?
9.3.4/,70/closed/tcp//gopher///, 80/open/tcp//http//Apache
httpd 2.2.2 ?
((Fedora))/,113/closed/tcp//auth/// Ignored State: filtered
(1709) OS: ?
Linux 2.6.20-1 (Fedora Core 5) Seq Index: 203 IP ID Seq: All
zeros
# Nmap done at [time] -- 1 IP address (1 host up) scanned in
34.96 seconds
```

A linha de comando, aqui, solicitou que a saída grepável fosse enviada para a saída padrão, com o argumento - para -oG. Uma temporização agressiva (-T4), bem como a detecção de SO e de versão (-A) foram solicitadas. As linhas de comentários são auto-explicativas, deixando o miolo da saída grepável na linha Host. Se eu tivesse examinado mais hospedeiros, cada um dos disponíveis teria sua própria linha Host.

13.10.1. Campos da Saída Grepável

A linha Host é dividida em campos, cada um dos quais consistindo de um nome de campo seguido por dois-pontos e espaço, e pelo conteúdo do campo. Os campos são separados por caracteres tab (número 9 ASCII, '\t'). O exemplo 13.13, "Um típico exemplo de saída grepável" mostra seis campos: Host, Ports, Ignored State, OS, Seq Index, e IP ID. Uma seção Status é incluída nos exames de lista (-sL) e por ping (-sP), e uma seção Protocols é incluída nos exames de protocolo IP (-sO). Os campos exatos fornecidos dependem das opções usadas, do Nmap. Por exemplo, a detecção de SO insere os campos OS, Seq Index, e IP ID. Como eles são delimitados por tabs, você pode dividi-los com uma linha Perl como esta:

```
@fields = split("\t", $host_line);
```

No caso do exemplo 13.13, "Um típico exemplo de saída grepável", a matriz @fields conteria seis membros. $fields[0] conteria "Host: 64.13.134.52 (scanme.nmap.org)",

e $fields[1] conteria o longo campo Ports. Scripts que processam a saída grepável devem ignorar campos que não reconheçam, uma vez que novos campos podem ser adicionados para suportar melhorias no Nmap.

Os oito campos possíveis são descritos nas seções seguintes.

Campo Host (hospedeiro)

Exemplo: Host: 64.13.134.52 (scanme.nmap.org)

O campo Host vem sempre primeiro e é incluído independentemente de quais opções do Nmap foram escolhidas. O conteúdo é o endereço IP (um endereço IPv6, se -6 tiver sido especificado), um espaço e, então, o nome de DNS reverso entre parênteses. Se nenhum nome reverso estiver disponível, os parênteses estarão vazios.

Campo Ports (portas)

Exemplo: Ports: 111/open/tcp//rpcbind (rpcbind V2)/(rpcbind:100000*2-2)/2 (rpc #100000)/, 113/closed/tcp//auth///

O campo Ports é, de longe, o mais complexo, como pode ser visto no exemplo 13.13, "Um típico exemplo de saída grepável". Ele inclui entradas para várias portas interessantes (aquelas que seriam incluídas na tabela de portas numa saída normal do Nmap). As entradas das portas são separadas por uma vírgula e um caractere de espaço. Cada entrada de porta consiste de sete subcampos, separados por uma barra (/). Os subcampos são: número da porta, estado, protocolo, proprietário, serviço, informação de SunRPC, e informação de versão. Alguns subcampos podem estar vazios, particularmente em exames básicos de portas, sem detecção de SO ou de versão. As barras consecutivas, no exemplo 13.13, "Um típico exemplo de saída grepável" revelam subcampos vazios. Em Perl, você poderia dividi-los assim:

```
($port, $state, $protocol, $owner, $service, $rpc_info,
    $version) =
    split('/', $ports);
```

Alternativamente, você poderia coletar a informação da linha de comando usando comandos como estes:

```
cut -d/ -f<número dos campos>
awk -F/ '{print $<número do campo>}'
```

Certos subcampos podem conter uma barra em outros modos de saída. Por exemplo, um servidor web habilitado por SSL seria mostrado como ssl/http, e a informação de versão poderia conter strings tais como mod_ssl/2.8.12. Como uma barra é o delimitador de subcampos, isto bagunçaria o processamento. Para evitar este problema, barras são trocadas por barras verticais (|), quando deverem aparecer em qualquer parte do campo Ports.

Processadores devem ser escritos para permitirem mais de sete subcampos delimitados por barras e para simplesmente ignorar os extras, porque futuras

Capítulo 13: Formatos de Saída do Nmap — 561

melhoras no Nmap podem introduzir novos subcampos. A lista seguinte descreve cada um dos sete subcampos de Ports atualmente definidos.

Número da porta
Este é simplesmente o número da porta TCP ou UDP.

Estado
O mesmo estado da porta que apareceria na tabela de portas da saída normal é mostrado aqui.

Protocolo
Este é tcp ou udp.

Proprietário
Este costumava especificar o nome do usuário que o servidor remoto estava rodando, com base nos resultados de consultas a um servidor identd (auth) do hospedeiro alvo. O exame de ident (-I) não está mais disponível no Nmap, então este campo está sempre vazio. Dados de ident ainda podem ser obtidos usando-se o script NSE identd-owners.nse, embora os resultados não sejam postos neste campo.

Serviço
O nome do serviço, conforme obtido de uma busca em nmap-services, ou (mais confiavelmente) através da detecção de versão (-sV), se ela tiver sido solicitada e bem sucedida. Com a detecção de versão habilitada, entradas compostas como ssl|http e entradas com uma interrogação apensada podem ser vistas. O significado é o mesmo que para a saída normal, como discutido no capítulo 7, *Detecção de versão de serviços e de aplicações*.

Informação de SunRPC
Se a detecção de versão (-sV) ou o exame de RPC (-sR) forem solicitados e a porta for encontrada usando o protocolo SunRPC, o número do programa RPC e os números de versões aceitadas serão incluídos aqui. Um típico exemplo é "(rpcbind:100000*2-2)". Os dados sempre são retornados entre parênteses. Eles começam com o nome do programa, depois dois-pontos e o número do programa, depois um asterisco seguido dos números inferior e superior de versões suportadas, separados por hífen. Assim, neste exemplo, rpcbind (número do programa 100.000) está atendendo na porta solicitações de rpcbind versão 2.

Informação de versão

Se a detecção de versão for solicitada e bem sucedida, os resultados serão fornecidos aqui, no mesmo formato usado na saída interativa. Para as portas do SunRPC, os dados de RPC também serão apresentados, aqui. O formato para os resultados de RPC, nesta coluna, é <*número inferior de versão*>-<*número superior de versão*> (rpc #<*número de programa rpc*>). Quando somente um número de versão for suportado, ele será apresentado por si só, ao invés de como uma faixa. Uma porta que mostre (rpcbind:100000*2-2) no subcampo de informação de SunRPC mostraria 2 (rpc #100000), no subcampo de informação de versão.

Campo Protocols (protocolos)

Exemplo: Protocols: 1/open/icmp/, 2/open|filtered/igmp/

O exame de protocolo IP (-sO) tem um campo Protocols, ao invés de Ports. Seu conteúdo é muito similar ao do campo Ports, mas ele só tem três subcampos, em vez de sete. Eles são delimitados por barras, exatamente como o campo Ports. Quaisquer barras que apareçam num subcampo serão mudadas para barras verticais (|), também, como é feito para o campo Ports. Os subcampos são o número do protocolo, o estado, e o nome do protocolo. Estes correspondem aos três campos mostrados na saída interativa para um exame de protocolo. Um exemplo de saída grepável de exame de protocolo IP é mostrado no exemplo 13.14. A linha Host, que normalmente seria tudo em um, foi quebrada para melhor legibilidade.

Exemplo 13.14. Saída grepável para exame de protocolo IP

```
# nmap -v -oG - -sO localhost
# Nmap 4.68 scan initiated [time] as: nmap -v -oG - -sO
localhost
# Ports scanned: TCP(0;) UDP(0;) PROTOCOLS(256;0-255)
Host:   127.0.0.1 (localhost)
        Protocols: 1/open/icmp/, 2/open|filtered/igmp/, 6/open/
tcp/,
                17/open/udp/, 136/open|filtered/udplite/,
255/open|filtered//
        Ignored State: closed (250)
# Nmap done at [time] -- 1 IP address (1 host up) scanned in
2.345 seconds
```

Campo Ignored State (estado ignorado)

Exemplo: Ignored State: filtered (1658)

Para poupar espaço, o Nmap pode omitir portas num estado não aberto da lista do campo Ports. O Nmap faz isto na saída interativa, também. Usuários regulares do Nmap estão familiarizados com linhas como "The 1658 ports scanned but not shown below are in state: filtered" (as 1658 portas examinadas, mas não mostradas abaixo, estão no estado: filtrado). Para o modo grepável, este estado é fornecido no campo Ignored State. Seguindo o nome do estado há um espaço e, entre parênteses, está o número de portas encontradas nesse estado.

Campo OS (SO)

exemplo: OS: Linux 2.4.0 - 2.5.20

Quaisquer correspondências perfeitas de SO são listadas aqui. Se houver múltiplas correspondências, elas serão separadas por uma barra vertical, como mostrado no exemplo 13.13, "Um típico exemplo de saída grepável". Somente as descrições de texto livre são fornecidas. O modo grepável não dá o fornecedor, a família do SO nem a classificação do tipo de dispositivo, mostrados em outros modos de saída.

Campo Seq Index (índice de sequência)

Exemplo: Seq Index: 3004446

Este número é uma estimativa da dificuldade de realização de ataques de predição de número inicial de sequência de TCP contra o hospedeiro remoto. Estes também são conhecidos como ataques de simulação cega, e permitem que um atacante forje uma conexão completa de TCP com um hospedeiro remoto, como se ela estivesse vindo de um outro endereço IP. Isto sempre pode ajudar um atacante a ocultar seu rastro, e pode levar a elevação de privilégios para serviços tais como rlogin que comumente garantem privilégios extras a endereços IP confiados. O valor de Seq Index só está disponível quando a detecção de SO (-O) é solicitada e bem sucedida na prova desta. Ela é reportada na saída interativa quando a verbosidade é solicitada (-v). Mais detalhes sobre a computação e o significado deste valor são fornecidos no capítulo 8, *Detecção de SO Remoto*.

Campo IP ID Seq (sequência de ID de IP)

Exemplo: IP ID Seq: All zeros

Este simplesmente descreve o algoritmo de geração de ID de IP do hospedeiro remoto. Ele só está disponível quando a detecção de SO é solicitada e bem sucedida em sua prova. O modo interativo a reporta, também, e ela é discutida no capítulo 8, *Detecção de SO Remoto*.

Campo Status

Exemplo: Status: Up

Os exames por ping e de lista contêm somente dois campos no modo grepável: Host e Status. Status descreve o hospedeiro alvo como Up (no ar), Down (fora do ar), ou Unknown (desconhecido). O exame de lista sempre categoriza os alvos como Unknown, porque ele não realiza nenhum teste. O exame por ping lista um hospedeiro como no ar se ele responder a pelo menos uma prova de ping, e como fora do ar se nenhuma resposta for recebida. Ele costumava, também, reportar Smurf se as provas de ping enviadas ao alvo resultassem em uma ou mais respostas de outros hospedeiros, mas isto não é mais feito. Hospedeiros fora do ar somente são mostrados quando a verbosidade está habilitada com -v. O exemplo 13.15 demonstra um exame por ping de 100 hospedeiros aleatórios, enquanto que o exemplo 13.16 demonstra um exame de lista em cinco hospedeiros.

Exemplo 13.15. Saída grepável de exame por ping

```
# nmap -sP -oG - -iR 100
# nmap [version] scan initiated [time] as: nmap -sP -oG -
-iR 100
Host: 67.101.77.102 (h-67-101-77-102.nycmny83.covad.net)
Status: Up
Host: 219.93.164.197 ()  Status: Up
Host: 222.113.158.200 ()         Status: Up
Host: 66.130.155.190 (modemcable190.155-130-66.mc.videotron.
ca) Status: Up
# Nmap done at [time] -- 100 IP addresses (4 hosts up)
scanned in 13.22 seconds
```

Exemplo 13.16. Saída grepável de exame de lista

```
# nmap -sL -oG - -iR 5
# nmap [version] scan initiated [time] as: nmap -sL -oG -
-iR 5
Host: 199.223.2.1 ()                      Status: Unknown
Host: 191.222.112.87 ()                   Status: Unknown
Host: 62.23.21.157 (host.157.21.23.62.rev.coltfrance.com)
Status: Unknown
Host: 138.217.47.127 (CPE-138-217-47-127.vic.bigpond.net.au)
Status: Unknown
Host: 8.118.0.91 ()       Status: Unknown
# Nmap done at [time] -- 5 IP addresses (0 hosts up) scanned
in 1.797 seconds
```

13.10.2. Processando a Saída Grepável na Linha de Comando

A saída grepável realmente brilha, quando você quer coletar informações rapidamente, sem o excedente de escrever um script para processar a saída XML. O exemplo 13.17 mostra um típico exemplo disto. O objetivo é encontrar todos os hospedeiros numa rede de tamanho de classe C, com a porta 80 aberta. O Nmap foi solicitado a examinar apenas esta porta de cada hospedeiro (omitindo o estágio do ping) e a fornecer a saída de relatório grepável em stdout. Os resultados são redirecionados para um comando awk trivial, que encontra linhas contendo /open/ e expõe os campos dois e três de cada linha correspondente. Estes campos são o endereço IP e o nome de hospedeiro (ou parênteses vazios, se o nome de hospedeiro não estiver disponível).

Exemplo 13.17. Processando a saída grepável na linha de comando

```
> nmap -p80 -PN -oG - 10.1.1.0/24 | awk '/open/{print $2 " "
$3}'
10.1.1.72 (userA.corp.foocompany.biz)
10.1.1.73 (userB.corp.foocompany.biz)
10.1.1.75 (userC.corp.foocompany.biz)
10.1.1.149 (admin.corp.foocompany.biz)
10.1.1.152 (printer.corp.foocompany.biz)
10.1.1.160 (10-1-1-160.foocompany.biz)
10.1.1.161 (10-1-1-161.foocompany.biz)
10.1.1.201 (10-1-1-201.foocompany.biz)
10.1.1.254 (10-1-1-254.foocompany.biz)
```

Capítulo 14:
Entendendo e Personalizando os Arquivos de Dados do Nmap

14.1. Introdução

O Nmap se baseia em seis arquivos de dados para os exames de portas e outras operações, todos eles tendo nomes começando com nmap-. Um exemplo é o nmap-services, um registro de nomes de portas com seus correspondentes números e protocolos. Os outros, que este capítulo descreve um a um, são o nmap-service-probes (base de dados de provas de detecção de versão), o nmap-rpc (base de dados de mapeamentos de nomes para números de programas de SunRPC, para exame direto de RPC), o nmap-os-db (base de dados de detecção de SO), nmap-mac-prefixes (tabela de mapeamentos de prefixos de endereços MAC de ethernet (OUI) para fornecedores) e o nmap-protocols (lista de protocolos IP para exame de protocolo). Adicionalmente, este capítulo cobre certos arquivos relacionados ao uso de scripts com o Mecanismo de Scripts do Nmap. A distribuição fonte instala estes arquivos em /usr/local/share/nmap/ e os RPMs oficiais do Linux os coloca em /usr/share/nmap/. Outras distribuições podem instalá-los em algum outro lugar.

As versões mais recentes destes arquivos são mantidas em *http://nmap.org/data/*, embora seja altamente recomendável que os usuários atualizem para a versão mais recente do Nmap, em vez de pegar os arquivos de dados mais recentes *à la carte*. Não há garantias de que arquivos mais novos funcionarão com versões mais antigas do Nmap (embora provavelmente funcionem), e as versões Frankenstein resultantes do Nmap poderão confundir o processo de envio de impressões digitais de sistemas operacionais e de serviços.

A maioria dos usuários nunca muda os arquivos de dados, mas isto poderá ser útil para usuários avançados que possam querer adicionar uma impressão digital de versão ou atribuição de porta para um serviço personalizado rodando em sua companhia. Esta seção fornece uma descrição de cada arquivo e de como eles são comumente alterados. O mecanismo geral para substituição de arquivos de dados do Nmap por versões personalizadas será, depois, discutido. Dois destes arquivos não se relacionam diretamente com o exame de portas, mas eles serão todos discutidos aqui, por conveniência.

14.2. Lista de Portas bem Conhecidas: nmap-services

O arquivo nmap-services é um registro de nomes de portas mapeados para seus correspondentes números e protocolos. Cada entrada tem um número representando o quão provável é que aquela porta seja encontrada aberta. A maioria das linhas tem um comentário, também. O Nmap ignora os comentários, mas os usuários, às vezes, efetua um grep por eles, no arquivo, quando o Nmap reporta um serviço aberto de um tipo que o usuário não reconhece. O exemplo 14.1 mostra um típico excerto do arquivo. Um pouco de espaço em branco foi adicionado para melhor legibilidade.

Exemplo 14.1. Excerto do nmap-services

```
qotd       17/tcp     0.002346     # Quote of the Day
qotd       17/udp     0.009209     # Quote of the Day
msp        18/udp     0.000610     # Message Send Protocol
chargen    19/tcp     0.002559     # ttytst source Character
                                     Genera tor
chargen    19/udp     0.015865     # ttytst source Character
                                     Genera tor
ftp-data   20/tcp     0.001079     # File Transfer [Default
                                     Data]
ftp-data   20/udp     0.001878     # File Transfer [Default
                                     Data]
ftp        21/tcp     0.197667     # File Transfer [Control]
ftp        21/udp     0.004844     # File Transfer [Control]
ssh        22/tcp     0.182286     # Secure Shell Login
ssh        22/udp     0.003905     # Secure Shell Login
```

Capítulo 14: Entendendo e Personalizando os arquivos... — 569

```
telnet     23/tcp    0.221265
telnet     23/udp    0.006211
priv-mail  24/tcp    0.001154   # any private mail system
priv-mail  24/udp    0.000329   # any private mail system
smtp       25/tcp    0.131314   # Simple Mail Transfer
smtp       25/udp    0.001285   # Simple Mail Transfer
```

Este arquivo foi originalmente baseado na lista de portas atribuídas pela IANA, em *http://www.iana.org/assignments/port-numbers*, embora muitas outras portas tenham sido adicionadas, ao longo dos anos. A IANA não rastreia cavalos de Troia, vírus e que tais, ainda que a descoberta deles seja importante para muitos usuários do Nmap.

A gramática deste arquivo é muito simples. Há três colunas separadas por espaços. A primeira é o nome ou a abreviação do serviço, como visto na coluna SERVICE da saída do Nmap. A segunda coluna fornece o número e o protocolo da porta, separados por uma barra. A sintaxe é vista na coluna PORT da saída do Nmap. A terceira coluna é a "frequência da porta", uma medição de o quão frequentemente a porta foi encontrada aberta durante exames de pesquisa na Internet. Se omitido, a frequência é zero. O Nmap ignora qualquer coisa além da terceira coluna, mas a maioria das linhas continua com um espaço em branco e um sinal de libra (#), seguido por um comentário. As linhas podem estar em branco ou conter apenas um sinal de libra seguido de comentários.

Leitores astutos notarão a similaridade da estrutura entre o nmap-services e o /etc/services (normalmente encontrado em C:\windows\system32\drivers\etc\services, no Windows). Isto não é nenhuma coincidência. O formato foi mantido para permitir que os administradores de sistemas copiassem quaisquer entradas personalizadas de seus próprios /etc/services, ou mesmo para substituir completamente suas próprias versões daquele arquivo. O formato do /etc/services permite uma terceira coluna fornecendo apelidos para um serviço. Isto conflitaria com a terceira coluna sendo usada para a frequência da porta, então o conteúdo daquela coluna é ignorado, se não for numérico.

O exemplo 14.1 mostra que portas UDP são comumente registradas em serviços somente de TCP, tais como o SSH e o FTP. Isto foi herdado da IANA, que tendia a sempre registrar serviços para ambos os protocolos. Ter as entradas extras não prejudica, porque, por omissão, o Nmap examina as portas com as frequências mais altas e as portas de baixa frequência são simplesmente omitidas. E, embora possa ser inesperado, o excerto mostra que, às vezes, as contrapartes UDP das populares portas TCP são encontradas abertas.

Os administradores, às vezes, mudam este arquivo para refletir serviços personalizados, rodando em suas redes. Por exemplo, uma companhia de serviços online que eu consultei, certa vez, tinha dezenas de diferentes serviços personalizados rodando em portas de numeração elevada. Fazer isto permite que o Nmap apresente os resultados para estas portas usando seus nomes próprios, em vez de unknown. Lembre-se que se você tiver entradas sem uma definição de frequência de porta, esta será tomada como zero, então a porta não será examinada por omissão. Use uma opção como -p [1-65535] para assegurar que todas as portas nomeadas sejam examinadas.

Similarmente, uma certa porta registrada pode estar frequentemente errada para uma certa organização. O nmap-services só pode tratar um nome de serviço por combinação de número de porta e protocolo, ainda que às vezes vários tipos de aplicações diferentes terminem usando o mesmo número omissivo de porta. Neste caso, eu tento escolher o mais popular para o nmap-services. Organizações que comumente usem um outro serviço em tal número de porta poderão alterar o arquivo convenientemente.

Serviços específicos de uma única organização devem, geralmente, ficar no nmap-services próprio dela, mas outros registros de portas podem beneficiar a todos. Se você achar que a porta omissiva para um vírus, um cavalo de Troia, uma aplicação de compartilhamento de arquivos, ou outro serviço importante está faltando no nmap-services mais recente, por favor envie-a para mim (<fyodor@insecure.org>) para inclusão na próxima liberação. Isto ajudará a todos os usuários, ao mesmo tempo que evita que você tenha de manter e atualizar sua própria versão personalizada do nmap-services.

Uma outra personalização comum é reduzir o nmap-services para apenas os serviços mais comuns, essenciais para uma organização. Sem uma especificação de porta, o Nmap não examinará nenhuma porta não listada no arquivo de serviços. Assim, esta é uma forma de limitar o número de portas examinadas, sem usar um longo argumento para a opção -p. O arquivo reduzido normalmente deve ser colocado numa localização personalizada, acessível com a opção --datadir ou --servicedb, em vez de onde o Nmap o usaria por omissão. Conselhos para a personalização destes arquivos, incluindo maneiras de evitar que atualizações do Nmap removam suas versões modificadas, podem ser encontrados na seção 14.9, "Usando arquivos de dados personalizados".

14.3. Base de Dados de Exames de Versão: nmap-service-probes

Este arquivo contém as provas que o sistema de detecção de serviços/versões do Nmap (opções -sV ou -A) usa durante o questionamento de portas para determinação de qual programa está atendendo numa porta. O exemplo 14.2 oferece um excerto típico.

Exemplo 14.2. Excerto do nmap-service-probes

```
############################NEXT PROBE#######################
# DNS Server status request: http://www.rfc-editor.org/rfc/
rfc1035.txt
Probe UDP DNSStatusRequest q|\0\0\x10\0\0\0\0\0\0\0\0\0|
ports 53,135
match domain m|^\0\0\x90\x04\0\0\0\0\0\0\0\0|
# This one below came from 2 tested Windows XP boxes
match msrpc m|^\x04\x06\0\0\x10\0\0\0\0\0\0\0|
[...]
########################NEXT PROBE#######################
Probe UDP Help q|help\r\n\r\n|
ports 7,13,37
match chargen m|@ABCDEFGHIJKLMNOPQRSTUVWXYZ|
match echo m|^help\r\n\r\n$|
match time m|^[\xc0-\xc5]...$|
```

A gramática deste arquivo é completamente descrita no capítulo 7, *Detecção de Versão de Serviços e de Aplicações*. Embora o nmap-service-probes seja mais complexo que o nmap-services, os benefícios de melhorá-lo também podem ser maiores. O Nmap pode ser ensinado a reconhecer realmente os serviços personalizados de uma companhia, ao invés de simplesmente adivinhar com base no registro de portas nmap-services.

Além disso, alguns administradores têm usado a detecção de versão para tarefas além de seu propósito originalmente planejado. Uma breve prova pode fazer com que o Nmap apresente o título de páginas web, reconheça máquinas infectadas por vírus, localize proxies abertos e outras coisas mais. Um exemplo prático disto é fornecido na seção 7.9, "SOLUÇÃO: Aprimorar a detecção de versão para adequá-la a necessidades personalizadas, tais como a detecção de proxies abertos".

14.4. Números do SunRPC: nmap-rpc

Da mesma forma que com o nmap-services, o nmap-rpc simplesmente mapeia números para nomes. Neste caso, números de programas SunRPC são mapeados para o nome do programa que os utiliza. O exemplo 14.3 oferece um excerto típico.

Exemplo 14.3. Excerto do nmap-rpc

```
rpcbind         100000      portmap sunrpc rpcbind
rstatd          100001      rstat rup perfmeter rstat_svc
rusersd         100002      rusers
nfs             100003      nfsprog nfsd
ypserv          100004      ypprog
mountd          100005      mount showmount
rpc.operd       100080      opermsg # Sun Online-Backup
# DMFE/DAWS    (Defense Automated Warning System)
#
Gqsrv           200034      gqsrv
Ppt             200035      ppt
Pmt             200036      pmt
```

O Nmap só se interessa pelas duas primeiras colunas separadas por espaços em branco - o nome e o número do programa. Ele não olha para nenhum apelido ou comentário que possa aparecer além destas. Linhas em branco e aquelas que comecem com o sinal de libra (# - comentários) são permitidas. Este formato é o mesmo usado pelo /etc/rpc no Unix, então os administradores podem usar este arquivo, ao invés, se o quiserem.

nmap-rpc só é usado pela funcionalidade exaustiva de RPC das descrições de versão do Nmap. Esta funcionalidade é coberta na seção 7.5.2, "Exploração de RPC".

Os usuários raramente alteram o nmap-rpc. Quando o fazem, é normalmente para adicionar um serviço personalizado ou um público que esteja faltando no nmap-rpc mais recente. Neste último caso, por favor, envie uma nota para mim, em <fyodor@insecure.org> de forma que eu possa adicioná-lo à próxima versão. Da mesma forma que com o nmap-services, alguns administradores reduzem este arquivo, removendo os programas de RPC obscuros para economizar tempo de exame. A mesma advertência se aplica: especifique seu nmap-rpc reduzido com a opção --datadir, ao invés de instalá-lo onde ele seria usado implicitamente.

14.5. Base de Dados de Detecção de SO do Nmap: nmap-os-db

O arquivo de dados nmap-os-db contém centenas de exemplos de como os diferentes sistemas operacionais respondem a provas especializadas de detecção de SO do Nmap. Ele é dividido em blocos conhecidos como *impressões digitais*, cada um contendo o nome de um sistema operacional, sua classificação geral e os dados de resposta. O exemplo 14.4 é um excerto do arquivo mostrando duas impressões digitais típicas.

Exemplo 14.4. Excerto do nmap-os-db

```
Fingerprint FreeBSD 7.0-CURRENT
Class FreeBSD | FreeBSD | 7.X | general purpose
SEQ(SP=101-10D%GCD=<7%ISR=108-112
%TI=RD%II=RI%TS=20|21|22)
OPS(O1=M5B4NW8NNT11%O2=M578NW8NNT11%O3=M280NW8NNT11%O4=M5B4N
W8NNT11% ?
    O5=M218NW8NNT11%O6=M109NNT11)
WIN(W1=FFFF%W2=FFFF%W3=FFFF%W4=FFFF%W5=FFFF%W6=FFFF)
ECN(R=Y%DF=Y%T=40%TG=40%W=FFFF%O=M5B4NW8%CC=N%Q=)
T1(R=Y%DF=Y%T=40%TG=40%S=O%A=S+%F=AS%RD=0%Q=)
T2(R=N)
T3(R=Y%DF=Y%T=40%TG=40%W=FFFF%S=O%A=S+%F=AS%O=M109NW8NNT11%R
D=0%Q=)
T4(R=Y%DF=Y%T=40%TG=40%W=0%S=A%A=Z%F=R%O=%RD=0%Q=)
T5(R=Y%DF=Y%T=40%TG=40%W=0%S=Z%A=S+%F=AR%O=%RD=0%Q=)
T6(R=Y%DF=Y%T=40%TG=40%W=0%S=A%A=Z%F=R%O=%RD=0%Q=)
T7(R=Y%DF=Y%T=40%TG=40%W=0%S=Z%A=S%F=AR%O=%RD=0%Q=)
```

```
U1(DF=N%T=40%TG=40%TOS=0%IPL=38%UN=0%RIPL=G%RID=G%RIPCK=G%RU
CK=G%RUL=G%RUD=G)
IE(DFI=S%T=40%TG=40%TOSI=S%CD=S%SI=S%DLI=S)

Fingerprint Linux 2.6.11 - 2.6.20
Class Linux | Linux | 2.6.X | general purpose
SEQ(SP=B9-CF%GCD=<7%ISR=C4-D7%TI=Z%II=I%TS=7)
OPS(O1=M5B4ST11NW1%O2=M5B4ST11NW1%O3=M5B4NNT11NW1%O4=M5B4ST1
1NW1% ?
    O5=M5B4ST11NW1%O6=M5B4ST11)
WIN(W1=16A0%W2=16A0%W3=16A0%W4=16A0%W5=16A0%W6=16A0)
ECN(R=Y%DF=Y%T=40%TG=40%W=16D0%O=M5B4NNSNW1%CC=N%Q=)
T1(R=Y%DF=Y%T=40%TG=40%S=O%A=S+%F=AS%RD=0%Q=)
T2(R=N)
T3(R=Y%DF=Y%T=40%TG=40%W=16A0%S=O%A=S+%F=AS%O=M5B4ST11NW1%RD
=0%Q=)
T4(R=Y%DF=Y%T=40%TG=40%W=0%S=A%A=Z%F=R%O=%RD=0%Q=)
T5(R=Y%DF=Y%T=40%TG=40%W=0%S=Z%A=S+%F=AR%O=%RD=0%Q=)
T6(R=Y%DF=Y%T=40%TG=40%W=0%S=A%A=Z%F=R%O=%RD=0%Q=)
T7(R=Y%DF=Y%T=40%TG=40%W=0%S=Z%A=S+%F=AR%O=%RD=0%Q=)
U1(DF=N%T=40%TG=40%TOS=C0%IPL=164%UN=0%RIPL=G%RID=G%RIPCK=G%
RUCK=G%RUL=G%RUD=G)
IE(DFI=N%T=40%TG=40%TOSI=S%CD=S%SI=S%DLI=S)
```

A base de dados de SO, nmap-os-db, é consultada quando a detecção de SO remoto é solicitada através da opção -O. Em resumo, o Nmap envia provas especiais ao sistema alvo e compara as respostas com as entradas na base de dados de SO. Se houver uma correspondência, a entrada da base de dados provavelmente descreve o sistema alvo. O processo de detecção de SO é descrito por completo no capítulo 8, *Detecção de SO Remoto*. Veja a seção 8.5.1, "Decodificando o formato da impressão digital de tema" para uma descrição detalhada do formato da impressão digital de referência.

O nmap-os-db raramente é alterado pelos usuários. A adição ou modificação de uma impressão digital é um processo moderadamente complexo e normalmente não há razão alguma para se remover alguma. A melhor maneira de se obter uma versão atualizada da base de dados de SO é obter a versão mais recente do Nmap.

A base de dados de SO não tem (ainda) informações sobre todos os sistemas operacionais de rede já feitos. A base de dados cresce através de contribuições de usuários do Nmap. Se o Nmap não puder descobrir um SO, mas você souber qual ele é, por favor, envie a impressão digital, seguindo as instruções da seção 8.7.2, "Quando o Nmap falha em encontrar uma correspondência e exibe uma impressão digital". Eventualmente as impressões digitais têm erros ou se tornam desatualizadas. Se você vir isto, considere o envio de uma correção, como descrito na seção 8.7.1, "Quando o Nmap estima incorretamente". Todos se beneficiam quando a base de dados é melhorada, e o envio de suas melhorias evitará que você tenha de manter sua própria ramificação do arquivo.

14.6. Prefixos de Fornecedores de Endereços MAC: nmap-mac-prefixes

Os usuários raramente modificam este arquivo, que mapeia prefixos de endereços MAC para nomes de fornecedores. Continue a leitura para o tratamento completo.

Dispositivos de ethernet, que se tornaram o tipo de interface de rede dominante, são programados, cada um, com um identificador único de 48 bits, conhecido como endereço MAC. Este endereço é colocado nos cabeçalhos de ethernet para identificar qual máquina, numa rede local, enviou um pacote, e para qual máquina o pacote é destinado. Os humanos normalmente o representam como uma string hexadecimal, tal como 00:60:1D:38:32:90.

Para assegurar que os endereços MAC sejam únicos num mundo com milhares de fornecedores, o IEEE atribui um Identificador Organizacionalmente Único (OUI, na sigla em inglês) para cada companhia fabricante de dispositivos ethernet. A companhia deverá usar seu próprio OUI para os primeiros três bytes do endereço MAC para os equipamentos que ela produz. Por exemplo, o OUI de 00:60:1D:38:32:90 é 00601D. Ela poderá escolher os três bytes restantes da forma como desejar, desde que sejam únicos. Um contador é a abordagem simples. As companhias que atribuírem todos os 16,8 milhões de valores possíveis poderão obter mais OUIs. O nmap-mac-prefixes mapeia cada OUI atribuído para o nome do fornecedor que os vende. O exemplo 14.5 é um excerto típico.

Exemplo 14.5. Excerto do nmap-mac-prefixes

```
006017 Tokimec
006018 Stellar ONE
006019 Roche Diagnostics
00601A Keithley Instruments
00601B Mesa Electronics
00601C Telxon
00601D Lucent Technologies
00601E Softlab
00601F Stallion Technologies
006020 Pivotal Networking
006021 DSC
006022 Vicom Systems
006023 Pericom Semiconductor
006024 Gradient Technologies
006025 Active Imaging PLC
006026 Viking Components
```

O primeiro valor é o OUI de três bytes, na forma de seis dígitos hexa. Ele é seguido pelo nome da companhia. Este arquivo é criado usando-se um simples script Perl, a partir da lista completa de OUIs disponível em *http://standards.ieee.org/regauth/oui/oui.txt*. O IEEE oferece, ainda, um FAQ sobre OUI em *http://standards.ieee.org/faqs/OUI.html*. O Nmap pode determinar o endereço MAC de hospedeiros numa LAN ethernet local, pela leitura dos cabeçalhos recebidos. Ele usa esta tabela para buscar e reportar o nome do fabricante com base no OUI. Isto pode ser útil para a identificação aproximada do tipo de máquina com que você está lidando. Um dispositivo com um OUI da Cisco, Hewlett Packard, ou Sun provavelmente identificará um roteador, impressora ou SPARCstation, respectivamente. O exemplo 14.5, "Excerto do nmap-mac-prefixes" mostra que o dispositivo em 00:60:1D:38:32:90 foi produzido pela Lucent. Ele é, na verdade, a placa de rede sem fios Lucent Orinoco, do meu laptop.

14.7. Lista de Números de Protocolo IP: nmap-protocols

Este arquivo mapeia o número de um byte do protocolo IP, no cabeçalho de IP, para o nome correspondente do protocolo. O exemplo 14.6 é um típico excerto.

Capítulo 14: Entendendo e Personalizando os arquivos... — 577

Exemplo 14.6. Excerto do nmap-protocols

```
hopopt     0     HOPOPT     # IPv6 Hop-by-Hop Option
icmp       1     ICMP       # Internet Control Message
igmp       2     IGMP       # Internet Group Management
ggp        3     GGP        # Gateway-to-Gateway
ip         4     IP         # IP in IP (encapsulation)
st         5     ST         # Stream
tcp        6     TCP        # Transmission Control
cbt        7     CBT        # CBT
egp        8     EGP        # Exterior Gateway Protocol
[ ... ]
chaos      16    CHAOS      # Chaos
udp        17    UDP        # User Datagram
```

Os dois primeiros campos são o nome ou abreviação do protocolo e seu número em formato decimal. O Nmap não se interessa por nada que venha depois do número do protocolo. Ele é usado para o exame de protocolo IP, como descrito na seção 5.11, "Exame de protocolo IP (-sO)". Menos de 140 protocolos estão definidos e os usuários quase nunca modificam este arquivo. Os dados crus são disponibilizados pela IANA em *http://www.iana.org/assignments/protocol-numbers*.

14.8. Arquivos Relacionados com Scripts

Os scripts usados pelo Mecanismo de Scripts do Nmap podem ser considerados um outro tipo de arquivo de dados. Os scripts são armazenados num subdiretório scripts de um dos diretórios listados na seção 14.9, "Usando arquivos de dados personalizados". O nome de cada arquivo de script termina em .nse. Para detalhes completos sobre os scripts, veja o capítulo 9, *O Mecanismo de Scripts do Nmap*.

Todos os arquivos no diretório de scripts são scripts executáveis, com exceção de um: script.db. Este arquivo é uma reserva, em texto puro, das categorias a que cada script pertence. Ele não deve ser editado diretamente; use a opção --script-updatedb, ao invés.

Cada um dos módulos de extensão do NSE (veja a seção 9.6, "Bibliotecas NSE") é armazenado em um de dois lugares. Extensões puramente Lua são mantidas no subdiretório nselib, do subdiretório do diretório de dados do Nmap, normalmente o mesmo em que os scripts ficam. É aí que módulos como shortport e stdnse são mantidos, em arquivos cujos nomes terminam em .lua.

14.9. Usando Arquivos de Dados Personalizados

Todos ou qualquer um dos arquivos de dados do Nmap podem ser substituídos por versões personalizadas ao gosto do usuário. Eles só podem ser substituídos no todo - você não pode especificar alterações que sejam combinadas com os arquivos originais durante a execução. Quando o Nmap procura por cada arquivo, ele busca pelo nome em muitos diretórios e seleciona o primeiro e seleciona o primeiro encontrado. Isto é análogo à maneira como seu shell do Unix encontra os programas que você solicita que sejam executados, procurando através dos diretórios em seu PATH, um de cada vez. A lista seguinte fornece a ordem de busca de diretórios do Nmap. Ela mostra que um nmap-services encontrado no diretório especificado por --datadir será usado em preferência ao encontrado em ~/.nmap/, porque o primeiro é procurado antes.

Ordem de busca de diretórios por arquivos de dados do Nmap

1. Se a opção --datadir for especificada, verifica o diretório dado como seu argumento.

2. Se a variável ambiental NMAPDIR estiver definida, verifica este diretório.

3. Se o Nmap não estiver rodando no Windows, procura no ~/.nmap do usuário rodando o Nmap. Ele tenta o diretório base da ID real do usuário e, depois, o da UID efetiva, se forem diferentes.

4. Se o Nmap estiver rodando no Windows, checa o diretório em que fica o binário do Nmap.

5. Checa o diretório compilado em NMAPDATADIR. Este valor é definido como c:\nmap no Windows, e como <*$prefixo*>/share/nmap no Unix. <*$prefixo*> é /usr/local para a construção omissiva a partir da fonte, e /usr para os RPMs do Linux. O <*$prefixo*> pode ser alterado passando-se a opção --prefix para ./**configure**, quando compilando a fonte.

6. Como último recurso, o diretório de trabalho atual de seu shell (.) é tentado. Isto é feito por último pelas mesmas razões de segurança que . não deve aparecer primeiro em seu PATH de execução no shell. Num sistema compartilhado, um usuário malicioso poderia pôr arquivos de dados falsos num diretório compartilhado como /tmp. Estes arquivos poderiam ser mal formados, fazendo com que o Nmap reclamasse e saísse, ou poderiam fazer com que o Nmap omitisse portas importantes. Se o Nmap tentasse o . primeiro, outros usuários que fossem rodar o Nmap naquele diretório compartilhado obteriam as versões falsificadas. Isto poderia, também, acontecer por acidente, se você rodasse inadvertidamente o Nmap num diretório que por acaso tivesse um arquivo com o nome nmap-services (ou um dos outros). Os usuários que realmente quiserem que o Nmap tente primeiro o diretório atual, podem definir a variável ambiental NMAPDIR para . por sua própria conta e risco.

Esta lista mostra as muitas opções que os usuários têm quando da decisão de como substituir um arquivo por suas próprias versões personalizadas. A opção que eu normalmente recomendo é pôr os arquivos personalizados num diretório especial convenientemente nomeado para a alteração. Por exemplo, um nmap-services reduzido para conter apenas a centena de portas mais comuns pode ser colocado em ~/nmap-fewports. Depois, especifique este diretório com a opção --datadir. Isto assegurará que os arquivos personalizados só serão usados intencionalmente. Como os formatos de saída para arquivo, do Nmap, incluem a linha de comando do Nmap usada, você saberá quais arquivos foram usados quando revendo os registros, posteriormente.

Uma outra opção é simplesmente editar o original em NMAPDATADIR. Isto raramente é recomendado, já que o arquivo editado provavelmente será sobreposto da próxima vez que o Nmap for atualizado. Além disso, isto torna difícil o uso dos arquivos originais, se você suspeitar que suas substituições estão causando algum problema. Isto também torna difícil a comparação de sua versão com a original para rever o que você alterou.

Uma terceira opção é colocar os arquivos personalizados em seu diretório Unix ~/.nmap. É claro que você só deverá inserir arquivos que tenha alterado. Os outros ainda serão recuperados de NMAPDATADIR, como de costume. Isto é muito conveniente, já que o Nmap usará os arquivos personalizados implicitamente, sempre que você o executar. Isto poderá ser uma desvantagem, também. Os usuários, às vezes, esquecem que os arquivos existem. Quando eles atualizarem o Nmap para uma versão com arquivos de dados mais novos, as cópias antigas em ~/.nmap ainda serão usadas, reduzindo a qualidade dos resultados.

A definição da variável ambiental NMAPDIR para o diretório com os arquivos é uma outra alternativa. Isto pode ser útil quando do teste de uma nova versão do Nmap. Suponha que você obtenha a versão 4.68 do Nmap, perceba a enorme lista de alterações e decida testá-la, antes de substituir sua versão atual, sabidamente funcional. Você poderá compilá-la em ~/src/nmap-4.68, mas executá-la lá e o Nmap tentará ler os arquivos de dados de /usr/local/share/nmap. Estas são as versões antigas, uma vez que o Nmap 4.68 ainda não foi instalado. Simplesmente defina NMAPDIR como ~/src/nmap-4.68, teste à vontade e, depois, realize o **make install**. Uma desvantagem do uso regular de NMAPDIR é que o nome do diretório não é registrado nos arquivos de saída do Nmap, como o é quando --datadir é usado, ao invés.

CAPÍTULO 15:
GUIA DE REFERÊNCIA DO NMAP

Nome

nmap - Ferramenta de exploração de redes e scanner de portas/segurança

Sinopse

```
nmap [ <Tipo de Exame> ...] [ <Opções> ] { <especificação
    de alvos> }
```

15.1. Descrição

O Nmap ("Network Mapper" - "mapeador de redes") é uma ferramenta de código aberto para exploração de redes e auditagem de segurança. Ele foi projetado para examinar rapidamente grandes redes, embora funcione bem para um único hospedeiro. O Nmap usa pacotes crus de IP de maneiras inovadoras, para determinar quais hospedeiros estão disponíveis na rede, quais serviços (nome e versão de aplicações) estes hospedeiros estão oferecendo, quais sistemas operacionais (e versões dos SO) eles estão rodando, que tipo de firewalls/filtros de pacotes estão em uso, e dezenas de outras características. Apesar do Nmap ser comumente usado para auditagens de segurança, muitos administradores de sistemas e de redes o acham útil para tarefas rotineiras, como inventário de rede, gerenciamento de agendas de atualização de serviços, e monitoramento de tempo de atividade de hospedeiros e serviços.

A saída do Nmap é uma lista de alvos examinados, com informações suplementares sobre cada um, dependendo das opções usadas. Fundamental, dentre estas informações, é a "tabela de portas interessantes". Esta tabela lista o número e o protocolo, o nome do serviço e o estado da porta. O estado é open (aberto), filtered (filtrado), closed (fechado), ou unfiltered (não filtrado). Aberto significa que uma aplicação, na máquina alvo, está atendendo a conexões/pacotes naquela porta. Filtrado significa que um firewall, filtro, ou outro obstáculo de rede está bloqueando a porta, de forma que o Nmap não pode dizer se ela está aberta ou fechada. Portas fechadas não têm aplicações atendendo nelas, embora elas possam se abrir a qualquer momento. As portas são classificadas como não filtradas quando elas são responsivas às provas do Nmap, mas o Nmap não pode determinar se elas estão abertas ou fechadas. O Nmap reporta as combinações de estados open|filtered (aberto ou filtrado) e closed|filtered (fechado ou filtrado) quando ele não pode determinar qual dos dois estados descreve uma porta. A tabela de portas pode incluir, ainda, detalhes de versão de software, quando a detecção de versão foi solicitada. Quando um exame de protocolo IP é solicitado (-sO), o Nmap fornece informações sobre os protocolos IP suportados, ao invés de portas que estão atendendo.

Além da tabela de portas interessantes, o Nmap pode fornecer mais informações sobre alvos, incluindo nomes de DNS reverso, estimativas de sistemas operacionais, tipos de dispositivos e endereços MAC.

Um típico exame do Nmap é mostrado no exemplo 15.1. Os únicos argumentos do Nmap usados neste exemplo foram -A, para habilitar a detecção de SO e de versão, o exame por scripts e o traceroute; -T4 para uma execução mais rápida; e, depois, os dois nomes de hospedeiros alvo.

Exemplo 15.1. Um exame representativo do Nmap

```
# nmap -A -T4 scanme.nmap.org

Starting Nmap ( http://nmap.org )
Interesting ports on scanme.nmap.org (64.13.134.52):
Not shown: 994 filtered ports
PORT      STATE      SERVICE      VERSION
22/tcp    open       ssh          OpenSSH 4.3 (protocol 2.0)
25/tcp    closed     smtp
53/tcp    open       domain       ISC BIND 9.3.4
70/tcp    closed     gopher
80/tcp    open       http         Apache httpd 2.2.2 ((Fedora))
|_ HTML title: Go ahead and scanme!
```

```
113/tcp closed auth
Device type: general purpose
Running: Linux 2.6.X
OS details: Linux 2.6.20-1 (Fedora Core 5)

TRACEROUTE (using port 80/tcp)
HOP RTT ADDRESS
[Removidas os primeiros sete saltos, por brevidade]
8   10.59 so-4-2-0.mpr3.pao1.us.above.net (64.125.28.142)
9   11.00 metro0.sv.svcolo.com (208.185.168.173)
10  9.93 scanme.nmap.org (64.13.134.52)

Nmap done: 1 IP address (1 host up) scanned in 17.00 seconds
```

A versão mais recente do Nmap pode ser obtida em *http://nmap.org*. A versão mais recente da página manual está disponível em *http://nmap.org/book/man.html*.

15.2. Resumo das Opções

Este resumo de opções é exibido quando o Nmap é executado sem nenhum argumento, e a última versão sempre está disponível em *http://nmap.org/data/nmap.usage.txt*. Ele ajuda as pessoas a lembrarem das opções mais comuns, mas não é substituto para a documentação a fundo encontrada no resto deste manual. Algumas opções obscuras nem estão incluídas, aqui.

```
Nmap 4.76 ( http://nmap.org )
Usage: nmap [Scan Type(s)] [Options] {target specification}
TARGET SPECIFICATION:
  Can pass hostnames, IP addresses, networks, etc.
  Ex: scanme.nmap.org, microsoft.com/24, 192.168.0.1; 10.0.0-255.1-254
  -iL <inputfilename>: Input from list of hosts/networks
  -iR <num hosts>: Choose random targets
  --exclude <host1[,host2][,host3],...>: Exclude hosts/networks
  --excludefile <exclude_file>: Exclude list from file
HOST DISCOVERY:
  -sL: List Scan - simply list targets to scan
```

```
  -sP: Ping Scan - go no further than determining if host is
online
  -PN: Treat all hosts as online -- skip host discovery
  -PS/PA/PU [portlist]: TCP SYN/ACK or UDP discovery to given
ports
  -PE/PP/PM: ICMP echo, timestamp, and netmask request
discovery probes
  -PO [protocol list]: IP Protocol Ping
  -n/-R: Never do DNS resolution/Always resolve [default:
sometimes]
  --dns-servers <serv1[,serv2],...>: Specify custom DNS
servers
  --system-dns: Use OS's DNS resolver

SCAN TECHNIQUES:
  -sS/sT/sA/sW/sM: TCP SYN/Connect()/ACK/Window/Maimon scans
  -sU: UDP Scan
  -sN/sF/sX: TCP Null, FIN, and Xmas scans
  --scanflags <flags>: Customize TCP scan flags
  -sI <zombie host[:probeport]>: Idle scan
  -sO: IP protocol scan
  -b <FTP relay host>: FTP bounce scan
  --traceroute: Trace hop path to each host
  --reason: Display the reason a port is in a particular
state
PORT SPECIFICATION AND SCAN ORDER:
  -p <port ranges>: Only scan specified ports
  Ex: -p22; -p1-65535; -p U:53,111,137,T:21-25,80,139,8080
  -F: Fast mode - Scan fewer ports than the default scan
  -r: Scan ports consecutively - don't randomize
  --top-ports <number>: Scan <number> most common ports
  --port-ratio <ratio>: Scan ports more common than <ratio>
SERVICE/VERSION DETECTION:
  -sV: Probe open ports to determine service/version info
  --version-intensity <level>: Set from 0 (light) to 9 (try
all probes)
  --version-light: Limit to most likely probes (intensity 2)
     --version-all: Try every single probe (intensity 9)
     --version-trace: Show detailed version scan activity
(for debugging)
SCRIPT SCAN:
  -sC: equivalent to --script=default
  --script=<Lua scripts>: <Lua scripts> is a comma separated
list of
```

```
         directories, script-files or script-categories
 --script-args=<n1=v1,[n2=v2,...]>: provide arguments to
scripts
 --script-trace: Show all data sent and received
 --script-updatedb: Update the script database.
OS DETECTION:
 -O: Enable OS detection
 --osscan-limit: Limit OS detection to promising targets
 --osscan-guess: Guess OS more aggressively
TIMING AND PERFORMANCE:
 Options which take <time> are in milliseconds, unless you
append 's'
 (seconds), 'm' (minutes), or 'h' (hours) to the value (e.g.
30m).
 -T[0-5]: Set timing template (higher is faster)
 --min-hostgroup/max-hostgroup <size>: Parallel host scan
group sizes
 --min-parallelism/max-parallelism <time>: Probe
parallelization
 --min-rtt-timeout/max-rtt-timeout/initial-rtt-timeout
<time>: Specifies
 probe round trip time.
 --max-retries <tries>: Caps number of port scan probe
retransmissions.
 --host-timeout <time>: Give up on target after this long
    --scan-delay/--max-scan-delay <time>: Adjust delay
between probes
 --min-rate <number>: Send packets no slower than <number>
per second
 --max-rate <number>: Send packets no faster than z<number>
per second
FIREWALL/IDS EVASION AND SPOOFING:
 -f; --mtu <val>: fragment packets (optionally w/given MTU)
 -D <decoy1,decoy2[,ME],...>: Cloak a scan with decoys
 -S <IP_Address>: Spoof source address
 -e <iface>: Use specified interface
 -g/--source-port <portnum>: Use given port number
 --data-length <num>: Append random data to sent packets
 --ip-options <options>: Send packets with specified ip
options
 --ttl <val>: Set IP time-to-live field
 --spoof-mac <mac address/prefix/vendor name>: Spoof your MAC
address
 --badsum: Send packets with a bogus TCP/UDP checksum
OUTPUT:
```

```
 -oN/-oX/-oS/-oG <file>: Output scan in normal, XML, s|<rIpt
kIddi3,
 and Grepable format, respectively, to the given file name.
 -oA <basename>: Output in the three major formats at once
 -v: Increase verbosity level (use twice or more for greater
effect)
 -d[level]: Set or increase debugging level (Up to 9 is
meaningful)
 --open: Only show open (or possibly open) ports
 --packet-trace: Show all packets sent and received
 --iflist: Print host interfaces and routes (for debugging)
 --log-errors: Log errors/warnings to the normal-format
output file
 --append-output: Append to rather than clobber specified
output files
 --resume <filename>: Resume an aborted scan
 --stylesheet <path/URL>: XSL stylesheet to transform XML
output to HTML
 --webxml: Reference stylesheet from Nmap.Org for more
portable XML
 --no-stylesheet: Prevent associating of XSL stylesheet w/
XML output
MISC:
 -6: Enable IPv6 scanning
 -A: Enables detecção de SO and Version detection, Script
scanning and Traceroute
 --datadir <dirname>: Specify custom Nmap data file location
 --send-eth/--send-ip: Send using raw ethernet frames or IP
packets
 --privileged: Assume that the user is fully privileged
 --unprivileged: Assume the user lacks raw socket privileges
 -V: Print version number
 -h: Print this help summary page.
EXAMPLES:
 nmap -v -A scanme.nmap.org
 nmap -v -sP 192.168.0.0/16 10.0.0.0/8
 nmap -v -iR 10000 -PN -p 80
SEE THE MAN PAGE FOR MANY MORE OPTIONS, DESCRIPTIONS, AND
EXAMPLES
```

15.3. Especificação de Alvos

Tudo, na linha de comando do Nmap, que não for uma opção (ou argumento de opção) será tratado como uma especificação de hospedeiro alvo. O caso mais simples é a especificação de um endereço IP ou nome de hospedeiro alvo para exame.

Às vezes, você quer examinar toda uma rede de hospedeiros adjacentes. Para isto, o Nmap suporta o endereçamento no estilo CIDR. Você pode apensar /<*numbits*> a um endereço IP ou nome de hospedeiro e o Nmap examinará cada endereço IP para o qual os primeiros <*numbits*> sejam os mesmos que os do IP ou nome de hospedeiro de referência dado. Por exemplo, 192.168.10.0/24 examinaria os 256 hospedeiros entre 192.168.10.0 (binário: 11000000 10101000 00001010 00000000) e 192.168.10.255 (binário: 11000000 10101000 00001010 11111111), inclusive. 192.168.10.40/24 faria exatamente a mesma coisa. Dado que o hospedeiro Scanme.nmap.org está no endereço IP 64.13.134.52, a especificação Scanme.nmap.org/16 examinaria os 65.536 endereços IP entre 64.13.0.0 e 64.13.255.255. O menor valor permitido é /0, que examina toda a Internet. O maior valor é /32, que examina apenas o hospedeiro ou o endereço IP nomeado, porque todos os bits de endereço estão fixos.

A notação CIDR é breve mas nem sempre flexível o suficiente. Por exemplo, você pode querer examinar 192.168.0.0/16 mas omitir quaisquer IPs terminando em .0 ou .255, porque eles são comumente endereços de difusão. O Nmap suporta isto através do endereçamento de faixa de octetos. Ao invés da especificação de um endereço IP normal, você pode especificar uma lista, separada por vírgulas, de números ou faixas para cada octeto. Por exemplo, 192.168.0-255.1-254 omitirá todos os endereços na faixa que terminem em .0 ou .255. As faixas não precisam estar limitadas aos últimos octetos: o especificador 0-255.0-255.13.37 realizará um exame em toda a Internet nos endereços que terminem com 13.37. Esta espécie de amostragem ampla pode ser útil para levantamentos e pesquisas na Internet.

Endereços IPv6 só podem ser especificados por seus endereços IPv6 completamente qualificados ou por nomes de hospedeiros. O CIDR e as faixas de octetos não são suportados para IPv6, porque eles raramente são úteis.

O Nmap aceita múltiplas especificações de hospedeiros, na linha de comando, e eles não precisam ser do mesmo tipo. O comando **nmap scanme.nmap.org 192.168.0.0/16 10.0.0,1,3-7.0-255** faz o que você esperaria.

Apesar dos alvos serem normalmente especificados nas linhas de comando, as seguintes opções estão disponíveis para controlar a seleção de alvos:

-iL <*nome do arquivo de entrada*> (entrada a partir de lista)
Lê as especificações de alvos de <*nome do arquivo de entrada*>. Passar uma enorme lista de hospedeiros frequentemente é complicado, na linha de comando, embora seja um desejo comum. Por exemplo, seu servidor de DHCP pode exportar uma lista de 10.000 cessões correntes que você deseje examinar. Ou, talvez, você queira examinar todos os endereços IP, *com exceção* daqueles, para localizar hospedeiros que estejam usando endereços IP estáticos não autorizados. Simplesmente gere a lista de hospedeiros para exame num arquivo e passe o nome deste ao Nmap como argumento para a opção -iL. As entradas podem estar em qualquer um dos formatos aceitos pelo Nmap na linha de comando (endereços IP, nomes de hospedeiros, CIDR, IPv6, ou faixas de octetos). Cada entrada deverá estar separada por um ou mais espaços, tabs ou newlines. Você pode especificar um hífen (-) como nome de arquivo, se quiser que o Nmap leia os hospedeiros a partir da entrada padrão, ao invés de um arquivo real.

-iR <*num hospedeiros*> (seleciona alvos aleatórios)
Para levantamentos na Internet e outras pesquisas, você pode querer selecionar os alvos aleatoriamente. O argumento <*num hospedeiros*> informa ao Nmap quantos IPs gerar. IPs indesejáveis, tais como aqueles em certas faixas de endereços privados, de difusão ou não alocados, são automaticamente omitidos. O argumento 0 pode ser especificado para um exame sem fim. Tenha em mente que alguns administradores de rede ficam de cabelo em pé diante de exames não autorizados de suas redes e podem reclamar. Use esta opção por sua própria conta e risco! Se você se achar realmente entediado, numa tarde chuvosa, experimente o comando **nmap -sS -PS80 -iR 0 -p 80** para localizar aleatoriamente servidores web para navegação.

--exclude <*hospedeiro1*>[,<*hospedeiro2*>[,...]] (exclui hospedeiros/redes)
Especifica uma lista, separada por vírgulas, de alvos a serem excluídos do exame, mesmo que eles façam parte da faixa de rede geral que você especifique. A lista que você passa usa a sintaxe normal do Nmap, de forma que pode incluir nomes de hospedeiros, blocos de redes CIDR, faixas de octetos etc. Isto pode ser útil quando a rede que você deseja examinar inclui servidores intocáveis de missão crítica, sistemas que são conhecidos por reagirem desfavoravelmente a exames de portas, ou subredes administradas por outras pessoas.

--excludefile <*arquivo de exclusão*> (lista de exclusão a partir de arquivo)
Esta oferece a mesma funcionalidade que a opção --exclude, com exceção de que os alvos excluídos são fornecidos num <*arquivo de exclusão*> delimitado por tabs, espaços ou newlines, ao invés de na linha de comando.

15.4. Descoberta de Hospedeiros

Um dos primeiríssimos passos em qualquer missão de reconhecimento de redes é reduzir um (às vezes enorme) conjunto de faixas de IP a uma lista de hospedeiros ativos ou interessantes. O exame de cada porta de cada endereço IP único é lento e normalmente desnecessário. É claro que o que torna um hospedeiro interessante depende grandemente dos propósitos do exame. Administradores de rede podem só estar interessados nos hospedeiros rodando um certo serviço, enquanto que auditores de segurança podem se preocupar com cada dispositivo que tenha um endereço IP. Um administrador pode ficar satisfeito em usar apenas um ping de ICMP para localizar os hospedeiros em sua rede interna, enquanto um testador de penetração externo pode usar um conjunto diverso de dezenas de provas, numa tentativa de evitar as restrições do firewall.

Como as necessidades de descoberta de hospedeiros são tão diversas, o Nmap oferece uma ampla variedade de opções para personalização das técnicas usadas. A descoberta de hospedeiros é, às vezes, chamada de exame por ping, mas ela vai bem além dos simples pacotes de requisição de eco de ICMP associados à onipresente ferramenta ping. Os usuários podem omitir o passo do ping por completo, com um exame de lista (-sL) ou desabilitando o ping (-PN), ou envolver a rede com combinações arbitrárias de provas de múltiplas portas de TCP por SYN/ACK, de UDP, e de ICMP. O objetivo destas provas é solicitar respostas que demonstrem que um endereço IP está realmente ativo (está sendo usado por um hospedeiro ou dispositivo de rede). Em muitas redes, somente uma pequena porcentagem de endereços IP estão ativos, num dado instante. Isto é particularmente comum em espaços de endereços privados, tais como 10.0.0.0/8. Esta rede tem 16 milhões de IPs, mas eu o tenho visto usado por companhias com menos de mil máquinas. A descoberta de hospedeiros pode encontrar estas máquinas num oceano de endereços IP esparsamente alocados.

Se nenhuma opção de descoberta de hospedeiros for dada, o Nmap enviará um pacote ACK de TCP destinado à porta 80 e uma solicitação de eco de ICMP para cada máquina alvo. Uma exceção a isto é que um exame por ARP é usado para quaisquer alvos que estejam numa rede ethernet local. Para usuários de shell de Unix sem privilégios, um pacote SYN é enviado, em vez do ACK, usando a chamada de sistema connect. Estes omissivos são equivalentes às opções -PA -PE. Esta descoberta de hospedeiros é frequentemente suficiente, quando do exame de redes locais, mas um conjunto mais abrangente de provas de descoberta é recomendado para auditagem de segurança.

As opções -P* (que selecionam tipos de ping) podem ser combinadas. Você pode aumentar suas chances de penetração de firewalls estritos enviando muitos tipos de provas, usando diferentes portas/sinalizadores de TCP e códigos de ICMP. Note, também, que a descoberta por ARP (-PR) é feita por omissão em alvos numa rede ethernet local, mesmo que você especifique outras opções -P*, porque ela é quase sempre mais rápida e mais eficaz.

Por omissão, o Nmap faz a descoberta de hospedeiros e, depois, realiza um exame de portas em cada hospedeiro que ele determinou estar no ar. Isto é verdade ainda que você especifique tipos não omissivos de descoberta de hospedeiros, tais como provas de UDP (-PU). Leia sobre a opção -sP para aprender como realizar somente a descoberta de hospedeiros, ou use -PN para omitir a descoberta de hospedeiros e examinar todos os hospedeiros alvo. As opções seguintes controlam a descoberta de hospedeiros:

Capítulo 15: Guia de Referência do Nmap — 591

-sL (exame de lista)

O exame de lista é uma forma degenerada de descoberta de hospedeiros que simplesmente lista cada hospedeiro das redes especificadas, sem enviar nenhum pacote aos hospedeiros alvo. Por omissão, o Nmap ainda faz a resolução de DNS reverso nos hospedeiros para descobrir seus nomes. Normalmente é surpreendente a quantidade de informação útil que simples nomes de hospedeiros revelam. Por exemplo, fw.chi é o nome do firewall de Chicago de uma companhia. O Nmap também reporta o número total de endereços IP, no final. O exame de lista é um bom cheque de sanidade, para assegurar que você tem os endereços IP apropriados para os seus alvos. Se os hospedeiros apresentarem nomes de domínios que você não reconheça, valerá a pena investigar mais para evitar o exame da rede da companhia errada.

Como a ideia é simplesmente apresentar uma lista de hospedeiros alvo, as opções para funcionalidades de mais alto nível, tais como exame de portas, detecção de SO ou exame por ping, não podem ser combinadas com esta. Se você quiser desabilitar o exame por ping, enquanto ainda realiza tal funcionalidade de nível mais alto, leia sobre a opção -PN.

-sP (exame por ping)

Esta opção diz ao Nmap para realizar apenas um exame por ping (descoberta de hospedeiros) e, depois, exibir os hospedeiros disponíveis que responderam ao exame. O traceroute e os scripts NSE de hospedeiros são também executados, se solicitados, mas nenhum outro teste (tal como exame de portas ou detecção de SO) é realizado. Este é, por omissão, um passo mais intrusivo que o exame de lista, e pode, frequentemente, ser usado para os mesmo propósitos. Ele permite o reconhecimento leve de uma rede alvo sem atrair muita atenção. Saber quantos hospedeiros estão no ar é mais valioso para atacantes do que a lista fornecida pelo exame de lista de cada IP e nome de hospedeiro.

Administradores de sistemas normalmente acham esta opção valiosa, também. Ela pode facilmente ser usada para contar as máquinas disponíveis numa rede, ou para monitorar a disponibilidade de servidores. Isto é frequentemente chamado de uma varredura por ping, e é mais confiável que o ping do endereço de difusão, porque muitos hospedeiros não respondem a consultas de difusão.

A opção -sP envia uma requisição de eco de ICMP e um pacote ACK de TCP para a porta 80, por omissão. Quando executada por um usuário sem privilégios, somente um pacote SYN é enviado (usando uma chamada a connect) à porta 80, no alvo. Quando um usuário privilegiado tenta examinar alvos numa rede ethernet local, requisições ARP são usadas, a menos que --send-ip seja especificada. A opção -sP pode ser combinada com qualquer um dos tipos de prova de descoberta (as opções -P*, excluindo -PN) para maior flexibilidade. Se qualquer uma destas opções de tipos de prova e de número de porta for usada, as provas omissivas (ACK e requisição de eco) serão sobrepostas. Quando firewalls estritos estiverem posicionados entre o hospedeiro de origem, rodando o Nmap, e a rede alvo, o uso destas técnicas avançadas é recomendado. Do contrário, algum hospedeiro poderá ser perdido, quando o firewall descartar as provas ou suas respostas.

-PN (sem ping)
Esta opção omite por completo o estágio de descoberta, do Nmap. Normalmente, o Nmap usa este estágio para determinar as máquinas ativas para um exame mais pesado. Por omissão, o Nmap só realiza provas pesadas - tais como exames de portas, detecção de versão ou detecção de SO - em hospedeiros que sejam descobertos no ar. A desabilitação da descoberta de hospedeiros com -PN faz com que o Nmap tente as funções de exame requisitadas em *todos* os endereços IP especificados. Assim, se um espaço de endereços alvo com tamanho de classe B (/16) for especificado na linha de comando, todos os 65.536 endereços IP serão examinados. A descoberta de hospedeiros apropriada será omitida, como no exame de lista, mas ao invés de parar e apresentar a lista de alvos, o Nmap continuará a realizar as funções solicitadas, como se cada IP alvo estivesse ativo. Para máquinas numa rede ethernet local, o exame por ARP ainda será realizado (a menos que --send-ip seja especificado), porque o Nmap precisa dos endereços MAC para examinar melhor os hospedeiros alvo. Este sinalizador costumava ser P0 (usando um zero), mas foi renomeado para evitar confusão com o sinalizador do ping de protocolo PO (usando a letra O).

-PS <*lista de portas*> (ping por SYN de TCP)
Esta opção envia um pacote de TCP vazio, com o sinalizador de SYN ligado. A porta de destino omissiva é a 80 (configurável durante a compilação, pela alteração de DEFAULT_TCP_PROBE_PORT_SPEC no nmap.h). Portas alternativas podem ser especificadas como parâmetro. A sintaxe é a mesma que para a -p, com exceção de que especificadores de tipo de porta, como T: não são permitidos. Exemplos são -PS22 e -PS22-

25,80,113,1050,35000. Note que não pode haver espaços entre o -PS e a lista de portas. Se múltiplas provas forem especificadas, elas serão enviadas em paralelo.

O sinalizador de SYN sugere ao sistema remoto que você está tentando estabelecer uma conexão. Normalmente, a porta de destino estará fechada, e um pacote RST (cancelar) será enviado de volta. Se acontecer de a porta estar aberta, o alvo dará o segundo passo da saudação em três tempos do TCP, respondendo com um pacote SYN/ACK de TCP. A máquina rodando o Nmap, então, cortará a conexão nascente, repondendo com um RST, ao invés de enviar um pacote ACK, que completaria a saudação em três tempos e estabeleceria uma conexão completa. O pacote RST é enviado pelo kernel da máquina que está rodando o Nmap, em resposta ao SYN/ACK inesperado, não pelo próprio Nmap.

O Nmap não se preocupa se a porta está aberta ou fechada. Uma das respostas RST ou SYN/ACK, discutidas anteriormente, dirá ao Nmap que o hospedeiro está disponível e responsivo.

Em máquinas Unix, somente o usuário privilegiado root pode, geralmente, enviar e receber pacotes crus de TCP. Para os usuários não privilegiados, um arranjo é automaticamente empregado, pelo qual a chamada do sistema connect é iniciada para cada porta alvo. Isto tem o efeito do envio de um pacote SYN ao hospedeiro alvo, numa tentativa de estabelecer uma conexão. Se connect retornar com um rápido sucesso ou com uma falha ECONNREFUSED, a pilha de TCP subjacente deverá ter recebido um SYN/ACK ou um RST, e o hospedeiro será marcado como disponível. Se a tentativa de conexão for suspensa até que um prazo de expiração seja atingido, o hospedeiro será marcado como fora do ar. Este arranjo também é usado para conexões de IPv6, uma vez que o suporte à construção de pacotes crus de IPv6 ainda não está disponível no Nmap.

-PA <*lista de portas*> (ping por ACK de TCP)
O ping por ACK de TCP é muito similar ao recém-discutido ping por SYN. A diferença, como você provavelmente imaginou, é que o sinalizador de ACK do TCP estará ligado, no lugar do sinalizador de SYN. Tal pacote ACK supõe estar reconhecendo dados através de uma conexão TCP estabelecida, mas tal conexão não existe. Então, os hospedeiros remotos deverão sempre responder com um pacote RST, revelando sua existência, no processo.

A opção -PA usa a mesma porta omissiva que a prova de SYN (80) e também pode receber uma lista de portas de destino, no mesmo formato. Se um usuário não privilegiado tentar esta, ou um alvo de IPv6 for especificado, o arranjo de connect, discutido anteriormente, será usado. Este arranjo é imperfeito, porque connect estará, na realidade, enviando um pacote SYN, em vez de um ACK.

A razão para o oferecimento de ambas as provas de ping, por SYN e por ACK, é maximizar as chances de ultrapassar firewalls. Muitos administradores configuram roteadores e outros firewalls simples para bloquear pacotes SYN de chegada, com exceção daqueles destinados a serviços públicos, como o website ou o servidor de correio da companhia. Isto evita outras conexões de chegada à organização, enquanto permite que usuários façam conexões desobstruídas de saída com a Internet. Esta abordagem sem estado consome poucos recursos do firewall/roteador, e é amplamente suportada por filtros de hardware e de software. O software de firewall Netfilter/iptables, do Linux, oferece a opção de conveniência --syn para implementar esta abordagem sem estado. Quando regras de firewalls sem estado, tais como esta, estão postas, as provas de ping por SYN (-PS) provavelmente serão bloqueadas, quando enviadas a portas alvo fechadas. Em tais casos, a prova de ACK brilha, uma vez que ela passa direto por estas regras.

Um outro tipo comum de firewall usa regras de estado que descartam pacotes inesperados. Esta funcionalidade foi inicialmente encontrada principalmente em firewalls de ponta, embora tenha se tornado muito mais comum, ao longo dos anos. O sistema Netfilter/iptables, do Linux, suporta isto através da opção --state, que categoriza pacotes ACK inesperados com base no estado da conexão. Uma prova de SYN é mais provável de funcionar num tal sistema, já que pacotes ACK inesperados serão, geralmente, reconhecidos como falsos e descartados. Uma solução para esta incerteza é o envio de ambas as provas, de SYN e de ACK, pela especificação de -PS e -PA.

-PU *<lista de portas>* (ping de UDP)

Uma outra opção de descoberta de hospedeiros é o ping de UDP, que envia um pacote vazio (a menos que --data-length seja especificada) de UDP às portas dadas. A lista de portas usa o mesmo formato que nas opções -PS e -PA, discutidas anteriormente. Se nenhuma porta for especificada, a omissiva será 31338. Esta omissiva pode ser configurada durante a compilação, alterando-se DEFAULT_UDP_PROBE_PORT_SPEC em nmap.h. Uma porta altamente incomum é usada por omissão, porque o envio para portas abertas é, frequentemente, indesejável, para este tipo de exame em particular.

Ao atingir uma porta fechada, na máquina alvo, a prova de UDP deverá induzir um pacote de ICMP de porta inalcançável, de volta. Isto significa, para o Nmap, que a máquina está no ar e disponível. Muitos outros tipos de erros de ICMP, tais como hospedeiro/rede inalcançável ou TTL excedido, são indicativos de um hospedeiro fora do ar ou inalcançável. Uma falta de resposta também é interpretada desta forma. Se uma porta aberta for alcançada, a maioria dos serviços simplesmente ignorará o pacote vazio e falhará em retornar qualquer resposta. É por isso que a porta omissiva da prova é 31338, que é altamente improvável de estar em uso. Alguns serviços, tais como o protocolo Gerador de Caracteres (chargen), responderão a um pacote vazio de UDP e, assim, revelarão ao Nmap que a máquina está disponível.

A vantagem primária deste tipo de exame é que ele ultrapassa firewalls e filtros que só focalizam o TCP. Por exemplo, uma vez eu tive um roteador de banda larga sem fios Linksys BEFW11S4. A interface externa deste dispositivo filtrava todas as portas TCP por omissão, mas provas de UDP ainda induziam mensagens de porta inalcançável e, assim, revelavam o dispositivo.

-PE; -PP; -PM (tipos de ping de ICMP)
Além dos tipos incomuns de descoberta de hospedeiros por TCP e UDP discutidos anteriormente, o Nmap pode enviar os pacotes padrões enviados pelo onipresente programa ping. O Nmap envia um pacote de ICMP tipo 8 (requisição de eco) aos endereços IP alvo, esperando um tipo 0 (resposta de eco) de volta dos hospedeiros disponíveis. Infelizmente, para os exploradores de redes, muitos hospedeiros e firewalls, hoje, bloqueiam estes pacotes, ao invés de responderem como exigido pela RFC 1122. Por esta razão, exames puramente por ICMP são raramente confiáveis o bastante, para alvos desconhecidos, na Internet. Mas para o monitoramento de uma rede interna por administradores de sistemas, eles podem ser uma abordagem prática e eficiente. Use a opção -PE para habilitar este comportamento de requisição de eco. Embora a requisição de eco seja a consulta padrão do ping de ICMP, o Nmap não para por aí. O padrão ICMP (RFC 792) também especifica os pacotes de requisição de horário, requisição de informações e requisição de máscara de endereço como sendo os códigos 13, 15, e 17, respectivamente. Ainda que o propósito ostensivo destas consultas seja a descoberta de infor-

mações tais como máscaras de endereço e horários atuais, elas podem ser facilmente usadas para a descoberta de hospedeiros. Um sistema que responde está no ar e disponível. O Nmap não implementa, atualmente, pacotes de requisição de informações, já que eles não são amplamente suportados. A RFC 1122 insiste que "um hospedeiro NÃO DEVE implementar estas mensagens". As consultas de horário e de máscara de endereço podem ser enviadas com as opções -PP e -PM, respectivamente. Uma resposta de horário (código 14 do ICMP) ou uma resposta de máscara de endereço (código 18) revela que o hospedeiro está disponível. Estas duas consultas podem ser valiosas quando os administradores bloqueiam especificamente os pacotes de requisição de eco, enquanto esquecem que outras consultas de ICMP podem ser usadas para o mesmo propósito.

-PO <*lista de protocolos*> (ping de protocolo IP)

A opção mais recente de descoberta de hospedeiros é o ping de protocolo IP, que envia pacotes de IP com o número de protocolo especificado ligado, em seus cabeçalhos de IP. A lista de protocolos tem o mesmo formato que as listas de portas das opções discutidas anteriormente de descoberta de hospedeiros por TCP e UDP. Se nenhum protocolo for especificado, o omissivo é o envio de múltiplos pacotes de IP para ICMP (protocolo 1), IGMP (protocolo 2), e IP-dentro-de-IP (protocolo 4). Os protocolos omissivos podem ser configurados durante a compilação, alterando-se DEFAULT_PROTO_PROBE_PORT_SPEC em nmap.h. Note que para ICMP, IGMP, TCP (protocolo 6), e UDP (protocolo 17), os pacotes são enviados com os próprios cabeçalhos do respectivo protocolo, enquanto que outros protocolos são enviados sem nenhum dado adicional, além do cabeçalho de IP (a menos que a opção --data-length seja especificada).

Este método de descoberta de hospedeiros procura por quaisquer respostas usando o mesmo protocolo que uma prova, ou mensagens de ICMP de protocolo inalcançável, que significam que o protocolo dado não é suportado no hospedeiro de destino. Qualquer tipo de resposta significará que o hospedeiro alvo está vivo.

-PR (ping por ARP)

Um dos cenários mais comuns de uso do Nmap é o exame de uma LAN ethernet. Na maioria das LANs, especialmente as que usam faixas de endereços privados especificados pela RFC 1918, a grande maioria dos endereços IP não é usada em dado momento. Quando o Nmap tenta enviar um pacote de IP cru, tal como uma requisição de eco de ICMP, o sistema operacional deve determinar o endereço do hardware (ARP) de destino correspondente ao IP alvo, de forma que ele possa endereçar devidamente o quadro de ethernet. Isto normalmente é lento e problemático, uma vez que os sistemas operacionais não foram escritos com a expectativa de que precisariam fazer milhões de requisições ARP para hospedeiros indisponíveis, num curto período de tempo.

O exame por ARP põe o Nmap e seus algoritmos otimizados a cargo das requisições ARP. E se ele obtiver uma resposta de volta, o Nmap nem precisará se preocupar com os pacotes de ping baseados em IP, já que ele já saberá que o hospedeiro está no ar. Isto torna o exame por ARP muito mais rápido e mais confiável que os exames baseados em IP. De forma que ele é feito por omissão, quando examinando hospedeiros de ethernet que o Nmap detecta estarem numa rede ethernet local. Mesmo que diferentes tipos de ping (tais como -PE ou -PS) sejam especificados, o Nmap usa o ARP, ao invés, para quaisquer alvos que estejam na mesma LAN. Se você não quiser, em absoluto, fazer um exame por ARP, especifique --send-ip.

--traceroute (traçado do caminho até o hospedeiro)
Traceroutes são realizados após os exames, usando informações dos resultados destes para determinar a porta e o protocolo mais provável de alcançar o alvo. Ele funciona com todos os tipos de exame, exceto os exames por connect (-sT) e exames ociosos (-sI). Todos os traçados usam o modelo de temporização dinâmica do Nmap e são realizados em paralelo.

O traceroute funciona através do envio de pacotes com um baixo TTL (time-to-live - tempo de vida), numa tentativa de induzir mensagens de ICMP de Tempo Excedido dos saltos intermediários entre o scanner e o hospedeiro alvo. Implementações padrões de traceroute iniciam com um TTL de 1 e o incrementam até que o hospedeiro de destino seja alcançado. O traceroute do Nmap inicia com um TTL alto e, depois, o decrementa até chegar a zero. Fazê-lo de trás para a frente permite que o Nmap empregue algoritmos de uso de cache mais inteligentes, para acelerar o traçado através de múltiplos hospedeiros. Na média, o Nmap envia de 5 a 10 pacotes a menos, por hospedeiro, dependendo das condições de rede. Se uma única sub-rede estiver sendo examinada, (isto é, 192.168.0.0/24) o Nmap só terá de enviar um único pacote à maioria dos hospedeiros.

-n (sem resolução de DNS)

Diz ao Nmap para *nunca* fazer a resolução de DNS reverso nos endereços IP ativos que ele encontrar. Como o DNS pode ser lento, mesmo com a função resolvedora em paralelo, embutida no Nmap, esta opção pode reduzir bastante os tempos dos exames.

-R (resolução de DNS para todos os alvos)
Diz ao Nmap para *sempre* fazer a resolução de DNS reverso, nos endereços IP alvo. Normalmente o DNS reverso só é realizado para hospedeiros responsivos (no ar).

--system-dns (usa o resolvedor de DNS do sistema)
Por omissão, o Nmap resolve endereços IP enviando consultas diretamente aos servidores de nomes configurados em seu hospedeiro e, depois, aguarda as respostas. Muitas solicitações (normalmente dezenas) são realizadas em paralelo, para melhorar o desempenho. Especifique esta opção para usar o resolvedor do seu sistema, ao invés (um IP por vez, através de chamada a getnameinfo). Isto é mais lento e raramente útil, a menos que você encontre um erro no resolvedor em paralelo do Nmap (por favor, deixe-nos saber, se você o encontrar). O resolvedor do sistema é sempre usado para exames de IPv6.

--dns-servers <*servidor1*>[,<*servidor2*>[,...]] (servidores a serem usados para consultas de DNS reverso)
Por omissão, o Nmap determina seus servidores de DNS (para resolução de rDNS) a partir de seu arquivo resolv.conf (Unix) ou do Registro (Win32). Alternativamente, você pode usar esta opção para especificar servidores alternativos. Esta opção não será honrada se você estiver usando --system-dns ou um exame de IPv6. O uso de múltiplos servidores de DNS é frequentemente mais rápido, especialmente se você optar por servidores autorizadores para seu espaço de IP alvo. Esta opção pode, também, melhorar a invisibilidade, uma vez que suas requisições poderão ser apresentadas a praticamente quaisquer servidores recursivos de DNS, na Internet.

Esta opção também se mostra útil quando do exame de redes privadas. Às vezes, apenas alguns servidores de nomes fornecem informação apropriada de rDNS, e você pode nem saber onde eles estão. Você pode examinar a rede em busca da porta 53 (talvez com a detecção de versão), depois tentar exames de lista do Nmap (-sL) especificando cada servidor de nomes, um por vez, com --dns-servers, até que encontre um que funcione.

15.5. Fundamentos de Exames de Portas

Apesar do Nmap ter crescido em funcionalidade, ao longo dos anos, ele começou como um eficiente scanner de portas, e esta continua a ser sua função central. O simples comando **nmap <alvo>** examina mais de 1660 portas TCP no hospedeiro <*alvo*>. Enquanto muitos scanners de portas têm tradicionalmente misturado todas as portas nos estados aberto ou fechado, o Nmap é muito mais criterioso. Ele divide as portas em seis estados: open (aberto), closed (fechado), filtered (filtrado), unfiltered (não filtrado),

open|filtered (aberto ou filtrado), ou closed|filtered (fechado ou filtrado).

Estes estados não são propriedades intrínsecas da porta, em si, mas descrevem como o Nmap as vê. Por exemplo, um exame do Nmap partindo da mesma rede que o alvo pode mostrar a porta 135/tcp como aberta, enquanto que um exame, ao mesmo tempo, com as mesmas opções, partindo da Internet, pode mostrar esta porta como filtrada.

Os seis estados de portas reconhecidos pelo Nmap

open (aberto)
    Uma aplicação está ativamente aceitando conexões TCP ou pacotes de UDP nesta porta. Encontrar estas aplicações é, frequentemente, o objetivo primário do exame de portas. As pessoas com a mente voltada para a segurança sabem que cada porta aberta é uma avenida para o ataque. Os atacantes e testadores de penetração quererão explorar as portas abertas, enquanto os administradores tentarão fechá-las ou protegê-las com firewalls, sem impedir os usuários legítimos. Portas abertas são, também, interessantes para exames não relacionados com segurança, porque mostram os serviços disponíveis para uso, na rede.

closed (fechado)
    Uma porta fechada é acessível (ela recebe os pacotes de provas do Nmap, e responde a eles), mas não há aplicação atendendo nela. Elas podem ser úteis para mostrar que um hospedeiro está no ar, num endereço IP (descoberta de hospedeiros, ou exame por ping), e como parte da detecção

de SO. Como as portas fechadas são alcançáveis, é possível que valha a pena examiná-las posteriormente, para o caso de alguma se abrir. Os administradores poderão querer considerar o bloqueio de tais portas com um firewall. Assim, elas aparecerão no estado filtrado, discutido em seguida.

filtered (filtrado)
O Nmap não pode determinar se a porta está aberta porque a filtragem de pacotes impede que suas provas a alcancem. A filtragem pode ser de um dispositivo firewall dedicado, de regras de roteador ou de software de firewall baseado no hospedeiro. Estas portas frustram os atacantes, porque fornecem muito pouca informação. Às vezes, elas respondem com mensagens de erro de ICMP, tais como o tipo 3, código 13 (destino inalcançável: comunicação administrativamente proibida), mas filtros que simplesmente descartam as provas, sem responder, são muito mais comuns. Isto força o Nmap a repetir a tentativa várias vezes, só para o caso de a prova ter sido descartada devido a congestionamento da rede, ao invés de filtragem. Isto retarda dramaticamente o exame.

unfiltered (não filtrado)
O estado não filtrado significa que uma porta está acessível, mas o Nmap não pode determinar se ela está aberta ou fechada. Somente o exame por ACK, que é usado para mapear conjuntos de regras de firewalls, classifica portas neste estado. O exame de portas não filtradas com outros tipos de exames, tais como um exame por janela, por SYN ou por FIN, pode ajudar a definir se a porta está aberta.

open|filtered (aberto ou filtrado)
O Nmap põe a porta neste estado quando é incapaz de determinar se ela está aberta ou filtrada. Isto ocorre nos tipos de exames em que as portas abertas não fornecem resposta. A falta de resposta poderia, também, significar que um filtro de pacotes descartou a prova ou qualquer resposta que ela induziu. Assim, o Nmap não sabe, com certeza, se a porta está aberta ou sendo filtrada. Os exames de UDP, de protocolo IP, por FIN, nulo e de Natal classificam portas desta forma.

closed|filtered (fechado ou filtrado)
Este estado é usado quando o Nmap é incapaz de determinar se uma porta está fechada ou filtrada. Ele só é usado no exame ocioso de ID de IP.

15.6. Técnicas de Exame de Portas

Tal qual um novato realizando um conserto no carro, eu posso me esforçar por horas tentando adequar minhas ferramentas rudimentares (martelo, fita de vedação, chave de boca etc) à tarefa em mãos. Quando eu desisto tristemente e arrasto meu carro velho para um mecânico real, ele invariavelmente vasculha uma enorme caixa de ferramentas até retirar de lá o treco perfeito que faz o trabalho parecer fácil. A arte de exame de porta é similar. Os peritos entendem as dezenas de técnicas de exame e escolhem uma (ou uma combinação) que seja apropriada para a tarefa dada. Usuários inexperientes e script kiddies, por outro lado, tentam resolver cada problema com o exame omissivo de SYN. Como o Nmap é livre, a única barreira ao domínio do exame de portas é o conhecimento. Este, certamente, supera o mundo automotivo, em que pode-se exigir grande perícia para se determinar que você precisa de um compressor de molas e, depois, você ainda ter de pagar uma nota por isto.

A maioria dos tipos de exames só está disponível para usuários privilegiados. Isto porque eles enviam e recebem pacotes crus de IP (ou mesmo quadros de ethernet), que exigem o acesso de root nos sistemas Unix. O uso de uma conta de administrador, no Windows, é recomendado, embora o Nmap, às vezes, funcione para usuários não privilegiados, nessa plataforma, quando a WinPcap já tiver sido carregada pelo SO. A exigência de privilégios de root era uma limitação séria, quando o Nmap foi liberado, em 1997, já que muitos usuários só tinham acesso a contas de shell compartilhadas. Agora, o mundo está diferente. Os computadores são mais baratos, muito mais pessoas têm acesso direto ininterrupto à Internet, e sistemas Unix de área de trabalho (incluindo Linux e Mac OS X) são dominantes. Uma versão para o Windows do Nmap está, agora, disponível, permitindo que ele rode em ainda mais áreas de trabalho. Por todas estas razões, os usuários raramente precisam rodar o Nmap em limitadas contas de shell compartilhadas. Isto é ótimo, já que as opções privilegiadas tornam o Nmap muito mais poderoso e flexível.

Embora o Nmap tente produzir resultados precisos, tenha em mente que todas as suas deduções são baseadas em pacotes retornados pelas máquinas alvo (ou pelos firewalls em frente a elas). Tais hospedeiros podem não ser confiáveis e enviar respostas com o objetivo de confundir ou desorientar o Nmap. Muito mais comuns são os hospedeiros não concordantes com a RFC, que não respondem às provas do Nmap como deveriam. Os exames por FIN, nulo e de Natal são particularmente suscetíveis a este problema. Tais questões são específicar de certos tipos de exames e, assim, são discutidas nas entradas individuais do tipo de exame.

Esta seção documenta as cerca de uma dezena de técnicas de exames de portas suportadas pelo Nmap. Somente um método pode ser usado de cada vez, com exceção do exame de UDP (-sU) pode ser combinado com qualquer um dos tipos de exames de TCP. Como auxílio para a memória, as opções dos tipos de exames de portas têm a forma -s<C>, onde <C> pe um caractere de destaque no nome do exame, normalmente o primeiro. A única exceção a isto é o exame obsoleto por rebate de FTP (-b). Por omissão, o Nmap realiza um exame por SYN, embora ele o substitua por um exame por connect, se o usuário não tiver os privilégios apropriados para o envio de pacotes crus (que exige acesso de root, no Unix) ou se forem especificados alvos de IPv6. Dos exames listados nesta seção, os usuários não privilegiados só podem executar os por connect e por rebate de FTP.

-sS (exame de TCP por SYN)
    O exame por SYN é a opção omissiva e mais popular de exame por uma boa razão: ele pode ser realizado rapidamente, examinando milhares de portas por segundo, numa rede rápida, não empeçada por firewalls intrusivos. O exame por SYN é relativamente discreto e invisível, uma vez que nunca completa as conexões de TCP. Ele também funciona em qualquer pilha de TCP compatível, ao invés de depender de idiossincrasias de plataformas específicas, como o fazem os exames por FIN/nulo/de Natal, de Maimon e ocioso, do Nmap. Ele também permite uma clara e confiável diferenciação entre os estados aberto, fechado e filtrado.

    Esta técnica é frequentemente chamada de exame por meia abertura, porque você não abre uma conexão completa de TCP. Você envia um pacote SYN, como se fosse abrir uma conexão real e, então, espera por uma resposta. Um SYN/ACK indica que a porta está atendendo (aberta), enquanto que um RST (cancelar) é indicativo de uma não atenta. Se nenhuma resposta for recebida, depois de várias retransmissões, a porta será marcada como filtrada. Ela também será marcada como filtrada se um erro de ICMP de inalcançável (tipo 3, código 1, 2, 3, 9, 10, ou 13) for recebida.

-sT (exame de TCP por connect)
O exame por TCP connect é o tipo omissivo de exame de TCP quando o exame por SYN não é uma opção. Este é o caso quando um usuário não tem privilégios de pacotes crus ou está examinando redes de IPv6. Ao invés de escrever os pacotes crus, como a maioria dos outros tipos de exames faz, o Nmap solicita ao sistema operacional subjacente que estabeleça uma conexão com a máquina e porta alvo, emitindo a chamada connect, do sistema. Esta é a mesma chamada de alto nível, do sistema, que os navegadores web, os clientes P2P e a maioria de outras aplicações habilitadas a rede usam para estabelecer uma conexão. Ela é parte de uma interface de programação conhecida como API de Soquetes de Berkeley. Ao invés de ler os pacotes crus das respostas direto do cabo, o Nmap usa esta API para obter informações de status em cada tentativa de conexão.

Quando o exame por SYN está disponível, ele é normalmente uma melhor escolha. O Nmap tem menos controle sobre a chamada de alto nível a connect do que com pacotes crus, tornando-o menos eficiente. A chamado do sistema completa conexões com as portas alvo abertas, ao invés de realizar o cancelamento de meia abertura que o exame por SYN faz. Não só isto demora mais e exige mais pacotes para obter a mesma informação, como é mais provável que as máquinas alvo registrem a conexão. Um IDS decente capturará ambos, mas a maioria das máquinas não tem tal sistema de alarme. Muitos serviços, em seu sistema Unix mediano adicionarão uma nota ao syslog, e, às vezes, uma mensagem de erro misteriosa, quando o Nmap se conecta e, depois, fecha a conexão sem enviar dados. Serviços realmente patéticos param, quando isto acontece, embora isso seja incomum. Um administrador que vê um punhado de tentativas de conexão em seus registros, a partir de um único sistema, deve saber que sofreu um exame por connect.

-sU (exames de UDP)
Embora a maioria dos serviços populares, na Internet, rode em cima do protocolo TCP, serviços de UDP estão amplamente distribuídos. DNS, SNMP, e DHCP (portas registradas 53, 161/162, e 67/68) são três dos mais comuns. Como o exame de UDP é geralmente mais lento e mais difícil do que o de TCP, alguns auditores de segurança ignoram estas

portas. Isto é um erro, já que serviços UDP exploráveis são muito comuns e os atacantes certamente não ignoram todo o protocolo. Felizmente, o Nmap pode ajudar a inventariar as portas UDP.

O exame de UDP é ativado com a opção -sU. Ele pode ser combinado com um tipo de exame de TCP, tal como um exame por SYN (-sS) para checar ambos os protocolos, durante a mesma execução.

O exame de UDP funciona enviando um cabeçalho de UDP vazio (sem dados) a cada porta alvejada. Se um erro de ICMP de porta inalcançável (tipo 3, código 3) for retornado, a porta estará fechada. Outros erros de ICMP de inalcançável (tipo 3, código 1, 2, 9, 10, ou 13) marcam a porta como filtrada. Eventualmente, um serviço responderá com um pacote de UDP, provando que ela está aberta. Se nenhuma resposta for recebida, depois das retransmissões, a porta será classificada como open|filtered (aberta ou filtrada). Isto significa que a porta pode estar aberta, ou talvez filtros de pacotes estejam bloqueando a comunicação. A detecção de versão (-sV) pode ser usada para ajudar a diferenciar as portas verdadeiramente abertas das filtradas.

Um grande desafio do exame de UDP é fazê-lo rapidamente. Portas abertas ou filtradas raramente enviam qualquer resposta, deixando o Nmap expirar o tempo de espera e, depois, realizar retransmissões só para o caso de a prova ou a reposta ter sido perdida. Portas fechadas são normalmente um problema ainda maior. Elas comumente enviam de volta um erro de ICMP de porta inalcançável. Mas diferentemente dos pacotes RST enviados pelas portas TCP fechadas, em resposta a um exame por SYN ou connect, muitos hospedeiros limitam a taxa de mensagens de ICMP de porta inalcançável, por omissão. O Linux e o Solaris são particularmente estritos sobre isto. Por exemplo, o kernel Linux 2.4.20 limita as mensagens de destino inalcançável a uma por segundo (em net/ipv4/icmp.c).

O Nmap detecta a limitação da taxa e se retarda convenientemente, para evitar a inundação da rede com pacotes inúteis que a máquina alvo descartará. Infelizmente, um limite no estilo do Linux, de um pacote por segundo, faz com que um exame de 65.536 portas leve mais de 18 horas. Ideias para aceleração de seus exames de UDP incluem o exame de mais hospedeiros em paralelo, fazendo um rápido exame apenas das portas populares, primeiro, o exame por trás do firewall, e o uso de --host-timeout para pular os hospedeiros lentos.

-sN; -sF; -sX (exames de TCP nulo, por FIN, e de Natal)
Estes três tipos de exames (mais ainda são possíveis, com a opção --scanflags descrita na próxima seção) exploram uma brecha na RFC do TCP para diferenciar entre portas abertas e fechadas. A página 65 da RFC 793 diz que "se a porta [de destino] estiver CLOSED (fechada) ... um segmento de chegada que não contenha um RST fará com que um RST seja enviado como resposta". Depois, a página seguinte discute o envio de pacotes a portas abertas sem os bits SYN, RST, ou ACK ligados, atestando que: "você provavelmente não chegará lá, mas se o fizer, descarte o segmento e retorne".

Quando examinando sistemas que se adequam a este texto de RFC, qualquer pacote que não contenha os bits SYN, RST, ou ACK ligados resultará num RST sendo retornado, se a porta estiver fechada, e absolutamente nenhuma resposta se a porta estiver aberta. Desde que nenhum desses três bits esteja incluído, qualquer combinação dos outros três (FIN, PSH, e URG) são aceitáveis. O Nmap explora isto com três tipos de exame:

Exame nulo (-sN)

Não liga nenhum bit (o cabeçalho de sinalizadores de TCP é 0)

Exame por FIN (-sF)

Liga apenas o bit FIN do TCP.

Exame de Natal (-sX)

Liga os sinalizadores de FIN, PSH, e URG, iluminando o pacote como uma árvore de Natal.

Estes três tipos de exames são exatamente os mesmos, no comportamento, com exceção dos sinalizadores de TCP ligados, nos pacotes de provas. Se um pacote RST for recebido, a porta será considerada fechada, enquanto que nenhuma resposta significará que ela está aberta ou filtrada. A porta será marcada como filtrada se um erro de ICMP de inalcançável (tipo 3, código 1, 2, 3, 9, 10, ou 13) for recebido.

A vantagem principal destes tipos de exame é que eles podem atravessar certos firewalls sem estado e roteadores com filtragem de pacotes. Uma outra vantagem é que estes tipos de exame são um pouco mais invisíveis, até do que um exame por SYN. Não conte com isto, no entanto - a maioria dos produtos modernos de IDS pode ser configurada para detectá-los.

A grande desvantagem é que nem todos os sistemas seguem a RFC 793 à letra. Alguns sistemas enviam respostas de RST às provas, independentemente de a porta estar aberta ou não. Isto faz com que todas as portas sejam marcadas como fechadas. Os principais sistemas operacionais que fazem isto são o Microsoft Windows, muitos dispositivos Cisco, e o IBM OS/400. Este exame funciona na maioria dos sistemas baseados no Unix, no entanto. Uma outra desvantagem destes exames é que eles não podem distinguir portas abertas de algumas outras filtradas, deixando você com a resposta open|filtered (aberta ou filtrada).

-sA (exame de TCP por ACK)

Este exame é diferente dos outros discutidos até agora por nunca determinar portas abertas (ou mesmo "abertas ou filtradas"). Ele é usado para mapear conjuntos de regras de firewalls, determinando se eles são de estado ou não, e quais portas estão filtradas.

O pacote de prova do exame por ACK tem apenas o sinalizador de ACK ligado (a menos que você use --scanflags). Quando examinando sistemas não filtrados, tanto as portas abertas quanto as fechadas retornarão um pacote RST. O Nmap, então, as marcará como não filtradas, significando que elas são inalcançáveis pelo pacote ACK, mas se elas estiverem abertas ou fechadas serão indeterminadas. Portas que não responderem, ou que enviarem certas mensagens de erro de ICMP de volta (tipo 3, código 1, 2, 3, 9, 10, ou 13), serão marcadas como filtradas.

-sW (exame de TCP por janela)

O exame por janela (window) é exatamente o mesmo que o exame por ACK, exceto que ele explora um detalhe de implementação de certos sistemas para diferenciar portas abertas de fechadas, ao invés de sempre apresentar não filtrada, quando um RST for retornado. Ele o faz pelo exame do valor da janela do TCP dos pacotes RST retornados. Em alguns sistemas, as portas abertas usam um tamanho de janela positivo (mesmo para pacotes RST), enquanto as fechadas têm uma janela igual a zero. Assim, em vez de sempre listar uma porta como não filtrada, quando recebe um RST de volta, o exame por janela lista a porta como aberta ou fechada, se o valor da janela de TCP neste cancelamento for positivo ou zero, respectivamente.

Este exame se baseia num detalhe de implementação de uma minoria de sistemas na Internet, de forma que você nem sempre pode confiar nele. Os sistemas que não o suportam normalmente retornarão todas as portas fechadas. É claro que é possível que a máquina realmente não tenha portas abertas. Se a maioria das portas examinadas estiver fechada, mas alguns números de portas comuns (como a 22, a 25 e a 53) estiverem filtradas, o sistema muito provavelmente é suscetível. Eventualmente, os sistemas até mostrarão o comportamento exatamente oposto. Se seu exame mostrar 1000 portas abertas e três fechadas ou filtradas, então estas três poderão muito bem ser as que realmente estão abertas.

-sM (exame de TCP de Maimon)
O exame de Maimon foi nomeado em homenagem ao seu descobridor, Uriel Maimon. Ele descreveu a técnica na edição 49 da Revista *Phrack* (novembro de 1996). O Nmap, que incluía esta técnica, foi liberado duas edições mais tarde. Esta técnica é exatamente a mesma que os exames nulo, por FIN e de Natal, com exceção de que a prova é FIN/ACK. De acordo com a RFC 793 (TCP), um pacote RST deve ser gerado em resposta a tal prova, se a porta estiver aberta ou fechada. Entretanto, Uriel percebeu que muitos sistemas derivados do BSD simplesmente descartavam o pacote, se a porta estivesse aberta.

--scanflags (exame personalizado de TCP)
Usuários verdadeiramente avançados do Nmap não precisam se limitar aos tipos de exames enlatados. A opção --scanflags permite que você projete seu próprio exame, especificando sinalizadores de TCP arbitrários. Deixe que suas ideias criativas fluam, enquanto evita os sistemas de detecção de intrusão cujos fornecedores simplesmente folhearam a página manual do Nmap adicionando regras específicas!

O argumento de --scanflags pode ser um valor de sinalizador numérico, tal como 9 (PSH e FIN), mas o uso de nomes simbólicos é mais fácil. Apenas misture-os em qualquer combinação de URG, ACK, PSH, RST, SYN, e FIN. Por exemplo, --scanflags URGACKPSHRSTSYNFIN liga todos os bits, embora isto não seja muito útil para exame. A ordem em que eles são especificados é irrelevante.

Além de especificar os sinalizadores desejados, você pode especificar um tipo de exame de TCP (tal como -sA ou -sF). Esses tipos base dizem ao Nmap como interpretar as respostas. Por exemplo, um exame por SYN considera nenhuma resposta como indicativo de uma porta filtrada, enquanto que um exame por FIN trata a mesma como open|filtered (aberta ou filtrada). O Nmap se comportará da mesma forma como o faria para o tipo de exame base, com exceção de que ele usará os sinalizadores de

TCP que você especificar, ao invés. Se você não especificar um tipo base, o exame por SYN será usado.

-sI *<hospedeiro zumbi>*[:*<porta de prova>*] (exame ocioso)
Este método de exame avançado permite um verdadeiro exame cego de portas TCP do alvo (significando que nenhum pacote é enviado ao alvo partindo de seu endereço IP real). Ao invés, um ataque de canal lateral único explora a geração predizível de sequência de ID de fragmentação de IP, no hospedeiro zumbi, para coletar informações sobre as portas abertas no alvo. Os sistemas IDS apresentarão o exame como vindo da máquina zumbi que você especificou (que deverá estar no ar e atender a certos critérios). Detalhes completos deste fascinante tipo de exame estão na seção 5.10, " Exame ocioso de TCP (-sI)".

Além de ser extraordinariamente invisível (devido a sua natureza cega), este tipo de exame permite o mapeamento de relacionamentos entre máquinas confiados com base no IP. A listagem de portas mostra portas abertas *da perspectiva do hospedeiro zumbi*. Assim, você pode tentar examinar um alvo usando vários zumbis que você ache que podem ser confiados (através de regras de filtros de pacotes/roteador).

Você pode adicionar dois-pontos seguidos por um número de porta, ao hospedeiro zumbi, se quiser provar uma porta em particular, no zumbi, por alterações de ID de IP. Do contrário, o Nmap usará a porta que ele usa por omissão para pings de TCP (80).

-sO (exame de protocolo IP)
O exame de protocolos IP permite que você determine quais protocolos IP (TCP, ICMP, IGMP etc) são suportados pelas máquinas alvo. Isto não é, tecnicamente, um exame de portas, uma vez que ele circula pelos números de protocolos IP, ao invés dos números de portas TCP ou UDP. Mesmo assim, ele ainda usa a opção -p para selecionar os números de protocolos examinados, reporta seus resultados no formato normal da tabela de portas e, até, usa o mesmo mecanismo subjacente que os métodos reais de exame de portas. Assim, ele está perto o bastante de um exame de portas, para estar aqui.

Além de ser útil em si mesmo, o exame de protocolos demonstra o poder do software de código aberto. Apesar da ideia fundamental ser bastante simples, eu não pensei em adicioná-la, nem recebi quaisquer solicitações para tal funcionalidade. Então, no verão de 2000, Gerhard Rieger concebeu a ideia, escreveu uma excelente emenda implementando-a e a enviou para a lista de correio *nmap-hackers*. Eu incorporei essa emenda na árvore do Nmap e liberei uma nova versão no dia seguinte. Poucas partes de software comercial têm usuários suficientemente entusiasmados para projetar e contribuir com suas próprias melhorias!

O exame de protocolos funciona de forma similar ao exame de UDP. Ao invés de iterarem pelo campo do número da porta de um pacote UDP, ele envia cabeçalhos de pacotes IP e itera pelo campo de oito bits do protocolo IP. Os cabeçalhos normalmente são vazios, sem conter nenhum dado e nem mesmo o cabeçalho apropriado para o protocolo reclamado. As três exceções são TCP, UDP, e ICMP. Um cabeçalho de protocolo apropriado para estes é incluído, já que, do contrário, alguns sistemas não os enviarão, e porque o Nmap já tem funções para criá-los. Ao invés de esperar por mensagens de ICMP de porta inalcançável, o exame de protocolos fica no encalço de mensagens de ICMP de *protocolo* inalcançável. Se o Nmap receber qualquer resposta de qualquer protocolo do hospedeiro alvo, ele marcará aquele protocolo como aberto. Um erro de ICMP de protocolo inalcançável (tipo 3, código 2) fará com que o protocolo seja marcado como fechado. Outros erros de ICMP de inalcançável (tipo 3, código 1, 3, 9, 10 ou 13) farão com que o protocolo seja marcado como filtrado (embora eles provem que o ICMP está aberto, ao mesmo tempo). Se nenhuma resposta for recebida, depois das retransmissões, o protocolo será marcado como open|filtered (aberto ou filtrado).

-b <*hospedeiro de repasse de FTP*> (exame por rebate de FTP)
Uma funcionalidade interessante do protocolo FTP (RFC 959) é o suporte às assim chamadas conexões de FTP por representante. Isto permite que um usuário se conecte a um servidor FTP e, depois, solicite que arquivos sejam enviados a um servidor de terceiros. Tal funcionalidade é oportuna para abusos em muitos níveis, de forma que a maioria dos servidores deixou de suportá-la. Um dos abusos que esta funcionalidade permite é fazer com que o servidor FTP examine as portas de outros hospedeiros. Simplesmente solicite ao servidor FTP para enviar um arquivo a cada porta interessante do hospedeiro alvo, por vez. A mensagem de erro descreverá se a porta está aberta ou não. Esta é uma boa maneira de se eliminar firewalls, porque servidores FTP organizacionais normalmente são colocados onde eles têm mais acesso a outros hospedeiros internos do que qualquer velho hospedeiro da Internet teria. O Nmap suporta o exame por rebate de FTP com a opção -b. Ela usa um argumento na forma <*nome de usuário*>:<*senha*>@<*servidor*>:<*porta*>. <*servidor*> é o nome ou o endereço IP de um servidor FTP vulnerável. Como nos

URLs normais, você pode omitir o *<nome de usuário>:<senha>*, em cujo caso, as credenciais de login anônimo (usuário: anonymous, senha: -wwwuser@) serão usadas. O número da porta (e o dois-pontos precedente) pode ser omitido, também, em cujo caso a porta FTP omissiva (21) em *<servidor>* será usada.

Esta vulnerabilidade estava disseminada em 1997, quando o Nmap foi liberado, mas foi amplamente solucionada. Servidores vulneráveis ainda estão por aí, então vale a pena experimentar, quando tudo o mais falhar. Se ultrapassar um firewall for o seu objetivo, examine a rede alvo em busca da porta 21 aberta (ou mesmo em busca de quaisquer serviços FTP, se você examinar todas as portas com detecção de versão), depois experimente um exame por rebate, usando cada um. O Nmap lhe dirá se o hospedeiro é vulnerável ou não. Se você estiver apenas tentando ocultar seus rastros, você não precisará (e, na verdade, não deverá) se limitar a hospedeiros na rede alvo. Antes de partir para o exame de endereços aleatórios de Internet, em busca de servidores FTP vulneráveis, leve em conta que os administradores de sistemas não apreciarão que você abuse dos servidores deles desta forma.

15.7. Especificação de Portas e Ordem de Exames

Além de todos os métodos discutidos anteriormente, o Nmap oferece opções para especificação de quais portas serão examinadas e se a ordem dos exames será aleatória ou sequencial. Por omissão, o Nmap examina todas as portas até, e inclusive, a 1024, bem como portas de numeração mais alta, listadas no arquivo nmap-services para os protocolos sendo examinados.

-p *<faixas de portas>* (examina apenas as portas especificadas)
   Esta opção especifica quais portas você quer examinar e sobrepõe as omissivas. Número de portas individuais são aceitos, como também faixas separadas por um hífen (p.ex.: 1-1023). Os valores inicial e/ou final de uma faixa podem ser omitidos, fazendo com que o Nmap use 1 e 65535, respectivamente. Assim, você pode especificar -p- para examinar as portas de 1 a 65535. O exame da porta zero é permitido se você a especificar explicitamente. Para o exame do protocolo IP (-sO), esta opção especifica os números dos protocolos que você deseja examinar (0 a 255).

Quando examinando tanto as portas TCP quanto UDP, você pode especificar um protocolo em particular, precedendo os números das portas com T: ou U:. O qualificador permanece até que você especifique um outro. Por exemplo, o argumento -p U:53,111,137,T:21-25,80,139,8080 examinaria as portas UDP 53,111, e 137, bem como as portas TCP listadas. Note que para examinar tanto o UDP quanto o TCP, você terá de especificar -sU e pelo menos um tipo de exame TCP (tal como -sS, -sF, ou -sT). Se nenhum qualificador de protocolo for dado, os números de portas serão adicionados a todas as listas de protocolos.

As portas também podem ser especificadas pelo nome, de acordo com como elas são referidas no nmap-services. Você pode até usar as máscaras * e ? com os nomes. Por exemplo, para examinar o FTP e todas as portas cujos nomes comecem com "http", use -p ftp,http*. Tenha cuidado com as expansões do shell e ponha o argumento para -p entre aspas, se estiver incerto sobre isto.

Faixas de portas podem ser envolvidas por colchetes para indicar portas dentro dessas faixas que apareçam no nmap-services. Por exemplo, esta especificação examinará todas as portas do nmap-services iguais ou inferiores a 1024: -p [-1024]. Tenha cuidado com as expansões do shell e ponha o argumento para -p entre aspas, se estiver incerto sobre isto.

-F (exame rápido - portas limitadas)
Especifica que você deseja examinar menos portas que por omissão. Normalmente, o Nmap examina as 1.000 portas mais comuns para cada protocolo especificado. Com -F, este número é reduzido para 100.

O Nmap precisa de um arquivo nmap-services com informações de frequência, para poder saber quais portas são as mais comuns (veja a seção 14.2, "Lista de portas bem conhecidas: nmap-services" para maiores detalhes sobre frequências de portas). Se a informação de frequência de portas não estiver disponível, talvez por causa do uso de um arquivo nmap-services personalizado, -F significará examinar somente as portas que estão nomeadas no arquivo services (normalmente o Nmap examina todas as portas nomeadas, além das portas de 1 a 1024).

-r (não embaralhar as portas)
Por omissão, o Nmap embaralha a ordem das portas examinadas (com exceção de certas portas comumente acessíveis que são movidas para perto do começo, por questões de eficiência). Este embaralhamento normalmente é desejável, mas você pode especificar -r para o exame sequencial de portas, ao invés.

--port-ratio <número decimal entre 0 e 1>
   Examina todas as portas do arquivo nmap-services com uma razão maior que o número especificado como argumento (somente para o novo formato do nmap-services).

--top-ports <N (inteiro igual ou maior que 1)>
   Examina as N portas com razões mais altas encontradas no arquivo nmap-services (somente para o novo formato do nmap-services).

15.8. Detecção de Serviços e Versões

Direcione o Nmap para uma máquina remota e ele poderá lhe dizer se as portas 25/tcp, 80/tcp, e 53/udp estão abertas. Usando sua base de dados nmap-services de cerca de 2.200 serviços bem conhecidos, o Nmap reportaria que estas portas provavelmente corresponderiam a um servidor de correio (SMTP), servidor web (HTTP), e servidor de nomes (DNS), respectivamente. Esta busca é normalmente acurada - a grande maioria de serviços atendendo na porta TCP 25 são, de fato, servidores de correio. Contudo, você não deve apostar sua segurança nisto! As pessoas podem rodar (e rodam) serviços em portas estranhas. Mesmo que o Nmap esteja certo, e o hipotético servidor acima esteja rodando os servidores de SMTP, de HTTP, e de DNS, isto não é um monte de informações. Quando fazendo levantamentos de vulnerabilidades (ou mesmo simples inventários de redes) de suas companhias ou de seus clientes, você realmente quererá saber quais servidores e versões de correio e de DNS estão rodando. Ter um número de versão precisa de ajuda dramaticamente na determinação das explorações a que um servidor é vulnerável. A detecção de versão lhe ajudará a obter esta informação.

Depois que as portas TCP e/ou UDP forem descobertas, usando algum dos outros métodos de exame, a detecção de versão interroga aquelas portas para determinar mais sobre o que está realmente rodando. A base de dados nmap-service-probes contém provas para a consulta de vários serviços e expressões de correspondência para reconhecimento e processamento de respostas. O Nmap tenta determinar o protocolo do serviço (p.ex.: FTP, SSH, Telnet, HTTP), o nome da aplicação (p.ex.: ISC BIND, Apache httpd, Solaris telnetd), o número da versão, o nome do hospedeiro, o tipo do dispositivo (p.ex.: impressora, roteador), a família do SO (p.ex.: Windows, Linux) e, às vezes, detalhes diversos como se um servidor X está aberto a conexões, a versão do protocolo SSH, ou o nome de usuário do KaZaA). É claro que a maioria dos serviços não fornece toda esta informação. Se o Nmap foi compilado com suporte ao OpenSSL, ele se conectará a servidores de SSL para deduzir o serviço que está atendendo por trás daquela camada de encriptação. Quando serviços de RPC são descobertos, o explorador de RPC do Nmap (-sR) é automaticamente usado para determinar o programa RPC e os números de versão. Algumas portas UDP são deixadas no estado open|filtered (aberto ou filtrado) depois que um exame de UDP é incapaz de determinar se elas estão abertas ou filtradas. A detecção de versão tentará induzir uma resposta destas portas (exatamente como ele faz com as portas abertas), e altera o estado para aberto se tiver sucesso. Portas TCP no estado open|filtered são tratadas da mesma forma. Note que a opção -A, do Nmap, habilita a detecção de versão, dentre outras coisas. A detecção de versão é descrita em detalhes no capítulo 7, *Detecção de versão de serviços e de aplicações*.

Quando o Nmap recebe respostas de um serviço, mas não pode correspondê-las com sua base de dados, ele exibe uma impressão digital especial e um URL, para que você a envie, se souber, com certeza, o que está rodando na porta. Por favor, dispense alguns minutos para fazer o envio, de forma que sua descoberta possa beneficiar a todos. Graças a estes envios, o Nmap tem cerca de 3.000 padrões de correspondência para mais de 350 protocolos, tais como SMTP, FTP, HTTP etc.

A detecção de versão é habilitada e controlada com as seguintes opções:

-sV (detecção de versão)
    Habilita a detecção de versão, como discutido anteriormente. Alternativamente, você pode usar -A, que habilita a detecção de versão, dentre outras coisas.

--allports (não exclui nenhuma porta da detecção de versão)
    Por omissão, a detecção de versão, do Nmap, pula a porta TCP 9100, porque algumas impressoras simplesmente imprimem qualquer coisa enviada a esta porta, levando a dezenas de páginas de requisições de HTTP GET, requisições binárias de sessões de SSL etc. Este comportamento

pode ser alterado pela modificação ou remoção da diretiva Exclude, no nmap-service-probes, ou você pode especificar --allports para examinar todas as portas, independentemente de qualquer diretiva Exclude.

--version-intensity <*intensidade*> (ajusta a intensidade do exame de versão)
Quando realizando um exame de versão (-sV), o Nmap envia uma série de provas, cada uma das quais recebe um valor de raridade, entre um e nove. As provas de numeração baixa são eficazes para uma ampla variedade de serviços comuns, enquanto que as de numeração elevada são raramente úteis. O nível de intensidade especifica quais provas deverão ser aplicadas. Quanto maior o número, mais provável que o serviço seja corretamente identificado. No entanto, exames de alta intensidade demoram mais. A intensidade deve estar entre 0 e 9. A omissiva é 7. Quando uma prova for registrada para a porta alvo, através da diretiva ports do nmap-service-probes, esta prova será tentada, independentemente do nível de intensidade. Isto assegura que as provas de DNS sempre serão tentadas para qualquer porta 53 aberta, a prova de SSL será feita para a 443, e assim por diante.

--version-light (habilita o modo leve)

Esta opção é um apelido conveniente para --version-intensity 2. Este modo leve torna o exame de versão muito mais rápido, mas ele é ligeiramente menos provável de identificar serviços.

--version-all (tenta todas as provas)

Apelido para --version-intensity 9, assegurando que todas as provas serão tentadas para cada porta.

--version-trace (traça a atividade de exame de versão)

Esta opção faz com que o Nmap apresente extensivas informações de depuração sobre o que o exame de versão está fazendo. Ele é um subconjunto do que você obtém com --packet-trace.

-sR (exame de RPC)

Este método funciona em conjunto com os vários métodos de exame de portas do Nmap. Ele pega todas as portas TCP/UDP encontradas abertas e as inunda com comandos NULL de programas de SunRPC, numa tentativa de determinar se elas são portas de RPC e, se sim, qual número de programa e de versão elas servem. Desta forma, você pode eficazmente obter a mesma informação que **rpcinfo -p**, mesmo que o portmapper do alvo esteja por trás de um firewall (ou protegido por empacotadores de TCP). Iscas não funcionam, atualmente, com o exame de RPC. Este exame é habilitado automaticamente como parte do exame de versão (-sV), se você o solicitar. Como a detecção de versão inclui este e ela é muito mais abrangente, -sR é raramente necessário.

15.9. Detecção de SO

Uma das funcionalidades mais bem conhecidas do Nmap é a detecção de SO remoto, usando a coleta de impressão digital da pilha de TCP/IP. O Nmap envia uma série de pacotes de TCP e UDP ao hospedeiro remoto e examina praticamente todos os pedaços das respostas. Depois de realizar dezenas de testes tais como de amostragem de ISN de TCP, de suporte e ordenação de opções de TCP, de amostragem de ID de IP, e verificação do tamanho da janela inicial, o Nmap compara os resultados com sua base de dados de mais de mil impressões digitais conhecidas de SO, o nmap-os-db, e exibe os detalhes do SO, se houver uma correspondência. Cada impressão digital inclui uma descrição textual, em formato livre, do SO, e a classificação que fornece o nome do fornecedor (p.ex.: Sun), o SO subjacente (p.ex.: Solaris), a geração do SO (p.ex.: 10), e o tipo do dispositivo (uso geral, roteador, switch, console de jogo etc).

Se o Nmap não for capaz de adivinhar o SO da máquina, e as condições forem boas (p.ex.: pelo menos uma porta aberta e outra fechada forem encontradas), o Nmap fornecerá um URL que você poderá usar para enviar a impressão digital, se souber (com certeza) o SO rodando na máquina. Fazendo isto, você contribuirá para o conjunto de sistemas operacionais conhecidos do Nmap e, assim, ele será mais preciso para todo o mundo.

A detecção de SO habilita alguns outros testes que fazem uso da informação que, de qualquer forma, é coletada durante o processo. Um destes é a Classificação da Predizibilidade da Sequência de TCP. Ele mede o quão difícil é, aproximadamente, estabelecer uma conexão TCP forjada com o hospedeiro remoto. Ele é útil para a exploração de relacionamentos de confiança baseados no IP de origem (rlogin, filtros de firewall etc) ou para ocultação da origem de um ataque. Este tipo de simulação raramente é realizado, hoje, mas muitas máquinas ainda são vulneráveis a ele. O número de dificuldade real é baseado numa amostragem estatística e pode flutuar. Geralmente é melhor usar a classificação em inglês, tal como "worthy challenge" (desafio valioso) ou "trivial joke" (banalidade). Isto só é reportado na saída normal em modo verboso (-v). Quando o modo verboso é habilitado juntamente com -O, a geração de sequência de ID de IP também é reportada. A maioria das máquinas está na classe "incremental", o que significa que elas incrementam o campo da ID, no cabeçalho de IP, para cada pacote que enviam. Isto as torna vulnerável a vários ataques de simulação e coleta de informações avançadas.

Um outro fragmento de informação extra habilitado pela detecção de SO é uma estimativa do tempo de atividade do alvo. Esta usa a opção de marca de horário do TCP (RFC 1323) para estimar quando a máquina foi reiniciada pela última vez. Esta estimativa pode ser imprecisa, devido ao contador da marca de horário não ser inicializada com zero ou ao estouro do contador na virada, de forma que ela só é apresentada em modo verboso.

A detecção de SO é coberta no capítulo 8, *Detecção de SO remoto*.

A detecção de SO é habilitada e controlada com as seguintes opções:

-O (habilita a detecção de SO)
    Habilita a detecção de SO, como discutido acima. Alternativamente, você pode usar -A para habilitar a detecção de SO juntamente com outras coisas.

--osscan-limit (limita a detecção de SO a alvos promissores)
    A detecção de SO será muito mais eficaz se pelo menos uma porta TCP aberta e outra fechada forem encontradas. Define esta opção e o Nmap nem sequer tentará a detecção de SO para os hospedeiros que não atendam a este critério. Isto pode poupar tempo substancial, particularmente nos exames de -PN em muitos hospedeiros. Esta opção só interessa quando a detecção de SO é solicitada com -O ou -A.

--osscan-guess; --fuzzy (estima resultados da detecção de SO)
    Quando o Nmap é incapaz de detectar uma correspondência perfeita de SO, ele às vezes oferece correspondências aproximadas como possibilidades. A correspondência tem de ser muito próxima para que o Nmap o

faça por omissão. Qualquer uma destas opções (equivalentes) faz com que o Nmap estime mais agressivamente. O Nmap ainda lhe dirá quando uma correspondência imperfeita for apresentada e exibirá seu nível de confiança (porcentagem) para cada estimativa.

--max-os-tries (define o número máximo de tentativas de detecção de SO para um alvo)

Quando o Nmap realiza a detecção de SO para um alvo e falha em encontrar uma correspondência perfeita, ele normalmente repete a tentativa. Por omissão, o Nmap tenta cinco vezes, se as condições forem favoráveis para o envio de impressões digitais de SO, e duas vezes quando as condições não forem tão boas. A especificação de um valor mais baixo de --max-os-tries (tal como 1) acelera o Nmap, embora você perca tentativas que poderiam potencialmente identificar o SO. Alternativamente, um valor alto poderá ser ajustado para permitir ainda mais repetições de tentativas, quando as condições forem favoráveis. Isto raramente é feito, exceto para gerar melhores impressões digitais para envio e integração na base de dados de SO do Nmap.

15.10. O Mecanismo de Scripts do Nmap (NSE)

O Mecanismo de Scripts do Nmap (NSE) é uma das funcionalidades mais poderosas e flexíveis do Nmap. Ele permite que os usuários escrevam (e compartilhem) scripts simples (usando a linguagem de programação Lua[1]), para automatizar uma ampla variedade de tarefas de rede. Estes scripts são executados em paralelo, com a velocidade e a eficiência que você espera do Nmap. Os usuários podem se basear no crescente e diverso conjunto de scripts distribuídos com o Nmap, ou escrever os seus próprios, para atenderem a suas necessidades personalizadas.

As tarefas que nós tínhamos em mente, quando criando o sistema, incluíam descoberta de redes, detecção de versão mais sofisticada, e detecção de vulnerabilidades. O NSE pode até ser usado para exploração de vulnerabilidades.

---

1 *http://lua.org*

Para refletir estes usos diferentes e para simplificar a escolha de quais scripts executar, cada script contém um campo que o associa a uma ou mais categorias. Atualmente, as categorias definidas são safe (seguros), intrusive (intrusivos), malware (maliciosos), version (de versão), discovery (de descoberta), vuln (de vulnerabilidades), auth (de autenticação), e default (omissivos). Todos estes são descritos na seção 9.2.1, "Categorias de scripts".

O Mecanismo de Scripts do Nmap é descrito em detalhes no capítulo 9, *Mecanismo de Scripts do Nmap* e é controlado pelas seguintes opções:

-sC
   Realiza um exame de script usando o conjunto omissivo de scripts. É equivalente a --script=default. Alguns dos scripts nesta categoria são considerados intrusivos e não devem ser rodados contra uma rede alvo sem permissão.

--script <*categorias de scripts*>|<*diretório*>|<*nome de arquivo*>|all
   Roda um exame de script (como -sC) usando uma lista, separada por vírgulas, de categorias de scripts, scripts individuais ou diretórios contendo scripts, ao invés do conjunto omissivo. O Nmap tenta, primeiro, interpretar os argumentos como categorias, depois (se isto falhar) como arquivos ou diretórios. Um script ou diretório de scripts pode ser especificado como um caminho absoluto ou relativo. Caminhos absolutos são usados como fornecidos. Caminhos relativos são procurados nos seguintes lugares, até serem encontrados: --datadir/; $NMAPDIR/; ~/.nmap/ (não procurado, no Windows); NMAPDATADIR/ ou ./. Um subdiretório scripts/ também é tentado em cada um destes. Se um diretório for especificado e encontrado, o Nmap carregará todos os scripts NSE (quaisquer arquivos com o nome terminando em .nse) daquele diretório. Nomes de arquivos se a extensão nse serão ignorados. O Nmap não procura recursivamente em subdiretórios, para encontrar scripts. Se nomes de arquivos individuais forem especificados, a extensão do arquivo não terá de ser nse.

Os scripts do Nmap são armazenados num subdiretório scripts do diretório de dados do Nmap, por omissão (veja o capítulo 14, *Entendendo e personalizando os arquivos de dados do Nmap*). Por uma questão de eficiência, os scripts são indexados numa base de dados armazenada em scripts/script.db, que lista a categoria ou as categorias a que cada script pertence. Forneça o argumento all para executar todos os scripts na base de dados de scripts do Nmap.

Scripts maliciosos não são executados numa caixa de areia e, portanto, podem danificar seu sistema ou invadir sua privacidade. Nunca rode scripts de terceiros, a menos que você confie nos autores ou tenha auditado cuidadosamente os scripts, você mesmo.

--script-args <nome1>=<valor1>,<nome2>={<nome3>=<valor3>},<nome4>=<valor4>

Permite que você forneça argumentos aos scripts NSE. Os argumentos são passados como pares nome=valor. O argumento fornecido é processado e armazenado numa tabela Lua, à qual todos os scripts têm acesso. Os nomes são tomados como strings (que devem ser valores alfanuméricos) e usados como chaves na argument-table. Os valores são strings ou tabelas, em si mesmos (envolvidas por chaves). Por exemplo, você poderia passar os argumentos separados por vírgulas: user=bar,pass=foo,whois={whodb=nofollow+ripe}. Argumentos de string são potencialmente usados por vários scripts; subtabelas são normalmente usadas por apenas um script. Em scripts que recebam um subtabela, esta é normalmente nomeada de acordo com o script (como whois, neste exemplo).

--script-trace

Esta opção faz o mesmo que a --packet-trace, apenas uma camada ISO mais acima. Se esta opção for especificada, toda comunicação de chegada e de saída realizada por um script será exibida. A informação apresentada inclui o protocolo de comunicação, a origem, o alvo e os dados transmitidos. Se mais de 5% dos dados transmitidos não forem exibíveis, então a saída do traçado será em formato de listagem em hexa. A especificação de --packet-trace habilita o traçado de scripts, também.

--script-updatedb

Esta opção atualiza a base de dados de scripts, encontrada em scripts/script.db, que é usada pelo Nmap para determinar os scripts e as categorias omissivos disponíveis. Só é necessário atualizar a base de dados se você tiver adicionado ou removido scripts NSE do diretório omissivo de scripts, ou se você tiver alterado as categorias de algum script. Esta opção é geralmente usada por si só: **nmap --script-updatedb**.

15.11. Temporização e Desempenho

Uma de minhas mais altas prioridades no desenvolvimento do Nmap sempre foi o desempenho. Um exame omissivo (**nmap <nome do hospedeiro>**) de um hospedeiro em minha rede local leva um quinto de segundo. Este tempo mal dá para um piscar de olhos, mas se acumula quando você está examinando centenas de milhares de hospedeiros. Mais ainda, certas opções de exames, tais como o exame de UDP e a detecção de versão, podem aumentar os tempos de exame substancialmente. Igualmente o podem certas configurações de firewall, particularmente limitações na taxa de respostas. Quando o Nmap utiliza o paralelismo e muitos algoritmos avançados para aceleração destes exames, o usuário tem controle total sobre como o Nmap roda. Usuários experientes montam cuidadosamente os comandos do Nmap para obter apenas a informação que lhes interessa, enquanto atendem suas restrições de tempo.

As técnicas para melhoramento dos tempos de exames incluem a omissão de testes não críticos, e a atualização para a versão mais recente do Nmap (melhoras no desempenho são feitas com frequência). A otimização dos parâmetros de temporização também podem fazer uma diferença substancial. Essas opções são listadas abaixo.

Algumas opções aceitam um parâmetro de tempo. Este é especificado em milissegundos, por omissão, embora você possa apensar 's', 'm', ou 'h' ao valor para especificar segundos, minutos ou horas. Desta forma, os argumentos para --host-timeout 900000, 900s, e 15m todas significam a mesma coisa.

--min-hostgroup <*num hospedeiros*>; **--max-hostgroup** <*num hospedeiros*> (Ajusta os tamanhos dos grupos de exames em paralelo)

    O Nmap tem a habilidade de realizar exames de portas ou exames de versões de múltiplos hospedeiros em paralelo. Ele o faz dividindo o espaço de IP alvo em grupos e, depois, examinando um grupo de cada vez. Em geral, grupos maiores são mais eficientes. A desvantagem é que resultados de hospedeiros não podem ser fornecidos até que todo o grupo seja finalizado. Assim, se o Nmap iniciasse com um tamanho de grupo igual a 50, o usuário não receberia nenhum relato (exceto para as atualizações oferecidas no modo verboso) até que os primeiros 50 hospedeiros estivessem completados.

Por omissão, o Nmap usa uma abordagem combinada para este conflito. Ele inicia com um tamanho de grupo de apenas cinco, de forma que os primeiros resultados vêm rapidamente, e depois, aumenta o tamanho do grupo até 1024. Os números omissivos exatos dependem das opções dadas. Por razões de eficiência, o Nmap usa tamanhos maiores de grupos para exames de UDP ou de poucas portas de TCP.

Quando um tamanho máximo de grupo for especificado com --max-hostgroup, o Nmap jamais excederá este tamanho. Especifique um tamanho mínimo com --min-hostgroup e o Nmap tentará manter os tamanhos dos grupos acima desse nível. O Nmap poderá ter de usar grupos menores que o que você especificar se não houver suficientes hospedeiros alvo restando numa dada interface para completar o mínimo especificado. Ambas podem ser definidas para manter o tamanho do grupo dentro de uma faixa específica, embora isto raramente seja desejável.

Estas opções não têm efeito durante a fase de descoberta de hospedeiros de um exame. Isto inclui plenos exames por ping (-sP). A descoberta de hospedeiros sempre funciona em grandes grupos de hospedeiros para aumentar a velocidade e a precisão.

O uso primário destas opções é para especificar um valor grande para o tamanho mínimo de grupo, de forma que o exame completo rode mais rapidamente. Uma opção comum é 256 para examinar uma rede em blocos com dimensão de classe C. Para um exame com muitas portas, o exceder este número é improvável que ajude muito. Para exames de apenas alguns números de portas, tamanhos de grupos de hospedeiros de 2048 ou mais podem ser úteis.

--min-parallelism <*numprovas*>; --max-parallelism <*numprovas*> (ajusta a paralelização das provas)

Estas opções controlam o número total de provas que podem estar em espera para um grupo de hospedeiros. Elas são usadas para exame de portas e descoberta de hospedeiros. Por omissão, o Nmap calcula um paralelismo ideal sempre em ajuste, baseado no desempenho da rede. Se pacotes estiverem sendo descartados, o Nmap se retardará e permitirá menos provas em espera. O número ideal de provas lentamente aumentará, à medida que a rede se mostre capaz. Estas opções estabelecem os limites mínimo e máximo para esta variável. Por omissão, o paralelismo ideal pode cair para um, se a rede se mostrar não confiável, e subir para várias centenas em condições perfeitas.

O uso mais comum é ajustar --min-parallelism em um número mais alto que um, para acelerar os exames de hospedeiros ou redes com mau desempenho. Esta é uma opção arriscada com que se jogar, já que ajustá-la muito alto poderá afetar a precisão. Ajustá-la também reduzirá a capacidade do Nmap de controlar o paralelismo dinamicamente, com base nas condições da rede. Um valor de dez poderá ser razoável, embora eu só ajuste este valor como último recurso.

A opção --max-parallelism é, às vezes, ajustada para um, para impedir o Nmap de enviar mais de uma prova por vez aos hospedeiros. Isto pode ser útil em combinação com --scan-delay (discutida posteriormente), embora esta última normalmente sirva a propósitos bem definidos, por si mesma.

--min-rtt-timeout <*tempo*>, **--max-rtt-timeout** <*tempo*>, **--initial-rtt-timeout** <*tempo*> (ajusta tempos de expiração das provas)
O Nmap mantém um valor de tempo de expiração de uma execução para determinação de quanto ele esperará por uma resposta a uma prova, antes de desistir ou de retransmitir a prova. Este é calculado com base nos tempos de resposta das provas anteriores. A fórmula exata é dada na seção 5.13, "Código e algoritmos de exames". Se a latência da rede se mostrar significativa e variável, este tempo de expiração poderá aumentar até vários segundos. Ele também começa num nível conservador (alto) e pode permanecer desta forma por algum tempo, quando o Nmap examina hospedeiros não responsivos.

Especificando um --max-rtt-timeout e um --initial-rtt-timeout mais baixo que os omissivos poderá reduzir significativamente os tempos dos exames. Isto é particularmente verdade para exames sem ping (-PN), e para aqueles em redes fortemente filtradas. Não fique muito agressivo, no entanto. O exame poderá terminar levando mais tempo se você especificar um valor tão baixo que muitas provas estejam expirando e sendo retransmitidas enquanto a resposta está em trânsito.

Se todos os hospedeiros estiverem numa rede local, 100 milissegundos será um valor razoavelmente agressivo para --max-rtt-timeout. Se roteamento estiver envolvido, ping um hospedeiro na rede, primeiro, com o utilitário ping de ICMP, ou com um montador de pacotes personalizados, como o **hping2**, que é mais provável de passar por um firewall. Examine o tempo de ida e volta de cerca de dez pacotes. Você poderá querer dobrar este valor para o --initial-rtt-timeout e triplicá-lo ou quadruplicá-lo para o --max-rtt-timeout. Eu geralmente não ajusto o RTT máximo abaixo de 100 ms, não importa quais sejam os tempos do ping. Nem excedo os 1000 ms.

--min-rtt-timeout é uma opção raramente usada que poderia ser útil quando uma rede fosse tão não confiável que mesmo o omissivo do Nmap fosse muito agressivo. Como o Nmap só reduz a expiração ao mínimo quando a rede parece ser confiável, esta necessidade é incomum e deverá ser reportada como um erro, na lista de correio nmap-dev.

--max-retries <*num de tentativas*> (especifica o número máximo de retransmissões de provas de exames de portas)

Quando o Nmap não recebe nenhuma resposta a uma prova de exame de porta, isto poderá significar que a porta está filtrada. Ou, talvez, a prova ou a resposta simplesmente tenha se perdido na rede. Também é possível que o hospedeiro alvo tenha um limite de taxa habilitado, que temporariamente bloqueou a resposta. Assim, o Nmap tenta novamente, retransmitindo a prova inicial. Se o Nmap detectar redes pouco confiáveis, ele poderá tentar muito mais vezes, antes de desistir de uma porta. Embora isto beneficie a precisão, ele também alonga os tempos dos exames. Quando o desempenho é crítico, os exames podem ser acelerados pela limitação do número de retransmissões permitidas. Você pode até especificar --max-retries 0, para impedir quaisquer retransmissões, embora isto só seja recomendado em situações tais como levantamentos informais, em que eventuais portas e hospedeiros perdidos sejam aceitáveis.

O comportamento omissivo (sem nenhuma opção -T) é permitir dez retransmissões. Se uma rede parecer confiável e os hospedeiros alvo não estiverem limitando a taxa, o Nmap normalmente só fará uma retransmissão. Desta forma a maioria dos exames de alvos nem é afetada pelo redução de --max-retries para um valor baixo, como três. Tais valores podem acelerar substancialmente os exames de hospedeiros lentos (com taxa limitada). Você normalmente perde alguma informação, quando o Nmap desiste de portas antes do tempo, embora isto possa ser preferível a deixar que o --host-timeout expire e perder toda a informação sobre o alvo.

--host-timeout <*tempo*> (desiste de hospedeiros alvo lentos)

Alguns hospedeiros simplesmente levam muito tempo para serem examinados. Isto pode ser devido a um hardware ou software de rede com um desempenho fraco ou não confiável, a limitação de taxa de pacotes ou a firewalls restritivos. A pouca porcentagem mais lenta dos hospedeiros examinados podem consumir a maior parte do tempo do exame. Às vezes é melhor cortar suas perdas e pular estes hospedeiros, inicialmente. Especifique --host-timeout com o máximo de tempo que você estiver querendo esperar. Por exemplo, especifique 30m para assegurar que o Nmap não despenderá mais que meia hora num único hospedeiro. Note que o Nmap poderá estar examinando outros hospedeiros ao mesmo tempo, durante esta meia hora, de forma que isto não será uma perda completa. Um hospedeiro que expire será pulado. Nenhum resultado de tabela de portas, ou de detecção de SO, ou de detecção de versão será exibido para aquele hospedeiro.

--scan-delay <*tempo*>; --max-scan-delay <*tempo*> (ajusta o retardo entre as provas)

Esta opção faz com que o Nmap espere pelo menos o tempo dado, entre cada prova que ele envia a um dado hospedeiro. Isto é particularmente útil no caso de limitação de taxa. Máquinas Solaris (dentre muitas outras) normalmente responderão a pacotes de provas de exames de UDP com somente uma mensagem de ICMP por segundo. Qualquer coisa além disso, enviada pelo Nmap, será desperdício. Um --scan-delay de 1s manterá o Nmap nesta taxa lenta. Ele tentará detectar a limitação de taxa e ajustar o retardo do exame convenientemente, mas não custa especificá-la explicitamente, se você já souber qual taxa funciona melhor.

Quando o Nmap ajusta o retardo do exame para mais, para lidar com limitações de taxas, o exame retarda dramaticamente. A opção --max-scan-delay especifica o maior retardo que o Nmap permitirá. Um baixo --max-scan-delay poderá acelerar o Nmap, mas será arriscado. Ajustar este valor muito baixo poderá levar ao desperdício de retransmissões de pacotes e à possível perda de portas, quando o alvo implementar limitações estritas de taxas.

Um outro uso de --scan-delay é para a evitação de limiares baseados em sistemas de detecção e prevenção de intrusão (IDS/IPS, nas siglas em inglês). Esta técnica é usada na seção intitulada "Um exemplo prático: evitando as regras omissivas do Snort 2.2.0" para combater o detector omissivo de exames de portas do IDS Snort. A maioria dos outros sistemas de detecção de intrusão pode ser combatida da mesma forma.

--min-rate <*número*>; --max-rate <*número*> (controle direto da taxa de exames)

A temporização dinâmica do Nmap faz um bom trabalho na descoberta de uma velocidade apropriada na qual conduzir os exames. Às vezes, no entanto, pode acontecer de você saber uma taxa apropriada de exame, ou você pode ter de garantir que um exame seja finalizado dentro de um certo tempo. Ou, talvez, você deva impedir o Nmap de fazer o exame muito rapidamente. As opções --min-rate e --max-rate são projetadas para estas situações.

Quando a opção --min-rate for passada, o Nmap fará o possível para enviar os pacotes tão ou mais rápido que a taxa dada. O argumento é um número real positivo, representando uma taxa de pacotes por segundo. Por exemplo, especificar --min-rate 300 significará que o Nmap tentará manter a taxa de envio em pelo menos 300 pacotes por segundo. Especificar uma taxa mínima não impede o Nmap de trabalhar mais rapidamente, se as condições o aconselharem.

Da mesma forma, --max-rate limita a taxa de envio de um exame a um dado máximo. Use --max-rate 100, por exemplo, para limitar o envio a 100 pacotes por segundo, numa rede rápida. Use --max-rate 0.1 para um exame lento, de um pacote a cada dez segundos. Use --min-rate e --max-rate juntas para manter a taxa dentro de uma certa faixa.

Estas duas opções são globais, afetando todo um exame, não os hospedeiros individuais. Elas só afetam exames de portas e exames de descoberta de hospedeiros. Outras funcionalidades, como a detecção de SO, implementam suas próprias temporizações.

Há duas condições em que a taxa real de exames pode cair abaixo do mínimo requisitado. A primeira é se o mínimo for mais rápido que a taxa mais rápida em que o Nmap pode enviar, que é dependente do hardware. Neste caso, o Nmap simplesmente enviará os pacotes tão rápido quanto possível, mas saiba que tais taxas elevadas provavelmente causarão uma perda de precisão. O segundo caso é quando o Nmap não tem nada para enviar, por exemplo, ao término de um exame, quando as últimas provas foram enviadas e o Nmap está esperando que elas expirem ou sejam respondidas. É normal ver-se a taxa de exames cair, ao término de um exame, ou entre grupos de hospedeiros. A taxa de envio pode exceder temporariamente o máximo para compensar retardos imprevistos, mas na média, a taxa permanecerá no máximo ou abaixo dele.

A especificação de uma taxa mínima deve ser feita com cuidado. Examinar mais rapidamente que uma rede possa suportar poderá levar a uma perda de precisão. Em alguns casos, o uso de uma taxa mais rápida poderá fazer com que um exame *demore mais* que ele demoraria com uma taxa mais baixa. Isto é porque os algoritmos adaptáveis de retransmissão do Nmap detectarão o congestionamento da rede causado por uma taxa excessiva de exames, e aumentará o número de retransmissões para melhorar a precisão. Assim, muito embora os pacotes sejam enviados a uma taxa mais alta, mais pacotes serão enviados no geral. Limite o número de retransmissões com a opção --max-retries, se você precisar definir um limite superior para o tempo total do exame.

--defeat-rst-ratelimit

Muitos hospedeiros usam, há muito tempo, a limitação de taxa para reduzir o número de mensagens de erro de ICMP (tais como erros de porta inalcançável) que eles enviam. Alguns sistemas, hoje, aplicam limites de taxas similares aos pacotes RST (cancelamento) que eles geram. Isto pode retardar o Nmap dramaticamente, uma vez que ele ajusta sua temporização para refletir estes limites de taxas. Você poderá dizer ao Nmap para ignorar estes limites de taxas (para exames de portas tais como o exame por SYN que *não* trata portas não responsivas como abertas) especificando --defeat-rst-ratelimit.

O uso desta opção pode reduzir a precisão, já que algumas portas parecerão não responsivas, porque o Nmap não esperou suficientemente por uma resposta de RST com taxa limitada. Com um exame por SYN, a falta de respostas resulta na porta sendo rotulada como filtrada, ao invés do estado fechado que nós vemos, quando pacotes RST são recebidos. Esta opção é útil quando você só estiver interessado em portas abertas, e a distinção entre portas fechadas e filtradas não valha o tempo extra.

-T paranoid|sneaky|polite|normal|aggressive|insane (define um gabarito de temporização)

Embora os controles de temporização criteriosos discutidos na seção anterior sejam poderosos e eficazes, algumas pessoas os acham confusos. Mais ainda, a seleção dos valores apropriados pode, às vezes, demorar mais que o exame que você esteja tentando otimizar. Desta forma, o Nmap oferece uma abordagem mais simples, com seis gabaritos de temporização. Você pode especificá-los com a opção -T e seus números (0 a 5) ou seus nomes. Os nomes dos gabaritos são paranoid (0 - paranóico), sneaky (1 - furtivo), polite (2 - educado), normal (3), aggressive (4 - agressivo), and insane (5 - maluco).

Os dois primeiros são para evitação de IDS. O modo polite retarda o exame para usar menos largura de banda e recursos da máquina alvo. O modo normal é o omissivo e, portanto, -T3 não faz nada. O modo aggressive acelera os exames pela presunção de que você está numa rede razoavelmente rápida e confiável. Por fim, o modo insane presume que você está numa rede extraordinariamente rápida ou querendo sacrificar algo da precisão em prol da velocidade.

Estes gabaritos permitem que o usuário especifique o quão agressivo ele quer ser, enquanto permite que o Nmap selecione os valores exatos de temporização. Os gabaritos também fazem alguns ajustes menores de velocidade, para os quais ainda não há opções de controle criteriosas. Por exemplo, -T4 proíbe que o retardo dinâmico de exames exceda 10 ms para portas TCP e -T5 limita este valor a 5 ms. Os gabaritos podem ser usados em combinação com controles finos, e as opções granulares sobreporão aos gabaritos gerais de temporização para aqueles valores específicos. Eu recomendo o uso de -T4 quando do exame de redes razoavelmente modernas e confiáveis. Mantenha esta opção (no início da linha de comando) mesmo quando você adicionar controles criteriosos, de forma que você se beneficie destas otimizações menores que ele habilita.

Se você estiver numa conexão decente de banda larga ou ethernet, eu recomendaria usar sempre -T4. Algumas pessoas adoram -T5, embora ele seja muito agressivo para o meu gosto. As pessoas às vezes especificam -T2 porque acham que ele é menos provável de derrubar hospedeiros, ou porque se consideram educadas, em geral. Elas normalmente não imaginam o quanto é realmente lento o -T polite. Seus exames devem demorar dez vezes mais do que um exame omissivo. Quedas de máquinas e problemas de largura de banda são raros, com as opções de temporização omissivas (-T3) e, portanto, eu normalmente a recomendo para exames cautelosos. A omissão da detecção de versão é muito mais eficiente do que jogar-se com valores de temporização para a redução destes problemas.

Apesar de -T0 e -T1 poderem ser úteis para a evitação de alertas de IDS, eles gastam um tempo extraordinariamente longo para examinar milhares de máquinas ou portas. Para um exame tão longo, você poderá preferir definir os valores exatos de temporização de que precise, ao invés de se basear nos valores enlatados -T0 e -T1.

Os principais efeitos de T0 são a serialização do exame, de forma que apenas uma porta seja examinada, por vez, e a espera de cinco minutos entre o envio de cada prova. T1 e T2 são similares, mas esperam apenas 15 segundos e 0,4 segundos, respectivamente, entre as provas. T3 é o comportamento omissivo do Nmap, que inclui a paralelização. -T4 faz o equivalente de --max-rtt-timeout 1250 --initial-rtt-timeout 500 --max-retries 6 e ajusta o retardo máximo de exames de TCP para 10 milissegundos. T5 é o equivalente de --max-rtt-timeout 300 --min-rtt-timeout 50 --initial-rtt-timeout 250 --max-retries 2 --host-timeout 15m, bem como ajustando o retardo máximo de exames de TCP para 5 ms.

15.12. Evitação e Simulação de Firewalls/IDSs

Muitos pioneiros da Internet divisaram uma rede global aberta, com um espaço de endereços IP universal, permitindo conexões virtuais entre quaisquer dois nós. Isto permitiria que os hospedeiros atuassem como verdadeiros parceiros, servindo e recuperando informações um do outro. As pessoas poderiam acessar todos os seus sistemas domésticos a partir do trabalho, alterando os ajustes do controle de climatização ou destravando as portas para convidados adiantados. Esta visão da conectividade universal foi abafada pelos encurtamentos dos espaços de endereços e pelas preocupações com segurança. No início da década de 1990, as organizações começaram a distribuir firewalls para o propósito expresso de reduzir a conectividade. Redes enormes foram isoladas da Internet não filtrada por representantes de aplicações, dispositivos de tradução de endereços de rede, e filtros de pacotes. O fluxo irrestrito de informações deu lugar a firmes regulações de canais de comunicação aprovados e do conteúdo que passa por eles.

Obstruções de rede tais como firewalls podem tornar o mapeamento de uma rede excessivamente difícil. E ele não vai se tornar nem um pouco mais fácil, já que o abafamento de eventuais reconhecimentos é frequentemente um objetivo chave da implementação dos dispositivos. De qualquer forma, o Nmap oferece muitas funcionalidades para ajudar no entendimento destas redes complexas, e para verificar se os filtros estão funcionando como deveriam. Ele suporta até mesmo mecanismos para ultrapassagem de defesas mal implementadas. Um dos melhores métodos de entendimento da postura de segurança de sua rede é tentar derrubá-la. Coloque-se no ponto de vista de um atacante e distribua técnicas deste capítulo contra suas redes. Lance um exame de rebate de FTP, um exame ocioso, um ataque de fragmentação, ou tente usar um túnel através de um de seus próprios proxies.

Além de restringirem a atividade de rede, as companhias estão cada vez mais monitorando o tráfego com sistemas de detecção de intrusão (IDS, na sigla em inglês). Todos os principais IDSs seguem com regras projetadas para detectar exames do Nmap, porque os exames são, às vezes, precursores de ataques. Muitos destes produtos se transformaram em sistemas de *prevenção* de intrusão (IPS, na sigla em inglês) que bloqueiam ativamente tráfego visto como malicioso. Infelizmente, para os administradores de redes e fornecedores de IDSs, a detecção confiável de más intenções pela análise de dados de pacotes é um problema complicado. Os atacantes com paciência, conhecimento e a ajuda de certas opções do Nmap podem, normalmente, passar pelos IDSs sem serem detectados. Enquanto isso, os administradores devem lidar com grandes números de resultados falsos-positivos em que atividades inocentes são incorretamente diagnosticadas e alertadas ou bloqueadas.

Eventualmente, as pessoas sugerem que o Nmap deveria oferecer funcionalidades para evasão de regras de firewalls ou para passagem sorrateira por IDSs. Elas argumentam que estas funcionalidades são tão prováveis de serem indevidamente usadas por atacantes quanto por administradores para aumentar a segurança. O problema com esta lógica é que estes métodos ainda seriam usados pelos atacantes, que apenas encontrariam outras ferramentas ou emendariam a funcionalidade no Nmap. Enquanto isso, os administradores achariam muito mais difícil fazer seus trabalhos. A distribuição apenas de servidores de FTP modernos, emendados, é uma defesa muito mais poderosa do que a tentativa de impedir a distribuição de ferramentas que implementem o ataque de rebate de FTP.

Não existe remédio (ou opção do Nmap) para detecção e subversão de firewalls e IDSs. É necessário conhecimento e experiência. Um tutorial está além do âmbito deste guia de referência, que só lista as opções relevantes e descreve o que elas fazem.

-f (fragmenta os pacotes); --mtu (usa o MTU especificado)
A opção -f faz com que o exame solicitado (incluindo os exames por ping) use minúsculos fragmentos de pacotes IP. A ideia é dividir o cabeçalho de TCP entre vários pacotes e tornar mais difícil para os filtros de pacotes, sistemas de detecção de intrusão e outros incômodos, a detecção do que você está fazendo. Seja cauteloso com isto! Alguns programas têm problemas para lidar com estes pacotes minúsculos. O farejador da velha guarda chamado Sniffit sofria uma falha de segmentação imediatamente após o recebimento do primeiro fragmento. Especifique esta opção uma vez, e o Nmap dividirá os pacotes em oito bytes ou menos, depois do cabeçalho de IP. Assim, um cabeçalho de TCP de 20 bytes seria dividido em três pacotes: dois com oito bytes do cabeçalho de TCP, e um com os quatro finais. É claro que cada fragmento também tem um cabeçalho de IP. Especifique -f novamente para usar 16 bytes por fragmento (reduzindo o número de fragmentos). Ou você pode especificar seu próprio tamanho de deslocamento, com a opção --mtu. Não especifique -f também, se você usar --mtu. O deslocamento deve ser um múltiplo de oito. Embora pacotes fragmentados não passem por filtros de pacotes e firewalls que enfileirem todos os fragmentos de IP, tais como a opção CONFIG_IP_ALWAYS_DEFRAG, no kernel do Linux, algumas redes não podem suportar o choque de desempenho que isto causa e, assim, a deixam desabilitada. Outros não podem habilitar isto, porque os fragmentos podem usar rotas diferentes para suas redes. Alguns sistemas de origem desfragmentam os pacotes de saída no kernel. O Linux, com o módulo de acompanhamento de conexão do iptables, é um exemplo. Faça um exame com um farejador como o Wireshark rodando, para assegurar que os pacotes enviados estão fragmentados. Se o SO de seu hospedeiro estiver causando problemas, tente a opção --send-eth para eliminar a camada de IP e enviar quadros crus de ethernet.

A fragmentação só é suportada pelas funcionalidades de pacotes crus, do Nmap, que incluem os exames de portas de TCP e UDP (com exceção do exame por connect e do exame por rebate de FTP) e a detecção de SO. Funcionalidades como a detecção de versão e o Mecanismo de Scripts do Nmap geralmente não suportam a fragmentação, porque se baseiam na pilha de TCP de seu hospedeiro para se comunicarem com os serviços alvo.

-D <*isca1*>[,<*isca2*>][,ME][,...] (camufla um exame com iscas)
Faz com que um exame por iscas seja realizado, o que fará parecer, para o hospedeiro remoto, que os hospedeiros que você especificou como iscas, também estão examinando a rede alvo. Assim, os IDSs dele poderá reportar de 5 a 10 exames de portas partindo de endereços IP únicos, mas eles não saberão qual IP os esteve examinando e quais foram iscas inocentes. Embora possa ser combatida através do traçado do caminho de roteador, do descarte de respostas, e de outros mecanismos ativos, esta técnica é geralmente eficaz para a ocultação de seu endereço IP.

Separe cada hospedeiro isca com vírgulas, e você pode, opcionalmente, usar ME como uma das iscas, para representar a posição para seu endereço IP real. Se você colocar ME na sexta posição ou depois, alguns detetores comuns de exames de portas (como o excelente Scanlogd, da Solar Designer) provavelmente não mostrarão o seu endereço IP de forma alguma. Se você não usar ME, o Nmap lhe posicionará aleatoriamente. Você também poderá usar RND para gerar um endereço IP não reservado, aleatoriamente. Ou RND:<*número*> para gerar <*número*> endereços.

Note que os hospedeiros que você usar como iscas deverão estar no ar, ou você poderá inundar, acidentalmente, seus alvos com SYN. Também será muito fácil determinar qual hospedeiro está examinando, se somente um estiver realmente no ar, na rede. Você poderá querer usar endereços IP, ao invés de nomes (de forma que as redes isca não lhe vejam nos registros de seus servidores de nomes).

As iscas são usadas tanto no exame inicial, por ping (usando ICMP, SYN, ACK, ou qualquer outro), quanto durante a fase real do exame de portas. As iscas também são usadas durante a detecção de SO remoto (-O). Iscas não funcionam com a detecção de versão nem com o exame de TCP por connect. Quando um retardo de exame está em ação, o retardo é reforçado entre cada lote de provas simuladas, não entre cada prova individual. Como as iscas são enviadas como um lote, todas de uma só vez, elas podem temporariamente violar os limites do controle de congestionamento.

É bom notar que o uso de iscas em demasia poderá retardar seu exame e, potencialmente, até torná-lo menos preciso. E mais, alguns provedores de acesso filtrarão seus pacotes simulados, mas muitos não restringem pacotes de IP simulados de forma alguma.

-S *<endereço IP>* (simula o endereço de origem)
Em algumas circunstâncias, o Nmap pode não ser capaz de determinar seu endereço de origem (o Nmap lhe dirá, se este for o caso). Nesta situação, use -S com o endereço IP da interface pela qual você deseja enviar os pacotes.

Outro uso possível para este sinalizador é simular o exame, para fazer com que os alvos pensem que *outro alguém* os está examinando. Imagine uma companhia sofrendo repetidos exames de portas por um concorrente! A opção -e e -PN são normalmente necessárias para este tipo de uso. Note que você comumente não receberá pacotes de resposta de volta (eles serão endereçados ao IP que você está simulando), então o Nmap não produzirá relatos úteis.

-e *<interface>* (usa a interface especificada)
Diz ao Nmap por qual interface enviar e receber pacotes. O Nmap deverá ser capaz de detectá-la automaticamente, mas ele lhe dirá, se não puder.

--source-port *<número da porta>*; -g *<número da porta>* (simula o número da porta de origem)
Uma configuração incorreta surpreendentemente comum é confiar em tráfego baseado apenas no número da porta de origem. É fácil entender-se como isto acontece. Um administrador configurará um novíssimo firewall, só para ser inundado por reclamações de usuários ingratos, cujas aplicações pararam de funcionar. Em particular, o DNS poderá ser interrompido porque as respostas de DNS de UDP de servidores externos não mais entram na rede. O FTP é um outro exemplo comum. Em transferências de FTP ativo, o servidor remoto tenta estabelecer uma conexão de volta ao cliente, para transferir o arquivo solicitado.

Soluções seguras para estes problemas existem, frequentemente na forma de representantes (proxies) no nível da aplicação ou de módulos de firewalls de análise de protocolo. Infelizmente, também há soluções inseguras, mais fáceis. Percebendo que as respostas de DNS vêm da porta 53 e o FTP ativo da porta 20, muitos administradores têm caído na armadilha de simplesmente permitir o tráfego que chega oriundo destas portas. Eles comumente consideram que nenhum atacante notaria e exploraria tais brechas de firewalls. Em outros casos, os administradores consideram esta uma medida paliativa de curto prazo, até que eles possam implementar uma solução mais segura. Depois, esquecem a atualização de segurança.

Administradores de rede sobrecarregados não são os únicos a caírem nesta armadilha. Numerosos produtos têm saído com estas regras inseguras. Até a Microsoft tem sido culpada. Os filtros IPsec que saíram com o Windows 2000 e o Windows XP contêm uma regra implícita que permite todo o tráfego de TCP ou UDP oriundo da porta 88 (Kerberos). Num outro caso bem conhecido, versões até 2.1.25 do firewall pessoal Zone Alarm permitiam quaisquer pacotes de UDP de chegada com a porta de origem 53 (DNS) ou 67 (DHCP).

O Nmap oferece as opções -g e --source-port (que são equivalentes) para explorar estas fraquezas. Simplesmente forneça um número de porta e o Nmap enviará os pacotes a partir dela, sempre que possível. Ele deverá usar números diferentes de portas para que certos testes de detecção de SO funcionem devidamente, e as requisições de DNS ignoram o sinalizador --source-port porque o Nmap se baseia em bibliotecas do sistema, para tratar destas. A maioria dos exames de TCP, incluindo o exame por SYN, suporta por completo esta opção, como também o faz o exame de UDP.

--data-length <*número*> (apensa dados aleatórios aos pacotes enviados)
Normalmente o Nmap envia pacotes minimalistas, contendo somente um cabeçalho. Assim, seus pacotes de TCP são geralmente de 40 bytes, e os de requisição de eco de ICMP têm apenas 28. Esta opção diz ao Nmap para apensar o número dado de bytes aleatórios à maioria dos pacotes que ele enviar. Os pacotes de detecção de SO (-O) não são afetados, porque a precisão, aqui, exige a consistência das provas, mas a maioria dos pacotes de ping e de exames de portas o suporta. Isto retarda um pouco as coisas, mas pode tornar um exame ligeiramente menos evidente.

--ip-options <*S|R [rota]|L [rota]|T|U ...* >; --ip-options <string em hexa> (envia os pacotes com as opções de IP especificadas)
O protocolo IP oferece várias opções que podem ser postas nos cabeçalhos dos pacotes. Diferentemente das opções onipresentes do TCP, as opções do IP são raramente vistas, devido a questões de praticidade e de segurança. De fato, muitos roteadores da Internet bloqueiam as opções mais perigosas, tais como o roteamento na origem. Mesmo assim, as opções ainda podem ser úteis, em alguns casos, para a determinação e manipulação da rota de rede até as máquinas alvo. Por exemplo, você pode ser capaz de usar a opção de registro de rota para determinar um caminho até um alvo, mesmo quando abordagens no estilo mais tradicional do

traceroute falham. Ou, se seus pacotes estiverem sendo descartados por um certo firewall, você pode ser capaz de especificar uma rota diferente, com as opções de roteamento estrito ou vago.

A maneira mais poderosa de especificar opções de IP é simplesmente passar os valores como argumentos para --ip-options. Preceda cada número hexa com \x, seguido dos dois dígitos. Você pode repetir certos caracteres, seguindo-os com um asterisco e, depois, com o número de vezes que os deseja repetir. Por exemplo, \x01\x07\x04\x00*36\x01 é uma string hexa contendo 36 bytes NUL.

O Nmap também oferece um mecanismo de atalho para a especificação de opções. Simplesmente passe a letra R, T, ou U para solicitar o registro de rota, o registro de horário, ou ambas as opções juntas, respectivamente. O roteamento estrito ou vago na origem pode ser especificado com um L (vago) ou S (estrito) seguido por um espaço e, depois, por uma lista de endereços IP separados por espaços. Se você quiser ver as opções nos pacotes enviados e recebidos, especifique --packet-trace. Para mais informações e exemplos de uso das opções de IP com o Nmap, veja *http:// seclists.org/nmap-dev/2006/q3/0052.html*.

--ttl <*valor*> (ajusta o campo time-to-live - tempo de vida - do IP)
Ajusta o campo do tempo de vida do IPv4, nos pacotes enviados, para o valor dado.

--randomize-hosts (embaralha a ordem dos hospedeiros alvo)
Diz ao Nmap para embaralhar cada grupo de até 16384 hospedeiros, antes de examiná-los. Isto pode tornar os exames menos óbvios para vários sistemas de monitoramento de redes, especialmente quando você a combinar com opções de temporização lenta. Se você quiser embaralhar grupos de tamanhos maiores, aumente PING_GROUP_SZ em nmap.h e recompile. Uma solução alternativa é gerar a lista de IPs alvo com um exame de lista (-sL -n -oN <*nome do arquivo*>), embaralhá-la com um script Perl e, então, fornecer a lista completa ao Nmap com -iL.

--spoof-mac <*endereço MAC, prefixo, ou nome do fornecedor*> (simula endereço MAC)
Solicita ao Nmap que use o endereço MAC fornecido em todos os quadros crus de ethernet que ele enviar. Esta opção implica --send-eth, para assegurar que o Nmap realmente enviará pacotes em nível de ethernet. O MAC fornecido pode usar vários formatos. Se ele for simplesmente um

número 0, o Nmap escolherá um endereço MAC completamente aleatório para a sessão. Se a string dada for um número par de dígitos hexas (com os pares opcionalmente separados por dois-pontos), o Nmap usará estes como o MAC. Se menos de 12 dígitos hexas forem fornecidos, o Nmap preencherá o restante dos seis bytes com valores aleatórios. Se o argumento não for nem zero nem uma string hexa, o Nmap buscará em nmap-mac-prefixes um nome de fornecedor que contenha a string dada (insensível ao caso). Se uma correspondência for encontrada, o Nmap usará o OUI (prefixo de três bytes) e preencherá os três bytes restantes aleatoriamente. Exemplos de argumentos válidos para --spoof-mac são Apple, 0, 01:02:03:04:05:06, deadbeefcafe, 0020F2, e Cisco. Esta opção só afeta exames de pacotes crus, tais como o exame por SYN ou a detecção de SO, não funcionalidades orientadas por conexão, como a detecção de versão ou o Mecanismo de Scripts do Nmap.

--badsum (envia pacotes com somas-verificadoras TCP/UDP inválidas)
Solicita ao Nmap para usar uma soma-verificadora de TCP ou UDP inválida, para os pacotes enviados aos hospedeiros alvo. Como virtualmente todos as pilhas de IP de hospedeiro descartam apropriadamente estes pacotes, quaisquer respostas recebidas estarão provavelmente vindo de um firewall ou IDS que não se preocupou de checar a soma-verificadora. Para mais detalhes sobre esta técnica, veja *http://nmap.org/p60-12.html*

15.13. Saída

Qualquer ferramenta de segurança só é tão útil quanto a saída que ela gera. Testes e algoritmos complexos são de pouco valor, se não forem apresentados de forma compreensível e organizada. Dado o número de maneiras que o Nmap é usado pelas pessoas e por outros softwares, nenhum formato único pode agradar a todo o mundo. Assim, o Nmap oferece vários formatos, incluindo o modo interativo para humanos lerem diretamente, e XML para o fácil processamento por software.

Além de oferecer diferentes formatos de saída, o Nmap fornece opções para o controle da verbosidade de saída, bem como de mensagens de depuração. Os tipos de saída podem ser enviados para a saída padrão ou para arquivos nomeados, aos quais o Nmap pode apensar ou sobrepor. Os arquivos de saída também podem ser usados para retomar exames abortados.

O Nmap torna a saída disponível em cinco formatos diferentes. O omissivo é chamado de *saída interativa*, e é enviado para a saída padrão (stdout). Há também a *saída normal*, que é similar à interativa, exceto que ela apresenta menos informações e advertências do momento da execução, já que espera-se que ela seja analisada depois que o exame tiver sido completado, ao invés de interativamente.

A *saída em XML* é um dos tipos de saída mais importantes, uma vez que pode ser convertido para HTML, facilmente processada por programas tais como as interfaces gráficas de usuário do Nmap, ou importadas para bases de dados.

Os dois tipos de saída restantes são a simples *saída grepável*, que inclui a maior parte da informação para um hospedeiro alvo numa única linha, e a 5@ íd@ d3 sCRiPt KiDDi3, para usuários que se considerem |<-r4d.

Embora a saída interativa seja a omissiva e não tenha opções de linha de comando associadas, as opções dos outros quatro formatos usam a mesma sintaxe. Elas usam um argumento, que é o nome do arquivo em que os resultados devem ser armazenados. Múltiplos formatos podem ser especificados, mas cada formato só pode ser especificado uma vez. Por exemplo, você pode querer salvar a saída normal para sua própria revisão, enquanto salva em XML o mesmo exame para análise programática. Você pode fazer isto com as opções -oX meuexame.xml -oN meuexame.nmap. Apesar deste capítulo usar nomes simples como meuexame.xml por uma questão de brevidade, nomes mais descritivos são, geralmente, recomendados. Os nomes escolhidos são uma questão de preferência pessoal, embora eu utilize nomes longos, que incluam a data do exame e uma ou duas palavras descrevendo o exame, colocados num diretório nomeado de acordo com a companhia que eu estou examinando.

Embora estas opções salvem os resultados em arquivos, o Nmap ainda apresentará a saída interativa em stdout, como sempre. Por exemplo, o comando **nmap -oX meuexame.xml alvo** salva o XML em meuexame.xml e preenche a saída padrão com os mesmos resultados interativos que teria apresentado se -oX não tivesse sido especificado. Você pode mudar isto passando um caractere

Capítulo 15: Guia de Referência do Nmap — 637

de hífen (-) como argumento para um dos tipos de formato. Isto fará com que o Nmap desative a saída interativa e, ao invés, apresente os resultados no formato que você especificou no fluxo de saída padrão. Assim, o comando **nmap -oX - alvo** enviará somente a saída em XML para stdout. Erros sérios ainda poderão ser apresentados no fluxo de erros padrão, stderr.

Diferentemente de alguns argumentos do Nmap, o espaço entre o sinalizador de opção de arquivo de registro (tal como -oX) e o nome do arquivo ou o hífen é obrigatório. Se você omitir os sinalizadores e fornecer argumentos como -oG- ou -oXexame.xml, uma funcionalidade de compatibilidade retroativa do Nmap causará a criação de arquivos de *saída em formato normal* nomeados como G- e Xexame.xml, respectivamente.

Todos estes argumentos suportam conversões no estilo de strftime, no nome do arquivo. %H, %M, %S, %m, %d, %y, e %Y são todos exatamente os mesmos que em strftime. %T é o mesmo que %H%M%S, %R é o mesmo que %H%M, e %D é o mesmo que %m%d%y. A % seguido por outro caractere apenas produz este outro caractere (%% lhe dá um símbolo de porcento). Assim, -oX 'exame-%T-%D.xml' usará um arquivo XML nomeado na forma de exame-144840-121307.xml.

O Nmap ainda oferece opções para controlar a verbosidade do exame e para apensar aos arquivos de saída, ao invés de sobrepô-los. Todas estas opções são descritas abaixo.

Formatos de saída do Nmap

-oN <*especificação do arquivo*> (saída normal)

> Solicita que a saída normal seja direcionada para o arquivo cujo nome foi fornecido. Como discutido acima, esta difere levemente da saída interativa.

-oX <*especificação do arquivo*> (saída em XML)

> Solicita que a saída em XML seja direcionada para o arquivo cujo nome foi fornecido. O Nmap inclui uma definição de tipo de documento (DTD) que permite que processadores de XML validem a saída em XML do Nmap. Embora seja primariamente destinada ao uso programático, ela

também pode ajudar os humanos a interpretar saída em XML do Nmap. A DTD define os elementos legais do formato, e frequentemente enumera os atributos e valores que eles podem usar. A versão mais recente está sempre disponível em *http://nmap.org/data/nmap.dtd*.

O XML oferece um formato estável que é facilmente processado por software. Processadores gratuitos de XML estão disponíveis para todas as principais linguagens de computadores, incluindo C/C++, Perl, Python, e Java. As pessoas até escrevem ligações para a maioria destas linguagens tratarem especificamente a saída e a execução do Nmap. Exemplos são Nmap::Scanner[2] e Nmap::Parser[3] no CPAN do Perl. Em quase todos os casos que uma aplicação não trivial perfaz uma interface com o Nmap, o XML é o formato preferido.

A saída em XML referencia uma folha de estilos XSL que pode ser usada para formatar os resultados como HTML. A maneira mais fácil de usar esta é simplesmente carregar a saída em XML num navegador web, como o Firefox ou o IE. Por omissão, isto só funcionará na máquina em que você rodar o Nmap (ou noutra similarmente configurada) devido ao caminho de sistema de arquivos para o nmap.xsl que é fixado ao código. Use as opções --webxml ou --stylesheet para criar arquivos XML portáteis que possam ser compostos como HTML em qualquer máquina conectada à web.

-oS <*especificação do arquivo*> (5@íd@ d3 ScRipT KIdd|3)
A saída de script kiddie é igual à saída interativa, com exceção de que ela é pós-processada para melhor se encaixar no l33t HaXXorZ que anteriormente rebaixava o Nmap, devido a seu uso consistente de maiúsculas e da ortografia. Pessoas sem senso de humor devem notar que esta opção está tirando um sarro dos script kiddies, antes de me condenarem por suportamente "ajudá-los".

-oG <*especificação do arquivo*> (saída grepável)
Este formato de saída é coberto por último porque é obsoleto. O formato de saída em XML é muito mais poderoso, e é quase tão conveniente para usuários experimentados. O XML é um padrão para o qual dezenas de excelentes processadores estão disponíveis, enquanto a saída grepável é meu próprio experimento simples. O XML é extensível para suportar novas funcionalidades do Nmap, à medida que elas são liberadas, enquanto

---

2 *http://sourceforge.net/projects/nmap-scanner/*

3 *http://nmapparser.wordpress.com/*

que eu frequentemente devo omitir estas funcionalidades da saída grepável, por falta de lugar para pô-las.

De qualquer forma, a saída grepável ainda é muito popular. Ela é um formato simples que lista cada hospedeiro numa linha e pode ser trivialmente pesquisado e processado com ferramentas padrões do Unix, tais como grep, awk, cut, sed, diff, e Perl. Mesmo eu a utilizo, comumente, para testes isolados feitos na linha de comando. Encontrar todos os hospedeiros com a porta SSH aberta ou que estejam rodando o Solaris usa só um simples grep para identificar os hospedeiros, redirecionado para um comando awk ou cut para apresentar os campos desejados.

A saída grepável consiste de comentários (linhas iniciando com um símbolo de libra (#)) e linhas de alvos. Uma linha de alvo inclui uma combinação de seis campos rotulados, separados por tabs e seguidos por dois-pontos. Os campos são Host, Ports, Protocols, Ignored State, OS, Seq Index, IP ID, e Status. O mais importante destes campos é, em geral, Ports, que fornece detalhes sobre cada porta interessante. Ele é uma lista separada por vírgulas de entradas de portas. Cada entrada de porta representa uma porta interessante, e tem a forma de sete subcampos separados por barras (/). Estes subcampos são: Port number (número da porta), State (estado), Protocol, Owner (proprietário), Service, SunRPC info, e Version info.

Como com a saída em XML, esta página manual não permite a documentação de todo o formato. Um exame mais detalhado do formato de saída grepável do Nmap está disponível na seção 13.10, "Saída grepável (-oG)".

-oA *<nome base>* (saída em todos os formatos)
Como conveniência, você pode especificar -oA *<nome base>* para armazenar os resultados do exame nos formatos normal, XML, e grepável, de uma só vez. Eles serão armazenados em *<nome base>*.nmap, *<nome base>*.xml, e *<nome base>*.gnmap, respectivamente. Como com a maioria dos programas, você pode prefixar os nomes dos arquivos com um caminho de diretório, tal como ~/regsnmap/ciaxis/ no Unix, ou c:\explora\sco no Windows.

Opções de Verbosidade e Depuração

-v (aumenta o nível de verbosidade)
Aumenta o nível de verbosidade, fazendo com que o Nmap exponha mais informações sobre o exame em andamento. Portas abertas são mostradas

à medida que são encontradas e estimativas de tempo de completamento são fornecidas quando o Nmap acha que um exame vai demorar mais que alguns minutos. Use-a duas vezes ou mais para uma verbosidade ainda maior.

A maioria das alterações só afeta a saída interativa, e algumas também afetam as saídas normal e a saída de script kiddie. Os outros tipos de saída são projetados para serem processados por máquina, então o Nmap pode fornecer detalhes substanciais, por omissão, nestes formatos, sem fatigar um usuário humano. Contudo, há algumas alterações em outros modos em que o tamanho da saída pode ser reduzido substancialmente, pela omissão de algum detalhe. Por exemplo, uma linha de comentário, na saída grepável, que fornece uma lista de todas as portas examinadas, só é apresentada no modo verboso, porque ela pode ser muito longa.

-d [nível] (aumenta ou define o nível de depuração)

Quando nem mesmo o modo verboso lhe fornecer dados suficientes, a depuração estará disponível para lhe inundar com muito mais! Como com a opção de verbosidade (-v), a depuração é habilitada com um sinalizador de linha de comando (-d) e o nível de depuração pode ser aumentado pela especificação dele múltiplas vezes. Alternativamente, você pode ajustar o nível de depuração fornecendo um argumento a -d, como por exemplo, -d9 ajusta o nível nove. Este é o nível efetivo mais alto, e produzirá milhares de linhas, a menos que você rode um exame muito simples, com muito poucas portas e alvos.

A saída de depuração é útil quando se suspeita de um erro no Nmap, ou se você estiver simplesmente confuso com o que o Nmap está fazendo e por quê. Como esta funcionalidade é principalmente indicada para desenvolvedores, as linhas de depuração nem sempre são auto-explicativas. Você poderá obter alguma coisa como: Timeout vals: srtt: -1 rttvar: -1 to:

1000000 delta 14987 ==> srtt: 14987 rttvar: 14987 to: 100000. Se você não entender uma linha seus únicos recursos serão ignorá-la, procurar no código fonte ou solicitar ajuda da lista de desenvolvimento (*nmap-dev*). Algumas linhas são auto-explicativas, mas as mensagens se tornam mais obscuras à medida que o nível de depuração aumenta.

--reason (razões de estados de hospedeiros e portas)

Mostra a razão de cada porta estar definida para um estado específico e a razão de cada hospedeiro estar no ar ou fora dele. Esta opção apresenta o tipo do pacote que determinou o estado de uma porta ou hospedeiro. Por exemplo, um pacote RST de uma porta fechada ou uma resposta de eco de um hospedeiro ativo. A informação que o Nmap pode fornecer é determinada pelo tipo de exame ou ping. O exame por SYN e o ping por SYN (-sS e -PS) são muito detalhados, mas o exame de TCP por connect (-sT) é limitado pela implementação da chamada de sistema connect. Esta funcionalidade é habilitada automaticamente pela opção de depuração (-d) e os resultados são armazenados em arquivos XML de registro, mesmo que esta opção não seja especificada.

--packet-trace (traça os pacotes e os dados enviados e recebidos)
Faz com que o Nmap apresente um resumo de cada pacote enviado ou recebido. Ela é normalmente usada para depuração, mas também é uma forma valiosa para novos usuários entenderem exatamente o que o Nmap está fazendo, nos bastidores. Para evitar a exibição de milhares de linhas, você poderá querer especificar um número limitado de portas a serem examinadas, tais como -p20-30. Se você só se interessar pelas ocorrências do subsistema de detecção de versão, use --version-trace, ao invés. Se você só se interessar pelo traçado de scripts, especifique --script-trace. Com --packet-trace, você obtém todas as acima.

--open (mostra apenas as portas abertas, ou possivelmente abertas)
Às vezes, você só estará interessado em portas a que você possa realmente se conectar (abertas), e não quer os resultados misturados com portas fechadas, filtradas e fechadas ou filtradas. A personalização da saída é normalmente feita depois do exame, usando ferramentas como grep, awk, e Perl, mas esta funcionalidade foi adicionada devido ao excesso de solicitações. Especifique --open para ver somente as portas abertas, abertas ou filtradas e não filtradas. Estas três portas são tratadas exatamente como o são normalmente, o que significa que as portas abertas ou filtradas e não filtradas podem ser condensadas em contagens, se houver um número excessivo delas.

--iflist (lista interfaces e rotas)
Apresenta a lista de interfaces e rotas de sistema, como detectados pelo Nmap. Isto é útil para depuração de problemas de roteamento ou de descaracterização de dispositivos (tais como o Nmap tratando uma conexão PPP como ethernet).

--log-errors (registra erros/advertências no arquivo de saída do modo normal)

Advertências e erros apresentados pelo Nmap normalmente vão apenas para a tela (saída interativa), deixando livres quaisquer arquivos de saída no formato normal (normalmente especificados com -oN). Quando quiser ver estas mensagens no arquivo de saída normal que você especificou, adicione esta opção. Ela é útil quando você não estiver observando a saída interativa, ou quando você quiser registrar erros durante a depuração de um problema. As mensagens de erros e advertências ainda aparecerão no modo interativo, também. Isto não funcionará para a maioria dos erros relacionados a maus argumentos de linha de comando, porque o Nmap poderá não ter inicializado seus arquivos de saída, ainda. Além disso, algumas mensagens de erros e advertências usam um sistema diferente, que ainda não suporta esta opção.

Uma alternativa a --log-errors é o redirecionamento da saída interativa (incluindo o fluxo de erro padrão) para um arquivo. A maioria dos shells do Unix torna fácil esta abordagem, embora ela possa ser difícil, no Windows.

Opções Diversas de Saída

--append-output (apensa, ao invés de sobrepor, arquivos de saída)

Quando você especificar um nome de arquivo para um sinalizador de formato de saída, como -oX ou -oN, este arquivo será sobreposto, por omissão. Se você preferir manter o conteúdo existente do arquivo, e apensar os novos resultados, especifique a opção --append-output. Todos os arquivos de saída especificados nesta execução do Nmap serão, então, apensados, ao invés de sobrepostos. Isto não funciona bem para dados de exames em XML (-oX), já que o arquivo resultante geralmente não será apropriadamente processado, até que você o corrija manualmente.

--resume <*nome do arquivo*> (retoma um exame abortado)

Algumas execuções extensivas do Nmap levam um tempo muito longo - na faixa de dias. Tais exames nem sempre rodam até o fim. Restrições podem impedir o Nmap de ser executado durante o horário do trabalho, a rede pode cair, a máquina em que o Nmap está rodando pode sofrer uma reinicialização planejada ou não, ou o próprio Nmap pode morrer. O administrador que estiver rodando o Nmap pode cancelá-lo por qualquer outra razão, também, pressionando **ctrl-C**. O recomeço de todo o exame a partir do zero pode ser indesejável. Felizmente, se registros de saída normal (-oN) ou grepável (-oG) forem mantidos, o usuário poderá solicitar ao Nmap para retomar o exame com o alvo em que ele estava trabalhando quando a execução cessou. Simplesmente especifique a opção --resume e passe o arquivo de saída normal/grepável como seu argumento. Nenhum outro argumento é permitido, já que o Nmap processará o arquivo de saída para usar as mesmas que foram especificadas anteriormente. Simplesmente chame o Nmap como **nmap --resume <arquivo de registro>**. O Nmap apensará novos resultados aos arquivos de dados especificados na execução anterior. A retomada não suporta o formato de saída em XML, porque a combinação das duas execuções em um arquivo XML válido seria difícil.

--stylesheet <*caminho ou URL*> (ajusta a folha de estilo XSL para transformação da saída em XML)

O Nmap segue com uma folha de estilo XSL chamada nmap.xsl para visualização ou tradução da saída em XML para HTML. A saída em XML inclui uma diretiva xml-stylesheet que aponta para o nmap.xml onde ele foi inicialmente instalado pelo Nmap (ou no diretório de trabalho atual, no Windows). Simplesmente carregue a saída em XML do Nmap num navegador web moderno e ele deverá recuperar o nmap.xsl do sistema de arquivos e usá-lo para compor os resultados. Se você quiser usar uma folha de estilos diferente, especifique-a como argumento para --stylesheet. Você deverá passar o caminho ou URL completo. Uma invocação comum é --stylesheet http://nmap.org/data/nmap.xsl. Isto diz ao navegador para carregar a versão mais recente da folha de estilos do Nmap.Org. A opção --webxml faz a mesma coisa com menos digitação e memorização. O carregamento do XSL do Nmap.Org torna mais fácil visualizar os resultados numa máquina que não tenha o Nmap (e, portanto, o nmap.xsl) instalado. Assim, o URL é frequentemente mais útil, mas a localização do nmap.xsl no sistema de arquivos local é usada por omissão, por questões de privacidade.

--webxml (carrega a folha de estilos do Nmap.Org)

Esta opção de conveniência é simplesmente um apelido para --stylesheet http://nmap.org/data/nmap.xsl.

--no-stylesheet (omite a declaração da folha de estilos XSL do XML)

Especifique esta opção para evitar que o Nmap associe qualquer folha de estilo XSL com sua saída em XML. A diretiva xml-stylesheet será omitida.

15.14. Opções Diversas

Esta seção descreve algumas opções importantes (e não tão importantes) que não se encaixam, realmente, em nenhuma outra parte.

-6 (habilita o exame de IPv6)
Desde 2002, o Nmap oferece suporte ao IPv6 para suas funcionalidades mais populares. Em particular, o exame por ping (somente TCP), o exame por connect, e a detecção de versão, todos suportam o IPv6. A sintaxe de comando é a mesma de sempre, exceto que você também adiciona a opção -6. É claro que você deverá usar a sintaxe de IPv6 se especificar um endereço, ao invés de um nome de hospedeiro. Um endereço poderá parecer com 3ffe:7501:4819:2000:210:f3ff:fe03:14d0, de forma que os nomes de hospedeiros são recomendados. A saída tem a mesma aparência de sempre, com os endereços IPv6 na linha de "portas interessantes" sendo a única pista do IPv6.

Embora o IPv6 não tenha exatamente conquistado uma aclamação mundial, ele tem um uso significativo em alguns países e a maioria dos sistemas operacionais modernos o suporta. Para usar o Nmap com o IPv6, tanto a fonte quanto o alvo de seu exame devem ser configurados para o IPv6. Se seu provedor de acesso (como a maioria) não alocar endereços IPv6 para você, fornecedores de túneis gratuitos estão amplamente disponíveis e funcionam bem com o Nmap. Eu uso o serviço do fornecedor de túneis gratuitos de IPv6 em *http://www.tunnelbroker.net*. Outros fornecedores de túneis estão listados na Wikipedia[4]. Túneis 6to4 (de 6 para 4) são uma outra abordagem popular e gratuita.

-A (opções agressivas de exames)
Esta opção habilita opções adicionais avançadas e agressivas. Eu ainda não decidi exatamente o que isto significa. Atualmente, isto habilita a detecção de SO (-O), o exame de versão (-sV), o exame por script (-sC) e o traceroute (--traceroute). Outras funcionalidades podem ser adicionadas no futuro. O ponto é habilitar um conjunto abrangente de opções de exames sem que as pessoas tenham de lembrar de um grande grupo de sinalizadores. No entanto, como o exame por scripts com o conjunto omissivo é considerado intrusivo, você não deve usar -A contra redes

---

[4] http://en.wikipedia.org/wiki/List_of_IPv6_tunnel_brokers

Capítulo 15: Guia de Referência do Nmap — 645

alvo sem permissão. Esta opção só habilita funcionalidade, e não opções de temporização (como -T4) nem opções de verbosidade (-v) que você poderá querer, também.

--datadir <*nome do diretório*> (especifica a localização de arquivos de dados personalizados do Nmap)

O Nmap obtém alguns dados especiais, durante a execução, de arquivos chamados nmap-service-probes, nmap-services, nmap-protocols, nmap-rpc, nmap-mac-prefixes, e nmap-os-db. Se a localização de qualquer um destes arquivos tiver sido especificada (usando as opções --servicedb ou --versiondb), esta localização será usada para esse arquivo. Depois disso, o Nmap procurará estes arquivos no diretório especificado com a opção --datadir (se presente). Quaisquer arquivos não encontrados lá serão procurados no diretório especificado pela variável ambiental NMAPDIR. Em seguida vem o ~/.nmap para as UIDs real e efetiva (somente para os sistemas POSIX) ou a localização do executável do Nmap (somente para o Win32) e, depois, numa localização compilada, como /usr/local/share/nmap ou /usr/share/nmap. Como último recurso, o Nmap procurará no diretório atual.

--servicedb <*arquivo de serviços*> (especifica um arquivo de serviços personalizado)

Solicita ao Nmap que use o arquivo de serviços especificado, ao invés do arquivo de dados nmap-services, que vem com ele. O uso desta opção faz com que o exame rápido (-F) seja usado, também. Veja a descrição de --datadir para mais informações sobre os arquivos de dados do Nmap.

--versiondb <*arquivo de provas de serviços*> (especifica um arquivo de provas de serviços personalizado)

Solicita ao Nmap que use o arquivo de provas especificado, ao invés do arquivo de dados nmap-service-probes que vem com ele. Veja a descrição de --datadir para mais informações sobre os arquivos de dados do Nmap.

--send-eth (usa o envio de quadros crus de ethernet)

Solicita ao Nmap que envie pacotes pela camada crua de ethernet (enlace de dados), ao invés da camada mais alta de IP (rede). Por omissão, o Nmap escolhe o que é geralmente melhor para a plataforma em que está rodando. Soquetes crus (camada de IP) são normalmente mais eficientes para máquinas Unix, enquanto que quadros de ethernet são necessários para a operação no Windows, porque a Microsoft desabilitou o suporte a soquetes crus. O Nmap ainda usará pacotes crus de IP no Unix, a despeito desta opção, quando não houver outra opção (tal como conexões não ethernet).

--send-ip (envia pelo nível de IP cru)
Solicita ao Nmap que envie pacotes através de soquetes crus de IP, ao invés de enviar quadros ethernet de nível mais baixo. Esta é o complemento da opção --send-eth, discutida previamente.

--privileged (presume que o usuário é completamente privilegiado)
Diz ao Nmap para simplesmente presumir que ele tem privilégios suficientes para realizar o envio de soquetes crus, o farejamento de pacotes e operações similares que normalmente exigem privilégios de root, em sistemas Unix. Por omissão, o Nmap sai se tais operações forem solicitadas mas geteuid não for zero. --privileged é útil com capacidades do kernel Linux e sistemas similares que podem ser configurados para permitir que usuários não privilegiados realizem exames de pacotes crus. Certifique-se de fornecer este sinalizador de opção antes de quaisquer outros sinalizadores para opções que exijam privilégios (exame por SYN, detecção de SO etc). A variável ambiental NMAP_PRIVILEGED pode ser definida como uma alternativa equivalente a --privileged.

--unprivileged (presume que o usuário não dispõe de privilégios de soquetes crus)
Esta opção é o oposto de --privileged. Ela diz ao Nmap para tratar o usuário como sem privilégios para soquetes crus e farejamento de rede. Isto é útil para testes, depuração ou quando a funcionalidade crua da rede de seu sistema operacional estiver de alguma forma interrompida. A variável ambiental NMAP_UNPRIVILEGED pode ser definida como alternativa equivalente a --unprivileged.

--release-memory (libera a memória, antes de sair)
Esta opção só é útil para depuração de falhas de memória. Ela faz com que o Nmap libere a memória alocada, logo antes de sair, de forma que as falhas reais de memória sejam mais fáceis de se destacar. Normalmente, o Nmap omite isto, já que o SO o faz de toda forma, no término de um processo.

--interactive (inicia em modo interativo)
   Inicia o Nmap em modo interativo, o que oferece um prompt interativo, permitindo o lançamento fácil de múltiplos exames (sejam sincronamente, seja em segundo plano). Isto é útil para pessoas que examinam a partir de sistemas multiusuários, já que elas querem testar a segurança delas sem deixar que todos, no sistema, saibam exatamente quais sistemas elas estão examinando. Use --interactive para ativar este modo e, depois, digite **h** para obter ajuda. Esta opção raramente é usada, porque shells apropriados são normalmente mais familiares e completos em funcionalidades. Esta opção inclui um operador de ponto de exclamação (!) para execução de comandos de shell, que é uma das muitas razões para não instalar o Nmap como setuid root.

-V; --version (exibe o número de versão)
   Apresenta o número da versão do Nmap e sai.

-h; --help (exibe uma página de resumo da ajuda)
   Apresenta uma breve tela de ajuda, com os sinalizadores de comandos mais comuns. Rodar o Nmap sem nenhum argumento faz a mesma coisa.

15.15. Interação Durante a Execução

Durante a execução do Nmap, todos os pressionamentos de teclas são capturados. Isto permite que você interaja com o programa sem abortá-lo e reiniciá-lo. Certas teclas especiais mudarão as opções, enquanto outras teclas apresentarão uma mensagem de status, lhe informando sobre o exame. A convenção é que *letras minúsculas aumentarão* a quantidade de exibição, e *letras maiúsculas diminuirão* a exibição. Você pode, também, pressionar '?' para obter ajuda.

v/V
   Aumenta / diminui o nível de verbosidade.

d/D
   Aumente / diminui o nível de depuração.

p/P
   Liga / desliga o traçado de pacotes.

?

Apresenta uma tela de ajuda de interação durante a execução;

Qualquer outra coisa

Apresenta uma mensagem de status como esta:

Stats: 0:00:08 elapsed; 111 hosts completed (5 up), 5 undergoing Service Scan

Service scan Timing: About 28.00% done; ETC: 16:18 (0:00:15 remaining)

15.16. Exemplos

Eis aqui alguns exemplos de uso do Nmap, desde o simples e rotineiro, até um mais complexo e esotérico. Alguns endereços IP e nomes de domínio reais são usados para deixar as coisas mais concretas. No lugar deles, você deverá substituir endereços/nomes de *sua própria rede*. Embora eu não ache que o exame de portas de outras redes seja ou deva ser ilegal, alguns administradores de rede não apreciam exames não solicitados de suas redes, e podem reclamar. Obter permissão primeiro é a melhor abordagem.

Para fins de testes, você tem permissão de examinar o hospedeiro scanme.nmap.org. Esta permissão só inclui o exame através do Nmap, e não o teste de explorações ou os ataques de negação de serviços. Para conservar a largura de banda, por favor não inicie mais de uma dezena de exames por dia, neste hospedeiro. Se este serviço gratuito de alvo de exame for abusado, ele será derrubado e o Nmap reportará Failed to resolve given hostname/IP (falha em resolver o nome de hospedeiro/IP dado): scanme.nmap.org. Estas permissões também se aplicam aos hospedeiros scanme2.nmap.org, scanme3.nmap.org, e assim por diante, embora estes outros atualmente não existam.

nmap -v scanme.nmap.org

Esta opção examina todas as portas TCP reservadas, na máquina scanme.nmap.org. A opção -v habilita o modo verboso.

nmap -sS -O scanme.nmap.org/24

Lança um exame invisível por SYN para cada máquina que esteja no ar, dos 256 IPs da rede de tamanho de "classe C" em que o scanme se encontra. Ele também tenta determinar qual o sistema operacional que está rodando em cada hospedeiro que esteja no ar e rodando. Isto exige privilégios de root, por causa do exame por SYN e da detecção de SO.

nmap -sV -p 22,53,110,143,4564 198.116.0-255.1-127

Lança uma enumeração de hospedeiros e um exame de TCP na primeira metade de cada uma das 255 possíveis sub-redes de oito bits, no espaço de endereços de classe B 198.116. Isto testa se os sistemas rodam SSH, DNS, POP3, ou IMAP em suas portas padrões, ou qualquer coisa na porta 4564. Em qualquer uma destas portas encontradas abertas, a detecção de versão será usada para determinação de qual aplicação está rodando.

nmap -v -iR 100000 -PN -p 80

Solicita ao Nmap que escolha 100.000 hospedeiros aleatoriamente, e os examine em busca de servidores web (port 80). A enumeração de hospedeiros foi desabilitada com -PN, já que enviar primeiro duas provas para determinar se um hospedeiro está no ar é um desperdício, quando você só está provando uma porta em cada hospedeiro alvo.

nmap -PN -p80 -oX logs/pb-port80scan.xml -oG logs/pb-port80scan.gnmap 216.163.128.20/20

Este examina 4096 IPs em busca de quaisquer servidores web (sem pingá-los) e salva a saída nos formatos grepável e XML.

15.17. Erros

Como o seu autor, o Nmap não é perfeito. Mas você pode ajudar a torná-lo melhor, enviando relatos de erros ou mesmo escrevendo emendas. Se o Nmap não se comportar da forma como você espera, primeiro atualize para a versão mais recente, disponível em *http://nmap.org*. Se o problema persistir, faça uma pesquisa para determinar se ele não já foi descoberto e resolvido. Tente pesquisar pela mensagem de erro em nossa página de buscas, em *http://insecure.org/search.html* ou no Google. Tente, também, navegar pelos arquivos de *nmap-dev*, em *http://seclists.org/*. Leia toda esta página manual, também. Se nada resolver, envie um relato de erro para <nmap-dev@insecure.org>. Por favor, inclua tudo o que você descobriu sobre o problema, bem como qual versão do Nmap você está rodando e em qual versão de sistema operacional ele está rodando. Relatos de problemas e questões de uso do Nmap enviadas a <nmap-dev@insecure.org> são muito mais prováveis de serem respondidas do que aquelas enviadas diretamente para Fyodor. Se você assinar a lista nmap-dev antes de postar, sua mensagem não passará pela moderação, e chegará mais rapidamente. Assine-a em *http://cgi.insecure.org/mailman/listinfo/nmap-dev*.

Emendas de código para correção de erros são até melhores que os relatos de erros. Instruções básicas para a criação de arquivos de emendas com suas alterações estão disponíveis em *http://nmap.org/data/HACKING*. As emendas podem ser enviadas para *nmap-dev* (recomendado) ou diretamente para Fyodor.

15.18. O Autor

Fyodor <fyodor@insecure.org> (*http://insecure.org*)

Centenas de pessoas fizeram contribuições valiosas para o Nmap, ao longo dos anos. Isto está detalhado no arquivo CHANGELOG, que é distribuído com o Nmap e também está disponível em *http://nmap.org/changelog.html*.

15.19. Notas Legais

15.19.1. Licença e Copyright do Nmap

O Nmap Security Scanner é (C) 1996-2008 Insecure.Com LLC. O Nmap também é uma marca registrada da Insecure.Com LLC. Este programa é software livre; você pode redistribuí-lo e/ou modificá-lo sob os termos da Licença

Pública Geral (GPL, na sigla em inglês) do GNU, conforme publicada pela Free Software Foundation, Versão 2, com os esclarecimentos e exceções descritos abaixo. Isto garante a você o direito de usar, modificar e redistribuir este software sob certas condições. Se você quiser incorporar a tecnologia do Nmap em software proprietário, nós vendemos licenças alternativas (contate <sales@insecure.com>). Dezenas de fornecedores de software já adquiriram licenças de tecnologias do Nmap, tais como a descoberta de hospedeiros, o exame de portas, a detecção de SO, e a detecção de versão.

Note que a GPL impõe restrições importantes em "trabalhos derivados", embora ela não forneça uma definição detalhada deste termo. Para evitar entendimentos indevidos, nós consideramos que uma aplicação constitui um "trabalho derivado", para fins desta licença, se ela fizer qualquer coisa das seguintes:

- Integrar código fonte do Nmap

- Ler ou incluir arquivos de dados protegidos por copyright do Nmap, tais como o nmap-os-db ou o nmap-service-probes.

- Executar o Nmap e processar os resultados (em comparação a típicas aplicações de shell ou de execução por menus, que simplesmente apresentam a saída crua do Nmap e, portanto, não são trabalhos derivados).

- Integrar/incluir/agregar o Nmap num instalador executável proprietário, tal como aqueles produzidos pelo InstallShield.

- Ligar-se a uma biblioteca ou executar um programa que faça qualquer das coisas acima.

O termo "Nmap" deve ser entendido como incluindo quaisquer porções ou trabalhos derivados do Nmap. Esta lista não é exclusiva, mas serve apenas para esclarecer nossa interpretação de trabalhos derivados com alguns exemplos comuns. Estas restrições só se aplicam quando você realmente redistribuir o Nmap. Por exemplo, nada impede que você escreva e venda um frontend proprietário para o Nmap. Apenas distribua-o por si só e indique às pessoas para baixar o Nmap de *http://nmap.org*.

Nós não consideramos estas como sendo restrições adicionais em cima da GPL, mas apenas um esclarecimento de como nós interpretamos "trabalhos derivados", na forma como ele se aplica ao nosso produto Nmap licenciado de acordo com a GPL. Isto é similar à forma como Linus Torvalds anunciou sua interpretação de como "trabalhos derivados" se aplicam aos módulos do kernel Linux. Nossa interpretação se refere somente ao Nmap - nós não falamos de quaisquer outros produtos sob a GPL.

Se você tiver quaisquer questões a respeito das restrições do licenciamento pela GPL no uso do Nmap em trabalhos não concordes com a GPL, nós ficaremos felizes em ajudar. Como mencionado acima, nós também oferecemos uma licença alternativa para integrar o Nmap em aplicações proprietárias. Estes contratos foram vendidos a muitos fornecedores de segurança, e geralmente incluem uma licença perpétua, bem como fornece o suporte e atualizações prioritários, e ajuda a suportar o desenvolvimento continuado da tecnologia do Nmap. Por favor, envie email para <sales@insecure.com> para maiores informações.

Como uma exceção especial aos termos da GPL, A Insecure.Com LLC garante permissão para ligar o código deste programa a qualquer versão da biblioteca OpenSSL, que é distribuída sob uma licença idêntica a que é listada no arquivo incluído COPYING.OpenSSL, e para distribuir combinações ligadas que incluam os dois. Você deverá obedecer à GPL do GNU em todos os sentidos, para todo o código usado, que não seja a OpenSSL. Se você modificar este arquivo, poderá estender esta exceção a sua versão do arquivo, mas não será obrigado a fazê-lo.

Se você recebeu estes arquivos com um acordo de licença por escrito, ou um contrato atestando termos outros que não os acima, então este acordo de licença alternativo tem precedência sobre estes comentários.

15.19.2. Licença do Creative Commons para este Guia do Nmap

Este *Guia de referência do Nmap* é (C) 2005-2008 Insecure.Com LLC. Ele é por este meio posto sob a versão 2.5 da Licença de Atribuição do Creative Commons[5]. Isto permite que você redistribua e modifique o trabalho como queira, desde que credite a fonte original. Alternativamente, você pode optar por tratar este documento como submetido à mesma licença que o próprio Nmap (discutida anteriormente).

---

5 *http://creativecommons.org/licenses/by/2.5/*

15.19.3. Disponibilidade do Código Fonte e Contribuições da Comunidade

A fonte é fornecida para este software porque nós acreditamos que os usuários têm o direito de saber exatamente o que um programa vai fazer, antes de rodá-lo. Isto também lhe permite auditar o software em busca de brechas de segurança (nenhuma foi encontrada, até hoje).

O código fonte também permite que você porte o Nmap para novas plataformas, corrija erros e adicione novas funcionalidades. Você é altamente encorajado a enviar suas alterações para <fyodor@insecure.org> para a possível incorporação delas na distribuição principal. Pelo envio destas alterações a Fyodor ou a uma das listas de correio de desenvolvimento da Insecure.Org, presume-se que você está oferecendo a Fyodor e à Insecure.Com LLC, o direito ilimitado e não exclusivo de reutilizar, modificar e relicenciar o código. O Nmap sempre estará disponível como código aberto, mas isto é importante, porque a impossibilidade de relicenciar o código causou problemas devastadores para outros projetos do Software Livre (tais como o KDE e o NASM). Nós também, eventualmente, relicenciamos o código para terceiros, como discutido acima. Se você quiser especificar condições especiais de licença de suas contribuições, apenas informe-o, quando enviá-las.

15.19.4. Nenhuma Garantia

Este programa é distribuído na esperança de que seja útil, mas SEM NENHUMA GARANTIA; sem nem mesmo a garantia implícita de COMERCIABILIDADE ou APLICABILIDADE A UM FIM EM PARTICULAR. Veja a Licença Geral Pública, v2.0, do GNU, para mais detalhes, em *http://www.gnu.org/licenses/gpl-2.0.html*, ou no arquivo COPYING, incluído com o Nmap.

Deve-se notar, também, que o Nmap é conhecido por matar, eventualmente, aplicações, pilhas de TCP/IP e até sistemas operacionais mal escritos. Embora isto seja extremamente raro, é importante tê-lo em mente. *O Nmap jamais deverá ser executado contra sistemas de missão crítica*, a menos que você esteja preparado para sofrer com o tempo de queda. Nós reconhecemos, aqui, que o Nmap pode derrubar seus sistemas ou redes, e nos isentamos de toda a responsabilidade por qualquer dano ou problema que o Nmap possa causar.

15.19.5. Uso Indevido

Devido ao leve risco de derrubadas e porque alguns chapéus-pretos gostam de usar o Nmap para reconhecimento anterior a ataques de sistemas, há administradores que se irritam e podem reclamar quando seus sistemas são examinados. Assim, é frequentemente aconselhável solicitar permissão, antes de se fazer até mesmo um leve exame de uma rede. O Nmap jamais deverá ser instalado com privilégios especiais (p.ex.: suid root) por razões de segurança.

15.19.6. Softwares de Terceiros

Este produto inclui software desenvolvido pela Apache Software Foundation. Uma versão modificada da biblioteca de captura de pacotes portátil Libpcap é distribuída juntamente com o Nmap. A versão do Nmap para o Windows utiliza a biblioteca WinPcap, derivada da Libpcap, ao invés. O suporte a expressões regulares é fornecido pela biblioteca PCRE, que é software de código aberto, escrita por Philip Hazel. Certas funções de acesso cru a redes usam a biblioteca Libdnet, que foi escrita por Dug Song. Uma versão modificada é distribuída com o Nmap. O Nmap pode, opcionalmente, se ligar ao kit de ferramentas de criptografia OpenSSL, para suporte à detecção de versão de SSL. O Mecanismo de Scripts do Nmap usa uma versão da linguagem de programação Lua. Todos os softwares de terceiros descritos neste parágrafo são gratuitamente redistribuíveis sob licenças de software no estilo BSD.

15.19.7. Classificação do Controle de Exportação dos Estados Unidos (U.S. Export Control)

U.S. Export Control: A Insecure.Com LLC acredita que o Nmap se encaixa no U.S. ECCN (número de classificação do controle exportação) 5D992. Esta categoria é chamada de "Software de Segurança de Informações não controlado pelo 5D002". A única restrição desta classificação é AT (antiterrorismo), que se aplica a quase todos os bem e nega a exportação a um punhado de nações renegadas, como o Iran e a Coreia do Norte. Assim, a exportação do Nmap não exige nenhuma licença, permissão ou outra autorização governamental especial.

APÊNDICE A.
DTD DE SAÍDA EM XML DO NMAP

A.1. Propósito

Esta definição de tipo de documento (DTD, na sigla em inglês) é usado pelos processadores de XML para validar a saída em XML do Nmap. A versão mais recente está sempre disponível em *http://nmap.org/data/nmap.dtd*. Apesar de ser primariamente destinada para uso programático, ela é incluída, aqui, devido a seu valor para auxiliar humanos a interpretar a saída em XML do Nmap. A DTD define os elementos legais do formato, e frequentemente enumera os atributos e valores que eles podem usar. O uso da DTD é discutido mais a fundo na seção 13.6, "Saída em XML (-oX)".

A.2. A DTD completa

(A versão aqui apresentada tem seus comentários traduzidos, para melhor entendimento do leitor interessado, que não domine a língua inglesa. A versão original pode ser encontrada no URL referido acima. - N. do T.).

```
<!--
   nmap.dtd
   Esta é a DTD para o formato de saída em XML do Nmap (-oX).
   $Id: nmap.dtd 11010 2008-11-10 19:05:12Z david $

   Originalmente escrita por:
   William McVey <wam@cisco.com> <wam+nmap@wamber.net>
```

Agora mantida por Fyodor <fyodor@insecure.org> como parte do Nmap.

Para validar usando este arquivo, simplesmente adicione uma linha DOCTYPE similar a: <!DOCTYPE nmaprun SYSTEM "nmap.dtd">
à saída do nmap, imediatamente abaixo do prólogo (a primeira linha). Isto deverá lhe permitir rodar um processador de validação para a saída (desde que a DTD esteja no caminho de busca de DTD de seu processador).

Erros:
A maioria dos elementos está "travada" na ordem específica que o nmap gera, quando não há, realmente, necessidade de uma ordenação específica. Isto é primeiramente porque eu não conheço a construção de DTD de xml para especificar "um de cada, desta lista de elementos, em qualquer ordem". Se houver uma construção similar ao operador '&' do SGML, por favor, me informem.

Porções com Copyright (c) 2001-2008 Insecure.Com LLC
Porções com Copyright (c) 2001 da Cisco systems, Inc.

A permissão para usar, copiar, modificar, e distribuir cópias modificadas e não modificadas deste software para qualquer fim e sem taxa é aqui garantida, desde que (a) estas notas de copyright e de permissão apareçam em todas as cópias do software e da documentação de suporte, (b) o nome da Cisco Systems, Inc. não seja usado em propaganda ou publicidade pertencente à distribuição do programa sem permissão específica prévia, e (c) nota seja dada em documentação de suporte que o uso, a modificação, a cópia e a distribuição é sob permissão da

Cisco Systems, Inc.

A Cisco Systems, Inc. não faz nenhuma alegação sobre a aplicabilidade deste software para nenhum propósito. ESTE SOFTWARE É FORNECIDO "COMO ESTÁ" E SEM QUAISQUER GARANTIAS, EXPRESSAS OU IMPLÍCITAS, INCLUINDO, SEM LIMITES, AS GARANTIAS IMPLÍCITAS DE COMERCIABILIDADE E APLICABILIDADE A UM PROPÓSITO EM PARTICULAR.

-->

<!-- entidades de parâmetros para especificação de "tipos" comuns usados ao longo da DTD -->
<!ENTITY % attr_alpha "CDATA" >
<!ENTITY % attr_numeric "CDATA" >
<!ENTITY % attr_ipaddr "CDATA" >
<!ENTITY % attr_percent "CDATA" >
<!ENTITY % attr_type "(ipv4 | ipv6 | mac)" >

<!ENTITY % host_states "(up|down|unknown|skipped)" >

<!-- veja: nmap.c:statenum2str para uma lista de estados de portas -->
<!-- Talvez eles devessem ser enumerados como em scan_types, abaixo, mas -->
<!-- eu não sei como escapar estados como open|filtered (abertos ou filtrados) -->
<!ENTITY % port_states "CDATA" >

<!ENTITY % hostname_types "(PTR)" >

<!-- veja output.c:output_xml_scaninfo_records para os tipos de exames -->
<!ENTITY % scan_types "(syn|ack|bounce|connect|null|xmas|window|maimon|fin|udp|ipproto)" >

<!-- <!ENTITY % ip_versions "(ipv4)" > -->

<!ENTITY % port_protocols "(ip|tcp|udp)" >

<!-- Eu não sei exatamente o que é isto, mas os valores foram enumerados através de: grep "conf=" *
-->
<!ENTITY % service_confs "(0 | 3 | 5 | 10)" >

<!-- Este elemento é iniciado em nmap.c:nmap_main().
    Ele representa o elemento de nível mais alto do documento de saída.

-->

```
<!ELEMENT nmaprun (scaninfo*, verbose, debugging,
            ((taskbegin, taskprogress*, taskend) | host | output)*,
            runstats) >
<!ATTLIST nmaprun
    scanner (nmap) #REQUIRED
    args CDATA #IMPLIED
    start %attr_numeric; #IMPLIED
    startstr CDATA #IMPLIED
    version CDATA #REQUIRED
    profile_name CDATA #IMPLIED
    xmloutputversion CDATA #REQUIRED
>

<!-- este elemento é escrito em output.c:doscaninfo() -->
<!ELEMENT scaninfo EMPTY >
<!ATTLIST scaninfo
    type %scan_types; #REQUIRED
    scanflags CDATA #IMPLIED
    protocol %port_protocols; #REQUIRED
    numservices %attr_numeric; #REQUIRED
    services CDATA #REQUIRED
>

<!-- estes elementos são escritos em nmap.c:nmap_main() -->
<!ELEMENT verbose EMPTY >
<!ATTLIST verbose level %attr_numeric; #IMPLIED >
<!ELEMENT debugging EMPTY >
<!ATTLIST debugging level %attr_numeric; #IMPLIED >
<!-- este elemento é escrito em timing.c:beginOrEndTask() -->
<!ELEMENT taskbegin EMPTY >
<!ATTLIST taskbegin
    task CDATA #REQUIRED
    time %attr_numeric; #REQUIRED
```

    extrainfo CDATA #IMPLIED
>

<!-- este elemento é escrito em timing.c:printStats() -->
<!ELEMENT taskprogress EMPTY >
<!ATTLIST taskprogress
    task CDATA #REQUIRED
    time %attr_numeric; #REQUIRED
    percent %attr_percent; #REQUIRED
    remaining %attr_numeric; #REQUIRED
    etc %attr_numeric; #REQUIRED
>

<!-- este elemento é escrito em timing.c:beginOrEndTask() -->
<!ELEMENT taskend EMPTY >
<!ATTLIST taskend
    task CDATA #REQUIRED
    time %attr_numeric; #REQUIRED
    extrainfo CDATA #IMPLIED
>

<!--
    este elemento é iniciado em nmap.c:nmap_main() e preenchido por
    output.c:write_host_status(), output.c:printportoutput(), e
    output.c:printosscanoutput()
-->
<!ELEMENT host (status, address , (address | hostnames |
                smurf | ports | os | distance | uptime |
                tcpsequence | ipidsequence | tcptssequence |
                hostscript | trace)*, times) >
<!ATTLIST host
    starttime %attr_numeric; #IMPLIED
    endtime %attr_numeric; #IMPLIED
    comment CDATA #IMPLIED
>

```
<!-- estes elementos são escritos por output.c:write_xml_initial_hostinfo()
-->
<!ELEMENT status EMPTY >
<!ATTLIST status state %host_states; #REQUIRED
          reason CDATA #REQUIRED
>

<!ELEMENT address EMPTY >
<!ATTLIST address
    addr %attr_ipaddr; #REQUIRED
    addrtype %attr_type; "ipv4"
    vendor CDATA #IMPLIED
>

<!ELEMENT hostnames (hostname)* >
<!ELEMENT hostname EMPTY >
<!ATTLIST hostname
    name CDATA #IMPLIED
    type %hostname_types; #IMPLIED
>

<!-- este elemento é escrito por output.c:write_host_status() -->
<!ELEMENT smurf EMPTY >
<!ATTLIST smurf responses %attr_numeric; #REQUIRED >
<!-- estes elementos são escritos por output.c:printportoutput() -->
<!ELEMENT ports (extraports* , port*) >
<!ELEMENT extraports (extrareasons)* >
<!ATTLIST extraports
    state %port_states; #REQUIRED
    count %attr_numeric; #REQUIRED
>

<!ELEMENT extrareasons EMPTY >
<!ATTLIST extrareasons
```

reason CDATA #REQUIRED
    count CDATA #REQUIRED
>

<!ELEMENT port (state , owner? , service?, script*) >
<!ATTLIST port
    protocol %port_protocols; #REQUIRED
    portid %attr_numeric; #REQUIRED
>

<!ELEMENT state EMPTY >
<!ATTLIST state
    state %port_states; #REQUIRED
    reason CDATA #REQUIRED
    reason_ttl CDATA #REQUIRED
    reason_ip CDATA #IMPLIED
>

<!ELEMENT owner EMPTY >
<!ATTLIST owner name CDATA #REQUIRED >
<!ELEMENT service EMPTY >
<!ATTLIST service
    name CDATA #REQUIRED
    conf %service_confs; #REQUIRED
            method (table|detection|probed) #REQUIRED
            version CDATA #IMPLIED
            product CDATA #IMPLIED
            extrainfo CDATA #IMPLIED
    tunnel (ssl) #IMPLIED
    proto (rpc) #IMPLIED
    rpcnum %attr_numeric; #IMPLIED
    lowver %attr_numeric; #IMPLIED
    highver %attr_numeric; #IMPLIED
            hostname CDATA #IMPLIED
            ostype CDATA #IMPLIED

            devicetype CDATA #IMPLIED
            servicefp CDATA #IMPLIED
>

<!ELEMENT script EMPTY >
<!ATTLIST script
    id CDATA #REQUIRED
    output CDATA #REQUIRED
>

<!ELEMENT os (portused* , osclass*, osmatch*, osfingerprint*) >
<!ELEMENT portused EMPTY >
<!ATTLIST portused
    state %port_states; #REQUIRED
    proto %port_protocols; #REQUIRED
    portid %attr_numeric; #REQUIRED
>

<!ELEMENT osclass EMPTY >
<!ATTLIST osclass
            vendor CDATA #REQUIRED
            osgen CDATA #IMPLIED
            type CDATA #IMPLIED
            accuracy CDATA #REQUIRED
            osfamily CDATA #REQUIRED
>

<!ELEMENT osmatch EMPTY >
<!ATTLIST osmatch
    name CDATA #REQUIRED
    accuracy %attr_numeric; #REQUIRED
    line %attr_numeric; #REQUIRED
>

<!ELEMENT osfingerprint EMPTY >

```
<!ATTLIST osfingerprint
    fingerprint CDATA #REQUIRED
>

<!ELEMENT distance EMPTY >
<!ATTLIST distance
    value %attr_numeric; #REQUIRED
>

<!ELEMENT uptime EMPTY >
<!ATTLIST uptime
    seconds %attr_numeric; #REQUIRED
    lastboot CDATA #IMPLIED
>

<!ELEMENT tcpsequence EMPTY >
<!ATTLIST tcpsequence
    index %attr_numeric; #REQUIRED
    difficulty CDATA #REQUIRED
    values CDATA #REQUIRED
>

<!ELEMENT ipidsequence EMPTY >
<!ATTLIST ipidsequence
    class CDATA #REQUIRED
    values CDATA #REQUIRED
>

<!ELEMENT tcptssequence EMPTY >
<!ATTLIST tcptssequence
    class CDATA #REQUIRED
    values CDATA #IMPLIED
>

<!ELEMENT trace (hop*, error?) >
```

```
<!ATTLIST trace
    proto CDATA #REQUIRED
    port CDATA #REQUIRED
>

<!ELEMENT hop EMPTY>
<!ATTLIST hop
    ttl CDATA #REQUIRED
    rtt CDATA #IMPLIED
    ipaddr CDATA #IMPLIED
    host CDATA #IMPLIED
>

<!ELEMENT error EMPTY>
<!ATTLIST error
    errorstr CDATA #IMPLIED

>
<!ELEMENT times EMPTY>
<!ATTLIST times
    srtt CDATA #REQUIRED
    rttvar CDATA #REQUIRED
    to CDATA #REQUIRED
>

<!-- Para incorporação de outro tipo de saída (sapida na tela) como o Zenmap o faz. -->
<!ELEMENT output (#PCDATA)>
<!ATTLIST output type (interactive) #IMPLIED>
<!-- estes elementos são gerados em output.c:printfinaloutput() -->
<!ELEMENT runstats (finished, hosts) >
<!ELEMENT finished EMPTY >
<!ATTLIST finished time %attr_numeric; #REQUIRED
                timestr CDATA #IMPLIED
>
```

```
<!ELEMENT hosts EMPTY >
<!ATTLIST hosts
    up %attr_numeric; "0"
    down %attr_numeric; "0"
    total %attr_numeric; #REQUIRED
>

<!ELEMENT hostscript ( script+ )>
```

Índice Remissivo

Símbolos

$P(), 256
$SUBST(), 256
-6, 106, 140
-A, 7, 163, 214, 279, 280, 330
--append-output, 139
-b, 131, 133, 199
-d, 137, 242
-D, 106, 186
%D, 142
--data-length, 104, 283
--defeat-rst-ratelimit, 223
--dns-servers, 86, 88, 103
-e, 106
--exclude, 74
--excludefile, 74
-F, 133, 167, 168, 214, 222
--fuzzy, 280
-g, 103
--host-timeout, 136, 223
-iL, 73, 75, 92, 105
--initial-rtt-timeout, 105, 136, 147, 223
-iR, 26, 74, 76, 105, 188
--max-hostgroup, 136, 223
--max-os-tries, 214, 280
--max-parallelism, 104, 136, 223
--max-rate, 136, 223
--max-retries, 136, 203, 223
--max-rtt-timeout, 105, 136, 147, 212, 223
--max-scan-delay, 136, 209, 223
--min-hostgroup, 136, 147, 148, 167, 223
--min-parallelism, 104, 136, 223
--min-rate, 136, 202, 212, 223
--min-rtt-timeout, 105, 136, 223
-n, 4, 85, 103
-O, 19, 30, 214, 274, 280
-oA, 7, 105, 138
-oG, 16, 105, 137, 138
-oN, 105, 137, 138
--open, 139
--osscan-guess, 280, 317, 318
--osscan-limit, 214, 228, 279
-oX, 105, 137, 138
-p, 196, 198, 214
-PA, 6, 96
--packet-trace, 105, 112, 137, 157, 191, 335
-PE, 6, 98, 102, 104
-PM, 98

-PN, 7, 71, 85, 87, 88, 91, 140, 219, 280
-PO, 99
-PP, 98
-PR, 91, 100, 102
-PS, 6, 94, 102, 106
-PU, 6
-r, 140
-R, 86, 103
--randomize-hosts, 105
--reason, 105, 140
--resume, 139
-S, 106
-sA, 132, 178
-sC, 20, 214, 329, 330, 334, 335
--scan-delay, 136, 223
--scanflags, 169, 174, 177
--script, 19, 20, 329, 330, 334
--script-args, 330, 335
--script-trace, 330, 335
--script-updatedb, 330, 335
--send-eth, 102
--send-ip, 91, 100, 101, 102
-sF, 132, 169, 170, 177
-sI, 133, 183, 278
-sL, 4, 71, 75, 86, 87, 88, 106
-sM, 132, 182
-sN, 132, 169, 170
-sO, 133, 196, 198
--source-port, 103
-sP, 87, 89, 106, 213
--spoof-mac, 102
-sS, 6, 27, 30, 132
-sT, 27, 30, 56, 132, 158, 160
-sU, 131, 132, 161, 318
-sV, 19, 27, 30, 163, 168, 171, 214, 233, 333, 335

-sW, 132, 180
-sX, 132, 169, 170
--system-dns, 86, 104, 215
-T, 30, 224
-T0, 136
-T3, 104
-T4, 7, 104
-T5, 104, 136, 227
-T insane, 26
--top-ports, 133, 214, 222
-T polite, 26
--traceroute, 19, 214
--ttl, 104
/usr/local, 50
-v, 103, 137, 168, 200, 220, 274, 370
--verbose, 103
--version, 39
--version-all, 238, 242
--version-intensity, 168, 238, 241
--version-light, 238, 242
--version-trace, 242

A

A, 296
Ação do script, 338
ACAP, 233
ACK, 132
ACK seletivo permitido, 291
Acompanhamento de bens, 125
Acumulador, 315
Adicione --version-intensity 0 aos exames de detecção de, 168
Administração remota por terminal, 107
Adrian Lamo, 10, 26
Adriano Monteiro Marques, 34
AFP, 233

Aggressive, 224
Aggressive OS guesses, 275
Agressividade do exame, 205
AIM, 233
AIX 3.2, 14
Ajuste do TTL de saída, 104
Algoritmo de geração de sequência de ID de IP de ICMP, 289
Algoritmo de geração de sequência de ID de IP de TCP, 288
Algoritmo de opção de marca de horário de TCP, 290
Alpha, 53
Amadores de scripts, 13
Amazon.com, 81
Ambiguidade de open|filtered, 162
Ambiguidades nas RFCs do protocolo padrão, 281
Amiga, 68
AmigaOS, 68
Andy Lutomirski, 57
Antirez, 183
AO, 3
Apache, 240, 245, 373
Apensar os resultados do exame, 139
API de soquetes Berkeley, 116
API poderosa e bem documentada, 339
APNIC, 327
Apple Developer Connection, 64
Args, 335
Argumento de script, 341, 344
ARIN, 82, 143, 327
ARM, 68
ARP, 100
Arquitetura, x86 53
Arquivo nmap-services, 118

Arquivo /proc/sys/net/ipv4/ip_local_port_range, 117
Arquivos compartilhados publicamente, 26
Árvore de portes, 67
AS, 84, 341
As 20 Principais Portas TCP, 119
As 20 Principais Portas UDP, 120
Asn-query.nse, 341
Aspectos do BSD, 66
Assegurar que um exame não se propague além da rede loca, 104
Assinaturas PGP, 41
Ataque, 302
Ataque de canal lateral, 184
Ataque local de ethernet, 90
Ataques, 10
Ataques de injeção de SQL, 264, 367
Ataques de negação de serviços, 29
Ataques de simulação cega de TCP, 277
Atualiza a base de dados de scripts, 335
Atualize o Nmap, 261
Atualize para o Nmap mais recente, 317
Auditagem de segurança, 102
Aumentar a verbosidade da saída, 137
Aumente o paralelismo de hospedeiros, 167
Auth, 9, 107, 330
Auth-owners.nse, 342
Auth-spoof, 333
Auth-spoof.nse, 343
Autoridade de Números Atribuídos, 116
Avaliação de vulnerabilidade externa, 3
Avatar Online, 3
Avg, 290
Avi Mizrahi, 25

Awk, 138
AXFR, 344

B

Backdoors, 20
Base64, 374
Base de dados abrangente, 233
Base de dados de serviços, 260
Base de dados nmap-services, 6
Bases de dados regionais, 82
Benefícios dos softwares de código aberto, 112
BGP, 84
Biblioteca de expressões regulares, 49
Biblioteca Libpcap, 49
Biblioteca Nsock, 377
Biblioteca OpenSSL, 12
Bibliotecas de criptografia, 46
Big-endian, 192
Bin, 374
Binários x86_64, 53
BIND 9.2.1, 9
Bit, 374
BitchX, 41
Bit de não fragmentar de IP, 293
Border Gateway Protocol, 84
Brandon Enright, 352
Broken little-endian incremental, 189
BSD, 39
Busca binária, 191
Busca de DNS de website, 81
Busca de whois, 143
Buscas por identd, 327
Byte de tipo de serviço, 284

C

Caçadores de acesso sem fio, 28
Cain and Abel, 31
Caminhos absolutos, 334
Caminhos relativos, 334
Campo author, 337
Campo categories, 337
Campo description, 337
Campo não usado de porta inalcançável não-zero, 298
Campo opcional license, 337
Campos descritivos, 336
Campo Service Info, 279
CanSecWest, 231
Capacidade de embutidura, 340
Características de WAP, 323
Carga de dados, 283
Categoria version, 335
Cavalo de Troia, 125
CC, 294
CD, 300
Chamada a Procedimento Remoto, 247
Chapéus brancos, 25
Chapéus pretos, 25
Chargen, 98
Cinco tentativas, 280
Classificação de dispositivos e de SO, 312
Cliente de DHCP, 121
Clientes de P2P, 117
Closed, 123
Closed|filtered, 124
Código aberto, 30
Código de resposta de ICMP, 300

Colher informação extra de um sistema, 179
Comando nulo, 249
Combinação de tipos de exames, 179
Combinação leve, 256
Comm, 374
Como uma porta filtrada aparece para o Nmap, 156
Compaq DL380, 227
Compilando o Nmap no Windows a Partir da Fonte, 60
Compilar o Nmap a Partir do Código Fonte, 64
Compilar o Zenmap a Partir do Código Fonte, 64
Comprimento de dados de IP para respostas de ICMP, 300
Comprimento total de IP, 298
Comprometimentos de redes remotas, 124
Comunicação administrativamente proibida por filtragem, 153
Comunidade do código aberto, 227
Conexões de FTP por representante, 199
Conferência ShmooCon, 76
Confiabilidade, 331
Confundir a detecção de SO, 318
Connect, 94
Consistência das provas, 283
Construção do Nmap sob o Cygwin, 60
Consultas intrusivas, 9
Consulta whois, 82, 145
Contas de shell compartilhadas, 152
Contrato de Prestação de Serviços, 21
Controle da velocidade do exame, 223
Controle de congestionamento, 295
Convenção de nomeação, 376

Correspondência, 253
Courier, 246
Criação de uma nova prova de detecção de versão, 262
Cron-OS, 302
CVE-2006-2369, 350
CVE-2008-1447, 343, 344
CWR, 294
Cygwin, 58

D

Data do exame, 308
Datafiles, 374
DataHaven Project, 32
David Fifield, 35
Daytime, 343
Daytime.nse, 343
DCOM RPC, 11
Debian, 41, 52, 55
Decodificando a linha SCAN de uma impressão digital de tema, 308
Default, 331
DEFAULT_PROTO_PROBE_PORT_SPEC, 99
DEFAULT_TCP_PROBE_PORT_SPEC, 94
DEFAULT_UDP_PROBE_PORT_SPEC, 98
Delineamento de explorações, 272
Depuração da rede, 125
Desabilitando o ping, 71
Descoberta de hospedeiros, 123
Descoberta de rede, 327
Descrição de SO em formato livre, 310
Descrição gráfica, 206
Descrição textual, 310

Desenvolvimento com código aberto, 68
Detalhes da coleta de impressões digitais de TCP/IP, 325
Detalhes de SO, 275
Detecção de backdoor, 328
Detecção de dispositivos não autorizados e perigosos, 273
Detecção de SO, 19, 123, 214, 274, 292, 303
Detecção de tempo de atividade, 33
Detecção de versão, 214, 233, 333
Detecção de Versão, 19
Detecção de versão mais sofisticada, 327
Detecção de vulnerabilidades, 328
Detectar exames omissivos por SYN, 158
Determinação da vulnerabilidade de hospedeiros alvo, 272
Determinação de propriedade, 327
Determinação do estado, 122
Determinar o endereço de hardware do destino, 100
Device type, 275
Devicetype, 380
DF, 293
DFI, 293
DHCPC, 121
DHCPS, 121
Diego Casorran, 68
Diff1, 286, 287
Dig, 79, 145
Diman Todorov, 34
Diretiva, 252, 253, 256, 257, 258
Diretório de assinaturas, 41
Diretório interessante, 45
Discovery, 332
Dispositivos de rede de baixo custo, 325

Dispositivos mais perigosos, 322
Distância, 293
Distância da rede, 276
Divulgar o endereço IP do alvo, 332
DLI, 300
Dns, 374
DNS, 120, 121
Dns-random-srcport.nse, 343
Dns-random-txid.nse, 344
Dns-recursion.nse, 344
DNSVersionBindReq, 245
Dns-zone-transfer.nse, 344
Domain, 120, 121
Domain Name System, 120, 121
DoS, 302
Doug Hoyte, 264, 268
Dsniff, 90
Dynamic Host Configuration Protocol Server, 121

E

Easy, 277
ECE, 294
ECN, 284, 294
Eco de ICMP, 91, 284
ECONNREFUSED, 94
Empacotador de TCP, 122
Encontrar dispositivos sem fios, 322
Encontrar um zumbi apropriado, 188
Endereçamento de faixa de octeto, 73
Endereços de IPv4, 116
Endereços de IPv6, 116
Engenharia social, 273
Enquadrar alguns outros parceiros no exame, 186

Enumeração de alvos, 19
Envenenamento do cache, 9
Envie-nos sua correção, 262
Envolver uma faixa em colchetes, 135
EOL, 283, 291
Ereet Hagiwara, 154
Erros mais comuns, 213
Escala de janela, 291
Escolha dos servidores de nomes, 217
ESMTP, 244
Espaço de endereços, 370
Espaço de nomes Lua nmap, 340
Especificação de hospedeiro alvo, 72
Especificar servidores alternativos, 104
Espera total em ms, 257
Estado mais interessante, 122
Estado omissivo, 128
Estados não são propriedades intrínsecas da porta, 122
Esteja absolutamente certo de que sabe o que está rodando, 319
Estilo de endereçamento CIDR, 72
Estimativa agressiva de SO, 275
Estimativa de tempo inicial de vida do IP, 294
Estimativa do tempo de atividade, 276
Estimativas regulares de tempo, 220
Estrutura MatchPoints, 316
Estudar o código fonte, 112
Ethan Preston, 24
Ettercap, 90
Exame agressivo, 330
Exame de detrás do firewall, 168
Exame de lista, 71, 75
Exame de Maimon, 182
Exame de Natal, 170

Exame de protocolos de IP, 134
Exame de protocolos IP, 196
Exame de rede local por ARP, 216
Exame de Script, 19
Exame de UDP, 318
Exame de uma LAN ethernet, 100
Exame de versão, 30
Exame mais invisível, 133
Exame nulo, 170
Exame ocioso, 133, 183, 278
Exame por ACK, 123
Exame por conexão, 30
Exame por FIN, 170, 177
Exame por isca, 186
Exame por ping, 123, 213
Exame por rebate de FTP, 131
Exame por scripts, 214, 330
Exame por SYN, 30, 153
Exame rápido, 214
Exames de IPv6, 86
Examinar todas as portas, 318
Examinar todos os IPs, 87
Examine a partir de uma localização diferente, 318
Examine primeiro as portas populares, 167
Examine todas as portas, 318
Example.com, 76
Exclude, 252
Excluir, 252
Exclusividade da aplicação, 231
Execução de código remoto, 352
Execução eficiente de scripts em paralelo, 340
Exemplos, 75
Exemplos de Seleção de Portas com a

Opção -p, 134
Exemplos do nmap-service-probes, 259
Exim, 246
Exploração de redes sem fio inseguras, 2
Exploração de RPC, 247
Exploração de vulnerabilidades, 328
Explorar o comportamento do Nmap, 112
Explorar relacionamentos confiáveis de endereços IP, 133
Expor o relacionamento de confiança, 187
Expressões podem combinar operadores, 315
Expressões Regulares Compatíveis com o Perl, 254
External, 332
Extrainfo, 380
Extratos criptográficos, 41

F

F, 297
Faixa de portas efêmeras, 117
Fallback, 258
Família do SO, 275
Farejador, 322
Farejamento da rede, 263
Fazer um traceroute, 165
Fedora, 54
Félix, 2
Ferramenta hping2, 183
Ferramenta ping, 71
Ferramenta valiosa, 227
Filtered, 123
Filtragem de pacotes impede que suas provas alcancem a porta, 123
Filtro com descarte omissivo, 107
Filtros de hardware e de software 96
FIN, 132, 169
Finger.nse, 345
Fink, 65
Firewall, 9
Firewall de negação omissiva, 206
Firewalls mal configurados, 108
Fluxos de TCP, 206
Formato do arquivo, 251
Formidable, 277
Fórmulas de estimativa de tempo, 204
Fornecedor, 325
Fornecedores de túneis, 141
Fragmentação necessária, mas o bit de fragmentaç, 153
Fragrouter, 41
FreeBSD, 67
Free Software Foundation, 41
FTP, 119
Ftp-anon, 330, 332
FTP anônimo, 119
Ftp-anon.nse, 346
Ftp-bounce.nse, 346
FTP-DATA, 103
Função auxiliar, 256
Função de exame de ping de mais alto nível, 112
Função de inicialização, 376
Função Lua, 338
Função resolvedora personalizada, 85
Fundação para o Software Livre, 41

G

GCC, 64

Gcc/g++, 60
GCD, 283
GenericLines, 238
Gentoo, 52
Geração de sequência, 282
Gere uma impressão digital,, 262, 319
Gerhard Rieger 32, 196
Gethostbyaddr, 215
GET / HTTP/1.0\r\n\r\n, 240
Getnameinfo, 86
Get_port_state, 381
GetRequest, 237, 238, 240
Gmake, 47
GNU Make, 47
GNU Privacy Guard, 42
GNU tar, 46
GomoR, 301
Good luck!, 277
Good_prog, 380
Google, 81, 175
Google's Summer of Code, 34
Gpg, 43
GPG, 42
Grep, 138, 323
GTK+, 64

H

Hackers expertos, 13
Hackers maliciosos, 10
HD Moore, 11, 15
Help\r\n, 238
HELP\r\n, 239, 244
Hospedeiro de destino administrativamente proibido, 153
Hospedeiro de destino desconhecido, 153
Hospedeiro de origem isolado (obsoleto), 153
Hospedeiro inalcançável, 153
Hospedeiro inalcançável pelo TOS, 153
Hospedeiro zumbi, 184
Host, 77, 378
Host.bin_ip, 379
Host.bin_ip_src, 379
Host.directly_connected, 379
Hostgroup, 223
Host.interface, 379
Host.ip, 378
Host.mac_addr, 379
Host.mac_addr_src, 379
Host.name, 378
Hostname, 380
Host.os, 378
Host.targetname, 378
HP-UX, 68
Html-title, 332, 333
HTML title, 130
Html-title.nse, 346
Http, 374
Http\
　//asn.cymru.com/, 84
　//routeviews.org, 84
　//searchdns.netcraft.com/?host, 81
　//www.robtex.com/as/, 84
HTTP, 95, 119
Http-auth, 330, 332
Http-auth.nse, 346
Http-mgmt, 135
Http-open-proxy, 333
Http-open-proxy.nse, 347
HTTPOptions, 240

Http-passwd.nse, 347
Http-proxy, 135
HTTP-Proxy, 120
HTTPS, 119, 257
Http-trace.nse, 347

I

I386, 68
IANA, 116, 117, 370
Iana.org, 371
Iax2-version, 333
Iax2-version.nse, 348
ICANN, 76
ICMP, 99, 293
ICMP tipo, 3 152
ID de IP 184
Ident, 238
Identd, 30, 107, 318, 342, 343
Identd-owners, 332
Identificação de fragmento, 184
Idiossincrasias diversas de TCP, 295
Idle_scan.cc, 196
IDS, 13, 104, 184
IE, 284
IGMP, 99
II, 283, 289
Iludir a detecção de SO, 280
Imagem de disco, 63
IMAP, 9, 120
IMAPS, 120
IMAPv2 com SSL, 120
Impressão digital, 239, 275
Impressão digital de serviço, 260
Impressão digital do serviço, 233, 235
Impressão digital do SO, 10

Impressão digital do tema, 292
Impressões digitais, 301
Incremental, 189
Índice de predizibilidade da sequência de ISN de TCP, 287
Infecção por malware, 343
Informação na impressão digital, 261
Insane, 224
Insecure.Org, 32, 51
Instalação do Nmap a partir do Yum, 54
Instalação do Pacote de Binários, 67
Instalação Usando a Árvore de Portes de Fontes, 67
Instalação Usando Pacotes de Binários, 66
Instalando os Binários zip do Nmap, 58
Integridade do comprimento e da soma-verificadora da prova de, 299
Integridade dos dados de UDP retornados, 299
Integridade do valor da soma-verificadora de IP da prova retor, 299
Interface gráfica de usuário, 61
Internet Message Access Protocol, 120
Internet Printing Protocol, 120
Internet Security Association and Key Management Protocol, 121
Interpretador Guile Scheme, 340
Interpretar as respostas, 175
Interrupção de aplicações em execução, 217
Intrusão em redes, 2
Intrusive, 333
Intrusividade, 332
Inundação de SYN, 302
Inventário, 125
Inventário e suporte de redes, 273

IP-em-IP, 99
IP ID sequence generation, 278
IPL, 298
IpOps, 374
IPP, 120
IPsec, 198
IPs terminados em .0 ou .255, 73
IP_TOS_RELIABILITY, 284
IPv6 ,233
Irc-info.nse, 348
ISAKMP, 121
ISC BIND, 9, 165
ISN, 277
ISO-IP, 134
ISR 283, 287

J

Jack L. Mogren, 226
Jack Mogren, 212
Janela, 132
Janela de congestionamento, 205
Jay Moran, 328
Jens Vogt, 57
John the Ripper, 31

K

Kevin Mitnick, 277
Kiosk, 190
Kismet, 322

L

Laboratório do Insecure.Org, 260
Lágrima, 302
LaMont Jones, 55

Land, 302
LDAP sobre SSL, 108
Leaf-1, 134
Legato nsrexec, 190
Libbind, 9
Libdnet, 49
Libpcap, 41, 49
Licença de copyright, 30
Licenças comerciais de redistribuição, 31
Lightweight Directory Access Protocol, 108
Limitação das portas examinadas, 322
Limitação da taxa, 167
Limitação da taxa de resposta de ICMP, 162
Limitação do Windows, 56
Limite de congestionamento, 205
Limite de precedência em ação, 153
Limite para a velocidade, 219
Linguagem de programação incorporada, 328
Linguagem de programação Lua, 19
Linguagem de Scripts do Nmap, 247
Linhas Class, 312
Linha Fingerprint, 310
Linux, 39, 51, 76, 162, 312
Linux de 64 bits, 53
Linux Weekly News, 89
Lista de bibliotecas padrões, 377
Lista de classificações, 313
Lista de correio nmap-dev, 45, 68
Lista de correio nmap-svn, 45
Lista de mudanças, 40
Listas separadas de portas TCP e UDP, 135

Listop, 374
L_md5, 376
Logins anônimos, 346
Lua, 328, 339
LuaL_reg, 377
LuaL_register, 376
Luaopen_<módulo>, 376
Luaopen_openssl, 377
LWN, 90

M

MacPorts, 65
MadHat, 15
Maimon, 132
Makefile.in, 377
Malware, 333
Malwares, 20
Mandrake, 54
Manual de Metodologia de Testes de Segurança de Código A, 21
Máquina Linux, 10, 12
Máquinas little-endian (de terminação menor), 192
Marca de horário, 276, 291
Mark Allman, 205
Massping, 112
Match, 253, 374
MatchPoints, 316
Máximo Denominador comum (MDC) do ISN do TCP, 286
MaxUserPort, 57
Mayo Clinic, 212
Md5sum, 43
Mecanismo de Scripts do Nmap, 247
Mecanismo primário de exame de portas, 201

Medium, 277
Metasploit, 328
Metaverse, 3
Método action, 378
Métodos de Exame de Portas Suportados pelo Nmap, 132
Métodos de instalação, 39
Michal Zalewski, 301
Microsoft.Com servida por uma das máquinas Linux da Akamai, 234
Microsoft-DS, 119, 121
MIPS, 68
MMORPGs, 3
Modificação das regras de firewall, 302
Modo agressivo do Nmap, 335
Modo de IP cru, 101
Modos de temporização lenta, 30
Modo verboso, 220
Módulos C, 376
Módulos existentes, 323
MS08-067, 352
Msrpc, 374
MSRPC, 120, 121
MSS, 291
MS-SQL-DS, 121
Ms-sql-info.nse, 348
Ms-term-server, 119
Múltiplas especificações de hospedeiros, 73
MySQL, 120, 264
Mysql-info.nse, 348

N

Name_confidence, 380
Não fragmentar, 293
Natal, 132

Nat-t-ike, 121
Nbstat.nse, 349
Ncat, 36
Negação omissiva, 109
Negação omissiva para as portas privilegiadas, 108
Neil Stevenson, 3
Nenhuma garantia, 31
Nenhuma operação, 291
Nessus, 31
Netbios, 375
NETBIOS-DGM, 121
NETBIOS-NS, 120
NetBIOS Session Service, 119
NetBIOS-SSN, 119
NETBIOS-SSN, 121
NetBSD, 68
Netcat, 31, 263
Netcraft, 81
Netfilter/iptables, 96
Netstat, 125
NetStumbler, 322
Network Distance, 276
Network Time Protocol, 121
Nexthost, 112
NFS, 247
Nível de execução, 338
Nível de raridade, 242
Nlog, 15
Nmap, 375
Nmap\
    Parser, 323
    Scanner, 323
Nmap_command_path, 65
Nmap-dev, 301
Nmap-diff, 16

NmapFE, 32, 40
Nmap.get_port_state(), 379
Nmap.h 94, 98, 99
Nmap.new_socket(), 340
Nmap-os-db, 171, 216, 286, 292, 304
Nmap Project Signing Key, 42
Nmap-protocols, 374
Nmap.registry, 335, 368
Nmap-report, 17
Nmap-rpc, 248, 374
Nmap-service-probes, 163, 168, 236
Nmap-services, 116, 216, 228, 237, 374
Nmap.set_port_state(), 381
Nmap-wrapper, 16
Nome de hospedeiro, 326
Nomes dos gabaritos, 224
NOP, 291
Normal, 224
Notação CIDR, 3
Notificação explícita de congestionamento, 294
Notificação explícita de congestionamento de TCP, 284
Not_rpc, 380
Novas ideias, 301
NSE, 19, 214, 327
Nse_bit.cc, 376
Nse_bit.h, 376
Nse_init.cc, 377
Nse_openssl.cc, 376
Nse_openssl.h, 376, 377
Nsock, 381
NTP, 121
Nulo, 132
Número de pacotes de provas, 136
Número de reconhecimento de TCP, 296

Número de sequência de ICMP, 296
Número de sequência de TCP, 295
Número de versão do Nmap, 308
Número Inicial de Sequência, 277
Número máximo de retransmissões, 136
Número máximo de tentativas, 280
Números de sistemas autônomos, 84, 341
NumMatchPoints, 316

O

O, 291
Obtenha uma versão recente do Nmap, 319
Ocioso, 133
Onnect, 132
Opção de marca de horário de TCP, 290
Opção de verbosidade, 200
Opção --prefix, 47
Opção que afeta o mecanismo de scripts, 335
Opções de desempenho, 323
Opções de entrada, 105
Opções de ping de TCP, 106
Opções de saída, 105
Opções de TCP, 291
Opções enlatadas de temporização, 104
Opções gerais, 106
Open, 122
OpenBSD,, 66 312
Open|filtered 123
OpenSSH, 8, 41, 150, 244, 303
Openssl, 375
OpenSSL, 46, 232 251
OPENSSLLIBNAME, 377
Operação Sundevil, 2

OPS, 282, 283
Ordem de bytes, 288
Ordem de bytes da rede, 192
Ordem de exame de portas, 140
Ordem de execução do script, 338
Organização responsável, 370
OrgID, 83
OrgTechEmail, 83
OS/, 400 171
OS details 275
Os Seis Estados de Portas Reconhecidos pelo Nmap, 122
OSSTMM, 22
Ostype, 380

P

P0f, 301
Packet, 375
Pacote ACK, 96
Pacote ICMP de porta não alcançável, 98
Pacote ICMP de requisição de eco, 93
Pacote RST, 96
Pacotes crus de IP, 1
Pacotes .deb do Nmap, 55
Pacotes de requisições de eco de ICMP, 71
Pacotes vazios, 163
Pacote SYN, 91
Pacote, TCP ACK 91
Para, 171
paralelismo de E/S, 381
Paranoid, 224
Partida lenta, 205
Passos necessários para uma instalação omissiva, 46

PC Anywhere, 190
Pcre, 375
PCRE 49, 254
Pedir permissão 188
Perl 49
Ping 93
Ping da morte, 302
Planejamento da rede, 125
Planejando as Combinações Ideais de Provas, 109
Playboy, 143
PlayStation, 2 68
Poder do software de código aberto, 196
Point-to-Point Tunneling Protocol, 108
Polite, 224
Política de uso aceitável, 22
Política enlatada de temporização insane, 227
Ponto de acesso sem fios, 273
Ponto de interrogação, 235
Pontos de acesso sem fios 802.11, 322
Pop3, 375
POP3, 9, 119
Pop3-brute.nse, 350
Pop3-capabilities.nse, 350
POP3 com SSL, 120
POP3S, 120
Port, 379
Port, 113 342
Porta, 20 103
Porta, 22 18
Porta, 25 239
Porta, 53 9, 86, 103
Porta, 80 95, 119
Porta, 111 8, 248
Porta, 113 318

Porta, 445 303
Porta, 953 235
Porta 16552 11
Porta de numeração elevada 108
Porta inalcançável 153, 293
Portas a serem excluídas 236
Portas bem conhecidas, 118
Portas dinâmicas e/ou privadas, 118
Portas HTTP e HTTPS, 12
Portas identificam aplicações específicas em us numa, 115
Portas mais prováveis de estarem acessíveis, 107
Portas registradas, 118
Portas UDP, 132
Porta zero, 116
Portmapper, 190, 248, 329
Port.number, 379
Port.protocol, 379
Ports, 257
Port.service, 380
Port.state, 381
Porttest.dns-oarc.net, 343
Port.version, 380
PossiblePoints, 315, 316
Postfix, 246
Postgres, 238
Post Office Protocol, 119
PowerBook, 102
PowerPC, 53, 68
PPTP, 120
Pptp-version, 333
Pptp-version.nse, 350
Predição de sequência cega de TCP, 306
Predição de sequência de TCP, 277
Prefixo nmap, 340

Primeiro passo na execução de um exame ocioso, 188
Principais Opções de Desempenho de Exames de Portas, 136
Principais Opções de Saída do Nmap Aplicáveis aos, 137
Privacidade, 332
Probe, 252
Product, 380
Produtores de spam, 10
Programa cavalo de Tróia, 9
Programa de diagnósticos ping, 104
Projeto comunitário, 337
Propósito de uma máquina, 197
Protocolo de controle de fluxo de tempo real, 108
Protocolo de Correio, 119
Protocolo de Horário de Rede, 121
Protocolo de Impressão pela Internet, 120
Protocolo de transferência de arquivos, 107
Protocolo de tunelamento ponto-a-ponto, 108, 120
Protocolo FTP, 199
Protocolo Gerador de Caracteres, 98
Protocolo inalcançável, 153, 197
Protocolo leve de acesso a diretório, 108
Protocolo Padrão de Transferência de Correio, 119
Protocolo Simples de Gerenciamento de Redes, 120
Protocolos IP, 133
Protocolos relacionados com encriptação, 198
Prova, 252
Provas de multiportas, 71
Provas de temporização, 207
Proxy Squid, 10
PSH, 169
PUA, 22
PyGTK, 64

Q

Q, 295
Quadros puros de ethernet, 34, 49
QuickTime, 108

R

R, 292
Ramificações experimentais, 45
Raridade, 258
Raridades 241
Rarity, 258
Rastreamento de licenças de software, 125
Rastreamento de pacotes habilitado, 157
RD, 297
RDNS, 86
RealServer, 108
Real Time Stream Control Protocol, 108
Realvnc-auth-bypass, 334
Realvnc-auth-bypass.nse, 350
Rebate de FTP, 346
Rebate de FTP, 133
Recurso, 258
Recursos, 240
Rede de destino administrativamente proibida, 153
Rede de destino desconhecida 153
Rede inalcançável, 153
Rede inalcançável pelo tipo de serviço

(TOS), 153
Red Hat, 54
Red Hat Linux 8.0, 227
Redução exponencial, 205
Referral Whois, 82
Regional Internet Registries, 370
Registro Estadunidense de Números de Internet, 143
Registros públicos de DNS, 145
Regra, 338
Regra de hospedeiro, 338
Regra de porta, 338
Relação entre pacotes enviados e respostas recebidas, 206
Renaud Deraison, 32
Repositório Subversion, 35
Repositórios Yum, 54
Resolução de DNS, 103
Resolução de DNS reverso, 79, 217
Resolução de rDNS, 103
Resolv.conf, 86, 103
Resolvedor do sistema, 86
Responsividade, 292
Retardo de exame, 209
Retransmissão de pacotes, 302
Revista Phrack, 182
RFC, 791 297
RFC, 792 298
RFC, 793 169, 170, 182, 291
RFC, 959 199
RFC, 1122 93, 99, 109, 297
RFC, 1918 100, 308
RFC 1948, 277
RFC 2581, 205
RFC 2988, 204
RFC 3168, 284

RFC 4648, 374
Richard Stevens, 205
RID, 299
Ring, 302
RIP, 121
RIPCK, 299
RIPE, 82, 327
RIPL, 298
RIR, 370
Rlogin, 277
Rndc?, 235
Robots.txt.nse, 350
Rodando, 275
Rodando em paralelo, 216
Ron Bowes, 354, 356, 358
Rootkits, 125
Rota de origem falhou, 153
Route, 121
Routing Information Protocol, 121
Rpcbind, 248
RPCBind, 120
Rpc_highver, 380
Rpcinfo, 248, 329
Rpcinfo.nse, 351
Rpc_lowver, 380
Rpc_program, 380
Rpc_status, 380
RTSPRequest, 237
RTT, 92, 203
RTTinstancia, 203
Rttvar, 203
RUCK, 299
RUD, 299
RUL, 299
Running, 275

Rwho, 272
RWhois, 82
Ryan Permeh of eEye, 57

S

S 295
SACK 291
Safe 333
Saída 20
Saída em formato grepável 138
Saída em vários formatos 137
Saída em XML 33
Saída normal 138
Saída XML 138
Samba 303
Saudação em três fases do TCP 155
Scan_engine.cc 112, 202
Scanme.nmap.org 28
Scanner de força bruta de RPC 235
Scanrand 212
SCO/Caldera 172
Scott Moulton 23
Script kiddies 124
Script Perl 323
Scripts de hospedeiros 329
Scripts de serviços 329
Scripts/script.db 334, 335
Secure Shell 8, 229
Seleção de Portas de UDP 109
Seleção de Portas e de Provas de TCP 106
Seleção de Provas de ICMP 109
Selecionar os números dos protocolos 198
Sem estado 211
Sendmail 41
SEQ 282, 283
Seq_rates 287
Sequência de geração de ID de IP 278
Service_fp 380
Service_tunnel 380
Serviço finger 345
Serviço MS Messenger 11
Serviços SunRPC 12
Serviços UDP geralmente definem sua própria estrutura de 163
Serviços vulneráveis 215
Servidor Apache 12
Servidor de FTP 346
Servidores de meios 108
SGI IRIX 68
Sha1sum 43
Shared Whois 82
Shell Seguro 119
Shortport 375
SI 296
Simple Network Management Protocol 120
Simulação cega de TCP 277
Simulação de identd 343
Simular seu endereço MAC 102
Sinalizadores de TCP 297
Sinalizador FIN 160
Sistema de controle de revisão 44
Sistema de detecção de intrusão 184
Sistema de nomes de domínio 85
Sistemas BSD 66
Sistemas de detecção de intrusão 13, 104
Sistemas derivados do BSD 182
Sistemas operacionais 312
Sistemas operacionais representados 310
Site\
  target.com 81
Skype v2 247, 327
Skypev2-version 333
Skypev2-version.nse 351
Smb 375
Smb-check-vulns.nse 352
Smb-enum-domains.nse 352
Smb-enum-sessions.nse 354
Smb-enum-shares 332
Smb-enum-shares.nse 355
Smb-enum-users.nse 357
Smbguest 352, 353, 355, 356, 359, 361, 363, 364
Smbhash 352, 353, 355, 356, 359, 361,

363, 364
Smb-os-discovery 329
Smb-os-discovery.nse 360
Smbpassword 352, 353, 355, 356, 359, 361, 363, 364
Smb-security-mode.nse, 361
Smb-server-stats.nse, 363
Smb-system-info.nse, 364
Smbtype, 352, 353, 355, 356, 359, 361, 363, 364
Smbusername, 352, 353, 355, 356, 359, 361, 363, 364
SMTP, 119
Smtp-commands.nse, 365
Smtp-open-relay.nse, 366
SMTPS, 257
Smtp-strangeport, 333
Smtp-strangeport.nse, 366
Sneaky, 224
Sniffer-detect, 331
Sniffer-detect.nse, 366
Snmp, 375
SNMP, 109, 120
Snmp-brute, 330, 333
Snmp-brute.nse, 367
Snmp-sysdescr, 332
Snmp-sysdescr.nse, 367
SNMPTrap, 122
Snort, 31, 104, 340
Snow Crash, 3
Softmatch, 256
Solaris, 62, 167
Solicitações de transferências de zona, 9
Soma-verificadora de dados de RST de TCP, 297
SourceForge, 41
SP, 283, 287
SPARC, 53, 68
SPARCstation, 62
Sql-injection, 331
Sql-injection.nse, 367
Srtt, 203
Srvsvc.netsessenum, 354
SS, 283, 289

SSH, 18, 107, 119, 229
Ssh1, 375
Ssh2, 375
Ssh_hostkey, 368
Ssh-hostkey, 329, 333
Ssh-hostkey.nse, 367
SSHv1, 9
Sshv1.nse, 369
SSL, 232
Ssl/imap, 10
Ssl/pop3, 10
Sslports, 257
Ssl/unknown, 251
Sslv2.nse, 369
Standard Mail Transfer Protocol, 119
Stdnse, 375
Steven Christensen, 62
Strbuf, 375
StrictTimeWaitSeqCheck, 57
String de apresentação do SSH, 160
Stunnel, 235
Subdiretório scripts, 334
Submissões dos usuários, 260
Subversion, 44
Sun, 62
Sun Remote Procedure Call, 247
SunRPC, 8, 117, 232, 247
Suporte ao GTK2, 34
Suporte multi-plataforma, 232
Suporte para o Mac OS X, 33
Svn, 45
SVN, 44
Svnserve, 45
SWIP, 82
SWIPE, 198
SYN/ACK de TCP, 71
SYN invisível, 132
Syslog, 121

T

T, 293
T\, 135
T1, 282, 283

T2 285
T3 285
T4, 285
T5, 285
T6 285
T7 285
Tab 375
Tabela ARP do kernel 101
Tabela de portas valiosas 108
Tabela Lua 335
Tabelas de BGP 84
Tamanho inicial da janela de TCP 292
Tamanho Máximo do Segmento 291
Target.com 77
Target Corporation 77
Targets.cc 112
Taxa do contador de ISN de TCP 287
Taxa limitada 198
TCP 182, 285
Tcpd 122
Tcpdump 31, 41, 231, 263
TCP Sequence Prediction 277
TCPTimedWaitDelay 57
Team Cymru 341
Telnet 84, 107, 119
Telnet-brute.nse 370
Telnetd 229
Tempo de ida e volta 92
Tempo de vida 293
Tempo estimado de atividade 276
Tempo inicial de vida do IP 293
Tempo máximo de exame 168
Tempo médio nivelado de ida e volta 204
Tente uma estimativa mais agressiva 318
Terminação maior 192

Terminal 65
Término de lista de opções 283
Término de Lista de Opções 291
Testadores de penetração 326
Testar a conectividade 26
Testes de disponibilidade 125
Teste T2 171
TFTP 122
TG 294
TI 283, 288
Timeout 203
Tipo 3, código 13 123
Tipo de dispositivo 275
Tipo de dispositivo por detecção de versão 325
Tipo de exame mais popular 132
Tipo de serviço de IP 297
Tipo de serviço de IP para respostas de ICMP 298
Tipo do dispositivo 312
Tipo do dispositivo por coleta de impressões digitais de TC 324
Tipo lua_CFunction 376
Tipo omissivo de varredura 6
Tipos de dispositivos 275
Tipos de ping 6
TOS 284, 297
TOSI 298
Totalwaitms 257
Traceroute 19, 79, 214
Transferência de zona 78, 344
Travessia de diretórios 347
Trinity 12
Trivial File Transfer Protocol 122
Trivial joke 277
TS 283, 290, 291
Tsutomu Shimomura 277

TSval 290
TTL 293
TTL inicial 294
Tunelamento por SSL 247

U

U\, 135
U1, 285
Ubuntu, 55
UDP, 132, 285
Ultra_scan, 34, 112, 201
Uma janela e um limite de congestionamento, 205
Umit, 34
UN, 298
Unfiltered, 123
Unicode UTF-16, 256
Universidade de Stanford, 88
Unpwdb, 376
UPnP, 370
UPNP, 121
Upnp-info.nse, 370
Uptime guess, 276
URG, 169
Uriel Maimon, 182
Url, 376
URL para submissão, 235
Use --host-timeout para pular hospedeiros lentos 168
Use -v e relaxe, 168
Utilidade, 331
UUCP, 238

V

Valor aleatório de ID de IP, 281
Valor booleano da sequência compartilhada de ID de IP, 289

Valor da ID de IP da prova retornada, 299
Valor de ID de IP estático, 299
Valor do comprimento total do IP da prova retornada, 298
VanDyke VShell sshd, 256
Vantagens, 227
Vantagens de compilar a partir da fonte, 62
Variantes *BSD, 66
Variável, 65
Varredura de lista, 4
Varredura de ping, 89
Varredura de SYN, 6
VAX, 68
Velocidade, 331
Verbosidade, 274, 331
Verificação de conformidade com políticas, 125
Verifique se a detecção de SO funciona com outros hosped, 320
Vern Paxson, 205
Versão mais recente, 40
Version, 333, 380
Violação de precedência de hospedeiro, 153
Vírus Slammer, 227
VNC, 120
Vuln, 334
Vulnerabilidade de RPC, 352
Vulnerabilidades da MS RPC, 11
Vulnerável a se tornar um zumbi de exames, 278

W

W, 292
Walter Nowakowski, 28

WAP, 273
WAPs, 322
Whodb, 371
Whois, 79, 238, 332
Whois,.nse 370
WIN, 282
Windows, XP 11
WinNuke 302
WinPcap, 59
Wireshark, 31, 263, 340
Worldscan, 36
Worthy challenge, 277
WS, 291

X

X11, 66
X11Probe, 237
XAMP, 373
Xampp-default-auth, 334
Xampp-default-auth.nse, 373
Xcode, 64
XML-RPC, 233
XNS IDP, 134

Y

Yellow Dog, 54

Z

Zach Smith, 32
Zebedee, 233
Zebra, 233
Zenmap, 40, 61
Zhao Lei, 34
Zumbi, 306